DAS LEXIKON DER TABUBRÜCHE

Arne Hoffmann

DAS LEXIKON DER TABUBRÜCHE

Schwarzkopf & Schwarzkopf

VORWORT

Things fall apart: the centre cannot hold;
Mere anarchy is loosed upon the world,
The blood-dimmed tide is loosed, and everywhere
The ceremony of innocence is drowned

»The Second Coming«, W. B. Yeats, 1919

Picasso wird von dem Kommandanten der nationalsozialistischen Besatzungstruppen in Paris zu sich gerufen. Dieser zeigt dem Künstler eine Reproduktion seines berühmten Gemäldes der Stadt Guernica, nachdem sie im spanischen Bürgerkrieg von deutschen Bombern in Schutt und Asche gelegt wurde. »Haben Sie das gemacht?« fragt der Kommandant in einem bedrohlichen Tonfall. »Nein«, antwortet Picasso. »Das waren Sie.«

Historische Anekdote

»Es ist immer eine anfänglich sozial keineswegs hochgeachtete Gruppe, die das Tabu verletzt, den tabuisierten Raum so weit entdämonisiert und sicher macht, dass auch die Mehrheit ihn zu betreten wagt.«

Alexander Mitscherlich

»Man muss immer die richtige Gruppe hassen, um im Trend zu bleiben.«

Robert Anton Wilson

Diese vier Zitate zeigen sehr gut die wesentlichen Punkte, um die es geht, wenn von Tabubrüchen die Rede ist. Am Anfang steht oft die Klage, heutzutage sei offenbar alles erlaubt, und das würde ganz bestimmt zum Untergang aller gesellschaftlichen Werte führen. Diese Befürchtung allerdings hört man mindestens seit der griechischen Antike. Mozarts Opern waren bei der Uraufführung Skandale, die Bilder Caspar David Friedrichs grenzten an Gotteslästerung, den Maler William Turner hielt man geradezu für irre. Aber andere Künstler und Denker zitieren das schockierende Werk in ihren eigenen, imitieren es, der Effekt lässt nach, verursacht schließlich nurmehr ein Gähnen. Der Impressionismus sorgte in seiner Zeit für Aufruhr, heute ist er ein Tapetenmuster.

Ähnlich ist es im Bereich der Wissenschaft. Denken wir etwa an Galileo Galilei. Er entwickelte ein astronomisches Fernrohr, betrachtete damit den Sternenhimmel und stellte so fest, dass die Theorie von Kopernikus richtig war: Die Erde dreht sich um die Sonne und nicht umgekehrt, wie man die ganze Zeit geglaubt hatte. Als Galilei seine gesammelten Fakten in einem Buch veröffentlichte (»The Starry Messenger«), wurde er der Ketzerei beschuldigt. Daraufhin bat er eine Gruppe Jesuitenpriester zusammen und forderte sie auf, selbst durch sein Teleskop zu schauen, um sich ein Bild zu machen. Sie alle lehnten ab, bis auf einen, und auch der konnte nicht glauben, was er da sah. Er befand, es läge nur am Fernrohr, ohne das Gerät wäre alles in Ordnung. Für die anderen Priester aber war schon der Blick durch dieses Fernglas ein unumstößliches Tabu.

In der Geschichte der Menschheit verschieben mutige Pioniere die Grenze weiter und weiter nach vorne, und was früher das Niemandsland außerhalb jeder Zivilisation war, ist mittlerweile ein Teil der Innenstadt. Es gibt aber auch gegenläufige Bewegungen, und neue Tabus entstehen, wo früher keine waren. Viele haben zum Beispiel den Eindruck, während früher Sexualität als öffentliches Thema tabu gewesen sei, sei es heute tabu, sich zu schämen und nicht demonstrativ »sexuell befreit« zu sein. Ein anderes Beispiel: Noch in den siebziger Jahren konnte man kindliche Sexualität darstellen und eine freiwillige Sexualität zwischen Kindern und Erwachsenen zumindest noch als Konzept diskutieren. Nach den Sexualverbrechen der letzten Jahre und der dadurch entstandenen gesellschaftlichen Diskussion ist das zumindest für den Moment völlig undenkbar. Vor einigen Jahrzehnten galt Gotteslästerung als Tabu, heute können sich umgekehrt insbesondere viele Intellektuelle kaum vorstellen, ihren Glauben an Gott öffentlich kundzutun. Eine veränderte Gesellschaft beinhaltet andere Tabus.

Was aber bedeutet der Begriff »Tabu« eigentlich? Ursprünglich stammt dieser Ausdruck aus Tahiti. Im Jahr 1784 brachte ihn der Seefahrer James Cook in unsere Gesellschaft. Die tahitianischen Ureinwohner hatten nämlich Cook und seine Männer bei allen Gegenständen, die sie nicht berühren durften, gefragt, ob diese »tabu« seien. Außerdem verwendeten sie das Wort »Tabu« für einen Baum, den sie für so heilig hielten, dass jeder, der ihn berührte, übernatürliche Bestrafung auf sich zog. Während man lange Zeit glaubte, solche Tabus kämen nur bei »primitiven Stämmen« vor, zeigten Völkerkundler wie Mary Douglas und Edmund Leach später, dass auch der industrialisierte Westen, ja, dass jede Gesellschaftsform von ihren ganz eigenen Tabus bestimmt wird. Es war Sigmund Freud, der Begründer der Psychoanalyse, der in seiner berühmten Aufsatzsammlung »Totem und Tabu« (1912-1913) die Doppelnatur des Tabus aufzeigte: Einerseits gehört es zur Sphäre des Heiligen, andererseits zur Sphäre des Unheimlichen, Verbotenen, Gefährlichen und Unreinen. Das Objekt des Begehrens ist häufig gleichzeitig das Objekt, mit dem man nicht in Kontakt kommen darf.

Dieser Kontakt darf oft nicht einmal auf metaphorische, intellektuelle Weise stattfinden. Vor diesem Hintergrund entstehen unterschiedliche Formen von Tabus, beispielsweise Handlungs-, Sprech- und Darstellungsverbote. Am nachvollziehbarsten wird der Unterschied zwischen diesen drei Verbotstypen beim Thema sexueller Missbrauch von Kindern: Dass er ein Handlungstabu darstellt, ist klar, denn er ist ein Verbrechen und richtet oft großen seelischen und körperlichen Schaden an. Dass er in unserer Gesellschaft aber auch etwas war, über dessen Existenz nicht einmal gesprochen und das so auch nicht bekämpft werden durfte, kritisierten zu Recht viele Menschen, denen der Schutz der Opfer am Herzen lag. Inwiefern man sexuellen Missbrauch aber in Filmen, Comics und anderen (insbesondere bildlichen) Texten darstellen darf, das ist auch heute noch heiß umstritten.

In unserer Zeit ist »Tabu« immer mehr zum Schmähwort geworden. Im Medienzeitalter über irgendetwas nicht sprechen oder es nicht darstellen zu dürfen, das verstehen in unserem demokratischen und aufgeklärten Zeitalter viele als Entmündigung. Die offene Gesellschaft tut sich schwer mit solchen Verboten. Gleichzeitig aber gibt es eine sehr kontrovers geführte Diskussion um die so genannte Politische Korrektheit. Deren Befürworter bekunden mit Nachdruck, dass es sehr wohl Dinge gibt, die man nicht aussprechen darf, um nicht böse Geister zu wecken. Gegner dieser Haltung protestieren immer wieder gegen die mit ihr verbundenen Denk- und Sprechtabus, weil sie darin ihre persönliche Freiheit beschnitten sehen. Manche haben auch den Eindruck, dass wir mittlerweile in einer Konsensgesellschaft leben, in der wir über wichtige Themen nicht sprechen, nur weil wir jeden Konflikt vermeiden möchten. So machte der Medienwissenschaftler Peter Glotz im Zusammenhang mit der Bioethik-Debatte etwa eine Form von »Angstkommunikation« und einen »neuen Moralismus« aus, der sich von der »Süddeutschen« bis zur »Welt« durch die unterschiedlichsten Medien ziehe und dabei »gelegentlich alle Perspektiven verliert«. Diese Feststellung gilt sicherlich auch für andere Themenfelder: Man denke etwa nur an die überbordende Medienhysterie in der Möllemann-Friedman-Kontroverse im Sommer 2002, die im europäischen Ausland vor allem mit Kopfschütteln betrachtet wurde. Der Sache, um die es eigentlich ging, hatte diese Skandalisierung und Einforderung von Sprechverboten nach Ansicht vieler Beobachter letztlich weniger genützt als vielmehr geschadet.

So wie vor 50, 100, 1000 Jahren ist moralische Empörung noch immer das Mittel der Wahl, um ein Tabu durchzusetzen. Faszinierenderweise gelang insbesondere Gruppen, die sich als Opfer der Gesellschaft zeigten, durchzusetzen, welche Äußerungen sozial gestattet waren und welche nicht. Vertreter von Behinderten versuchen, Peter Singer aus der Diskussion auszugrenzen, Vertreter der Juden taten dasselbe mit Norman Finkelstein. Mitglieder der Frauenbewegung setzten durch, dass in der Geschlechterdebatte nur noch die weibliche, nein, vielmehr: nur noch die feministische Sicht der Dinge gestattet war. Tabuisiert werden vor allem die Positionen derjenigen, die (oft mit Extremfällen als Beleg) in irgendeiner Weise als »Täter« ausgemacht werden konnten: Genforscher, Minderheiten der sexuellen Orientierung, religiöse Splittergruppen und Philosophen mit gewagten Positionen – ihnen allen, so heißt es immer wieder, könnten die Medien und die politischen Parteien doch unmöglich auch noch ein Forum für ihre verquasten Ansichten geben. Die Medien und die Parteien spielen oft mit. Alles andere würde ja auch bedeutet, dass sie selbst auf die Täterseite gestellt würden. Die Macht des Tabus liegt in der öffentlichen Beschämung desjenigen, der dagegen verstößt. So wie man in den siebziger Jahren nicht über die Isolationsfolter von Terroristen im Gefängnis Stuttgart-Stammheim sprechen durfte und Heinrich Böll als einziger Prominenter wagte, freies Geleit für Baader-Meinhof einzufordern (und dafür auch von allen Seiten Prügel bezog), so zeichnet man auch heute vor allem diejenigen Bürger mit Preisen für Zivilcourage aus, die sich ohnehin nur in sicheren Gewässern bewegen. Auch die staatlichen Zensoren setzen ihre Verbote durch, indem sie sich auf die Moral berufen: den Schutz von Schwächeren (Kindern) oder der Gesellschaft insgesamt. Die Schlüsselformulierung, um ein Werk zu indizieren, lautet immer noch, dass es »sittlich desorientierend« sei, also gegen die gesellschaftlichen Grundtabus verstoße. Es verwundert nicht, dass viele der von Zensoren angegriffenen Werke zur künstlerischen Avantgarde gehören, ob in Literatur oder Film. Denn ein solches Infragestellen der bestehenden Werte war immer die Aufgabe von Kunst. Andererseits, das muss man einräumen, macht ein Tabubruch an sich noch keine Kunst aus.

Zum Wechsel des neuen Jahrtausends beklagen viele Kulturkritiker einen völligen Verlust an Tabus in unserer Gesellschaft. Der letzte noch denkbare Tabubruch könne nur darin bestehen, die alten Tabus wieder zu respektieren, finden nicht nur Konservative. Fast vierzig Jahre nach dem Beginn der sexuellen Revolution ist auch das Allerintimste bis hin zu ungewöhnlichen sexuellen Randbereichen in Nachmittags-Talkshows zu besichtigen. Etliche Zeitschriften, Kinofilme und Fernsehbeiträge kokettieren marktschreierisch mit angeblich immer neuen Tabubrüchen, in der Hoffnung, so von einem größeren Publikum wahrgenommen zu werden. »Wenn nicht wieder alles täuscht«, schrieb die Satirezeitschrift »TITANIC« deshalb schon im Oktober 1994, »wird zur Zeit und durchaus sonderbarerweise äußerst vielerlei 1) als Tabu bezeichnet, 2) als solches dann eiskalt gebrochen, oder auch 3) wildentschlossen ein ganz neues verlangt – und umgekehrt. Vermutlich ist es aber nur der Anfang.« Medienkritische Journalisten wie Christoph Türcke sprechen in diesem Zusammenhang von »vordergründiger Tabubrecherei«, von inszenierten Gewagtheiten, die in Wahrheit ohne Konsequenzen bleiben, die gesellschaftliche Ordnung vielleicht gerade erst bestärken. Denn solche Tabubrecher, so Türcke, seien allzu oft »darauf bedacht, dass ja nicht das Nervensystem einer Weltwirtschaftsordnung angegriffen werde, über deren Tabucharakter Rechenschaft abzulegen bei ernstlichem ›Denken ohne Geländer‹ der erste Schritt sein müsste. Dabei wäre genau zwischen unnötiger und unvermeidlicher Unterdrückung zu unterscheiden, folglich zwischen unnötigen Tabus und unerlässlichen.« Wenn wir es wirklich mit einer völlig tabufreien Medienwelt zu tun hätten, wie manche behaupten, dann wäre beispielsweise eine Fernsehserie um einen transsexuellen Anwalt, eine pädophile Detektivin und einen sympathischen Drogendealer, die gemeinsam einen verbrecherischen Juden jagen, kein Problem. Genauso wenig das Lifestyle-Magazin, das Kannibalismus als alternativen Trend für Gourmets behandelt. Der echte Tabubruch ist genau der Moment, wo der postmoderne Medienzirkus mit seinem unaufhörlichen gegenseitigen Spiegeln und Zitieren für einen Moment aufgebrochen wird und etwas Neues hineingelangt.

Aber so wie verschiedene historische Perioden und verschiedene Kulturen oft ganz unterschiedliche Tabus aufweisen, so gilt das mindestens zum Teil auch für unterschiedliche Medien. Was im Kino geht, geht im Fernsehen oft noch lange nicht. Und was in den traditionellen Medien tabu ist, weil diese von so vielen Konsumenten wie möglich akzeptiert werden müssen, ist im Internet durchaus möglich. Und nicht nur, was die viel beschrienen Darstellungen von Sex und Gewalt angeht. Auch neue politische Thesen und Konzepte (wie beispielsweise die der Männerbewegung) lassen sich im Web problemlos verbreiten und finden regen Zulauf, während in den traditionellen Medien noch der eisige Mantel des Schweigens darüber gelegt wird. Das Web entzieht sich stark den nicht-staatlichen Zensurinstanzen (Chefredaktion, Werbekunden); jeder kann mit den geringsten Hindernissen seine Meinung verbreiten, Bestätigung finden, Gruppen gründen. Auch die Kontrollinstanzen des persönlichen Umfelds (Eltern, Freunde oder Kollegen) haben erst einmal nichts zu sagen. Dass in unterschiedlichen Medien unterschiedliche Tabus gelten, zeigt sich aber auch im Bereich der Popmusik. Atomic Kitten singen auf CD »You Can Make Me Whole Again«, aber auf der Bühne schon mal »You Can Fuck My Hole Again«. The Beautiful South hingegen verkünden im Radio »Don't Marry Her, Take Me«, auf CD jedoch »Don't Marry Her, Fuck Me« (und ersetzen im Text »Sandra Bullock« durch »sweaty bollocks«). Dieses Spiel kennt man spätestens seit Geier Sturzflugs »Bruttosozialprodukt« – ein Lied, in dem die Müllabfuhr mal »den ganzen Plunder«, mal »sich einen runter« holte.

Tabus auf ihre Berechtigung abzuklopfen ist allerdings selbst bereits tabu. Sie sind Selbstverständlichkeiten, für die man keine weitere Begründung mehr braucht. Politisch kann das durchaus ein Problem darstellen, denn solch eine Vereinfachung macht eine differenzierte Analyse und erst recht eine sachliche Auseinandersetzung oft unmöglich. Tabus bedeuten »gehorchen, ohne zu fragen«, wie es der Sozialpsychologe Stephan Rudas einmal formulierte. Es ist insofern kein Wunder, dass die 68er-Generation einen Umsturz der überkommenen Tabus einforderte, weil sie damit Strukturen gesellschaftlicher Unterdrückung verband. Für die Konservativen hingegen waren Tabus die vernünftigen und notwendigen Grenzen, die überhaupt erst eine funktionierende Gesellschaft ermöglichten. Gerade weil sie neuralgische Punkte waren, mussten sie geschützt werden. Heutzutage kann man in dieser Hinsicht links und rechts manchmal leicht verwechseln.

Typischerweise halten sich Tabus in bestimmten Sphären auf, die hier nur stichwortartig aufgeführt werden können.

Sexualität: Ungewöhnliche Praktiken wie Zoophilie oder Sadomasochismus. Gewöhnliche Praktiken, die aber aus unterschiedlichen Gründen als anrüchig oder verwerflich gelten (etwa Selbstbefriedigung, das Betrachten von Pornographie, das Aufsuchen von Prostituierten). Inzest und Pädophilie, insbesondere mit Frauen in der Täterrolle. Sexualität im Alter oder mit Behinderung. Offene/derbe Benennung der Sexualorgane (»Fotze«). Öffentlicher sexueller Verkehr, auf welche Weise auch immer. Einer gerade erst getroffenen Person mitteilen, dass man gerne wilde, leidenschaftliche Liebe mit ihr machen möchte.

Religion: Respektlosigkeit gegenüber den religiösen Gefühlen anderer, etwa durch Satire oder allzu scharfe Kritik.

Tod: Mit einem Sterbenskranken offen über sein Ende sprechen. Sterbehilfe. Auch beim Reden über gerade Verstorbene werden beschönigende Wendungen (»Abschied genommen«) benutzt.

Körper: Schlechten Atem oder Körpergeruch haben. Auf Zahnprothesen, Perücken oder andere »Ersatzteile« angewiesen sein. Übergewichtig sein. Zerstörung der Körpergrenzen durch extreme Gewaltanwendung oder durch Ausscheidung, einschließlich Menstruation. Krankheiten der Verdauungs- und Ausscheidungsorgane. Gentechnik und Klonen.

Politik: Von den Werten der Politischen Korrektheit abweichen, wenn es etwa um Umwelt- oder Minderheitenschutz geht. Politische Grundwerte wie das eigene Vaterland oder Demokratie in Frage stellen (auch: »Soldaten sind Mörder«). Hohe Amts- und Würdenträger durch den Kakao ziehen. Weitgehend abgelehnte Konzepte preisen (Kommunismus, Gottesstaat). Befreundete Nationen wie die USA oder Israel allzu nachdrücklich kritisieren (etwa als »Terroristenstaaten«). Der eigenen Regierung sehr scharfe Vorwürfe machen (etwa sie offen eines Angriffskriegs gegen Jugoslawien zu bezichtigen oder behaupten, dass Flüchtlinge in Deutschland gefoltert würden). Selbst wissenschaftliche Erkenntnisse, die nicht ins gesellschaftliche Weltbild passen, bleiben lange unveröffentlicht (Beispiele in diesem Lexikon).

Geld: Andere nach ihrem Einkommen fragen. Darüber sprechen, dass man selbst von Sozialhilfe lebt.

Gefühle: Sozial unerwünschte Gefühle wie Gier, Hass oder Selbstmitleid offen zeigen. Keine Gefühle zu haben, die sozial erwartet werden (Liebe zu den eigenen Eltern oder Kindern). Männer, die Schwäche und Hilflosigkeit zugeben. Gefühlsüberschwang in der Öffentlichkeit.

Verhalten im Zusammenhang mit Kontrollverlust oder Ignorieren sozialer Normen: Angeberei und völlig undiplomatische Ehrlichkeit. »Kindisches« Gebahren bei Erwachsenen. Schlechtes Benehmen (zum Beispiel Nasebohren, Rülpsen, Genitalien-Kratzen, Fluchen) in der Öffentlichkeit. Drogenkonsum.

»Versagen«: Berufliche Erfolglosigkeit. Einsamkeit. Bis ins fortgeschrittene Erwachsenenalter noch keinen Partner gehabt zu haben. Impotenz. Geistesschwäche. Analphabetismus. Selbstmord.

Wie anfangs gesagt, stellt ein Tabubruch immer eine Grenzverletzung oder -verschiebung dar. Aber interessanterweise haben auch die Themen, auf die sich ein Tabubruch bezieht, sehr häufig etwas damit zu tun, dass die Grenze zwischen zwei Gegensätzen gestört wird. Das kann die Grenze zwischen Mann und Frau sein (Transgender), zwischen Leben und Tod (Sterben), zwischen Liebe und Gewalt (Sadomasochismus), Kind und Erwachsenem (Pädophilie), Wissenschaft und Religion (Parapsychologie), Opfer und Täter (Finkelstein-Debatte) oder einfach die Grenze zwischen dem menschlichen Körper und seiner Außenwelt. Insofern verwundern zwei Dinge nicht: dass Tabubrüche in Grenzperioden am ehesten legitim sind (nie gibt es so viele Sendungen über Transsexuelle wie an Silvester) und dass ein Tabubruch häufig zunächst auf der humoristischen Ebene erfolgt: beispielsweise zu Karneval oder in der Satire. Wie der Witz stellt der Tabubruch eine verkehrte Welt dar. Homosexuelle wie Transgender erschienen zunächst häufig als komische Figuren in unseren Medien. Erst nach und nach kommt die gesellschaftliche Mehrheit mit dieser »Störung« zurecht und gemeindet die Abweichler ein.

Wie genau verläuft aber so ein Prozess? Wie spielt sich ein bestimmter Tabubruch ab, und wie reagiert die Öffentlichkeit? Welche bleibenden Folgen haben bestimmte Tabubrüche bewirkt? Welche Tabus haben sich verschoben oder verschieben sich gerade? Diese und viele andere Fragen wird das vorliegende Lexikon beantworten.

A

»Abschaum«

→ »Kanak Attack«

Abschiebung

→ »Lindenstraße«, → Todesfälle unter Flüchtlingen nach Deutschland

Die Ärzte

Berliner Punk/Rock/Sodapop-Trio und mittlerweile »beste Band der Welt«, bestehend aus Farin Urlaub (Jan Vetter), Bela B. (Dirk Felsenheimer) und Rod (Rodrigo Gonzales), die ihre Lieder zu einem großen Teil den unterschiedlichsten Tabubrüchen widmete. So geht es in »Claudia« um → Zoophilie, in »Hannelores Tag ist grau, denn Helmut K. schlägt seine Frau« um Gewalt in der Partnerschaft, in »Bitte, bitte!« um → Sadomasochismus und in »Geschwisterliebe« um → Inzest.

AG-Pädo

Kurz für: »Arbeitsgruppe Pädophilie«, laut Selbstdarstellung eine Fachgruppe der Arbeitsgemeinschaft Humane Sexualität e. V., gegründet 1991 als Arbeitsgruppe des Bundesverbands Homosexualität e. V. (→ Homosexualität), Mitglied der internationalen Organisation IPCE (International Pedophile and Child Emancipation) mit Sitz in den Niederlanden. Die AG-Pädo möchte Selbsthilfe- und Emanzipationsgruppen Pädophiler in Deutschland als Forum und Möglichkeit der Vernetzung dienen, wobei sämtliche Aktivitäten im legalen Rahmen geschehen sollen – Kinderpornographie oder Kontaktadressen zu Minderjährigen würden also nicht vermittelt. Als ihre Ziele nennt die AG-Pädo unter anderem, Selbsthilfegesprächsrunden anzubieten, in denen Betroffene erstmals mit anderen über ihre Neigung und Nöte sprechen können, diese Menschen stärker als Subjekte statt Objekte in die öffentliche Debatte über → Pädophilie einzubinden, ihre pauschale Ausgrenzung und Verurteilung somit zu beenden, ethische Probleme der Pädophilie zu diskutieren, insbesondere den Dialog mit Sexualforschern zu vertiefen sowie sich für die sexuelle Selbstbestimmung aller Menschen unabhängig von ihrem Alter einzusetzen. Die AG-Pädo fordert eine dahingehende Reform des Sexualstrafrechts, dass jede aus ihrer Sicht »*einvernehmliche*« Sexualität zwischen Erwachsenen und Kindern entkriminalisiert werden solle, weil die bestehende Kriminalisierung Kindern die Möglichkeit nehme, über ihre Sexualität frei zu bestimmen und zu Kontakten mit Erwachsenen von sich aus »ja« zu sagen. Vertreter der AG-Pädo befürchten, dass durch eine Gleichsetzung von ihrer Einschätzung nach gewalt- und schadensfreien Beziehungen zwischen Kindern und Erwachsenen mit sexuellem Missbrauch ersteres dämonisiert und letzeres bagatellisiert werde. Kinder sollten selbst ihre Wünsche äußern und verwirklichen dürfen, was sie als lustvoll empfänden und was nicht. »*Erwachsene haben keinen Anspruch auf den Körper eines Kindes*«, bekräftigt die AG-Pädo auf ihrer Website. »*Nicht einmal, wenn es etwas scheinbar so Selbstverständliches betrifft wie ›auf dem Schoß sitzen‹. Jedes einzelne Kind zieht dabei andere, eigene Grenzen in Sachen Intimität. Das eine findet schon einen ›Begrüßungskuss‹ der Tante schrecklich, ein anderes – möglicherweise etwas älteres – hegt selbst erotische oder sexuelle Gefühle für einen Erwachsenen. Jeder Erwachsene muss diese Grenzen respektieren.*« Häufig entstünden die eigentlichen psychischen Schädigungen nicht durch den sexuellen Kontakt zwischen Erwachsenen und Kindern, sondern durch die feindlichen und verständnislosen Reaktionen des sozialen Umfelds. Auch könne man weder eine »Schutzaltersgrenze« jenseits aller kindlichen Individualität an einem fixen Datum wie dem Erreichen des 14. Lebensjahres festmachen, noch von pädophilen Menschen verlangen, dass sie im Gegensatz etwa zu Homo- oder Heterosexuellen ihr ganzes Leben lang auf ihre Beziehungs- und Liebeswünsche verzichten.

Mit dem aktuellen Stand der Sexualforschung und -politik sind die letzgenannten Forderungen der AG-Pädo indes unvereinbar. Kindesmissbrauch ist per Definition die *»erotische oder sexuelle Inanspruchnahme von abhängigen, entwicklungsmäßig unreifen Kindern für sexuelle Handlungen durch Gewalt oder Ausnützung der mangelnden Reife des Kindes oder familiärer Abhängigkeitsverhältnisse«* (so etwa Rainer Balloff in »Kinder vor Gericht«, C.H. Beck 1992). Körperliche Gewalt ist deshalb kein notwendiger Bestandteil der Definition von Missbrauch, weil sämtlichen einschlägigen Studien zufolge auch im engeren Sinne »gewaltfreie« Übergriffe immense psychische und Entwicklungsschäden bei Kindern hervorrufen können. Zwar scheinen verschiedene jüngere Forschungsergebnisse darauf hinzuweisen, dass sexueller Kontakt zwischen Erwachsenen und Kindern unter bestimmten Umständen ohne negative Folgen verlaufen kann. Da diese Erkenntnisse aber weder wissenschaftlicher Konsens sind, noch irgendeine Garantie bieten, andererseits die entstehenden Schädigungen für das gesamte weitere Leben der Betreffenden oft stark traumatisierend sind, erscheint es den meisten Sexualwissenschaftlern und -therapeuten ethisch als nicht statthaft, dieses hohe Risiko einzugehen. Grundsätzlich halten Fachleute die Vorstellung einer glücklichen (Sexual-)Beziehung zwischen Erwachsenen und Kindern schon vom Ansatz her für utopisch: Welche Zukunft soll eine Beziehung haben, bei der einer der beiden Partner für den anderen schon durch das Erreichen der Pubertät automatisch seinen erotischen Reiz verliert? Insbesondere aber mache es keinen Sinn, etwas wie eine »einvernehmliche Beziehung« zwischen Kindern und Erwachsenen zu konstruieren und dabei das naturgegebene strukturelle Machtgefälle durch die überlegene Position des Erwachsenen zu leugnen. Unter diesen Umständen an ein gleichberechtigtes Liebesverhältnis zu glauben bezeichnet nicht nur Walter Wilken, Geschäftsführer des Deutschen Kinderschutzbundes, als *»groben Unfug«*.

Ein wesentlich diffizilerer ethischer Konflikt ist allerdings, inwieweit die Positionen von Gruppen wie der AG-Pädo und ihren Angehörigen generell in der öffentlichen Debatte tabuisiert werden sollten. Hier spielt sich das Dilemma zwischen zwei Polen ab: Der eine ist der hohe Wert der Meinungsfreiheit in einer demokratisch-liberalen Gesellschaft und die Erkenntnis, dass man sich wissenschaftlich und gesellschaftlich einer »Wahrheit« nur annähern kann, wenn man unterschiedliche Auffassungen aufeinandertreffen lässt. Der andere Pol ist die Befürchtung, dass schon das Einbeziehen der Argumente von Pädophilen in die Debatte von tatsächlichen Missbrauchstätern als (Selbst-)Rechtfertigung und ideologischer Vorwand benutzt werden kann. Insbesondere vor dem Hintergrund schwerster Sexualverbrechen an Kindern in den letzten Jahren gibt man heute letzterer Position weit überwiegend Vorrang.

»Aimee & Jaguar«
Deutscher Liebesfilm, 1999, unter der Regie von Max Färberböck nach der Vorlage des Erfolgsromans von Erika Fischer mit demselben Titel. Erzählt wird die Entwicklungsgeschichte von der anfangs biederen deutschen Ehefrau und Mutterkreuzträgerin Lilly Wust (Juliane Köhler), die im Dritten Reich ihre Kinder versorgt, während ihr Mann an der Front ist, und dabei den Nationalsozialismus wie selbstverständlich unterstützt. Aus diesem Leben lässt sie sich herausreißen, als sie über ihre Haushaltshilfe die junge, hübsche Felice (Maria Schrader) kennenlernt, die mit ihrem bohemienhaften, lebensfreudigen Umfeld einen großen Reiz auf sie ausübt. Spätestens als Felice versucht, Lilly auf erotischer Ebene näherzukommen, muss diese erkennen, sich in ihre neue Freundin verliebt zu haben, woraufhin sich die beiden unter den Namen Aimee und Jaguar zärtliche Briefe und Gedichte schreiben. Allein Felices häufiges Verschwinden für mehrere Tage, das diese nie erklärt, befremdet Lilly mehr und mehr. Schließlich fordert sie eine Erklärung. Zu ihrem Schreck erfährt sie, dass Felice jüdisch und im Untergrund gegen die Nationalsozialisten tätig ist. Dennoch ringt Lilly sich dazu durch, sich von ihrem Mann zu trennen und mit ihrer Geliebten eine Lebensgemeinschaft einzugehen, die allerdings tragisch endet. Der Film eröffnete 1999 die Berlinale und erbrachte den Hauptdarstellerinnen einen silbernen Bären. Bemerkenswert erscheint, dass diese »Liebe im Widerstand« nicht romantisch überhöht wird, sondern auch kritische Aspekte in Lillys Verhalten und ihrer nachträglichen Verklärung dieser Beziehung thematisiert werden. → Homosexualität

»Ai no Corrida«
→ »Im Reich der Sinne«

Alexandre, Claude
Pariser Kunst- und Theaterfotografin (geboren 1940), die sich in vie-

len erotischen Aufnahmen mit Grenzbereichen der menschlichen Sexualität beschäftigt. Eine gelungene Zusammenstellung liefert etwa ihr Fotoband »Gewalt und Zärtlichkeit. Fotografien aus dem Liebesleben in Paris«, der im Konkursbuch Verlag erschienen ist.

»Alice Cooper«

Ursprünglich Name einer Rock-Band, dann reduziert auf ihren Frontmann Vincent Damon Furnier, geboren am 4. Februar 1948 in Detroit, Michigan, aufgewachsen als Sohn einer stark christlich-religiösen Familie (Vater und Großvater waren Prediger) in Phoenix, Arizona. Nach einem Studium an der Kunstakademie gründete Furnier unter dem musikalischen Einfluss der Beatles mit seinen Freunden Glen Buxton, Neal Smith, Dennis Dunaway und Michael Bruce zunächst die Band The Spiders, deren Konzept in einer dadaistischen Durchmischung von Rock und Theater bestand. In der zweiten Hälfte der sechziger Jahre benannte sich die Band in The Alice Cooper Group um. Als Grund dafür gab Furnier an, er halte sich für eine wiedergeborene Hexe dieses Namens aus dem 17. Jahrhundert. Tatsächlich sollte diese Suggerierung von → Transgender, ebenso wie die dazu passenden Auftritte mit geschminkten Gesichtern und in Frauenkleidern, eher die zu dieser Zeit in höchster Blüte stehende Flower-Power-Bewegung konterkarieren, außerdem das Publikum schockieren und provozieren – so wie es Jahre zuvor eben die Beatles getan hatten. Cooper verstand sich und seine Band dabei aber als weitgehend unpolitisch (auch wenn er sich später scherzhaft um das Amt des US-Präsidenten bewerben sollte), weil Rock und Politik für ihn zwei getrennte Bereiche darstellten. Ihm ging es stattdessen um schräg-makabre Darbietungen zwischen Horror, Trash und Karneval, womit im Zeitalter der harmoniesüchtigen Hippies eine Selbstinszenierung als gesellschaftlicher Außenseiter verbunden war. Dies wirkte sich auf die Musikbranche so stark aus, dass Cooper in Los Angeles bei Clubs wie Plattenfirmen nur schwer einen Fuß in die Tür bekam, was sich erst durch seine Bekanntschaft mit Frank → Zappa änderte. Zappa war gerade von der Unkonventionalität der Band begeistert und zeigte sich als einziger bereit, sie unter Vertrag zu nehmen und auf seinem Label »Straight Records« Ende der Sechziger zwei Cooper-Alben erscheinen zu lassen. 1971 machte die Band Bekanntschaft mit dem Produzenten Bob Ezrin, der ihr für das Album

»Love It to Death« erstmals einen charakteristischen, wiedererkennbaren Hardrock-Sound verpasste, was prompt zu einem ersten Hit (»Eighteen«) führte. Charakteristisch war neben dem neuen akustischen Image und den phantasievollen Bühnenauftritten (beispielsweise mit Rauchbomben, angedeuteten Kinderschändungen, Messerstechereien, einer Guillotine und einer Boa Constrictor als Teil der Show) vor allem Coopers Begeisterung für Tabubrüche jeglicher Art in seinen Texten. Diese rangierten von exzessiver Gewalt (»Dead Babies«) über Geistesgestörtheit (»Ballad of Dwight Fry«) bis zur → Nekrophilie (»I Love the Dead« und »Cold Ethyl«). In »Black Juju« schildert Cooper nach Art eines Hörspiels das Erwachen eines Zombies, in »Refrigerator Heaven« lässt der krebskranke Ich-Erzähler seinen Körper einfrieren. Der Vorwurf des → Satanismus blieb nicht aus, und Coopers immer noch als Prediger tätiger Vater musste seiner Gemeinde versichern, dass sein Sohn keineswegs schwarze Messen feiere. 1974 führten diverse Exzesse zu einer Auflösung der Band, und Cooper startete mit seiner Solo-Karriere durch. Inzwischen war er allerdings zum Alkoholiker geworden und musste eine Entziehungskur beginnen. Er verband das Unangenehme mit dem Nützlichen und ließ sich statt in eine normale Entzugsklinik in eine Nervenheilanstalt einliefern. Die schweren Störungen seiner Mitpatienten benutzte er als Inspiration und konzipierte von dort aus das Album »From the Inside«. Trotz solcher kreativen Einfälle nahm seine Beliebtheit in den achtziger Jahren kontinuierlich ab. Kritiker waren zwiegespalten darüber, dass Cooper in seinen Texten als Ich-Erzähler unaufhörlich die befreiende Erfahrung der eigenen Gewalttätigkeit feierte, um sich dann jedesmal traurig und desillusioniert davon abzuwenden und Gewalt als selbstzerstörerisch zu geißeln. Im Jahr 2000 schockte Cooper manche seiner Fans noch einmal mit seinem öffentlichen Bekenntnis zum Christentum. In einem ausschlaggebenden Interview bekundete er, immer ein gläubiger Mensch gewesen zu sein, vor allem aber seine plötzliche Heilung von der Alkoholsucht als persönliches Wunder erlebt zu haben. Seine frühere Einstellung, in seinem Leben soviel Sex, Party und Alkohol wie möglich mitzunehmen, lehne er inzwischen als schädlich ab. Was die Welt angehe, erkenne er momentan einen neuen Hunger nach Werten, der zu einem spirituellen Erwachen führen werde. In diesem Zusammenhang kritisierte er den Schock-Rocker Marilyn → Manson, für den Cooper früher offenbar als zentrales Vorbild gedient hatte, und dabei insbesondere dessen Selbstinszenierung als Antichrist. Cooper legte Wert darauf, Rock'n'Roll-Star und Christ zugleich sein zu können.

Alkoholismus

Durch dauerhaften übermäßigen Genuss von Alkohol hervorgerufene seelische und körperliche Suchtkrankheit. Man nimmt an, dass sie durch ein Bündel seelischer, sozialer und biologischer Ursachen hervorgerufen wird. Zu den körperlichen Faktoren gehört ein genetischer Defekt des Enzyms Alkoholdehydrogenase, das normalerweise Alkohol abbaut, sowie die in Stress-Situationen verstärkte Ausschüttung des Hormons Hydrocortison bei den Erkrankten, was diese durch Alkoholkonsum ausgleichen möchten. Dazu kommt, dass Alkoholkonsum in unserer Gesellschaft akzeptiert wird und dass die Lebensumstände vor allem in den Industriestaaten häufig Stress und soziale Isolation bedingen. Die »Deutsche Hauptstelle gegen Suchtgefahren« (DHS) schätzt hierzulande etwa acht Millionen Menschen als stark alkoholgefährdet ein. Tatsächlich alkoholabhängig waren 2001 der Drogenbeauftragten der Deutschen Bundesregierung sowie der DHS zufolge 1,5 bis 1,6 Millionen Menschen, die Senatsverwaltung für Gesundheit, Soziales und Verbraucherschutz Berlin geht gar von 2,5 Millionen aus. Rund 73.000 Bundesbürger kommen jährlich durch Alkohol zu Tode. Die immense Zunahme an Süchtigen in den letzten Jahrzehnten (nach dem Zweiten Weltkrieg waren es 200.000 Erkrankte) weist darauf hin, welche große Rolle die gesellschaftlichen Bedingungen spielen. Insbesondere die Zahl der Frauen, Jugendlichen und Kinder unter den Betroffenen steigt weiter an. Je klarer der Öffentlichkeit jedoch wird, dass Alkoholismus nicht lediglich einen untauglichen Versuch der Problembewältigung, sondern ein vielschichtiges Krankheitsbild darstellt, desto weniger werden die Erkrankten gesellschaftlich ausgegrenzt und diskriminiert. Die weichende Tabuisierung führt dazu, dass die Betroffenen ihr Problem weniger verbergen müssen, da es ja nicht länger auf ihr persönliches Versagen zurückzuführen ist – also etwa auf Willensschwäche oder Labilität. Die Behandlung kann früher aufgenommen werden und führt so auch zu größeren Heilerfolgen. Zu diesen Erfolgen trägt bei, dass inzwischen im Alkoholismus das Hauptproblem gesehen wird, das zu bekämpfen ist, anstatt ihn nur als Symptom oder Konsequenz tiefer liegender Störungen wahrzunehmen. Allerdings kann Alkoholmissbrauch wiederum hinter anderen Problemen verborgen liegen, etwa hinter psychischen und körperlichen Beschwerden, Partnerproblemen, Gewalt in der Familie, sexuellem Missbrauch und der Vernachlässigung von Kindern. Im Januar 2003 wies die DHS darauf hin, dass Bund, Länder und Gemeinden jährlich nur zehn Millionen Euro zur Aufklärung über Suchtgefahren aufwendeten, während die Alkohol- und die Tabakindustrie 890 Millionen Euro für Werbung ausgäben. Marion Caspers-Merk, die Drogenbeauftragte der Bundesregierung, kritisierte, dass aufgrund von Lücken im Hilfssystem viele Suchtkranke zu spät behandelt und gefährdete Jugendliche durch die bestehenden Hilfen kaum erreicht würden.

Die bekanntesten Kinofilme, die Alkoholismus zum Inhalt haben, drehten sich lange Zeit häufig um männliche Erkrankte: »Barfly« (mit Mickey Rourke), »Leaving Las Vegas« (mit Nicolas Cage) sowie »Shining« (mit Jack Nicholson). Trinkerinnen wurden vor allem in den letzten Jahren verstärkt dargestellt, so etwa in »When a Man Loves a Woman« (mit Meg Ryan), in »28 Tage« (mit Sandra Bullock), aber auch schon 1966 in »Wer hat Angst vor Virginia Woolfe?« (mit Elizabeth Taylor und Richard Burton).

Websites: www.alkohol-web.de, www.trockenbleiben.de

Amendt, Günther

Renommierter deutscher Sexualforscher. Seine Bücher »Sex Front« und »Sex Buch« wurden 1998 ebenso wie das von Amendt mitgestaltete Jugendmagazin »extrem« unter dem Vorwurf der Verbreitung von Kinderpornographie beschlagnahmt. Einige LKA-Beamte, ein Staatsanwalt und ein Amtsrichter hatten Anstoß an einem Foto genommen, das zwei Kinder bei Doktorspielen, also der gegenseitigen Erforschung ihrer nackten Körper, zeigte. Dabei hatte der Junge eine Erektion. Der zuständige Richter erkannte in dieser Inszenierung eine rechtswidrige Tat.

Quelle mit Abbildung des strittigen Fotos: Roland Seim und Josef Spiegel (Hrsg.): Der kommentierte Bildband zu »Ab 18«. Münster 1999

»American Beauty«

Gesellschaftssatire, USA 1999, unter der Regie von Sam Mendes. Dieses Drama um den Niedergang einer typischen US-amerikanischen Mittelstandsfamilie zentriert sich vor allem um deren Vater Lester Burnham (Kevin Spacey). Aus seiner Beziehung zu seiner verbittert-zickigen Frau Carolyn (Annette Bening) ist jede Liebe gewichen, auch für seine Tochter Jane (Thora Birch) stellt er weder Ratgeber, noch Vorbild mehr dar. Stattdessen hält sie ihn für einen bemitleidenswerten Verlierer: eine Zuordnung, die Lester für sich selbst bald übernimmt. Das jedoch ändert sich, als er Janes attraktive Freundin Angela (Mena Suvari) kennen lernt, die bald ins Zentrum seiner erotischen Tagträume rückt – ob bei der → Selbstbefriedigung unter der Dusche oder andernorts. Lester erlebt einen persönlichkeitsverändernden zweiten Frühling, gibt seinen Job auf, fängt an, Hasch zu rauchen und hört wieder Pink Floyd – ein Abweichen von der ihm aufgezwungenen Rolle, das die innerfamiliären Konflikte nur verschärft. Gleichzeitig entwickelt sich auch ein Konflikt nach außen, nämlich mit der benachbarten, noch weit gestörteren Familie Fitts, in welcher der Vater, ein Colonel im Berufs- wie im Privatleben, noch Autorität ausübt: etwa indem er von seinem Sohn Ricky alle sechs Monate Urinproben für Drogentests verlangt. Ricky ist tatsächlich ein Drogendealer, aber auch ein Voyeur, der mit seiner Videokamera Jane Burnham beobachtet. Das findet diese zunächst irritierend, schließlich aber wächst ihre Faszination ...

»American Beauty« verkettet mehrere gesellschaftliche Tabuhandlungen (Drogenmissbrauch, Voyeurismus, Ehebruch und zumindest ansatzweise pädophile Phantasien eines Mittvierzigers), inszeniert sie aber nicht als moralisch verwerflich. Elke Bankertt urteilt in der »Bonner Illustrierten« über Mendes Vorgehen: *»Seine nüchterne Art, den heiligen amerikanischen Tabus, den Boden unter den Füßen zu entziehen, schlägt ein wie eine Bombe. Er macht sich dabei Kevin Spaceys göttliche Gesichtslosigkeit zunutze, die die Variationen vom gutmütigen Spießer bis hin zum krisengeschüttelten Pädophilen spielend überwindet. (...) Spaceys Darstellung eines lüsternen Vaters im zweiten Frühling ekelt und reizt zugleich, ist bemitleidenswert, politisch unkorrekt und das Großartigste an Schauspielkunst im Kino der Gegenwart.«*

Der Film erhielt drei Golden Globes und acht Nominierungen bei der Oscarverleihung 2000, wo er schließlich fünffach ausgezeichnet wurde: für Regie, Hauptdarsteller, Drehbuch, Kamera und als bester Film des Jahres.

»American Psycho«

Radikaler Gewaltthriller (New York 1991, dt. Köln 1993) des US-amerikanischen Literaten Bret Easton Ellis, in dessen Haupfigur Patrick Bateman (eine Anspielung unter anderem auf Norman Bates aus Hitchcocks → »Psycho«) sich zwei ikonographische Gestalten der »unmoralischen« achtziger Jahre vereinen: der Wall-Street-Yuppie und der → Serienmörder. Bateman wird als ein superreiches Mitglied der New Yorker Oberschicht gezeigt, der vor lauter Reichtum nichts anderes mehr zu tun hat, als sich über die erlesensten Restaurants, Kleidungsstücke und Accessoirs en detail zu informieren, um mit dem so gewonnenen Wissen und Besitz seine Bekannten zu übertrumpfen, an deren Namen und Gesichter er sich allerdings nie erinnert, zwischendurch seinen »Hardbody« zu stählen und hin und wieder ein paar Menschen grausam abzuschlachten, die im Gedächtnis ihrer Mitmenschen ebenfalls keine Spuren hinterlassen haben und die deshalb auch niemand vermisst: von Obdachlosen über sexuelle Gespielinnen bis hin zu anderen Yuppies. Dass Batemans verschobene Wahrnehmung und Gewichtung der Werte kein individuelles Problem darstellt, wird in manchen Szenen satirisch deutlich – etwa, als er von einem zufällig vorbeikommenden Bekannten beim Verladen einer Leiche in seinen Kofferraum ertappt wird, sich dieser Bekannte aber nur für die Qualität des zum Transport verwendeten Kleidersacks interessiert. Welcher beruflichen Beschäftigung Bateman eigentlich nachgeht, erfährt der Leser nie.

Ellis' Roman stellt die Verbindung von Sexualität und Gewalt in einer rücksichtslosen Brutalität dar wie kaum ein anderes literarisches Werk zuvor. Eine Szene, die anfangs an die Ästhetik gängiger SM-Erotik erinnert, kippt im Verlaufe weniger Zeilen in deren vollständige Dekonstruktion um: »*In meinem Schlafzimmer liegt Christie noch auf dem Futon, an die Bettpfosten gefesselt, mit Kordel verschnürt, die Arme über dem Kopf, ausgerissene Seiten aus dem ›Vanity Fair‹ vom letzten Monat in den Mund gestopft. An eine Batterie angeschlossene Jumperkabel sind an ihre Brüste geklemmt, die langsam braun werden.*« (S. 402) Wie Patrick Bateman, der Ich-Erzähler der Geschichte, sich junge Call-Girls in seine Wohnung lockt und sie dann auf grauenvolle Weise foltert und tötet, so lockt Bret Easton Ellis, der Autor, den Leser hinein in die Handlung, um ihn mit der Gewalttätigkeit seiner Schilderungen zu konfrontieren: »*Tiffany leckt hungrig Torris Pussy, nass und schimmernd, und Torri greift nach unten und knetet Tiffanys große, feste Titten. Ich beiße fester, an Tiffanys Fotze kauend, und sie verkrampft sich. ›Ganz locker‹, sage ich beruhigend. Sie fängt an zu jaulen, will wegrutschen und kreischt schließlich laut auf, als sich meine Zähne in ihr Fleisch graben. Torri denkt, Tiffany würde kommen, und presst ihre eigene Fotze härter auf Tiffanys Mund, ihre Schreie erstickend, aber als ich zu Torri hochschaue, das Gesicht voller Blut, den Mund voller Fleisch und Schamhaare, und das Blut aus Tiffanys zerfetzter Fotze auf die Bettdecke schießt, spüre ich, wie eine Welle plötzlichen Horrors sie überläuft.«* (S. 420).

Ellis' alle bisherigen Grenzen sprengende Darstellungsweise führte noch vor der Veröffentlichung seines Romans zu einer Debatte über die Notwendigkeit von Zensur. Einige Frauen in dem Verlag, in dem »American Psycho« ursprünglich erscheinen sollte, protestierten derartig lautstark gegen die Gewaltszenen des Werkes, dass die Verlagsleitung einen Monat vor dem Vertrieb des Buches in den Handel von seiner Veröffentlichung zurücktrat. Als Ellis einen anderen Verleger fand, organisierte die US-amerikanische Frauenrechtsorganisation NOW einen nationalen Boykott sämtlicher Titel des Verlages sowie einen umfassenden Telefonterror gegen Mitglieder seiner Chefetage. (Wie stolz Tammy Bruce, die Hauptverantwortliche für diesen massiven Zensurversuch, heute noch ist, lässt sich in ihrem aktuellen Buch »The New Thought Police« nachlesen, das sich ironischerweise *gegen* den politischen Meinungsdruck selbsterklärter »Minderheiten« einsetzt.) Vom Inhalt »American Psychos« war diesen Feministinnen nichts weiter bekannt als einige wenige vorveröffentlichte und aus dem Kontext gerissene Stellen wie die oben zitierten, auf denen allerdings die Höhepunkte der Grausamkeiten geschildert wurden. Im renommierten »New York Times Book Review« betitelte daraufhin der Rezensent Roger Rosenblatt seine Besprechung des Buches »Snuff This Book! Will Bret Easton Ellis Get Away With Murder?« (auf deutsch etwa: »Murkst dieses Buch ab! Kommt Bret Easton Ellis mit Mord davon?«). Frauenrechtlerinnen wie Tara Baxter bliesen in dasselbe Horn und erklärten, dass American Psychos wie Bret Easton Ellis ein wesentlicher Bestandteil des Patriarchats seien und man mit ihnen *»auf schnelle und angemessene Weise«* verfahren solle. Ellis selbst zeigte sich in Interviews und anderen Stellungnahmen zu dieser Debatte befremdet. Wie es in einer sachlichen Analyse des Romans sowie anhand von Ellis' vorhergehenden Erzähltexten (»Less than Zero«, »The Rules of Attraction«) unschwer herauszuarbeiten gewesen wäre, handelt es sich bei ihm um einen sehr konservativen Autor, der eben jene Dinge in seinen Büchern pointiert darstellt und beklagt, die er als gesellschaftliche Verfallserscheinungen wahrnimmt. Er gehört damit in jene aus der Underground-Literatur hervorgegangene literarische Strömung der »Blank Generation«, die etwa auch Catherine Texier, Mary Gaitskill, → Hubert Selby, Kathy Acker und Jay McInerney umfasst. Diese zeichnete sich durch die radikale Kritik an der Dekadenz insbesondere der achtziger Jahre aus, wobei sie hauptsächlich das im Schatten entmoralisierter Wirtschaftspolitik immer dunkler werdende Alltagsleben, Konsumterror und Medienüberflutung, den wachsenden Geschlechterkonflikt und die Verbindung des Sexuellen mit dem Finanziellen sowie von Eros und Thanatos angesichts der »Lustseuche« AIDS zu ihren Hauptthemen machte. Ellis' Einschätzung nach müsse die sexuelle und moralische Freizügigkeit der amerikanischen Gesellschaft unweigerlich zu solchen Monstern wie Patrick Bateman führen. Demnach ist er in keiner Weise mit einem umstürzlerischen Autor wie → de Sade zu vergleichen. *»Like David Lynch, Ellis is merely ›weird on top‹ not ›wild at heart‹«,* hält die Literaturwissenschaftlerin Elizabeth Young in ihrem »Shopping in Space« (New York 1993) fest (→ Lynch, David). Ellis Werke wurden aber in weiten Kreisen offensichtlich nur auf der Oberflächenebene rezipiert, der tieferliegende Gehalt nicht wahrgenommen. Eine Ausnahme davon bildeten lediglich einige Literaturwissenschaftler, die sich in sehr kurzer Zeit sehr ausführlich mit diesem Werk beschäftigten und auf eine Unzahl diskutierenswerter Themenkomplexe stießen: so etwa Ellis' Kritik an Paul Feyerabends Credo der Postmoderne: »anything goes!«, seine Auseinandersetzung mit der dekadenten US-amerikanischen Gesellschaft unter Reagan und Bush, die Dekonstruktion des menschlichen Körpers, die Deindividualisierung der Protagonisten, intertextuelle Verweise, das Spiel mit dem unzuverlässigen Erzähler und Dutzende von anderen hochinteressanten Unterpunkten. Dass ein Rezensent der »Zeit« Ellis' Hauptwerk als einen der wichtigsten Romane der vergangenen Jahrhunderthälfte charakterisiert, verwundert vor diesem Hintergrund nicht. Dennoch stand »American Psycho« von Januar 1995 bis März 2001 in Deutschland als einzigem Land der Erde auf dem Index. Erst nachdem der Verlag gegen diesen Beschluss der → Bundesprüfstelle für jugendgefährdende Schriften geklagt hatte, darf Ellis' Roman gemäß einem Urteil des Oberverwaltungsgerichtshofs Münster wieder offen im Buchhandel ausliegen.

Eine Verfilmung dieses Textes wurde lange Zeit für sehr heikel, wenn nicht generell undurchführbar gehalten. Als Regisseur war unter anderem Oliver Stone, als Hauptdarsteller Leonardo di Caprio im Gespräch. Im Jahr 2000 wagte sich Mary Hannon an dieses Unterfangen und löste das Problem, wie die extremen Gewaltakte auf die Leinwand gebracht werden konnten, indem sie sich nur auf Andeutungen wie Blutspritzer und ähnliches beschränkte und sich ansonsten auf die Darstellung von Patrick Batemans kalt-steriler Yuppie-Existenz konzentrierte. Hannons Film wirkt auf Zuschauer, die mit dem Originaltext und seiner Sekundärliteratur gut vertraut sind, satirisch außerordentlich gelungen und erheiternd, wurde aber von dem Massenpublikum, das mit vielen Anspielungen nichts anfangen konnte, als allzu blutleer und damit nichtssagend-langweilig empfunden (zumal die Achtziger ja nun auch schon zehn Jahre vorüber sind). Im Jahr 2002 erschien unter der Regie von Morgan Freeman und mit Mila Kunis sowie William Shatner in den Hauptrollen eine filmische Fortsetzung direkt auf Video und DVD. Darin avancierte eine weibliche Überlebende von Batemans Killerorgien auf dem College selbst zur Serienmörderin.

Amputiertenfetischismus

→ »Crash«

»andersTrend – das schwule Magazin«

Seit dem 22. Februar 1999 um 23:00 Uhr das erste bundesweit ausgestrahlte Magazin (RTL) speziell zum Thema → Homosexualität, das sich laut Selbstverständnis auch an Heterosexuelle richtet. Hatte es sich in den ersten Folgen noch zum Ziel gemacht, aufzuklären, zu informieren und Klischeevorstellungen zu überwinden, regte Mitte 2001 Andre Zalbertus, Geschäftsführer des auftraggebenden Kölner center-TV, einen thematischen Wechsel weg von der Problematisierung hin zu Lifestyle und Fun an. Schließlich sei in den Zeiten der Homo-Ehe und eines offen schwulen Berliner Bürgermeisters der Umgang mit diesem Thema wesentlich unverkrampfter. Schwule soll-

ten von nun an als konsumfreudige und körperbewusste Trendsetter nach Vorbild der Hetero-Zeitschrift »Men's Health« inszeniert werden. Produzenten der Sendung sind die offen homosexuellen Prominenten Alfred Biolek und Dirk Bach (→ »Lukas«), die sich zur Pro-GmbH zusammengeschlossen haben und dieses Magazin ins Leben riefen. Mit im Boot sind zwei Stars der → »Lindenstraße«: David Wilms als Redaktionsleiter und Georg Ücker als Moderator der ersten Sendung, danach abgelöst von Boris Henn. In der dritten Ausgabe, ausgestrahlt im November 1999, wurden zum ersten Mal lesbische Themen aufgegriffen.
Quellen: http://gaystation.de, www.gayshow.de

Angot, Christine
→ »Inzest«

»Annie Sprinkle's Herstory of Porn: Reel to Real«
(Untertitel: »Based upon the stage show directed by Emilio Cubeiro«) Autobiographische Dokumentation über das Leben der feministischen Pornodarstellerin und Performance-Künstlerin Annie Sprinkle unter der Regie von ihr selbst und Scarlot Harlot (→ Pornographie). Vor dem Hintergrund Dutzender von Videoclips breitet Sprinkle das Panorama ihrer drei Jahrzehnte währenden Tätigkeit in der Erotik-Branche aus: Diese beginnt mit an männliches Publikum gerichteten Low-Budget-Produktionen, die sich von Jahr zu Jahr bizarrer entwickelten und Elemente wie Vergewaltigungsszenen, Sich-Erbrechen, Zwerge und Schamlippen-Piercen in sich aufnahmen. Sprinkle schildert eindringlich die inneren Konflikte, die bei diesen Aufnahmen in ihr tobten. In den Achtzigern brachte Sprinkle ihr erstes eigenes Video auf den Markt, das zugleich als der erste von einer Frau produzierte Pornofilm gilt: »Deep Inside Annie Sprinkle« zeigt seine Titelfigur, wie sie sich neben den männlichen Besuchern eines zwielichtigen Kinofilms, die einen ihrer früheren Filme betrachten, provokativ selbst befriedigt; andere Szenen setzen sich mit dem weiblichen Orgasmus, tantrischer Sexualität oder erotischen Stilleben auseinander. In den Neunzigern führte Sprinkle aufgrund der AIDS-Gefahr das Konzept des Safe-Sex in die Porno-Branche ein (das nur von wenigen anderen Produzenten aufgegriffen wurde) und etablierte in diesem Genre außerdem neue Themen wie Blutspiele, transsexuelle

Erotik, postnukleare Sexualität, Gruppenselbstbefriedigung von Frauen oder die so genannte Metabation (Masturbation als Meditation). Sprinkle beschließt ihre Dokumentation mit dem Statement: *»Die Antwort auf wirklich üble Pornographie ist nicht keine, sondern bessere Pornographie.«*

Internet: Annie Sprinkles Website existiert unter www.gatesofheck.com/annie.

»Apocalypse Culture«

Von Adam Parfrey herausgegebene Textsammlung in zwei Bänden, 1987 und 2000. Beide Bände wirken auf den ersten Blick wie die Sammlungen der Weltanschauungen von psychisch oder sozial stark herausgeforderten Menschen, die nichts weiter als provozieren wollen, stellen in Wahrheit jedoch einen (umstrittenen) Abriss des gesellschaftlichen Unterbewusstseins vor allem der USA, aber auch der westlichen Welt insgesamt dar. Das erste Buch, das sich rasch zum Underground-Klassiker entwickelte, griff einige der Aspekte auf, die sich bereits in den Achtzigern im Randbereich der öffentlichen Wahrnehmung bewegten und in den Neunzigern auch in die Mainstream-Medien einsickerten (so etwa Verschwörungstheorien, Ufologie, Serienkiller-Philosophie und Body Modification). Mit am bekanntesten wurde es indes durch sein Interview mit der Leichenfetischistin Karen Greenlee (→ Nekrophilie). Fünfzehn Jahre nach der Erstveröffentlichung sind einige Leser immer noch schockiert, andere hingegen eher gelangweilt. Der Nachfolgeband »Apocalypse Culture II« steht ganz in der Tradition seines Vorgängers und enthält unter anderem Porträts des japanischen Kannibalen Issei → Sagawa und des Charles-Manson-Komplizen Bobby Beausoleil, einen Bericht über die Ein-Mann-Gruppe »Juden für Hitler«, eine Interpretation des Songs »American Pie« durch die rechtsextremen Aryan Nations, die Gedankengänge eines Pädophilen (→ Pädophilie), Briefe an Anton La Vey (→ Satanismus), Liebesgedichte des Reagan-Attentäters Hinckley an Jodie Foster sowie die Berichte zweier Frauen, die behaupten, Sexsklavinnen der US-Regierung zu sein. Praktisch ist eine herauskopierbare »necrocard«, deren Träger damit sein Einverständnis signalisieren kann, nach seinem Tode anderen bei sexuellen Experimenten zu helfen. In ihrem Unterschriftsfeld können auch verschiedene Einschränkungen (»nur homosexuell«, »nur heterosexuell« oder »keine Verstümmelungen während des Geschlechtsakts«) angekreuzt werden.

Appelt, Ingo

1967 in Essen geborener Comedy-Star. Er verließ die Hauptschule nach der neunten Klasse, um bei Siemens eine Lehre als Maschinenschlosser zu beginnen, woraufhin er Jugendvertreter der IG Metall wurde und dort als Jugendausschussvorsitzender Seminare leitete. Nach seinem ersten öffentlichen Auftritt 1989 bei der Bundesjugendkonferenz dieser Gewerkschaft beteiligte er sich 1990 an der Wahlkampfkampagne, die den SPD-Politiker Lafontaine zum Bundeskanzler machen sollte. Seine Karriere im Fernsehen begann kurz darauf mit einer Imitation des Papstes in der Nachmittags-Talkshow »Hans Meiser«. Durch Auftritte bei »RTL Samstag Nacht«, der Nachrichten-Verulke »7 Tage – 7 Köpfe« (ebenfalls RTL) und dem »Quatsch Comedy Club« (Pro 7) erlangte er bundesweite Berühmtheit. Am 3. Januar 2000 hatte er seine erste eigene Show, die sogar für den Grimme-Preis nominiert wurde. Am 14. September 2000 ging seine »Ingo-Appelt-Show« bei Pro 7 in Serie, wobei das demonstrativ von ihm ins Publikum gehaltene goldene »Ficken«-Schild rasch zu seinem Markenzeichen wurde. Pro 7 setzte die Show jedoch sehr bald wegen *»geschmacklicher Entgleisung«* ab, nachdem Appelt am 23. November mit einer Babypuppe auf eine Torwand geschossen hatte.

Die von Appelt gebrochenen Tabus spielen sich vor allem auf der Ebene der Sexualität und der Körperausscheidungen ab – etwa wenn er sich ausführlich mit dem Problem beschäftigt, dass sich nach der → Selbstbefriedigung in der Wanne oder im Schwimmbad das Ejakulat doch recht hartnäckig in der Körperbehaarung festsetzt. Dennoch bezeichnet er sich selbst als *»Comedian in einer aufklärerischen Position«* und erklärt: *»Grundsätzlich sind Tabus da, um die Menschen zu disziplinieren. Das kann manchmal gut sein. Dass man Leuten beispielsweise nicht in die Fresse haut, dass man sie nicht erschießt oder einfach so angreift. Tabus sind auch etwas Eigentümliches und da macht das Brechen natürlich auch Spaß. Gerade im Erotik- und Sexbereich sind Tabus nicht sonderlich hilfreich.«*

Von Kritikern wird Appelt indes eher skeptisch bewertet und auch stellvertretend für den Niedergang des Comedy-Formates insgesamt gesehen. So kommentiert Oliver Welke dazu in seinem Artikel »Fut-

ter für die Spaßgesellschaft«: »*Bestimmte Formate – wie die Ingo-Appelt-Show – setzen zur Zeit Pointe mit Tabubruch gleich. Ein Denkfehler, denn Tabubrüche an sich sind überhaupt nicht lustig. Über ein Schild mit der Aufschrift ›Ficken‹ kann sich ernsthaft niemand mehr aufregen, vom Drüber-Lachen ganz zu schweigen. Keine Missverständnisse bitte: Die vielzitierten Grenzen des guten Geschmacks und auch die Grenzen der Satire verantwortet nur der Comedyautor, meinetwegen noch der Produzent, im Ernstfall auch mal der Gesetzgeber, nicht aber die empörte Grundschullehrerin zu Hause. Die kann aus- oder umschalten. Tabubrüche sind okay, sie müssen aber zwingend komisch sein. Und gerade Ingo Appelt beweist, dass man da schnell an seine Grenzen kommt. Kurz gesagt: Irgendwann ist die letzte Körperflüssigkeit ausgereizt.*« Ottfried Fischer, Kabarettist und Schauspieler, beklagt: »*Die Entwicklung, für die Ingo Appelt steht, ist schlimm. Welches Tabu soll noch gebrochen werden? Die Leute sind nicht so abgebrüht, wie manche Komiker meinen. Die TV-Comedy darf die Zuschauer nicht auspressen.*« Manuel Ochsenreiter kritisiert unter der Überschrift »Korrekter Tabubrecher« in der nationalkonservativen »Jungen Freiheit« vor allem die Kluft zwischen Appelts selbstgesetztem sozialkritischen Anspruch und der tatsächlichen Ebene seiner Späßchen: »*Appelt, der so gerne böse wäre, hält es tatsächlich auch noch heute für einen Tabubruch, als Hobby ›ficken‹ anzugeben oder Helmut Kohl nachzumachen.*« Weshalb Appelt ausgerechnet wegen dem Torwandschießen von Pro 7 gekickt wurde, ist Ochsenreiter nicht ganz ersichtlich, »*gab und gibt es doch schon immer nicht minder dämliche Szenen in den einschlägigen ›Comedy-Shows‹. Wahrscheinlicher ist, dass Appelts Show selbst den Programm-Machern von Pro 7 zu seicht war, um ihr eine Zukunft zu prognostizieren. Aber bestimmt findet sich auch in Zukunft für Appelt ein lauschiges TV-Plätzchen, an dem er ›mutig, frech und böse‹ die Tabus der frühen fünfziger Jahre brechen darf.*«
Website: www.ingo-appelt.de

»Asphalt Cowboy«

(Originaltitel: *Midnight Cowboy*), USA 1969, unter der Regie von John Schlesinger, nach einem Drehbuch von Waldo Salt nach der literarischen Vorlage von James Leo Herlihy. Hauptfigur ist der aus Texas stammende Landbursche Joe Buck (Joe Voight), der, statt weiter seine Zeit als Tellerwäscher zu verbringen, nach New York zieht, um dort reichen Frauen als Cowboy-Callboy zu Diensten zu sein. Da er jedoch nicht der erste mit diesem Einfall ist, stößt er auf einen einigermaßen übersättigten Markt. In einem Café lernt er den kleinen Gauner Enrico Rizzo (Dustin Hoffman) kennen, der ihn für zwanzig Dollar über seine Kontakte angeblich in einen Kreis vermögender Kundinnen vermitteln kann. Dies entpuppt sich allerdings als Schwindel, Rizzo setzt sich stattdessen mit dem Geld ab. Seine immer desaströser geratende finanzielle Situation zwingt Joe schließlich, sogar Männer als Freier anzunehmen. Durch einen Zufall stößt er wieder mit Rizzo zusammen ...

Schlesingers Drama um zwei Männer im Dschungel der Großstadt war ein gewagtes, aber letztlich mit Erfolg gekröntes Unterfangen. Wurde der Film durch ein X-Rating zunächst nur erwachsenen Zuschauern zugänglich, was einen Einbruch an den Kinokassen hätte bedeuten können, erhielt er trotz seiner Darstellung heikler Thematik die volle Anerkennung der Kritik. Unter anderem wurde er 1970 mit drei Oscars (bester Film, beste Regie und bestes adaptiertes Drehbuch) ausgezeichnet, die beiden Hauptdarsteller wurden für den Oscar immerhin nominiert. Der von Nilsson vorgetragene (und inzwischen von The Beautiful South gecoverte) Song »Everybody's Talking« errang internationale Berühmtheit, so wie John Barrys musikalische Untermalung dieses Films insgesamt Furore machte.

Die Tabubrüche von »Asphalt Cowboy« spielen sich vorrangig auf der sexuellen Ebene ab. War 1970 schon die Darstellung von → Homosexualität an sich ein Tabu, so gilt dies noch heute, wenn es um Themen wie männliche Prostitution geht (→ »Lindenstraße«). Ein anderes bis heute erhalten gebliebenes Tabu, das dieser Film aufgreift, ist die Vergewaltigung von Männern: Wie Joe in seinen Träumen immer wieder durchlebt, wurden er und seine große Liebe in seiner Jugend von Fremden gewaltsam zum Verkehr gezwungen. Generell stellt der Film Sexualität im Vergleich zu seiner Zeit sehr freizügig dar, verzichtet jedoch auf dramatisch-aufdringliche Inszenierungen, sondern bleibt zurückhaltend und einfühlsam, um gerade dadurch den Zuschauer besonders zu berühren. Ein zweiter Tabubruch liegt in der Angst vieler Menschen wohl vor allem in der US-amerikanischen Gesellschaft, vereinsamt auf der Straße zu landen und sich weder Essen noch ein Obdach leisten zu können. Wenn der Film hier eine schier ausweglose Welt bedrückender Verzweiflung zeichnet, nähert er sich stellenweise den Grenzen des für den Zuschauer Erträglichen.

»Audition«

Horrorthriller, Japan 1999, des Regisseurs Takashi → Miike. Sieben Jahre nach dem Tod seiner Frau macht sich der Geschäftsmann Aoyama (Ryo Ishibashi) auf die Suche nach einer neuen Partnerin. Sein bester Freund, ein Filmproduzent, bringt ihn auf den Gedanken, dazu das Vorsprechen mehrerer Kandidatinnen für die Hauptrolle einer angeblich geplanten Fernsehserie zu benutzen. Allerdings fällt eine Bewerberin nach der anderen durch – bis die anmutige Asami (Shiina Eihi) ihren Auftritt hat und einen selbstgeschriebenen Text über verlorene Kindheitsträume und den Tod vorträgt. Ayoma ist hingerissen, eine romantische Liebesbeziehung bahnt sich an. Doch nach einer gemeinsam verbrachten Nacht und der dringenden Aufforderung, nur sie zu lieben, verschwindet seine Traumfee. Ayoma und sein Freund machen sich auf die Suche und stoßen in Asamis Lebensgeschichte auf mehrere verschwundene Männer und verstümmelt aufgefundene Leichen. Bald stellt sich heraus, dass die gebildete Schönheit sich an Männern rächt, weil sie selbst einmal von einem Mann gequält wurde, und dass Aoyama ihr nächstes Opfer sein wird.

Da Miikes Werk die Folterung seiner männlichen Hauptfigur zeigt, war die Reaktion von Kinobesuchern und Kritik eher gespalten. Zwar wurde der Film mit mehreren Ehrungen ausgezeichnet, darunter dem Publikumspreis beim Fantasy-Filmfest in Toronto sowie dem Preis der internationalen Filmkritik auf dem Internationalen Filmfestival von Rotterdam, wo die europäische Uraufführung stattfand, aber bei letzerer Veranstaltung verließen auch zahlreiche Zuschauer den Vorführsaal. Miike selbst stellte »Audition« als einen Film vor, *»den einige von Ihnen nicht mögen werden«*. In der Tat waren ähnlich extreme Darstellungen im europäisch-amerikanischen Unterhaltungskino bislang kaum vorstellbar. Eben deshalb wird das Werk aber auch vielfach anerkennend gewürdigt, sei es in feministischen Interpretationen, sei es in der Fangemeinde des Horrorfilms.

»Ausweitung der Kampfzone«

→ Houellebecq, Michel

Azzarello, Brian

US-Comicautor, der vor allem durch seine bei DC erscheinende Serie »100 Bullets« bei Fans und Kritikern gleichermaßen für Aufsehen und Begeisterung sorgte. Unter anderem erhielt diese Serie den begehrten und hoch anerkannten Eisner-Award. Was Tabubrüche betrifft, geht Azzarello indes als Texter der »Hellblazer«-Comicserie (Ausgaben 146 bis 175), die zuvor von Autoren wie Jimmy Delano und Garth → Ennis geprägt worden war, einige Schritte weiter. Beschrieb Azzarello in dem Fünfteiler »Hard Times« sehr eindringlich die Gewaltstrukturen innerhalb eines US-amerikanischen Gefängnisses bis hin zu Vergewaltigungen der Häftlinge (→ männliche Opfer von sexuellen Nötigungen und Vergewaltigungen), rankte sich die Handlung in »Good Intentions« um eine Dorfgemeinschaft, deren Mitglieder nach Schließung eines Bergwerkes fast durchgehend der Arbeitslosigkeit anheimfielen und sich daraufhin nur noch durch das Herstellen sodomistischer SM-Pornographie für das Internet ernähren konnten (→ Zoophilie). Der von der Kritik gefeierte Vierteiler »Highwater« zeigte die Verbindungen zwischen US-amerikanischen Neonazis und Kreisen fundamentalistischer Christen auf; in dem Mehrteiler »Ashes and Dust« (März bis August 2002) schließlich ging es um die augenscheinliche Ermordung des Titelhelden der Serie in einem SM-Club (→ Sadomasochismus). In anderen Ausgaben sind Azzarellos Tabubrüche weniger pointiert, gehen aber immer noch darüber hinaus, was noch vor wenigen Jahren im Mainstream zulässig gewesen wäre. Ähnlich erfolgreiche Vorgänger des für erwachsene Leser bestimmten Labels »Vertigo« des DC-Verlages, so etwa Grant → Morrison oder Neil Gaiman, spielten hier mit Sicherheit die Rolle von Wegbereitern. Das Comic-Fanzine »Wizard« kürte Azzarello zum besten Autor 2001.

B

»Baby Doll«

Erotisches Südstaaten-Drama, 1956, nach zwei Theaterstücken von Tennessee Williams (von diesem zu einem Drehbuch zusammengeführt) und unter der Regie von Elia Kazan. Die beiden Künstler hatten bereits bei der Verfilmung von Williams' Werken »A Streetcar Named Desire« (dt. »Endstation Sehnsucht«) und »A Cat on a Hot Tin Roof« (dt. »Die Katze auf dem heißen Blechdach«) zusammengearbeitet und damit Kinogeschichte geschaffen.

»Baby Doll« erreicht laut zahlreichen Kritikerstimmen trotz Oscar-Nominierungen unter anderem für Carroll Baker in der Titelrolle bei weitem nicht dieses Niveau. Die Handlung des Films ist auch eher dürftig: Baby Doll ist verheiratet mit dem deutlich älteren Archie Lee (Karl Malden), der aber versprochen hat, seine Finger von ihr zu lassen, bis sie 19 ist. Dessen Rivale im Baumwollgeschäft Silva kennt solche Skrupel nicht und versucht, das Mädchen zu verführen. Es kommt zu einem eskalierenden Konflikt zwischen den beiden Männern.

Was den Film ebenso berühmt wie zu seiner Zeit umstritten machte, war zum einen seine Erotik und Sinnlichkeit, zum anderen die Inszenierung von Baby Doll als Kindfrau (→ »Lolita«). In der Eingangsszene bohrt Archie Lee ein Loch durch die Wand, um seine Frau dadurch zu betrachten, wie sie in einem wiegen-ähnlichen Kleinkinderbett liegt und an ihrem Daumen lutscht. Eben jene Pose wurde für die Filmplakate verwendet. Prompt kam es zu empörten Zeitungskommentaren. So bezeichnete etwa das »Time Magazine« das Werk als *»den möglicherweise schmutzigsten amerikanischen Film, der jemals legal zu sehen war«*. Die »Legion of Decency«, eine Organisation der Römisch Katholischen Kirche innerhalb der USA, verdammte ihn als unmoralisch, behinderte so seinen Vertrieb und brachte viele Kinos dazu, die angekündigten Vorführungen auszusetzen. Nichtsdestotrotz erzielte der Film einen guten Kassenerfolg.

»Babylon 5«

Anspruchsvolle Science-Fiction-Serie, 1993-1998, in der eine erotische Beziehung zweier weiblicher Hauptfiguren, Susan Ivanova (Claudia Christian) und Talia Winters (Andrea Thompson), mehr als nur angedeutet wird (→ Homosexualität).

»Baise-moi«

(dt. eigentlich *»Fick mich«*, wurde allerdings für die englische Fassung auch als *»Rape me«* übersetzt) Roadmovie, Frankreich 2000, unter der Regie Virginie Despentes und Coralie Trinh This. Despentes, geboren 1969 in Nancy, arbeitete in Massagesalons und als Stripperin in Peep-Shows, bevor sie die mit autobiographischen Elementen durchsetzte Romanvorlage zu »Baise-moi« (in Deutschland zunächst unter »Wölfe fangen« veröffentlicht) 1999 bei dem hochrenommierten französischen Literaturverlag Gallimard unterbringen konnte und damit aus dem Stand einen Bestseller landete. Gemeinsam mit der in Frankreich ebenfalls sehr bekannten, damals 24-jährigen Pornodarstellerin Coralie Trinh Thi setzte sie ihn innerhalb von nur einer Woche in ein Drehbuch um. Da beide Frauen mit dem Genre Porno keinerlei Probleme hatten, bedurfte es keiner langen Überlegungen, auch die Sexszenen in ihrem Film authentisch darstellen zu lassen, also tatsächlichen Geschlechtsverkehr mit der Handkamera in Großeinstellungen abzufilmen und die Hauptdarstellerinnen dabei nicht doublen zu lassen. Mit dem Einzug des pornographischen Darstellungsstils ins Mainstream-Kino war indes ein gravierender Tabubruch verbunden, der zu einer der größten internationalen Zensurdebatten der letzten Jahre führen sollte.

Zunächst zur Handlung: Die ehemalige Pornodarstellerin Manu (Raffaëla Anderson) und die Prostituierte Nadine (Karen Bach) lernen sich in einer französischen Vorstadt kennen, in der Gewalt an der Tagesordnung ist. So wird Nadine Opfer einer Vergewaltigung und rächt sich – allerdings nicht an dem Täter, sondern an ihrem Bruder, den sie deshalb erschießt, weil er nicht einfühlsam genug reagiert. Nadine bringt fast gleichzeitig ihre Mitbewohnerin um, weil diese ihr vorwirft, dass sie ihrem drogensüchtigen Freund hörig sei. Die beiden Frauen treffen am Bahnhof aufeinander, machen sich dann aber doch per Auto auf zu einer Überlandtour, auf der eine exzessive Gewalttat die andere ablöst. Immer wieder machen sie fremde Männer erst an, um sie dann umzubringen. Aber auch Frauen und ein Kind werden zum Opfer des Paares. Der Höhepunkt ihrer immer willkürlicheren Serienmorde bildet ein an Sadismus kaum zu übertreffendes Massaker in einem Swinger-Club. Die beiden Frauen leben ihre homoerotische Beziehung nie direkt körperlich aus, sondern nur über Dritte, etwa wenn sie die Männer tauschen oder einander beim Sex zusehen. Nachdem Manu bei einem Überfall erschossen wird, verbrennt Nadine die tote Komplizin an einem See, um wenig später mit ihrem Revolver an der Schläfe von einem gewaltigen Polizeiaufgebot umzingelt und verhaftet zu werden.

In Rezensionen wurde der Film häufig als konsequente Fortsetzung von »Thelma & Louise« gesehen, nachdem die Schranken hinsichtlich der offenen Darstellung von Sexualität und der Verherrlichung insbesondere weiblicher Gewalt in den neunziger Jahren noch weiter gefallen seien. Auch »Thelma & Louise« war dafür kritisiert worden, weibliche Gewalt als positive Reaktion gegen eine fast durchgehend bösartig gezeichnete Männerwelt zu propagieren und dabei nicht nur das Konzept der Rache gutzuheißen, sondern sich auch an Menschen zu rächen, die mit den eigentlichen Tätern nur das Geschlecht gemeinsam hatten. »Baise-moi« hielt man entgegen, ein etwas merkwürdiges Konzept von Gleichberechtigung zu verfolgen, wenn der Film Frauen *»mit ihren Knarren so phallisch wie jeder Revolverheld«* (Christiane Peitz im Berliner »Tagesspiegel«, siehe unten) posieren lasse, und Gewalt zu erotisieren, solange die Täter nur weiblich, jung und attraktiv seien. (In Despentes Romanvorlage ist Nadine noch korpulent und Manu trashig.) Verschiedene Rezensenten, unter anderem auf der Homosexuellen-Website »eurogay«, warfen den Regisseurinnen vor, die Vergewaltigung als aufgesetzte Begründung herbeizuzerren, so dass das Publikum dem irrsinnigen Amoklauf der »Heldinnen« wenigstens noch einen Ansatz von Verständnis entgegenbringen könne.

Virginie Despentes und Coralie Trin Thi räumen ohne Umschweife ein, dass ihr Film aus dem Bauch und nicht aus dem Kopf geboren sei. *»Baise-moi ist deshalb so roh geworden, weil mir für vieles* *die Worte und die Erklärungen fehlen«*, wird Despentes zitiert. Sie fand es beispielsweise einfach lustig, an einem in ihren Augen so erbärmlichen Ort wie einem Swinger-Club ein grausames Massentöten stattfinden zu lassen. Auch ihre Regie-Partnerin spricht erheitert von ihrem Wunsch nach einem Ende mit *»viel Fleisch und Blut«*. Um ihren Sexismus gegenüber Menschen, die mit dem anderen Geschlecht zur Welt gekommen sind, macht Despentes keinen Hehl: *»Es stimmt, dass ich ein ziemlich großes Problem mit Männern habe. Ich habe ein Problem mit allem, was von Natur aus überlegen sein will. Ich habe ein Problem mit allem, was mich niederhalten oder unterdrücken will.«* Ihre Protagonistinnen hingegen seien keineswegs schlechte Mädchen, erklärt die Regisseurin: *»Sie fühlen sich lebendig, wenn sie töten. Und wenn sie ficken, lassen sie sich einfach nur gehen, fühlen, dass sie existieren.«* Insofern möchte sie Nadine und Manu als Avantgarde eines *»kriegerischen Feminismus«* und ihren Film als *»schrillen Schrei gegen Gewalt an Frauen«* verstanden wissen. Frauen stellten sich in ihrem Werk der Gewalt ebenso wie der Sexualität.

Nur wenige Kritiker können den Regisseurinnen hier noch folgen. So erkannte die französische »Libération« in dem Film *»ein Roadmovie aus Sex und Blut, feminin, genauer: feministisch, eine bittere Farce mit den Männern als den Schuldigen, den Opfern, den Zielscheiben«* und kann sich allein *»Männerhass«* als Motiv der Filmemacherinnen vorstellen. Bei einem Vergleich dieser und weiterer französischer Besprechungen gelangt der »Tagesspiegel« vom 8.7.2000 zu dem Fazit: *»Männer sind Schweine, sagt der Film. Männer sind – arme – Schweine, ist der von der Regisseurin wohl kaum beabsichtigte Subtext, wie er durch die in Frankreich erschienenen Kritiken hindurchscheint.«*

In der Tat wird die Bewertung von »Baise-moi« sehr stark durch den ideologischen Hintergrund und die Befindlichkeit der Bewertenden geprägt, auch wenn etwa Nadine Holtwick unter filmrezension.de ihren persönlichen Eindruck folgendermaßen verallgemeinert: *»Man spürt die anfängliche Demütigung der Frauen hautnah und kann sich der innerlichen Beklemmung parallel zur aufbauenden Gewalt des Filmes nicht entziehen. ›Baise-moi‹ ist belebend und bedrückend zugleich und weist auf, dass Menschen Wärme und eine soziale Struktur brauchen, um innerhalb der human akzeptierten Norm* *leben zu können. Menschen kreieren ›UN-Menschen‹ durch Grausamkeit und Kälte, sodass der Mensch in sämtlichen Facetten letztendlich nicht existieren kann, da die tiefsten Abgründe Selbstvernichtung zur Folge haben.«* Alice Schwarzers feministisches Magazin »Emma« feierte das Werk als neue Offenbarung. »Eurogay« hingegen bezeichnete es schon in der Überschrift zu seiner Besprechung als *»brutal, sexistisch und wenig glaubhaft«*. Der so genannte Frauenfilm sei *»in keiner Weise von jener Ware unterscheidbar, die bei der Videothek um die Ecke in der Abteilung für die Kundschaft über 18 Jahren in allen Variationen bereitliegt. Man stelle sich eine mutierte Kreuzung aus ›Thelma & Louise‹, ›Bonnie & Clyde‹ und einem Porno vor, der gelegentliche lesbische Untertöne mit sich bringt. (...) Was immer die Filmemacherinnen uns damit versinnbildlichen wollen – eventuell ja tiefen Ekel an allzu großer sexueller Freiheit: Sie gebrauchen dazu Mittel, die lediglich Sensationsgier und Voyeurismus bedienen, aber intellektuell und emotional armselig sind.«* Mehr noch spräche gegen den Film indes *»seine mangelnde psychologische Glaubwürdigkeit, seine dramaturgischen Patzer und seine erstaunlich unsensible Darstellung sexueller Lust, die man von einer Regisseurin eigentlich nicht erwartet. Um das zu sehen, hätte es nicht bombastischer feministischer Ideologisierungen bedurft, wie sie in der Zensurdebatte im Nachbarland laut wurden. Wenn es aber andererseits um die Verquickungen zwischen Sex und Gewalt geht, bot in den letzten Monaten ›American Psycho‹ ein emotional erheblich mitreißenderes filmisches Konzept.«* (→ »American Psycho«)

Unter der das Problem gekonnt zusammenfassenden Überschrift *»Scharf, schärfer, unscharf«* gelangt Christiane Peitz im »Tagesspiegel« vom 16.11.2000 zu dem auch zahlreiche andere Kritiken spiegelnden Befund, der Film sei den Skandal keineswegs wert, den er ausgelöst habe: *»Die provokante Überschreitung der Grenze zwischen Porno und Film bleibt in ›Baise-moi‹ die einzige Regelverletzung. Ansonsten hält er sich an das Mittelmaß filmischer Handlungsmuster samt Initialszene (Vergewaltigung), blutigem Showdown und angeklebtem melodramatischem Ende. Es ist kaum möglich, den Film anders als derart mechanistisch zu beschreiben. Zumal die Musik jeden dramaturgischen Einwand übertönt, wenn der Plot in den Scharnieren knirscht. Dazu ein bisschen Dogma-Ästhetik (Video, natürliches Licht, Laiendarsteller) und eine dicke Portion feministischer Film-*

theorie. ›Baise-moi‹, sagen die Filmemacherinnen, gibt den Frauen das Recht auf ihren eigenen Körper zurück und entreißt ihn dem begrenzten Blickfeld der Männer. Klingt gut. Ist aber nicht zu sehen. Denn das Blickfeld des Films bleibt innerhalb der gleichen Begrenzung. Anders als der Körper der vergewaltigten Frau, einer knochigen, hässlichen Schlampe, sind Nadine und Manu jung, makellos, sexy. Die Knochige taucht fortan im Film nicht mehr auf, während die Kamera die Bodies der Heldinnen genauso stilisiert und zurichtet, wie Männer es mögen. Merke: Opfer törnen ab, Täterinnen sind geil. Nur wer um sich schlägt oder schießt, taugt für die Schaulust. Die niederen Instinkte der Vergewaltiger gehorchten der gleichen Logik. Hinzu kommt, dass die Serienmorde von Nadine und Manu mehr schlecht als recht die Actionmuster von B-Pictures kopieren. Ein Möchtegern-Splatter: verbrauchte, billige Bilder, die durch den Anblick von ›echtem‹ Sex nicht aufgefrischt werden. Die Provokation zielt ins Leere. (...) Am Ende ist ›Baise-moi‹ doch vor allem ein Stück Pornographie.«

Gerade letzerer wegen der drastischen Sexszenen immer wieder erhobene Vergleich (»*Art House Porn Movie Shocks Even the French*« titelte etwa der Londoner »Independent«) spielte auch in der Verbotsbegründung des französischen Staatsrats eine Rolle (»*extrem gewalttätige und nichtsimulierte sexuelle Szenen*«). Er wurde von Verteidigern des Filmes indes mit dem Argument zurückgewiesen, kennzeichnend für Pornos sei, dass sie sexuell stimulierten und Lust verschafften: »Baise-moi« erreiche beim Betrachter aber das genaue Gegenteil (vgl. hierzu auch → Selby, Hubert). Nichtsdestotrotz wurde mit »Baise-moi« erstmals seit zwanzig Jahren wieder ein Film in Frankreich auf den Index gesetzt und somit in die Pornokinos und Videotheken verbannt. Die Regisseurinnen selbst zeigten sich überrascht: Schließlich war Despentes' Romanvorlage selbst weder verboten, noch auch nur angegriffen worden, und die französische Kulturministerin Catherine Tasca hatte den Roadmovie ab 16 für die Kinos freigegeben. Nachdem es aber schon auf den internationalen Filmfestspielen in Cannes Tumulte gegeben hatte (der Film war unter Ausschluss der Öffentlichkeit gezeigt worden, und wegen der starken Mundpropaganda versuchten zu viele Journalisten gleichzeitig, sich ins private Publikum zu mogeln), verbot der französische Staatsrat »Baise-moi« zwei Tage nach seinem Kinostart. Die Kommentare in den Feuilletons überschlugen sich geradezu in der Debatte um

Kunstfreiheit und ihre Grenzen und verlangten eine Neudefinition von Pornographie. Filmproduzent Philippe Godeau sprach von einem rechtsradikalen Komplott. Auch die Website zum Film unter www.baisemoilesite.com (mit über einer Million Zugriffen) forderte: *»Schreiben Sie uns, damit die Zensur nicht siegt. Bruno Mégret und seine Truppen freuen sich über dieses Verbot.«* Mégret ist Generalsekretär der rechtsextremen »Front National«.

Eigentlicher Initiator des Filmverbotes war allerdings nicht Mégret, sondern André Bonnet und sein konservativer Verband »Promouvoir«, der das Verbot durch eine Bürgerbeschwerde bewirkt hatte. Die französische Kulturszene protestierte gegen die Indizierung mit offenen Briefen und Petitionen. In der vordersten Reihe stand dabei Catherine → Breillat, die mit → »Romance« einen ebenfalls von vielen Kritikern angefeindeten Film gedreht hatte. Es hielt sich auch nicht jedes Kino an das Leinwandverbot: Einige machten den Film insgesamt 40.000 Franzosen zugänglich und müssen dafür jetzt mit Geldstrafen von etwa 50.000 Euro rechnen. Kultusministerin Tasca, eine Gegnerin der → Zensur, arbeitet aktuell an einer Reform der Regularien zur Altersfreigabe: Bislang gilt jeder Film in Frankreich, der nicht frei ab 16 ist, automatisch als Porno und wäre damit allein als Video zu erhalten.

Auch in Deutschland kam es dabei nach Angaben der Zeitschrift »Emma« zu Zensurversuchen. So verbot der Kölner DuMont-Verlag die bloße Nennung des Filmes in der Programmvorschau, und die »Süddeutsche Zeitung« untersagte zunächst die Werbung für diesen Film, erlaubte dann aber zumindest die phonetische Schreibweise des Titels. Was »Emma« nicht berichtet, ist indes, dass hier weniger eine patriarchale Unterdrückung feministischen Gedankengutes als vielmehr Angst vor juristischen Konsequenzen eine Rolle gespielt haben könnte: Die Werbung für Gewaltpornographie ist in Deutschland gesetzlich untersagt.

Insgesamt konnten die Produzentinnen von »Baise-moi« von dem Wirbel um ihren Film weitgehend profitieren: Sie verkauften ihn in 24 Länder, bis hin zu Taiwan und Südkorea.

Barschel, Uwe
→ Medienbilder

Bataille, Georges

Französischer Schriftsteller und Philosoph (1897-1962). Seine Mutter war von zweifelhaftem Geisteszustand, sein Vater starb blind, geistig umnachtet und in lautstarker Verweigerung jeden priesterlichen Beistandes, als Bataille gerade 18 war. Am Vorabend des Ersten Weltkriegs wandte sich Bataille dem Katholizismus zu und begann sogar eine Ausbildung als Priester, gelangte aber nach der Lektüre der Schriften Nietzsches in eine anhaltende Glaubenskrise. Er schloss sich der surrealistischen Bewegung an (→ Surrealismus), geriet jedoch in einen Konflikt mit ihrem Begründer André Breton – Bataille warf ihm und seinen Anhängern vor, nicht hedonistisch genug zu leben und nicht kühn genug zu denken. In den dreißiger Jahren verbündeten sich die beiden wieder, um gemeinsam gegen den Faschismus zu kämpfen. Bataille begründete mehrere philosophische Magazine und gab Texte von Denkern wie Roland Barthes, Michel Foucault und Jacques Derridas heraus, die ihrerseits von Batailles Denken beeinflusst waren. Zentraler Angelpunkt dieses Denkens ist der Entwurf einer allgemeinen Ökonomie der Verschwendung, der Zerstörung und des Todes auf der Grundlage ekstatischer Grenzerfahrungen. Durch diese Übertretungen sollte auch in einer Welt, in der Gott »tot« ist, eine Art spiritueller Transzendenz geschaffen werden. Batailles Texte brachten ihm den Ruf ein, »Metaphysiker des Bösen« zu sein.

Seine bekannteste Erzählung ist »Histoire de l'oeil« (1928, dt. 1967 als »Die Geschichte des Auges«, ziemlich genial verfilmt 1997 von Jo Ann Kaplan als »Story of I«), die einen Teil seiner in den fünfziger und sechziger Jahren entstandenen Anthologie »Das obszöne Werk« (Reinbek 1972) darstellt. Erwähnenswerte Werke sind ferner »L'Érotisme« (dt. München 1994 neu als »Die Erotik« herausgegeben, besonders aufschlussreich sind hier die beiden Anhänge) sowie »Les larmes d'Éros« (dt. »Die Tränen des Eros«, München 1981). In seinem Buch »La littérature et le mal« (dt. »Die Literatur und das Böse«, München 1987) analysiert Bataille unter anderem die Werke Blakes, → de Sades, Baudelaires, Kafkas und Genets. Vielleicht weil er sich aufgrund einer Syphilis-Erkrankung ohnehin in einer ständigen Extremsituation sah, führte Bataille das Spiel mit Grenzen etwa in Bezug auf Schmutz und Fäkalien (→ Scheiße) in Theorie und Leben durch, wiewohl er gleichzeitig als Bibliothekar nach außen hin eine bürgerliche, mittelständische Fassade zeigte.

Ähnlich wie Lacan koppelte Bataille Eros und Tod insofern aneinander, als beides eine Auflösung der Ich-Grenzen darstelle. Von de Sade übernahm er das Konzept der absoluten Souveränität des Individuums, entwickelte aber eine gänzlich andere Begriffsbildung von Erotik, die er in eine Erotik der Körper, des Herzens sowie des Spirituellen unterteilte.

Der »Brockhaus« nennt Bataille eine *»Schlüsselfigur in der Ideengeschichte um die Mitte d. 20. Jahrh.«*, dessen Bemühen es sei, *»durch das Erleben der Liebe auch in ihren extremen u. perversen Formen in (den) Bereich des Absoluten (zu) gelangen«*. Foucault würdigt Bataille als einen *»der wichtigsten Schriftsteller seines Jahrhunderts«*, Susan → Sontag bezeichnet seine Erzählungen als *»Kammermusik der pornographischen Literatur«*. Bataille wurde erst nach seinem Tod weithin rezipiert, geriet dann jedoch zum Gegenstand des Interesses der gesamten französischen Kulturavantgarde in den sechziger und siebziger Jahren, so etwa Julia Kristevas.

Bataille verfasste Studien in Soziologie, Anthropologie, Ökonomie, Theologie/Philosophie, Kunst und Literaturkritik, und es ist insofern sehr schwierig, in wenigen Sätzen seine vor diesem Hintergrund entstandene komplexe Philosophie des Eros zu umschreiben. Etwas verkürzt könnte man davon sprechen, dass der Mensch Bataille zufolge nach dem Zusammenbruch eines allgemein verbindlichen metaphysisch-religiösen Weltbildes erst in der Überschreitung sakraler oder sexueller Tabus in die Kontinuität des Lebenszusammenhanges zurückfinden kann. Daher verpflichte gerade die Religion, die Exzesse aus dem Alltags- und Arbeitsleben der Menschen verbanne, zu Transgressionen jenseits dieses Arbeitsalltags. Da die Todesangst für den lebensbejahenden Sexualtrieb zwingend notwendig sei, setze sich der Mensch künstlich Grenzen, um in deren Überschreitung die Erfahrung der Ekstase und damit die Überschreitung des im Subjektiven gefangenen Ich zu erleben. Zum Erlangen dieser Ekstase seien wiederum zwei Hauptgrundsätze von Bedeutung: die Tabuverletzung als erster Akt der Transgression und die Verschwendung als anarchische Selbstentäußerung, die sich den bürgerlich-calvinistischen Prinzipien von immer größerer Profitanhäufung widersetze.

In ihrem Band »Phantastische Abgründe. Die Gewalt in der sexuellen Phantasie von Frauen« (Frankfurt/Main 1996) erläutert Isabelle Azoulay, inwiefern die Texte Batailles noch über die de Sades hinausgehen: »*Selbst Sade, der in unserer Kultur noch bis in die jüngste Zeit unannehmbar war, ist heute für den Einzelnen nicht wirklich bedrohlich. Sades Phantasie fordert die Anstößigkeit eines anderen Zeitalters heraus, als das Individuum noch im Säuglingsalter steckt und sich der Aufklärung als Übergangsobjekt bedient. Sades Denken bewegt sich für uns heute auf der Ebene der Metaphysik. Bataille hingegen ist uns viel näher; er zielt genauer auf die verletzlichsten Stellen unserer Scham: Er ist sozusagen, weil er uns besser kennt, treffsicherer. Vor seiner pornographischen Phantasie versagt die neutralisierende wissenschaftliche Methode, weil sie die Betroffenheit kaum mehr umgehen kann. Batailles Obszönität kann bei genauerem Hinsehen als ungeheuerlich erscheinen. Das erklärt gewissermaßen die Hemmung, sich seiner anzunehmen, und schlägt sich in seiner Rezeption nieder. Als er 1963 stirbt, ist er relativ unbekannt. Erst nach seinem Tod erscheinen Studien zu seinem Werk. Die Scheu vor Batailles Werk erklärt sich auch durch die Nachkriegszeit in Frankreich, in der linke Intellektuelle den Kommunismus gleichsam zur unantastbaren Wahrheit verklärten, so dass ein dogmenloser Denker, der vom Heiligen der Verbote in der Sexualität schreibt, nahezu unbegreiflich erscheinen konnte.*« (Azoulay, S. 57) In der Tat entzog sich Batailles Position einer naiven Zuordnung in die politischen Kategorien »links« und »rechts«. Schon seine frühen Schriften wurden unter anderem von dem Philosophen Sartre als »*unannehmbar*« angegriffen. Als besonders fragwürdig gilt noch heute, dass Bataille in der von ihm mitbegründeten Geheimorganisation »Acéphale« (dt.: kopflos, es existierte auch eine gleichnamige Zeitschrift) mit dem Gedanken spielte, ein reales Menschenopfer durchzuführen.

Aktuell erscheinen die Schriften Batailles bei Matthes und Seitz nach und nach in deutscher Sprache.

Literatur: Derrida, Jacques: Die Schrift und die Differenz. Frankfurt am Main 1994

Baudelaire, Charles

→ Surrealismus

»Beavis und Butthead«

→ »South Park«

»Begierde«
(Originaltitel: *The Hunger*) Britischer Horrorfilm, 1983, unter der Regie von Tony Scott und nach der Vorlage eines Romans von Whitley Streiber. In der kalten, sterilen Videoclip-Ästhetik der frühen Achtziger stellt dieses Werk als eine der ersten Produktionen für das Massenpublikum lesbische Liebe in den Vordergrund. Wie so oft bei den sexuellen Ausrichtungen von Minderheiten geschieht das gebrochen durch eine phantastische Erzählung, in deren Mittelpunkt die Vampirin Miriam Blaylock (Catherine Deneuve) steht. Diese ist mit ihrem Liebhaber John (David Bowie) gerade auf Jagd nach Opfern in der New Yorker Disco-Szene, als John innerhalb einer Nacht um zehn Jahre altert. Miriam macht in Sarah Roberts (Susan Sarandon) eine Wissenschaftlerin ausfindig, die sich zur Forschungsaufgabe gemacht hat, den Alterungsprozess zu stoppen. Diese zeigt sich von Miriam zunehmend erotisch fasziniert ...

Aus einem Interview mit Sarandon ist belegt, dass die von ihr gespielte Figur laut Filmskript vor ihrer Liebesszene mit Miriam/Deneuve erst betrunken gemacht werden sollte. Sarandon setzte ein Streichen dieser Szene mit dem Argument durch, dass man keineswegs betrunken sein müsse, um Catherine Deneuve küssen zu wollen.
→ Homosexualität

Behinderung und Sexualität
→ »Crash«

»Beim Sterben ist jeder der Erste«
(Originaltitel: *Deliverance*) Erfolgreicher Abenteuerfilm, USA 1971-72, unter der Regie des Briten John Boorman, nach einem Drehbuch und einem Bestseller von James Dickey. Als einer der ersten Filme über Großstadtbewohner, die sich mit den ungezähmten Kräften der amerikanischen Natur auseinanderzusetzen hatten, leitete er eine ganze Welle ein, deren berühmteste Werke (etwa »City Slickers«) weit weniger radikal waren.

Vier befreundete Geschäftsleute aus Atlanta machen sich an einem Sommerwochenende zu einer gemeinsamen Kanupartie auf und wählen dafür einen abgelegenen Gebirgsfluss, den Cahulawassee River, der schon bald darauf von einem gewaltigen Stausee überflutet werden soll. Eben jenes Verschwinden der unberührten Landschaft und ihre Zerstörung durch die moderne Zivilisation wird zu Beginn des Filmes von den vier Hauptfiguren per Voice-Over diskutiert. Der machohafte Naturbursche Lewis Medlock (Burt Reynolds) predigt besonders besorgt gegen diese Entwicklung und drängt seine Kumpel zu diesem Wochenendsausflug, solange die Möglichkeit dafür noch besteht.

Lewis' Freunde Bobby Trippe (Ned Beatty), Ed Gentry (Jon Voight) und Drew Ballinger (Ronny Cox) nehmen dessen Ansichten über die »Vergewaltigung« der amerikanischen Landschaft zwar als »extremistisch« wahr, sind aber gerne bereit, an der vorgeschlagenen Kanufahrt teilzunehmen, um ihren Mut und ihre Männlichkeit auf den Prüfstand zu stellen.

Wird die Filmästhetik anfangs noch von beeindruckenden Landschaftsaufnahmen getragen, während die Stimmung unter den Hauptfiguren überaus positiv ist, ist die Atmosphäre von Beginn an von einer unterschwelligen, diffusen Bedrohung geprägt, die im Verlauf der Handlung mehr und mehr zunimmt. Je mehr die Männer über die Stromschnellen des Flusses in die unbekannte, feindliche Wildnis eindringen, desto mehr »vergewaltigen« sie einerseits die vormals unberührte Natur, erfahren aber auch selbst ihre Verwundbarkeit und Machtlosigkeit durch diese Natur und die ihr innewohnende Gewalt. Dieser Konflikt spitzt sich dramatisch zu, als die Stadtbewohner auf zwei offenbar durch → Inzest verblödete Hinterwäldler stoßen. Diese nehmen die Städter mit Hilfe ihrer Gewehre gefangen, fesseln Ed an einen Baum und lassen ihn hilflos dabei zusehen, wie sein Freund Bobby sexuell gedemütigt und vergewaltigt wird.

Diese Szene gilt als die erste Vergewaltigung eines Mannes in der Kinogeschichte. Bezeichnenderweise ist dieses heute noch tabuisierte Verbrechen nicht das eigentliche Thema des Filmes, sondern bringt lediglich die Metapher der vergewaltigten und vergewaltigenden Natur auf den Punkt. Kritiker lasen »Beim Sterben ist jeder der Erste« als Allegorie auf die vergebliche Suche des modernen Menschen/Mannes danach, von dem Bösen in seinem Herzen erlöst (*»delivered«*) zu werden, wobei der biblische Subtext unter anderem durch die Motivik des Garten Edens und der Sintflut (des vernichtenden Staudammes) zum Tragen komme. Burt Reynolds, der durch dieses Werk ebenso wie Ned Beatty zum Weltstar aufstieg, bezeichnete es einmal als den einzigen guten Film in seiner gesamten Karriere. → »Die Vergewaltigung des Richard Beck«

»Being John Malkovich«

Komödie, USA 1999, mit einem bizarr-surrealen Plot nach einem Drehbuch und unter der Regie des Newcomers Spike Jonze. Der Puppenspieler Craig Schwartz (John Cusack), der mit der Tiertherapeutin Lotte (Cameron Diaz) verheiratet ist, muss sich aufgrund extremer finanzieller Nöte einen Bürojob suchen und lernt dabei die ebenso faszinierende wie skrupellose Maxine (Catherine Keener) kennen. Diese ist eine Femme Fatale der Extraklasse: schön, unnahbar, von geradezu parodistisch frostiger Erotik und außerordentlich berechnend. Selbstverständlich verliebt sich Craig augenblicklich in sie, und ebenso selbstverständlich erteilt sie dem »Versager« eine Abfuhr. Erst als Craig durch einen Zufall hinter einem Aktenschrank in der siebeneinhalbten Etage seines Bürogebäudes ein Loch entdeckt, das direkt in den Kopf des Schauspielers John Malkovich (John Malkovich) führt, erwacht Maxines Interesse – allerdings weniger an Craig als vielmehr daran, diese Entdeckung in klingende Münze umzusetzen. Craig berichtet allerdings auch seiner Frau Lotte davon, woraufhin auch diese dem Kopf von Malkovich einen Besuch abstattet. Der trifft sich zu diesem Zeitpunkt gerade mit Maxine, woraufhin sich Lotte ebenfalls in diese verliebt. Sie und Craig gestehen Maxine bei einem Essen zu dritt gleichzeitig ihre Zuneigung. Maxine weist Craig erneut zurück, zeigt sich aber begeistert interessiert an Lotte – jedoch nur wenn sich diese im Körper John Malkovichs aufhält. Die beiden Frauen beginnen ein lesbisches Verhältnis mit John Malkovich als unfreiwilligem Vehikel. Als Maxine schwanger wird, Craig sich rächen möchte und John Malkovich durch das Loch in der Bürowand in seinen eigenen Kopf hineinreist, beginnt das Vierecksverhältnis etwas unübersichtlich zu werden ...

Der Film wurde für drei Oscars nominiert (bestes Drehbuch, beste Regie und beste Nebendarstellerin mit Catherine Keener) und von Kritikern wie Zuschauern begeistert gefeiert. Möglicherweise wird man ihn in zwanzig Jahren als eine der ersten Darstellungen von → Transgender für ein Massenpublikum mittels der Metaphorik des Phantastischen würdigen, so wie heute rückblickend phantastische Filme bewertet werden, die vor zwanzig Jahren die → Homosexualität dem Mainstream zugänglich machten. (Man denke hier etwa an → »Begierde«.)

Beinstein, Krista

Wiener Fotografin, Performancekünstlerin und Filmemacherin (geboren 1955), lebt zeitweise auch in Hamburg. Ihr Thema ist die weibliche Sexualität, mit der sie sich künstlerisch beschäftigt, ohne auf irgendwelche Tabus Rücksicht zu nehmen. In ihrer Sammlung von Frauenfotogeschichten »Rituale der Begierde« setzt sie gegen die üblichen sanften, hyperästhetisierten Bilder von weiblicher Erotik Phantasien des Bedrohlichen und Bösen. Häufig wiederkehrende Motive sind lesbischer → Sadomasochismus und Fetischismus, so etwa auch in ihren anderen Bänden »Gewaltige Obsessionen«, »Im Rausch der Triebe«, »Obszöne Frauen«, »Theater der Ekstase« und ihrer jüngsten Veröffentlichung »Kabinett Vagina Dentata« (nicht zu verwechseln mit dem SM-Krimi »Vagina Dentata« von → Cagliostro). Zu einem kleinen Skandal kam es im August 1989, als Hausbesetzer der Hamburger Hafenstraße nachts die Fenster der »Galerie Abriss« einwarfen und die dort ausgestellten SM-Fotos von Krista Beinstein auf dem Gehweg zertrümmerten.

Benetton-Reklame

Extrem umstrittene Werbekampagne des Bekleidungskonzerns Benetton aus dem italienischen Treviso. Sie zeichnet sich vor allem durch die drastisch-plakative Präsentation von Themen aus, die normalerweise einem Darstellungstabu unterliegen. Die von dem Fotografen Oliviero Toscani verantworteten Motive (entweder von ihm selbst fotografiert oder von Agenturen wie Magnum oder Sygma übernommen) brechen auf zweierlei Weise mit der Werbeästhetik vergangener Jahrzehnte: Anders als die Spots und Plakate etwa von Marlboro, Bounty oder Bacardi versprechen sie nicht mehr die heile Welt in Verbindung mit dem Genuss des beworbenen Produktes; es lässt sich sogar keinerlei Verknüpfung zwischen dem Werbemotiv und dem Produkt mehr herstellen. Allein ein winziges grünes Rechteck mit der Aufschrift »United Colors of Benetton« in der rechten unteren Ecke des Werbefotos weist auf den dahinterstehenden Bekleidungs-Multi hin. Toscani warf der Heile-Welt-Reklame in seinem Buch »Die Werbung ist ein lächelndes Aas« (1996) folgende Vergehen vor: *»Ver-*

schwendung von Unsummen; Soziale Nutzlosigkeit; Lüge; Verbrechen gegen die Intelligenz; Heimliche Verführung; Verherrlichung der Dummheit; Ausgrenzung und Rassismus; Verbrechen gegen den inneren Frieden; Verbrechen gegen die Sprache; Verbrechen gegen die Kreativität; Hemmungsloses Ausplündern.« Für seine eigenen Fotos hingegen erhebt er den Anspruch, die Realität mit all ihren Schattenseiten abzubilden – sei es auf dokumentarische Weise wie bei den von Agenturen übernommenen Ablichtungen, sei es als gesellschaftskritische Inszenierung wie bei Toscanis Fotos selbst. Dass die Debatte um diese Bilder weniger durch deren Thematisierung der Schattenseiten unserer Welt als vielmehr den ständigen Tabubruch ausgelöst wird, belegt ein Plakat von 1991, auf dem drei Kinder verschiedener Hautfarbe übermütig ihre roten Zungen herausstrecken. Während diese Fotografie als Interpretation einen Appell gegen den Rassismus und für eine stärkere Wahrnehmung aller Menschen als einander gleich oder zumindest ähnlich nahelegt (in Deutschland und Großbritannien errang sie dafür Auszeichnungen), wurde sie in arabischen Staaten als provokativ wahrgenommen, da es dort als unsittlich gilt, innere Organe wie die Zunge in der Öffentlichkeit zu zeigen.

Bei den in der Benetton-Reklame aufgenommenen Themen handelt es sich um die folgenden:

a) An chronologisch erster Stelle stehen hier die Antirassismuskampagnen, bei denen durch die Markenbezeichnung »United Colors of Benetton« noch eine Nähe zum Produkt herstellbar ist: Dass Vorurteile zwischen ethnischen Gruppen häufig allein auf Äußerlichkeiten wie der Hautfarbe beruhen und tieferliegende Ähnlichkeiten zwischen den Menschen vernachlässigen, brachten Plakate zum Ausdruck, die Menschen unterschiedlichster Herkunft und verschiedenen Aussehens durch die Art der Inszenierung als einander im Eigentlichen gleich zeigten. Insbesondere das Gegenüberstellen von Schwarz und Weiß (auch in der Form von Bergarbeiter vs. Bäcker) bei der gleichzeitigen Betonung von Verbundenheit (schwarzer Wolf neben weißem Lamm, Priester im schwarzen Talar küsst Nonne im weißen Habit) war hier ein Stilmittel. Bemerkenswert ist auch eine Großaufnahme von Handschellen, die ein schwarzes und ein weißes Gelenk aneinanderketten, aber offenlassen, welches von beiden dem

Kriminellen gehört. Nimmt der Betrachter unbewusst eine spontane Deutung vor, kann diese natürlich besonders entlarvend sein. Ein weiterer Subtext dieser Bildsymbolik liegt in dem Zusammenketten unterschiedlicher Menschen, die so als voneinander abhängig gezeichnet werden. In dieselbe Kategorie wie das eben erwähnte Zunge-Zeigen gehört das 1996 auf dem »World Anti-Racism Day« vorgestellte Plakat, das drei ununterscheidbare menschliche Herzen nebeneinander abbildet, welche mit »weiß«, »schwarz« und »gelb« bezeichnet sind. Zum Höhepunkt rassistischer Ausschreitungen einerseits und der Politischen Korrektheit andererseits wurden diese Darstellungen nicht kritisiert, insbesondere da damit weder eine Tabuverletzung verbunden war, noch die heile Werbewelt konterkariert wurde. Lediglich das Ausstellen der Herzen bewegt sich trotz der klar erkennbaren politischen Botschaft durch seine Drastik in eine Tabuzone vor.

b) Ein anderes Gleis in Benettons/Toscanis Kampagnen bildete die Übernahme der dokumentarisch gehaltenen Agenturfotos, welche Szenen abbildeten, die auf den Betrachter schon beim ersten Blick emotional aufwühlend wirken mussten: Eine schwarzgekleidete sizilianische Mama hält weinend die halb in einer Blutlache liegende Leiche ihres von der Mafia erschossenen Sohnes im Arm (Frühjahr/Sommer 1992). Hier erhoben Kritiker bereits den Vorwurf, das Bild stelle nicht nur besondere Grausamkeit aus, sondern habe – außer dem Füllen von Benettons Kassen – anders als die Appelle gegen Rassismus keinen gesellschaftlichen Nutzen, da der deutsche Betrachter auf die Situation in Sizilien wenig Einfluss nehmen könne. Dabei übersahen sie möglicherweise, dass auch eine rein kontemplative Beschäftigung mit Tabuthemen wie etwa dem Tod durchaus ihre Berechtigung haben kann, auch wenn sie nicht in politische Aktivität umschlägt. Schließlich wird der Betrachter, ähnlich wie bei den anderen dokumentarischen Bildern, auf Verhältnisse aufmerksam gemacht, die außerhalb seines gewohnten Realitätsfensters liegen.

Ein fast vollkommen mit Öl überzogener Seevogel schwimmt über das Wasser des persischen Golfs und konfrontiert den Betrachter so direkt mit dem gerne verdrängten Umstand, dass der Wohlstand in unserer Gesellschaft für uns nicht direkt sichtbare Kosten bei anderen Lebewesen und in anderen Teilen der Welt hervorruft. Da politische Gruppen, die diese Zusammenhänge thematisieren, mittlerweile aber ohnehin im Zentrum des Medieninteresses stehen, ist hier der Tabubruch allerdings eher gering. Der Fotograf Steve McCurry kommentiert seine Aufnahme: »*Dieser ölbedeckte Vogel im Persischen Golf symbolisiert die Umweltkatastrophe, die im Golfkrieg geschaffen wurde. Er steht auch für die Opfer zwischen den Kriegsparteien. Wenn Raketen auf das umstrittenene Land niederregnen, sind die Opfer Frauen, Kinder und alte Leute.* (Es sollen sich unter den Kriegsopfern indes auch ein paar junge Männer befunden haben, auch wenn man diese Gruppe offenbar ungern mitzählt.)

c) Während AIDS wegen seines hohen Gefährdungsgrades in der öffentlichen Debatte breiten Raum gewann, waren manche Elemente dieses Themas noch immer spürbar tabubehaftet. Benetton bildete als erster (Frühjahr/Sommer 1991) Kondome auf riesigen Plakaten ab und verteilte sie gleichzeitig in seinen Geschäften. Zwar waren staatliche Stellen durch AIDS schon zuvor dazu veranlasst worden, auf die Bedeutung von Safer Sex hinzuweisen; Kondome waren zu dieser Zeit aber (anders als heute) noch nicht auf riesigen Plakatwänden zu sehen. Einen Schritt weiter ging Toscani, als er in das Zentrum einer Aufnahme den Stempel »HIV positiv« stellte – eine Idee, auf die ihn der Fall eines US-amerikanischen Schülers brachte, der nur mit einer solchen Tätowierung bekleidet zur Schule ging. Die Leute, die ihn stoppten, bedeckten nicht etwa seine Genitalien, sondern die tätowierte Stelle am Arm. Toscanis Versuch, mit dieser Foto-Anzeige auf die Brandmarkung HIV-Infizierter hinzuweisen, wurde in Deutschland unter anderem deshalb mit Empörung aufgenommen, weil sie an die Tätowierung KZ-Gefangener erinnerte. Unter den von HIV Betroffenen fühlten sich die einen durch die Kampagne zusätzlich ausgegrenzt, andere wussten es zu würdigen, dass ihr Problem dadurch stärker ins öffentliche Bewusstsein vordrang. Als Benetton einen sterbenden AIDS-Kranken im Kreis seiner Familie (fotografiert von Therese Frair) zum Werbemotiv erkor, spaltete sich auch hier die Meinung zwischen dem Lob, diesen Teil der Wirklichkeit nicht länger auszublenden, und dem Vorwurf, hier einen sehr privaten Moment an die Öffentlichkeit zu zerren und dem Abgebildeten so seine Würde zu nehmen.

d) Nicht weniger Streit lösten Toscanis künstlerische Aufarbeitungen des Themas Krieg aus, die insbesondere durch die militärischen Auseinandersetzungen in (Rest-)Jugoslawien, aber auch durch den zweiten Golfkrieg bestimmt waren. Zeitlich etwa zu Beginn der US-amerikanischen Invasion im Irak veröffentlichte Toscani auf die Bitte Luciano Benettons nach einem kriegskritischen Foto eine Aufnahme, die den Pariser Soldatenfriedhof Chemin des Dames zeigt. Die so entstandene Anzeige wurde aber weniger als Mahnung, denn als Geschmacklosigkeit verstanden – es sei unmoralisch und zynisch, den Tod für den Kommerz auszubeuten – und in einigen Fällen nicht veröffentlicht. Inmitten der christlichen Kreuze war auch ein Davidstern zu sehen und symbolisierte so die vereinende Macht des Todes über sämtliche Glaubensrichtungen und ethnische Gruppierungen hinweg.

Im Frühsommer 1994 schließlich veröffentlichte Benetton eine Werbeanzeige, auf der die blutverschmierte Kleidung eines getöteten jugoslawischen Soldaten (Marinko Grago) so zu sehen ist, wie er sie am Leibe getragen haben mochte. Auch ein Einschussloch ist deutlich zu erkennen. Der Vater des getroffenen Mannes sandte an Benetton zunächst einen Brief des Inhalts: *»Ich, Gojko Gagro, Vater von Marinko Gagro, (...) wünsche, dass der Name meines toten Sohnes Marinko und alles, was von ihm geblieben ist, für den Frieden und gegen den Krieg verwendet wird«*, zog sein Einverständnis aber später zurück. Auch hier war die öffentliche Meinung wieder geteilt: Während vielen die Anzeige schlichtweg zu blutig war und UNICEF eine Kommerzialisierung des Schreckens beklagte, würdigten andere, dass durch die Art der Inszenierung ein einzelnes, körper- und gesichtsloses Kriegsopfer stellvertretend für alle anderen stehen konnte. Toscani wurde in Japan für dieses Werk ausgezeichnet.

e) Die in den USA zumindest vor den Terroranschlägen vom 11. September 2001 stärker umstrittene, aber überwiegend befürwortete Todesstrafe bildete das zentrale Motiv einer weiteren Benetton-Kampagne. Vorauszuschicken ist hier, dass die Auseinandersetzung mit dem Thema Todesstrafe in Deutschland noch immer in weiten Teilen ein Tabu darstellt: zum einen wegen der Erfahrungen im Dritten Reich, wo sie noch weit stärker als politisches Machtmittel benutzt wurde, zum anderen wegen den Erfahrungen mit dem Volkszorn der

Bürger im deutschen Herbst der siebziger Jahre und zum dritten aus Gründen der diplomatischen Rücksichtnahme mit Verbündeten: Deutsche Politiker beklagen deutlich lieber Menschenrechtsverletzungen in nicht-befreundeten Staaten als in den USA. Die Firma Benetton griff dieses Thema zunächst 1992 auf, indem sie ein von Lucinda Devlin im US-Staat New York aufgenommenes Foto eines elektrischen Stuhles zeigte, das in seiner bedrückenden Wucht die US-amerikanische Verklärung der Todesstrafe als humaner, moralisch vertretbarer Maßnahme konterkarierte. Devlin legte dar, dass der standardisierte und mechanische Charakter des Hinrichtungsvorganges den Verurteilten ebenso entmenschliche wie seine Henker und schließlich die gesamte Gesellschaft, die so etwas zulasse. Im Jahr 2000 griff Toscani dieses Thema wieder auf, indem er in seiner neuen Kampagne mit dem doppeldeutigen Titel »Dem Tod ins Gesicht sehen« zur Hinrichtung Verurteilte auf Plakaten und in Interviews vorstellte und dadurch entanonymisierte. Die betreffenden Menschen (genau genommen: Männer) hatte er zuvor über mehrere Jahre hinweg in den Todestrakten von Gefängnissen in sieben US-Bundesstaaten abgelichtet. Von gesellschaftlichen Störfaktoren, die wie in einem Videospiel schlichtweg zu eliminieren waren, traten sie nun als Menschen mit einer eigenen Persönlichkeit und Lebensgeschichte hervor. Die Plakate, die zuvor das US-Magazin »Talk« in seiner Februarausgabe publiziert hatte, trugen stempelartig abgedruckt die Worte »sentenced to death«, während gleichzeitig ein Steckbrief die nötigen Hintergrundinformationen vermittelte. Eine gesonderte Broschüre speziell für Abonnenten des Magazins veröffentlichte weitere Aufnahmen zusammen mit den Interviews. Gegner dieser Kampagne in den USA überklebten die Köpfe der Häftlinge auf den Plakaten mit dem Gesicht Toscanis, da dieser mit seinen Plakaten die Hinterbliebenen der Verbrechensopfer rücksichtslos schockieren und traumatisieren würde. Diese Argumentation beruht indes auf der angreifbaren Grundlage, dass Menschen ein Recht darauf haben, vor der Wahrheit geschützt zu werden – zudem schwingt dabei mit, dass die Tötung eines Menschen eine therapeutisch notwendige und sinnvolle Handlung darstellen könnte. Benettons Presseabteilung erklärte, Ziel der Kamapgne sei es, die gesellschaftliche Debatte über die Todesstrafe voranzubringen, was jedoch nicht bedeute, dass sich die Konzernspitze für ihre Abschaffung einsetze.

f) Andere Aufnahmen, die Toscani von großen Agenturen übernommen hatte und die Zeitungen zuvor in ihrem Nachrichtenteil veröffentlicht hatten, zeigten einen aufgrund einer Autobombe explodierenden PKW; Flüchtlinge, die verzweifelt auf ein bereits überfülltes Schiff hangelten oder wie hungrige Tiere über einen Lastwagen mit Lebensmitteln herfielen, sowie Opfer von Natur- oder Umweltkatastrophen. Auf einem Foto waren Kinderarbeiter beim Aufstapeln von Ziegelsteinen zu sehen, was von Kritikern als Verletzung ihres Persönlichkeitsrechts beanstandet wurde. Auch mongoloide Kinder rückten in den Mittelpunkt der Darstellung. Hier beklagten Kritiker, dass Benettons Kampagne Behinderte nicht als Teil der Gesellschaft zeige, sondern als exotische Besonderheit ausstelle. Da dies zudem in der Verbindung mit Werbung für ein Produkt geschehe, sei die Begründung unglaubwürdig, man wolle dadurch eine gesellschaftliche Diskussion befördern.

Die Auseinandersetzung um die Benetton-Werbung verlief indes nicht allein diskursiv, sondern auch auf dem juristischen Felde. Am 6. Juli 1995 untersagte der Bundesgerichtshof in Karlsruhe die drei Jahre zuvor in der Illustrierten »Stern« erschienenen Motive der Ente, der Kinderarbeit und des HIV-Stempels mit der Begründung: *»Wer Gefühle des Mitleids in so intensiver Weise wie in den beanstandeten Anzeigen zu kommerziellen Zwecken ausnutzt, handelt wettbewerbswidrig.«* Im Geschäftsverkehr und zu bloßen Wettbewerbszwecken auf das Elend von Menschen und Tieren hinzuweisen und dabei *»ohne sachliche Veranlassung«* Gefühle des Mitleids auszubeuten verstoße gegen die guten Sitten. (AZ.: I ZR 110) Damit folgte der Bundesgerichtshof einem ähnlich begründeten Urteil des Landgerichts Frankfurt/Main, das damit einer Klage der Bad Homburger »Zentrale zur Bekämpfung unlauteren Wettbewerbs« (einem Selbstkontrollorgan der deutschen Wirtschaft) stattgegeben hatte. Vor allem zwei Argumente brachten die Kläger gegen die Benetton-Werbung vor: Diese verletze die Menschenwürde der Abgebildeten in grober Weise, und sie belästige die Öffentlichkeit unzumutbar – zumal damit zu rechnen sei, dass nach dem Wirbel um Benetton andere Firmen ähnlich aufwühlende Kampagnen folgen ließen. Jetzt schon habe die Benetton-Reklame mehr Beschwerden ausgelöst als jede andere. So hatten gegen das Plakat mit dem HIV-positiv-Stempel 289 Personen beim deutschen Werberat protestiert, was mit Abstand die höchste Zahl von Beschwerden seit seiner Gründung 1972 gewesen sei. Unter diesem Gesichtspunkt stelle die Reklame aufgrund ihrer psychischen Wirkung einen Eingriff in die Privatsphäre der Betrachter dar. Auch die Deutsche Vereinigung für gewerblichen Rechtsschutz und Urheberrecht argumentierte, dass die Kunden »*kraft ihres Selbstbestimmungs- und Verbraucherpersönlichkeitsrechts bei der Werbung für modische Kleidung mit den Scheußlichkeiten dieser Welt nicht behelligt werden*« dürften.

Die juristische Klärung des Sachverhalts fand vor dem Hintergrund einer scharfen Auseinandersetzung statt: Während die Fotografien Toscanis einerseits bereits in Museen als Kunstwerke zu sehen waren, veranstaltete die »Interessengemeinschaft Benetton Geschäfte« (IGB) andererseits Protestaktionen gegen ihr eigenes Mutterhaus mit der Begründung, dass diese Form von → »Schockwerbung« zum Boykott ihrer Geschäfte führe. IGB-Funktionär Heinz Hartwich sah durch den Richterspruch das »*gesunde Volksempfinden*« seiner Gemeinschaft bestätigt. Der Rechtsanwalt Henning Hartwig vermutete hier indessen eine typisch deutsche Empfindlichkeit: »*In keinem anderen Land wurde in der Vergangenheit über die Zulässigkeit der Werbefotografien, die Oliviero Toscani für die italienische Strickwarenfirma Benetton macht, so heftig und so kontrovers diskutiert, so streng geurteilt wie in Deutschland. Viele der gesellschaftskritischen Motive wurden von den Gerichten aus dem Verkehr gezogen – Bilder, die in Italien, Österreich, Großbritannien, der Schweiz oder den USA nicht verboten wurden.*« (zitiert nach der Werbezeitschrift w&v 14/2000). Konzernchef Benetton hingegen zeigte sich bereit einzulenken: »*Ich respektiere es, wenn jemand nicht von unserer Kampagne begeistert war. Die Kritik hat uns zum Nachdenken angeregt.*« Als erstes Signal des Umlenkens ließ er das Foto blutdurchtränkter Soldatenkleidung durch das für den Betrachter weniger provokative Motiv eines Antennenwaldes ersetzen; später trennte er sich von seinem Fotografen Toscani. Am 25. März 2003 erkannte das Bundesverfassungsgericht erneut, dass der Abdruck der Fotos durch die Pressefreiheit gerchtfertigt sei. Auch wenn der Werbekontext ihren sozialkritischen Gehalt als pseudokritisch erscheinen lasse, handele es sich immer noch um eine zulässige Meinungsäußerung, die die Menschenwürde nicht verletze.

Das Bundesverfassungsgericht erkannte Ende 2000 darauf, dass ein Verbot der Werbebilder gegen die grundgesetzlich garantierte Meinungs- und Pressefreiheit verstoße, man Benetton die gewählte Form der Reklame also nicht untersagen dürfe. Die Urteilsbegründung argumentiert: »*Ein vom Elend der Welt unbeschwertes Gemüt des Bürgers ist kein Belang, zu dessen Schutz der Staat Grundrechtspositionen einschränken darf! Kommerzielle Werbung mit Bildern, die mit suggestiver Kraft libidinöse Wünsche wecken, den Drang nach Freiheit und Ungebundenheit beschwören oder den Glanz gesellschaftlicher Prominenz verheißen, ist allgegenwärtig. Es mag zutreffen, dass der Verbraucher diesen Motiven gegenüber ›abgehärtet‹ ist, wie der Kläger des Ausgangsverfahrens vorträgt. Ein solcher Gewöhnungseffekt rechtfertigt es jedoch nicht, einem Appell an das bisher weniger strapazierte Gefühl des Mitleids belästigende Wirkungen zuzuschreiben*«. Eine Verletzung gegen die Menschenwürde sei bei den beanstandeten Bildern nicht zu erkennen: Mit ihnen könne ebensogut beispielsweise für einen Aidskongress geworben werden. Auch ein Verstoß gegen die Wettbewerbsregeln läge nicht allein dadurch vor, dass die gezeigten Motive nichts mit den Produkten der Modefirma zu tun haben und dass dadurch »*in verfälschender Weise Emotionen*« geweckt würden. Produktunabhängige Imagewerbung habe sich nämlich eingebürgert, ohne dass der Leistungswettbewerb darunter erkennbar gelitten habe. Welche Gründe Benetton zu der Auswahl seiner Motive bewegt hätten, sei unerheblich, um den Bildern eine Veröffentlichung zu gestatten oder zu verbieten: »*Auch das (bloße) Anprangern eines Missstandes kann ein wesentlicher Beitrag zur freien geistigen Auseinandersetzung sein. Ob eine Äußerung weiterführend ist oder ob sie sich eines Lösungsvorschlags enthält, beeinflusst den Grundrechtsschutz aus Artikel 5 Abs. 1 Satz 1 GG grundsätzlich nicht.*« Ein Verbot sei lediglich dann zu rechtfertigen, wenn Werbemacher ekelerregende, furchteinflößende oder jugendgefährdende Bilder zeigten, die Rechte der Abgebildeten beeinträchtigten oder die Menschenwürde Betroffener verletzten bzw. Personen oder Personengruppen ausgrenzten oder verächtlich machten. Lediglich drastische und gesellschaftspolitisch ausdrucksstarke Werbeformen genössen jedoch denselben Schutz der Meinungs- und Pressefreiheit wie lila Kühe. Ein Jahr später, im Dezember 2001, kam der Bundesgerichtshof erneut zu einer gegenteiligen Ansicht wie das Bundesverfassungsgericht. Die beanstandete Benetton-Werbung mit dem HIV-Stempel-Motiv sei menschenverachtend sowie grob sitten- und wettbewerbswidrig und nutze zudem ein Reizthema aus, um die Konkurrenz zu benachteiligen. Würde der Abdruck solcher Bilder erlaubt, bestehe die Gefahr, dass zahlreiche andere Firmen auf Kosten von Schwächeren auf sich aufmerksam zu machen suchten. Dies könnte den Wettbewerb zu ungunsten derjenigen Firmen verzerren, die auf solche Formen menschenverachtender und unterschwellig manipulierender Reklame verzichteten. Der Verlag Gruner+Jahr prüft eine erneute Verfassungsbeschwerde.

Nicht unerwähnt bleiben soll in diesem Artikel ein Zusammenhang, den Martina Meister in ihrem Artikel »Empörungsmaschine in der Sinnschleife« (erschienen im Feuilleton der »Frankfurter Rundschau« am 20. Juli 2001) zwischen der Benetton-Reklame und jener politischen Werbung herstellte, welche die Publizistin Lea Rosh für das Berliner Holocaust-Mahnmal initiierte. Rosh und ihr Förderkreis »Denkmal für die ermordeten Juden Europas« hatten auf einem Plakat vor einer idyllischen Berglandschaft in riesigen Lettern den Satz abgedruckt: *»Den Holocaust hat es nie gegeben«*. Erst das Kleingedruckte wandelt den Schock des Lesers wieder in moralische Selbstvergewisserung: *»Es gibt immer noch viele, die das behaupten. In 20 Jahren könnten es noch mehr sein. Spenden Sie deshalb für das Denkmal für die ermordeten Juden Europas.«* Nichtsdestotrotz war die Kritik insbesondere der jüdischen Gemeinde in Deutschland an diesem Plakat so groß, dass es schließlich zurückgezogen werden musste. Martina Meister argumentiert: *»Die Werbeagenturen, die unentgeltlich (aber mit dem angenehmen Nebeneffekt der Eigenwerbung) dieses Plakat entwarfen, haben sich des Toscani-Prinzips bedient. Sie haben etwas zitiert, aus dem Zusammenhang gerissen, bewusst ein Tabu verletzt. Aber im Gegensatz zu Benetton, der sich im Endeffekt vom Provokateur Toscani getrennt hat, scheinen die ›guten Absichten‹ im Falle Holocaust schwerer zu wiegen als der Einsatz der ›bösen Mittel‹. Das Wort von der ›Instrumentalisierung des Holocausts‹, das man seit der Walser-Rede nicht einmal mehr mit Samthandschuhen anfassen will, hier trifft es zu. Der höhere Zweck heiligt nämlich in diesem Fall die unlauteren Mittel: Für das Erinnern darf sogar mit der Holocaust-Lüge geworben werden. So wird, was bislang als Gründungsmythos der BRD gelten durfte, zum rhetorischen Spielgeld, dessen man*

sich beliebig bedienen kann. Die Diskurspolizei bestraft nämlich nur, wer im Modus der Eigentlichkeit spricht. Wer sich aus dem Topf der flottierenden Zeichen und Symbole das Zitat nur leiht, tut es mit den besten Absichten.« Rosh und ihre Anhänger seien ein Beweis dafür, *»dass die Koordinaten der symbolischen Ordnung Deutschlands kräftig durcheinander geraten sind. Rosh, die scharfe Wächterin über das richtige Gedenken, tut nämlich selbst, was sie bei anderen mit der Gesamtheit der ihr zur Gebote stehenden Empörung verurteilen würde. Was nämlich, wenn Benetton mit dem Satz ›es hat den Holocaust nie gegeben‹ für Strickwaren werben würde?«*
Quelle: http://www.westermayer.de/sonja/benetton.htm

Bernie und Ert

→ Homosexualität, → »Sesamstraße«

Beschneidung

Der Brauch der Genitalbeschneidung von Mädchen, der vor allem in Afrika, Asien und dem Nahen Osten ausgeübt wird, hat in der letzten Zeit auch hierzulande zu erhitzten Diskussionen geführt. Mehrere prominente Frauen, darunter die Unicef-Botschafterin Sabine Christiansen sowie die Wirtschaftsexpertin Christa Müller (die Lebenspartnerin Oskar Lafontaines) haben auf dieses Problem aufmerksam gemacht, Top-Model und UNO-Sonderbotschafterin Waris Dirie hat ihre eigenen Erlebnisse in ihrer Autobiographie »Wüstenblume« verarbeitet. Darin vertritt sie Thesen wie dass die Beschneidung längst abgeschafft wäre, wenn davon statt Frauen Männer betroffen seien, und verkündet: *»Vielleicht sollten die Frauen den Männern die Eier abschneiden, damit auf der Erde wieder ein Paradies entstehen kann.«* Das Buch wurde weltweit zum Bestseller.

Bezeichnenderweise erstreckt sich der Tabubruch noch heute allein auf die weiblichen Opfer. Beschnittene Jungen und Männer kommen in der öffentlichen Diskussion durchgehend nicht vor. Auch die Beschneidung von Knaben wird in Ländern der Dritten Welt (speziell Afrika, Vorderasien, Indonesien und Teilen Australiens) nicht unter Narkose und mit sterilisierten chirurgischen Instrumenten, sondern mit sehr primitivem Werkzeug vorgenommen. Kritiker sprechen von einem kulturell legitimierten gewaltsamen Übergriff auf Jungen und einer planmäßigen Desensibilisierung eines höchst empfindlichen und lustspendenden Organs des Mannes. Mitte August 2001 kritisierten Menschenrechtsorganisationen erstmals die Vereinten Nationen wegen der Tabuisierung männlicher Opfer, wenn es um Beschneidungen geht. Die »National Organization of Circumcision Information Resource Centers« (Nationale Organisation des Datenzentrums zu Informationen über Beschneidung) sowie die »Attorneys for the Rights of the Child« (Anwälte der Kindesrechte) beschuldigten die UNO, mit zweierlei Maß zu messen: Während sie der Klitorisbeschneidung bei Mädchen recht aggressiv den Kampf angesagt habe, widme sie ähnlich schwerwiegenden Eingriffen bei männlichen Kindern nicht einmal ihre Aufmerksamkeit. Steven Svoboda, ein an der Elite-Universität Harvard ausgebildeter Anwalt für Menschenrechte, wies darauf hin, dass die Beschneidung von Jungen überall dort vorkomme, wo auch die Beschneidung von Mädchen stattfinde – nur sechsmal so häufig! Svoboda: *»Eines Tages werden wir die fehlgeleitete Natur unserer Versuche verstehen, gewaltsame Eingriffe bei weiblichen Genitalien als kriminell zu bezeichnen, während vergleichbar ernst zu nehmende, außerordentlich schmerzhafte und verstümmelnde Eingriffe bei männlichen Genitalien erlaubt sind.«* Auch andere Aktivisten und Aktivistinnen, so etwa Jacqueline Smith, Professorin am niederländischen Institut für Menschenrechte, sprechen sich dafür aus, die Beschneidung bei Jungen ebenso zu bekämpfen wie bei Mädchen. Svoboda verwies auch auf einen Artikel der »New York Times« vom 1. August 2001, dem zufolge in diesem Jahr allein in Südafrika 35 Jungen an den Folgen ihrer Beschneidung zu Tode kamen. Zehn Prozent oder mehr aller Jungen überstanden diesen aus medizinischer Sicht völlig unnötigen Eingriff nur entweder ganz ohne Penis oder lediglich mit einem entstellten Stummel.

»Better than Chocolate«

Witziger Liebesfilm, Kanada 1999, unter der Regie von Anne Wheeler. Handlungsträgerin ist die Studienabbrecherin Maggie (Kary Dwyer), die bis zu ihrer Neuorientierung in einem lesbischen Buchladen arbeitet. Sie hat gerade eine Beziehung mit der Künstlerin Kim (Christina Cox) aufgenommen, als sie Besuch von ihrer Mutter und ihrem 17-jährigen Bruder erhält, die sich auf Dauer in Maggies Wohnung einnisten wollen, aber noch nichts von dem aktuellen Bruch in ihrer Lebensgeschichte wissen. Während Maggie nicht nur ihre Dildos und Vibratoren, sondern auch ihre neue Partnerin verstecken möchte, ist Kim nicht bereit, sich darauf einzulassen.

Wenn auch Kritiker dem Film vorwarfen, mit allzu vielen heiklen Themen zugleich zu jonglieren (Bi- und → Homosexualität, → Transgender sowie die geradezu totalitäre → Zensur vermeintlicher → Pornographie in Kanada sind nur einige von ihnen) und dabei notgedrungen auf plakative Vereinfachungen zurückzugreifen, so errang er bei schwul-lesbischen Festivals in London und Toronto 1999 doch jeweils den Publikumspreis.

»Beverly Hills 90210«

US-amerikanische Teenie-Soap am Schauplatz Highschool/College, FOX (hier RTL) 1990-2000. Das Thema → Homosexualität wurde von verschiedenen Figuren getragen, so zunächst dem Highschool-Athleten Kyle Conner (David Lascher), der sich nie zu einem (Selbst)Bekenntnis seiner Veranlagung durchringen konnte, sowie später dem Burschenschaftspräsidenten Mike Ryan (Brandon Douglas 1993-1994, Jack Armstrong 1994), der von einer der Hauptfiguren versehentlich geoutet wurde. Alison Lash (Sara Melson) entdeckte in einem brennenden Gebäude ihre Gefühle zu der Hauptfigur Kelly Taylor (Jennie Garth), die kurze Zeit darauf eine ehrenamtliche Tätigkeit in einem AIDS-Hospiz annahm, wo sie den Homosexuellen Jimmy Gold (Michael Stoyanov) kennen lernte. Gegen Ende der Serie hatte mit Samantha Sanders (Christine Belford) die Mutter der Hauptfigur Steve (Ian Ziering) ein spätes lesbisches Coming-out.

Bieito, Calixto

Katalanischer Theaterregisseur, der im Jahr 2001 die Feuilletons durch seine Inszenierung von Shakespeares »Macbeth« bei den Salzburger Festspielen in Aufruhr versetzte. Dass Bieito die handelnden Personen aus dem elizabethanischen Zeitalter in den von Drogenhandel und Orgien gezeichneten Underground des gegenwärtigen Londons verlegte, wurde dabei zwar kritisiert, aber noch hingenommen. Heftiger waren die Reaktionen indes, als sich in Bieitos Stück der Mörder Lady Macduffs an der Vagina der Getöteten verging, wodurch auf offener Bühne Leichenschändung gezeigt wurde (→ Nekrophilie). Berichten der Anwesenden zufolge soll jedoch schon in dem Moment, als der Täter der Ermordeten den Schlüpfer abstreifte, durch einen Ausruf der im Publikum anwesenden Burgschauspielerin Christiane Hörbiger (»*Nein, das geht zu weit!*«) eine Welle der Empörung entstanden sein, in der etliche Zuschauer den Saal verließen.

Dieser Skandal führt in der »Süddeutschen Zeitung« vom 20. und 21. Juli 2001 zu einer Kontroverse zwischen Christine Dössel und Bernd Sucher über die Frage, wie ein entsprechender Tabubruch im Theater zu bewerten sei. Dössel argumentierte hierzu wie folgt: »*An einem Abend wie diesem weiß man sie wieder zu schätzen, die Kraft des Theaters. Seine Fähigkeit, die Menschen aufzuwühlen, ihnen buchstäblich unter die Haut zu gehen und so unmittelbare Emotionen freizusetzen wie kein anderes Medium. Was im Kino längst gang und gäbe und geduldet ist, die realistische Darstellung von Sex and Crime, die Exzesse des Schreckens – im Theater hat das noch eine Direktheit und Wucht, die erstaunlich ist. Woher der Unmut? Theater ist nicht der heilige Ort des Schönen-Wahren-Guten. Theater ist, wenn es gut ist, der unheilige Ort des Lebens, ein Ort der Wahrheit, an dem von Menschen erzählt wird. Von Angst, Tod und Dämonen. Allein dafür muss man das Theater – auch das eruptive Seht-nur-her-Theater des Calixto Bieito – lieben. Für seine Schrecken und seine emotionale Kraft: Hurra, wir fühlen noch.*« Dem hielt Sucher am folgenden Tag entgegen, dass sich die Regisseure im europäischen Theater ohnehin schon mit Tabubrüchen überböten: »*Wer hätte das gedacht? Es gibt noch ein Tabu auf der Bühne – oder zwei! Dabei schien es seit langem so, als seien alle Tabus bereits verletzt, verlacht und damit hinfällig geworden. Nacktheit ist ein Kinderspiel in europäischen Theatern. Penetrationen – ein besonderer Spaß: oral, anal, vaginal, zuweilen auch mit scharfen Gegenständen ausgeführt. Zumindest auf deutschen Bühnen ist erlaubt, was dem wildgewordenen Regisseur Freude macht. … Nekrophilie war bis zu diesem Zeitpunkt ein Tabu im Theater. Bieito hat es verletzt. Fortan werden andere Regisseure ihm folgen. Und der Widerstand wird abgeschmettert werden mit dem Hinweis, dass das Publikum in Salzburg erstens uralt ist, zweitens stockkonservativ und drittens nicht mehr verdiene als eine Kopfnuss. Diese Argumentation ist schlicht und schlichtweg verlogen.*« Insbesondere die Diskussion, was das Theater im Gegensatz zum Film darstellen dürfe und was nicht, wurde auch von anderen Organen des Kulturbetriebes aufgenommen. Kritiker führten an, die Stärken des Theaters lägen ja darin, erstens nicht alles zu zeigen, sondern das Wesentliche der Vorstellungskraft zu überlassen, und zweitens dem Publikum – etwa durch einen Massenexodus wie bei dem umstrittenen Stück Bieitos – auf das Geschehen auf der Bühne noch Einfluss zu überlassen. Anders als der Film stelle ein Stück kein fertiges, geschlossenes Werk dar. Andererseits gehen auch in die Produktion eines Filmes die erwarteten Reaktionen der Zuschauer mit ein. Vor diesem Hintergrund entscheidet wie bei allen Kunstwerken immer das Zielpublikum darüber, welcher Tabubruch noch akzeptabel ist und welcher nicht. Der Film hat allenfalls den Vorteil, beispielsweise dreißig Jahre später in identischer Fassung noch einmal gezeigt zu werden und dabei oft große Verwunderung auszulösen, worüber Zuschauer vergangener Jahrzehnte sich noch echauffierten.

»Big Brother«

Von der holländischen Firma Endemol produzierte und von RTL bzw. RTL II in bislang drei Staffeln ausgestrahlte Reality-Show, deren Kandidaten über Wochen hinweg in einem Wohncontainer lebten und dabei fast durchgehend bei den alltäglichsten Verrichtungen über zahlreiche Kameras beobachtet werden konnten. Besonders faszinierend, aber auch besonders umstritten waren dabei jene Momente, die einen üblicherweise tabuisierten Einblick in sehr private, wenn nicht intime Handlungen der Kandidaten gestatteten. Beispiele aus der ersten Staffel wären etwa: Zlatko beim Brusthaare-Stutzen (wobei er sich mit der Schere blutig schnitt), Andrea beim Pickel-Ausdrücken, Jona beim Weinen, Kerstin und Alex beim Sex unter der Bettdecke (wiederholt von Karim und Daniela in Staffel zwei) sowie Manu beim Bier-auf-den-Rasen-Speien (gefolgt von dem Kommentar: *»Soll Deutschland mich doch kotzen sehen!«*). Während (auch selbsternannte) Medienwächter vor der Ausstrahlung einen Verstoß gegen die Menschenwürde anprangerten, legte sich die Entrüstung nach der Ausstrahlung der ersten, eher langweiligen Folgen schnell und wallte auch nicht wieder auf, als die Kandidatin Manuela Schick von Sender und Fans tatsächlich in eine psychische Extremsituation gebracht wurde. Sobald sich das Publikum an dem mit so faszinierenden Konzepten wie »Nacktduschen« inszenierten Tabubruch sattgesehen hatte (und nichts entdeckte, was aus Film oder Werbung

nicht bereits bekannt war), ließ sein Interesse so stark nach, dass die dritte Staffel trotz einiger neuer Einfälle sang- und klanglos versandete. Dennoch ist eine vierte Staffel schon für Frühjahr 2003 geplant.
Literatur: Bählke, Friedrich: Big Brother. Beobachtungen. Bielefeld 2000; Beck, Kurt u. a.: Big Brother. Inszenierte Banalität zur Prime Time. Münster 2000; Feige, Marcel: Big Brother und Co. Wie Reality-Soaps das Fernsehen verändern. Berlin 2001; Herrmann, Friederike: Tabubruch als Programm. Privates und Intimes in den Medien. Leverkusen 2001; Mikos, Lothar: Im Auge der Kamera. Das Fernsehereignis Big Brother. Berlin 2000

»Bizarre«

Britische Monatszeitschrift, die sich laut Eigendarstellung als *»Bibel für alternative Lebensstile«* versteht sowie als *»Hoffnung für jeden, der nicht mit dem Strom schwimmen möchte«*. Ihr Konzept sind Artikel, Reportagen und Bilder, die von den extremen Randbereichen des Lebens bzw. der Gesellschaft künden, womit oft automatisch zahlreiche Tabubrüche verbunden sind. Beispielsweise berichtete die Ausgabe vom Juli 2002 über → Selbstverletzung, die Vergewaltigung von Männern in Gefängnissen (→ männliche Opfer von sexuellen Nötigungen und Vergewaltigungen) sowie den Autor Hubert → Selby und erklärte in einem satirischen Ratgeber-Beitrag, wie man am besten seinen eigenen Sex-Kult gründet. Die folgende Ausgabe vom August 2002 widmete sich Phänomenen wie weiblichen Stalkern, Mördern im Kindesalter und Clown-Pornographie (wobei sie übrigens erstmals enthüllte, dass der »Joker«, der Erzfeind des Comic-Superhelden »Batman«, von den Autoren der Batman-Serien als homosexuell verstanden wird). Während die Themenauswahl und Gestaltung des Magazins in hohem Maße reißerisch und effekthascherisch wirkt, ist die journalistische Behandlung dieser Themen fundiert, differenziert, informativ und somit in jeder Hinsicht seriös.
Website: www.bizarremag.com

»Black Lace«

1993 ins Leben gerufene Erotik-Reihe für Frauen des britischen Virgin-Verlagshauses. In den ersten Jahren ihres Erscheinens gelang es dieser Reihe, über drei Millionen Titel abzusetzen. Black Lace löste sich von der Ästhetik, die üblicherweise für das Genre der Frauen-Erotik galt (historische Romanzen mit sexuellen Untertönen), und

wandte sich zeitgenössischer, realitätsnaher Erotik mit oft unverblümt präsentierten SM-Elementen zu. Noch stärker findet sich diese Ästhetik von Bondage, Disziplin und Unterwerfung in der ebenfalls von Virgin herausgegebenen Reihe »Nexus«, die eher auf männliche Leser ausgerichtet ist und die größte und langlebigste europäische Erotik-Sammlung darstellt. Bei sämtlichen Publikationen legt der Verlag besonderen Wert auf eine zwar nicht literarische, wohl aber vergleichsweise hohe Qualität hinsichtlich Sprache, Inhalt und äußerer Aufmachung (z. B. sind die Cover von renommierten Fetisch-Fotografen gestaltet). Beide Reihen haben daher in England bei Männern wie Frauen längst Kultstatus erreicht: Anders als in Deutschland wird erotische Literatur in England inzwischen als respektabel, wenn nicht gar trendy eingeschätzt. Verschiedene der in »Black Lace« und »Nexus« veröffentlichten Erzählungen wurden ins Deutsche übersetzt, dabei aber in einer Form von freiwilliger → Zensur verstümmelt: zum einen durch geschönte Übersetzungen, zum anderen durch die Tilgung von Szenen, die Motive wie Orgien, Sex zu dritt oder → Sadomasochismus beinhalten (so etwa in Natasha Rostovas »Die Gefangene der Rebellen« oder in Xanthia Rhodes »Eruption«). Liebhaber erotischer Literatur empfehlen daher die Lektüre der Originale.
Websites: http://www.erotica-readers.com/ERA/B-blacklacebooks.htm, http://www.virginbooks.com/vp/Q4smartSite.dll/enterframe?subsite=erotic&page=Black_Lace.html

Blähungen

Die Website www.darmgas.de bietet alles, was man zu diesem anrüchigen Thema wissen möchte: von der wissenschaftlichen Berechnung der unterschiedlichen Aggregatzustände über medizinische und akustische Hintergründe bis zu den besten Koch- und Backrezepten, um wirkungsvolle Auftritte vorzubereiten. Ein wenig Poesie ist auch dabei.

»Die Blechtrommel«

Pikaresker Debütroman des inzwischen mit dem Literatur-Nobelpreis ausgezeichneten deutschen Autors Günter Grass um den Jungen Oskar, der sich angesichts des Aufstiegs der Nazis und des Zweiten Weltkriegs dafür entscheidet, nicht weiter zu wachsen, um so der

Verantwortung des Erwachsenseins zu entkommen. Im Erscheinungsjahr 1959 galt die Erzählung in vielerlei Hinsicht noch als obszön, so etwa auch eine Szene, in welcher die Hauptfigur mit Hilfe von Brausepulver einen Cunnilingus vollzieht (vgl. → Brodkey, Harold). Die Verfilmung des Romans 1979 durch Volker Schlöndorff erhielt unter anderem einen Oscar und die Goldene Palme von Cannes. 1997 wurden in den USA nach mehreren Razzien in Bibliotheken, Videotheken und Privatwohnungen Videokassetten des Films als »Kinderpornographie« beschlagnahmt: mit richterlicher Billigung und gemäß eines Antrags christlicher Fundamentalisten. Erst ein von der US-Bürgerrechtsbewegung ACLU und einem Videothekenverband angestrengter Prozess konnte 1998 eine offizielle Rücknahme des Vorwurfs der Kinderpornographie bewirken. Der zum Zeitpunkt des Drehs elfjährige David Bennent und die Schauspielerin Katharina Thalbach (damals 24), die an den umstrittenen Szenen beteiligt waren, hatten Aussagen vorgelegt, in denen sie die Attacken gegen den Film zurückwiesen und belegten, dass es während der Aufnahmen zu keinerlei tatsächlichen sexuellen Kontakten gekommen war. US-Bürgerrechtler bewerteten die Angriffe gegen »Die Blechtrommel« als Teil einer systematischen Kampagne ultrarechter Kräfte, die unter dem Vorwand einer Bekämpfung der Kinderpornographie massive → Zensur in Bibliotheken, den Medien und dabei insbesondere dem Internet durchsetzen wollten, um vor diesem Hintergrund ihre eigene autoritäre Herrschaft zu etablieren. Der sinnvolle Schutz von Kindern, wenn es etwa um Armut, tatsächlichen Missbrauch oder Vernachlässigung gehe, stehe bei diesen Gruppierungen jedoch im Hintergrund.

Quelle: http://www.wsws.org/de/1998/nov1998/ble-n04.shtml (mit weiterführenden Links)

»Bobby Brown«

Vermutlich berühmtester Hit Frank → Zappas über die sexuelle Nachtseite des typisch amerikanischen Sonnyboys. Während das lyrische Ich nach außen hin dem Klischee und den gängigen Anforderungen entspricht (»*I'm the cutest boy in town, my car is fast my teeth are shiny ... I'm dressing sharp and I'm acting cool*«) – und zwar soweit, dass es die USA, ihre Wertvorstellungen und Ideale an sich verkörpert (»*O God, I am the American Dream*«) – verbergen sich hinter dieser Maske sexuelle Gewalt (»*I got a cheerleader here ... maybe later I'll rape her*«), Ejakulationsstörungen (»*now it shoots too quick*«), → Homosexualität (»*I tell all the girls, they can kiss my hiney ... now I smell like vaseline ... none of the jocks can even tell I'm a homo*«), → Sadomasochismus (»*me and a friend sort of drifted along into S&M*«) bis hin zu Spielen mit Urin (»*as long as I get a little golden shower*«) und recht schmerzhaften Praktiken (»*with a spindle up my butt 'till it makes me scream*«) sowie Anflüge einer Unsicherheit in der Geschlechtsidentität (»*am I a boy or a lady, I don't know which*«). Zumindest für einen Großteil dieser Entwicklungen wird der sexuelle Kontakt mit einer von der aufkommenden Frauenbewegung beeinflussten Lesbe namens Freddie verantwortlich gemacht (»*thanks to Freddie, I'm a sexual spastic*«). Diese drastische Aneinanderreihung und Durchmischung von für viele schockierenden Elementen kann jedoch nicht nur als Kritik von Schein und Sein gelesen werden und als Frage, inwieweit »Perversion« dem amerikanischen Wesen an sich schon eingeschrieben ist, sondern gerade wegen ihrer Übersteigerung auch als stark (selbst-)ironische Äußerung Frank Zappas bzw. Parodierung der gewollten Tabubrüche in der Subkultur insgesamt.

»Bound«

Moderner Film Noir, USA 1996, nach dem Drehbuch und unter der Regie Andy und Larry Wachowskis, die wenige Jahre später mit dem innovativen Kassenknüller »Matrix« weltweite Bekanntheit erreichten. Er handelt von der leidenschaftlichen Beziehung zwischen der aus der Haft entlassenen Hausmeisterin Corky (Gina Gershon) und ihrer Nachbarin Violet (Jennifer Tilly). Violet möchte mit Corkys Hilfe von ihrem Freund Cesar, einem Geldwäscher des organisierten Verbrechens, loskommen und diesen zugleich um zwei Millionen Dollar erleichtern.

Auf dieser Grundlage betreibt der Film ein Vexierspiel mit den klassischen Filmen der »Schwarzen Serie«, deren Genreregeln er auf überraschende Weise auf den Kopf stellt. Die als selbstverständlich hingenommene → Homosexualität der weiblichen Hauptfiguren gehört mit Sicherheit dazu. Als Fachfrau für lesbischen Sex zogen die Wachowski-Brüder die Publizistin Susie Bright zurate, die in den USA als »Susie Sexpert« über großes Renommee verfügt.

»Boy Meets Girl«

(wörtl.: *»Junge trifft Mädchen«*, feste Wendung der Filmbranche für den Beginn romantischer Erzählstränge) Umstrittener Low-Budget-Thriller, Großbritannien 1994, unter der Regie Ray Bradys, der auch als Produzent und Drehbuchautor verantwortlich zeichnet.

In einer Londoner Bar versucht Tevin (Tim Poole) mit einer der anwesenden Single-Frauen ein Date für die Nacht auszumachen. Die blonde Französin Anne Marie (Margot Steinberg) zeigt sich sehr zugänglich und nimmt ihn mit in ihr Appartement. Die beiden überspringen den Small-Talk und betrachten stattdessen einen der Filme aus Anne Maries umfangreicher Porno-Sammlung. Nachdem Anne Marie ein Betäubungsmittel in seinen Drink mischte, verliert Tevin das Bewusstsein. Er kommt fast vollständig entkleidet und in einen Zahnarztstuhl gefesselt in einem dunklen Keller wieder zu sich. Seine Versuche, zu erklären, dass er an bizarrem Sex kein Interesse hat, scheitern. Wie sich herausstellt, ist seine neue Bekanntschaft auch keineswegs Französin, sondern lediglich daran interessiert, ihn in den nächsten paar Tagen zu Tode zu foltern. Nach und nach verrät sie, dass ihre Begegnung sorgfältig arrangiert wurde und ihr beispielsweise längst bekannt war, dass Tevin ein verheirateter Mann ist. Eine maskierte Komplizin namens Julia (Danielle Sanderson) nimmt derweil Anne Maries Folteraktionen auf Video auf, beteiligt sich schließlich daran und stellt sich als die schlimmere von beiden heraus.

Das Tabu, das »Boy Meets Girl« bricht, ist das der exzessiven Gewaltdarstellung. Dieses Tabu wurde in den neunziger Jahren auch in zahlreichen anderen Filmen (von → »Natural Born Killers« bis Tarantinos »Reservoir Dogs«) angegriffen. Allerdings geht »Boy Meets Girl« auf zweierlei Weise weiter: Zum einen wird dem Publikum, anders als in den üblichen Thrillern, Action-Reißern und Serienkillerfilmen, die Atempause zwischen den Gewaltakten versagt. Zum anderen kippt das Täter-Opfer-Klischee zwischen den Geschlechtern, indem hier zwei sadistische Frauen und ein hilfloser Mann im Mittelpunkt stehen: »Thelma & Louise« etwa bringen zwar ebenfalls einen Mann um und setzen zwei andere in der Wüste aus, bleiben aber kurioserweise dennoch die Sympathieträgerinnen zumindest für das weibliche Kinopublikum. »Boy Meets Girl« ist hier in seiner Durchbrechung des Gut-böse-Schemas radikaler. Radikaler war auch die

Reaktion des British Board of Film Classification (BBFC), einer Art staatlicher Zensurbehörde, auf diesen Film: Sie weigerte sich, ihn mit einer Altersfreigabe zu kennzeichnen (was bedeutet, dass er ähnlich wie ein Porno behandelt wird und im Kino nicht gezeigt werden kann). Kritiker haben hiergegen lautstarken Protest erhoben: Zwar sei das zentrale Thema dieses Filmes tatsächlich Gewalt und der Umgang damit, aber anders als in zahlreichen Hollywood-Filmen werde sie keineswegs verherrlicht oder trivialisiert. Auch werden die schlimmsten Gewalthandlungen von der Kamera nie erfasst, sondern finden *off-picture* statt. Ähnlich wie beispielsweise im »Blair Witch Project« wird dadurch natürlich gerade erst die Phantasie des Zuschauers entfesselt. Die Ästhetik des Filmes bewegt sich zwischen einem bedrückenden Alptraum und einer schwarzhumorigen Camp-Komödie. Insbesondere die trockenen Kommentare Julias sorgen trotz des furchteinflößenden Kontexts für einen nicht unerheblichen Witz. Jede der vignettenartigen Szenen wird durch an Cartoons erinnernde Zwischentitel eingeleitet, die von »New Experiences« bis zu »People in Real Life Don't Walk Around With Bullet Holes in Them« rangieren. Die Kameraführung hingegen zeichnet sich durch ungewöhnliche Winkel und hektische, schlampige Bewegungen aus, wodurch für den Betrachter der Eindruck eines von Laien angefertigten Snuff-Movies entsteht, wie innerhalb der Filmhandlung Julia ja auch tatsächlich einen erstellt. Der Subtext scheint zumindest bei oberflächlicher Betrachtung feministischer Natur zu sein: So steht das Verhalten Tevins, insbesondere der Betrug an seiner Frau, im Vordergrund, und die Folterungen, die er durchlebt, scheinen als gerechtfertigte Bestrafung dafür gedacht zu sein. Da Tevin zumindest für den männlichen Zuschauer eine stellvertretende Rolle in der Handlung übernimmt und dieser Zuschauer indirekt von der ausgeübten Gewalt ebenfalls getroffen wird, lässt sich hier eine entsprechende Wirkungsabsicht vermuten. In dieser Lesart würde Tevin eine Sündenbockrolle für das Verhalten »der Männer« generell übernehmen. Andererseits fällt auf, dass Anne Marie und Julia anders als etwa Thelma und Louise nie heroisiert oder als sich endlich wehrende Opfer inszeniert werden. Ihr Verhalten erscheint nie als gerechtfertigt. Stattdessen verzichtet der Film auf jede Form von Moral, und Anne Marie, die zum Schluss selbst ums Leben kommt, erhält von Julia keinen weiteren Nachruf als *»sie war widerlich«*.

Quelle: www.boudiccafilms.com/documents/boy.html, www.filmfestivalen.se/1994/Boymeetsgirl.html

»Boys Don't Cry«

Transgender-Film, USA 1991, unter der Regie von Kimberley Peirce (→ Transgender). Als Vorlage aus der Wirklichkeit diente das Leben Brandon Teenas, der 1993 in Falls City, Nebraska, von seiner Clique zunächst vergewaltigt und später getötet wurde, damit er vor Gericht nicht mehr gegen sie aussagen konnte. Die Hauptfigur mit dem Geburtsnamen Teena Brandon (dargestellt von Hilary Swank) wurde im Körper einer Frau geboren, fühlt sich jedoch als Mann, weshalb er seinen Namen zu Brandon Teena umstellt. Der tristen Alltagsrealität der Kleinstadt, in der er lebt, versucht Brandon durch die Mitgliedschaft in einer Gruppe junger Männer zu entgehen, die ihm außer einem Familienersatz auch dankbar angenommene Ablenkungen einer bedrückend stupiden Arbeitssituation bieten: Trucksurfen, Karaoke und Kleinkriminalität – wobei Brandon auch nicht davor zurückschreckt, sich wegen eines Verlobungsrings am Konto seiner Freundin Lana (Chloe Sevigny) zu bedienen. Erst als Brandon eines Tages verhaftet wird und Lana ihn nicht wie erwartet im Männer-, sondern im Frauengefängnis besuchen muss, erkennen sie und Brandons restliches Umfeld die Verschiebungen in seiner Geschlechtsidentität. Während Lana weiter zu ihm hält, sind seine Freunde von dieser massiven Störung in ihrem Leben verstört und befremdet. Sie vergewaltigen ihn als Strafe dafür, sich bei ihnen »eingeschlichen« und sie »ausgenutzt« zu haben. Als ihnen klar wird, dass er sie dafür jederzeit ins Gefängnis bringen kann, ermorden sie ihn.

Die Hauptdarstellerin Hilary Swank, die als Vorbereitung auf ihre Rolle einen Monat lang »als Mann« verbrachte, erhielt für ihre schauspielerische Leistung einen Oscar.

»Boys on the side«

→ »Kaffee, Milch, Zucker«

Breillat, Catherine

Französische Regisseurin, Schriftstellerin und Drehbuchautorin. Ihre Werke drehen sich häufig um die Machtkonflikte zwischen den Geschlechtern, um sexuell suchende und dadurch bewegliche Frauen, die auf in dieser Hinsicht starre Männer treffen. Sexuelle Begegnungen werden von Breillat häufig weniger liebevoll-sanft denn anonym, obsessiv oder mit sadomasochistischen Untertönen geschildert. Ein weiteres zentrales Motiv von Breillats literarischen und filmischen Erzählungen ist die kritische Auseinandersetzung mit dem Genre der → Pornographie, dessen Mechanismen sie häufig in überzeichneter, fast parodistischer Weise vorführt.

Als bekanntester ihrer acht (oft auf der Grundlage ihrer Romane entstandenen) Filme gilt → »Romance«, als einzige deutsche Übersetzung ihrer Prosatexte liegt »Ein Mädchen« (Originaltitel: »Une vraie jeune ville«) vor. Dieses 1973 verfasste und drei Jahre später von Breillat verfilmte Werk über das sexuelle Erwachen einer 16-jährigen zwischen Lust, Scham, Angst und Neugierde konnte erst vor wenigen Jahren in französischen Kinos vorgeführt werden. Grund dafür war, dass Breillat damals schon vor kühnen Kamera-Einstellungen wie etwa auf Erektionen oder auf das Einführen eines Regenwurms in die Vagina nicht zurückscheute. Breillats 1968 mit 17 Jahren verfasstes Erstlingswerk »L'homme facile« wurde für Minderjährige verboten. Später warfen ihr insbesondere Feministinnen vor, menschliche Körper und dabei insbesondere das männliche Geschlecht zu stark zu sexualisieren. Breillat war auch schauspielerisch tätig, so etwa in einer Nebenrolle in → »Der letzte Tango in Paris«.

»The Bride Wore Black Leather ... and He Looked Fabulous! An Etiquette Guide for the Rest of Us«

(*deutsch:* »Die Braut trug schwarzes Leder ... und er sah fantastisch aus! Ein Etikette-Führer für den Rest von uns«) Von Drew Campbell und Donna Barr erstelltes Benimmbuch für die sozial korrekte Thematisierung von Aspekten, die in vergangenen Jahrzehnten noch als tabuisiert galten. Es erschien im Jahr 2000 im Verlag Greenery Press und widmet sich solchen Fragen wie: »Wie schreibt man Einladungen an Dreierbeziehungen?«, »Wie stellt man seinen Sexsklaven dem Chef vor?«; »Wie reagiert man höflich, wenn man für das falsche Geschlecht gehalten wird?«, »Darf man andere Menschen direkt nach ihrer sexuellen Orientierung fragen?« und viele andere.

»Buffy im Bann der Dämonen«
(Originaltitel: *Buffy the Vampire Slayer*) Teenage-Horrorserie von Joss Whedon (Produzent und maßgeblicher Autor) mit Sarah Michelle Gellar in der Titelrolle, seit 1997 ausgestrahlt von Warner Brothers (in Deutschland: Pro 7). Markenzeichen der Serie, die wegen ihrer häufig genialen Plots und Dialoge auch von vielen erwachsenen Zuschauern gerne gesehen wird, ist die gelungene Durchmischung von typischen Teenagerproblemen (Schule, Eltern, Beziehungen) und phantastischen Herausforderungen wie dem Kampf gegen die unterschiedlichsten monströsen Wesen, in erster Linie aber Vampire. Der Kampf gegen Dämonen stellt hier eine verhältnismäßig leicht durchschaubare Metapher für die Auseinandersetzung mit Liebe, Sexualität, Angst und Tod dar, die mit dem Prozess des Erwachsen-Werdens verbunden ist.

In drei Episoden der ersten Staffel wurde das Thema → Homosexualität quasi angetestet. Zum einen geschah das durch die Nebenfigur des Larry Blaisdell (Larry Bagby III): Larry war ein schikanöser Highschool-Raufbold, bei dem sich schließlich herausstellte, dass sein Auftreten lediglich seine homosexuelle Veranlagung überdecken sollte. Er wurde vermutlich bei dem Examensmassaker getötet, das die 1998-99er-Staffel von »Buffy« beendete. Zum anderen war in dieser dritten Staffel leichte erotische Spannung zwischen Buffy und einer weiteren Vampirjägerin namens Faith zu verspüren: Beispielsweise lockte Faith Buffy aus dem Unterricht, indem sie ein Herz an die Scheibe ihres Klassenzimmers zeichnete, in dem Teenie-Treff »Bronze« kam es zu heißen Tänzen zwischen den beiden und schließlich lud Faith Buffy zu einem gemeinsamen Besuch des Schulballes ein. Dieser Handlungsstrom versickerte indes weitgehend, als Faith ins Lager der Bösen wechselte. (Lediglich in bestimmten Texten der von Fans erstellten und vor allem im Internet verbreiteten Slash-Fiction wird die erotische Beziehung zwischen Buffy und Faith intensiver dargestellt.) In der Folge »Doppelgängland« (dt.: »Doppelgängerland«) derselben Staffel stieß Buffys beste Freundin, die zuvor als heterosexuell dargestellte Willow Rosenberg (Alyson Hannigan), auf ihr bösartiges Vampir-Ego aus einer anderen Dimension, woraufhin sie bezüglich ihres Doubles leicht schockiert feststellte: *»I think, I'm kinda gay«* (etwa: *»Ich glaube, ich bin irgendwie lesbisch«*).

In der darauf folgenden Staffel entwickelte Willow dann tatsächlich eine intensive Zuneigung zu ihrer Mitschülerin und Hexenkollegin Tara (Amber Benson), die schließlich in eine Liebeserklärung mündete. Auslöser dafür war ein Zauber, den die beiden in der legendären Folge »Hush« (dt. »Das große Schweigen«) vornahmen und der ein Verschränken ihrer Hände erforderlich machte – eine Berührung, die noch aufrechterhalten wurde, als der Zauber seine Wirkung längst entfaltet hatte. Willow und Tara sahen einander daraufhin tief in die Augen, bevor abgeblendet wurde und die Fans sich in langen Internetdiskussionen über diese Szene die Köpfe heiß redeten. In den nächsten Folgen platzierte Whedon geschickt weitere Andeutungen und Hinweise auf eine sich entwickelnde Liebesbeziehung. Um den ausufernden Fan-Debatten im Internet und anderswo entgegenzutreten – ein Newsgroup-Thread, der über Monate hinweg wuchs und wuchs, trug den Titel »Don't turn Willow into a Lesbian« (»Macht Willow nicht zur Lesbe«) – äußerte sich der Sender Warner Brothers schon recht früh dahingehend, dass Willow und Tara niemals mehr als gute Freunde sein würden.

Stattdessen wurden jedoch die Hinweise immer deutlicher und kulminierten erstmals in der Folge »Who are you?« (dt. »Im Körper des Feindes«). Zum einen hatte das Händchenhalten und Einander-Anlächeln zwischen Willow und Tara inzwischen bemerkenswert zugenommen, zum anderen stießen die beiden auf Faith, die zu diesem Zeitpunkt Buffys Körper übernommen hatte und die tieferen Gefühle des Pärchens füreinander sofort durchblickte, was sie lakonisch mit *»So Willow's not driving stick anymore«* kommentierte. (Was in der deutschen Fassung zurückhaltender übersetzt wurde mit *»Willow steht jetzt anscheinend auf Frauen.«*) In derselben Folge outete sich Tara hinsichtlich dieser Gefühle erstmals verbal gegenüber Willow: *»I am, you know«*, um auf Willows Nachfrage *»What?«* zu erklären: *»Yours.«*

Im weiteren Handlungsverlauf nutzte Whedon die phantastischen Motive, die ihm das Horrorgenre zur Verfügung stellte, um dadurch sexuelle Erfahrungen zu maskieren und zu metaphorisieren. So wirkten Willow und Tara gemeinsam einen *Netherrealm*-Spruch, der nach längerem Schwitzen, Stöhnen und Händchenhalten in einen orgasmusartigen Aufschrei Willows mündete. Whedon selbst zeigte sich in Internet-Diskussionen eher amüsiert über diejenigen Buffy-Fans, die immer noch nicht verstehen oder akzeptieren wollten, was sich in seiner Serie entwickelte: *»You think we've been tiptoeing? Sounded more like clogdancing to me. Did you see that spell? Do I have to ›Spell' it out for you?«* (Zu deutsch etwa: *»Denkt ihr, wir schleichen hier auf Zehenspitzen herum? Hört sich für mich eher nach einem Holzschuhtanz an. Habt ihr den Spruch gesehen? Muss man alles aussprechen?«* Im Amerikanischen hat *»spell«* außer »Zauberspruch« die Nebenbedeutung von »Liebesbann«, etwa in Wendungen wie *»to put a spell on somebody«*.

Klartext sprach Whedon dann schließlich doch anlässlich der Folge »Doomed« (dt. »Das Opfer der Drei«). Hier teilte er im offiziellen »Buffy«-Webforum mit, dass die Beziehung zwischen Willow und Tara in der Tat intimer werden würde, als zunächst von vielen angenommen: *»Wir hatten es als Subtext gedacht, aber ihr seid offensichtlich dahinter gekommen. (...) Die Beziehung zwischen Willow und Tara ist definitiv romantisch. Dornige Angelegenheit: Die Autoren und ich hatten lange Sitzungen darüber, wie man verantwortungsbewusst mit diesem Thema umgeht, ohne eine Story zu schreiben, die so wirkt, als ob Leute eine lange Zeit darüber diskutiert hätten, wie man damit verantwortungsbewusst umgeht. Für mich fühlt es sich jetzt genau richtig an. ALLE Beziehungen in dieser Serie sind irgendwie romantisch (bringt also euren eigenen Subtext mit), und das hier wirkt wie der nächste natürliche Schritt für Willow. Ich kann euch nur zwei Dinge versprechen: Wir machen nicht dasselbe wie in ›Ally McBeal‹ oder ›Party of Five‹, wo wir eine höllische Reklame wegen einer homosexuellen Beziehung machen, die wir am Ende der Folge wieder platzen lassen, und wir werden niemals eine ›Buffy‹-Folge haben, wo jemand über dieses Thema eine Predigt hält.«* (Mit der Bezugnahme auf »Ally McBeal« spielt Whedon auf die Folge an, in der Ally ihre Kollegin und einstige Rivalin Georgia auf den Mund küsste, was sehr erotisch inszeniert wurde, aber für beide Frauen keinerlei Konsequenzen hinsichtlich ihrer Heterosexualität hatte.)

Die Art der Beziehung zwischen Willow und Tara vereindeutigte sich auch für die nicht eingeweihten Zuschauer von Folge zu Folge. In »New Moon Rising« (dt.: »Abschiede«) etwa kehrte Willows Ex-Freund Oz zurück und zwang Willow in der Anschlussfolge »The Yoko Factor« (dt. »Der Yoko-Faktor«), eindeutig Stellung für ihre neue Partnerin zu beziehen: *»You can't handle Tara being my girlfriend.«*

(»*Du wirst nicht damit fertig, dass Tara meine Freundin ist.*«) Daraufhin kochte die Debatte endgültig hoch, besorgte Eltern schalteten sich ebenso ein wie kirchliche Vertreter, es kam zu persönlichen Anwürfen gegenüber der Tara-Darstellerin Amber Benson (sie sei zu fett und nicht hübsch genug). Benson selbst verteidigte sich dagegen auf dem Internet-Board, das diese Entwicklungen diskutierte. Ihre Fans gründeten einen »Amber Benson is a Hottie«-Club.

Joss Whedon äußerte sich auch zu dieser Kontroverse im offiziellen »Buffy«-Internet-Forum: »*Okay. Lasst uns ehrlich sein. Die Folge vom Dienstag war ganz schön umstritten und ein wahrer Augenöffner für mich. Obwohl ich Kritik glühend hasse, verstehe ich, wenn ich einen Fehler gemacht habe. Ich dachte, Willows Entwicklung mache Sinn für ihre Figur, aber Tatsache ist, dass die meisten Leute nicht so sind, und dass es für die meisten Leute schwer ist, eine Lebensführung zu verstehen, der sich weniger als zehn Prozent der Bevölkerung hingeben. Es geht mir nicht um Themen, ich möchte eine Geschichte erzählen, die einen fesselt und herausfordert, und dieses Mal habe ich wohl danebengeschossen. Ich hoffe, die Leute verstehen, dass wir uns hier unseren Weg ertasten. Wir hören zu. Also weg mit dieser ganzen Lebensstil-Entscheidung, die Willow getroffen hat. Machen wir einfach reinen Tisch. Von jetzt an wird Willow nicht länger eine Jüdin sein. Und ich denke, wir können alle wieder leichter atmen.*« (Natürlich war diese Äußerung stark sarkastisch gemeint.) Später teilte Whedon dem Magazin »E! Online« mit, dass die Rückmeldungen der Zuschauer hinsichtlich Willows Entwicklung überwältigend positiv gewesen sei. Nur einige wenige Leute hätten sich gestört gezeigt, diese hätten ihr Missfallen aber besonders nachdrücklich geäußert.

Nachdem die Autoren der Serie ebenfalls zu verstehen gegeben hatten, dass Tara ein dunkles Geheimnis umgab, befürchteten viele Fans ein daraus erwachsendes Ende ihrer Beziehung zu Willow. Selbst auf ihrer Urlaubsreise nach Europa und bei einem Besuch im Louvre wurde Amber Benson von Fans darauf angesprochen. Immerhin erklärten die Autoren, dass sie nicht vorhätten, das übliche Klischee von der bösen, verführerischen Lesbe bzw. der Lesbe, die schließlich sterben muss, zu bedienen.

Tatsächlich löste sich in »Family« (dt.: »Familienbande«), der sechsten Folge der fünften Staffel, zunächst einmal alles als vergleichsweise harmlos auf: In Taras Körper steckte ein Dämon, weshalb sie ihre ausgesprochen konservative Familie in Sicherheitsgewahrsam nehmen wollte. (Was sich nun auch wieder als Metapher darauf lesen lässt, dass Frauen in die Mutter- und Hausfrauenrolle gedrängt werden, um ihre Sexualität unter Kontrolle zu zwingen.) Dieser Versuch scheiterte am Widerstand von Buffys Freunden und der aufopferungsvollen Ermittlungsarbeit von Buffys früherem Erzfeind und zeitweiligem Lover, dem Vampir Spike.

In der für viele Zuschauer aufwühlendsten Folge der Serie, »The Body« (dt. »Tod einer Mutter«), in der Buffy mit dem Tod ihrer Mutter fertig werden muss, wodurch auch Willow außerordentlich verstört ist, kommt es dann schließlich doch zu Willows erstem Kuss mit Tara, die ihre Freundin dadurch beruhigen möchte: zweimal auf die Stirn, schließlich auf den Mund. Fans und Kritiker waren sich einig, dass diese Zärtlichkeit taktvoll, aus der Situation heraus und unspektakulär dargestellt wurde. Autor Joss Whedon hielt diese Entwicklung für geradezu zwangsläufig: *»Sie leben praktisch zusammen, also küssen sie sich wahrscheinlich schon längst. Daraus eine große Sache zu machen wäre vollkommen falsch. Es gehört irgendwohin, wo man es am wenigsten erwartet, wo es ganz selbstverständlich ist und man darüber hinweggeht.«* Die Verantwortlichen von Warner Brothers hätten ihn um eine Tilgung dieser Szene gebeten, seien aber sehr schnell durch Whedons Androhung zu überzeugen gewesen, dass er sich in diesem Fall komplett aus der Serie zurückziehen würde.

Ein weiteres Mal wurde die sexuelle Beziehung zwischen Willow und Tara in der Musical-Folge von Buffy, »Once More with Feeling« (»Noch einmal mit Gefühl«), durch sprachliche Spielereien angedeutet. So singt Tara darin, sie sei *»spread beneath my willow tree«* (»ausgebreitet unter meinem Weidenbaum«) und teilt Willow im Refrain mehrfach mit *»you make me complete«*, wobei das letzte Mal vor dem *»-plete«* ein harter Schnitt erfolgt und so aus dieser Zeile ein neuer Sinn entsteht. In der jugendfreieren Fassung, die auch in Deutschland ausgestrahlt wurde, erfolgt der Schnitt allerdings noch vor dem »come«.

Zu Beginn der Folge »Seeing Red« (dt. »Warrens Rache«) gegen Ende der sechsten Staffel sind Willow und Tara erstmals nach einer gemeinsamen Liebesnacht und unter der Decke nackt im Bett zu sehen. Augenscheinlich stellte diese Nacht Teil einer Versöhnung nach einem heftigen Streit der beiden dar, der auch zu einer zeitweiligen Trennung geführt hatte. Um so dramatischer war es, als Tara zum Ende der Folge durch eine eher zufällig in die Luft gefeuerte Kugel ums Leben kam. Willows Schmerz verwandelte sich in Wut, sie saugte sich voll mit schwarzer Magie und verübte gegen den Widerstand ihrer Freunde Lynchjustiz, wobei sie den Täter zuerst folterte und dann bei lebendigem Leib die Haut vom Körper zog – um sich danach seinen Komplizen zuzuwenden …

Whedon bezog hierzu im Internet unmittelbar nach Ausstrahlung der genannten Folge Stellung: *»Ich wusste, dass einige Leute wütend auf mich sein würden, weil ich das einzige homosexuelle Paar der Serie zerstört habe, aber die Vorstellung, dass ich Tara* nicht *töten könnte, weil sie lesbisch war, ist für mich genauso ärgerlich wie die Vorstellung, dass ich sie getötet* habe, *weil sie lesbisch war. Willows Geschichte drehte sich nicht um ihre lebische Identität. Sie drehte sich um Schwäche, Sucht und Verlust …«* Hier sollte ergänzt werden, dass sich die »Buffy«-Serie unter anderem auch dadurch auszeichnet, dass immer wieder Nebenfiguren zu Tode kommen oder auf andere betrübliche Weise aus dem Leben der Helden verchwinden. Eben jener Umstand, dass zum Erwachsenwerden auch das Umgehen-Lernen mit schweren Verlusten gehört, ist eines ihrer zentralen Themen. Nichtsdestoweniger machten vor allem zahlreiche Kritikerinnen ihrem Unmut über diese Entwicklung Luft: Willow und Tara seien eines der sehr wenigen lesbischen Paare im Mainstream-Fernsehen gewesen. Da sei es um so ärgerlicher, dass auch bei diesen zweien gleich beide Lesben-Klischees erfüllt wurden: die eine tot, die andere böse. Whedons Co-Autorin Jane Espenson wies diese Kritik zurück: Tara sei lange Zeit eine zentrale Figur der Serie gewesen und insofern kein *»Kanonenfutter«* aus homophoben Motiven; Willows Untaten resultierten nicht aus Bosheit, sondern aus dem Schmerz durch den Tod ihrer innigsten Liebe.

Sadomasochistische Sexualität existiert in der »Buffy«-Serie zumindest in Andeutungen, so etwa den Beziehungen zwischen Drusilla und Spike, Harmony und Spike – *»I've got an extra set of chains.«* (*»Ich habe einen Extra-Satz Ketten.«*) – sowie in der sechsten Staffel zwischen Spike und der emotional aus dem Tritt geratenen »Buffy« selbst. Auch Buffys Rivalin Faith würzt ihren Andeutungen nach die Liebesnacht, in der sie Buffys Kumpel Xander entjungfert, mit SM-

Elementen und verlangt etliche Folgen später von Riley, erotisch bestraft und verletzt zu werden, weil sie ein böses Mädchen sei. In der Folge »Consequences« (dt. »Konsequenzen«) benutzen Faith und Angel schließlich den Begriff »safe words«, der praktisch nur in der SM-Szene gebräuchlich ist. In »Band Candy« (dt. »Außer Rand und Band«) vergnügen sich Giles und Joyce erotisch mit Handschellen-Spielchen. Schließlich wird die bereits erwähnte lesbische Doppelgängerin Willows auch als Domina in Fetischkleidung dargestellt, die von unserer Wirklichkeit eher gelangweilt ist: *»This is a dumb world. In my world, there are people in chains and we can ride them like ponies.«* (*»Das ist eine doofe Welt. In meiner Welt gibt es Leute in Ketten und wir reiten sie wie Ponys.«*)

Die Episode »Gingerbread« (dt. »Hänsel und Gretel«) thematisierte das Problem der Zensur, insbesondere die in vielen Highschool-Bibliotheken der USA verbotenen Bücher. In dieser Folge gründete unter anderem Buffys Mutter Joyce die Bürgerinnenbewegung »Mothers Opposed to the Occult« (Mütter gegen das Okkulte), oder kurz »MOO«, was schließlich dazu führt, dass Buffy und zwei ihrer Freundinnen selbst auf dem Scheiterhaufen landen. Ironischerweise warnte die US-amerikanische Protestgruppe »The Parents Television Council« Ende 2000 im Internet mit Nachdruck vor »Buffy« und befand, diese Serie sei alarmierend *»wegen ihrer sexuellen Inhalte, der Verwendung unflätiger Ausdrucksweise und Gewalt. In der letzten Staffel wurde Sex entweder gezeigt oder angedeutet zwischen Buffy und Parker, Buffy und Riley, Xander und Anya, Spike und Harmony sowie Oz und Veruca. Außerdem zeigten sich homosexuelle Unterströmungen zwischen Willow und einer befreundeten Wicca-Angehörigen. Sexuelle Darstellungen waren mitunter deutlich. In einer Folge wurde ein Junge bei einer Burschenschaftsparty einfach dadurch sexuell erregt, dass er eine Wand berührte und sich in den Schritt fasste. Andere Folgen enthielten angedeutete Nacktheit, homosexuelle Phantasien, Selbstbefriedigung, Bezüge zu Körperteilen sowie Bezüge zu Orgasmen und perversen Sex-Praktiken.«* Keith Toppings bemerkt zu dieser Warnung in seinem Buch »Slayer« (Literaturangabe siehe unten): *»Ich weiß nicht, wie es anderen Lesern ging, aber wenn ich die Serie vorher nicht gekannt hätte, hätte ich sie nach diesem Text sofort eingeschaltet.«* Im August 2002 ernannte das Parents Television Council »Buffy« zur übelsten Serie im Prime-Time-Fernsehen. Die

Christliche Rechte in den USA hielt sich trotz einiger für sie verdächtiger Elemente in der Serie (die starken Verweise auf das neue Heidentum, speziell Wicca) zunächst zurück, da das Grundprinzip von »Buffy« offenkundig den Kampf von Gut gegen Böse darstellte. Diese Zurückhaltung wich, je mehr die Serie Sexualität zum Thema machte. Insbesondere nachdem Buffy zum ersten Mal mit ihrem Vampir-Lover Angel schlief, wurde das Internet mit warnenden Artikeln aus dem Bibelgürtel der USA geflutet.

Literatur: Kaveney, Roz: Reading the Vampire Slayer: An Unofficial Critical Companion to Buffy and Angel. Tauris 2002. Wilcox, Rhonda und Lavery, David: Fighting the Forces: What's at Stake in Buffy The Vampire Slayer? Rowman & Littlefield 2002. (Das Buch wird begleitet durch ein regelmäßig erscheinendes akademisches Online-Journal unter www.slayage.tv.) South, James B.: Buffy the Vampire Slayer and Philosophy. Fear and Trembling in Sunnydale. Open Court Publishing 2003. Topping, Keith: Slayer: An Expanded and Updated Unofficial and Unauthorized Guide to Buffy the Vampire Slayer. Virgin 2002

Internet: Deutsche Websites sind www.buffy-imbannderdaemonen.de (offizielle deutsche Site), www.buffymedia.de (News), www.buffythevampireslayer.de (vor allem Schnittberichte), www.theslayer.de (News), www.buffymagazin.de (vielfältiges Angebot, unter anderem Episoden-Scripte), www.buffyverse.de (News und Forum) sowie www.newsfromhellmouth.de (Meinungsforum). Die offizielle US-Website der Serie steht unter www.buffy.com im Netz. Tiefgehende Kommentare und Analysen zu den einzelnen Folgen der Serie sind nachzulesen unter www.buffyguide.com, www.buffyguide.com, www.bbc.co.uk/cult/buffy, www.the-buzz.com/buffyguide.html sowie http://www.justinleader.com/annotatedbuffy. Philosophische (ethische und metaphysische) Fragen, die »Buffy« aufwirft, werden unter www.atpobtvs.com sowie http://www.geocities.com/voxsententia/abovethelaw/frames1.html diskutiert. Fan-Fiction findet man auf etlichen Seiten, darunter http://slayerfanfic.com sowie (etwas gewagter im Inhalt) www.buffysmut.com. Eine Suchmaschine mit Zugang zu Dutzenden weiterer Sites über die Serie gibt es unter www.buffysearch.com.

Bundesprüfstelle für jugendgefährdende Schriften (BPS bzw. BPjS)

1954 gegründete Behörde des Bundesministeriums für Frauen, Jugend, Senioren und Familie, seit 1991 unter dem Vorsitz von Elke

Monssen-Engberding. Ihre Aufgabe ist die Prüfung von Druckschriften (z. B. Bücher, Zeitschriften und Comics) sowie von Bild- und Tonträgern (z. B. Videos, CDs, Computerspiele) auf jugendgefährdende Inhalte. Als »jugendgefährdend« gelten insbesondere rassistische, gewaltverherrlichende und pornographische Darstellungen. Im Gegensatz zu vergleichbaren Gesetzen etwa in den USA muss dabei eine Jugendgefährdung *nicht* nachgewiesen werden: Es reicht aus, wenn sie von den zuständigen Stellen behauptet wird. Texte im Zusammenhang mit »unstatthaften« sexuellen Praktiken sind eines der bevorzugten Ziele der BPS, wobei mit der Zensur zum Teil sehr großzügig umgegangen wird. So wurde etwa am 31. Mai 1985 Nancy → Fridays »Die sexuellen Phantasien der Frauen« indiziert und immer wieder mal eine Ausgabe der Jugendzeitschrift »Bravo«. Letzeres begründete der damalige BPS-Vorsitzende Rudolf Stefen damit, dass in den Aufklärungsserien des Magazins eine *»ausgesprochene Anreizung zur Masturbation«* zu verzeichnen sei, allerdings ohne *»jede Hinleitung, mit Triebaufschüben und Frustrationen fertig zu werden«* (→ Selbstbefriedigung). Bei ihren Entscheidungen muss die BPS keinerlei Nachweis für einen tatsächlich von einem Werk ausgehenden negativen Einfluss erbringen.

Wird ein entsprechendes Werk in den Index der jugendgefährdenden Schriften aufgenommen, so hat diese Indizierung nicht nur zur Folge, dass es Kindern und Jugendlichen nicht zugänglich gemacht werden darf. Grundlage für die Einrichtung der BPS sind zwar die → »Gesetzlichen Bestimmungen zum Schutze der Jugend«. De facto bedeutet eine Indizierung aber auch für Erwachsene eine Totalzensur: Ein indiziertes Buch beispielsweise darf weder in Katalogen und Prospekten beworben, noch auf dem Versandwege vertrieben werden. Da die wenigsten Buchhandlungen mit separaten Räumen für Über-18-Jährige ausgestattet sind, scheidet auch dieser Verkaufsweg aus. Selbst auf die Indizierung darf der Verlag nicht deutlich hinweisen, da auch dies den Absatz eines Buches fördern kann. Eine wirtschaftlich tragbare Veröffentlichung eines solchen Werkes ist für die meisten Verlage also faktisch ausgeschlossen. Zwar ist es möglich, gegen eine Indizierung juristisch erfolgreich vorzugehen. (Da die fachliche Kompetenz bei Gutachten der BPS oft erfolgreich in Zweifel gezogen wurde, hoben Gerichte erfolgte Indizierungen vielfach auf.) Dies ist wegen Kosten in bis zu fünfstelliger Höhe gerade für

Kleinverlage in der Regel aber nicht zu leisten. Der betreffende Autor wird nicht nur in seinem Recht auf die Freiheit der Kunst oder der Meinung beschnitten, er muss zusätzlich mit einer nicht geringen Stigmatisierung und Rufschädigung rechnen. Dass es sich bei der BPS alles in allem sehr wohl um eine indirekte Form der → Zensur handelt, wurde unter anderem vom Bundesverwaltungsgericht und vom internationalen Ruissell-Tribunal für Menschenrechte bestätigt.

Die jahrelang geübte Besetzungspraxis der BPS-Gremien ist aufgrund ihres Mangels an fachlicher Qualifikation oft kritisiert und auch bereits als rechtlich vollkommen unzureichend gerügt worden. So spottet die Wochenzeitung »Die Zeit« (Ausgabe vom 23.9.1988), diese Behörde verstünde es *»mit traumwandlerischer Sicherheit immer wieder ein Buch auf den Index zu setzen, das andere, Literaturwissenschaftler beispielsweise, rücksichtslos zum Kunstwerk erklärt haben«*. Die Liste der Beispiele reicht in der Tat von Nobelpreisträger Günter Grass und seiner Erzählung → »Katz und Maus« (bei dem eine Indizierung letztlich abgewendet wurde) bis zu Bret Easton Ellis' Roman → »American Psycho«, der von zahlreichen Experten als eine der größten Leistungen der US-amerikanischen Gegenwartsliteratur beschrieben und analysiert wird, aber in Deutschland als einzigem Land der Erde bis zum Jahr 2000 auf dem Index stand. Die erwähnte »traumwandlerische Sicherheit« ist dabei höchstwahrscheinlich kein Zufall, sondern Resultat dessen, dass die Kategorisierung eines Textes als Kunstwerk weitgehend denselben Kriterien unterliegt, die die BPS zu seiner Indizierung heranzieht: nämlich seine Darstellung der Realität aus einem ungewohnten Blickwinkel und sein erstmaliges Hinterfragen bislang allgemein als gültig anerkannter Normen, Denkmuster und Autoritäten – eben jenen Aspekt, den die BPS als »sozialethisch desorientierend« bezeichnet. Betrachtet man die Kulturgeschichte der Menschheit, dann wird rasch deutlich, dass Kreativität, Innovation und gesellschaftliche Erneuerung sehr häufig nur durch entsprechende Tabubrüche zu erreichen waren.

Wenn man Indizierungsbegründungen der BPS im Original liest, gewinnt man in der Tat oft den Eindruck, dass die Gutachter sich darauf beschränkt haben, Stellen mit in ihren Augen nicht statthafter Sexualität herauszusuchen, sie aber nicht in der Lage waren, diese Stellen sinnvoll im Gesamtzusammenhang des Werkes zu sehen und das Werk als Ganzes zu beurteilen. Hier fehlt bei vielen Gremienmitgliedern schlichtweg die ausreichende wissenschaftliche Vorbildung. Auch dass noch im Jahre 1990 die Verharmlosung von Homosexualität und Selbstbefriedigung als *»schwer jugendgefährdend«* und *»sozial-ethisch desorientierend«* bezeichnet wurde, deutet auf eine eher bedenkliche Ideologisierung der BPS hin.

Mit dem Argument des Jugendschutzes lässt sich die Erotik-Zensur der BPS tatsächlich nicht mehr sinnvoll rechtfertigen. Sämtliche seriöse Studien zu diesem Thema belegen, dass entgegen den öffentlich verbreiteten Horror-Szenarios bestimmter politischer Gruppen eine negative Auswirkung erotischer/pornographischer Texte nicht feststellbar ist. Dies stellt neben vielen anderen der Sexualwissenschaftler Eberhard Schorsch klar: *»So wie kein Mensch durch puberale oder spätere Erlebnisse zur Homosexualität verführt werden kann, so wenig kann er durch Eingreifen von außen zu einer Perversion verführt werden und so wenig durch Pornographie zu einer aggressiven Sexualität.«* (Eberhard Schorsch: Zur Frage von Sexualität, Lust, Angst und Gewalt. In: E. Dane und R. Schmidt: Frauen & Männer und Pornographie. Ansichten – Absichten – Einsichten. Frankfurt am Main 1990, S. 135) Tatsächlich entwickelt jeder Mensch seine sexuellen Neigungen in der frühesten Kindheit, lange bevor er überhaupt Zugang zu bestimmten Texten haben kann. So wie kaum jemand den Wunsch entwickelt, z. B. mit Tieren sexuell in Kontakt zu treten, nur weil er einen Film sieht, in dem andere Menschen das tun, lässt sich auch kaum jemand durch den bloßen Konsum entsprechender Texte zu Homosexualität, Sadomasochismus oder anderen → Paraphilien »verleiten«.

Die BPS selbst räumt in ihrem Magazin »BPS aktuell«, Ausgabe 4/1998, inzwischen in merklich verklausuliertem Amtsdeutsch ein, dass *»die Möglichkeit einer Jugendgefährdung durch (entsprechende) Schriften zwar nicht erhärtet, trotz überwiegend in Gegenrichtung weisender Stellungnahmen aber auch nicht ausgeschlossen werden kann«*. Eben dies sei eine aberwitzige Argumentation, urteilen ihre Kritiker: Wenn jeglicher Text der Zensur unterläge, bei dem eine gefährdende Auswirkung nicht eindeutig nachweisbar ausgeschlossen werden kann, könne man auf dieser Grundlage *jedes* Kunstwerk indizieren. So verwundert es nicht, wenn das Börsenblatt des Deutschen Buchhandels vom 6.8.1996 scharfe Töne für die Praktiken der BPS findet: *»Es war eine der Perfektionen der untergegangenen DDR,* *qua Zensur alles Missliebige aus der Öffentlichkeit zu verbannen. Ein Gutteil dieser ostdeutschen Anmaßung, gepaart mit oft beklagenswerter Inkompetenz und der ewig heuchlerischen Bemühung, die Gesellschaft zu schützen, hat sich in die BPS geflüchtet, die sich nach dem Grundsatz richtet: Was nicht sein darf, das nicht sein kann.«* Zuletzt richtete sich die Aufmerksamkeit der Öffentlichkeit am 2. August 2000 auf die Indizierungsdebatte. An diesem Tag wies die damalige Bundesfrauenministerin Bergmann als oberste Vorgesetzte der BPS einen Antrag dreier Familien aus dem unterfränkischen Marktheidenfeld als *»abwegig«* zurück, die Bibel wegen ihrer teilweise *»blutrünstigen Passagen«* auf die Liste jugendgefährdender Schriften zu setzen. Christian Sailer, der Rechtsanwalt der Antragsteller, kündigte daraufhin gerichtliche Schritte an. *»Die verbrecherischen Empfehlungen der Bibel dürfen nicht in die Hände von Kindern und Jugendlichen kommen«*, erklärte er gegenüber der Nachrichtenagentur AP. Es gebe *»in der gesamten Weltliteratur keine menschenverachtendere und blutigere Schrift«* als dieses Buch. In dem 19-seitigen Schreiben an das Ministerium heißt es weiter, dass in der Bibel die Ausrottung Andersdenkender und die Hinrichtung von Ehebrechern, Homosexuellen und Wahrsagern als gottgewollt verherrlicht werde. Solange diese Teile enthalten seien, gehöre die Bibel auf den Index. Die Sprecherin der katholischen Kirche in München, Adelheid Utters-Adam, bezeichnete diese Forderung als absurd. Die Bibel beschreibe eben auch Schattenseiten der menschlichen Existenz und stelle damit auch grausame Handlungen dar. Kritiker sehen in dieser Entscheidung indes ein Messen mit zweierlei Maßstab, je nachdem, wie anerkannt ein beanstandetes Werk in der Gesamtgesellschaft sei. Es ginge hier weniger um den Jugendschutz als um politisch und weltanschaulich gefärbte Urteile, bei denen Minderheiten gegenüber der Mehrheit benachteiligt und neue Gedanken zugunsten der alten unterdrückt werden. In den letzten Jahren konnte vor Gericht erfolgreich gegen verschiedene Indizierungen durch die Bundesprüfstelle vorgegangen werden, so etwa von der Zeitschrift → »Vogue« oder dem Kölner Verlag Kiepenheuer und Witsch bezüglich des Romans »American Psycho«. Problematisch ist jedoch, dass sich nur finanzstarke Unternehmen kostenintensive Prozesse leisten können, während insbesondere die wagemutigeren Kleinverleger für Zensurmaßnahmen oft eine leichte Zielschiebe darstellen.

Nach dem Amoklauf eines Schülers in Erfurt im April 2002 legte das Kabinett der Bundesregierung einen Gesetzesentwurf vor, der der Bundesprüfstelle noch weitergehende Zensurmöglichkeiten geben würde. So könnte sie dann auch ohne Antrag einer Behörde tätig werden. Nachdem die BPS in den letzten Jahren ohnehin statt Büchern zunehmend Videos, Computerspiele und Websites ins Visier nahm, ist nun eine Umbenennung in »Bundesprüfstelle für jugendgefährdende Medien« im Gespräch.

Im Mai 2002 stellte der EU-Rechtsexperte Prof. Karl Albrecht Schachtschneider (Universität Nürnberg-Erlangen) die bislang gängige Indizierungspraxis der Bundesprüfstelle in einem Gutachten in Frage. Diese Praxis könnte demnach rechtswidrig sein, weil sie den freien Handel im EU-Binnenmarkt einschränke. Darüber hinaus sei zweifelhaft, ob die Beisitzer in den Gremien der Bundesprüfstelle über eine ausreichende demokratische Legitimation verfügten.

Literatur/Quellen: Seim, Roland und Spiegel, Josef: »Ab 18.« Zensiert, diskutiert, unterschlagen. Münster 1995. Stark, Jürgen: No Sex. Die neue Prüderie in Deutschland. Reinbek 1996

Website: www.bpjs.bmfsfj.de/bpjs

Burroughs, William S.

→ »Naked Lunch«

Buttgereit, Jörg

Deutscher Filmregisseur, geboren 1963, von Frank Arnold als »König des Splatterfilms« (→ Splatter) bezeichnet, wobei Buttgereits Werke sich durch ihre künstlerisch-poetisierende Gestaltung häufig eher in die Richtung Autorenfilm bewegen. Buttgereit selbst (*»die Gesellschaft kriegt immer die Filme, die sie verdient«*) versteht seine Werke auch weniger als Unterhaltung denn als in der Punk-Tradition stehende Kunst, weshalb er etwa seinen »Nekromantik«-Zweiteiler in Abgrenzung zu dem komödiantischen Begriff Splatter als »Corpse-Fucking-Art« bezeichnete.

Seine erste Super-8-Kamera erhielt Buttgereit zur Ersten Heiligen Kommunion, woraufhin er seine Karriere in den frühen Achtzigern mit diversen Underground-Kurzfilmen wie »Mein Papi« und »Captain Berlin« begann. Der Durchbruch beim internationalen Publikum und nicht weniger internationalen Zensoren gelang ihm 1987 mit →

»Nekromantik«, gefolgt von → »Der Todesking« (1989), → »Nekromantik II« (1991) sowie dem Serienkiller-Film »Schramm« (1993). Als Buttgereits typisches Stilmerkmal gilt, sich in Darstellungen grotesker Gewaltakte und Körperauflösungen mit dem Thema → Tod und Töten sowie den Drang/die Sehnsucht danach auseinanderzusetzen, wobei die filmische Wiedergabe in ihrer Unvermitteltheit einerseits selbst einen Gewaltakt gegenüber dem Zuschauer darstellt, andererseits durch lange, fast epische Sequenzen, eingeschnitte Visionen/Halluzinationen und eine atmosphärische Inszenierung eine ungewohnte emotional-philosophische Tiefe und Schönheit hervorbringt. Sämtliche Werke entstanden mit dem für Independent-Produktionen typischen mageren Budget, was sich auch in ihrer Gestaltung bemerkbar macht. Hanno Ehrler befand in der »Frankfurter Allgemeinen Zeitung«: *»Die Schauer, die bei Jörg Buttgereits Filmen über den Rücken rieseln, sind nicht diejenigen des wohligen Grusel-Divertissements. Buttgereits Grausamkeiten schockieren wirklich, weil sie mit tiefsitzenden Ängsten und Phantasien nicht spielen, sondern an deren Wurzel rühren.«* Von dem US-amerikanischen Horrormagazin »Draculina« nach seiner Besessenheit von dem Thema Tod befragt, erklärte Buttgereit: *»Ich habe Angst vor dem Tod. Ich versuche, den Tod in meinen Filmen zu verstehen.«* Der FSK legt der Regisseur seine Filme aus grundsätzlichen Erwägungen gar nicht erst vor: Schließlich hieße es ja »freiwillige Selbstkontrolle«.

C

Cagliostro

Umstrittener deutscher Erotik-Autor, der in seinen belletristischen Werken (u. a. »Neue Leiden«, »Hummeln fallen waagrecht«) die unterschiedlichsten gesellschaftlichen Tabus vom → Sadomasochismus bis zu den Männerrechten aufgreift und lustvoll zerstört. Seine jüngste Veröffentlichung »FOX« (2002) behandelt den inszenierten Tabubruch in den Medien, der in Wahrheit den herrschenden Zustand stützt.

Califia, Pat

US-amerikanische lesbische Autorin, Sexualphilosophin und Aktivistin. Zu ihren bekanntesten Werken zählen die Geschichtensammlung »Macho Sluts«, die Textsammlungen »Coming to Power« und »The Second Coming« (die innerhalb der Frauenbewegung eine Nische für → Sadomasochismus zu erkämpfen versuchen) sowie »Das lesbische SM-Sicherheitshandbuch«. Die deutschen Übersetzungen von Califias Sachbüchern werden von Kritikern allerdings als mangelhaft abqualifiziert. Ihr 1994 erschienenes, bislang nicht übersetztes Buch »Public Sex. The Culture of Radical Sex« enthält zahlreiche journalistische Essays insbesondere zur Pornographiefeindlichkeit von Staat und Frauenbewegung.

»Caligula«

Von Penthouse produzierter Erotikfilm, Italien 1979, um den geistesgestörten, sich als göttlich inszenierenden römischen Kaiser Caligula. Der Film verdankt seine besondere Bekanntheit der ansonsten unüblichen Kombination aus sehr drastischen Sexszenen (bis hin zur Folter und analen Vergewaltigung eines Mannes) und dem Aufgebot von großen Stars wie vor allem Peter O' Toole. Als herausragend gilt insbesondere der sinnierende Gang O'Tooles durch die in Orgien schwelgenden Räume seines Palastes: eine Szene, von der O'Toole fälschlich annahm, sie würde vor der Veröffentlichung herausgeschnitten werden. Drei Wochen nach seinem deutschen Kinostart wurde der Film von der Staatsanwaltschaft indiziert. Während das Werk in seiner Gesamtlänge von 148 Minuten die Aufnahmebereitschaft bezüglich Darstellungen extravaganter Sexualität bei vielen überfordern könnte, wirkt er häppchenweise genossen für manche durchaus anregend.

»Cannibal Holocaust«

Auch unter dem Titel »Nackt und zerfleischt« vertriebener Kannibalenfilm (→ Kannibalismus) des Regisseurs Ruggero Deodato, Hauptdarsteller Robert Kermann und Francesca Ciardi, Italien 1979, von der FSK indiziert und bundesweit beschlagnahmt.

Die Handlungsprämisse ähnelt der des Kassenschlagers »Blair Witch Project«, das von manchen Filmwissenschaftlern daher als Remake besonderer Art betrachtet wird. In beiden Geschichten steht ein verschollenes Reporterteam im Vordergrund, von dem man nur noch die zurückgelassene Kameraausrüstung sowie den dazugehörigen Film wiederfindet. Die Unterschiede zwischen »Cannibal Holocaust« und dem Blair-Witch-Gruselstreifen fallen indes einigermaßen drastisch aus: Im früheren Film war das fragliche Reporterteam nämlich nicht auf der Suche nach einer vermeintlichen Volkslegende aus dem nördlichen Amerika, sondern nach Kannibalenstämmen in Brasilien. Wie die gefundenen Filme beim Abspielen enthüllen, hatten die Reporter die aufgespürten, ursprünglich friedlichen Einheimischen gequält, vergewaltigt und getötet, worauf diese grausame Rache nahmen. Die dahinterstehende Weltanschauung vertritt somit quasi das Ideal vom edlen oder zumindest im »Naturzustand« unschuldigen Wilden, der erst durch den Einfluss der im Kern verdorbenen Zivilisation zum Gewalttäter wird. Impliziert ist sicher auch eine Medienkritik wie in »Mann beißt Hund«, die das Problem anspricht, dass manche Medienmacher die Wirklichkeit nicht abbilden, sondern auf der Suche nach immer neuen Sensationen sehr aktiv eingreifen und zur Not spektakuläre Geschehnisse selbst inszenieren oder zumindest befördern. Fans von »Cannibal Holocaust« sehen in diesem Werk insofern die Produktionsverhältnisse des Reality-TV und Borderline-Journalismus ebenso vorweggenommen wie die sich in den Massenmedien erst gegenwärtig vollends herausbildenden Mischformen aus fiktionalen und Tatsachenberichten (beispielsweise Pseudodocumentary, Mockumentary und Docusoap), wodurch er eine wegweisende Verquickung des aktuellen Standes in Ethnologie wie Medientheorie gleichermaßen aufweise.

Auch stilistisch lassen sich Ähnlichkeiten und Unterschiede zum »Blair Witch Project« verzeichnen. Vergleichbar ist die als authentisch inszenierte Darstellungsweise in den vom Reporterteam gefilmten Aufnahmen, die etwa durch verwackelte Bilder und mitaufgenommene Kommentare und Dialoge eine dokumentarische Funktion vortäuscht. Ein gänzlich anderer Ansatz zeigt sich insofern, als das Beängstigende und Irritierende nicht als Leerstelle ausgespart, sondern in voller Offenheit gezeigt wird. Dies beginnt bei den laut Robert Kerman tatsächlich authentischen und ausführlich gezeigten Großaufnahmen der von den Indios gejagten, geschlachteten und auseinandergelegten Tiere, die ihn selbst so mitgenommen haben sollen, dass er einmal gar vom Set weggerannt sei, und endet bei den Vergewaltigungen, Quälereien und Fressorgien. Auch letzere Szenen sind im Vergleich mit anderen Filmen dieses Genres bemerkenswert realistisch gestaltet und weisen auf ein beeindruckendes handwerkliches Geschick der Special-Effects-Abteilung hin. Tabus werden nicht nur im Hinblick auf das zentrale Motiv Kannibalismus verletzt, sondern auch in Darstellungen selbst für dieses Genre exzessiver → Gewalt. Beispielsweise wird einer schwangeren Stammesangehörigen der Fötus herausgerissen und im Sand vergraben und einer anderen Frau eine Mixtur aus Sand und Holzsplittern in die Vagina eingeführt. In Verbindung mit der pseudodokumentarischen Inszenierung werden damit bei vielen Zuschauern Akzeptanzschwellen überschritten. Die deutsche Fassung wurde seinerzeit absichtlich verstümmelt, um einer Beschlagnahme zu entgehen. Dennoch spielte »Cannibal Holocaust« international etwa 170 Millionen Dollar ein und belegt in Japan knapp hinter »E.T.« den zweiten Platz der Kinocharts.

Website: http://notesweb.uni-wh.de/wg/wiwi/wgwiwi.nsf/name/Kannibalismus-DE

Carter, Angela

Englische Autorin der Postmoderne (1940-1992), die in ihren märchenhaft-surrealen Erzählungen häufig Sexualität und Gewalt miteinander verknüpfte. Sie gilt als führende Stellvertreterin eines magischen Realismus britischer Machart mit Anlehnungen an die Gothic Literature, wobei sie feste Zuordnungen über die Rolle der Geschlechter sowie das althergebrachte Konzept von Sexualität immer wieder mit schwarzem Humor unterwandert. In ihrem essayistischen Werk »The Sadeian Woman« (1979, dt. »Sexualität ist Macht«, Reinbek 1980) stellt sie die These von einer moralischen Form der → Pornographie auf, die sich darin konstituiere, dass sie etwa die soziale Erniedrigung der Frau bewusst thematisiere. Carter distanziert sich in ihrem Text von der → »Geschichte der O«, betont aber die Bedeutung → de Sades: zum einen aufgrund der von ihm geleisteten Politisierung der Sexualität, zum anderen weil er gezeigt habe, dass Frauen ebenso grausam, aggressiv und tyrannisch sexuell zugange sein dürften wie Männer.

»Casualities of War«

→ »O.K.«

»Cat on a Hot Tin Roof«

→ Hays-Code

»Celluloid Closet«

→ »Gefangen in der Traumfabrik«

»The Cement Garden«

→ »Der Zementgarten«

»Chasing Amy«

Realistisch inszenierte Beziehungskomödie, USA 1997, des auch als Comic-Autor sehr erfolgreichen Kultregisseurs Kevin Smith. In ihrem Mittelpunkt stehen die besten Freunde und WG-Genossen Holden (Ben Affleck) und Banky (Jason Lee), die gemeinsam glücklich und zufrieden an einer Comicserie arbeiten, bis Holden die bezaubernde Comiczeichnerin Alyssa (Joey Lauren Adams) kennenlernt, in die er sich prompt verliebt. Alyssa findet Holden zwar ebenfalls sympathisch, hat aber den Eindruck, dass ihre lesbische Neigung mit einer gemeinsamen Zukunft unvereinbar ist. Im Laufe ihrer sich vertiefenden Freundschaft werden nicht nur Holdens leidenschaftliche Gefühle stärker, auch Amy zeigt sich ihnen gegenüber immer zugänglicher. Jetzt sind es jedoch Holdens Selbstzweifel gegenüber Alyssas bewegter sexueller Vergangenheit, die ihre Beziehung verkomplizieren und schließlich zum Scheitern bringen.

Gemeinsam mit den vorausgegangenen Fan-Erfolgen »Clerks« und »Mallrats« bildet »Chasing Amy« die New-Jersey-Triologie Kevin Smiths. Er gilt als sein persönlichster Film, da er beim Drehen mit der Hauptdarstellerin zusammen war und dieser Film seiner Homepage zufolge ein Mittel war, mit dieser Beziehung umzugehen. Ein Kuss zwischen Alyssa und ihrer Freundin im New Yorker Lesbenclub »Meow Mix« wurde bei den MTV-Awards als bester Leinwandkuss nominiert.

Website Kevin Smiths: www.viewaskew.com

»Chicago Hope«

US-amerikanische Ärzteserie, seit 1994 vom Fernsehsender CBS ausgestrahlt. Dr. Adam Shutt (Adam Arkin), eine der Hauptfiguren, wurde von einem Kollegen, Doktor Robert Lawrence (Mark Benninghofen), zu einem Date aufgefordert. Mit Doktor Dennis Hancock (Vondie Curtis-Hall) erlebte wenig später ein anderer homosexueller Arzt sein Coming-out (→ Homosexualität).

»The Childrens Hour«

→ »Infam«

Chimäre

Mischwesen zwischen zwei Tieren verschiedener Gattung bzw. zwischen Mensch und Tier. Dabei sind bereits Eingriffe, die auch nur ansatzweise in diese Richtung gehen, extrem tabuisiert: Als Genetiker menschliche Zellkerne in die Eizelle eines Schweines einbrachten, um daraus → Stammzellen bzw. Organe nachzuzüchten, wurden sie von Umweltschutzorganisationen wie Greenpeace als *»Horror-Forscher«*, *»Gen-Hexer«* und *»Frankenstein-Wissenschaftler«* bezeichnet. Obwohl solche Beschimpfungen eine sachliche Auseinandersetzung unmöglich machten, wurden sie von den Medien bereitwillig übernommen. Nicht mehr vermittelt wurde der eigentliche Sinn solcher Versuche, nämlich Organe zu gewinnen, die man auf den menschlichen Körper transplantieren kann, ohne dass er sie sofort abstößt. Thilo Spahl und Thomas Deichmann kommentieren die öffentliche Debatte in ihrem »populären Lexikon der Gentechnik« so: *»Wenn in Zukunft ein Mensch mit Nieren-, Leber- oder Herzversagen die Wahl zwischen einem humanisierten Spenderorgan und dem Tod hat und sich für Ersteres entscheidet, dann mögen Menschen beim Bund für Umwelt- und Naturschutz Deutschland (BUND) das Recht haben, diese lebensrettende Operation als ›Verschweinung des Menschen‹ zu bezeichnen (...). Sie sollten aber nicht das Recht haben, sie zu verbieten.«*

Chomsky, Noam
US-amerikanischer Sprachwissenschaftler (geb. am 7.12.1928), gilt als wesentlicher Begründer der Generativen Transformationsgrammatik, wurde wegen seiner ebenso scharfen wie fundierten und überzeugenden Kritik an der bestehenden Weltordnung und dem »US-Imperialismus« aber auch als *»der einflussreichste westliche Intellektuelle«* und *»der bekannteste Dissident der Welt«* bezeichnet. Nach seinem entschiedenen Engagement gegen den Vietnamkrieg in den sechziger Jahren legte Chomsky eine Unzahl politischer Streitschriften vor, in denen er vor allem die amerikanische Außenpolitik und die Tendenz zur Globalisierung in der Weltökonomie kritisierte.

In der insbesondere nach den Terroranschlägen vom 11. September 2001 bekannt gewordenen Streitschrift »War against people« setzt sich Chomsky mit der Verwendung des Ausdrucks *»Schurkenstaaten«* durch führende Regierungspolitiker der USA auseinander. Dieser Begriff sei insofern höchst fragwürdig, als Verbündete der USA, die massenweise Menschenrechtsverletzungen begehen (etwa Indonesien, die Türkei und die Terrorregime Mittelamerikas), von solcher Kritik durchgehend verschont bleiben. Als der irakische Präsident Saddam Hussein noch an der Seite der USA stand, bestritt deren Außenministerium die Echtheit von Bildern, welche die unter seiner Verantwortung vorgenommene Vergasung von 5000 Kurden belegten. Sobald Hussein aber als Feind galt, prangerte die US-Regierung mit eben jenen Bildern seine Grausamkeit an. Mit Zitaten von Regierungsmitgliedern aus offiziellen Dokumenten und inoffiziellen Bewertungen belegt Chomsky, dass der vorgebliche Einsatz für Menschenrechte für die Vereinigten Staaten nicht mehr als ein strategisches Instrument zur Durchsetzung der eigenen Macht darstelle. Sobald ein Land als »Schurkenstaat« ausgemacht sei, dürfe es mit aller nur denkbaren Gewalt bekämpft werden. Eine solche Nation wird laut Chomsky nicht für ihre Verbrechen bestraft, sondern für ihre Ungehorsamkeit gegenüber den USA. Dieser Maxime werde sogar der Weltgerichtshof der Vereinten Nationen untergeordnet, den die USA, sobald er sie für ihre militärischen Übergriffe zu Reparationen verurteilt, kurzerhand selbst zum *»feindlich gesonnenen Forum«* erklären (und daraufhin sein Urteil ignorieren).

Dass die vermeintlich freien und aufklärerischen westlichen Medien diesen Sachverhalt weitgehend tabuisieren, erklärt Chomsky dadurch, dass deren Strukturen von den heute eigentlich weltweit Herrschenden, nämlich den internationalen Wirtschaftsunternehmen, kontrolliert würden. Dennoch steht am Schluss seiner Analyse keineswegs die Resignation, sondern vielmehr eine essentielle Hoffnung auf die moralische und intellektuelle Integrität und Kompetenz der ganz normalen Bevölkerung. Insbesondere in der Dritten Welt gebe es einen wachsenden Widerstand gegen die neoliberale Expansion, auch wenn unsere Medien uns wenig darüber mitteilten. Es sei die Aufgabe von Intellektuellen wie ihm selbst, der mit ihrer privilegierten Position verbundenen Verantwortung gerecht zu werden, indem sie der Allgemeinheit die Informationen über die Lügen und Verbrechen der Herrschenden im eigenen Land zur Verfügung stellen, so dass die Bürger für ihre Rechte eintreten können.

Chomskys USA-Kritik fand Unterstützer in anderen Denkern und Literaten dieser Nation, so etwa Gore Vidal und Norman Mailer. Letzerer äußerte Anfang 2003 aufgrund der wachsenden Kriegsbegeisterung der US-Regierung die Befürchtung, sein Land könne sich hin zu Militarismus oder gar Faschismus entwickeln. Vor dem Hintergrund eines extremen Patriotismus in den USA nach den Anschlägen des 11. September stellt ein solches kritisches Hinterfragen der politischen Entwicklung ebenfalls einen Tabubruch dar.

→ Kosovokrieg, → Sontag, Susan

Internationale Websites mit Meldungen, Hintergrundinformationen und Analysen, die in den Mainstream-Medien zu Zeiten des »Kriegs gegen den Terror« in unterschiedlichem Ausmaß tabuisiert sind: www.indymedia.org, www.zmag.org/ZNET.htm, www.nonviolence.org, www.antiwar.com, http://electroniciraq.net

Christopher-Street-Day (CSD)
Internationaler Feiertag ursprünglich allein der Homosexuellen, inzwischen auch der Sadomasochisten und überhaupt sämtlicher sexueller Libertins. Der CSD ist ein Gedenktag zur Emanzipation sexueller Minderheiten und hat seinen Namen von der New Yorker Christopher Street, wo es nach einer Polizeirazzia der Schwulenbar »Stonewall Inn« im Juni 1969 zu Tumulten und Straßenschlachten kam. Zum ersten Mal setzten sich hier Schwule und → Transgender gegen polizeiliche Übergriffe zur Wehr und protestierten mehrere Tage gegen ihre staatliche Diskriminierung. Insofern markiert dieses Datum den Beginn der »Gay-Pride«-Bewegung, die offensiv die Benachteiligung von Homosexuellen in den USA bekämpft. Der erste CSD soll in Australien stattgefunden haben. Heute erinnern jährlich in vielen Ländern der Welt Demonstrationen, Umzüge und Straßenfeste an den Kampf um Gleichberechtigung. Auch in Deutschland gibt es seit 1979 in vielen Städten entsprechende Veranstaltungen. Die europaweit größte Parade ist alljährlich in Köln zu sehen. In den Medien war beim CSD 2000 von insgesamt 40.000 Zugteilnehmern und 700.000 Zuschauern die Rede.

Chumbawamba
Britische Anarcho-Punk-Band (inzwischen stilistisch mehr dem Pop zugewandt), die sich in ihren Texten sämtlichen Klischees des Mainstreams verweigert, wenn sie sich ihnen nicht direkt entgegenstellt. Beachtenswerte Werke aus der Karriere der Band sind etwa ihr erstes Album »Pictures of Starving Children Sell Records« (eine Reaktion auf die Band-Aid-Kampagnen zugunsten der Hungerhilfe für Äthiopien) oder ihr Song »Ulrike«, in dem Chumbawamba die deutsche RAF-Terroristin Meinhof als Friedenskämpferin gegen den Kapitalismus zeichnet. Bei Chumbawambas Bühnenauftritten stand zuletzt eine Nonne im Mittelpunkt, die während des Singens von Lenny-Bruce-Klassikern (*»Did you come, did you come good???«*) hunderte von Kondomen im Publikum verteilte – und zwar auch im streng katholischen Irland. Sie wurde bald von den »Sisters of Perpetual Indulgence« begleitet: schwulen Männern im Nonnenkostüm und mit

Doc Martens an den Füßen. Dies bezeichnete der Frankie-goes-to-Hollywood-Sänger Holly Johnson als *»das letzte Bühnentabu – schwule männliche Nonnen!«*. Chumbawamba betrachtet das Brechen von Tabus als ungemein wichtige Facette des Humors, und es sei eben jene Facette, die seit Jahrhunderten benutzt werde, um auf soziale Ungerechtigkeiten hinzuweisen.
Website: www.chumba.com

Cinema of trangression
→ Kern, Richard

Cleland, John
→ Pornographie

Clinton, Bill
→ Kenneth-Starr-Report, → Medienbilder

»Die Clique«
1963 erschienener Roman Mary McCarthys, der vor allem aufgrund der Schilderung einer Entjungferung auch in Deutschland zum Bestseller wurde. Erstmals wurde einem breiten Lesepublikum aus der Sicht der Hauptfigur genau beschrieben, *»wie das Ding, vor dem sie sich so fürchtete, in sie eindrang«*. Die Angst weicht bald der Lust: *»Dann, o Wunder, während sie noch betete, dass es bald vorüber sein möge, fand sie einen gewissen Gefallen daran.«*

»A Clockwork Orange«
Distopie von Anthony Burgess, Großbritannien 1961, verfilmt von Stanley Kubrick 1971.

Alex (im Film dargestellt von Malcom McDowell), der Protagonist und Ich-Erzähler, ist ein krimineller Jugendlicher, der unbekümmert in der Gegend herumvergewaltigt, -einbricht und -prügelt. Dem wird erst durch ein medizinisches Experiment der staatlichen Ordnungsmächte ein Ende gesetzt, die Alex durch eine neue Droge so konditionieren, dass er schon beim Gedanken an → Gewalt heftige Schmerzen und Übelkeitsanfälle erfährt. In einem ersten überwachten Versuch geht er vor einer Frau, die er am liebsten vergewaltigen würde, automatisch auf die Knie. Damit ist er aber nicht länger ein freier Mensch mit eigenem Willen und Gewissen, sondern, metaphorisch gesprochen, eine Orange mit eingebautem Uhrwerk. Seine Eltern, seine Ex-Bandenmitglieder, Polizisten und ehemalige Opfer nutzen die Gelegenheit, sich rücksichtslos an ihm zu rächen. Erst als Alex einen Selbstmordversuch begeht, wird seine Persönlichkeitsveränderung wieder rückgängig gemacht, und er verwandelt sich zurück in den gleichen Schläger wie zuvor. Das Konzept, gesellschaftliche Fehlentwicklungen zu bekämpfen, indem individuelle »Störfälle« zwangstherapiert werden, ist gescheitert.

Hier endet die Verfilmung des Romans oder besser gesagt: seiner amerikanischen Ausgabe, die vor dem letzten Kapitel, also dem eigentlichen Ausgang der Geschichte, abbricht. In diesem letzten Kapitel zeigt sich Alex im Übergang zum Erwachsenenalter von der sinnlosen Gewalt angeödet und entscheidet sich dafür, lieber eine Familie aufzubauen, als ständig nur zu zerstören. Kubrick hatte einen Film über den unentrinnbaren Teufelskreis der Gewalt aus einem Text gemacht, in dem es eigentlich um das Überwinden von Gewalt ging. Burgess erklärte: *»Das ist es, worauf der Titel meines Buches anspielt – ein starres, mechanisches System wird einem saftigen organischen Ganzen aufgezwungen. Es geht um die Gefahr, dass der Staat die Kontrolle übernimmt und rückschrittliche Konditionierungstechniken benutzt, um die Gewalt auszubrennen.«* Viele Leser des Buches und natürlich erst recht Zuschauer seiner filmischen Adaption begriffen nicht ganz, dass es in der Geschichte eigentlich um die Notwendigkeit des freien Willens ging, selbst wenn diese Freiheit die Übertretung moralischer Gebote bedeutete. Kubrick war es wichtiger, seine pessimistische Weltsicht darzulegen, dass der Mensch schlecht, getrieben von animalischen Instinkten, geboren werde und die Gesellschaft die Lage nur verschlimmere.

Als bei Anthony Burgess im Alter von 42 Jahren ein unheilbarer Hirntumor diagnostiziert wurde und die Ärzte ihm nur noch ein Jahr gaben, schrieb er im Laufe dieses Jahres fünf Romane, um seiner Frau etwas hinterlassen zu können – darunter »Clockwork Orange«. Da er danach doch noch über dreißig Jahre am Leben blieb (er starb 1993), erlebte er auch die Verfilmung seines Romans durch Stanley Kubrick. Die »Ultraviolence«, die im Buch noch durch moralphilosophische Erörterungen gebrochen wurde, stellte der Regisseur auf der Leinwand in besonders drastischer Weise aus. Zwar ließ er Akte des Totschlags und der Vergewaltigung nicht im Bild zeigen, brachte die Gewalt dem Publikum jedoch durch diesen Handlungen vorausgehende Szenen, den Ton (insbesondere die Musik) und diverse Effekte vor allem auf der Symbolebene um so eindringlicher nahe. Wegen dieser Schocks und behaupteter Frauenfeindlichkeit geriet der Film weit stärker ins Kreuzfeuer der Kritik als etwa Peckinpahs zeitgleich veröffentlichter, ebenfalls nicht zurückhaltender Film → »Wer Gewalt sät«. Nachvollziehbar war noch der Vorwurf, der auch von Kubrick selbst eingeräumt wurde, dass Alex fast ein wenig wie Shakespeares Richard III. wirkte: ein Protagonist, von dem die Zuschauer zugleich angezogen und abgestoßen waren, wobei ihn seine Intelligenz, sein Witz und seine Offenheit trotz seiner Untaten sympathischer machten als die meisten anderen Figuren um ihn herum, die sich weit verachtenswerter verhielten. Die Grenze zwischen Anti-Held und Held beginnt hier punktuell zu verschwimmen. Aber bei dieser trotz allen Bedenken immer noch textimmanenten Beurteilung bleib es nicht.

Kubricks Werk gilt auch als einer der ersten Filme der Kinogeschichte, denen insbesondere konservative Publizisten vorwarfen, tatsächliche Gewalttäter zu ihren Verbrechen zu inspirieren. Obwohl das niemals jemand überzeugend belegen konnte, kam es infolge der hitzigen Debatte zu Morddrohungen gegen Kubrick und seine Familie. Auch Burgess, der zum Zeitpunkt des Kinostarts von »Clockwork Orange« in den Staaten lebte, erhielt täglich Telefonanrufe, in denen man ihm von Vergewaltigungen und anderen Verbrechen berichtete und ihn fragte, ob er sich nicht dafür verantwortlich fühle. Die Kontroverse spitzte sich noch einmal zu, als sowohl im US-Staat Indianopolis als auch in England Presseberichte über Jugendbanden erschienen, deren Mitglieder sich exakt wie die Figuren in dem Film ausstaffiert hatten (weiße Overalls, Bowlerhüte, Kampfstiefel und falsche Wimpern), um solchermaßen beispielsweise Nonnen zu vergewaltigen und ältere Mitbürger zu belästigen. Bei einer Vergewaltigung sang der jugendliche Täter, wie Alex im Film, »Singin' in the Rain«. Diese Vorfälle und die Tatsache, dass in den USA der Film für Jugendliche verboten war, veranlasste Kubrick zu einem in der Kinogeschichte einzigartigen Entschluss der Selbstzensur: Für die US-Fassung ließ er mehrere Szenen herausschneiden, in Großbritannien zog er seinen Film aus den Kinos zurück und verbot jeglichen Vertrieb auf Zelluloid oder als Video. Vielleicht wuchs gerade auch deshalb der Kultstatus dieses Werkes, das in der jüngsten Vergangenheit mit David Finchers → »Fight Club« verglichen wurde – was einen Beleg dafür darstellen könnte, dass seine Gewaltszenen begeisterter aufgenommen werden als die dahinter liegende Botschaft. Burgess indes wies die These zurück, seine Geschichte erzeuge in Jugendlichen Aggression und Gewalt. Diese sei bereits vorhanden, die jungen Täter hätten sich lediglich der stilistischen Mittel des Filmes bedient, um dadurch ihre Attitüde zu signalisieren. Dieselben Gewaltverbrechen wären demnach auch geschehen, wenn es »Clockwork Orange« nie gegeben hätte – nur ohne Bowlerhüte und weiße Overalls.

Zahlreiche Kritiker halten sowohl den Roman als auch seine Verfilmung für einen kulturellen Meilenstein des vergangenen Jahrhunderts. Insbesondere Kubricks Interpretation der Vorlage wird aber auch kritisch bewertet, so etwa von Amos Vogel in »Film als subversive Kunst. Kino wider die Tabus«. Vogel befindet: *»Trotz der stilisierten Penisse und Scheiden, des Angriffs auf einen zukünftigen Faschismus, seiner kruden und abwegigen Sexszenen wird die tatsächliche Subversivität dieses seltsamen Werkes durch verschiedene Aspekte geschwächt: Seine ideologische Haltung ist nicht klar genug, es ist Kubrick unerklärlicherweise nicht gelungen, seinen ironischen Surrealismus durchzuhalten, und die Einstellung der Gewalt gegenüber ist unbewusst so komplex, dass der Film schließlich verherrlicht, was er anzuprangern beabsichtigt. Indem Kubrick sich nach der Erstaufführung unerwartet bereit erklärte, allzu handgreifliche Sexszenen zu streichen (...), wirft er unabsichtlich die Frage auf, ob diese Szenen ursprünglich nicht eher um ihrer schockierenden Wirkung willen gedreht wurden als aus künstlerischer Notwendigkeit; damit untergräbt er die ideologische Basis des Films.«* Nichtsdestoweniger wurde »Clockwork Orange« in vier verschiedenen Sparten (darunter »Bester Film« und »Beste Regie«) für den Oscar nominiert, unterlag aber in jeder davon dem Film »The French Connection« des Regisseurs William Friedkin, der später mit → »Der Exorzist« noch weit größeres Aufsehen auf sich zog.

Quellen/Literatur: Bouzereau, Laurent: Ultraviolent Movies. New York 2000; Keough, Peter (Hrsg.): Flesh and Blood. The National Society of Film Critics on Sex, Violence and Censorship. San Francisco 1995; Vogel, Amos:

Film als subversive Kunst. Kino wider die Tabus – von Eisenstein bis Kubrick. Reinbek 2000

Comfort, Alex

Autor des Aufklärungsbuches »Joy of Sex« (1972), in dessen Präsentation der unterschiedlichsten Techniken zur Lustgewinnung zum Beispiel auch sadomasochistische Praktiken als etwas Selbstverständliches dargestellt und empfohlen werden. In den achtziger Jahren wurde das Buch in den USA Zielscheibe der Pornographie-Gegner innerhalb Ronald Reagans Regierung.

Comic Code

US-amerikanisches Regelwerk, das festlegt, welche Themen und Darstellungsformen in Comics erlaubt und welche tabu sind. Der Comic Code wurde in den fünfziger Jahren als eine Art Selbstzensur der US-amerikanischen Comic-Industrie etabliert, nachdem zuvor extrem blutrünstige Horrorcomics für großes Aufsehen gesorgt hatten. Unter anderen dem Psychologen Frederic Wertham gelang es 1954, mit seinem Bestseller »The Seduction of the Innocent« (»Die Verführung der Unschuldigen«) das Bild einer großen Gefahr für Amerikas Jugend zu zeichnen. (Wertham sah übrigens auch in »Batman« eine homosexuelle Kultfigur. → Homosexualität.) Um staatlichen Verboten in dieser auch von Senator McCarthys Hexenjagden gegen »unamerikanische« Bürger geprägten Zeit zu entgehen, entwickelten die Comicmacher dieses teils sehr strenge Regelwerk. Typische Vorschriften waren etwa: »*Die Behandlung von Liebe/Romantik sollte den Wert des Zuhauses und die Heiligkeit der Ehe betonen*« oder »*Frauen sollten realistisch und ohne übertriebene körperliche Attribute gezeichnet werden*«. Eines der Probleme mit diesem Vorschriftenkatalog war, dass seine Aufgabe, Kinder vor verstörenden Abbildungen zu beschützen, die Vorstellung bestärkte, dass das Genre Comics allein für Kinder bestimmt sei.

Diese Annahme wurde allerdings durch den sexuellen Umbruch der sechziger Jahre gesprengt und hierbei insbesondere durch die Rolle, die Underground-Comics von Zeichnern/Autoren wie Robert Crumb (»Fritz the Cat«) dabei spielten. Crumbs lüsterne und ständig Drogen konsumierende Figuren, die von den Verantwortlichen des Codes eindeutig als »pervers« klassifiziert wurden, trugen mit ihren

Angriffen auf den Status quo und ihrem Widerstand gegen gesellschaftliche Tabus entscheidend dazu bei, aus dem Comic-Genre eine literarische Kunstform werden zu lassen. In demselben Zeitraum, in dem die Allgemeinheit Comics nicht länger als bloßen Lesestoff für Kinder wahrnahm, entdeckte sie auch deren Marktwert, und es entwickelte sich eine bis heute trotz sinkender Verkaufszahlen noch immer blühende Comicindustrie in den USA. Da Comics optisch reizvoll erschienen, schnell zu lesen waren, man sie aber auch einfach und kostengünstig produzieren konnte, erwiesen sie sich als ideales Vehikel für Mitglieder des Undergrounds, ihre Ideen zu transportieren.

Den wohl berühmtesten Bruch mit den Tabus des Comic Code stellten indes die Hefte 96 bis 98 der von Stan Lee für Marvel-Comics verantworteten Superhelden-Serie »The Amazing Spider-Man« dar (»And now, the Goblin!«, »In the Grip of the Goblin!« sowie »The Goblin's Last Gasp!«, alle 1971). Einer der Erfolgsfaktoren der politisch im Gegensatz etwa zu »Captain America« eher links angesiedelten Spider-Man-Serie war die Thematisierung von gesellschaftlichen Zeitfragen, etwa dem Vietnamkrieg oder den Studentenunruhen. In den erwähnten Heften wollte Lee eine Warnung gegen den Konsum von Drogen aussprechen, indem er mit Harry Osborn den besten Freund Spider-Mans LSD-süchtig werden ließ. Die bloße Erwähnung von Drogen war laut Comic-Code-Reglement jedoch untersagt. Nach einer kurzen Auseinandersetzung mit der Prüfstelle, die das Erscheinen der Spider-Man-Ausgaben verhindern wollte, setzte Lee sich durch und ließ die Hefte ohne das Code-Siegel erscheinen. Dies wurde als derart spektakulär wahrgenommen, dass sogar die »New York Times« in einem Artikel darüber berichtete.

Im Jahr 2001 schließlich löste sich Marvel ganz vom Siegel des Comic Code und übernahm stattdessen die Kürzel der Filmindustrie (am häufigsten »PG« für »Parental Guidance«), um dadurch kenntlich zu machen, welcher Altersstufe der Inhalt des Heftes angemessen war. Auch dies ging nicht ohne eine öffentliche Diskussion über die Bühne, wobei aber die breite Mehrheit der Comicschaffenden diese Entscheidung befürwortete. Hier ist nicht zu vergessen, dass in den Neunzigern mit dem »Comic Strip Legal Defense Fund« ein öffentlichkeitswirksames Gremium gegen die Comic-Zensur gegründet wurde, dessen prominentester Vertreter der »Sandman«-Autor Neil Gaiman ist.

»Coming Out«

Spielfilm, 1989 unter der Regie von Heiner Carow (»Die Legende von Paul und Paula«). »Coming Out« ist der erste Film der DDR, der über das Leben von Schwulen in diesem Land berichtet (→ Homosexualität) – und da er am selben Abend, ja fast derselben Minute Premiere hatte, an dem die Berliner Mauer fiel, war er auch der einzige. Es wird berichtet, dass bei den Kinozuschauern eine befreite Partystimmung durchbrach, die sich noch einmal steigerte, als sie das Kino verließen und vom Fall der Mauer hörten. Nicht nur im darauf folgenden Marketing für den Film wurde der zeitliche Zusammenfall dieser beiden Ereignisse als bedeutender Umstand bewertet.

Hauptfigur von »Coming Out« ist Philipp (Matthias Freihof), der über seine sexuelle Identität verwirrt ist: Nachdem er als Jugendlicher eine Liebesaffäre mit einem anderen Jungen hatte, heiratet er die schüchterne Tanja, kann aber trotz aller Anstrengung seine wahre Neigung nicht unterdrücken und zieht in Underground-Schwulenkneipen herum. Als er nach einer Konzertkarte ansteht, lernt er den attraktiven Matthias kennen und wird von seinem Begehren übermannt. Sein Doppelleben führt zu einer Krise, als Tanja schwanger wird und alles um ihn zusammenbricht. Aus den Trümmern seines bisherigen Lebens muss er eine neue Existenz aufbauen.

Die staatliche Produktionsfirma DEFA behielt eine diskrete Distanz bei der Entstehung dieses Werkes. Carow konnte zwar an Originalschauplätzen der Berliner Schwulenszene drehen, musste sich aber verschiedener Techniken der Geheimhaltung bedienen, um sein Projekt auf die Kinoleinwand zu befördern. Heute gilt es als authentische und treffende Darstellung einer ganzen Generation schwuler Männer in der DDR, die zwar staatlich toleriert und entkriminalisiert, im Alltag jedoch tabuisiert und in das Leben einer Randgruppe gedrängt worden waren. Auf der Berlinale 1990 wurde »Coming Out« deshalb mit dem Silbernen Bären ausgezeichnet. Nach der deutschen Einheit stellte Carow, ähnlich wie andere seiner Kollegen aus dem Osten, fest, dass er statt durch die Vorgaben und Erwartungen des Staates jetzt durch die des Marktes drangsaliert wurde: *»Heute* *fühle ich mich ständig kontrolliert, der Zensur der Einschaltquoten unterworfen.«*

»The Cook, the Thief, His Wife & Her Lover«

→ »Der Koch, der Dieb, seine Frau und ihr Liebhaber«

Cooper, Alice

→ »Alice Cooper«

»Crash«

Erotischer Thriller David Cronenbergs nach dem 23 Jahre zuvor erschienenen gleichnamigen semi-autobiographischen Roman James G. Ballards, Kanada/Großbritannien 1996. James Ballard (gespielt von James Spader) heißt auch die Hauptfigur des Filmes; er wird in einem Autounfall ebenso schwer verletzt wie eine andere Beteiligte, Dr. Helen Remington (Helen Hunter). Die beiden entdecken nicht nur ihre Leidenschaft füreinander, sondern auch, dass sie von Zusammenstößen im Straßenverkehr sexuell stark erregt werden, was sie gemeinsam auskosten. Helen macht James daraufhin mit dem narbenübersäten Stunt-Experten Vaughan (Elias Koteas) bekannt, der als Leiter einer Gruppe von Unfallüberlebenden solche Erfahrungen erotisch auszukosten sucht, indem er spektakuläre historische Autounfälle (etwa den James Deans) originalgetreu und ohne Sicherheitsvorkehrungen nachstellt. Diese Besessenheit nimmt für sämtliche Beteiligten immer gefährlichere Ausmaße an.

Cronenberg greift in »Crash« ein auch in anderen seiner Filme behandeltes Thema auf: die Umwandlung des menschlichen Körpers, indem er bis zur Verschmelzung von Technologie durchdrungen wird (→ Transhumanismus). Hier ersetzen Prothesen und orthopädische Apparaturen diese Technologie, und der Transformationsprozess stellt eine sadomasochistische Grenzerfahrung zwischen Eros und Thanatos dar. Die Reaktionen auf »Crash« waren entsprechend umstritten: Während der Film den Spezialpreis der Jury auf den internationalen Filmfestspielen von Cannes errang und Cronenbergs Fangemeinde ihn in die Reihe seiner Kultfilme einordnete, verzögerte sich seine Veröffentlichung in England und den USA über lange Monate, nachdem manche Kritiker gewarnt hatten, dieses Werk könne zu Nachahmungstaten animieren. Das Abfilmen von Sperma oder

der Penetration einer vulvaförmigen Narbe mögen ihren Teil zu der Kontroverse beigesteuert haben. Während es nicht anzunehmen ist, dass Cronenbergs Film entsprechende sexuelle Vorlieben *auslöst*, wird er doch gerne auf Websites angeführt, die sich beispielsweise der Darstellung von Beinschienen als sexuellem Fetisch widmen. (Einen Überblick über dieses Faible und Texte dazu bieten etwa http://www.geocities.com/HotSprings/7434 sowie http://www.argonet.co.uk/users/johna/legblover/legcaliper. Gestellte Fotos von Opfern extremer Autounfälle findet man unter www.geocities.com/carcrasherus/gallerylinks.html. Auf dieser Site gibt es auch einen Link zu dem »Car Crash Fantasy Girl« Missy Crash.)

Des Weiteren bleibt anzumerken, dass »Crash« einer der wenigen Filme ist, in denen Sexualität im Zusammenhang mit Behinderung überhaupt thematisiert wird. (Ansonsten denke man bei dieser Verknüpfung etwa an Benjamin Leberts »Crazy«, verfilmt von Hans-Christian Schmid, sowie Lars von Triers → »Idioten«.) Cronenbergs neuerer Film »eXistenZ« aus dem Jahr 1999 veranlasste den bekannten US-Filmkritiker Roger Ebert in seiner Rezension zu der Bemerkung, Cronenberg müsse ein Dorn im Leib der Zensurbehörde sein. *»Er zeigt regelmäßig Aktivitäten, die wie Sex aussehen, aber nichts von dem Zubehör verwenden, das mit diesem Zeitvertreib assoziiert wird.«* An dessen Stelle träten mal Wunden, mal Bio-Ports.

Literatur: Brottman, Mikita (Hrsg.): Car Crash Culture. Palgrave Macmillan 2002

Crowley, Aleister

→ Satanismus

Crumb, Robert

→ Comic Code

»The Crying Game«

Polit-Action-Erotik-Drama, England 1992, des irischen Regisseurs Neil Jordan (»Interview mit einem Vampir«, »Michael Collins«). Der nur sehr schwer einem Genre zuzuordnende Film beginnt damit, dass Fergus (Stephen Rea) als Angehöriger eines IRA-Kommandos mit der Bewachung des als Geisel genommenen schwarzen Soldaten Jody (Forest Whitaker) betraut wird. Die beiden entwickeln eine enge Beziehung zueinander. Bei einem Fluchtversuch wird Jody von britischen Panzern überrollt, gibt Fergus aber noch als letzten Auftrag mit auf den Weg, seiner Freundin Dil (Jaye Davidson) mitzuteilen, dass er sie liebe. Fergus reist mit einer neuen Identität nach London und nimmt dort mit Dil Kontakt auf, wobei er vom ersten Moment an ihrer dunklen Sinnlichkeit unterliegt. Er berichtet nichts von Jodys letzten Worten, sondern lässt sich auf eine Liebesbeziehung ein, die er auch dann noch fortsetzt, als er feststellt, dass Dil zumindest körperlich ein Mann ist. (Die zuvor im Film gegebenen Hinweise darauf sind vor allem von Zuschauern entschlüsselbar, die sich mit dem Thema → Transgender auskennen.)

Das Leitmotiv des Filmes ist das der zweifelhaften Identität, was gleichermaßen auf der politischen wie auf der sexuellen Ebene durchgespielt wird. Das In-Frage-Stellen der Geschlechterrolle geht dabei mit dem In-Frage-Stellen der politischen Orientierung einher. Feste Rollenzuweisungen erscheinen zu einem großen Teil willkürlich: Zwischen zwei »eigentlich« befeindeten Soldaten entsteht ebenso rasch und unversehens eine geradezu intime Beziehung wie zwischen einem »eigentlich« heterosexuellen Mann und einer Frau, die »eigentlich« männlich ist. Der menschliche Kern erweist sich dem Konzept einer übergestülpten sozialen Identität als überlegen.

»The Crying Game« war als Jordans siebter Film von diesem als kleines persönliches Liebhaberprojekt geplant, das er auch dann durchsetzen wollte, wenn er wegen der ungewöhnlichen Geschichte keinerlei Finanzierung von Studios erhalten würde. Zum Teil aufgrund eines provokativen Marketings der Filmfirma Miramax, die das auch in Rezensionen nicht gelüftete Geheimnis Dils zum Spannungsaufbau ausnutzte, spielte das Drama nicht nur 60 Millionen Dollar an den Kinokassen ein, »The Crying Game« wurde auch sechsmal für den Oscar nominiert, wobei der Film die begehrte Trophäe schließlich in der Kategorie »bestes Original-Drehbuch« erhielt. In Deutschland war sein Publikumserfolg indes eher mäßig.

Cunnilingus

→ »Die Blechtrommel«, → »Unschuld«

»cunt«

→ Jugendslang, → Tabuwörter

D

»Dallas«

Eigentlich sehr konservativ-reaktionäre Prime-Time-Soap über die texanische Ölindustrie, CBS (in Deutschland ARD) 1978-1991, die ein archetypisches Medienprodukt aus Reagans Amerika der achtziger Jahre wurde. Insofern besteht ihr wesentlicher Tabubruch in ihrer Darstellung des Gierigen und Intriganten als zumindest teilweise sympathischem und erotisch reizvollem Charakterzug. Der Bayrische Rundfunk versuchte 1981 die Ausstrahlung der Serie in der ARD nach einigen Episoden zu stoppen, hatte damit aber keinen Erfolg. Allerdings wurden manche Szenen in Deutschland nicht gezeigt (zum Beispiel eine Vergewaltigung Sue Ellen Ewings, einer weiblichen Hauptfigur). In zwei Episoden der Serie wurde in Ansätzen → Homosexualität thematisiert, als der »Dallas«-Antiheld J.R. Ewing (Larry Hagman) seine Nichte Lucy (Charlene Tilton) mit Kit Mainwaring (Mark Wheeler), dem Erben einer Ölgesellschaft, verkuppeln wollte, sich dieser jedoch als schwul herausstellte. Damit bereitete »Dallas« weitergehende Tabubrüche zu diesem Thema in späteren Prime-Tipe-Soaps wie → »Der Denver-Clan« oder → »Melrose Place« vor.
Literatur: Elsässer, Ulrike u.a.: Dallas, Denver und Co. Das große Lexikon der amerikanischen Soaps. Berlin 2002

Dana International

Bürgerlicher Name: Scharon (ursprünglich: Yaron) Cohen, israelische Sängerin, die als erster → Transgender am Grand Prix d'Eurovision de la Chanson teilnahm und dieses Schlagerfestival am 9. Mai 1998 sogar gewann. Mit ihren drei Alben, die eine gelungene Mixtur aus Dancefloor und orientalischem Ethno-Pop darstellen, errang sie zweimal Gold und einmal Platin. Ihre Fans schätzen Scharon als

Botschafterin der Toleranz für Minderheiten, orthodoxe → Juden kritisierten sie scharf. So bezeichnete sie Schlomo Benisri, der stellvertretende Gesundheitsminister Israels, als eine »*Kreatur aus Sodom und Gomorrha*«. Cohen personifiziere den Teufel und die Finsternis und bringe ihrem Heimatland Schande. Die ägyptische Regierung verbot, Danas Titel zu spielen, da diese die Jugend verdürben.
Quelle: Hertzer, Karin: Mann oder Frau. Wenn die Grenzen fließend werden. München 1999

»Dawn of the Dead«
→ Splatterpunk

»Dawson's Creek«
Etwas anspruchsvollere, romantische Teenager-Soap (ab 1998) um Heranwachsende aus dysfunktionalen Familien. Dazu zählt auch der homosexuelle Jack McPhee (Kerr Smith), der sich außer mit seiner mental instabilen Mutter, seiner ebenfalls psychologisch herausgeforderten Schwester sowie seinem ständig abwesenden Vater mit seinem eigenen Coming-out als Schwuler (→ Homosexualität) herumschlagen muss. Bis zum Jahr 2001 versandeten McPhees Versuche, mit anderen jungen Männern eine romantisch-erotische Beziehung aufzubauen.

Décadence
(*franz.* für »Verfall«) literarische Epoche im Europa des ausgehenden 19. Jahrhunderts. Kennzeichnend sind unter anderem eine Betonung der moralisch freien Kunst als Gegensatz zu den bürgerlichen Wertvorstellungen, erhöhte Sensibilität und eine Neigung zum rauschhaft Morbiden.

Das Thema des kulturellen Verfalls wurde dabei von Philosophen wie Jean-Jacques Rousseau und Friedrich Nietzsche aufgeworfen. Literarisch war die Décadence von Autoren wie Baudelaire (→ Surrealismus) und → Sacher-Masoch geprägt, die beide den sinnlichen Genuss bis hin zum Umschlag in Schmerz und Qual als Motiv wählten. Wolfdietrich Rasch äußert sich in seinem Standardwerk »Die literarische Décadence um 1900« (S. 74) folgendermaßen: »*Die erotische Motivik der Décadence enthält, besonders im Fin de siècle, auch recht häufig die Andeutung oder Darstellung sexueller Perversionen, was bei der dekadenten Reizsucht, der Suche nach dem Abseitigen, Unnormalen, Exzentrischen nicht überrascht.«*

»Deep Throat«

→ Fellatio

»Delicatessen«

schwarze Komödie, Frankreich 1991, unter der Regie von Jean-Pierre Jeunet und Marc Caro. Schauplatz ist ein einsames Mietshaus in einem postapokalyptischen Paris. Dort versorgt der Metzgermeister Dougnac (Jean-Claude Dreyfus) seine Mitbewohner mit frischem Fleisch, wobei diese bereitwillig hinnehmen, dass es sich um geschlachtete Nachbarn handelt (→ Kannibalismus). So kehrt auch der »Leichenschmaus« zu seiner unmittelbaren Wortbedeutung zurück, wenn dabei verstorbene Verwandte verzehrt werden. Das ebenso bizarre wie grauenvolle Idyll wird erst durch das Auftauchen des arbeitslosen Clowns Louison (Dominique Pinon) gestört, der vom Fleischer bereits auf die nächste Speisekarte gesetzt wird, in den sich jedoch dessen Tochter Marie-Laure (Julie Clapet) verliebt. Um Louison zu retten, bleibt ihr schließlich nichts anderes übrig, als mit dem gesellschaftlichen Underground in Verbindung zu treten: den Vegetariern, die in der Kanalisation der Stadt ihre abartigen Gelüste nach Mais und Weizen ausleben ...

»Deliverance«

→ »Beim Sterben ist jeder der Erste«

»Denkverbote«

(Untertitel: *Tabus an der Jahrtausendwende*) aktuellstes Buch der provokativen Gesellschaftskritikerin Esther Vilar, das zugleich eine Zusammenfassung ihrer bisherigen Gedanken zu den unterschiedlichsten Themen darstellt. Vilar widerspricht darin entschieden dem gängigen Klischee, dass unsere Gegenwart eine tabufreie Zeit darstelle oder sich einem solchen Zustand zumindest stark annähere: *»Es liegt in unserer Natur, jedes Chaos augenblicklich zu ordnen und aus den Trümmern eines gerade vernichteten Wertsystems sofort ein neues zu erbauen. Und sobald wir dieses für gut und richtig halten, wird jeder kritische Gedanke zu einem Luxus, den wir nicht einmal uns selbst* *erlauben, da er ja in der Lage wäre, unser gerade unter so vielen Mühen errichtetes moralisches Kartenhaus zum Einsturz zu bringen.«* Mit dieser Passage im Vorwort fasst Vilar den von vielen Kulturkritikern beklagten Übergang einer autoritären konservativen Wertegesellschaft zu einer nicht minder autoritären Gemeinschaft der Politischen Korrektheit zusammen. Sie selbst setzt dagegen das Ideal eines aufgeklärten Anarchismus. Den Hauptteil ihres Buches drittelt Vilar in ihrer Ansicht nach unverrückbare Denkverbote (etwa den Nutzen des Verbrechens oder die Segnungen der unerwiderten Liebe), in weichende Denkverbote (hier erklärt sie unter anderem »Großmutters Frauenbewegung« und »Großvaters Arbeitsethos« für bankrott) und in entstehende Denkverbote (worin sie beispielsweise für die Monarchie und gegen Vegetarier argumentiert).

»Der Denver Clan«

(Originaltitel *Dynasty*) Nach → »Dallas« eine der ersten US-amerikanischen wöchentlichen Prime-Time-Soaps, ausgestrahlt von ABC zwischen 1981 und 1991. Wie bei »Dallas« war der Handlungsort die Ölindustrie, nur eben in Colarado statt in Texas. Die Serie führte mit Steven Carrington (1981-1982 gespielt von Al Corley, danach von Jack Coleman) erstmals eine wenn nicht homo-, so doch zumindest bisexuelle Hauptfigur ein, bei der es sich zudem um einen der sympathischeren Charaktere handelte (→ Homosexualität). Stevens Liebhaber Ted Dinard (Mark Withers) wurde von Stevens Vater Blake Carrington (John Forsythe) getötet, da dieser große Schwierigkeiten hatte, mit der homosexuellen Neigung seines Sohnes zurechtzukommen.

Später lebte Steven platonisch mit seinem schwulen Sorgerechtsanwalt Chris Deegan (Grant Goodeve) zusammen. Danach hatte er eine ernsthaftere Beziehung mit Luke Fuller (William Campbell), bis dieser von moldavischen Terroristen getötet wurde. Der nächste Mann in Stevens Leben war Bart Falmont (Kevin Conroy 1985, Cameron Watson 1991), der noch nicht geoutete Sohn eines politischen Rivalen seines Vaters. Barts Outing wurde ungebeten von Stevens meistens bösem Halbbruder Adam übernommen. In der vierstündigen Denver-Clan-Reunion-Sendung aus dem Jahr 1991 folgte Steven Bart nach Washington D.C., wo die beiden endgültig ein Liebespaar wurden. »Denver-Clan« wurde von Aaron Spelling produziert, der das Thema Homosexualität später in anderen Serien wie → »Beverly Hills 90210« sowie → »Melrose Place« wieder aufgriff.

de Sade, Marquis Donatien-Alphonse-Francois

Französischer Philosoph und Autor (1740-1814), dessen Werk Grausamkeit in Verbindung mit sexueller Lust zum Thema hat. Er wurde daher von Krafft-Ebing als Namensgeber des Sadismus auserkoren. Zu de Sades berühmtesten Werken gehören »Die 120 Tage von Sodom«, »Justine« und »Juliette«.

1740 wurde de Sade in Paris geboren. Ab einem Alter von zehn Jahren erhielt er in einer Jesuitenschule eine gute, klassische Erziehung sowie erste Einsichten in das Phänomen der Homosexualität. 1763 wurde er erstmals eingekerkert, nachdem er ein junges Arbeitermädchen verführt hatte. Allerdings wurde er bereits nach einem Monat aus der Haft entlassen, bekam jedoch eine strenge Aufsicht als Auflage. 1766 mietete de Sade ein kleines Haus im französischen Arcueil, woraufhin sich dort bald die ersten Gerüchte von »wilden Orgien« breitmachten. Grundlage für diese Gerüchte war die sogenannte »Rose-Keller-Affäre« am 23. August 1768: Rose Keller wurde ihrer Aussage nach gewaltsam entkleidet, gefesselt und extrem hart ausgepeitscht, bevor ihr die Flucht gelang. Der Gerichtsmediziner konnte jedoch keine Fesselspuren an ihrem Körper entdecken, und ihre Darstellung wies auch andere Ungereimtheiten auf. Schließlich zog Keller ihre Anklage gegen de Sade nach einer finanziellen Einigung zurück. 1772 kam es zu einem zweiten Skandal in Marseille, wo de Sade seinen Diener Latour und vier Prostituierte zusammenkommen ließ. De Sade flößte den Frauen Pralinen mit Aphrodisiaka ein, peitschte sie aus, ließ sich selbst achthundertmal mit einem Reisigbesen schlagen, masturbierte seinen Diener und ließ sich selbst anal penetrieren. Eine der Prostituierten, Margueritte Coste, aß eine ganze Schachtel der mit Aphrodisiaka versetzten Pralinen, woraufhin sie erkrankte und de Sade wegen versuchter Vergiftung bei der Polizei anzeigte. De Sade musste mit seinem Diener vor einem Lynchmob nach Italien fliehen (in den Straßen hingen brennende Bilder der Flüchtenden) und wurde in Abwesenheit zum Tode verurteilt. Neue Gerüchte über Orgien und Lustmorde entstanden. Endlich wurde de Sade aufgespürt und verhaftet. Der Bericht seiner Gefangennahme wurde von Teilen der Bevölkerung zu einer wahren

Greuelgeschichte mit mehreren Leichen und de Sade als wahnsinnigem Mörder entstellt. De Sade konnte seinem ersten Gefängnis entfliehen, indem er sich an einem Bettlaken abseilte, wobei er einen entschuldigenden Brief an den Bürgermeister zurückließ. Er durchreiste einige Zeit Europa mit einer bunt zusammengewürfelten Truppe (einschließlich eines Tänzers, der als eine Art grotesken Witz Menschenknochen mit sich führte), traf den Papst und Rousseau und wurde am Hof von Neapel empfangen. Durch die gefälschte Botschaft, dass seine Mutter erkrankt sei, wurde de Sade in seine Heimat zurückgelockt und erneut festgenommen. In Gefangenschaft (größtenteils in der Bastille) verfasste er mehrere Stücke, einen philosophischen Dialog und sein berühmtes Werk »Die 120 Tage von Sodom«, das er selbst als die unzüchtigste Geschichte seit Anbeginn der Welt bezeichnete. Sie wurde zunächst nicht veröffentlicht, sondern galt als verschollen, bis sie 1904 von Ivan Bloch wiederentdeckt und als Teil einer wissenschaftlichen Arbeit herausgegeben wurde. 1789 entstand der erste Entwurf der »Justine« (Erstveröffentlichung 1930). Dieser Text stellte für de Sade auch eine Verarbeitung seiner Eindrücke der blutigen französischen Revolution dar, deren Gewalttaten – insbesondere die Hinrichtungen – für ihn ein Greuel darstellten. Während sich de Sades Gesundheitszustand zunehmend verschlechterte, gab er ein Dutzend Stücke, Essays, Geschichten und Novellen heraus. 1790 kam er aus dem Gefängnis frei und versuchte wenig später als Staatsanwalt, die Ideale des Humanismus gegen die grassierende revolutionäre Terrorjustiz hochzuhalten. Als er 1791 seine »Justine« veröffentlichte, war die Kritik zwiegespalten. Zu den eher ungnädigen Reaktionen gehörte, dass de Sades Drucker verhaftet wurde und de Sade selbst trotz zahlreicher guten Leumundszeugnisse wieder im Gefängnis landete. Zum Zeitpunkt seiner Freilassung hatte sich seine finanzielle Situation katastrophal verschlechtert. Trotzdem gelang es ihm, einen neuen Teil der »Justine« sowie die Erzählung über Justines Schwester »Juliette« herauszugeben. Die insgesamt zehn Bände enthielten einhundert sehr freizügige Graphiken. Im Jahr 1800 kam es unter General Bonaparte zu einer gebündelten Aktion der französischen Polizei gegen sämtliche Druckereien und Buchhandlungen, die de Sades Werke vertrieben. De Sade wurde am 6. März 1801 bei seinem Drucker verhaftet und bis zu seinem Tode in einer Irrenanstalt gefangengehalten. In den letzten Jahren seines

Lebens hielt er sich mit Schreiben bei Verstand, aber seine Manuskripte wurden konfisziert. Entgegen seinen testamentarisch festgehaltenen Wünschen erhielt de Sade ein religiöses Begräbnis. Jahre später wurde sein Grab von Phrenologen geschändet, die seinen Schädel stahlen, um daraus (ihrer Pseudo-Wissenschaft folgend) wichtige Erkenntnisse über de Sades Charakterstruktur abzuleiten.

In dieser Lebensgeschichte wird deutlich, dass de Sade weniger aufgrund tatsächlicher Gewalttaten den vollen Zorn der Staatsmacht zu spüren bekam, sondern wegen seiner Schriften, die gegen die herrschende Ideologie seiner Zeit gerichtet waren. Eines der Hauptthemen seines Werkes war, wie Autorität von ihren Trägern pervertiert wird. Ein weiterer zentraler Gedanke, der de Sade zum Stammvater der literarischen Moderne machte, lautete: Die Welt ist böse, und keine von Menschen ersonnene Ablenkung – ob Wissenschaft, Religion oder Kultur – kann wahrhaft darüber hinwegtrösten. De Sade revoltierte gegen die jüdisch-christliche Moral seiner Gesellschaft und tat das mit solchem Nachdruck, dass er in seinen Fiktionen letztlich die Existenz sowohl Gottes als auch jeglicher Moralvorstellungen überhaupt von sich wies. In einer berühmt gewordenen Rede schleuderte er seinen Richtern entgegen: *»Ja, ich bin ein Freigeist, ich gebe es zu; ich habe ausgedacht, was man ausdenken kann, um diesen Namen zu verdienen. Aber ich habe nicht alles getan, was ich gedacht habe, und ich werde es auch nicht tun. Ich bin ein Freigeist, aber ich bin weder ein Verbrecher noch ein Mörder. Anders ausgedrückt: Indem ihr mir imaginäre Verbrechen vorwerft, bestraft ihr meine Art zu denken. Da ich mich nicht zu ändern gedenke, erreicht ihr gerade das Gegenteil von dem, was ihr wollt. Ich schwöre euch bei dem Heiligsten, das ich auf dieser Welt besitze, dass ich euch alle Schikanen mit Zinsen zurückzahlen werde; ich garantiere dafür, dass ich dies mit einem Geist und einem Geschick machen werde, die euch alle überraschen und zwingen sollen zuzugeben, dass ihr große Dummköpfe gewesen seid.«* (zitiert nach Max Christian Graeffs »Der verbotene Eros«, München 2000) Wie in so vielen anderen Fällen sind es auch bei de Sade dieselben Werke, die zum Zeitpunkt ihrer Entstehung von der → Zensur verfolgt waren, welche später einen besonders ausgeprägten Einfluss auf Literatur, Kultur und Philosophie nahmen. Dies ändert allerdings nichts daran, dass er im Bewusstsein der Allgemeinheit auch heute noch als Wüstling und Sadist im abwertendklinischen Sinne verankert ist. »*Gewissen Autoren ist es gegeben, die Dunkelheit in unseren Träumen zu enthüllen und somit aus Geschichte Prophezeiung zu machen. Dies sind nicht immer die Autoren, welche am höchsten in unserer Wertschätzung stehen*«, benennt Ihab Hassan dieses Dilemma in dem de Sade gewidmeten Kapitel seines »The Dismemberment of Orpheus« (London 1982). Hassan erläutert im Folgenden die enorme Bedeutung de Sades für seine Nachwelt: »*Wir sehen in Sade fast den ersten Avantgardisten, den Dämon der Romantik und der Gothic Fiction, einen Surrealisten vor unserer Zeit und einen Herald der Anti-Literatur. Wir können ihn uns als Vorläufer von Darwin, Freud und Nietzsche vorstellen und als einen Wegbereiter der Anarchisten Max Stirner und Bakunin. Wir spüren sein Genie in Dachau, Belsen und Auschwitz und in jeder Form von apokalyptischer Politik. Wir akzeptieren ihn gleichzeitig als einen Apostel Pornotopias, als ein Kind der Aufklärung und ein Beispiel der metaphysischen Rebellion. Mit all diesem sei gesagt, dass wir noch heute darum ringen, Sade durch seinen empörenden Mythos hindurch überhaupt klar wahrzunehmen. Dennoch gibt es keinen Zweifel daran, dass sich sein Geist in unserer Kultur bewegt und dass er, weit mehr als nur im Sinne eines pathologischen Symptoms, ein zentrales Element unseres Bewusstseins bildet.*« (Hassan, S. 42, eigene Übersetzung) De Sade habe die komplette Moderne vorbereitet, so Hassan, dies aber sei nur der eine Teil, der seinen Status als Faszinosum ausmache. Der andere bestehe in dem Paradox, das seine Schriften aufwerfen. Dass es sich bei de Sade um einen Meister der Grenzüberschreitung handele, sei klar. Das Problem sei nur, dass diese Überschreitung kein Ende finde. Wie Hassan (in Anlehnung an Blanchot) ausführt, leugnet der Sadesche Held zuerst jede menschliche Autorität, dann Gott selbst im Namen der Natur, schließlich die Natur, indem er sie mit der absoluten Negation identifiziert. Diese Kette führe zuletzt dazu, dass sie sich selbst verleugne, worauf eine absolute Leere entstehe, die sogar die Vorstellung von der Sadeschen Allmacht verschlinge. Auf seinem höchsten Niveau sei das von de Sade propagierte Bewusstsein ein Anti-Bewusstsein, seine Literatur eine Anti-Literatur. Deshalb, so folgert Hassan, sei es ein Paradox, wenn der Marquis überhaupt über irgendetwas schreibe – warum? wozu? –, ebenso, dass er selbst, Hassan, über de Sade schreibe, ebenso, dass in einem Lexikon zum Thema Tabubrüche über Hassan geschrieben wird, wie er über de Sade schreibt ... Paradoxien aber, auch darin ist Hassan zuzustimmen, trotzen lediglich den Grenzen der Logik, nicht denen der Realität. Eine angemessene Antwort auf das Denken de Sades muss erst noch gefunden werden.

An eben dieser Antwort versuchen sich bis in unsere Zeit etliche Schriften insbesondere der linken Intelligenzia und der Frauenbewegung. Zu nennen wären hier zunächst Pierre Klossowksis »Sade – mein Nächster« (dt. 1947), in dem das Denken de Sades als Ende der andropomorphen Vernunft analysiert wird: Die Anwendung von Verstand und Ratio diente bei dem Marquis erstmals nicht mehr der Verbesserung des Menschen, wie es die Aufklärung bis dahin propagierte, sondern einer Utopie des Bösen. Der französische Literaturkritiker und Philosoph Roland Barthes konstatierte in seinem Werk »Sade – Fourier – Loyola« (dt. 1971), dass Sade einen neuen Diskurs der Sexualität erfand, in dem der Sexus erstmals geistesgeschichtlich an Böses, Gewalt und Tod gekoppelt und wahrer Eros allein im Brechen der Gebote gefunden wurde. Erwähnenswert sind ferner die ebenfalls von Roland Barthes und anderen Vertretern der französischen Linken erstellte Essaysammlung »Das Denken des Marquis de Sade« (dt. Frankfurt 1988) sowie von feministischer Seite Simon de Beauviors »Soll man de Sade verbrennen?« (dt. Reinbek 1989), Angela → Carters »The Sadeian Woman« (London 1979) sowie einzelne Passagen in Monika Treuts »Die grausame Frau«. De Sades literarische Linie des Tabubruches sowie der Bewusstseinserweiterung durch exzessive Ausschreitungen (Transzendenz nicht durch Spiritualität, sondern durch die Grenzüberschreitungen des Körpers) wurde von Autoren wie William S. Burroughs (→ »Naked Lunch«) und Hunter S. Thompson weitergeführt. Der Marquis bleibt bis heute eine archetypische Figur in Werken der Avantgarde-Literatur, so etwa noch bis zum Jahr 2000 in der Comic-Serie »Invisibles« des britischen Kult-Comic-Autors Grant → Morrison, wo er eher als Freigeist und Revolutionär, denn als Perversling dargestellt wird. Ebenfalls im Jahr 2000 diente das Leben de Sades als Vorlage für Philip Kaufmans Film → »Quills«, in dem Geoffrey Rush die Rolle des Marquis spielt und weitere Hauptfiguren von Kate Winslet sowie Michael Kaine verkörpert werden.

Despentes, Virginie
→ »Baise-moi«

deutsche Kriegseinsätze
Militärkritiker betrachteten die deutsche Beteiligung am Angriffskrieg gegen Jugoslawien 1999 unter der frisch etablierten rot-grünen Bundesregierung sowie die von Kanzler Schröder erklärte *»uneingeschränkte Solidarität«* mit dem Angriff der USA auf Afghanistan 2001, verbunden mit der Bereitstellung von militärischer Unterstützung, als einen *»Tabubruch«* mit der deutschen Geschichte nach dem Zweiten Weltkrieg. Die Regierung Schröder reagierte vor und nach dem Bundestagswahlkampf 2002 auf solche und ähnliche Stimmen unter den eigenen Anhängern, indem sie sich einem von den USA mit Nachdruck eingeforderten *»Präventivkrieg«* gegen den Irak entschieden widersetzte. Das Konzept eines Präventivkrieges einzuführen wurde von vielen Friedens- und Konfliktforschern ebenfalls als Tabubruch bewertet: Es sei bislang aus gutem Grund im Völkerrecht nur in außerordentlichen Notfällen vorgesehen, beispielsweise um einen sich unmittelbar anbahnenden oder bereits stattfindenden Völkermord zu unterbinden. Wenn die USA und ihre Verbündeten für sich das Recht auf »vorbeugende« Kriegsführung in Anspruch nähmen, wer sollte andere Staaten davon abhalten, ihre Angriffe in ähnlicher Weise zu rechtfertigen?

Insbesondere Mitglieder der konservativen Opposition warfen der rot-grünen Bundesregierung vor, mit ihrem apodiktischen Festhalten am Tabu die deutsch-amerikanische Freundschaft zu zerstören, einen Bruch in der NATO sowie der Europäischen Gemeinschaft zu befördern und Deutschland international zu isolieren. Zumindest letzterer Vorwurf stellte sich in den folgenden Tagen als unbegründet heraus: Deutschland konnte für seine kriegskritische Haltung zahlreiche andere Staaten gewinnen, darunter ständige Mitglieder im UN-Sicherheitsrat wie Frankreich, Russland und China. Am 15. Februar 2003 demonstrierten weltweit schließlich bis zu geschätzten 15 Millionen Menschen gegen einen kriegerischen Angriff auf den Irak. → Chomsky, Noam

»Digital Diaries«
Im Jahr 2000 herausgegebene Sammlung von mit einer Digitalkame-

ra erstellten Fotografien der 1976 geborenen US-Amerikanerin Natacha Merritt. Diese Aufnahmen bilden vor allem Momente ab, die bislang weitgehend der Intimsphäre zugeordnet blieben, so etwa Merritt bei der → Selbstbefriedigung oder beim Sex mit ihrem Freund. Insofern fügt sich dieses künstlerische Dokument in einen aktuellen Trend ein, auch das Privateste der Öffentlichkeit zugänglich zu machen: Man denke hier an diverse Webcams junger Frauen wie www.tinacam.de oder auch die ebenso umstrittene wie anfangs erfolgreiche Sendung → »Big Brother«. Merritt wurde von dem international renommierten Fetischfotografen Eric Kroll entdeckt, der erkannte, dass ihre Werke die gängigen erotischen Bilder transzendierten. Sie traf daraufhin mit dem Verleger Benedikt Taschen zusammen und realisierte so ihr erstes Buchprojekt. Ihrer eigenen Darstellung nach habe sie einen Weg gefunden, sich *»ins nächste Millennium zu masturbieren«*. Sie bekundet: *»Meine fotografischen Bedürfnisse und meine sexuellen Bedürfnisse sind ein und dasselbe.«*

»Disclosure«
→ »Enthüllung«

Dispositiv
in der Verwendung des französischen Philosophen Michel Foucault: Geflecht von in die Subjekte eingeschriebenen Machtgefügen, welche ihre Wahrnehmung prägen. Im Klartext und stark vereinfacht ausgedrückt handelt es sich dabei um die gesellschaftlichen Normen, die uns insbesondere von den Medien aufgeprägt und von uns als so selbstverständlich angenommen werden, dass wir ihre Wertigkeit überhaupt nicht mehr hinterfragen. Die Existenz eines gesellschaftlichen Dispositivs wird so erst durch den entsprechenden Tabubruch erfahrbar.

»Die elftausend Ruten«
(franz. Originaltitel: *Les onze mille verges ou les amours d'un hospodar*) Erzählung des surrealistischen Autors Guillaume Apollinaire (1880-1918), erschienen 1907 (→ Surrealismus). Die → Pornographie war ein zentraler Schwerpunkt im Interesse Apollinaires. Er fungierte unter anderem als kompetenter Herausgeber der Schriften → de Sades, von dem er richtigerweise vorhersagte, dass erst das zwan-

zigste Jahrhundert seine wahre literarische Bedeutung erkennen werde. Dennoch ist Apollinaires »Die elftausend Ruten« niemals sinnvoll von der Literaturwissenschaft in das Œuvre seines Autors eingeordnet worden. Die erste legale Veröffentlichung dieser Erzählung fand so auch erst 1970 statt, nachdem Apollinaires Erben sich endlich zu diesem Buch bekannt hatten, das als der drastischste und am meisten mit → Gewalt durchsetzte erotische Roman bezeichnet wurde, der je auf Französisch geschrieben wurde. Lediglich andere Künstler wie Louis Aragon, der ein Vorwort zu diesem Buch verfasste und darin die Verbindung des Poetischen und des Profanen in den »Ruten« lobte, oder Pablo Picasso, der es Apollinaires Meisterwerk nannte, schienen sich seiner Bedeutung bewusst gewesen zu sein. Die verzweigte Handlung der Erzählung besteht, kurz gefasst, darin, dass ihr Protagonist, der vermögende Mony Vibescu, auf der Suche nach immer perverseren Ausschweifungen quer durch Europa und den halben Orient zieht und sich dabei seine sexuellen Eskapaden in ihrer Gewalttätigkeit mehr und mehr steigern. Ein unveröffentlichter Verlagsprospekt bewirbt den Roman folgendermaßen: *»Er lässt die schrecklichsten Werke des göttlichen Marquis weit hinter sich (...). Doch hat der Autor das Bezaubernde mit dem Fürchterlichen mischen können. (...) Ob sadistisch oder masochistisch, die Figuren der ›Elftausend Ruten‹ gehören von nun an ins Reich der Literatur.«* (zitiert nach Jürgen Grimm, »Guillaume Appollinaire«, München 1993, S. 67)

Es gibt prinzipiell vier unterschiedliche Reaktionsweisen der Kritik. Eine Fraktion versteht Vibescus Queste nach sexueller Erfüllung mit einer Suche nach dem Gral, nach einem letzten und höchsten Lebenssinn (vgl. Grimm, S. 68) oder spricht gar von einer heilsgeschichtlichen Erlösungsphantasie, wobei die Hauptfigur erst durch einen christusähnlichen Opfertod von der Sklaverei des Sexus befreit werden könne. Ein anderer Ansatz interpretiert den Text als *»eine gekonnte Parodie von Klischees des erotischen, pornographischen, ja des Schauerromans«* (Grimm, S. 67). Diese Deutung wird etwa von dem Literaturwissenschaftler John Phillips in seinem Werk »Forbidden Fictions. Pornography and Censorship in Twentieth Century French Literature« (London 1999) vertreten: Apollinaire überzeichne in parodistischer Weise die Konventionen des Genres und insbesondere seiner unter de Sade erfahrenen Ausprägung bis zur extremen Groteske. Das Motiv des Geschlechtsverkehrs mit Tieren (→ Zoophilie) etwa mache keineswegs bei Hunden halt, sondern greife über zu Katzen, Pferden, Vögeln, Tigern, Fischen und sogar einer Krake. Gewaltszenen seien völlig überzogen, so etwa wenn einem anal vergewaltigten Opfer der Kopf abgeschlagen wird, damit sich seine Schließmuskeln zuzögen und so der Lustgewinn gesteigert werde. Zu den Nebenfiguren gehört eine Verrückte, die sich einbildet, eine Latrine zu sein. In anderen Fällen sei der Humor weniger derb, sondern könne erst durch eine gründliche Kenntnis der Literatur und Philosophie des achtzehnten Jahrhunderts sowie von Apollinaires eigener Poetik verstanden werden. Jedenfalls sei das von Apollinaire erregte Gelächter höchst subversiv, indem es religiöse, ethische und gesellschaftliche Autoritäten herausfordere. Auch die Verquickung von Poesie und Obszönem sowie der Angriff auf das feste Rollengefüge (etwa Herr und Diener oder männlich und weiblich) stelle eine Revolution gegen die herrschende Ideologie dar (Phillips, S. 27–42). Eine dritte Leseweise versteht das Werk als genuin erotischen Roman, der sich in die Tradition der Belle Epoque einreiht, bürgerliche Tabus wie etwa das der → Homosexualität oder des sexuellen Begehrens der Frau zu sprengen. Auch der Geschlechterkonflikt werde hier bereits vorgedacht. Dabei stünde Apollinaire allerdings insofern dem italienischen Futurismus nahe, als die positiv gedachte Verknüpfung von sexueller Leidenschaft und Gewalt auf die Begeisterung der Futuristen hinsichtlich ekstatisch entfalteter männlicher Gewalt überhaupt verweise, wie sie am extremsten und authentischsten im Krieg erwartet wurde. Apollinaires Roman wäre es also immerhin gelungen, *»latente Triebstrukturen zu zeigen, die wenige Jahre später in mörderische Gewalt umschlagen«* (Grimm, S. 68). Die vierte Reaktion auf die »Elftausend Ruten« verzichtet gänzlich auf eine tiefgehendere Auseinandersetzung mit dem Werk, spricht ihm den Kunstcharakter ab und äußert sich vorrangig in Zensur. Laut »Kindlers Literatur Lexikon« (Band 1, S. 571) wurde die deutsche Ausgabe jeweils nach ihrem Erscheinen als *»völlig verzerrtes Bild zwischenmenschlicher Beziehungen«* beziehungsweise als *»gewaltpornographisch«* vom Markt gezogen. Jürgen Grimm zufolge hat das Münchner Landgericht den Roman noch 1971, vierundsechzig Jahre nach seiner Entstehung, verboten und beschlagnahmt.

»Domian«

Seit April 1995 jeden Werktag zwischen ein und zwei Uhr nachts bimedial (über WDR-Fernsehen und Eins-Live-Radio) ausgestrahlte Telefon-Talkshow, die Jürgen Domian moderiert. Hörer und Zuschauer können kostenlos anrufen und mit Domian entweder über vorgegebene Themen oder – an zwei Tagen in der Woche – über vollständig frei gewählte Anliegen sprechen. Dabei bringen sie zwischen Analphabetismus und außergewöhnlichen sexuellen Vorlieben die unterschiedlichsten Dinge zur Sprache, von denen viele noch immer tabu sind. Die Sendung erreicht über TV durchschnittlich 100.000 Zuschauer pro Nacht, Schätzungen zufolge dürften es noch einmal so viele an den Radiogeräten sein. Von den 20.000 Anrufversuchen pro Nacht gelangen im Schnitt zehn auf Sendung. Einige der interessantesten Gespräche wurden für die von Domian herausgegebenen Bücher »Extreme Leben« und »Jenseits der Scham« (mit Hella von Sinnen) gesammelt.

»Doom Patrol«

→ Morrison, Grant; → Pollack, Rachel

Drogenfreigabe

»Drogen – das große Tabu« titelte die inzwischen eingestellte Zeitung »Die Woche« in ihrer letzten Ausgabe. Irene Stratenwerth wies in dem begleitenden Leitartikel auf die Erfahrungen aus der Schweiz hin, denen zufolge selbst schwer kranke und ausgezehrte Süchtige *»sichtlich aufblühen, wenn sie Opiate legal und in verlässlich dosierter Form einnehmen können«*. In unserer Gesellschaft existierten jedoch Schweigetabus über die unrealistische Trennung von »bösen« Drogen und »guten« Arzneien (etwa Opium vs. Morphin, Kokain vs. Ritalin und Marihuana vs. Marinol), über die Tatsache, dass laut amtlichen Schätzungen 45 Millionen EU-Bürger schon einmal illegale Drogen konsumiert haben, sowie über die schichtspezifische Verteufelung etwa des Heroins einerseits bei gleichzeitigem Ignorieren des Kokains andererseits: *»Dass die angepasste und wohlhabende Mehrheit der Konsumenten keine Hilfe will, weil sie sich mit Drogen prächtig amüsiert – das wird von beiden Seiten schamhaft verschwiegen. Mit einer ehrlichen Drogenpolitik sind keine Wählerstimmen zu gewinnen, deshalb spricht keine Partei gern darüber.«* Sämtliche Substanzen, die den menschlichen Geist beeinflussen und nicht das Erzeugnis einer milliardenschweren Pharmaindustrie seien, gälten als Teufelszeug. Stratenwerth forderte unter anderem eine Freigabe von Cannabis und die Möglichkeit, Heroin in der Apotheke zu erhalten. In derselben Ausgabe hielt der Hamburger Kriminologie-Professor Sebastian Schärer ein Plädoyer für die Legalisierung von Rauschmitteln und griff dabei auf Argumente zurück, die außerhalb Deutschlands schon seit einiger Zeit diskutiert werden. Indem der Staat seinen Bürgern nicht die Freiheit lasse, welche Produkte sie konsumierten und welche nicht, verdränge er die Nachfrage lediglich auf einen Schwarzmarkt. Die Rechtfertigung dieser Eingriffe sei der Schutz vor der angeblich persönlichkeitszerstörenden Wirkung von Suchtmitteln, aber eben diese These sei nicht haltbar, sondern lediglich dem Umstand zu verdanken gewesen, dass man die auffällig gewordenen Extremfälle und nicht die Mehrheit der Drogennutzer untersucht habe. Die Resultate der neueren Forschung wiesen darauf hin, dass die Mehrheit der Konsumenten alle bekannten Drogen, vermutlich bis hin zu Crack, beherrschen könnten. Die allermeisten von ihnen entschieden sich aus freien Stücken für Drogengenuss und würden keineswegs von gewissenlosen Dealern dazu verführt, wie die Medien oft glauben machen. Zudem habe ein gesellschaftlicher Wertewandel stattgefunden, der an die Stelle preußischer Tugenden wie Gehorsam, Disziplin und Fleiß drogentypische Zustände wie Aufregung, Spannung und Unterhaltung setze. *»Der Drogengenuss ist bei weitem nicht die riskanteste unter den Freizeitaktivitäten.«* Dealer, die Menschen bei ihrer Entscheidung für Drogen unterstützten, sollten nicht mehr fürchten müssen, von Konkurrenten ermordet, über Jahre weggesperrt oder gar staatlich hingerichtet zu werden.

Eine ähnliche Debatte wird in England und den USA schon etwas länger geführt, spätestens seit sich dort abzeichnete, dass der radikale »War on Drugs« ins Nirgendwo führt. In den angelsächsischen Ländern lauten die Argumente für eine Drogenfreigabe ähnlich wie hierzulande. Legale Drogen führten zu weit mehr Todesfällen als illegale: Laut Bericht der Deutschen Hauptstelle für Suchtgefahren vom Januar 2003 sterben jährlich 140.000 Bundesbürger durch Zigaretten, 73.000 durch Alkohol und 1.500 durch sämtliche illegale Drogen zusammengenommen – wobei unklar bleibt, wieviele dieser Todesfälle auf das Konto einer versehentlichen oder absichtlichen Überdosis gehen (→ Selbstmord). Ähnlich steil sieht das Gefälle bei den Süchtigen aus (Tabak rund 6,8 Millionen, Alkohol 1,6 Millionen, Medikamente 1,2 Millionen, illegale Drogen 150.000). Der Schwarzmarkt stärke nicht nur das organisierte Verbrechen, sondern auch dessen wachsende Rekrutierung von Minderjährigen, da diese weniger schwer bestraft werden können. Gefängnisse seien überfüllt mit Menschen, die wegen gewaltfreier Drogendelikte in Haft sitzen (in den USA der Bürgerrechtsbewegung ACLU zufolge 58 Prozent aller Häftlinge), während Gewaltverbrecher aus Platzmangel vor Verbüßung ihrer Strafe freikommen. Schließlich habe der Krieg gegen die Drogen die USA 17,9 Milliarden Dollar gekostet, 40 Prozent dessen, was für die Erziehung und Ausbildung der nächsten Generation ausgegeben werde. Hätte man alle Drogen im Umlauf legalisiert und mit zehn Prozent besteuert, hätte man ein Steuereinkommen von 40 Milliarden Dollar pro Jahr, was dem gesamten Erziehungsbudget der USA entspräche, beispielsweise aber auch zur Stützung des Gesundheitssystems verwendet werden könne.

Kritiker der Drogenfreigabe, so etwa Bernhard van Treeck in seinem »Drogen- und Suchtlexikon« (Schwarzkopf und Schwarzkopf 1999), führen verschiedene Gegenargumente ins Feld. So könne man einen kontrollierten Konsum nur bei psychisch besonders gefestigten Menschen erwarten und keinesfalls bei Jugendlichen; der Erstkonsum von Drogen beginne aber vor allem in der Jugend. Für eine Vereinbarung von Drogenlegalisierung einerseits und Jugendschutz andererseits gäbe es noch keine Konzepte. Dass die Drogenfreigabe zu einem Sinken der Kriminalität führt, hält van Treeck für unwahrscheinlich, da viele User schon vor ihrer Drogenkarriere kriminell gewesen seien. Schließlich befürchtet er, dass die Legalisierung sinkende Preise bedeuten würde, damit auch eine größere Nachfrage und eine Verstärkung des Suchtproblems.

Wolfgang Schmidbauer und Jürgen vom Scheidt setzen sich in ihrem »Handbuch der Rauschdrogen« (Fischer 1999) bemerkenswert differenziert und tiefgehend mit der Frage der Drogenfreigabe auseinander und kommen zu dem Schluss, dass mit dem Konzept, beispielsweise Heroin in der Apotheke erstehen zu können, eine grundlegend veränderte Gesellschaft verbunden wäre, die zum Beispiel auch ein anderes Verhältnis zum → Selbstmord haben müsste. Sie weisen in diesem Zusammenhang allerdings auch darauf hin, dass es bei fortschreitender Entwicklung im Jahr 2100 mehr Süchtige als Nicht-Süchtige geben dürfte, und halten es für keinen Zufall, dass der Drogenkonsum gerade in einer solchen Kultur immens steigt, die → Tod und Transzendenz massiv tabuisiert. Offenbar sehen viele User den Drogenrausch als Möglichkeit, den verlorenen Zugang zu anderen Bewusstseinszuständen wiederzufinden.

Im April 2002 enthüllte das Wissenschaftsmagazin »New Scientist«, dass Studien, denen zufolge sich keine Schädigung des menschlichen Gehirns durch die Modedroge »Ecstasy« nachweisen ließ, von medizinischen Journalen unterdrückt worden waren – offenbar aus Rücksichtnahme auf den regierungsamtlichen Krieg gegen Drogen. Wie auch in anderen Bereichen (etwa → häuslicher Gewalt gegen Männer oder → Pädophilie) entschieden sich die Herausgeber von wissenschaftlichen Publikationen dafür, Forschungserkenntnisse zu tabuisieren, wenn diese ihnen als politisch nicht wünschenswert erschienen. Allerdings weisen zahlreiche andere Studien (vor allem in Tierversuchen) sehr wohl auf eine Gefahr von Hirnschädigungen durch Ecstasy hin, und der Konsum dieser Droge führte auch aus anderen Gründen (z. B. Nierenschäden) zu Todesfällen.

Ebenfalls im April 2002 forderte die frühere britische Ministerin Mo Mowlam, die in ihrer Amtszeit für die Anti-Drogen-Politik ihres Landes verantwortlich war, eine Legalisierung und Besteuerung aller Rauschmittel bis hin zu Kokain und Heroin.

Literatur: Treeck, Bernhard van: Drogen. Schwarzkopf & Schwarzkopf 2002. McKenna, Terence; Pieper, Werner: Die süßeste Sucht. Ist Zucker eine Killer-Droge? W. Pieper 1993

Websites: www.a1b2c3.com/drugs, www.objectivists.org.au/InsaneWarOnDrugs/insanewarondrugs.html (Etliche andere Websites zur Diskussion über Drogenfreigabe können mit den Suchbegriffen »War«, »Drugs« und »Legalizing« gefunden werden.)

E

écriture choc
Wendung für die um 1999 bis 2000 beliebte exhibitionistische Schreibweise französischer Skandalautoren und vor allem -autorinnen wie Christine Angot (→ »Inzest«), Michel → Houellebecq, Virginie → Despentes oder Catherine Millet (→ »Das sexuelle Leben der Catherine M.«)

Einsamkeit
Im Interview mit Robert Treichler von der österreichischen Zeitschrift »profil« beschrieb Bestseller-Autor Douglas Coupland (»Generation X«) Einsamkeit als eines der größten gesellschaftlichen Tabus: »*Einsamkeit ist ein schrecklicher Zustand. Es ist in Nordamerika, dem Land der Cheerleader und Vertreter, so stigmatisiert, dass jeder Anflug davon soziales Gift bedeutet. Es ist beschämend. Junge Leute werden nicht einmal so erzogen, dass sie ausdrücken können, was sie dabei fühlen. Sie glauben, sie seien krank. Einsamkeit ist für alle Altersstufen und Geschlechter sexuell abstoßend. Ironischerweise ist nichts attraktiver als eine allein stehende Person, die niemanden braucht.*« In verschiedenen Filmen, die auf der Oberflächenebene gegen sexuelle Tabus verstoßen, steht indes das Tabuthema Einsamkeit mit im Mittelpunkt (so etwa → »Happiness«).

»Elementarteilchen«
→ Houellebecq, Michel

»Ellen«
Beliebte US-Sitcom, ABC 1994-98, um Ellen Morgan (Ellen Degeneres), eine Single-Mittdreißigerin aus Los Angeles. Zu den Preisen,

die Degeneres für ihre schauspielerische Arbeit ernten konnte, gehörte der Titel der lustigsten Person Amerikas. Kurz vor Ausstrahlung der vierten Staffel wurden Gerüchte laut, denen zufolge sich die Figur Ellen in der Serie ebenso als Lesbe outen würde wie die Schauspielerin Ellen Degeneres im wahren Leben. Degeneres trat daraufhin in zahlreichen Late-Night-Shows auf, wo sie grundsätzlich dementierte und sämtlichen Spekulationen entgegenzuwirken suchte. Es sei nur die Einführung einer weiteren Nebenfigur namens »Les Bian« geplant. In der Late-Night-Show-Parodie »Larry Sander Show« trat Degeneres den Gerüchten entgegen, indem sie mit dem Gastgeber sexuellen Verkehr simulierte.

Tatsächlich mehrten sich daraufhin jedoch in der vierten Staffel von »Ellen« die Indizien auf eine →Homosexualität der Hauptfigur von Folge zu Folge. Aber noch bevor sich die Seriengestalt Ellen in der 22. Folge endgültig outete, tat dies die Schauspielerin Ellen Degeneres mittels einer Titelgeschichte im US-weit gelesenen »Time Magazine«. Die insofern genial vorab beworbene Coming-out-Folge, in der etliche Kollegen Degeneres auftraten, fiel so zeitlich damit zusammen, dass Degeneres die bis dato als heterosexuell bekannte Schauspielerin Anne Heche der Öffentlichkeit als ihre Partnerin vorstellte, mit der die beiden auch in einer Sondersendung der gesellschaftlich höchst bedeutsamen »Oprah Winfrey Show« auftraten. Auch Präsident Clinton lud das Paar öffentlichkeitswirksam zu sich ein.

Ein Jahr später wurde »Ellen« jedoch von den Verantwortlichen aus dem Programm genommen, nachdem die Show massiv an Einschaltquoten verloren hatte, die Werbekunden sich zurückzogen und die Vorwürfe, nur noch lesbisch und nicht mehr witzig zu sein, in etlichen Medienerzeugnissen unüberhörbar geworden waren.
Quelle: http://www.cootv.de

»Emergency Room«

(*im Original nur kurz »ER«; übersetzt bedeutet der Ausdruck soviel wie »Notaufnahme«*) Insbesondere wegen George Clooney als eine der Hauptfiguren sehr beliebte, realitätsnahe US-amerikanische Ärzteserie, seit 1994 ausgestrahlt von NBC (in Deutschland: Pro 7). Zu deren homosexuellen Figuren (→ Homosexualität) zählen der inzwischen in einem Feuer verstorbene Pfleger Raoul, Dr. Maggie Doyle

(Coming-out 1997, gespielt von Jorja Fox), der Pfleger Yosh Takata (Gedde Watanabe) sowie seit kurzem die lesbische Psychiaterin Dr. Kim Legaspi (Elizabeth Mitchell, → »Gia«), die wiederum das Coming-out der Hauptfigur Dr. Kerry Weaver (Laura Innes) vor sich selbst wie vor ihrem homophoben Vorgesetzten Dr. Robert Romano (Paul McCrane) beförderte.

Die von und vor allem für Lesben gestaltete Website »Lespress.de« bewertet die dramturgische Entwicklung dieses Handlungsstranges nach einer ausführlichen Nacherzählung unter http://www.lespress.de/112001/texte112001/emergencyroom.html folgendermaßen: »*(D)as Äußerste, was in Sachen Sex tatsächlich gezeigt wird, ist einerseits ein etwa zweisekündiger Kuss, andererseits eine Szene, in der die eine Partnerin im Bett liegt, während die andere neben ihr auf der Bettkante sitzt. Aber dafür gibt es Unmengen von kleinen, aber feinen Details zwischen den Zeilen, etwa eine Szene, in der Kerry Weaver in der Dusche ›Rescue Me‹ (!) singt oder eine andere, in der sie sich vor einem Treffen mit Kim die Lippen schminkt (...). Aber auch die Figuren sind ungewöhnlich. Das fängt damit an, dass es sich bei der Protagonistin um eine eher einsame, menschenscheue Frau um die vierzig handelt, die außerdem gehbehindert ist und damit weder dem Gros des Zielpublikums entspricht noch dem üblichen Bild der in TV-Serien gezeigten jungen, gesunden, fröhlichen, durchtrainierten Menschen. Auch fungieren die dargestellten Personen nicht nur als Anlass für andere Geschehnisse (oder schlimmer: als Witzfiguren, wie sie leider immer noch allzu häufig in Sitcoms gezeigt werden), sondern sind eigenständige, ernst zu nehmende Charaktere, die, wie deutlich gezeigt wird, Schwächen und Selbstzweifel besitzen und Fehler machen – sie sind eben menschlich. (...) Es ist die Coming-out-Geschichte einer Frau mittleren Alters, die sich in einem aufregenden und oft schmerzhaften Prozess bewusst wird, dass in ihrem sorgsam auf dem Beruf aufgebauten und von anderen Menschen abgeschotteten Leben vielleicht doch nicht alles so ist, wie sie es sich jahrelang selbst vorgegaukelt hat. Die Hauptfigur Kerry Weaver verändert sich im Laufe dieser Geschehnisse, aber macht keine unglaubwürdige 180-Grad-Wendung, sondern hat noch eine deutliche Wegstrecke vor sich. (...)*« In den USA gebe es durch zahllose den Ärztinnen gewidmete Websites mitsamt erotischer Fanfiction eine bemerkenswerte Resonanz.

Eminem

(eigentlich:) Marshall Bruce Mathers III (geboren am 17. Oktober 1972 in St. Joseph bei Kansas City), weißer US-amerikanischer Rap-Star und inzwischen kulturelle Ikone. Blondgebleichte Stoppelfrisur, Tattoos und ein verächtlich-wütender Gesichtsausdruck gelten als seine Markenzeichen. Mathers wuchs ohne Vater in einem von ihm selbst so bezeichneten »White-Trash«-Umfeld, also der absoluten Unterschicht, auf. Wohl auch aufgrund zahlreicher Umzüge fand er es lange schwer, Freundschaften zu schließen, und zog sich stattdessen in den exzessiven Konsum popkultureller Produkte zurück. Auf dem Schulhof wurde er häufig zur Zielscheibe von Angriffen und einmal sogar so übel zusammengeschlagen, dass er fünf Tage in einem Koma verbrachte und später versuchte, → Selbstmord zu begehen. Als Zwölfjähriger in Detroit entdeckte er Rapper wie »LL Cool J« und »2 Live Crew«, baute mit seinen Texten selbst eine gewisse Reputation auf und veröffentlichte, nachdem er in der neunten Klasse versagte und die Schule verließ, sein Debütalbum »Infinite«. 1998 brachte er seine Slim-Shady-EP heraus, wodurch er von der Rap-Legende Dr. Dre entdeckt wurde, der Eminem fortan als Produzent und Mentor unter seine Fittiche nahm. Durch sein Video »My name is ...«, in dem Eminem von Bill Clinton bis zu Marilyn → Manson die unterschiedlichsten Prominenten parodierte, sowie eine Tour durch die USA zog er so viel Aufmerksamkeit auf sich, dass seine Slim-Shady-LP sofort auf Platz 3 der Charts stieg. Dieses dreimal mit Platin ausgezeichnete Album war vollgepackt mit einer Unzahl von Tabubrüchen im Zusammenhang mit Drogengebrauch, Sex, Gewalt und Vergewaltigung. Viele Angriffe richteten sich gegen Eminems Vater, Mutter, Schwester sowie Kim, Mathers Frau und Mutter seines Kindes. Eminems Folge-Album, die Marshall-Mathers-LP, verkaufte in seiner ersten Woche 1,76 Millionen Exemplare und weltweit inzwischen über zwölf Millionen (Stand 2001). Die US-Homosexuellenrechtsbewegung GLAAD (→ Homosexualität) bezichtigte die Platte indes der *»gewalttätigsten und schwulenfeindlichsten Parolen der letzten 20 Jahre«*.

Außer als schwulen- wurde Eminem als frauenfeindlich und Gewalt und Drogen verherrlichend angegriffen. Lediglich die Minderheit der Schwarzen nimmt Eminem ausdrücklich von seinen verbalen Attacken aus. So bekundete er nachdrücklich, *»das n-Wort«* (»Nigger«) zu hassen. Das verwundert nicht, wenn man bedenkt, dass er als erster weißer Künstler in die Gemeinschaft schwarzer Rapper aufgenommen wurde. In seiner Bühnenshow tritt Eminem indes mit einer Kettensäge als → Serienmörder wie aus dem → Splatterpunk auf, schluckt falsche Ecstasy-Tabletten und sitzt in einem elektrischen Stuhl, während um ihn herum auf Bildschirmen Pro-Drogen-Botschaften flackern. Während manche Verteidiger Eminems das als Teil einer Inszenierung betrachten, die nicht für bare Münze genommen werden sollte, zumal sich Mathers in einigen Interviews wesentlich differenzierter geäußert habe als in seinen Texten, ist sein Kultstatus wohl vor allem der Tatsache zu verdanken, dass er von seinen Fans als besonders authentisch wahrgenommen wird. Zu dieser Wahrnehmung tragen diverse Strafanzeigen gegen Mathers wegen Einsatzes seiner Pistole (zur Bedrohung und als Schlagwaffe gegen einen Mann, der Mathers' Ex-Frau Kim geküsst haben soll) ebenso bei wie seine Sorgerechtsstreitigkeiten mit Kim und seine juristische Auseinandersetzung mit seiner Mutter, nachdem Mathers behauptet hatte, sie rauche mehr Dope als er. Für solche und andere Beleidigungen verklagte sie ihren Sohn auf zehn Millionen Dollar Schadensersatz.

Möglicherweise weil die westliche Gesellschaft das »Böse« ohnehin durchgehend auf das männliche Geschlecht projiziert, gewinnt Eminem dadurch an Renommee, dass er den Frustrationen und Aggressionen vieler junger Männer demonstrativ Luft macht. So bezeichnete Eminem seine Ex-Frau Kim als *»fucking bitch«* (etwa: »verdammte Schlampe«) und rapt in seinem Song »97 Bonnie and Clyde« davon, wie er die Leiche der von ihm ermordeten Kim gemeinsam mit Tochter Haile in einem See versenkt: *»Baby, don't cry honey, don't get the wrong idea // Mama's too sweepy to hear you screamin in her ear // That's why you can't get her to wake, but don't worry // Da-da made a nice bed for mommy at the bottom of the lake // Here, you wanna help dada tie a rope around this rock? // We'll tie it to her footsie then we'll roll her off the dock. // Ready now, here we go, on the count of free // ... One ... two ... free ... WHEEEEEE! // There goes mam, spwashin' in the wa-ta. // No more fightin wit dad, no more restraining order«*. Mathers verwendete die echte Stimme seiner damals dreijährigen Tochter für den Track und wirft als Teil seiner Bühnenshow eine aufblasbare Puppe Kims in die Menge, die sie dann zerfetzt.

Während Eminems Kritiker ihm moralische Fahrlässigkeit vorwerfen, wenden seine Verteidiger ein, er übernehme lediglich das in der Literatur seit langem verwendete Prinzip, Verbrechen aus der Sicht des Täters zu schildern, für die Pop-Musik (→ »American Psycho«). Eminem selbst macht sich in Interviews über die Vorstellung lustig, er könne Jugendliche durch bloße Aufforderung in seinen Songs dazu verleiten, Drogen zu nehmen, die Schule abzubrechen und Leute umzubringen. Stattdessen wird er mit folgendem Appell an seine Fans zitiert: *»Ihr sollt keine Drogen nehmen, keinen ungeschützten Sex haben und nicht gewalttätig werden. Überlasst das alles mir!«* Auch verweist Eminem darauf, dass »Slim Shady« nur eine seiner verschiedenen Persönlichkeitsaspekte sei, nämlich jene, die bösartige Gedanken ausspreche, die man eigentlich nicht denken sollte. Nichtsdestoweniger beharren Eminems Kritiker auf dem Vorwurf, seine Phantasien machten Frauen- und Schwulenfeindlichkeit zumindest salonfähig und könnten jungen Männern eine Rechtfertigung für ihre Einstellungen liefern. Dem halten Eminems Verteidiger entgegen, der Rap-Star wäre wohl kaum dermaßen schnell so hoch aufgestiegen, wenn er nicht Probleme und Stimmungen angesprochen hätte, die insbesondere in der weißen Unterschicht der USA vorhanden seien, und dass man vielleicht besser diese sozialen Probleme angehen als den Botschafter niedermachen sollte. Eminem wurde mehrfach als »der neue Elvis« bezeichnet, und tatsächlich ist der Zorn des Establishments gegen die Tabubrüche beider ungezähmter Emporkömmlinge vergleichbar. (Frank Sinatra etwa bezeichnete Presleys Hüftstöße als *»die brutalste, hässlichste, verzweifeltste und bösartigste Ausdrucksweise«*).

Auffallend ist insofern, dass Eminem von den unterschiedlichsten Stars des Rock- und Pop-Geschäfts volle Rückendeckung, wenn nicht Huldigungen erhält: sei es Sir Paul McCartney, → Madonna, Bono von U2, Dido oder The Corrs. Selbst der in der Schwulenrechtebewegung prominente Popstar Elton John befremdete andere Homosexuellen-Rechtler, als er trotz deren Proteste bei der Verleihung der Grammy-Auszeichnungen im Februar 2001 als Friedensangebot gemeinsam mit Eminem auf die Bühne treten wollte. Michael Greene, Vorsitzender der Grammy-Akademie, wurde mit wütenden Protestschreiben überflutet und musste selbst einräumen, Bauchschmerzen damit zu haben, Eminems von vielen als abstoßend betrachtetes Werk für eine so hohe Ehrung zu nominieren. Tatsächlich entwickelte sich die Grammy-Verleihung, die Eminem schon allein deshalb besuchen wollte, *»um der Boygroup N'Sync meine Arschbacken zu zeigen«*, für ihn zu einem gewaltigen Triumph: Er erhielt den Preis für das beste Rap-Album, für die beste Solo-Rap-Darbietung sowie für das beste Rap-Duo (mit Dr. Dre). Zum Schluss sang er tatsächlich gemeinsam mit Elton John, und als die beiden sich zuletzt Arm in Arm hielten, reagierte das Publikum mit stehendem Applaus.

Literatur: Rosenberg, Peter Michael: Eminem – Talking. Schwarzkopf & Schwarzkopf 2003. Eminem: Weiße Wut – Angry Blonde. Verlagsgruppe Koch 2001. McGibbon, Robin: EMINEM. The Real Fucking Story. Goldmann 2001

Websites: www.eminem.com, www.eminem-planet.com, www.eminem-world.com, www.eminem24-7.com, www.planet-eminem.com

»Encyclopedie ou Dictionnaire Raisonne Des Sciences, Des Arts et de Metiers«

1759 von einer Gruppe französischer Denker und Philosophen wie Jean-Jacques Rousseau, Denis Diderot und Francois Arout le Voltaire herausgegebenes populäres Lexikon. 1759 wurde es vom Papst auf den Index der verbotenen Bücher gesetzt. Während sich über die Ursache dafür nur spekulieren lässt, könnte ein möglicher Grund der Querverweis »Kannibalismus, siehe → Eucharistie« gewesen sein (→ Kannibalismus). Im Jahr 2001 wurde dieses Buch vom Frankfurter Eichborn-Verlag neu aufgelegt und durch aktuelle Texte erweitert, da es laut Verlags-Website *»wie kein anderes zum Synonym für die europäische Aufklärung geworden ist«*.

Quelle: http://www.tabula-rasa.info/DarkAges/CensorshipTimeline.html

Ennis, Garth

→ »Preacher«

»Enthüllung«

(Originaltitel: *Disclosure*) Roman von Michael Crichton sowie seine Verfilmung mit Michael Douglas und Demi Moore in den Hauptrollen unter der Regie von Barry Levinson (»Rain Man«). Die Geschichte bricht zugleich das Tabu der sexuellen Belästigung von Männern wie auch das der Falschbeschuldigungen durch Frauen, weist aber auf einen komplexeren gesellschaftlichen Hintergrund hinaus. »Disclosure« thematisierte erstmals für ein Massenpublikum, wie unsere Gesellschaft »das Böse«, insbesondere sexuelle Aggression, auf Männer projiziert, wie bestimmte Frauen diesen Mechanismus ausnutzen und wie sich andere Männer daran beteiligen, um so vermeintlich ihren Status moralischer Unangreifbarkeit zu sichern. Insbesondere die Verfilmung der Story trug dazu bei, dass zumindest in Teilen der Bevölkerung ein Bewusstsein für dieses Problem geschaffen wurde; die Zahl der Männer, die sich als Opfer sexueller Belästigung zu outen wagten, stieg danach deutlich an. Levinsons Film war aber nicht nur männerpolitisch von Bedeutung, er ist auch dramaturgisch und stilistisch gelungen, insgesamt also ein mutiger und weitgehend unterschätzter Film. »Disclosure« war das Theaterstück »Oleanna« von David Mamet vorausgegangen, in dem dasselbe Thema auf einer noch etwas höheren Reflexionsebene behandelt wurde. Die Frauenbewegung reagierte auf den Tabubruch in erwarteter Schärfe. So ließ sich die prominente Publizistin Julie Burchill im britischen »Spectator« zu der Behauptung hinreißen, Werke wie »Disclosure« und »Oleanna« seien die Theorie, der Serienvergewaltiger sei die Praxis.

erotische und sexuelle Kontakte zwischen Schwarzen und Weißen

Dieses Tabu wurde auf der Leinwand 1967 durch den damals umstrittenen US-amerikanischen Film »Guess Who's Coming to Diner« gebrochen. Unter der Regie Stanley Kramers spielte der 2002 mit einem Oscar für sein Lebenswerk ausgezeichnete Sidney Poitier den zukünftigen schwarzen Schwiegersohn des weißen Oberschichts-Ehepaares Drayton (Spencer Tracy und Katherine Hepburn). Offenbar damit das Gefälle aus Sicht des damaligen Publikums nicht allzu groß wurde, war das neue Familienmitglied sowohl ein Prinz als auch ein Doktor, was eigentlich sämtliche Schwiegereltern sogar mit seiner ungewohnten Hautfarbe versöhnen sollte.

Etwa ein Jahr später war der erste Kuss zwischen Angehörigen verschiedener »Rassen« in Gene Roddenberrys progressiver Science-Fiction-Serie »Star Trek« (hierzulande vermutlich immer noch bekannter als »Raumschiff Enterprise«) zu sehen. Captain James T. Kirk (William Shatner) und seine farbige Kommunikations-Offizierin Lt.

Uhura (Nichelle Nichols) wurden in der am 22. November 1968 ausgestrahlten Episode »Plato's Stepchildren« durch die mentalen Superkräfte von Außerirdischen zu einem romantischen Kuss gezwungen. Wie es die Macher der Serie erwartet hatten, klinkten sich insbesondere in den Südstaaten der USA einige Sender aus, aber insgesamt war die Reaktion der Zuschauer überwiegend positiv. In ihrer 1994 erschienenen Autobiographie »Beyond Uhura: Star Trek and Other Memories« zitierte Nichols den Fanbrief eines weißen Herrn aus den Südstaaten, in dem dieser bekundete, vollständig gegen eine *»Durchmischung der Rassen«* zu sein, aber nichts dabei fände, wenn Kirk eine so attraktive Dame wie Uhura küssen würde, wenn sich für ihn eine Gelegenheit dazu böte. Nichols berichtet auch, dass die Szene aus zwei verschiedenen Winkeln aufgenommen worden sei: Eine zeigte Lippenkontakt, die andere einen »Kuss ohne Lippenkontakt«, was aber so für die Zuschauer nicht sichtbar war, da die Münder der Darsteller durch Rückenansicht verdeckt wurden. Es war die zweite Fassung, die tatsächlich ausgestrahlt wurde.

Zur Jahrtausendwende ist das Thema immer noch aktuell. Als 1993 das US-amerikanische Magazin »The New Yorker« auf dem Cover seiner Osterausgabe eine Zeichnung des Pulitzer-Preisträgers Art Spiegelman präsentierte, auf der ein orthodoxer Jude und eine schwarze Frau einander küssten, gab es sowohl von jüdischer als auch von afroamerikanischer Seite heftige Proteste. In Kinofilmen läuft eine Beziehung zwischen schwarzem Mann und weißer Frau häufig noch immer auf der nicht-sexuellen Ebene ab. (Man denke hier an Denzel Washington in »Die Akte Pelikan« und »Der Knochenjäger«, Morgan Freeman in »Denn zum Küssen sind sie da« oder zahlreiche Filme mit Samuel Jackson in der Hauptrolle.) Insbesondere im Bereich der Fernsehserie jedoch werden größere Schritte gewagt. Dazu trugen bei schwarzen wie weißen Zuschauern gleichermaßen beliebte Erfolgsserien wie »Ally McBeal« oder → »Emergency Room« bei, in denen »gemischtrassige« Liebesbeziehungen zum Teil der Handlung wurden. Das TV-Publikum nahm diese Entwicklung insgesamt positiv auf, wiewohl es insbesondere von Seiten schwarzer Kritiker immer wieder nachdrückliche Beanstandungen und Verbesserungsvorschläge gab. (Beispielsweise wurde bemängelt, dass das Problem unterschiedlicher »Rassen« beim Eingehen einer solchen Beziehung in Ally McBeal komplett ausgeblendet wurde, so als ob es nicht existieren würde.) Aufgrund des nichtsdestoweniger weit überwiegend großen Erfolges dieses Erzählmotivs wurde es in anderen Serien wie »Sex in the City« oder dem in Deutschland bislang nicht ausgestrahlten Weißes-Haus-Drama »The West Wing« übernommen. Robert M. Entman, Co-Autor des Buches »The Black Image in the White Mind: Media and Race in America«, sieht das US-amerikanische Fernsehen momentan aber noch in einer Zeh-im-Wasser-Phase: *»Der wahre Durchbruch wäre eine größere Serie mit einem schwarzen Mann und einer weißen Frau im Mittelpunkt. Aber ich denke, da ist es noch ein gutes Stück hin.«*

Euthanasie

→ Sterbehilfe

Exhibitionismus

Zur-Schau-Stellen des eigenen Körpers, insbesondere der Geschlechtsorgane, um dadurch sexuelle Erregung zu erfahren. Dieses Verhalten ist nach Paragraph 183 des Strafgesetzbuches mit einer Haftstrafe von bis zu einem Jahr belegt, wenn Männer es ausüben, wenn diese dadurch eine oder mehrere andere Personen belästigen und insbesondere wenn bei der Strafverfolgung von einem besonderen öffentlichen Interesse auszugehen ist. Hierzu äußert sich die Fachgruppe Exhibitionismus der »Arbeitsgemeinschaft Humane Sexualität e.V.« kritisch: *»Es muss bislang als vorurteilsvolles Interesse bezeichnet werden, denn nur wenige Menschen können sich mit dem Tabuthema sachlich auseinandersetzen. Das Problem ist vielen peinlich, und es scheint nicht diskussionswürdig zu sein. Die meisten Menschen beweisen eine moralische Voreingenommenheit, welche zum Teil auf fehlender sachgerechter Information beruht. (...) Zu einem Treffen unter dem Motto ›Exhibitionisten suchen den Dialog‹ waren von vierunddreißig eingeladenen Beratungsstellen und Frauengruppen nur sechs Personen bereit zu kommen. Das falsche Bild, das den Exhibitionisten angelastet wird, kann also nur mühsam richtiggestellt werden.«* In diesem Zusammenhang beklagt der Autor besonders, dass die letztlich harmlose Entblößung häufig mit schweren Sexualvergehen in einem Atemzug genannt werde. Wie sehr die gesellschaftliche Tabuisierung dieses Themas eine rationale Beschäftigung damit erschwere, erläutert er an folgendem Beispiel: *»Eine Studentin wählte*

für ihre Seminararbeit das Thema ›Exhibitionismus‹. Um einen genauen Einblick und entsprechende Informationen aus erster Hand zu bekommen, nahm sie an einem Gruppenabend unserer Selbsthilfegruppe teil. Sie berichtete, wie verständnislos und spöttisch ihr Bekanntenkreis reagierte, als sie dieses Thema wählte. Sie war verärgert darüber, wie wenig Sachlichkeit dem Thema entgegengebracht wurde. Dies zeigt das Unvermögen und die Hilflosigkeit unserer Gesellschaft, sich mit einem Problembereich ernsthaft zu befassen, wenn es dabei um Sexualität mit all ihren Schwierigkeiten geht. (...) Mein Bestreben ist nicht, Exhibitionismus ›gesellschaftsfähig‹ zu machen, sondern zu erreichen, dass vorurteilsfrei darüber nachgedacht wird; dies geht nur durch sachgerechte Information.« So wie die Sprecher anderer sexueller Minderheiten (etwa Homosexuellen und Sadomasochisten) weisen auch die Vertreter von Menschen mit exhibitionistischer Neigung deren Kriminalisierung und Psychopathologisierung häufig zurück. Beides sei nichts weiter als ein Versuch der gesellschaftlichen Mehrheit, alles auszugrenzen, was nicht ihren Normen entspräche (→ Paraphilie).
Website der Fachgruppe Exhibitionismus innerhalb der Arbeitsgemeinschaft Humane Sexualität: http://www.ahs-online.de/fg-exhi

»Der Exorzist«
Horrorfilm, USA 1973, unter der Regie William Friedkins (»French Connection«). Die zwölfjährige Regan (Linda Blair) zeigt Verhaltensauffälligkeiten, die sich nicht vollständig mit der Scheidung ihrer Eltern und ihrer beginnenden Pubertät erklären lassen: Sie spricht in sehr obszönen, provokativen Wendungen und mit tieferer Stimme, auf ihrer Haut entstehen hässliche, eiternde Ausbuchtungen und die Möbel in der elterlichen Wohnung scheinen ein Eigenleben zu entwickeln. Ärzte und Psychologen zeigen sich überfordert. Weil Regans Mutter (Ellen Burstyn) all das dem Mädchen aber nicht einfach durchgehen lassen will, bittet sie zwei Jesuitenpriester um Hilfe. Deren autoritäres Gebaren verstärkt die jugendliche Revolte jedoch nur, und Regan beginnt, Gift und Galle zu spucken, bis der ältere der beiden Priester (Max von Sydow) an einem Herzanfall stirbt. Daraufhin überredet der jüngere, bislang den exorzistischen Riten seines Vorgesetzten skeptisch gegenüberstehende Priester Karras (Jason Miller), den Dämon in Regans jungem Körper dazu, stattdessen in

seinen eigenen zu schlüpfen. In eben jenem Moment, in dem dies geschieht, stürzt Karras sich aus dem Fenster.

Diese etwas ironisch gestaltete Zusammenfassung der Handlung enthält bereits einen Interpretationsansatz zu Friedkins Film, der zumindest einen Teil seines ungeheuren Erfolges erklärt: Er sprach in den frühen siebziger Jahren ältere Erwachsene, die von der Jugendrevolte irritiert und verängstigt waren, sicherlich ebenso an wie pubertierende oder adoleszente Jugendliche, denen ihre körperlichen und psychischen Veränderungen und das Herausfallen aus der familiären Geborgenheit Sorgen bereitete. Nach dem Ende des Vietnamkrieges und kurz vor dem Höhepunkt der Watergate-Affäre stieß der Film hinein in eine Phase extremer Verunsicherung, in der viele überlieferte Werte und Weltbilder für die Allgemeinheit in Frage gestellt schienen. Gleichzeitig erlangten okkulte und esoterische Themen ihren ersten Boom. Schon die Buchvorlage William Peter Battys, ein noch stärker theologischer Roman, der auf einer tatsächlichen zweimonatigen Teufelsaustreibung bei einem Vierzehnjährigen im Jahre 1949 beruhte, war ein für viele schockierender und daher heiß umstrittener Bestseller. Seine Verfilmung indes, die noch dazu ausgerechnet am 26. Dezember in die Kinos kam (zu Weihnachten werden familiäre Bindungen und alte Traditionen normalerweise gefestigt), verjagte reihenweise Zuschauer aus den Vorführsälen – eine Meldung, die von Presse und Filmmarketing begierig aufgegriffen wurde und dadurch den Skandalwert des Filmes erst richtig anheizte. So berichtete die »New York Times« vom 27. Januar 1974 von sich um den Block ziehenden Kassenschlangen, vierstündigen Wartezeiten und Schwarzmarktpreisen für die Eintrittskarten einerseits (und das obwohl die renommiertesten Kritiker sich gar nicht so positiv über den Film geäußert hatten), andererseits aber über zitternd flüchtende Zuschauer, Ohnmachtsanfälle, Herzattacken und sogar eine Fehlgeburt während der Vorführung.

Der Film wurde für zehn Oscars nominiert und gewann zwei für das best adaptierte Drehbuch und den besten Sound. (In der Tat ist die Tonspur brillant: von den Würgegeräuschen, wenn sich Regan übergibt, über das Quieken zum Schlachten getriebener Schweine als Geräuschgrundlage für den Exorzismus bis zu der Schlusssequenz mit einem von den »Demutspfeifen« alter Orgeln übernommenen Bassbrummen, das direkt auf das Zwerchfell einwirkt und unweigerlich nervöse Unruhe erzeugt.) Außerdem gilt er als einer der erfolgreichsten Filme aller Zeiten und einer der ersten »Kassenknüller« überhaupt. Beides spricht zum einen für das handwerkliche Können Friedkins und seiner Mitarbeiter, rührt zum anderen aber auch daher, dass der Film bisher Unzeigbares darstellt: die Gotteslästerungen und Obszönitäten aus dem Mund eines normalerweise die Unschuld personifizierenden jungen Mädchens (→ Satanismus) sowie ihre → Selbstbefriedigung mit einem Kruzifix gehören sicherlich dazu.

Friedkin tat einiges, um seine Schauspieler emotional aufzuwühlen. Beispielsweise ließ er sie duch Pistolenschüsse erschrecken und soll auch kurz vor den Aufnahmen mit Stößen und leichten Schlägen auf sie eingewirkt haben. Ellen Burstyn indes hatte, noch bevor sie das Drehbuch akzeptierte, ein persönliches Tabu durchgesetzt und die Dialogzeile *»Ich glaube an den Teufel!«*, die sie in ihrer Rolle hätte sprechen müssen, streichen lassen. Für die Fernsehfassung des Filmes ersetzte Friedkin einige von Regan bzw. dem ihr innewohnenden Dämon hervorgestoßene Äußerungen. So wurde aus »Your mother sucks cocks in hell, Karras« (*»Deine Mutter lutscht Schwänze in der Hölle, Karras«)* das etwas weniger derbe *»Your mother still rots in hell, Karras«* (»Deine Mutter verrottet noch immer in der Hölle, Karras«), und *»Shove it up your ass you faggot«* (»Schieb's dir in den Arsch, du Homo«) wurde durch *»Shut your face you faggot«* (»Halt die Klappe, du Homo«) ersetzt.

Noch zum Ende des Jahrtausends unterlag »Der Exorzist« in einigen Ländern der → Zensur und erhielt beispielsweise in Großbritannien keine Videofreigabe. In Deutschland ist die Originalversion ebenso erhältlich wie eine im Frühherbst 2000 herausgegebene, neu geschnittene und um elf Minuten verlängerte Version, in deren Schlussszene der von Romanautor Blatty bevorzugte Triumph des Guten über das Böse weit deutlicher zutage tritt als im offeneren Originalende.

Quellen/Literatur: Bouzereau, Laurent: Ultraviolent Movies. New York 2000; Keough, Peter (Hrsg.): Flesh and Blood. The National Society of Film Critics on Sex, Violence and Censorship. San Francisco 1995

F

Fanny Hill
→ Pornographie

faschistoide Ästhetik im Mainstream-Pop
→ Rammstein

Fellatio
Erotische Stimulierung des Penis mit dem Mund. Dieser Vorgang, der noch heute in zahlreichen Staaten insbesondere der südlichen USA verboten ist, wurde von dem frühchristlichen Theologen Tertullian (etwa 160-225) mit → Kannibalismus gleichgesetzt. Unter den Männern des alten Roms galt Fellatio, egal ob passiv oder aktiv genossen, als äußerste Selbstdemütigung (was nur noch durch Cunnilingus übertroffen wurde). Man findet jedoch entsprechende Ab- und Nachbildungen auf zahlreichen Kunstwerken des griechischen und indischen Altertums. Der bekannteste Erotikfilm zu diesem Thema dürfte »Deep Throat« sein, in dem Linda Lovelace eine Frau spielt, deren Klitoris sich in ihrem Hals befindet und die deshalb nur oral befriedigt werden kann. Viele sehen in diesem Werk insofern einen Meilenstein, als damit erstmals das Genre der → Pornographie ins Mainstream-Kino Einzug hielt (→ »Baise-moi«).

Literatur: Holden, Lynn: Encyclopedia of Taboos. Oxford 2000. Thody, Philip: Don't Do It. A Dictionary of the Forbidden. Palgrave Macmillan 1997. Vogel, Amos: Film als subversive Kunst. Kino wider die Tabus – von Eisenstein bis Kubrick. Reinbek 2000

Fernsehen
Einem Bonmot Roger Willemsens zufolge sind die letzten ungebro-

chenen Tabus im deutschen Fernsehen Schachtelsatz, Lyrik und Leninismus.

»Das Fest«

(Originaltitel: *Festen*) Dänischer Spielfilm, 1998, unter der Regie Thomas Vinterbergs. »Das Fest« war das erste Werk, das nach den von dänischen Filmemachern im »Dogma 95« zusammengestellten Regeln gedreht wurde. Diese fordern eine besondere Authentizität in der Filmgestaltung und bewerten eine glaubwürdige, weitgehend ungebrochen vermittelte Geschichte höherstehend als die gängigen Hollywood-Spektakel und postmodernen Verfremdungseffekte (→ »Idioten«). Vinterberg behandelt auf dieser Grundlage in »Das Fest« den Verfall einer/der Familie: Als sich zum sechzigsten Geburtstag des Patriarchen Helge (Henning Moritzen) die gesamte Verwandtschaft versammelt, beschuldigt ihn dessen ältester Sohn Christian (Ulrich Thomsen), er habe ihn und seine Zwillingsschwester sexuell missbraucht, woraufhin diese → Selbstmord begangen habe. Nach dem ersten Schock versucht die feiernde Gesellschaft, den Eklat rasch zu übergehen, was jedoch letztlich scheitert.

Ein ähnliches Motiv fand sich Jahre zuvor in Peter Milligans Comic-Reihe → »Shade, the Changing Man«.

»Fight Club«

Thriller, USA 1999, unter der Regie von David Fincher (»Se7en«) nach einem Drehbuch von Jim Uhls, basierend auf der gleichnamigen Romanvorlage von Chuck Palahniuk.

Ähnlich wie vergleichbare Bestseller und Kinoerfolge der Jahrtausendwende (→ »American Beauty«) thematisiert »Fight Club« das Dilemma, dass die klassische Männerrolle obsolet geworden ist, sich aber noch kein neues Rollenmodell für die männliche Hälfte der Bevölkerung gefunden hat. Dies wird hier exemplarisch an einem namenlosen Ich-Erzähler (Edward Norton) verdeutlicht, der trotz ordentlichem Job, gefülltem Konto und schmucker Wohnung in eine gewaltige Sinnkrise gerät, die ihn in kaum einer Nacht mehr Schlaf finden lässt. In einem ersten Versuch, sich von seiner inneren Qual zu befreien, schließt er sich Therapiegruppen todkranker Menschen an: Er sei zwar keineswegs dem Sterben nahe, aber wenn er sich so gebe, höre ihm wenigstens jemand zu. In diesen Gruppen macht er die Bekanntschaft der todessehnsüchtigen Marla (Helena Bonham Carter) sowie des Seifenherstellers Tyler Durden (Brad Pitt). Gemeinsam gründen die beiden Männer den Geheimbund »Fight Club«, in dem sie und andere Mitglieder jeden Abend brutale Faustkämpfe austragen, um durch dieses im Wortsinn gewaltige Erlebnis ihre ursprünglichen, archaischen Instinkte wiederzufinden und sich von den gesellschaftlichen Fesseln zu befreien. Die Zahl von diesem Konzept faszinierter Teilnehmer wächst, während sich aus dem »Fight Club« allmählich eine paramilitärische, faschistoide Organisation entwickelt, die immer mehr nicht nur die gesellschaftlichen Zwänge im Individuum, sondern viel eher die Gesellschaft selbst auf gewalttätige Weise erschüttern und umstürzen möchte. Finchers Film mündet schließlich in eine sehr überraschende Schlusspointe, die einen Großteil seiner Handlung relativiert.

Jürgen Müller bezeichnete »Fight Club« in seinem »Filme der 90er« als einen *»der abgründigsten Hollywoodfilme«* dieses Jahrzehnts, *»der dem Zuschauer (...) den Boden unter den Füßen wegzieht«*. Wie nicht anders zu erwarten, löste Finchers Film eine heftig geführte Debatte aus, die weniger auf dem Tabubruch der Darstellung von Gewalt an sich beruhte – da war man zum Ende der neunziger Jahre deutlich Härteres gewohnt – als darin, dass »Fight Club« Gewalttätigkeit mit stark verkürzten, trivialphilosophischen Anleihen etwa bei Friedrich Nietzsche als etwas Positives darstellte. Kritiker erhoben insofern den Vorwurf der Gewaltverherrlichung, gar faschistoider Tendenzen. Dem halten Verteidiger des Films entgegen, dieser (Kurz-)Schluss beruhe auf dem typischen Anfänger-Fehler, Erzähler und Autor eines Werkes als quasi identisch zu setzen. Das sei aber unangemessen: Während der namenlose Erzähler, der zugleich Hauptfigur ist, Gewalt als Lösung seiner Sinnkrise empfinde, zeige Regisseur Fincher diese Haltung in Wahrheit, um davor zu warnen. (Man vergleiche hier die Diskussion um den fast 30 Jahre älteren Film → »Wer Gewalt sät«.) Dies ist aber möglicherweise ebenfalls verkürzt gedacht. Der bekannteste und renommierteste US-Filmkritiker Roger Ebert etwa sieht in Finchers Film *»das am offensten und fröhlichsten faschistische Starkino«* seit Charles Bronsons Selbstjustiz-Streifen, *»eine Feier der Gewalt, in der sich die Helden selbst eine Lizenz zum Trinken, Rauchen, Vögeln und Einander-Zusammenschlagen ausstellen. (...) Es ist Macho-Porno – der Sexfilm, auf den sich Hollywood* *seit Jahren zubewegt und in dem Erotik zwischen den Geschlechtern durch komplett männliche Umkleideraum-Prügeleien ersetzt wird. (...) Auch wenn differenzierte Betrachter den Film als ein Argument gegen das in ihm gezeigte Verhalten rationalisieren können, schätze ich, dass die Masse der Zuschauer das Verhalten mögen werden, aber nicht das Argument. Ganz sicher kaufen sie Karten, weil sie dann Pitt und Norton aufeinander eindreschen sehen können; wesentlich mehr Menschen werden das Kino verlassen und dann in Kämpfe geraten, als dass sie es verlassen und dann über Tyler Durdens Moralphilosophie diskutieren. Die Bilder in Filmen wie diesem sprechen für sich selbst, und man braucht eine Menge an Erzähltext, um dagegen anzuargumentieren.«* Tatsächlich belegt eine große Zahl US-amerikanischer Websites zum »Fight Club«, dass Buch und Film dort inzwischen Kultstatus genießen.

Wieder andere Kritiker wenden ein, beide Herangehensweisen an den Film seien irreführend, da seine eigentliche Leistung darin bestehe, Gewalt gerade als nicht-faschistoid, sondern als in revolutionärem Sinne befreiend und damit nicht destruktiv, sondern konstruktiv zu zeichnen und damit doch noch ein neues Männerbild möglich zu machen. Hier spielt in der deutschen Debatte insbesondere Rüdiger Sünners Essay »Schwarze Sonne über Babel« (einsehbar unter http://www.ruedigersuenner.de/fightclub.html) eine herausragende Rolle. Dieses Essay stellt einen Diskussionsbeitrag zur »Ahlener Ideen- und Aktionsbörse gegen Rechts« dar und führt zu der (unter http://www.schuhfabrik-ahlen.de/projekt/grechts/schwarzesonne.htm weiter ausgeführten) Frage, inwieweit gerade die Tabuisierung sowohl von Gewalt als auch von faschistischer Symbolik einen Großteil ihrer faszinierenden Macht ausmache und ob eine Enttabuisierung folglich nicht auch diese Faszination überwinden könne. Hier wird auch ein Vergleich zwischen »Fight Club« und Leni Riefenstahls »Triumph des Willens« gezogen (→ Rammstein). In ihrer Analyse der Filmwirkung stimmen die Ahlener mit der Vorhersage Roger Eberts überein: *»Was den Film ›Fight Club‹ so wirkungsvoll zu machen scheint, ist seine Bildinszenierung der Gewalt. Er zeigt nicht primär das Verwerfliche von Gewalt, sondern das Faszinierende in Bildern unübersehbar homoerotischer Ausstrahlung. Die faszinierende Seite ist es, womit sich die Netzgemeinde des Films identifiziert: die Findung von so etwas wie individueller und kollektiver Identität durch* *körperliche Gewalt, eine Art Ich-Findung in ›Fight Clubs‹ von Männern. Wieso und warum diese Clubs plötzlich faschistoid aus dem Ruder laufen und sich in mordende SA-Horden verwandeln, ist vom Standpunkt unseres Arbeitskreises sicher ein zentrales Problem. Vom Standpunkt der jugendlichen Zuschauer scheint das überhaupt keines zu sein. Die Net Kids in den Fanclub-Sites nehmen diesen Qualitätssprung offenbar überhaupt nicht wahr, sondern preisen vielmehr gerade das Chaos der Gewalt in den höchsten Tönen.«*

Literatur: Schnelle, Frank (Hrsg.): David Fincher. Berlin 2002

Finkelstein, Norman

US-amerikanischer Politikwissenschaftler, zehn Jahre lang Professor an der Universität New York, erste Buchveröffentlichungen über den Konflikt zwischen Israel und den Palästinensern. Finkelstein entzieht sich den üblichen ideologischen Zuordnungen: Obwohl Sohn von Überlebenden des Holocausts ist er ein scharfer Kritiker der gängigen Reparationsforderungen; er ist → Jude, aber erklärter Anti-Zionist; er wird von rechtsradikalen Revisionisten wie David Irving als Kronzeuge angeführt, gehört aber selbst als Anhänger von Ralph Naders »Grüner Partei« in den USA zur politischen Linken. Ähnlich wie sein guter Freund Noam → Chomsky betrachtet Finkelstein die USA schon allein wegen ihrer ungeheuren Macht als den führenden Terrorstaat in der Gegenwart (»*the main terrorist state in the world today*«, vgl. → »Staatsterrorismus« der USA).

Am meisten internationales Aufsehen erregte Finkelstein durch seine umstrittene Studie »The Holocaust-Industry« (dt. »Die Holocaust-Industrie«), die allein in Deutschland wenige Wochen nach ihrer Erstveröffentlichung 130.000 Exemplare verkaufte (in den USA aber nicht einmal ein Zehntel davon erzielte). Dieser Darstellung nach benutzten einflussreiche jüdische Organisationen in den USA die Leiden der NS-Opfer, um daraus auf unlautere Weise Profit für sich selbst herauszuschlagen. So würden Entschädigungsgelder nicht an die Opfer weitergereicht, sondern für eigene Projekte wie Holocaust-Museen verwendet. Finkelstein erhebt zudem den Vorwurf, jüdische Eliten in den Vereinigten Staaten instrumentalisierten den Holocaust zur Stärkung des Staates Israel mit all seinen eklatanten Menschenrechtsverletzungen (→ »Staatsterrorismus« Israels). Ebenso widerspricht er der gängigen Behauptung, der Massenmord an den Juden sei ein historisch einzigartiges und unvergleichbares Ereignis. Finkelstein wendete sich auch gegen die Kollektivschuldthese Daniel Goldhagens, der zufolge alle Deutschen »*Hitlers willige Vollstrecker*« gewesen seien, weil dieser Ansatz den totalitären Charakter des NS-Regimes und seinen faschistischen Terror selbst gegen die eigene Bevölkerung zu stark übergehe. Er sehe eher die Gefahr, dass die Juden der Gegenwart ihrer kollektiven Verantwortung nicht nachkämen, den völkerrechtswidrigen Aggressionen Israels in den Arm zu fallen.

Die zentralen Thesen Finkelsteins und die recht aggressive Weise, in der er sie vorbringt, werden sehr gut in seinem Interview mit Don Appatu »How to Lose Friends and Alienate People« (»Wie man Freunde verliert und Leute befremdet«) deutlich, das im Internet unter www.counterpunch.org/finkelstein1.htm einsehbar ist. Finkelstein spricht dort von einem »*Erpresserunwesen*« der »*Holocaust-Räuber*«, die 95 Prozent der für die Opfer bestimmten Gelder »*stählen*« und sich so als eine Sorte »*Gauner*« zeigten, wie sie nicht einmal der antisemitische »Stürmer« hätte darstellen können. Dass das Simon-Wiesenthal-Zentrum ausgerechnet US-Präsident Reagan wegen seiner Unterstützung Israels als Beförderer der Menschenrechte rühme und dabei wohlweislich übergehe, dass er rechtsextreme Terrorgruppen in Mittelamerika politisch, finanziell und militärisch gefördert habe, sei typisch in seiner Unmoral und Geldgier. Nicht weniger anmaßend sei der ständige Verweis auf den Holocaust als singuläres Ereignis, wobei der Völkermord an den Indo-Chinesen, den amerikanischen Ureinwohnern oder der Versklavung der Schwarzen in den Hintergrund gedrängt werde: »*Nichts ist mit den Juden vergleichbar. Alles, was die Juden erdulden, alles, was die Juden erreichen, ist besonders, denn wir sind das Auserwählte Volk, also vergleicht uns nicht mit Abfall wie den tasmanischen Wilden (deren gesamte Bevölkerung von den britischen Kolonialherren ausgerottet wurde) oder den Zigeunern. Verhüte Gott, dass diese unzivilisierten Wilden mit uns verglichen werden! Sie müssen verstehen, dass die große Tragödie des Zweiten Weltkriegs nicht darin bestand, dass Juden an sich getötet wurden, sondern dass so ein kulturelles Volk getötet wurde – wen kümmert es, wenn unkulturelle Völker ermordet werden?*«

Finkelstein ist sich sicher, dass seine Thesen niemals veröffentlicht worden wären, wenn es sich bei ihm nicht selbst um den Sohn eines Holocaust-Überlebenden handeln würde: »*Ich wäre lebendig begra-*

ben worden.« Erst kürzlich habe ein Freund einen hohen Regierungsvertreter Deutschlands darauf angesprochen, ob dort bekannt sei, dass die Zahl der überlebenden Zwangsarbeiter deutlich zu hoch angesetzt worden sei, um entsprechend hohe Entschädigungen durchzusetzen. Er habe zur Antwort erhalten, dies sei in Regierungskreisen bekannt, aber man habe sich dieser *»Erpressung«* (Finkelsteins Wortverwendung) gebeugt, weil man Angst vor antisemitischen Reaktionen in der Bevölkerung habe und Deutschland reich genug sei, dieses *»Lösegeld«* (Finkelstein) zu zahlen. Finkelstein führt aus: *»Aber wenn man nach Deutschland geht und diese Dinge zur Sprache zu bringen versucht, wird die so genannte ›Linke‹ absolut hysterisch, da sie dieses gewaltige Interesse hat, professionelle Anti-Antisemiten und Philosemiten zu sein. Es ist diese enorme Identität, die sie sich selber geschnitzt haben. Wenn ich da hingehe und sage, natürlich sollt ihr gegen Nazis sein, aber vieles, was im Namen des Anti-Antisemitismus getan wurde, ist in Wahrheit eine grobe Geschichtsfälschung und wird dem jüdischen Volk sehr schaden, solange es nicht entlarvt wird, dann werden diese Leute zu Berserkern.«*

Bei der wahren Flut von Gegenangriffen, denen Finkelstein nach solchen Äußerungen ausgesetzt war, fällt in der Tat auf, wie wenig ihm seine Kritiker auf der Sachebene entgegenhalten und wie inflationär sie mit dem Totschlag-Argument des »Beifalls von der falschen Seite« umgehen, so als sei jedes Sachbuch schon dann inakzeptabel, wenn es von der politischen Rechten empfohlen würde. Elian Steinberg vom Jüdischen Weltkongress bekundete im US-Fernsehen, Finkelstein sei *»voller Scheiße«*, und der Herausgeber der pro-israelischen »New Republic« bezeichnete den Politikwissenschaftler als *»giftiges Etwas, das man unter einem Stein findet«*. Eine ernsthaftere Auseinandersetzung auf der Grundlage von Fakten und Zahlen bietet das von Rolf Surmann herausgegebene Buch »Das Finkelstein-Alibi. ›Holocaust-Industrie‹ und Tätergesellschaft«, dessen Autoren Finkelsteins Angaben über die Entschädigungszahlungen faktisch für unhaltbar erklären.

Verteidiger Finkelsteins führen an, er habe es als erster geschafft, ein Klima der Angst zu durchbrechen, in dem es niemand gewagt habe, das Thema Holocaust kontrovers zu diskutieren. Eine Ideologie wie »Politische Korrektheit« habe jedoch in einer Erkundung historischer Ereignisse nichts zu suchen. So wie die 68er-Generation mit ihren Tabubrüchen überhaupt erst eine Auseinandersetzung mit den deutschen Massenmorden ermöglichte, so helfe Finkelsteins Ansatz, sich den neu entstandenen Denk- und Sprechverboten bei diesem Thema zu entziehen.

Interessant für die Tabuforschung sind die Mechanismen, mit denen die Medien versuchen, einen anhaltenden Tabubruch in der Debatte zu verhindern. Hier zeichnet sich im Umgang mit Finkelstein eine ähnliche Strategie ab, wie sie beispielsweise auch Peter → Singer oder Vertreter der Männerbewegung erlebten: Während die Reaktionen auf die Erstveröffentlichungen solcher Texte und Gedanken noch außerordentlich heftig waren (Finkelstein zufolge besprach etwa die »New York Times« sein Buch noch feindseliger als Hitlers »Mein Kampf«) und dadurch die Debatte entgegen der Absicht der Kritiker erst richtig beförderten, wird in der zweiten Phase (etwa als Finkelsteins Buch Ende 2001 als Paperback herauskam und so auch für die breite Bevölkerung der USA zugänglich wurde) zu der Taktik des Totschweigens gewechselt: Die neuen Gedanken werden ins Nichts zurückgedrängt, indem man einfach nicht über sie berichtet.

Als Folge der Auseinandersetzungen um ihn verlor Finkelstein seinen Lehrauftrag an der New Yorker Universität und damit seine Haupteinkommensquelle.

Flanagan, Bob

US-amerikanischer Performance-Künstler und Autor mehrerer Sammlungen von Gedichten und Prosatexten (1954-1996). Auszüge seines letzten Werkes, dem »Book of Medicine«, erschienen in zahlreichen Journalen und renommierten Anthologien, darunter Scholder und Silverbergs »High Risk. An Anthology of Forbidden Writings« sowie Susie Brights »Best American Erotica 1993« (zwei sehr empfehlenswerte Buchreihen). Gemeinsam mit seiner Lebenspartnerin Sheree Rose organisierte Flanagan zahlreiche Life- und Video-Performances überall in den USA. Thema war dabei seine zugleich sehr persönliche und allgemein verbindliche Beschäftigung mit Sexualität, Krankheit und Sterblichkeit: Flanagan litt seit seiner Geburt an zystischer Fibrose, zu deren Symptomen starke Schmerzen und das Ansammeln von Schleim in der Lunge zählen – Schleim, der durch Schläge auf den Rücken gelöst werden musste. Möglicherweise war es Flanagans Vorgehen, seine chronischen Schmerzen mit sexualisiertem Schmerz zu bekämpfen, das es ihm überhaupt erlaubte, 43 Jahre alt zu werden: Die meisten Menschen, die an zystischer Fibrose erkranken, sterben als Kinder. Flanagan gelang es, sein Leiden in Kunst umzuwandeln, und er tat dies bei seinen Auftritten auf eine solch drastische Weise (zweimal nagelte er seinen Penis auf ein Brett), dass viele Zuschauer Schwierigkeiten hatten, damit zurechtzukommen – möglicherweise Symptom eines Zeitalters, in dem → Gewalt und Leid zwar medial ständig präsent sind, dabei aber vorwiegend als Inszenierung statt als Realität wahrgenommen werden. Flanagans authentisches Leiden war insofern geeignet, den Betrachter zu überfordern. Allerdings ironisierte er seinen Zustand auch selbst, indem er in die Rolle des »Supermasochisten« schlüpfte, wobei er als Bestandteile seines Kostüms ein Cape aus Krankenhauskleidung und sein Beatmungsgerät verwendete. Selbst seinen → Tod transformierte Flanagan in ein mediales Ereignis – in Kirby Dicks Dokumentation »SICK: The Life and Death of Bob Flanagan, Supermasochist«. Zur Zeit arbeitet Flanagans ehemalige Partnerin Sheree Rose an einer Anthologie seiner Texte, einem »Bob Flanagan Reader«.

Folkerts, Ulrike

Darstellerin der »Tatort«-Kommissarin Lena Odenthal und neben beispielsweise Bettina Böttinger oder Hella von Sinnen eine der öffentlich als lesbisch geouteten Prominenten des deutschen Fernsehens (→ Homosexualität). Gesteigerte öffentliche Aufmerksamkeit erregte Folkerts, als es ihr erstmals gelang, ihre sexuelle Vorliebe auch in ihre »Tatort«-Rolle einzubringen. War sie als Kommissarin Odenthal bisher ausschließlich in heterosexuellen Liebesszenen zu sehen, durfte sie in der vom SWR ausgestrahlten Folge »Fette Krieger« die (von Sandra Borgmann verkörperte) Freundin eines Mordopfers küssen: allerdings nicht aus eindeutig lesbischer Zuneigung, sondern lediglich, um einen Polizisten, der sie sonst bei einer illegalen Handlung entdeckt hätte, zum Wegschauen zu bewegen. Anlässlich dieser Entwicklung inszenierte Deutschlands größte Boulevardzeitung »Bild« eine Diskussion unter Prominenten. Während »Tagesschau«-Moderator Wilhelm Wieben und Komikerin Tanja Schumann einen Ausbau von Odenthals lesbischer Neigung in der Serie forderten und »Big-Brother«-Moderator Oliver Geißen nicht wusste, was es da überhaupt zu diskutieren gebe, äußerte sich der Schlagersänger »Gottlieb Wendehals« ablehnend: *»Ich finde es empörend und abstoßend, dass da eine Lesbe in der Öffentlichkeit ihren Sex auslebt. Ich gehe meiner Frau Susanne ja auch nicht auf der Bühne an die Wäsche, nur um zu zeigen, dass ich ein geiler Hengst bin.«*

Für die fragliche »Tatort«-Folge zeichnet der Regisseur Dominik Reding verantwortlich, der kurz zuvor mit seinem Bruder den bei der Kritik erfolgreichen Kinofilm »Oi! Warning« über das Skinhead-Milieu gedreht hatte. Dadurch war der »Tatort«-Produzent Ulrich Hermann auf ihn aufmerksam geworden, der sich in der Presse wie folgt zu der (leicht) umstrittenen Szene äußerte: *»Es gehört zur Philosophie des Odenthal-Tatortes, das Genre immer wieder aufzubrechen und selbstbewusst zu definieren. ›Tod im All‹ (1996), ›Der kalte Tod‹ (1998): Das sind Folgen, die in gewagten, spektakulären Milieus spielen und noch nach Jahren fest in der Erinnerung unserer Zuschauer verankert sind. Ich bin überzeugt, dass die Tatort-Fangemeinde ihren Ursprung in eher ungewöhnlichen, tabubrechenden Geschichten hat, von der ›Reifeprüfung‹ bis zum singenden Krug. Was gestern noch unerhört war, wird schon heute als selbstverständlich angenommen. (...) Redings Regie bewegt sich mutig an der Grenze des Genres, ohne sie allerdings zu verletzten. Sein Tatort bedeutet für mich einen Prestigeerfolg für die ganze Reihe, der sich, den Erkenntnissen der Medienforschung folgend, für die Zukunft auszahlen wird. Im Übrigen: Eine lesbische Kommissarin wird es nicht geben. Eine Frau, die eine andere Frau liebt ... warum nicht, wer weiß. Der Odenthal-Tatort und seine Hauptdarstellerin Ulrike Folkerts sind mir viel zu schade, um sie zu einem trockenen Stück Programm zu machen.«*

Folter in Deutschland

Bis zu Beginn des Jahres 2003 war nicht nur die Durchführung von Folter in Deutschland, sondern auch eine Debatte darüber ein Tabu. Eine Ausnahme stellten lediglich die Haftbedingungen der RAF-Terroristen dar, die Kritiker in den siebziger und achtziger Jahren als Isolationsfolter bezeichnet hatten. Auch die Menschenrechtsorganisation amnesty international hatte den Vorwurf der »weißen Folter« erhoben: Durch die systematische Abschottung von sämtlichen äußeren Sinnesreizen entstünden zwar keine körperlichen Schädigungen, die Betroffenen würden aber seelisch immer mehr gequält und zerrüttet. Diese Anschuldigung wurde indes gerichtlich nie bestätigt. Dass die Hafteinrichtungen für Asylbewerber am Frankfurter Flughafen im Jahr 2000 vom Europäischen Ausschuss gegen Folter kritisiert worden waren, blieb in den Medien weitgehend ohne Erwähnung (so wie überhaupt fragwürdige Zustände im Rahmen der Asylverfahren allein in Texten und Büchern der Pro-Asyl-Bewegung thematisiert werden, siehe hierzu → Kaya, Devrim). Erst als amnesty international in seinem Jahresbericht 2001 noch einmal auf diese Situation hinwies, brachte das wenigstens die Bundestagspartei PDS (→ PDS-SPD-Koalition) unter der Parole »Menschenrechte beginnen zu Hause!« noch einmal zur Sprache. Insbesondere die innenpolitische Sprecherin der Partei, Ulla Jelpke, sowie der menschenrechtspolitische Sprecher der PDS-Fraktion, Carsten Hübner, forderten die Bundesregierung auf, die Vorwürfe von amnesty international sowie Gremien des Europarates und der Vereinten Nationen endlich ernst zu nehmen und gegen die Verantwortlichen für solche Menschenrechtsverletzungen vorzugehen. Tatsächlich aber musste amnesty auch im Jahresbericht für 2002 wieder über Fälle von Misshandlungen von Flüchtlingen berichten; beispielsweise verlor demnach ein togolesischer Flüchtling sein Augenlicht und ein 19-jähriger Kameruner kam infolge des gewaltsamen Einflößens eines Brechmittels zu Tode. (Vgl. → Todesfälle unter Flüchtlingen nach Deutschland) Es ist aber strittig, ob sich hierbei überhaupt von »Folter« sprechen lässt, da dieser Begriff rechtlich speziell definiert ist (siehe unten).

Im Februar 2003 brandete die Diskussion um eine mögliche Rechtfertigung für Folter in Deutschland überraschend auf, nachdem der stellvertretende Frankfurter Polizeipräsident Wolfgang Daschner einem tatverdächtigen und geständigen Jurastudenten mit der Anwendung von Folter gedroht hatte, damit dieser den Ort verriet, wo ein entführter Bankierssohn gefangengehalten wurde. Später bekundete Daschner in einem Zeitungsinterview, er hätte diese Drohung nötigenfalls auch in die Tat umgesetzt, da das Verhör lange Zeit ergebnislos verlaufen sei und für den Jungen akute Lebensgefahr bestanden habe. Tatsächlich fanden die Polizisten schließlich nur noch die Leiche des Kindes vor. Daschner forderte eine gesetzliche Legitimierung der Folter und gab den unterschiedlichsten Presseorganen weitere Interviews, in denen er detailliert Techniken empfahl, um anderen Menschen große Schmerzen zuzufügen (Handgelenke überdehnen, Ohren drücken, Finger zurechtbiegen). Der Frankfurter Polizeipräsident Harald Weiss-Bollandt befand, sein Stellvertreter habe richtig und mutig gehandelt. Auch der Vorsitzende des Deutschen Richterbundes, Geert Mackenroth, erklärte in einer Stellungnahme, dass solche Gewaltanwendung in besonderen Extremfällen gerechtfertigt sein könnte.

Auf diese Auslassungen reagierten Menschenrechtsgruppen (amnesty international, Pro Asyl und das Forum Menschenrechte), die Gewerkschaft der Polizei, die Arbeitsgemeinschaft kritischer Polizisten, der deutsche Anwaltsverein und das Bundesjustizministerium mit Entsetzen und scharfer Kritik. Auch der Weiße Ring, eine Organisation für die Opfer von Verbrechen, lehnte Folter als staatliche Ermittlungsmethode generell ab. Ärzteverbände wie die Bundesärztekammer und der Marburger Bund zeigten sich empört über Daschners Aussage, er hätte bei seiner Gewaltanwendung einen Polizeiarzt hinzugezogen. So erklärte der stellvertretende Hauptgeschäftsführer der Bundesärztekammer, Otmar Kloiber, ein Arzt, der sich an einer Folter beteilige, nehme ein hohes Maß an Schuld auf sich. In vielen Staaten werde Folter erst durch die Anwesenheit von Ärzten ermöglicht, weil dadurch der Anschein erweckt werde, es ginge alles mit rechten Dingen zu. Frank Montgomery, der Vorsitzende des Marburger Bundes, sprach hier von einer *»Perversion des Denkens«*. Wer ernsthaft eine ärztliche Begleitung der Folter fordere, habe sich vom Grundsatz ihrer Unrechtmäßigkeit bereits entfernt und argumentiere auf dem Niveau des Mittelalters. Wenn ein Arzt zu entsprechenden Taten aufgefordert werde, müsse er sich dem verweigern und den Verantwortlichen anzeigen.

Die gesellschaftliche Diskussion bewegte sich mittlerweile zwischen den Polen der utilitaristischen und der deontischen Ethik: Die eine Seite führte an, es könne eine Art moralischer Güterabwägung geben, bei der das Retten von Menschenleben den Vorrang vor der körperlichen und seelischen Unverletzlichkeit von Verbrechern und Tatverdächtigen habe. In Daschners Fall habe insofern ein rechtfertigender oder zumindest entschuldigender Notfall vorgelegen. Die andere Seite betrachtete das Verbot der Folter als unverrückbare Grenze und sagte voraus, dass mit ihrem Fall der Verlust weiterer Menschenrechte folgen würde. So warnte etwa der emeritierte Frankfurter Strafrechtsprofessor Klaus Lüderssen vor einem Dammbruch:

»Das Spektrum der Anwendungsfälle, in denen Verhörpersonal das Foltern für nützlich halten könnte, ist so breit, dass nur die absolute Notstandsfestigkeit des Verbots eine wirksame Vorkehrung gegen die zahllosen Fälle möglichen Missbrauchs bietet.« Das Folterverbot folge demnach aus dem Schutz der Menschenwürde, die in der westlichen Welt als höchstes Rechtsgut gelte und daher nicht gegen andere Grundsätze abgewogen werden könne. Hier verlaufe eine klare Grenzlinie zu totalitären Diktaturen: In einem Rechtsstaat dürfe der Zweck niemals die Mittel heiligen.

In diesem Sinne führte etwa Christian Rath in der Berliner »tageszeitung« vom 22. Februar aus: *»Rechtsstaatliche Folter – das ist und bleibt ein Paradoxon. Was hätten die Polizisten denn getan, wenn der Erpresser nicht auf ihre Drohungen reagiert hätte? Schläge ins Gesicht oder in den Magen? Und wenn auch das nichts geholfen hätte: Elektroschocks? Wenn die Rettung eines Menschenlebens Folter rechtfertigt, warum dann nicht auch brutale Folter? Oder die Folter der Mutter des Erpressers? Muss man nicht alles versuchen, um den Mann zum Sprechen zu bringen, wenn es darum geht, ein Menschenleben zu retten? Nein. Eine zivilisierte Gesellschaft muss es hinnehmen, dass Probleme, die nur mit Hilfe von Folter zu lösen wären, eben nicht lösbar sind, so tragisch das im Einzelfall auch ist. Genau diesen Hinweis hätte man von Geert Mackenroth erwartet. Das Folterverbot ist eben keine bürokratische Ordnungsvorschrift, die man im Extremfall schon mal beiseite lassen kann. Es ist im Gegenteil eine unverrückbare Grundnorm – und zwar nicht nur in Deutschland mit seiner besonderen Geschichte, sondern weltweit. ›Außergewöhnliche Umstände gleich welcher Art, sei es Krieg oder Kriegsgefahr, innenpolitische Instabilität oder ein sonstiger öffentlicher Notstand dürfen nicht als Rechtfertigung für Folter geltend gemacht werden.‹ So sagt es das Anti-Folter-Übereinkommen der Vereinten Nationen. Wenn also nicht einmal ein Krieg die Folter rechtfertigen kann, dann sollte es ein tragischer Entführungsfall erst recht nicht können.«*

Mackenroth bedauerte seine Äußerungen nach wenigen Tagen in einem Schreiben an die Mitglieder des Richterbundes. Er habe das Folterverbot *»selbstverständlich«* nicht zur Disposition stellen wollen. Inzwischen war gegen ihn Dienstaufsichtsbeschwerde erhoben worden. Auch hatte sich bereits der Sprecher des Europarates des Falles angenommen und erklärt, er wolle ihn an das Anti-Folter-Komitee überweisen. Die Londoner Zentrale von amnesty international forderte in Schreiben an die Frankfurter Staatsanwaltschaft und das hessische Innenministerium eine *»sofortige unabhängige Untersuchung«* der Vorwürfe. Während manche Menschen aufgrund ihres Entsetzens über die Verhörmethoden der Frankfurter Polizei amnesty international spontan beitraten, zeigten sich andere Unterstützer dieser Organisation empört über ihre Kritik an den Verhörmethoden, da sie damit eher Täter als Opfer schütze. Als das Meinungsforschungsinstitut Forsa im Auftrag der Zeitschrift »Stern« 1003 Menschen zu diesem Thema befragte, befanden 63 Prozent von ihnen, Daschner solle für seine Androhungen von Gewalt nicht bestraft werden. Einer Umfrage des Polis-Institutes zufolge halten 43 Prozent aller Deutschen Folter zur Aufklärung schwerer Straftaten für gerechtfertigt, insbesondere wenn dadurch das Leben eines Opfers gerettet werden könne. *»Der Firnis der Zivilisation ist brüchig«*, kommentierte dies der Leipziger Medizin-Psychologe Elmar Brähler.

Auch unter Politikern verschärfte sich die kontroverse Debatte: Bundestagsabgeordnete wie Volker Beck (Grüne) und Dieter Wiefelspütz (SPD) bekundeten, selbst bei Gewissenskonflikten von Polizeibeamten könne man bestenfalls von einer gemilderten oder fehlenden Schuld ausgehen. Sie forderten den Rücktritt Mackenroths. *»Es gibt keine rechtmäßige Folter in Deutschland«*, stellte Wiefelspütz klar. *»Wer so etwas auch nur in Erwägung zieht, begeht einen ungeheuren Tabubruch.«* Der hessische Ministerpräsident Roland Koch (CDU) bekundete hingegen Verständnis für Daschner. Brandenburgs Innenminister Jörg Schönbohm (CDU) befand in der »Phoenix«-Sendung »Unter den Linden«, man müsse über die Anwendung von Folter nachdenken, wenn durch Terroristen eine Gefahr für eine große Zahl von Menschen drohe. In ähnlicher Weise hatte 1976 bereits der niedersächsische Ministerpräsident Ernst Albrecht (CDU) angesichts des RAF-Terrorismus argumentiert. Nach Schönbohms Vorstoß regte auch der brandenburgische CDU-Landesvize Sven Petke an, der Polizei in Ausnahmefällen wie etwa Geiselnahmen eine *»härtere Gangart«* zu erlauben. Ähnliche Forderungen erhob der CSU-Rechtsexperte Norbert Geis. Auch Andreas Schmidt (CDU), Vorsitzender des Rechtsausschusses im Bundestag, sowie Christoph Böhr, Vorsitzender der CDU-Wertekommission, argumentierten, es könne eine Ausnahmesituation geben, *»in der im Rahmen des übergesetzlichen*

Notstandes auch eine nicht zugelassene Methode legitim« sei. Ernst Benda, der frühere Präsident des Verfassungsgerichts, stellte hingegen klar, dass Polizisten auch zum Schutz eines Lebens keine Gewalt anwenden dürften: »*Auf den so genannten rechtfertigenden Notstand kann sich der Bürger berufen, nicht aber der Staat.*« Als bedenklich empfand es das Behandlungszentrum für Folteropfer Berlin, dass »*sich die Befürworter der gleichen Argumente bedienen wie ein großer Teil der Länder, in denen systematisch gefoltert wird*«. Der ehemalige Bundesinnenminister Gerhart Baum (FDP) forderte schließlich, dass der Internationale Ausschuss zur Überwachung der Uno-Folterkonvention die Situation in Deutschland untersuchen solle. Äußerungen einiger deutscher Politiker ließen den Schluss zu, dass sie nicht uneingeschränkt zu den Prinzipien der Uno-Konvention stünden.

Tatsächlich ist Folter durch eine Reihe von internationalen Verträgen ohne jede Einschränkung untersagt: so etwa durch den Internationalen Pakt über bürgerliche und politische Rechte (1966), das Übereinkommen der Vereinten Nationen gegen Folter und andere grausame unmenschliche oder erniedrigende Behandlung oder Strafe (1984) sowie das Europäische Übereinkommen zur Verhütung der Folter und unmenschlicher und erniedrigender Behandlung oder Strafe (1987). Diesen Statuten zufolge darf ein Angehöriger des öffentlichen Dienstes weder durch eigenes Handeln, noch durch stillschweigendes Einverständnis zulassen, dass »*einer Person vorsätzlich große körperliche oder seelische Leiden zugefügt werden, zum Beispiel um (...) eine Aussage oder ein Geständnis zu erlangen (...) oder um sie oder einen Dritten einzuschüchtern oder zu nötigen*«. Alle diese Abkommen wurden von der Bundesrepublik ratifiziert, wobei die einzelnen Gesetze des Bundes und der Länder diesen Normen nachgeordnet sind und mit ihnen völlig konform gehen. So heißt es etwa in Artikel 104 des deutschen Grundgesetzes: »*Festgenommene Personen dürfen weder seelisch noch körperlich misshandelt werden.*« Auch die Strafprozessordnung verbietet »*Misshandlung, Ermüdung, körperlichen Eingriff, Quälerei oder Täuschung als verbotene Vernehmungsmethoden*«. Diese Vorschriften gingen in die Polizeigesetze der Länder ein. In der aktuellen Diskussion erklärte die Bundesjustizministerin Brigitte Zypries (SPD), an eine Aufweichung des Folterverbotes keinen Gedanken zu verschwenden.

Dass gerade Anfang 2003 eine solche Grenzverschiebung in Deutschland überhaupt diskutiert werden konnte, führten verschiedene Kommentatoren auf die aktuelle Angst vor dem Terrorismus zurück. Auch Ulla Jelpke stellte in einem Beitrag für die »junge welt« die Debatte in einen größeren Zusammenhang: »*Folter ist in der Bundesrepublik nichts Neues. Um was handelte es sich, als man z.B. die RAF-Gefangenen in Isolationshaft brachte? Wie nennt man es, wenn in deutschen Polizeistuben mal wieder die Fäuste fliegen – vorzugsweise gegen festgesetzte Linke oder Migranten? Die Folterdebatte verwundert keinen, der die Diskussion in den USA nach dem 11. September verfolgt hat. Dort erörtern die Medien ungeniert, dass Folter zur Verteidigung und Sicherheit des Landes wieder eingeführt werden muss. Das Gefangenenlager in Guantanamo Bay wird inzwischen in aller Welt hingenommen. Umstritten ist derweil in den USA z. B. noch, ob das FBI selbst Fingernägel ausreißen darf oder Spezialisten dafür eingesetzt werden sollen.*« Auch verschiedene andere Beobachter hatten den USA vorgeworfen, in ihrem Kampf gegen den Terror rechtsstaatliche Prinzipien aufzuweichen und so beispielsweise mutmaßliche Attentäter in Ländern zu verhören, die kein Folterverbot kennen.

Der Kriminologe Helmut Kury vom Freiburger Max-Planck-Institut für ausländisches und internationales Strafrecht sah die Folter-Debatte indes durch einen immer stärkeren Ruf nach einer härteren Linie im Strafrecht begünstigt. Noch wenige Jahrzehnten zuvor hätte ein öffentliches Nachdenken über erlaubte Folter vermutlich einen Aufschrei ausgelöst. Offenbar trügen heute aber steigende Arbeitslosigkeit und wirtschaftliche Unsicherheiten zu einem allgemeinen Bedrohungsgefühl bei, das durch die spektakuläre Berichterstattung über Sexualstraftaten noch verstärkt werde. Tatsächlich aber sei gerade die Zahl der Sexualmorde an Kindern in den letzten 30 Jahren gesunken, auch wenn die öffentliche Wahrnehmung dieser Taten anders sei. Kury warnte ebenfalls vor einer Lockerung des Folterverbots: »*Wenn man da die Tür aufmacht, kriegt man sie nicht mehr zu.*«

Dass Daschners offenherzige Darstellungen möglicherweise nur Vorgehensweisen der Polizei ans Tageslicht brachten, die längst gang und gäbe waren, enthüllte eine Woche später das Magazin »Stern«. So habe ein für diese Zeitschrift interviewter Polizist berichtet: »*In kritischen Fällen haben wir mit dem Beschuldigten schon mal e Ausfahrt gemacht, ›Ortsbesichtigung‹ nennen wir das. Draußen ben wir die Pistole so entsichert, dass er es genau mitgekriegt hat.«* Ein anderer Beamter habe bekundet, er wäre an Daschners Stelle mit dem Tatverdächtigen in den dritten Stock gegangen und hätte gedroht: *»Ich schmeiße dich jetzt hier raus, und hinterher sage ich, der ist gesprungen.«* Auch der Verteidiger des von Daschner mit der Folter bedrohten Jurastudenten glaubt nicht an einen Einzelfall: *»Wir hören doch tagtäglich von Mandanten, dass Polizeibeamte ihnen bei der Vernehmung die Pistole an den Kopf gehalten haben«* – etwa wenn es um die Preisgabe von Drogenverstecken gehe. Was den Fall Daschner so außergewöhnlich mache, sei, dass erstmals ein Beamter vom Rang eines Polizeivizepräsidenten eine Gewaltandrohung durch seine Unterschrift nachweisbar mache. *»Das hat ja auch eine politische Dimension allerersten Ranges.«*

Nachdem die Folterdebatte eine Woche lang kontrovers geführt worden war, forderten katholische Ethiker mit Nachdruck deren Ende. Der Tübinger Moraltheologe Dietmat Mieth bezeichnete ihre Dauer und Heftigkeit als skandalös. Ein extremer Einzelfall könne keine Richtlinie für die Gesetzgebung sein, sondern führe bei den davon Betroffenen vielmehr zu einer Spannung zwischen Gesetz und Gewissen. In einem solchen Fall müsse der Mensch die Entscheidung vor seinem Gewissen treffen und selbst die Verantwortung für diese Handlung mitsamt ihren Konsequenzen tragen.

Die deutsche Sektion von amnesty international begann anlässlich der Folterdebatte mit der Beratung eines nationalen Strategieplans zur besseren Ausbildung der verantwortlichen Stellen, was Menschenrechte im Inneren angehe. Studien zufolge lägen hier bei bis zu 80 Prozent der praktizierenden Juristen eklatante Wissenslücken vor. Zielgruppe der Informationskampagne seien Anwaltsvereine, Hochschulen, Polizeiakademien und die Sicherheitsdienste.

Website mit Originaltexten der internationalen Menschenrechtsabkommen und -erklärungen: www.unhchr.ch/html/intlinst.htm

Fort, Charles Hoy

US-amerikanischer Publizist (1874-1932), der sich in seinen Texten insbesondere dem Thema widmete, wie die Vertreter der Wissenschaft jene Fakten ausklammern, wenn nicht gar mit einem Tabu belegen, die sich nicht in ihr theoretisches Gebäude eingliedern lassen. Dem als »wissenschaftlich« etablierten Weltbild zuwiderlaufende Informationen und Belege würden so ignoriert, unterdrückt oder diskreditiert, die Beschäftigung damit als »pseudo-wissenschaftlich« diffamiert und den »Grenzwissenschaften« überlassen, die wiederum angefeindet und ins Lächerliche gezogen werden. Fort sammelte in jahrelanger Recherche entsprechende Artikel aus Forschungsjournalen in der New Yorker sowie der Britischen Bibliothek und präsentierte sie seiner Leserschaft in den Büchern »The Book of the Damned« (dt. »Das Buch der Verdammten«), »New Lands« (dt. »Neuland«), »Lo!« (dt. »Da!«) und »Wild Talents« (»dt. »Wilde Talente«). Fort deutete zwar hier und da eigene Erklärungstheorien an und war beispielsweise auch der Erfinder des Ausdrucks »Teleportation«. Seine zentrale und immer wieder deutlich gemachte Einstellung bestand indes darin, dass er jegliches wissenschaftliche Theoriegebäude für nur zeitweilig gültig, mindestens in Teilen fragwürdig und so insgesamt unvollkommen erachtete.

Forts Auffassung von Unvoreingenommenheit und Skepsis zugleich führte auch und insbesondere nach seinem Tode zu einer wachsenden Zahl von Anhängern, den so genannten Forteanern. Deren Ziel ist eine kritische Auseinandersetzung mit von der Mainstream-Wissenschaft als unwürdig abgewehrten Themenfeldern, die von Homöopathie über Kryptozoologie und Parapsychologie bis zu Ufos reichen (→ Paranormales). Wichtig ist den Forteanern hierbei, weder intelligente Erklärungsansätze nur deshalb zurückzuweisen, weil sie weit hergeholt erscheinen und dem herrschenden Weltbild widersprechen, noch aber jegliche esoterische Behauptung ohne fundierte Belege für bare Münze zu nehmen. Das internationale Zentralmagazin dieser Bewegung ist die monatlich erscheinende »Fortean Times«, die sich seit 1973 mit der Erforschung ungewöhnlicher Erfahrungen und Phänomene beschäftigt.

Foucault, Michel

Bedeutender Philosoph der Postmoderne (1926-1984). Zentrales Thema seiner Schriften ist, wie Macht durch Diskurse erzeugt wird, indem die Mächtigen ihre Definition von »richtig« bzw. »normal« durchsetzen, jene ausgrenzen, die sich dieser Definition nicht unterwerfen, und dadurch weiter an Macht gewinnen. Foucault wies die

Behauptung zurück, Sexualität sei von Institutionen wie der Kirche *unterdrückt* worden – stattdessen wurde sie *codifiziert*, also eingeteilt in richtig/statthaft/moralisch und falsch/verboten/unmoralisch. Was heute mit dem Etikett »krankhaft« versehen werde, habe in früheren Zeiten das Etikett »Sünde« getragen. Foucaults 1961 veröffentlichtem Essay »Folie et Déraison« zufolge hat die moderne Psychiatrie die Aufgabe, diejenigen Menschen aus der Gesellschaft zu entfernen, die sich ihren Normen widersetzen. Tatsächlich seien aber Definitionen von »abweichendem Verhalten« kulturell konstruiert. Die These von der willkürlich vorgenommenen Konstruktion sogenannter sexueller Normabweichungen wollte Foucault in einem Band namens »Einpflanzung der Perversion« weiter entwickeln, der aber aufgrund Foucaults Erkrankung an Aids und seinem frühen Tod ungeschrieben blieb. Lediglich in einem Kapitel gleichen Titels in seiner ebenfalls unvollendeten Reihe »Sexualität und Wahrheit« konnte diese Thematik angerissen werden. Foucault erhob starke Einwände gegen die Diffamierung bestimmter Verhaltensweisen als »pervers« und betonte in seinem Interview mit Sylvère Lotringer, »Sexual Choces, Sexual Acts«, explizit das subversive Potential des Masochismus.

Frankenstein

→ Transhumanismus

»Freeway«

Kriminaldrama von Matthew Bright (Buch und Regie), USA 1996, produziert von Oliver Stone und mit Brooke Shields in einer Nebenrolle. Im Mittelpunkt dieses Rotkäppchen-Remakes steht die 16-jährige Vanessa Lutz (Reese Witherspoon), die aus einer dysfunktionalen Familie stammt: Ihre Mutter arbeitet als Prostituierte, und der auf Bewährung aus dem Gefängnis entlassene, drogensüchtige Stiefvater versucht mehrfach, sich an dem Mädchen zu vergreifen. Als ihre Eltern von der Drogenpolizei verhaftet werden und man Vanessa in eine Pflegefamilie stecken will, macht sie sich auf zu ihrer Großmutter und trifft unterwegs auf den Kinderpsychologen Bob Wolverton (Kiefer Sutherland). Während der zunächst den Eindruck macht, sich als Erster ernsthaft mit Vanessas Sorgen zu beschäftigen, entpuppt er sich bald als psychopathischer → Serienmörder. Als er über

Vanessa herfällt, schießt sie ihn in Notwehr zum Krüppel. Leider nehmen ihr die Polizisten nicht ab, wie sich die Dinge ereignet haben, und verhaften sie, während Bob gleichzeitig seine Rache plant. Der umstrittene Genre-Mix in der Tradition von Filmen wie »Kalifornia« und »Natural Born Killers« wird von Kritikern entweder als Exploitation-Movie abgelehnt oder als Mediensatire unter anderem auf das so genannte Reality-TV anerkannt. Einigkeit besteht indes über die schauspielerische Leistung der Hauptdarsteller.

Friday, Nancy

Herausgeberin unter anderem von »Die sexuellen Phantasien der Frauen« sowie »Die sexuellen Phantasien der Männer«. Der erste dieser beiden Bände enthält zahlreiche Schilderungen im Zusammenhang mit zum Teil noch heute tabuisierter Sexualität, so etwa → Sadomasochismus oder → Zoophilie. Beide Bände wurden 1985 von der → Bundesstelle für jugendgefährdende Schriften indiziert (→ Zensur). Ein weiterer interessanter Band Nancy Fridays, das 1991 veröffentlichte »Women on Top«, erschien nicht auf Deutsch. Darin beschreibt Friday das Ergebnis ihrer aktuellen Befragungen, denen zufolge die von der Frauenbewegung geprägten Frauen im Vergleich zu ihren Müttern *»wie eine neue Rasse«* seien. Etliche Frauen zwischen 20 und 30 schildern auf diesen Seiten ihre Phantasien, sich Männer einfach zu nehmen, sie zu kontrollieren, zu fesseln, zu vergewaltigen, zu quälen, sie verhungern zu lassen, in Gruppen zu mißbrauchen und als Sexobjekte zu behandeln. Friday betont, dass die Vorstellung von der Frau als Vergewaltigerin Anfang der neunziger Jahre zum ersten Mal in ihren Forschungen aufgetaucht sei.

»Fried Green Tomatos«

→ »Grüne Tomaten«

Friedman, Michel

→ Hitler, Adolf, → »Staatsterrorismus« Israels, → Schmidt, Harald

»Friends«

US-Sitcom ab 1994, in deren Mittelpunkt sechs New Yorker Singles mit ihren alltäglichen Problemen stehen. Ausgangspunkt sämtlicher Verwicklungen ist der Prähistoriker Ross, der sich eine neue Wohnung einrichten muss, nachdem seine Frau Carol (Jane Sibbett) ihre lesbischen Neigungen erkannte, sich in ihre beste Freundin Susan (Jessica Hecht) verliebte und von ihm trennte (→ Homosexualität). Die Rivalität zwischen Ross und Susan wird verschärft durch Carols Schwangerschaft von Ross und den Plan der beiden Frauen, das Kind gemeinsam aufzuziehen, woraufhin sich vom ausgewählten Namen über die Erziehungsmethoden bis zum Spielzeug alle möglichen Anlässe für Konflikte ergeben. Positiv zu bewerten ist aus Sicht der Homosexuellen-Bewegung, dass Susan und Carol bereits 1994 einander heiraten durften. (Lea DeLaria, eine offen lesbische Bühnenkomikerin, die bei der Hochzeit einen Gastauftritt hatte, beschrieb die Veranstaltung eher kritisch: *»Sie hätten mindestens 30 oder 40 mehr fette Lesben in Smokings nötig gehabt. All diese dürren, perfekt frisierten Mädchen in Laura-Ashley-Klamotten – was für eine Lesbenhochzeit soll das sein? Und keiner hat hinterher Softball gespielt?«*) Selbst nach der Hochzeit unterlag jedoch jegliche Darstellung von Zärtlichkeiten, die über eine simple Umarmung hinausgingen, weiterhin einem Tabu.

»fuck«

→ »Lady Chatterley's Lover«, → »Tabuwörter«

fumetti neri

(*ital.* für »schwarze Rauchwölkchen«) 1962 von den Mailänder Schwestern Guissani aus der Taufe gehobene italienische Comics für Erwachsene, die im scharfen Kontrast zur strikten katholischen Sexualmoral dieses Landes vor allem Sexualität in Verbindung mit → Gewalt und den unterschiedlichsten → Paraphilien zum Thema haben. Vor allem in den Heften ab 1965 tritt die eigentliche Handlung in den Hintergrund und ist nur noch willkürliche Umrahmung für eine Abfolge primitiver Szenen bis hin zu herumfliegenden Gliedmaßen, herausgerissenen Augen und Zungen, Enthauptungen, Vergewaltigungen (auch solche, die durch Angehörige anderer Ethnien geschehen oder von dem Opfer schließlich als lustvoll empfunden werden), sexuellem Verkehr sowohl mit Leichen als auch mit der gesamten Fauna von Wölfen bis zu Gürteltieren, Folterarien bis hin zum Mord und ähnlichen Einfällen (→ Nekrophilie, → Zoophilie). Wie so oft führt hier gerade die offizielle Sexualfeindlichkeit (erst recht,

was »abseitige« Sexualität angeht) zu einem sehr heftig hervorbrechenden sexuellen Unterbewussten mit all seinen aggressiven Elementen. Insgesamt kann man zumindest bei den drastischsten dieser Comics (bei aller interpretatorischen Subjektivität) tatsächlich von einer Frauenfeindlichkeit sprechen, die Teile der Frauenbewegung der → Pornographie generell unterstellen. In der Bundesrepublik versuchte Anfang der siebziger Jahre der Freibeuter Verlag diese Comics herauszubringen, hatte aber natürlich gegen die → Bundesprüfstelle für jugendgefährdende Schriften keine Chance.
Quelle/Literatur: Knigge, Andreas: Sex im Comic. München 1985

»Futurama«
→ »Die Simpsons«

G

Galilei, Galileo
→ Index Librorum Prohibitorum

»Gefangen in der Traumfabrik«
(Originaltitel: *Celluloid Closet*) Französisch-deutsch-britisch-US-amerikanischer Dokumentarfilm, 1995, unter der Regie von Robert Epstein und Jeffrey Friedman. Beruhend auf dem Buch »The Celluloid Closet« des Filmhistorikers Vito Russo, collagiert dieses Werk mit Interviews und Filmausschnitten, wie das Hollywood-Kino mit → Homosexualität umgeht. Während der Medienbereich einerseits für homosexuelle Menschen sehr attraktiv zu sein scheint, wurden und werden sie andererseits auch dort mit ihrer sexuellen Ausrichtung an den Rand gedrängt oder höchstens als Klischee dargestellt. Diese Dokumentation belegt, in welchen narrativen Strukturen frühere Behandlungen des Themas gefangen waren, welche homoerotische Subtexte in Filmklassikern wie »Ben Hur« zu finden sind, was sich inzwischen verändert hat und was gleich geblieben ist.

Geißler, Sina-Aline
Deutsche Journalistin und Autorin, die sich in ihrem 1990 erschienenen Buch »Lust an der Unterwerfung« als Masochistin outete und ihre Lebensgeschichte offenlegte. Geißler wurde daraufhin von mehreren Illustrierten und deutschen Privatsendern interviewt und gewann so einen hohen Grad an Prominenz. Während viele Masochistinnen sich durch Geißlers Botschaft getröstet oder darin bestätigt fühlten, mit ihrer Neigung nicht allein zu sein, reagierte die deutsche Frauenbewegung wie zu erwarten scharf. Insbesondere nachdem Geißler mit ihrem offensiven Outing eine Titelstory der Zeitschrift

»Stern« erhielt, hagelte es Proteste. Feministinnen besetzten die Redaktion des »Stern«, und eine Gruppe namens »Die Klapperschlangen« erstattete Strafanzeige auf der Grundlage von: Verherrlichung von Gewalt gegen Frauen und Mädchen, Aufforderung zu Gewalt- und Willkürmaßnahmen gegen Frauen und Mädchen, öffentliche Aufforderung zum sexuellen Missbrauch und zur Vergewaltigung von Frauen und Mädchen, Aufforderung zur Misshandlung von Kindern, Beleidigung, Herabwürdigung von Frauen und Mädchen zu Sexualobjekten. 1990 veröffentlichte Geißler in dem Nachfolgeband »Mut zur Demut« erotische Phantasien von Sadomasochistinnen.

Geiseldrama auf Jolo
→ Medienbilder

Geiselgangster von Gladbeck
→ Medienbilder

»Geliebtes Tier. Geschichte einer innigen Beziehung«
1994 im Münchener Carl Hanser Verlag erschienenes und 1996 von Rowohlt in Lizenz genommenes populäres Sachbuch zur → Zoophilie. Inzwischen sind beide Ausgaben nicht mehr im Handel. Ihr Autor, Midas Dekker, gilt als »Grzimek der Niederlande«, nachdem er seit mittlerweile über zwei Jahrzehnten in Fernsehsendungen und Büchern über das Leben der Tiere berichtete. In diesem Werk erläutert er in sachlichem, bisweilen etwas ironischem Stil, inwiefern in der gesamten Kulturgeschichte der Kontakt zwischen Mensch und Tier immer auch erotisch besetzt war und dass die Grenzen zwischen »unschuldigen« und sexuellen Zärtlichkeiten sehr häufig fließend sind. Zoophile selbst beanstandeten jedoch, dass Dekkers als Beobachter von außen das nötige Einfühlungsvermögen in diese sexuelle Neigung fehle, dass er Männer auf die aktive Rolle in der sexuellen Begegnung festlege und dass er sich zu ablehnend gegenüber Tierrechten äußere. Nichtsdestoweniger wählten niederländische Kritiker »Geliebtes Tier« zum Sachbuch des Jahres.

Gendercide
Die Menschenrechtsorganisation Gendercide Watch berichtet unter www.gendercide.org ideologiefrei über internationale Vorfälle von

Gendercide. Dieser Begriff bezeichnet Massentötungen, die auf das Geschlecht der Opfer ausgerichtet sind. Ursprünglich wurde der Ausdruck Gendercide bezeichnenderweise nur für die Massentötungen von Frauen verwendet, und nur solche Fälle wurden untersucht und angeprangert. Oft sei es Gendercide Watch zufolge sogar so, dass schon schlechte Lebensbedingungen von Frauen für größeres internationales Aufsehen sorgen als tausende von umgebrachten Männern. So ignorierten die Medien beispielsweise Massenmorde an Männern im Sudan, die dazu geführt haben, dass der Frauenanteil der Bevölkerung dort mittlerweile 70 Prozent beträgt, widmeten sich aber sehr ausführlich der Frauenunterdrückung in Afghanistan – ohne darauf einzugehen, dass auch in diesem Land Männer sechsmal häufiger Opfer von Landminen oder Übergriffen der Taliban-Miliz wurden. Heute geht Gendercide Watch davon aus, dass staatlich angeordnete geschlechtsbezogene Massentötungen in der gesamten Menschheitsgeschichte wie in der Gegenwart weit überwiegend Männer zum Opfer hatten und haben. Dieser Punkt werde aber weder von der Politik, noch von anderen Menschenrechtlern, noch von der wissenschaftlichen Forschung zur Kenntnis genommen. Gendercide Watch bezeichnet dies als eines der größten Tabus unseres Zeitalters.

Genet, Jean

Französischer Dramatiker und Romancier, 1910-1986. Wurde aus einem Waisenhaus heraus von einer Künstlerfamilie adoptiert, bevor er schon als Chorknabe seinen ersten Diebstahl beging, Reißaus nahm, für zweieinhalb Jahre in einem »Kindergefängnis« landete, sich diesem entzog, indem er sich bei der Armee verdingte, dort aber bald desertierte und eine sexuell-kriminelle Odyssee quer durch Europa unternahm. Wegen verschiedener weiterer Diebstähle wurde Genet immer wieder in Haft genommen, bis er 1942 im Gefängnis zu schreiben begann. Verschiedene seiner Werke wurden ohne Namensnennung des Verlegers herausgegeben, da Genet darin sowohl → Homosexualität unumwunden darstellte (in »Querelle de Brest«, dt. »Querelle«) wie auch sadomasochistisch angehauchte Erotik (in »Les Bonnes«, dt. »Die Zofen«, sowie seinem 1957 in London uraufgeführten Stück »Le balcon«, dt.: »Der Balkon«). Obwohl sich so namhafte Autoren wie Albert Camus und Jean Cocteau sehr für

Genet einsetzten (letzerer bezeichnete ihn als *»den größten Schriftsteller des modernen Zeitalters«*), wurden seine Werke in Frankreich lange Zeit als pornographisch verboten. Dasselbe galt für die USA, die ihm wegen »sexueller Abweichung« sogar die Einreise verboten. Er ließ sich davon nicht abschrecken, betrat die Vereinigten Staaten auf illegalem Wege und unterstützte die Proteste gegen den Vietnamkrieg sowie die Schwarzen Panther und ihre inhaftierten Führer. Ebenso setzte er sich für die Sache der Palästinenser ein und reiste durch den Nahen Osten. Auch in Deutschland wurde er von der → Bundesprüfstelle für jugendgefährdende Schriften aufs Korn genommen. Inzwischen gilt Genet als anerkannter Autor. Beispielsweise wurde »Le balcon« 1985 in das Repertoire der Comédie Francaise aufgenommen. Genet wird vor allem deshalb gewürdigt, weil er aus Erfahrungen, die man normalerweise nur mit Brutalität und Entwürdigung in Zusammenhang bringen würde, ästhetischen Wert schöpfte und auf diese Weise zahlreiche Musiker, Autoren und andere Künstler der letzten Jahrhunderthälfte inspirierte und insbesondere für die Entstehung einer Jugendkultur prägend war. Konservative Kritiker sprechen ihm indes aufgrund der Wahl seiner Themen noch heute künstlerischen Rang ab, da in ihren Augen Literatur vor allem der Weiterentwicklung moralischer Ideale und nicht ihrer Zerrüttung dienen solle.

Gentechnik

Gezielte Eingriffe in das Erbgut von Lebewesen, beispielsweise um neue medizinische Therapien oder landwirtschaftliche Produktionsmethoden zu entwickeln. Wie sehr dieses Thema noch heute in bestimmten Kreisen tabuisiert ist, wird an den heftigen Reaktionen deutlich, die Frank Schirrmacher, Leiter des Feuilletons in der »Frankfurter Allgemeinen Zeitung« erntete, nachdem er dort Naturwissenschaftlern immer mehr Raum zur Darstellung der Genetik gab. Die »Zeit« protestierte gegen die *»Laienpriester der neuen Wissenschaftsreligion«*. Der »SPIEGEL« sah in den Artikeln einen *»Visionszirkus um Klon-Bohei und künstliche Intelligenz«*, die »Berliner Zeitung« schließlich einen *»Sci-Fi-Klamauk«* um *»dehumanisierende Potenzen«*, die noch bedrohlicher als die ostdeutschen Neonazis seien. Im Juni 2001 schloss sich Schirrmacher der Perspektive seiner Kritiker an und warnte selbst vor einer *»Verwissenschaftlichung des politi-*

schen Denkens« sowie einem »*Bioputsch*« (alle Zitate nach Thilo Spahls und Thomas Deichmanns »populärem Lexikon der Gentechnik«).

»Der geschlagene Mann«

(Originaltitel: *Men Don't tell*) Nachdem es eine Unzahl von Filmen gibt, in denen von ihren Männern geprügelte Frauen zu den Hauptfiguren zählen (so etwa »Dolores Claiborne«, »Das brennende Bett«, »Der Feind in meinem Bett« oder → »Kaffee, Milch, Zucker«, um nur einige zu nennen), existiert über die etwa gleich große Zahl männlicher Opfer von häuslicher Gewalt lediglich dieses filmisch eher drittklassige Fernseh-Melodram Harry Winers aus dem Jahr 1993. In seinem Mittelpunkt steht eine unglückliche Ehefrau (Judith Light), die ihren passiven Mann (Peter Strauß) regelmäßig verdrischt. Als er sich zum ersten Mal wehrt, wird er festgenommen und des versuchten Mordes angeklagt; seine wahre Darstellung des Sachverhaltes glaubt ihm zunächst niemand. Auffällig im Vergleich mit den oben erwähnten Filmen um männliche Täter ist, dass diese in aller Regel unreflektiert als »böse« dargestellt werden, während die Täterin in Winers Film letztlich selbst Opfer ist, weil sie als Kind sexuell missbraucht wurde. Eine nähere Analyse dieses auch bei anderen Filmen wiederkehrenden Musters (männliche Täter werden als dämonisch und von Natur aus böse dargestellt, bei weiblichen Tätern wird eine aufwendige psychologische »Erklärung« für ihr Verhalten mitgeliefert) bietet Paul Nathansons und Katherine Youngs »Spreading Misandry« (etwa: »Die Verbreitung von Männerfeindlichkeit«). Der Titel von Winers Film spricht den Umstand an, dass nur wenige Prozent der männlichen Opfer häuslicher Gewalt Dritten je davon erzählen, sie deshalb auch in keiner Kriminalstatistik erscheinen und es so gut wie keine Hilfsangebote für sie gibt. Diese Situation beginnt sich in den USA gerade zu bessern, in Deutschland ist sie noch immer desolat. → häusliche Gewalt gegen Männer

»Die Geschichte der O«

Vermutlich mehr noch als → Sacher-Masochs »Venus im Pelz« *das* Kultbuch der sadomasochistischen Subkultur. Die Autorin Pauline Reage (Pseudonym von Dominique Aury, eigentlich Anne Declos, 1907-1998) schildert darin, wie sich ihre Heldin, die ansonsten namenlose O, aus Hingabe von ihrem Geliebten Renée unterwerfen, quälen und demütigen lässt. Das Vorwort zu dem Roman wurde von Jean Paulhan, einem Mitglied der Académie Francaise, verfasst (an den das Buch auch als eine Art »Liebesbrief« gerichtet war). Bataille und andere Literaten lobten es mit großer Verve. Die US-amerikanische Philosophin und Literaturkritikerin Susan → Sontag führte den Roman in ihrem bekannten Essay »The Pornographic Imagination« als ein exemplarisches Beispiel für Texte auf, die zugleich pornographisch und künstlerisch bedeutsam seien (→ Pornographie), und sah in der perfekten Unterwerfungsbereitschaft der O Parallelen zu den Anforderungen, die an Jesuitenschüler oder Zen-Novizen gestellt werden. Der renommierte Tübinger Rhetorikprofessor Walter Jens schließlich klassifizierte »Die Geschichte der O« in einem Gutachten als einen *»schwarzen Entwicklungsroman«* und verglich ihn mit den Werken Goethes, Kafkas, Thomas Manns und Flauberts. Der Romancier Graham Greene bekundete, dieses Buch sei *»eine seltene Sache: ein gutgeschriebener pornographischer Roman ohne jeden Hauch von Obszönität«*.

Während in Frankreich diese Erzählung mehrere Preise der Avantgarde-Literatur erhielt – zum Beispiel 1955, ein Jahr nach seiner Veröffentlichung, den »Deux Magots« – und als nationales Kulturgut in fast allen größeren Bibliotheken erhältlich ist, wurde sie 1967 bei ihrem Erscheinen in Deutschland nur an Personen verkauft, die ihren Personalausweis vorlegten und einen »Verpflichtungsschein« mit folgendem Wortlaut unterzeichneten: *»Ich versichere, dass ich das 21. Lebensjahr vollendet habe, auf den Inhalt des Buches vorbereitet bin und daran keinen Anstoß nehme. Ich verpflichte mich, es vor Jugendlichen unter 21 Jahren unter Verschluss zu halten und allen solchen Personen vorzuenthalten, die mit Wahrscheinlichkeit zu einer objektiven Kenntnisnahme nicht in der Lage sind.«* Noch im selben Jahr wurde es von der → Bundesprüfstelle für jugendgefährdende Schriften auf den Index gesetzt. Diese → Zensur wurde 1991 durch die Ausgabe »Die O hat mir erzählt« aufgeweicht, die sich als wissenschaftliche Dokumentation dem Zugriff der Bundesprüfstelle entziehen konnte, indem sie ein ausführliches Interview Régine Deforges mit der Autorin zum Hauptteil hatte und die eigentliche Erzählung als Textdokumentation folgen ließ. (Dieses Buch wurde mittlerweile vom Charon Verlag neu aufgelegt.) Inzwischen ist »Die Geschichte der O« jedoch selbst in Deutschland ohne irgendwelche Beitexte im Handel erhältlich.

1975 erfuhr das Buch eine Verfilmung (Regie: Just Jaeckin, Hauptrolle: Corinne Clery). Die deutsche Freiwillige Selbstkontrolle der Filmwirtschaft (FSK) befand den Film für *»Nicht jugend- und nicht feiertagsfrei«*. Im FSK-Gutachten heißt es: *»Das optisch und akustisch geschleckte sado-masochistische Machwerk könnte als lächerlicher Kitsch abgetan werden, läge ihm nicht eine sexualfaschistische Haltung zugrunde, die der Frau Existenzberechtigung nur als Lustobjekt des Mannes zubilligt.«* Die Bundesprüfstelle indizierte ihn (ebenso wie später das Video) im Oktober 1982. Sie hielt ihn für frauendiskriminierend, da er Frauen als Wesen darstelle, die *»nur vom Sex besessen sind und sich jeder Brutalität beugen«*. Groteskerweise lässt sich eine vergleichbare sachfremde Beurteilung des Filmes noch heute nicht nur in diversen Filmlexika finden, sondern auch, jetzt, da er als geschnittene Fassung im Fernsehen ausgestrahlt wird, in Zeitschriften wie »TV Movie« und »TV Today«. Dass man ein Genre auf der Grundlage seiner eigenen Regeln beurteilen sollte, scheint vielen Kritikern nicht in den Sinn zu kommen. Ernst zu nehmender ist es da schon, wenn ihn manche Besprechungen ablehnen, weil sie ihm einen Mangel an Subtilität und eine zu gelackte Ästhetisierung vorwerfen.

Im Jahre 1999 erschien eine sechsteilige Neuverfilmung der »Geschichte der O« unter der Regie von Ron Williams alias Eric Rochat. Die ältere Verfilmung steht noch immer auf dem Index, die neuere zu diesem Zeitpunkt (noch?) nicht.

»Gesetzliche Bestimmungen zum Schutze der Jugend«
Rechtsgrundlage der → Bundesprüfstelle für jugendgefährdende Schriften. Darin wurde die bereits im Grundgesetz verankerte Zweitrangigkeit der Meinungsfreiheit gegenüber dem Jugendschutz weiter ausgebaut. 1953 wurden diese Bestimmungen trotz massiver Proteste von Intellektuellen, Autoren wie Erich Kästner und der Schriftsteller-Vereinigung PEN im deutschen Bundestag verabschiedet.

»Das Gespenst«
Tragikomödie, Deutschland 1982, unter der Regie von Herbert Achternbusch. Freigegeben ab 18 Jahren. Hauptfigur ist eine bayrische

Schwester Oberin (Annamirl Bierbichler), auf deren Gebete hin → Jesus (Herbert Achternbusch) von seinem Kreuz herabsteigt, um fürderhin gemeinsam mit ihr durchs bayrische Oberland zu randalieren. Achternbusch wurde nach diesem Werk die Filmförderung versagt, und in Österreich ist die Vorführung des Films aufgrund des Vorwurfs der Gotteslästerung mit Haftandrohung verboten.

Gewalt

Grundsätzlich stellt die Darstellung von Gewalttaten insbesondere gegen den menschlichen Körper einen Tabubruch dar, auch wenn dieser inzwischen schon unzählige Male geleistet wurde. Es gibt indes bestimmte Umschlagspunkte der Radikalisierung, so etwa in der Literaturgeschichte den Schauerroman der schwarzen Romantik, den Expressionismus nach dem Ersten Weltkrieg und die neue Radikalität ab den achtziger Jahren (etwa Süskinds »Parfüm« oder Ellis' → »American Psycho«). In der Filmgeschichte gilt das von heftigen Zuschauerreaktionen begleitete Durchschneiden eines (vermeintlich) menschlichen Auges in Buñuels »Un chien andalou« (1928) als erste klare Grenzüberschreitung dieser Art. Ab den siebziger Jahren erreichte die Präsentation von Brutalität auf der Leinwand etwa mit Peckinpahs »The Wild Bunch« sowie → »Wer Gewalt sät« eine neue Qualität, die seitdem kontinuierlich gesteigert wird (→ »Natural Born Killers«, → Splatterpunk). Manche Kulturforscher sehen dieser Häufung von Körperverstümmelungen eine eigentlich entgegenlaufende Sehnsucht nach (gesamtgesellschaftlicher) Ganzheit zugrunde liegen. Andere sprechen von einem sozial erlaubten, stellvertretenden Ausbruch ansonsten stark reglementierter Triebe. Auffällig ist jedenfalls, dass mediale und gesellschaftliche Gewalt sich zwar wechselseitig beeinflussen mögen, trotz des Getöses zahlreicher Medienkritiker aber nicht eins zu eins ins Verhältnis zu setzen sind. Beispielsweise genießt Kanada zu einem großen Teil dieselben medialen Inhalte wie die USA, hat aber eine weit niedrigere Verbrechensrate. In Japan korrespondieren sogar aus westlichem Blickwinkel extremste Gewaltdarstellungen mit einer außerordentlich geringen Gewaltbereitschaft in der japanischen Gesellschaft insgesamt. Dafür gab es im so genannten Dritten Reich eine Hochphase des idyllisierenden Heimatfilmes zeitgleich mit den Massenmorden des Holocaust. Die Diskussion darüber, inwieweit Gewaltdarstellungen bzw. -handlungen auch als befreiende Tabubrüche wahrgenommen werden können, zieht sich vom → Surrealismus über den → Sadomasochismus bis zu Filmen wie → »Fight Club«. In Deutschland erreichte die Debatte über Gewalt in den Medien, insbesondere in Computerspielen, nach dem Amoklauf eines Erfurter Schülers am 26. April 2002 einen neuen Höhepunkt; dabei wurden allerdings keine neuen Argumente oder Erkenntnisse eingebracht.

»Gia«

TV-Film, USA 1998, unter der Regie von Michael Christofer (Drehbuch: Michael Christofer und Jay McInerney). Das Leben des Models Gia Marie Carangi, der ersten Frau, deren Tod durch AIDS öffentlich bekannt wurde (1986), diente diesem Film als Vorlage, mit der er in Teilen allerdings recht frei umgeht. Die Handlung setzt Ende der Siebziger ein, als Gia (dargestellt von Angelina Jolie) nach einer zerrütteten Kindheit mit nichts weiter als ein paar Dollar in der Tasche in New York ankommt, um dort in der Modelbranche eine Karriere zu beginnen. Während ihr Look eher einer Punkerin gleicht, gelingt es Gia mit ihrer aggressiven Ausstrahlung doch, die Leiterin einer Agentur zu überzeugen, sie und erhält gerade dadurch, dass sie sich von den stereotypen Blondinen abhebt, enorm viele Aufträge. Sie steigt zum Supermodel auf, bevor sie damit umgehen kann. Besondere Probleme stellen für sie eine beginnende Abhängigkeit von Drogen dar sowie ihre lesbische Beziehung zu der Maskenbildernin Linda (Elizabeth Mitchell), die aber gleichzeitig noch einen festen Freund hat.

Kritiker erkennen zwar das Bemühen des Filmes an, sich schwierigen Themen anzunähern, halten diesen Versuch allerdings nicht für sonderlich gelungen, was vermutlich den begrenzten Möglichkeiten im Rahmen einer TV-Produktion geschuldet ist. Insbesondere die lesbische Liebe zwischen Gia und Linda (die übrigens ein in einer Person vereinigtes Konglomerat verschiedener Beziehungen der echten Gia ist) erscheint trivial und klischeeisiert. Gelobt wird indes die schauspielerische Leistung Angelina Jolies, die ihr den Golden Globe und den Durchbruch zu ihrer Karriere in Hollywood einbrachte. Jolie spricht der Filmfigur Gia eine Nähe zu ihrem eigenen Charakter und ihrer eigenen Autobiographie keineswegs ab. Aus Angst vor dieser Ähnlichkeit habe sie die Rolle zunächst auch abgelehnt. Auch

das Spielen der erotischen Szenen hätte Jolie – obwohl sie sich als bisexuell bezeichnet – zunächst Bedenken bereitet, schließlich habe sie es jedoch genossen. Elizabeth Mitchell spielte später eine lesbische Psychologin in der Fernsehserie → »Emergency Room«.
Quelle: http://www.cootv.de

»Girl«
(so auch der deutsche Titel) Roman des britischen Männerrechtlers David Thomas über einen jungen Mann, der im Operationssaal verwechselt und zu einer Frau umoperiert wird, woraufhin er sich mit dem neuen Körper und der neuen Rolle auseinandersetzen muss (→ Transgender).

»Glen or Glenda – I Changed My Sex«
→ Wood, Ed

»Golden Girls«
Sitcom, NBC 1985-1992, die zumindest andeutungsweise Themen wie → Sexualität im Alter, aber auch → Homosexualität behandelte. Blanches schwuler Bruder Clayton Farnsworth (Monte Markham) erschien zweimal, in einer anderen Episode war Dorothys lesbische Freundin Jean zu sehen. Der Pilotfilm zur Serie beinhaltete sogar einen schwulen Hausangestellten als reguläres Mitglied der Besetzung, dieser wurde jedoch danach gestrichen. Berühmt bleiben Dialoge wie Roses Frage *»Sophia, warum bist du so schlecht gelaunt?«* und Sophias Antwort: *»Entschuldige Rose, ich hatte seit 15 Jahren keinen Sex mehr, und es fängt an, mir auf die Nerven zu gehen.«*

Golfkrieg
→ Kosovokrieg, → Medienbilder

»Gossenkind«
Film des Regisseurs Peter Kern, 1991, über den 14-jährigen Stricher Axel (Winfried Glatzeder), der im Düsseldorfer Bahnhofsmilieu anschaffen geht. Axels Mutter ist Alkoholikerin, ihr Freund vergewaltigt den Jungen – Geborgenheit in Form einer warmen Mahlzeit, eines Schaumbads und eines weichen Bettes erfährt dieser nur bei einem Freier, dem »Kinderschänder« Heinz Brenner (→ Pädophilie).

Durch seine Beziehung zu Axel wird Brenner, selbst verheirateter Vater eines Sohnes, dazu bewegt, seine Wünsche und Sehnsüchte nicht länger zu verheimlichen, sondern sich mit Axel abzusetzen, um seine Liebe zu leben. »Jack Valiant« urteilt: *»Peter Kerns Film ›Gossenkind‹ legt Tabus frei, über die wir lieber schweigen würden ... Der Hintergrund der Geschichte ist ein Mosaik von Familiengewalt, sexuellem Missbrauch von Jugendlichen, Rassismus, Armut, Kriminalität und ein nicht funktionierendes Rechtssystem.«* In einer Nebenrolle ist Christoph → Schlingensief zu sehen.

Gott
→ Intelligent Design, → Jesus

Grass, Günter
→ »Die Blechtrommel«, → »Katz und Maus«

Green, Tom
US-amerikanischer MTV-Moderator, der, nachdem bei ihm Hodenkrebs diagnostiziert wurde, in seiner Show seinen herausoperierten Tumor auf einem Tablett zeigte und Jungen auf der Bühne zum Abtasten ihres Hodensacks anleitete. Im Gegensatz etwa zu Brustkrebs ist Hodenkrebs, was die öffentliche Aufklärung angeht, noch immer ein Tabuthema.

Greer, Germaine
geboren 1939 in Melbourne, Professorin für Englische Literatur und Komparatistik an der Warwick University in England sowie seit ihrem in den siebziger Jahren veröffentlichten Werk »The Female Eunuch« (dt. »Der weibliche Eunuch. Aufruf zur Befreiung der Frau«) und verschiedenen Folgetiteln eine der Führungsfiguren der feministischen Bewegung. Im Januar 2003 kündigte Greer an, ein Buch mit dem Titel »The Boy« herausgeben zu wollen, um darin die Bilder attraktiver Jungen auszustellen. Sie wolle damit *»für Frauen das Recht zurückfordern, die kurzlebige Schönheit von Knaben zu genießen«*, auch wenn sie erwarte, dafür als Pädophile gebrandmarkt zu werden (→ Pädophilie) und eine große Kontroverse über Kinderpornographie auszulösen. Vgl. auch → sexueller Missbrauch durch Frauen sowie → »Vogue«.

»Grüne Tomaten«

(Originaltitel: *Fried Green Tomatoes*), USA 1991, unter der Regie von Jon Avnet. Zentralgestalt der Rahmenhandlung ist die frustrierte und wenig selbstbewusste Hausfrau Evelyn Couch (Kathy Bates), in deren Ehe es zunehmend kriselt, obwohl sie ihrem Mann wo irgend möglich entgegenzukommen sucht. Beispielsweise begleitet sie ihn bei einem Besuch seiner verhassten Tante im Seniorenheim, wo sie mit Ninny Threadgoode (Jessica Tandy) eine faszinierende alte Dame kennenlernt. Diese erzählt Evelyn aus ihrem Leben, wobei insbesondere einer Frau namens Idgie (Mary Stuart Masterson) eine bedeutende Rolle eingeräumt wird: Idgie war schon als Kind eher ungewöhnlich und nahm eine Außenseiterrolle ein, die allein ihr großer Bruder Buddy durchbrechen konnte. Als dieser ums Leben kommt, zieht Idgie sich gänzlich zurück, worauf Buddys Freundin Ruth (Mary Luise Parker) versucht, sie aus ihrer Isolation herauszuholen. Es dauert nicht lange, und Ruth ist von Idgie und ihrer Welt fasziniert. Die mehr als nur freundschaftliche Beziehung zwischen den beiden Frauen scheint sich gerade zu vertiefen, als Ruth ihre Hochzeit verkündet und Idgie sich daraufhin wieder zurückzieht. Doch Ruth wird von ihrem Mann verprügelt und braucht schließlich doch Idgies Hilfe, um der Hölle Ehe zu entkommen. Gemeinsam errichten die beiden das »Whistle Stop Café«, wo sie die titelgebenden gebackenen grünen Tomaten servieren. Erneut wird die Idylle durch das Auftauchen von Ruths Mann gestört, der kurz darauf jedoch spurlos verschwindet. Idgie, die verdächtigt wird, etwas damit zu tun zu haben, hüllt sich in Schweigen. Das geht auch einige Zeit lang gut – zumindest bis in einem nahegelegenen Fluss ein Autowrack gefunden wird ...

»Grüne Tomaten« steht in einer Reihe von Female-empowerment-Filmen wie auch »Thelma & Louise« oder »Dolores Clairborne«, die mit ihrem allzu simplen und ständig wiederholten Strickmuster von gewalttätigen Männern, gegen die sich Frauen knallhart durchsetzen müssen, rückblickend doch eher platt und überzogen wirken. Filmhistorisch muss jedoch darauf hingewiesen werden, dass zum einen die Niveaustufe und filmische Inszenierung bei »Grüne Tomaten« deutlich höher liegt als bei vergleichbaren Werken und zum anderen erste Versuche, neue Themen in einen gesellschaftlichen Diskurs einzubringen, nie ganz einfach durchzuführen sind, weil aus unterschiedlichen Richtungen Druck und Gegendruck ausgeübt wird. In diesem Fall mussten etwa die konservativen Zuschauer damit zufriedengestellt werden, dass die Verfilmung den lesbischen Charakter der Beziehung zwischen Ruth und Idgie, der in der Buchvorlage noch deutlich zutage tritt, nur in der Form sanftester Andeutungen übernahm. So wurde aus einem Werk, das unter anderen Umständen als der erfolgreichste lesbische Film überhaupt gelten könnte, ein immerhin international anerkannter Frauenfilm über ein neues weibliches Selbstbewusstsein und die Bedeutung, das eigene Leben nicht von anderen (hier: Männern) und gesellschaftlichen Konventionen gestalten zu lassen.

»Grüne Tomaten« wurde 1992 für mehrere Oscars und Golden Globes nominiert und gewann den Medienpreis der US-amerikanischen Homosexuellenvereinigung GLAAD.

Literatur: Nathanson, Paul; Young, Katherine K.: Spreading Misandry. The Teaching of Contempt for Men in Popular Culture. Montreal 2001

»Guinea Pig«

(Originaltitel: *Za Ginipiggu*) Filmreihe aus dem Genre des → Splatterpunk, deren etwas weniger als einstündige Episoden unter anderem von dem japanischen Comic-Künstler Hideshi Hino für das japanische Kabelfernsehen gestaltet und von Satoru Ogura produziert wurden. Hino wurde 1946 in der Mandschurei geboren, seine Familie musste kurz darauf nach Japan fliehen und entkam knapp dem Tode. Er begann schon in jungen Jahren zu zeichnen. 1967 veröffentlichte er seinen ersten Comic »Cold Sweat«. 1971 folgte mit »Hideshi Hinos Shocking Theater« eine Reihe von Graphic Novels im Manga-Stil, zu denen »Panorama of Hell« sowie »Hell Baby« gehören. Was die Reihenfolge der Guinea-Pig-Filme angeht, werden in den Quellen die unterschiedlichsten Versionen jeweils mit Nachdruck vertreten (offenbar gab es eine japanische und zwei US-amerikanische Veröffentlichungen mit jeweils unterschiedlicher Sequentierung).

Ein »Guinea Pig« ist ein Meerschwein; der Titel spielt darauf an, dass diese Geschöpfe besonders gerne bei Tierversuchen eingesetzt werden und dabei oft extreme Qualen überstehen müssen.

Am bekanntesten dürfte die Episode »Flowers of Flesh and Blood« von 1985 sein (auch veröffentlicht unter den Titeln »The Devil Sent

A Woman's Doctor« oder »Gynaecologist From Hell«). Sie zeigt, wie eine junge Frau von einem als Samurai verkleideten Mann gefoltert und bei vollem Bewusstsein Schritt für Schritt zerteilt wird. Die Spezialeffekte sind in weiten Teilen außerordentlich glaubwürdig. (Beispielsweise ändert sich der Ton, als der Kidnapper beim Durchsägen des Beines auf den Knochen trifft.) Ein Kritiker beklagte lediglich, dass beim Herauslöffeln des Augapfels der Sehnerv nicht sonderlich echt aussehe. Die Darstellung wirkte realistisch genug für den bekannten Hollywood-Schauspieler Charlie Sheen, der den Film 1990 auf einer Party sah und dermaßen überzeugt davon war, es handele sich um einen Snuff-Film (das pornographische Abfilmen einer Handlung, bei der ein Darsteller tatsächlich zu Tode kommt), dass er sich zunächst an die MPAA (Motion Picture Association of America) und dann an das FBI wandte, um einen weiteren Vertrieb dieses Filmes zu verhindern. Es folgten aufwendige Ermittlungen in den USA und Japan, die zu dem Ergebnis führten, dass es sich um nichts weiter als eine Folge brillanter Spezialeffekte handelte. Sheen hatte jedoch längst eine Kampagne gegen diesen Film ins Leben gerufen, woraufhin dieser bis hinauf zu der ABC-Nachrichtensendung »20/20« in die Schlagzeilen geriet. Infolgedessen erlangte ebenso der Film einen spontanen Kultstatus wie Regisseur Hino selbst, woraufhin auch dessen Comicalben 1992 in den USA veröffentlicht wurden. Im selben Jahr entstand eine ähnliche Kontroverse in Großbritannien, die aber auf vergleichbare Weise versandete. Als ein Resultat dieser Skandale ist der Film inzwischen jedoch in Japan selbst verboten, und die meisten noch im Umlauf befindlichen Videocassetten sind häufig mangelhafte Kopien der dritten oder vierten Generation. Im Mai 1999 griff Scott Stine in einem Artikel der Zeitschrift »Sceptical Inquirer« über moderne Großstadtlegenden im Bereich Kino und Video diesen Fall noch einmal auf, um daran den von der Anti-Porno-Fraktion ständig wiederbelebten Mythos von der Existenz von Snuff-Filmen aufzuzeigen.

Die Guinea-Pig-Episode »Devil's Experiment« (im Original: »Akuma no jikken«, 1988) ist noch stärker als angeblich authentischer und von Dritten vorgefundener Amateuerfilm inszeniert. So ist am unteren Rand des Bildes eine digitale Zeitanzeige zu sehen, und den Aufnahmen geht der Text voraus: »*Die Produzenten haben dieses Video erhalten. Es gab keinerlei begleitende Information. Wir forschen noch nach Name, Alter und anderen Informationen über das Mädchen und ihre drei Mörder.«* Der Film zeigt, wie eine junge Frau von einer Gruppe vermummter Männer entführt und über Tage hinweg gefoltert wird, wobei einzelne Szenen selbst für das ohnehin nicht zimperliche Splatter-Genre sehr eindringlich sind. In Deutschland wurde dieser Film 1997 durch das Amtsgericht Bochum verboten; jede weitere Verbreitung dieses Filmes wäre strafbar. Das Gericht räumte der Menschenwürde, die es durch das Video verletzt sah, Vorrang vor der Freiheit der Kunst ein.

Als künstlerisch wertvoll wird »Mermaid in a Manhole« (Originaltitel: *Manhoru no naka no ningyo*, 1991) von verschiedenen Kritikern eingeordnet. Der frisch verwitwete Maler Hayashi verbringt viel Zeit in der Kanalisation, um seiner Vergangenheit nachzutrauern, sich dort aber auch von dem im Waser herumtreibenden Unrat (einschließlich einem abgetriebenen Fötus hier und da) inspirieren zu lassen. Als er noch ein Kind war, handelte es sich bei diesem Abwasser um einen idyllischen Fluss. Die Melancholie wird etwas durchbrochen, als Hayashi mit den Worten *»Chibi, bist du das?«* die verrotteten Überreste eines Meerschweines aus dem Schmutz zieht und sie trauernd umarmt: *»Und jetzt bist du an einem kalten Ort wie diesem.«* Eine andere Kindheitserinnerung Hayashis besteht darin, dass er damals glaubte, eine Meerjungfrau an diesem Fluss gesehen zu haben, und auch diese entdeckt er eines Tages tatsächlich: Nur ist ihr Bauch von einer großen Verletzung oder einer Art Geschwür befallen. Der Künstler nimmt sie mit sich nach Hause und pflegt sie in seiner Badewanne, während er sie gleichzeitig malt, aber ihr Körper verrottet mehr und mehr. Er findet nicht die passenden Farben, sie bietet ihm, sich vor Schmerz windend, ihre Körperflüssigkeiten zum Malen an: *»Mein ganzer Körper ist voller Geschwüre in sieben Farben.«* Hayashi schneidet die entzündeten Blasen auf; wenig später brechen daraus die ersten Würmer hervor; er zieht sie heraus. Die Meerjungfrau in seiner Obhut nähert sich ebenso unaufhaltsam dem → Tod wie er dem Wahnsinn. Als er ihr zärtlich den Rücken reibt, trägt sie ihm noch einmal auf, sie zu malen, während sie stirbt. So geschieht es. Kommentiert wird die dialogarme Handlung durch ein junges Paar, das nach der Art eines griechischen Chores fungiert. Die überstilisierten Einstellungen in Großaufnahme übertragen das Leiden der Figuren sehr eindringlich auf den Zuschauer. Anders als in den üblichen Splatterfilmen geht es hier jedoch nicht um die Folter eines oder mehrerer Opfer durch einen Psychopathen, dem man nicht entrinnen kann, sondern um die Unentrinnbarkeit vor Tod und Leiden selbst. Es wird ein fatalistischer Liebesalptraum ausgebreitet, in dem den machtlosen Liebenden nichts anderes bleibt, als in absurden Aktivitäten eine den Tod und das Leiden transzendierende Verbindung einzugehen, wobei diese auch als spirituelle Verbindung von Künstler und Werk oder Künstler und Muse interpretiert werden kann.

Die übrigen Episoden der Reihe sind weniger erwähnenswert. In »Android of Notre Dame« (»Notorudamu no andoroido«, 1989) unter der Regie Kazuhito Kuramotos versucht eine Art zwergenhafter Doktor Frankenstein, seine tote Freundin wieder zum Leben zu erwecken, indem er lebenden Frauen Organe entnimmt und diese weiterverwendet. In »Lucky Sky Diamond« (der Titel spielt auf den Beatles-Hit »Lucy in the Sky with Diamonds« an, der als Kürzel für LSD verstanden wurde) kidnappt ein Paar eine junge Frau, um sie zu töten und aus ihrem Gehirn die durch Endorphine erzeugte Droge Adrenochrome zu extrahieren, die zu bisher ungeahnten Rauschzuständen führen soll. In »He Never Dies« ist ein einsamer Mann dermaßen gelangweilt, dass er beschließt → Selbstmord zu begehen. Aber so sehr er sich auch selbst verstümmelt (er schlitzt sich zum Beispiel den Hals auf oder reißt sich die Eingeweide heraus), er kommt einfach nicht ums Leben. »Devil Doctor Woman« schließlich handelt von einer Transsexuellen-Gameshow (→ Transgender). In »The Making of Guinea Pig« erklärt der Special-Effects-Experte Nobuaki Koga, mit welchen Tricks er in dieser Reihe den Anschein tatsächlicher Verwundungen und Verstümmelungen erweckte. Diese Dokumentation soll vermutlich nicht zuletzt einen effektiven Schutz vor weiteren Strafverfolgungen und Untersuchungen darstellen.

»Gute Zeiten schlechte Zeiten«

(im Fanjargon oft auch als Kürzel: GZSZ) erste deutsche Daily-Soap, ausgestrahlt von RTL seit 1992, und zugleich die Sendung, die 1995 mit Saskia Rother (Sakia Valencia) und Harumi Shimizu (Mey Lan Chao) dem ersten Lesbenpärchen in der Vorabendunterhaltung szenischen Raum bot. Allerdings verließ das Paar die Serie relativ schnell für eine neue gemeinsame Zukunft in San Francisco, und es wird spekuliert, dass dies (bzw. der schon zuvor angekündigte Abschied Saskia Valencias) möglicherweise überhaupt erst eine der Grundvoraussetzungen dafür war, damit eine lesbische Beziehung als Handlungsstrang integriert werden konnte. Etwa fünf Jahre später bildeten Barbara Graf (Mona Klare) und Lara Kelm (Romana Pollak) ein neues lesbisches Paar, aber auch diese Beziehung war in der Serie nicht von Dauer. Als homosexueller Mann war indes Laurent Daniels in der Rolle des Discjockeys Philipp Krüger zu sehen.

H

häusliche Gewalt gegen Männer

Entgegen einem weit verbreiteten Klischee geht körperliche Gewalt in der Partnerschaft mindestens zum gleichen Teil von Frauen aus, was inzwischen durch hunderte internationaler Studien belegt werden konnte. Begonnen hat diese Aufdeckung der weiblichen Täterschaft schon 1980. In diesem Jahr veröffentlichten Murray Straus, Richard Gelles und Suzanne Steinmetz eine vergleichende Untersuchung zu diesem Thema. Alle drei galten, vor allem in feministischen Kreisen, als *die* Experten auf dem Gebiet von Gewalt in der Ehe, als Soziologen, die, wie es eine Autorin ausdrückt, *»in herausragender Weise zu unserem Wissen über das Verprügeln von Ehefrauen als gesellschaftliches Problem ... beigetragen haben«*. Jetzt stellten Straus und seine Kollegen fest, dass die Experten und Expertinnen, die bislang die Statistiken zum Thema häuslicher Gewalt erstellt hatten, allein über die weiblichen Opfer berichtet hatten. Die männlichen hatten sie einfach unter den Tisch fallen lassen. Dieses Verbergen von relevanten Informationen, so Murray Straus, *»fördert einige ärgerliche Fragen bezüglich wissenschaftlicher Ethik zutage«*. Die Erkenntnisse von Straus und seinen Kollegen wurden in späteren Studien dutzendweise bestätigt. Bis dahin standen die Mitglieder dieses Forscherteams sehr alleine da – und sie erkannten schnell, welch extremen Tabubruch sie begangen hatten. Dass Straus schlagartig von der feministischen Literatur ignoriert wurde, die ihn früher durchgehend zu zitieren pflegte, war eine Sache. Eine andere waren persönliche Angriffe und Verleumdungen. So ließ die Vorsitzende der Kanadischen Vereinigung gegen Gewalt an Frauen, Pat Marshall, das Gerücht über Straus verbreiten, dass er seine eigene Frau misshandeln würde. Sie tat das so oft, dass Straus sich schließlich brieflich zur

Wehr setzte, bis er von ihr eine Entschuldigung erhielt. Noch heftiger indes ging man gegen Suzanne Steinmetz, die Frau in Straus Truppe, vor: Sie erhielt Bombendrohungen. Auch ihre Kinder wurden von Fanatikerinnen zur Zielscheibe erklärt. Offenbar ohne sich irgendwelcher Widersprüche in ihrem Handeln bewusst zu sein, griffen Anhängerinnen feministischer Ideologien zur Gewalt, um ihre Ansicht durchzusetzen, dass Frauen weitaus weniger gewalttätig wären als Männer.

Während aus zahlreichen anderen Ländern inzwischen reichhaltige Informationen über misshandelte Männer vorliegen, ist es in Deutschland problematisch, entsprechende Forschungen überhaupt durchzuführen. Aber auch hierzulande schält sich allmählich ein klares Bild heraus. Noch Mitte der neunziger Jahre sprach eine vom Kriminologischen Forschungsinstitut Niedersachsen im Auftrag der Bundesregierung erhobene Untersuchung von 1,7 Millionen geprügelten Frauen und 1,6 Millionen geprügelten Männern. Obwohl hier die Zahl der weiblichen Opfer noch geringfügig höher lag, lief diese annähernde Gleichverteilung zwischen den Geschlechtern dem gängigen Klischee bereits stark entgegen.

Das Ergebnis dieser Studie wurde von ihrem Auftraggeber, dem Frauenministerium der Bundesregierung, nur unter der Hand veröffentlicht. Luise Mandau, Expertin beim Thema Gewalt in Beziehungen, nimmt an, dass es zu brisant war und der damaligen Frauenministerin Nolte nicht ins politische Konzept passte: Sie hatte gerade eine wählerwirksame Kampagne »Gewalt gegen Frauen« gestartet, in deren Zusammenhang auf vielen hundert Broschürenseiten die »patriarchale Gewalt« der Männer gegeißelt wurde. Spätere deutsche Forschung scheint hingegen, ähnlich wie in anderen Ländern, auf eine deutlich höhere Täterschaft unter Frauen hinzuweisen. So ergab sich aktuell im Dezember 2002 in einer Studie der Katholischen Universität Eichstätt-Ingolstadt, dass Männer signifikant häufiger als Frauen Opfer von Gewalt in der Partnerschaft geworden waren: zu 6,0 gegenüber 2,7 Prozent (nachzulesen im Internet unter http://www.ku-eichstaett.de/presse/agora/artikel/familie). Zu einem ähnlichen Vorsprung der Frauen in der Täterschaft war zuvor im Zwischenergebnis eine Studie des Bremer Instituts für Geschlechter- und Generationenforschung gelangt (siehe unten). Skeptiker versuchten, die neuen Erkenntnisse zunächst dergestalt umzudeuten, dass das alte Täter-Opfer-Gefälle zwischen den Geschlechtern wieder hergestellt werden konnte. Sie stellten Thesen auf, denen zufolge Frauen nur aus Selbstverteidigung heraus zuschlugen und auch deutlich schwerere Verletzungen davontrugen als Männer. Beide Ansätze wurden untersucht und kontrovers diskutiert. Der erste erwies sich letztlich als nicht haltbar: Dem aktuellen Forschungsstand nach wird auch der »Erstschlag« mindestens so häufig von Frauen wie von Männern geführt, und die Gewaltanwendung ist auf sämtlichen Eskalationsstufen in etwa gleich verteilt. Was die Verletzungsfolgen angeht, liegen hier bislang unterschiedliche Erkenntnisse vor, die nähere Forschungen notwendig machen. Infolge häuslicher Gewalt schwer verletzte Männer gibt es allerdings in offenbar nicht zu vernachlässigender Zahl, auch wenn die wenigsten von ihnen aus Scham darüber mit ihrem Schicksal an die Öffentlichkeit treten.

Wird das Tabu der Frauengewalt gegen Männer gebrochen, kommt es in der Regel zu drei klassischen Verarbeitungsversuchen, um die »alte Ordnung« wiederherzustellen:

- Strategien der Ironisierung und Trivialisierung, indem geprügelte Männer verspottet und lächerlich gemacht werden (die berühmten Nudelholzwitze, aber auch Ohrfeigen und Hodentritte als Element der Komik im Film)
- Diffamierungen und Ausgrenzungsversuche gegen Wissenschaftler, die sich diesem Thema widmen (bis hin zu Verleumdungen, Beschimpfungen, Hetzkampagnen und Morddrohungen)
- Rechtfertigungen und Verherrlichungen weiblicher Gewalt. Stellvertretend seien hier Alice Schwarzers Worte auf den Fall Lorena Bobbitts angeführt, die ihrem schlafenden Mann das Glied abgetrennt hatte: *»Sie hat sich gewehrt. Sie hat ihren Mann entwaffnet ... Eine hat es getan. Jetzt könnte es jede tun. Der Damm ist gebrochen, Gewalt ist für Frauen kein Tabu mehr. Es kann zurückgeschlagen werden. Oder gestochen. Amerikanische Hausfrauen denken beim Anblick eines Küchenmessers nicht mehr nur ans Petersilie-Hacken ... Es bleibt Opfern ja gar nichts anderes übrig, als selbst zu handeln. Und da muss ja Frauenfreude aufkommen, wenn eine zurückschlägt. Endlich.«*

Vor dem Jahr 2000 waren Erkenntnisse über männliche Opfer häuslicher Gewalt in den deutschen Medien (im Gegensatz etwa zu den USA) entweder gar kein oder nur äußerstes Randthema. Den einzigen Verstoß gegen dieses übergreifende Schweigen stellt Jürgen Gemündens soziologische Doktorarbeit »Gewalt gegen Männer in heterosexuellen Intimpartnerschaften« dar, die als akademische Studie aber lediglich von einigen Mitgliedern der ohnehin mit diesem Thema beschäftigten Fachwelt wahrgenommen wird. Gemünden selbst erwachsen aus seinem Tabubruch berufliche Nachteile in seiner akademischen Karriere.

Erst als sich im Jahr 2001 in Deutschland eine Männerbewegung herausbildet, die den sexistischen Umgang mit häuslicher Gewalt als eines der ersten Probleme ins Visier nimmt, verbreiten sich auch die wesentlichen Informationen. Ironischerweise ist es ausgerechnet das von den ehemaligen SPD-Ministerinnen Bergmann und Däubler-Gmelin eingebrachte und einseitig gegen Männer gerichtete »Gewaltschutzgesetz«, das für viele den Bogen überspannt und für die nötige öffentliche Aufmerksamkeit sorgt. Dabei kommt es anfangs zu einer kuriosen Spaltung der Geschlechterdebatte in den deutschen Medien: Im Internet und Usenet diskutiert man vornehmlich über die neu entdeckten männlichen Opfer; in der restlichen Medienlandschaft ist der Tabubruch noch nicht vollzogen, und es werden nach einem Trommelfeuer einseitiger Informationen aus den Ministerien ausschließlich Frauen als Opfer wahrgenommen.

Am 12. Juli 2001 bricht erstmals die SWR-Sendung »Ländersache« das Fernseh-Tabu über Männer als Opfer von häuslicher Gewalt. Am 18. Juli 2001 sind geprügelte Männer erstmals nicht nur als Schatten im Fernsehen zu sehen – damit ist Günther Jauchs »Stern TV« ein Novum in der deutschen Fernsehgeschichte. Nicht nur dass erstmals bundesweit über das Tabuthema geprügelte Männer gesprochen wird, vor allem werden die Folgen von weiblicher Gewalt sehr drastisch gezeigt: zunächst anhand von Gerichtsfotos, dann kommen in einem eingeschnittenen Beitrag drei Opfer selbst zu Wort, darunter der von seiner Frau blind geprügelte Wolfgang Futter, der auch selbst als Gast in der Sendung auftritt. Am 3. August 2001 greift das »Wiesbadener Tagblatt« als erste deutsche Zeitung häusliche Gewalt gegen Männer an prominenter Stelle auf, nämlich auf Seite zwei. Am 28. November 2001 berichtet die »Stuttgarter Zeitung« über eine von

Professor Gerhard Amendt vom Institut für Geschlechter- und Generationenforschung der Uni Bremen erstellte Studie über Paare in der Trennungsphase. Deren Zwischenergebnis: Jede vierte Handgreiflichkeit geht den Befragten zufolge von Männern aus, aber 58 Prozent von Frauen. In 17 Prozent der Fälle sind beide Partner für den Ausbruch der Gewalt verantwortlich. (Bemerkenswert ist, dass die »Stuttgarter Zeitung« diese Meldung durch das Foto einer Frau garniert, die gegenüber einem aggressiven Mann schützend die Hände vors Gesicht hält.) Im Jahr 2002 greifen mehrere Fernsehsendungen dieses Thema auf: eher unbeholfen »Mona Lisa«, deutlich fundierter das Wissenschaftsmagazin »Sonde«, ironisierend »Polylux«, professionell und zugleich politisch korrekt »Kontraste«, oberflächlich und zum Teil verharmlosend »Akte 02«. Als Folge davon kommt es auch zu einer verstärkten Presseberichterstattung (»Welt am Sonntag«, »Bonner Generalanzeiger«, »die tageszeitung«, der »Mannheimer Morgen«, der Berliner »Tagesspiegel«, der Düsseldorfer »Express«, das Hamburger »Abendblatt«, die »Rheinische Post«, die »Frankfurter Rundschau«, »Psychologie heute« und schließlich gar die Lifestyle-Illustrierte »Max« sowie die »Bild der Frau«). Die Aufmerksamkeit der Medien wird dadurch sehr gefördert, dass der Berliner Peter Thiel mit der Meldung an die Öffentlichkeit geht, in seiner Heimatstadt das erste deutsche Männerhaus zu planen. Mit dieser Personalisierung bietet sich das bislang weitgehend akademische Thema den Medien stärker an, und der Tabubruch wird einen entscheidenden Schritt vorangeführt. Das Sat-1-Frühstücksfernsehen veranstaltet mit Thiel ein zehnminütiges Interview. Weiter tabuisiert bleiben lediglich Einzelelemente der Debatte, etwa dass männliche Gewaltopfer vor staatlichen Instanzen oft ein zweites Mal zum Opfer werden und dass zahlreichen Forschern zufolge für die bisherige schiefe Wahrnehmung des Themas zu einem Gutteil feministische Propaganda die Verantwortung trägt. Nichtsdestoweniger kann Mitte 2002 die Häufigkeit geprügelter Männer lediglich in stark ideologisierten Publikationen wie dem Magazin »Emma« oder einer Wahlkampf-Broschüre der Grünen unter den Teppich gekehrt werden.

Weiterführende Literatur: Brothers, Barbara Jo: The Abuse of Men. Trauma begets Trauma. New York/London/Oxford 2001. Cook, Philip: Abused Men:

the Hidden Side of Domestic Violence. Westport 1997. Hoffmann, Arne: Sind Frauen bessere Menschen? Schwarzkopf & Schwarzkopf 2001
Websites: Internationale, kommentierte Bibliographie von 123 wissenschaftlichen Forschungsberichten, 99 empirischen Studien und 24 vergleichenden Analysen, die belegen, dass häusliche Gewalt mindestens so häufig von Frauen ausgeht wie von Männern: www.vix.com/menmag/fiebert.htm; Website der SWR-Wissenschaftssendung »Sonde« vom 31. Januar 2002: http:// www.swr.de/sonde/archiv/2002/01-31-02/gewalt2.html; über 800 Druckseiten starkes internationales Info-Archiv über männliche Opfer häuslicher Gewalt: http://www.dvmen.org; umfangreiche Liste an Artikeln, Literatur und Studien über häusliche Gewalt gegen Männer:http://www.maennerbuero-trier.de/seite7.htm; Website des Väteraufbruchs für Kinder zu diesem Thema: http://www.vafk.de/gewaltschutz; Dr. Jürgen Gemündens Darstellung des aktuellen Forschungsstandes: http://www.vafk.de/gewaltschutz/Dokumente/Gemuenden.pdf; Verzeichnis von deutschen Stellen, wo männliche Opfer von Frauengewalt Hilfe erhalten können: http://www.orbation.de/Frauengewalt2.htm; Arbeitspapier der sechsten Internationalen Konferenz über Gewalt in der Familie 2002 mit konkreten Ratschlägen für geprügelte Männer: http://www.ejfi.org/dv-26.htm; deutsche Linkliste: http://mitglied.lycos.de/antigoneweb/gewalt_gegen_maenner.htm

häusliche und sexuelle Gewalt unter Lesben

Gewalt unter homosexuellen, insbesondere unter lesbischen Paaren unterliegt noch heute einem Sprechverbot, auch wenn sie verschiedenen Untersuchungen zufolge dem Ausmaß der Gewalttätigkeiten bei heterosexuellen Paaren gleichzukommen scheint, wenn es dieses nicht gar übersteigt. US-amerikanischen Schätzungen zufolge kommt es in 30 bis 40 Prozent aller lesbischen Beziehungen zu körperlichem und seelischem Terror. Auch Frauen werden von ihren gleichgeschlechtlichen Partnerinnen geschlagen, gebissen, getreten, die Treppen hinuntergeworfen und mit den unterschiedlichsten Waffen angegriffen. Von Lesben, die zuvor mit Männern zusammengelebt hatten, erfuhren einer Studie zufolge 32 Prozent körperliche Gewalt durch irgendeinen männlichen Partner, aber 45 Prozent durch ihre neuste Partnerin allein. Eine der Soziologinnen (es sind in der Regel Frauen), die sich mit diesem Problem beschäftigten, entdeckte, dass manche geprügelte Lesben nicht einmal ihr örtliches Frauenhaus aufsuchen konnten, weil dort die Person beschäftigt war, die ihnen diese Gewalt angetan hatte. Andere wurden ebenso von den Frauenhäusern zurückgewiesen wie Opfer von → häuslicher Gewalt gegen Männer. »*Wenn Angestellte von Frauenhäusern mit einer Situation konfrontiert werden, die ihr Weltbild zu sprengen droht, wird die verprügelte Lesbe selbst als Problem wahrgenommen*«, folgerte die Psychologin Nancy Hammond.

Expertinnen wie Lori Girshick bewerten insbesondere die lesbischen und bisexuellen Überlebenden von sexueller Gewalt zwischen Frauen als die vielleicht isoliertesten Verbrechensopfer überhaupt. Es gibt verschiedene Umstände, die hier das Schweigen aufrecht erhalten: Das Opfer schämt sich, darüber zu sprechen, da es schon wegen seiner sexuellen Ausrichtung und der damit verbundenen gesellschaftlichen Diskriminierung mit den unterschiedlichsten Konflikten und Problemen zu kämpfen hat; die feministische Ideologie hingegen erkennt oft allein oder weit überwiegend den Mann als Gewalttäter und setzt dem eine aggressionsfreie lesbische Utopie entgegen, die durch das Bekanntwerden von Übergriffen zwischen Frauen stark gefährdet scheint. All diese Umstände führten auch zu einem Mangel an Sachinformationen zu diesem Thema. So stellten die Initiatorinnen der inzwischen offline gegangenen Website www.lesbian-violence.de fest, dass es »*über jedes Thema rund um Gewalt, über jede Perversion Studien, Aufsätze, Homepages, Infos und Beratung gibt ... nur über Gewalt in lesbischen Beziehungen wird geschwiegen! (...) Gewalt in lesbischen Beziehungen existiert nicht öffentlich, nicht in Veröffentlichungen, noch nicht einmal in den Köpfen unserer Mitmenschen*«. Erst seit wenigen Jahren zeichnet sich in der lesbischen Community eine Entwicklung ab, die es ermöglichen soll, solche Handlungen zu thematisieren und zu bekämpfen. Eine Vorreiter-Rolle spielt dabei unter anderem die Lesbenberatung Berlin, die sich schon seit 1994 verstärkt mit diesem Thema beschäftigt und seit April 2002 erstmals eine angeleitete Selbsthilfegruppe anbietet, welche Betroffenen die Möglichkeit bieten soll, die eigene Opfer-Täterin-Perspektive zu überdenken und Wege aus den festgefahrenen Verhaltensweisen zu finden.

Literatur: Ebner, Michi u.a.: Entscheidend Einschneidend. Milena Verlag, Wien 2001. Girshick, Lori B.: Woman-To-Woman Sexual Violence: Does She Call It Rape? Northeastern University Press 2002. Kaschak, Ellyn: Intimate Betrayal. Domestic Violence in Lesbian Relationships. Haworth 2002.

Ohms, Constanze (Hrsg.): Mehr als das Herz gebrochen. Gewalt in lesbischen Beziehungen. Orlanda 1993. Ristock, Janice L.: No More Secrets. Violence in Lesbian Relationships. Routledge 2002

Hagens, Gunther von

→ »Körperwelten«

»Hannibal«

Psychothriller von Thomas → Harris sowie seine Verfilmung, USA 2001, unter der Regie von Ridley Scott, Sequel zu dem bei Publikum, Kritik und Filmwissenschaft gleichermaßen beliebten »Das Schweigen der Lämmer« (Jonathan Demme, USA 1991), dessen Buchvorlage ebenfalls von Harris stammte. Schon die Romane gerieten zu Bestsellern, wobei sich zu dem knappe zehn Jahre nach »Das Schweigen der Lämmer« veröffentlichten »Hannibal« deutlich mehr kritische Stimmen äußerten, was allerdings auch mit der aufgebauten Erwartungshaltung zu tun haben kann.

Während in »Das Schweigen der Lämmer« die Dreierkonstellation zwischen Hannibal »The Cannibal« Lecter (Anthony Hopkins), dem transsexuellen Frauenmörder Buffalo Bill (Ted Levine) und der FBI-Agentin Clarice Starling (Jodie Foster, in »Hannibal« Julianne Moore) besonders reizvoll war (→ Transgender), rückt in »Hannibal« der seine Opfer gerne verspeisende, aber ansonsten hochkultivierte → Serienmörder Lecter ins Zentrum des Interesses. Eine zentrale Aussage der »Lämmer« bekundete, dass sich auch unter den vornehmsten Äußerungsformen der menschlichen Kultur immer wieder animalisch-zerstörerische Triebe verbergen können. Dies wird in »Hannibal« wieder aufgenommen, indem der Film Lecters Leben als Ausstellungskurator im italienischen Florenz zeigt, wo Lecter Espresso trinkt, auf dem Piano die Goldberg-Variationen spielt, gelehrte Vorträge über die Kunstschätze des Christentums hält und dabei gelegentlich die Grausamkeiten der katholischen Kirche anreißt. Auf Lecters Spur hat sich bereits der florentinische Polizeiinspektor Pazzi (Giancarlo Giannini) gesetzt. Der ist vor allem auf die versprochene Belohnung aus und wird durch seine Geldgier, den »Verrat« sowie die Art seiner späteren Tötung mit dem biblischen Judas allegorisch gesetzt (so wie Lecter in einer Szene des Films als Gekreuzigter erscheint). Die vom Dienst suspendierte Clarice Starling (sie hatte in Notwehr auf eine Drogendealerin geschossen, die ein Baby als Schutzschild verwendete) findet Lecters Aufenthaltsort heraus und wird übers Telefon Zeugin von Pazzis Ermordung. Mit Sterling tritt der Millionär Mason Verger (Gary Oldman) in Kontakt, ein früheres Opfer Hannibals: Er wurde von diesem unter Drogen dazu gebracht, sich die Haut vom Gesicht zu ziehen und sie seinen Hunden zum Fressen zu geben. Merger gelingt es, Hannibal gefangennehmen zu lassen, um ihn an seine wilden Eber zu verfüttern, wird aber schließlich selbst zu deren Beute, während Lecter von Starling gerettet wird, sie unter Morphium setzt und so zur Teilnahme an einem Diner zwingt, bei dem er dem korrupten Vertreter der Staatsanwaltschaft, der für ihre Suspendierung maßgeblich verantwortlich war, die Schädelplatte aufschneidet und ihn sein eigenes Gehirn essen lässt. Schließlich entkommt ebenso Starling Lecters Gefangenschaft wie dieser dem Zugriff der Polizei.

Die Tabubrüche des Filmes liegen in seinen exzessiven Darstellungen von gewaltsamen Körperauflösungen, die im Bruch des Tabus → Kannibalismus nur noch einmal gebündelt werden. Es fällt auf, dass sämtliche von Hannibal Getöteten außerordentlich unsympathisch wirken: Es sind Diebe, Mörder, Pädophile oder Angehörige jener Sorte Polizisten, die aufgrund ihrer niederen Instinkte und den daraus resultierenden Handlungen fast ununterscheidbar von den Verbrechern scheinen, die sie bekämpfen. Der Serienkiller wirke dadurch, so argumentiert Georg Seesslen in der »Zeit«, wie ein *»verkappter Moralist«*, der Menschen deshalb töte, weil sie es verdient haben – was ihn zu einer Art freiberuflichem Vollstrecker der Todesstrafe à la Charles Bronson werden ließe. So entwickle sich diese Figur zum Vertreter des Durchschnittszuschauers, wie Seesslen weiter ausführt: *»Die Produktion eines Films wie Hannibal ist nichts anderes als ein prekärer Balanceakt, nämlich einerseits die Bilder des Vorgängers und die Bilder der Konkurrenz an bizarren Attraktionen zu übertreffen, andererseits aber den Konsens im Mainstream nicht zu stören. Von der Peripherie (in der Filme wie ›The Texas Chainsaw Massacre‹ einst die moralische und ästhetische Ruhe des Mainstream zu stören vermochten) ist das Gewaltbild in die Mitte gerückt. Dabei hat es sich, gewiss, gegenüber den Provokationen des bewusst ›bösen Kinos‹ abgeschwächt. Zugleich aber ist es selbstverständlich, gewöhnlicher geworden. Bei ›Zombie‹ musste die Mainstream-Kultur über et-*

was urteilen, das sie sich vom Halse halten will. Bei Hannibal kann sie nur über sich selbst urteilen.« Der Filmkritiker Jake Horsley beschrieb in seiner zweibändigen Essaysammlung »The Blood Poets« (USA 1999) die zeitgenössischen Zuschauer, die sich für diese Filme dermaßen begeistern können, als *»so durch und durch zynisch gelangweilt und angewidert von ihrem Leben und der Gesellschaft insgesamt, dass sie ein perverses, fast selbstmörderisches Vergnügen empfinden, wenn sie dabei zusehen, wie all dies vor ihnen auseinanderbricht. Ein verbrecherischer Wahnsinniger, frei wie ein Vogel, der seine kranke Rache gegen eine Gesellschaft richtet, für die er lediglich äußerste Verachtung empfindet, sie als geringwertig wahrnimmt, dieser Gedanke trifft auf die Anerkennung, wenn nicht das Vergnügen, des modernen Publikums. Die Zuschauer stimmen dieser Sichtweise zu (...) und sind nur allzu bereit, die Gesellschaft dem Irrsinnigen zu übergeben. (...) Es ist eine Logik aus dem Schlachthaus.«*

Die Problematik, dass sich der Mainstream immer mehr exzessive Gewaltdarstellungen aneigne, die zuvor dem Underground vorbehalten blieben, wurde bereits anlässlich »Das Schweigen der Lämmer« von der US-Zeitschrift »Newsweek« angesprochen, als sie am 1. April 1991 titelte: »Violence goes Mainstream. Movies, Music, Books – Are There Any Limits Left?« Ironischerweise fand die wahre Explosion von Gewaltszenen auf der Leinwand erst im darauf folgenden Jahrzehnt statt. Nicht weniger ironisch ist, dass Thomas Harris dieses Dilemma in »Hannibal« selbst thematisiert, indem er vor dem metaphorischen Hintergrund mittelalterlicher Folterinstrumente die Frage stellt, welche Reize in unserer abgestumpften Kultur denn mittlerweile schon notwendig seien, um überhaupt Aufmerksamkeit zu erzeugen. Unter http://www.gradnet.de/pomo2.archives/pomo2.papers/volkmann00.htm befindet ein Essay unter dem Blickwinkel der postmodernen Kultur: *»Harris hat (...) dem Genre des Unterhaltungsromans sukzessiv neue Dimensionen eröffnet. Er bricht in einer doppelten Stoßrichtung nicht allein in die letzten Tabuzonen der Anything-goes-Gesellschaft ein, sondern errichtet Brückenköpfe des bisher Ausgegrenzten in das Zentrum der Unterhaltungsindustrie hinein. Harris hat ein Erfolgsrezept gefunden, das in Abwandlung auch andere Künstler und Entertainer der Postmoderne – von Madonna über die Spice Girls und Eminem bis zu Stephen King – für sich entdeckt haben: die postmoderne Auflösung alter Dichotomien in der*

Übernahme der Randelemente des Verpönten, Unterdrückten und Ausgegrenzten. Es ist dies jener viel beschriebene ›return of the repressed‹ als eine Hineinführung dieser Randelemente in jene von Kapitalismus, Massenkultur und Kommerz bestimmte dominante kulturelle Konfiguration, die gerne immer noch mit dem einst so passenden prä-postmodernen Terminus ›Mainstream‹ belegt wird. Auch Gewalt und Horror, selbst in ihrer grotesken Übersteigerung, sind inzwischen ›Mainstream‹.« Zusammengefasst: Das Gewalttabu hat sich weitgehend aufgelöst, wobei im Bilderkrieg der Kinobranche jedoch immer wieder neue Tabus – etwa die direkte Darstellung kannibalistischer Akte in einem Hollywoodfilm – aufgespürt, dargestellt und damit ebenfalls ausgelöscht werden.

Eine der Instanzen zur Aufrechterhaltung von Tabus ist immer noch der Jugendschutz: Unter anderem weil die Hauptfigur Hannibal von Intellekt und Alltagsverhalten so überaus positiv gezeichnet werde, verweigerte die Freiwillige Selbstkontrolle der Filmwirtschaft (FSK) eine Freigabe des Films für Zuschauer unter 18 Jahren. Jugendlichen sei eine »*tragfähige Distanzierung*« durch diese sympathische Darstellung des Serienkillers nicht möglich. Auch die bildstarken »*Gräuelszenen*«, die anders als bei den »Lämmern« nicht lediglich angedeutet wurden, könnten emotional sensible jüngere Zuschauer überfordern. Diese Entscheidung fiel aufgrund der filmästhetischen Brillanz des Werkes nicht einstimmig und erst nach einer heftigen Debatte innerhalb des FSK-Ausschusses. Ihr waren Äußerungen von Politikern vorhergegangen, aus denen man allerdings mit nur wenig Mühe herauslesen konnte, wie die Kritik am Film für die eigene politische Position genutzt wurde. So distanzierte sich Hessens Innenminister Volker Bouffier, dessen Landes-CDU extrem stark von einem Parteispendenskandal getroffen war, besonders scharf von »*jenen grässlichen Szenen*«, die SPD-Politikerin Monika Griefahn erkannte in Scotts Werk feministisch korrekt das »*letzte Aufbäumen einer ideenlosen Macho-Generation*« (→ »Baise-moi«), und Bayerns Innenminister Beckstein befand es in der »Bild«-Zeitung als »*unerträglich, dass durch solche Filme alle möglichen Psychopathen inspiriert werden*«. Ausgerechnet diese eher waghalsige Befürchtung erhielt Schützenhilfe durch das »SPIEGEL«-Interview »Ja, du kannst Menschenfleisch essen«, in dem der Direktor der Klinik für Psychiatrie und Psychotherapie der Universität Halle-Wittenberg, Professor Andreas Marneros, davor warnte, dass »Hannibal« die Schwelle für Nachahmungstäter sinken lassen könnte – wobei er sich allerdings ausdrücklich gegen ein Verbot dieses Filmes aussprach. Marneros, der als Gerichtsgutachter vier Kannibalen eingehend befragt hatte (»*Es existiert eine klare Präferenz für Weichteile*«), sprach dem Psychothriller indes die realistische Grundlage weitgehend ab: »*Einem lebenden Menschen das eigene Hirn zu servieren, das kriegt nicht mal ein Meisterchirurg hin. Der Film dämonisiert. Stählerne Gesichtsmasken, wie der Held sie trägt, gibt es im Maßregelvollzug nicht. Ich habe mich viele Stunden mit meinen Patienten unterhalten. Gebissen hat mich keiner. Nur einmal wurde mir mulmig. Einer sagte, als er eine Frau sah: ›Die würde in der Pfanne gut schmecken.‹ (...) Aber am Film stört mich, dass er nichts erklärt. Hannibal Lecter ist eine hochintelligente Figur, die Macht und Perversion demonstriert. Die Vorgeschichte dieses Mannes bleibt rätselhaft und völlig im Dunkeln.*«

Solche Kritik an Scotts Film und seiner Sperrung für Jugendliche schadete ihm allerdings nicht, sondern sorgte durch die damit verbundene Skandalisierung eher noch für einen zusätzlichen Werbeeffekt. Wie der Hamburger Medienpsychologe Dettbarn ausführte, sind gerade Thriller mit angeblich schwer erträglichen Szenen bei jungen Erwachsenen als eine Art Mutprobe besonders beliebt. Der in den USA ab 17 freigegebene Film spielte bei Produktionskosten von umgerechnet etwa 40 Millionen Euro dort bereits in den ersten drei Tagen die Rekordsumme von etwa 60 Millionen Euro ein. Auch was die Berliner Deutschland-Premiere anging, zeigte sich Produzent Dino De Laurentiis über den für ihn unerwartet starken Zuschauerandrang äußerst zufrieden. Er denke über eine weitere Fortsetzung nach.

Die deutsche Filmkritik zeigte sich indessen eher ablehnend. Unter der Überschrift »Hirnrissige Hausmannskost« zog beispielsweise Oliver Hüttmann im »SPIEGEL« einen Vergleich zum Vorgänger: »*›Das Schweigen der Lämmer‹ ist ein ausgefeilter, abgefeimter Psychothriller um Identitäten und das eigene Ich, von Demme klaustrophobisch inszeniert. ›Hannibal‹ dagegen ist ein schlichter Horrorschocker. Zwischen kulturbeflissenem Schwulst, pompösem Zierrat und dekadentem Renaissance-Gehabe darf der Feingeist und Gourmet alles ausleben, was zuvor nur angedeutet wurde.*« Während die kannibalischen und andere Gewaltszenen durchaus akzeptabel seien, solange sie einer guten Geschichte dienten, träten hier die Grässlichkeiten an die Stelle einer filmischen Vision.

Einigkeit besteht zwischen Hüttmann, Müller und zahlreichen anderen Kritikern darin, dass den Film trotz großartiger Bilder und der ekelerregenden Schockszenen statt irgendeiner Form von Spannung insgesamt vor allem gähnende Langeweile auszeichne.

2002 spielte Anthony Hopkins in einem Remake von »Red Dragon« (»Roter Drache«) zum dritten Mal den kannibalischen Serienmörder. Dieser Krimi war eigentlich der erste Teil von Harris' Hannibal-Lecter-Romantrilogie und zuvor 1986 von Michael Mann als »Manhunter« verfilmt worden. Damals hatte Brian Cox die Rolle Lecters verkörpert.

»Happiness«

US-Spielfilm, 1998 unter der Regie und nach dem Drehbuch von Todd Solondz. Der renommierte Filmkritiker Roger Ebert ordnet »Happiness« dem frisch etablierten »New Geek Cinema« zu, ein Genre im Grenzland zwischen Ironie und Tragödie, beeinflusst unter anderem durch David → Lynch und Quentin Tarantino.

Im Mittelpunkt der komplexen Story um eine hohe Zahl von Figuren mit ihren miteinander verzahnten Lebensläufen stehen drei Schwestern, Töchter eines Scheidungspaares in dem New Yorker Vorort New Jersey: die Hausfrau und Bilderbuch-Mutter Trish (Cynthia Stevenson), die auf der Suche nach einem Freund immer wieder enttäuschte Joy (Jane Adams) und die sexuell hyperaktive Autorin Helen (Lara Flynn Boyle), die ihren Erfolg fiktiven, vorgeblich autobiographischen Skandalenthüllungen zu verdanken hat. Im Lauf des Films stellt sich heraus, dass die häufig schwermütige Joy vielleicht noch das beste Los gezogen hat: Trishs Ehemann Bill (Dylan Baker) zum Beispiel interessiert sich weniger für seine Frau als für → Selbstbefriedigung mit Hilfe von Jungenmagazinen und baut schließlich einen Kontakt mit dem engelhaften Klassenkameraden seines pubertierenden Sohnes auf, um seine Leidenschaft nicht nur in der Phantasie auszuleben. Der Vater dieses Jungen hält seinen Sohn für schwul und möchte ihn mit der Hilfe einer Prostituierten auf den richtigen Weg bringen, gelangt aber resignierend zu der Ansicht, dass dieser mit seinen elf Jahren dafür schon zu alt sei. Bills Patient Allen (Philip Seymour Hoffman), der keine Partnerin findet, weil er zu langweilig ist, behelligt stattdessen Frauen mit obszönen Telefonanrufen, bis er dabei auf Helen stößt, die gerade in einer Schaffenskrise steckt, weil sie sich bei ihrem momentanen Werk nicht in die Rolle eines mit elf Jahren vergewaltigten Mädchens hineinversetzen kann. Spontan beschließt sie, Allen zu sich einzuladen, weist ihn aber kühl von sich, als sie entdeckt, dass er *»nicht ihr Typ«* ist. Allen wiederum wird von seiner übergewichtigen Nachbarin Kristina (Camryn Manheim) begehrt und lässt sich schließlich auf sie ein – bis er erfährt, dass sie den Nachtportier, der sie vergewaltigt hatte, tötete und zerstückelte. Einige Teile von ihm habe sie immer noch in ihrem Gefrierfach ...

Während das zentrale Tabuthema dieses Filmes → Einsamkeit ist, schwebte seine Verleihfirma kurzzeitig am Rande des Boykotts, nachdem die konservative Mehrheit in den USA auf die Barrikaden ging, weil der Kinderschänder Bill eben nicht als bloßes Monster dargestellt wurde. Zentrale Szene ist hier ein Gespräch zwischen Bill und seinem Sohn, nachdem er dessen Klassenkameraden belästigte. Der Junge fragt seinen Vater, ob es wahr sei, was alle an der Schule über ihn sagten: dass er ein *»Massenschänder und Perverser«* sei. Der Vater erwidert, das stimme, und beantwortet auch die folgenden Fragen seines Sohnes trotz des sichtlich wachsenden Schmerzes bei beiden unumwunden und ehrlich. (*»Würdest du mich auch ficken?« – »Nein. Ich würde nur onanieren.«*) Dieses Thema wird noch einmal durch Helen gespiegelt, der im Rahmen ihrer Selbstinszenierung als Missbrauchsopfer nur eine nach Altersstufen sortierte Auflistung von Folgeerscheinungen einfällt.

Obwohl der Film auf Festivals in positiver Weise Aufsehen erregte und etwa in Cannes den Kritikerpreis errang, wagte sein Verleih mit kaum einer Handvoll Kopien ohne Jugendfreigabe nur einen sehr zaghaften Kinostart – und erntete einen beeindruckenden Kassenerfolg. Angerechnet wurde ihm unter anderem, dass er seine Themen nicht ausschlachte, sondern seine Figuren als glaubwürdige, durchschnittliche Menschen mit ernsthaften Problemen zeichne. Dabei lösten sich aussagekräftige Dialoge und Momente tiefer Einsicht mit Slapstick-Einlagen ab, die direkt aus → »Verrückt nach Mary« stammen könnten (ebenfalls ein prototypischer Vertreter des New Geek Cinema). Roger Ebert führt aus: *»Ist der Film ein Porträt verzweifelter menschlicher Traurigkeit? Warum lachen wir dann? Ist es eine ironische Komödie? Woher stammt dann diese Zärtlichkeit gegenüber je-*

nen einsamen Menschen? Dreht er sich um Verdorbenheit? Ja, aber warum erweckt er in uns den unbequemen Verdacht, dass die Verdorbenen nur das suchen, was wir alle suchen, lediglich mit einem Fehlen gewöhnlicher moralischer Vision? In einem Film, der in den Abgrund menschlicher Verzweiflung hineinschaut, gibt es die furchteinflößende Andeutung, dass seine Figuren nicht groteske Ausnahmefälle darstellen, sondern vielmehr Teil des Mainstreams der Menschheit. (...) Er zeigt uns Menschen, die geliebt werden möchten, das aber niemals erlangen werden – aufgrund ihrer emotionalen Inkompetenz und ihrer steckengebliebenen Entwicklung.«

Regisseur Solondz zufolge stünden in seinem Film → Pädophilie und Belästigung am Telefon keineswegs im eigentlichen Zentrum, sondern seien bloße Mittel, um die eigentlichen Themen der Entfremdung, Isolation und der Sehnsucht nach Nähe darzustellen. Allens Anrufe wirken anfangs witzig, aber recht bald gewinnt der Zuschauer den Eindruck, dass sie alles sind, was ihn in seiner Verzweiflung davon abhält, sich umzubringen. Solondz: »*Was die Leute verunsichert, scheint zu sein, dass meine Figuren sich abscheulich und widerwärtig verhalten. Trotzdem können wir sie nicht einfach abstempeln. Sie können nicht auf den Kinderschänder oder den obszönen Anrufer reduziert werden. Sie haben Herzen und Seelen und Leben, die bluten. Ich sorge mich um sie, und in gewissem Sinne bitte ich meine Zuschauer, sich zu kümmern – um jene Leute, die auf der ganzen Welt die Letzten sind, um die sie sich kümmern möchten.*«

Quelle/Literatur: Roger Ebert's Movie Yearbook 2000. Kansas City 1999

»Harmful to Minors«

→ Pädophilie

»Der Havelkaiser«

Deutsche Familienserie mit inzwischen elf eher losen Folgen, ARD 1994-2000, um den Berliner Schiffswerftbesitzer Richard Kaiser (Günter Pfitzmann) und seine Verwandtschaft. Die Serie gilt als der Startpunkt, ab dem eine lesbische Beziehung erstmals im öffentlich-rechtlichen Hauptabendprogramm präsentiert werden konnte. Die Entwicklung verlief indes nicht gänzlich unkompliziert: Während in der ersten Staffel eine sich anbahnende Beziehung zwischen Jette Kaiser (Marion Kracht), jüngste Tochter der Familie und als Motorradbraut in Leder inszeniert, und der Anwältin Elisabeth Havemann (Michèle Marian) zaghaft angedeutet wurde, schrieben die Autoren gegen Ende der Staffel Jette doch noch in eine heterosexuelle Partnerschaft hinein. Letztlich war es erst durch den Einfluss Günter Pfitzmanns und eine Kündigungsdrohung Marion Krachts durchzusetzen, dass Jette und Elisabeth für den gesamten Rest der Serie eine lesbische Beziehung führen durften.

Hays-Code

1934 offiziell in Kraft getretene Vorschriftensammlung für die US-amerikanische Filmindustrie, mit der geregelt wurde, was gezeigt werden durfte und was tabu war. Ihren Namen erhielt sie durch den verantwortlichen Leiter der Motion Picture Producers and Directors Association, William H. Hays, dessen 1922 gegründete Zensurbehörde sich an dem zehn Jahre älteren British Board of Film Censors orientierte und ab den dreißiger Jahren vom Motion Picture Production Code der Roman Catholic Legion of Decency verstärkt wurde. Insbesondere Sexualität konnte unter dieser Regelung bis in die sechziger Jahre hinein höchstens in Andeutungen oder in der bekannten Bildmetaphorik (herangischende Brandung, ejakulierende Champagnerflaschen etc.) dargestellt werden. Die damals sehr ernst genommenen Vorschriften des Hays-Codes – etwa dass ein Paar nur im Bett gezeigt werden durfte, wenn jeder Partner mindestens einen Fuß auf dem Fußboden stehen hatte – werden heute nur noch belächelt oder satirisch ausgestellt. So zeigt sich die von Mia Farrow gespielte Hauptfigur in Woody Allens »Purple Rose of Cairo« (1985) leicht überfordert, wenn ihr Held von der Leinwand herabsteigt und sich für keine weitergehenden Aktivitäten als Küsse bereit erklärt. Berühmte andere Beispiele für das Wirken des Hays-Codes sind: In der Einleitungssequenz von Hitchcocks → »Psycho« trägt Janet Leigh noch ihren BH, obwohl sie offensichtlich gerade mit ihrem Liebhaber im Bett war; in Tennessee Williams »Cat on a Hot Tin Roof« (»Die Katze auf dem heißen Blechdach«, 1958) waren die Anspielungen auf das Motiv der → Homosexualität so verhalten, dass viele Zuschauer annahmen, es ginge darin in Wahrheit um → Alkoholismus; in »Gone with the Wind« (»Vom Winde verweht«, 1939) konnte Clark Gable den berühmten Ausspruch *»Frankly, my dear, I don't give a damn«* nur retten, indem er die Betonung auf das Wort »give« legte.

Literatur: Holden, Lynn: Encyclopedia of Taboos. Oxford 2000. Thody, Philip: Don't Do It. A Dictionary of the Forbidden. Palgrave Macmillan 1997

»Heavenly Creatures«

Entwicklungsfilm, Deutschland, Neuseeland und Großbritannien 1994, unter der Regie von Peter Jackson. Die Handlung beruht auf wahren Ereignissen im Neuseeland der fünfziger Jahre und schildert auf der Grundlage von Tagebuchaufzeichnungen Pauline Parkers (im Film dargestellt von Melanie Lynskey), wie diese sich als gesellschaftliche Außenseiterin mit einer Schulkameradin in derselben Position anfreundete: Juliet Hulme (gespielt von Kate Winslet). Während sich diese Freundschaft zunehmend vertieft, verbringen die beiden Mädchen bald mehr Zeit in ihrer gemeinsamen Phantasie als in der Realität. Schließlich wird aus der kameradschaftlichen eine erotische Beziehung, woraufhin insbesondere Paulines Mutter dieser Entwicklung einen Riegel vorzuschieben sucht. Die beiden sehen als einzige Möglichkeit, ihr Glück zu erhalten, den Mord an Paulines Mutter. So geschah es dann auch in der Welt außerhalb des Films 1954, woraufhin die jungen Mörderinnen der Obhut des Staates unter der Auflage eines strengen Kontaktverbotes übergeben wurden. 1959 verließ Juliet Neuseeland, und beide Frauen nahmen falsche Namen an. Erst nachdem der Film internationale für große Resonanz sorgte, wurde enthüllt, dass Juliet inzwischen unter dem Pseudonym »Anne Perry« eine Karriere als bekannte Kriminalroman-Autorin hinter sich gebracht hatte. Kritiker würdigten bei der filmischen Umsetzung dieser Geschehnisse vor allem die an Terry Gilliam erinnernden surrealen Bildwelten für die Phantasien der Mädchen, ebenso die emotionale Kraft der Hauptdarstellerinnen, die einfühlsame Zeichnung der Figuren und ihres schmerzhaften Entwicklungsprozesses sowie die subtile Thematisierung des Problems, zwischen Phantasiewelt und Realität nicht mehr trennen zu können.

»Hellblazer«

→ Azzarello, Brian, → Ennis, Garth

»Henry – Portrait of a Serial Killer«

Psychothriller, USA 1986, unter der Regie John McNaughtons. Schon in seinem Werbeslogan »*Henry ist nicht Freddy, Henry ist nicht Ja-*

son ... er ist REAL« weist der Film auf seinen zentralen Reiz hin: Er verwendet eben keine künstlich erschaffenen Figuren als Schreckgestalten, sondern bezieht sich vielmehr auf das reale Vorbild des → Serienmörders Henry Lee Lucas, der bekundete, 600 Morde begangen zu haben (wobei er dieses Geständnis später widerrief). Im Unterschied zu anderen Filmen aus diesem Genre geht es hier nicht um den Konflikt zwischen dem Verbrecher und Mitarbeitern der Strafverfolgung, sondern um eine Darstellung von Henrys Leben, wobei die authentische Inszenierung und die grausamen Mordszenen einander zuwiderlaufen und unterwandern, der Schrecken aber dadurch noch einmal besonders verstärkt wird. Ebenfalls anders als in den gängigen Filmen mit Serienkillern als Hauptfiguren ist Henry weder eine faszinierende Persönlichkeit wie Dr. Lecter in → »Hannibal«, noch auf den ersten Blick als Irrer erkennbar wie der Täter in »Copycat«, noch ein kauziger Einzelgänger, der als Folge psychischen Drucks plötzlich Amok läuft wie Travis Bickle in »Taxi Driver«. Der Film ist aber auch keine psychologische Studie, die durch analytische Erklärungsansätze dem verstörenden Handeln Henrys Sinn verleiht. Stattdessen bildet er lediglich die Geschehnisse ab, emotional teilnahmslos, moralisch wertfrei und unter Verzicht auf Elemente, die normalerweise eine Erzählung konstituieren: So fehlen Identifikationsfigur und Held, es gibt so gut wie keine Charakterentwicklung, nur minimalen Spannungsaufbau, keinen zur Auflockerung eingestreuten Humor, keine geistreichen Dialoge und keine abschließende Moral etwa durch die Bestrafung des Unholds oder die Rettung eines Opfers. In Kombination mit den filmtechnischen Methoden (eher laienhaft wirkende Aufnahmen auf grobkörnigem Material) ruft all dies einen besonders dokumentarischen Eindruck hervor.

Zur Handlung: Der Serienmörder Henry (Michael Rooker) und der Drogendealer Otis (Tom Towles) sind Angehörige der New Yorker Unterschicht und leben in einer kleinen und schäbigen Wohnung zusammen. Beide haben eine traumatisierende Kindheit hinter sich, und beide verbringen ihre Freizeit auf eigenwillige Weise: Otis steigt kleinen Jungen nach; Henry hat sich darauf spezialisiert, Menschen auf so unterschiedliche Weise zu töten, dass die Polizei kein Muster erkennen kann, um ihm auf die Spur zu kommen. Allerdings findet Otis schließlich heraus, welches Geheimnis sein Mitmieter verbirgt.

Er ist davon sehr angetan, begleitet seinen Freund fortan bei seinen Streifzügen und nimmt die Verbrechen mit seiner Videokamera auf. Gleichzeitig erwacht in Henry ein romantisches Interesse an Otis' Schwester Becky (Tracy Arnold). Als Otis seine Schwester zu vergewaltigen versucht, wird auch er von Henry getötet und seine Leiche zerstückelt. Henry begibt sich mit Becky auf die Flucht, tötet sie aber noch in der ersten Liebesnacht.

Wie man aus dieser kurzen Zusammenfassung erahnt, stellt der Film Henry und Otis auf für manche etwas befremdliche Weise einander gegenüber. Beide sind erbarmungslose Schwerstverbrecher, und doch wird Otis als »der Böse« inszeniert, sadistisch, gefühlskalt, von inzestuösem Begehren besessen (→ Inzest) und pädophil (→ Pädophilie). Henry, der »nur« aus einem anscheinend unbeherrschbaren Zwang heraus tötet, aber beispielsweise zur Liebe fähig und gegenüber Becky rücksichtsvoll und höflich ist, erscheint vergleichsweise sympathisch – für einen Serienkiller. Dieses Motiv des im Kontrast zu anderen Verbrechern nahezu positiv gezeichneten Serienmörders wurde 15 Jahre später in dem Roman »Hannibal« sowie seiner Verfilmung noch einmal auf die Spitze getrieben (wobei Henry, wie erwähnt, die Bildung, Eleganz und Kultiviertheit Hannibal Lecters vollständig abgeht).

Eine Schlüsselszequenz des Films, die bei den Zuschauern regelmäßig für besonders starke Gefühlsaufwallungen sorgt, zeigt Henry und Otis, wie sie eine vor kurzem aufgenommene Videoaufzeichnung über ihre Ermordung einer Familie betrachten. Hat der gesamte Film schon ein stark dokumentarisches Flair, so wirkt diese Aufzeichnung unter anderem durch die Kamerawinkel und das vergrieselte Schwarz-Weiß-Bild besonders authentisch, gleichzeitig durch die Brutalität der gezeigten Handlungen aber auch außerordentlich grausam und brutal. (Es heißt, dass die Frau, die bei den Dreharbeiten die Mutter spielte, dabei einen schweren psychischen Schock erlitten haben soll. Das mag eine Legende sein, wäre von der fraglichen Szene her aber durchaus nachvollziehbar.)

Wie nicht anders zu erwarten, hatte McNaughtons Film anfangs einige Probleme damit, den üblichen Mechanismen der → Zensur zu überstehen. Drei Jahre lang fand sich kein Verleih, der »Henry« in sein Programm aufnehmen wollte. Die zuständige US-amerikanische Behörde MPAA verweigerte bis 1990 eine Freigabe für Jugendliche, in Deutschland stand er bis 1993 auf dem Index. (In Schweden war die ungekürzte Fassung in Kaufhäusern problemlos erhältlich.) Erst nachdem das Werk auf dem »Seattle International Film Festival« den Hauptpreis erhielt und internationale Kritiker es daraufhin anerkennend würdigten, begann sein Siegeszug, der zu weiteren Auszeichnungen und seiner Aufführung auf anderen Filmfestivals wie etwa auch in Cannes führte. Hauptdarsteller Rooker trat von da ab an der Seite von Stars wie Al Pacino oder Gene Hackmann auf.

1997 ließ der Regisseur Chuck Parsello einen zweiten Teil folgen, konnte aber kaum neue Ideen oder weiterführende Ansätze zu diesem Motiv anbieten.

Hirsch, Ludwig

Wiener Liedermacher und Schauspieler. Wenn auch die Lieder seiner österreichischen Kollegen Georg Danzer und Reinhard Fendrich durchaus ebenfalls zeitkritisch und provokant waren, gelang es vor allem Hirsch durch seine Tabus sprengenden Texte – vorgetragen zu sanften, eingängigen Melodien und mit pointierter Betonung – auch über die Protestbewegung in den Achtzigern hinaus künstlerisch Zeichen zu setzen. Bereits in seinem Debütalbum »Dunkelgraue Lieder« (1978) imaginierte sich Hirsch als Begrabener, in dessen Hirn sich die ersten Würmer krallen (»I lieg am Ruckn«), thematisierte den Sexualmord an Kindern (»Der Herr Haslinger«) und eine Überpornographisierung unserer Gesellschaft, die auch vor den ganz Kleinen nicht halt macht. So heißt es in »Spuck den Schnuller aus«: *»Und die Micky Maus zieht die Minnie Maus aus, und der Dagobert Duck ist nach'm Donald verruckt, und Klein Adlerauge sagt ganz befriedigt ›uff!‹, is ja kein Wunder, er kommt grad aus'm Disneylandpuff, und wennst es noch net weißt, dann wirst es gleich wissen, Klein Bambi treibt's mit an Sodomisten.«* (→ Homosexualität, → Inzest, → Zoophilie). In den Liedern des Albums »Komm großer schwarzer Vogel«, wofür Hirsch 1980 den deutschen Schallplattenpreis erhielt und als »Künstler des Jahres« ausgezeichnet wurde, lockt *»die Mutter ihr Madl auf den Strich«* (»Ich hab's wollen wissen«), ausgestopfte Wiener Sängerknaben onanieren mechanisch (»Tante Dorothee«, vgl. → Selbstbefriedigung), der transsexuelle »Herbert« hat seinen ersten Auftritt (→ Transgender) und das narrative Ich in »An Euch« zelebriert genüsslich Schwarze Messen (→ Satanismus). Das Muster von erschreckenden Verhältnissen, die vor allem die Unschuldigen und Machtlosen zum Opfer haben und die von der scheinbaren bürgerlichen Ordnung nicht nur verdeckt, sondern vielmehr ermöglicht werden, zieht sich auch durch die weiteren Texte des Liedermachers. Insbesondere auf seinem Album »Bis zum Himmel hoch«, einem *»akustischen Bilderbuch«*, wählte Hirsch die Kritik an der christlichen Religion und der Institution Kirche zu einem seiner Leitmotive, während das in seinen Texten vermittelte Weltbild vor allem existentialistische Züge aufweist. In dem Titellied zu Hirschs siebtem Album »Landluft« (1986) kehrt nicht nur auf verspielte Weise das Inzest-Thema zurück. Vor allem widersetzte sich Hirsch hier ähnlich wie die britische Anarcho-Band → Chumbawamba der damaligen Selbstinszenierung zahlreicher Pop-Stars als Bekämpfer der Hungersnot in Äthiopien, indem er mit befreundeten Liedermachern demonstrativ parodistisch die Vereinigung »Austria für Unterrohr« gründete. (Unterrohr ist in Hirschs Song »Alles paletti« eine fiktive österreichische Ortschaft, deren Einwohner alljährlich von den Bürgern des benachbarten »Oberrohr« zusammengeschlagen und *»vergedirndelt«* werden.) In seinen vier letzten Alben (Sonder-Zusammenstellungen nicht mitgerechnet) wurde Hirsch spürbar poetischer und zahmer und verlor dadurch viele Fans. Während hier und da noch Ansätze schwarzen Humors zu erkennen waren, wiederholten sich oft nur Motive früherer Alben. Insbesondere der über die Stränge schlagende Biss der ersten LPs fehlte inzwischen völlig. Wie viele Künstler kopierte Hirsch hier lediglich Elemente seiner eigenen Titel, die früher erfolgreich waren, statt zu erkennen, dass sein Erfolg vor allem durch die Qualität des Neuartigen und Seiner-Zeit-voraus-Seienden zu verdanken war. Was früher noch ein mutiger Tabubruch war, erzeugt zwanzig Jahre später und milder oft nur Langeweile.

Literatur: Hirsch, Ludwig: Ich hab's wollen wissen. Lieder, Bilder, Texte. München 1983

Hitchcock, Alfred

→ »Psycho«

Hitler, Adolf

Die Frage, ob es ein Tabubruch sei, den deutschen Reichskanzler, der für den Holocaust an den → Juden und einen Weltkrieg hauptverantwortlich war, als komische Figur darzustellen und seine Greueltaten damit möglicherweise zu trivialisieren, stellte sich erstmals, als Hitler eben diese Taten gerade beging: Im Jahr 1940 karikierte Charlie Chaplin (»*Hitler hat mir mein Outfit gestohlen*«) den »Führer« in all seiner Lächerlichkeit, 1942 trieb Ernst Lubitsch in seiner Nazi-Satire »Sein oder Nichtsein« mit Entsetzen Scherz. Damals wurde Lubitsch eine Verharmlosung des NS-Regimes an der Grenze zur Geschmacklosigkeit vorgeworfen, heute ist sein Film ein anerkanntes Meisterwerk und Meilenstein der Kinogeschichte.

Im Unterschied zu anderen Ländern dauerte es in Deutschland etwa 50 Jahre, bis Hitler in den Medien verulkt werden durfte. Ein halbes Jahrhundert war offenbar notwendig, um sich dieser Personifizierung millionenfachen Grauens auf der Ebene des Humors anzunähern. Heute hat die Mehrheit der Zuschauer Hitlers oft als »dämonisch« wahrgenommenes Charisma nicht mehr direkt erlebt und die Kategorien dessen, was als erlaubt gilt, haben sich ohnehin verschoben.

Schwellenöffner für den Einzug Hitlers als mediale Ikone im Bereich Humor und Satire bildete vor allem Walter Moers mit seinen »Adolf«-Comics (zunächst für das Magazin »Titanic«), in denen Hitler bis auf seinen überschnappenden Judenhass weitgehend aus seinem historischen Kontext herausgenommen wurde. Stattdessen bringt er sein Tamagotchi um, als er erfährt, dass es aus Japan kommt, hat Sex mit einem wiederbelebten, geschlechtsumgewandelten Göring und einen Unfall mit Lady Diana, kocht bei Biolek, wird von Außerirdischen entführt und Zen-Buddhist, entschlüsselt die Kornkreiszeichen, liest Günter Grass, trifft Mutter Theresa und macht den Pepsi-Test. »*Eine ebenso knappe, dichte, lustige Kritik an der Politik mit den Symbolen hat lange kein Text mehr zustande gebracht*«, urteilte Diedrich Diederichsen in der Zeitschrift »Spex«. Das Verschweigen von Hitlers Opfern problematisierte hingegen Michel Friedman als Vize-Präsident des Zentralrats der Juden in Deutschland: »*Die Verflachung bei Moers wirkt gegen seinen eigenen Anspruch. Wo einem das Lächeln im Hals gefrieren sollte, gefriert es nicht genug. Es müsste den Leser schaudern, dass er gelächelt hat.*«

Während er Moers Texte als hart an der Grenze empfinde, erklärt Harald → Schmidts Chefautor Peter Rütten, solle Hitler in der Unterhaltung auf keinen Fall ausgespart werden. So wurde als Bestandteil von Schmidts Show der »Führer« als Ratgeber für alltägliche Probleme (Mundgeruch, schlechte Zähne) ebenso eingebaut wie Hitlers Enkel, der schwäbische Öko-Fundi und Sozialpädagoge Sven Hitler-Läpple. Hierbei fällt auf, dass die Autoren der Show von politischen Anspielungen nach kurzer Zeit zu einer reinen Parodierung von Sprechweise und Gestik übergingen und die Komik vor allem aus dem Kontrast der furchteinflößenden Aura Hitlers mit seinem lächerlichen Gebaren und den Trivialitäten des Alltags entsteht. Der Witz wird hier als Mittel verwendet, um den von dem Diktator und Massenmörder ausgehenden Schrecken und die Last der deutschen Schuld zu bewältigen. Gleichzeitig wurde mit dem Tabubruch das Dilemma überwunden, dass gerade die ängstliche Distanz, mit der man als Nachgeborener Hitler zu behandeln hatte, zu dessen Mythisierung und Unantastbarkeit beitrug. Inzwischen persiflierte Diether Krebs in »Der Dicke und der Belgier« (ARD) Adolf an der Theke, der aus der »Wochenshow« bekannte Komiker Bastian Pastewka veralberte ihn in »Briskos Jahrhundertshow« (Sat 1) und »Switch« (Pro 7) nahm die verruckelten, unscharfen Schwarz-Weiß-Bilder von Dokumentaristen wie Guido Knopp aufs Korn, um aufzuzeigen, dass solche Berichte inzwischen selbst zu einer Form des informationsfreien Hitler-Merchandising geworden sind. *»Diese Dokus, wie sie gerade bei den Öffentlich-Rechtlichen sehr beliebt sind, sind pseudokritisch und verlogen«*, kommentierte dies die »Switch«-Produzentin Annette Reeker. *»Ohne Neues zu erfahren, sehen wir den x-ten Nazi-Aufmarsch. Dadurch bekommt Hitler erst Kultcharakter.«*

Als politische Partei versuchte sich die nordrhein-westfälische FDP mit einem Wahlplakat zu profilieren, auf dem neben dem Religionsführer Osho (Bhagwan) und der Horrorfilmfigur Freddy Krüger auch Adolf Hitler abgebildet war. *»Wenn wir nicht schnell für Lehrer sorgen, suchen sich unsere Kinder selbst welche«*, lautete der dazugehörige Slogan. Nordrhein-Westfalens Ministerpräsident Clement (SPD) kritisierte die Abbildung Hitlers als leichtfertige Entgleisung und Tabubruch. Die Liberalen erwiderten, dass ein solcher Tabubruch durchaus beabsichtigt gewesen sei, zogen nach ähnlichen scharf ablehnenden Reaktionen ihr Plakat aber wieder zurück.

Zu einzelnen Protesten führte auch, dass der »SPIEGEL« 1998 mit dem Tabu spielte, indem er in überregionalen Tageszeitungen ganzseitige Hitler-Porträts schalten ließ – versehen mit der Zeile »Sehen

Sie der Geschichte ins Gesicht«. Erst nachdem er umblätterte, erfuhr der Leser, dass es sich dabei um Reklame für den »Spiegel« handelte.

Wenige Tage vor der Bundestagswahl 2002 wurde der damaligen Justizministerin Herta Däubler-Gmelin vorgeworfen, ein Element der Politik des US-Präsidenten Bush mit einem Element der Politik Adolf Hitlers verglichen zu haben (nämlich das Ablenken von innenpolitischen Problemen durch Krieg gegen einen äußeren Feind). Diese angebliche Äußerung führte in einem ohnehin schon gespannten Verhältnis zwischen Washington und Berlin zu so starken Verstimmungen der US-Regierung, dass Däubler-Gmelin nach dem Wahlsieg der SPD als Ministerin nicht mehr zu halten war. Vgl. → »Staatsterrorismus« der USA.

Hodenkrebs
→ Green, Tom

»Die Holocaust-Industrie«
→ Finkelstein, Norman

Holocaust-Mahnmal
→ Benetton-Reklame

»Homo Faber«
→ Inzest

Homosexualität
1869 von dem deutschen Arzt Hongrois Benkelt geschaffene Bezeichnung für das erotisch-romantische Hingezogensein zu Angehörigen desselben Geschlechts bzw. die dadurch entstehende Beziehung (Gegenteil: Heterosexualität). Mindestens im Alltagssprachgebrauch werden homosexuelle Männer als schwul, homosexuelle Frauen als lesbisch bezeichnet. Die Ursachen für diese Veranlagung sind bis heute nicht geklärt. Einige Ergebnisse aus der Zwillingsforschung weisen auf eine genetische Kausalität hin, psychologische Theorien sprechen hingegen von einer frühkindlichen Prägung.

Seit den sexualwissenschaftlichen Erhebungen Kinseys ab den späten vierziger Jahren geht man von etwa vier Prozent ausschließlich schwuler Männer und zwei Prozent ausschließlich lesbischer Frauen aus, wobei solche Statistiken immer mit extremer Vorsicht zu genießen sind: Erstens schwanken die Zahlen zwischen den verschiedenen Untersuchungen, und zweitens stellt sich das Kontinuum zwischen Homo- und Heterosexualität in der Forschung immer mehr als fließend dar, so dass manche Wissenschaftler streng genommen von einer Bisexualität aller Menschen ausgehen. Homosexualität entpuppt sich in dieser Denkrichtung immer weniger als eine festgelegte Neigung, sondern vielmehr als ein bestimmtes Verhalten innerhalb der Rahmenbedingungen einer bestimmten Situation. Man kann also beispielsweise von einem hohen Prozentsatz »eigentlich« Heterosexueller mit homosexuellen Erfahrungen (insbesondere in der sexuellen Experimentierphase Jugend) ausgehen. Der Philosoph Michel Foucault wies darauf hin, dass schon die Begriffsbildung »Homosexualität« dem Kategorisierungswahn des späten neunzehnten Jahrhunderts zu verdanken war, was dazu geführt habe, dass man »den Homosexuellen« auch heute noch vielfach als ein aus der Art gefallenes Individuum mit eigener Persönlichkeit, eigener »Fallgeschichte« und speziellem Lifestyle wahrnehme. Die Sexualwissenschaft allerdings betrachtet Homosexualität inzwischen ähnlich wie der Mainstream der Mediziner und Psychologen als eine gleichberechtigte Ausdrucksform von Sexualität neben vielen anderen, was allerdings ohne den politischen Druck der Schwulenbewegung so schnell nicht möglich gewesen wäre.

Im Altertum war die Haltung der Gesellschaft gegenüber Homosexualität noch deutlich unbefangener: In der griechischen Antike galt zumindest die Liebe zu Knaben (Päderastie) als sozial akzeptabel, im alten Rom wurde sie wegen ihrer weiten Verbreitung in der Oberschicht geduldet. Der Historiker Edward Gibbon stellte fest, dass über zwei Jahrhunderte hinweg die ersten vierzehn römischen Kaiser bis auf einen entweder bisexuell oder ausschließlich homosexuell gewesen seien. Im kaiserlichen China galt Homosexualität als selbstverständlich, auch dieses Land wurde zum Höhepunkt der Han-Dynastie (206 vor bis 220 nach Christus) von zehn offen bisexuellen Kaisern regiert. In Hinduismus, Buddhismus und Shintoismus findet sich keine Tabuisierung der Homosexualität, eine eindeutige Verdammung fehlt auch im Islam. Ein islamisches Hadith aus dem vierzehnten Jahrhundert verkündet, dass es Gott nicht kümmere, wenn ein Mann mit einem Mann oder eine Frau mit einer Frau schlafe. Allein im jüdisch-christlichen Weltbild wurde Homosexualität als Makel oder Sünde dargestellt, basierend auf einem Vers aus dem alttestamentarischen Buch Leviticus, 18:22: *»Du darfst nicht mit einem Mann schlafen, wie man mit einer Frau schläft; das wäre ein Greuel.«* Leviticus 20:13 fordert für ein solches Vergehen die Todesstrafe. Paulus nahm diese Veurteilung gleichgeschlechtlicher Liebe in seinen Briefen an die Römer (1:18 und 1:26-28) wieder auf und bezeichnete sowohl schwule als auch lesbische Liebe als eine Strafe Gottes. Hier erkennen viele Kirchen- und Religionskritiker eine Feindschaft gegenüber der Sexualität, die nur als hinnehmbares Übel erscheint, wenn sie zur Zeugung von Nachkommen dient – wenn nicht, ist sie sündig. Im Dritten Reich wurden Homosexuelle verfolgt und in Konzentrationslagern umgebracht. In der Bundesrepublik Deutschland konnte die Emanzipationsbewegung der Homosexuellen in den siebziger Jahren durch offensive Coming-outs zwar eine breitere Toleranz ihrer Neigung in der Bevölkerung durchsetzen. Dies wurde jedoch durch die als »Schwulenseuche« apostrophierte Immunschwächekrankheit AIDS Anfang der achtziger Jahre wieder unterlaufen, und es kam zu neuen Wellen der Ausgrenzung und Diskriminierung.

Einer Studie der Universität Georgia aus dem Jahr 1996 zufolge reagierten männliche Versuchsteilnehmer, die Homosexuelle stark ablehnten, auf schwule Erotika mit weit stärkerer sexueller Erregung als Versuchsteilnehmer ohne diese starke Abneigung. 54 Prozent der Homophoben erwiesen sich als stark und 26 Prozent als immerhin mild erregt. Dieses Forschungsergebnis legt weitergehende Spekulationen nahe: Ist möglicherweise die starke Feindseligkeit mancher Menschen gegen diese und andere sexuelle Normabweichungen dadurch zu erklären, dass die Betreffenden gegen ihr eigenes Begehren ankämpfen und diesen inneren Konflikt nach außen projizieren?

Unter der Perspektive der Tabubrüche ist vor allem die mediale Aufarbeitung der Homosexualität von Interesse. Hier muss jedoch vorausgeschickt werden, dass die Medien generell für das Thema Homosexualität von ausschlaggebender Bedeutung sind. Dies gilt zum einen für die heterosexuelle Gesellschaft: Fast die Hälfte aller Deutschen kommt mit diesem Thema allein über die Massenmedien in Berührung, kaum mehr als zwanzig Prozent haben offen zu ihrer Neigung stehende Schwule oder Lesben in ihrem Bekanntenkreis. Zum anderen gilt eben jenes Dilemma aber auch für die Homosexuellen selbst, die ja in der Regel in heterosexuell ausgerichteten Familien aufwachsen, so dass für sie die Massenmedien zur Versorgung mit Informationen wie mit Identifikationsfiguren von besonderer Bedeutung sind.

In diesem Zusammenhang ist zunächst einmal filmgeschichtlich zu erwähnen, dass unter dem strengen → Hays-Code der dreißiger bis späten fünfziger Jahre prinzipiell jegliche direkte, unverhüllte Darstellung von Sexualität im Hollywood-Kino verboten war. Da Homosexualität als rein sexuelles und nicht auch z. B. romantisches Hingezogensein aufgefasst wurde, konnte sie unter diesen Umständen nicht thematisiert werden. Falls in Roman- oder Theatervorlagen Homosexualität vorkam, wurden solche Elemente bei der Verfilmung gestrichen oder umgedeutet. Zu den bekanntesten Beispielen zählen hier Alfred Hitchcocks »Rope« (»Cocktail für eine Leiche«, 1948), Stanley Kubricks »Spartacus« (1960) sowie Arthur Penns »Bonnie and Clyde« (1967). Ähnlich sah es in anderen Medienkanälen, beispielsweise der Presse, aus. Auch die deutsche Inszenierung von Liebe und Romantik war ganz auf das klassische Familienidyll abgestellt. Schwule Liebe konnte erst Ende der Sechziger im deutschen Problemfilm behandelt werden (»Jagdszenen aus Niederbayern«, 1968); lesbische Liebe kam de facto nicht vor. Erst danach weichten hier die Darstellungstabus allmählich auf, blieben aber zum Teil bis in die jüngste Zeit noch erhalten. In dem Film → »Philadelphia« beispielsweise ist es dem schwulen Paar immer noch nicht gestattet, einander leidenschaftlich zu küssen.

Eine sehr übersichtliche Zusammenstellung hinsichtlich des Tabubruchs zum Thema »Homosexualität in den Massenmedien« hat ein namentlich leider nicht genannter Autor unter http://schwulfunk.regenbogen.ac-net.de/hlmass.htm in in einem auch sonst sehr lesenswerten Artikel geleistet. Hier sollen die zentralen Medienereignisse stichwortartig wiedergegeben werden:

- 1962 fand eine hitzige Debatte über die Abschaffung des Homosexuellen-Paragraphen 175 statt. Die Adenauer-Regierung wollte an der Strafbarkeit homosexueller Handlungen (bezeichnenderweise nur unter Männern) festhalten, weil nach einem Wegfall dieser Strafbarkeit als nächster Vorstoß der Homosexuellen befürchtet wurde, »*sich für die gesellschaftliche Anerkennung gleichgeschlechtlicher Handlungen einzusetzen. ... Hand in Hand mit der verstärkten Werbung würde auch wohl ein vermehrtes Hervortreten gleichgeschlechtlicher Neigungen in der Öffentlichkeit gehen; denn da der Verkehr als solcher nicht mit Strafe bedroht wäre, würde sich ein Homosexueller, der seine Neigung offen erkennen lässt, nicht mehr der Gefahr einer Strafverfolgung aussetzen. Vor allem stände auch für die Homosexuellen nichts im Wege, ihre nähere Umgebung durch Zusammenleben in eheähnlichen Verhältnissen zu belästigen.*« Die Aufgabe des Strafgesetzes erblickte die Adenauer-Regierung folglich darin, »*einen Damm gegen die Ausbreitung eines lasterhaften Treibens zu errichten, das, wenn es um sich griffe, eine schwere Gefahr für eine gesunde und natürliche Lebensordnung im Volke bedeuten würde*«. Erst 1969 wurde Homosexualität durch eine Strafrechtsform zumindest größtenteils legalisiert, 1994 wurde der Paragraph 175 aus dem Strafgesetzbuch gestrichen.

- Am 15. Januar 1973 strahlte die ARD Rosa von Praunheims Film »Nicht der Homosexuelle ist pervers, sondern die Situation, in der er lebt« aus. Im März 1977 folgte Alexander Zieglers Film »Die Konsequenz«. In beiden Fällen schaltete sich der Bayrische Rundfunk aus dem ARD-Gemeinschaftsprogramm aus, was die Verantwortlichen damit begründeten, dass sich dieses Thema nicht für deutsche Fernseh-Haushalte zieme. Von Praunheims Film wurde durch Vorwürfe angefeindet wie den, dass »*Menschen unterster Kulturstufe im Fernsehen straffrei junge Menschen fürs schwule Heerlager rekrutieren*« dürften.
- 1974 fand der spektakuläre Ihns-Andersen-Prozess statt, bei dem zwei lesbische Frauen der Ermordung des Ehemannes einer von ihnen angeklagt und verurteilt wurden. Die Presseberichterstattung thematisierte die Liebesbeziehung zwischen den beiden Frauen unverhältnismäßig stark. Journalisten bezeichneten die Gerichtsverhandlung als »Lesbenprozess« und werteten den Mord quasi als Konsequenz der Homosexualität.
- 1975 verbot die Stadt Aachen einer Schwulengruppe, am Wochenende für zwei Stunden in der City einen Infostand zu errichten, Flugblätter zu verteilen und mit Passanten über dieses Thema zu sprechen. Die diskriminierten Schwulen reichten mit dem Hinweis

auf die grundgesetzlich verbriefte Meinungsfreiheit eine Klage ein; diese wies jedoch das Oberverwaltungsgericht Münster mit der Begründung zurück, dass die Meinungsfreiheit ihre Grenzen in der behördlichen Verpflichtung fände, »*Gefahren abzuwenden, durch die die öffentliche Sicherheit bedroht wird*«. Um die »*Wahrung der guten Sitten und des öffentlichen Anstands*« zu gewährleisten, sei die Aachener Stadtverwaltung zu ihrem Verbot quasi verpflichtet gewesen. 1976 bestätigte das Bundesverwaltungsgericht diese Auffassung damit, dass der Staat »*Angelegenheiten der Intimsphäre aus dem öffentlichen Bereich verweisen*« könne. »*Denn niemand hat das Recht, seinen Mitbürgern Angelegenheiten seines Intimbereichs aufzudrängen. So können insbesondere von der Norm abweichende Verhaltensweisen und Meinungsäußerungen darüber schutzwürdige Belange der Allgemeinheit beeinträchtigen, wenn sie nach außen ... in Erscheinung treten und dadurch andere Personen, die hiervon unbehelligt bleiben wollen, in aufdringlicher oder anreißerischer Weise belästigt ... werden.*« Andere Städte folgten Aachens Beispiel. Noch 1982 etwa lehnte Bochum mit Hinweis auf dieses Urteil einen ähnlich gelagerten Antrag der Schwulenberatungs-Initiative »Rosa Strippe« ab.

- Am 6. April 1975 stellte der Moderator Reinhard Münchenhagen in der WDR-Kuppelshow »Spätere Heirat nicht ausgeschlossen« einen homosexuellen Mann auf Partnersuche vor und erntete dafür nicht nur Beifall.
- 1978 teilten 682 Männer auf dem Cover der Illustrierten »Stern« der Leserschaft mit: »*Ich bin schwul.*«
- 1982 fand die Affäre um den damaligen NATO-General Kießling statt, der von Verteidigungsminister Wörner mit der Begründung in den Ruhestand geschickt wurde, er sei in der Kölner Schwulenszene gesehen worden, als Homosexueller aber erpressbar und damit ein Sicherheitsrisiko. Nun war Homosexualität zu diesem Zeitpunkt nicht mehr strafbar, und nachdem Kießlings angebliche homosexuelle Neigung ohnehin bekannt geworden war, fielen auch alle anderen Möglichkeiten einer hypothetischen Erpressung weg. Die Presse nahm diese Vorgabe indes unkritisch auf und diskutierte in immer absonderlicheren Schlagzeilen, ob Kießling denn nun wirklich der scheinbare Makel der Homosexualität anhaftete, womit seine Entlassung dieser Logik zufolge gerechtfer-

tigt gewesen wäre, oder ob nicht gar Wörner selbst entsprechend veranlagt war.

- 1986 urteilte der Oberste Gerichtshof der USA, die verfassungsmäßige Garantie persönlicher Freiheit und eines Privatlebens stelle keinen Schutz homosexuellen Verhaltens zwischen freiwilligen Erwachsenen dar. So ist noch zehn Jahre später analer oder oraler Geschlechtsverkehr in 24 der 50 US-Bundesstaaten gesetzmäßig verboten – während zugleich aufgrund politischer Arbeit der Homosexuellenbewegung in 87 Landkreisen oder Städten Bürgerrechte zum Schutz der Homosexuellen durchgesetzt worden sind. Dies führt zu der etwas schizophrenen Situation, dass Staaten wie etwa Massachusetts Homosexualität gesetzlich untersagen und zugleich Homosexuelle vor Diskriminierung schützen.
- 1989 thematisiert mit → »Coming Out« erstmals ein ostdeutscher Film Homosexualität.
- Im August 1992 riefen deutsche Homosexuellenrechtler bundesweit zur »Aktion Standesamt« auf, anlässlich derer schwule und lesbische Paare Aufgebote bestellten, um auf die von ihnen wahrgenommene Diskriminierung vor dem Gesetz aufmerksam zu machen. Diese von der »Süddeutschen Zeitung« so bezeichnete *»werbestrategisch geniale Demonstration«* sicherte nicht nur ihrem konkreten Anliegen für einige Wochen die Aufmerksamkeit der Medien, es wuchs auch insgesamt die Berichterstattung über die Lebenswirklichkeit schwuler und lesbischer Menschen spürbar an. Wie bei solchen Thementrends üblich, war allerdings auch dieser irgendwann ausgereizt, und als ein Urteil des Bundesverfassungsgerichts im Oktober 1993 das Heiratsverbot für Homosexuelle höchstrichterlich bestätigte, war das Medieninteresse nur noch gering.
- 1993 scheiterte US-Präsident Clinton an der Verwirklichung seines Wahlversprechens, Homosexuelle offiziell zum Militär zuzulassen. Man einigte sich auf den Kompromiss, dass junge Soldaten nicht nach ihren sexuellen Vorlieben gefragt werden und im Gegenzug die Homosexuellen unter ihnen darauf verzichten, ihre Neigung von sich aus an die große Glocke zu hängen.
- Am 18. Juni 1994 brachte die Berliner »tageszeitung«, die sich in den ersten Jahren noch einen eigenen »Redakteur für schwule Belange« geleistet hatte, ihre diesmal komplett von homosexuellen

Journalisten und Journalistinnen gestaltete »Homo-taz« zum 25. Jahrestag des »Stonewall«-Aufstandes in der Christopher Street (San Francisco) heraus (→ Christopher-Street-Day). Die Schlagzeile lautete »Irre: Lesben & Schwule total normal!«.

- Seit Ende 2001 fordert der CSU-Bundestagsabgeordnete Norbert Geis auf seiner Website unter http://www.bundestag.de/mdbhome/geis_no0/eheundfamilie.htm dazu auf, man solle *»die Perversion beim Namen nennen«* und führt im Blick auf homosexuelle Partnerschaften aus: *»Die Gesellschaft, solange sie noch gesund empfindet, wird diese sexuelle Lebensform nie als gleichberechtigt mit der Lebensform von Mann und Frau anerkennen. (...) Bei aller Nächstenliebe darf in der Öffentlichkeit nicht der Eindruck entstehen, als sei diese Lebensform etwas ganz Selbstverständliches, als sei es richtig, wenn junge Menschen sich für eine solche Lebensform entscheiden. Es ist daher an der Zeit, dass diese Lebensform endlich auch in der Öffentlichkeit als das bezeichnet wird, was sie ist: die Perversion der Sexualität. Die Aufdringlichkeit, mit der sich Homosexuelle öffentlich prostituieren, ist nur noch schwer zu ertragen. Sie lassen jede Scham vermissen. Der Verlust der sexuellen Scham aber ist immer ein Zeichen von Schwachsinn, wie es Freud formuliert hat. Deshalb muss in der Öffentlichkeit Widerspruch laut werden, damit der Schwachsinn nicht zur Mode wird. Nur selten aber regt sich Widerspruch. Viele sind unsicher geworden. Mutlosigkeit und Resignation sind weit verbreitet. Jeder hat Angst, er könne in der Öffentlichkeit angegriffen, beleidigt und lächerlich gemacht werden. Vielen fällt es auch schwer, diese Lebensform zu kritisieren, weil sie fürchten, dadurch zu verletzen. Dennoch ist Kritik, freilich nicht mit dem Holzhammer, sondern differenzierend und nie verletzend, notwendig. Sonst dominiert in der Öffentlichkeit die Meinung derer, welche die Homosexualität als etwas ganz Normales, Natürliches hinzustellen versuchen. Schon werden dafür entsprechende Umfragen zitiert. Ich glaube diesen Umfragen nicht. Wäre es so, wäre es schlimm.«*
- Der »Süddeutschen Zeitung« vom 3. Dezember 2002 zufolge halten 28,4 Prozent der bayrischen Schüler Homosexuelle für *»abstoßend und pervers«*. Die Zeitung bezog sich mit dieser Meldung auf eine Studie der Universität Eichstätt, bei der Schüler auf rechtsextreme Gesinnungen untersucht wurden. Für die Studie wurden

5000 Schüler der Klassen 8 bis 13 an rund 280 bayrischen Gymnasien, Haupt- und Realschulen befragt. Die Empfänglichkeit für rechtsextreme Positionen nehme mit steigender Schulbildung ab.

Der oben angeführte Internet-Artikel über »Homosexualität in den Massenmedien« erkennt folgende wiederkehrende Grundprobleme bei der Behandlung dieses Themas:

- Der Hintergrund sämtlicher medialer Texte ist automatisch auf die heterosexuelle Weltsicht begrenzt. Das trifft auf informativ-argumentative Formate zu, etwa wenn die Pflegeversicherung oder fehlende Kindergartenplätze diskutiert werden, aber ebenso auf erzählerisch-unterhaltende. Sobald beispielsweise eine homosexuelle Figur in einem Film oder einer Fernsehsendung erscheint, stellt fast zwangsläufig diese Homosexualität auf die eine oder andere Weise ein Problem dar – andernfalls hätte der Betreffende ja auch gleich heterosexuell sein können.
- Während in früheren Jahrzehnten Homosexualität vor allem auch deshalb aus der Berichterstattung ausgegrenzt wurde, weil diese Neigung allein auf die sexuelle Ebene reduziert und Intimes als nicht statthaftes Thema gesehen wurde, kommt heute zwar die nicht-sexuelle Ebene schwuler oder lesbischer Partnerschaften in Film und Fernsehen vor, das Darstellungstabu homoerotischer Zärtlichkeiten ist aber weitestgehend erhalten geblieben. Im Gegensatz zur erkennbar zugenommenen Zeigefreudigkeit heterosexueller Erotik fällt der Vorhang, wenn es um das Umarmen, Streicheln, Küssen, Einander-Entkleiden oder den Geschlechtsverkehr eines homosexuellen Paares geht. Wie einer Studie Monika Weiderers aus dem Jahre 1993 zu entnehmen war, zeigten damals fast die Hälfte aller dargestellten Frauen und fast zwei Drittel aller Männer auf zumindest irgendeine Weise erotische Aktivitäten, nachdem es in den Siebzigern gerade mal ein Viertel war. In den untersuchten Sendungen gab es jedoch keine einzige »erotische Aktivität« zwischen zwei Frauen oder zwei Männern. Daran hat sich zwar in den letzten Jahren durch einige der weiter unten aufgeführten Serien und Filme in ersten Ansätzen etwas geändert, aber von einer vergleichbar unbefangenen und selbstverständlichen Darstellung sind die Medien noch weit entfernt.

- Innerhalb der Medienredaktionen gibt es anscheinend noch immer große Berührungsängste mit homosexuellen Themen – zum Teil mit dem Argument, dies sei ein für das breite Publikum uninteressantes Randthema, zum Teil weil die Redakteure, denen ein solches Thema angetragen wird, nicht selbst unter »Homosexualitäts-Verdacht« geraten möchten. Tatsächlich homosexuelle Journalisten haben oft Angst, sich zu outen.
- Gerade weil Homosexualität ein Tabuthema darstellt, wird es andererseits doch manchmal von Medienmachern aufgegriffen: dann aber nur unter dem Gesichtspunkt des Sensationellen, Spektakulären, Exotischen, was zu einer deutlichen Verzerrung in der Berichterstattung führt. Diese Verzerrung war vielleicht am stärksten im Film der sechziger Jahre, in dem Homosexualität inszeniert wird als »*böswillige Verleumdung, von der sich der Held oder die Heldin reinigen müssen, als abartiger, perverser Auswuchs von Dekadenz oder in Gestalt des unglücklichen Homosexuellen, der unter seiner tragischen Veranlagung leidet. Er ist krank (...) und wird dadurch zum gesellschaftlichen Außenseiter. Bestenfalls dient das Motiv der Homosexualität noch als Stoff für Komödien, um sich über vermeintlich typisches homosexuelles Verhalten lustig zu machen. Bei Frauen erscheint das Pendant zum Klischee vom effeminierten Mann: Lesben werden in der Regel dargestellt als harte, egoistisch-berechnende und gewalttätige Frauen in Männerkleidern, also als Frau, die eigentlich ein Mann ist, auf der einen Seite – und als naives, kindliches und unreifes Dummchen auf der anderen: also als Frau, die eigentlich noch keine richtige ist. Folgerichtig bilden diese beiden dann ein Paar und kopieren somit – fehlerhaft – die heterosexuelle Ordnung. Lesbisch-Sein erscheint als ›Mangelerscheinung‹; es ist eine ›Notlösung‹, weil eben der Mann fehlt.*« Die einzige andere Variante, in der die lesbische Frau auftauchte, war erotisch/pornographisierend belegt und diente vor allem dazu, das voyeuristische Interesse von Zuschauern und Zuschauerinnen zu befriedigen.
- Ein anderes Raster, in das die Thematisierung von Homosexualität bis in die jüngste Vergangenheit gepresst wurde, ist die Kriminalität. Dabei findet keine direkte Kriminalisierung der Homosexualität selbst statt, vielmehr werden homosexuelle Veranlagungen bei einem Verbrechen beteiligter Täter oder Opfer (!) heraus-

gestellt und hervorgehoben. Ein illustratives Beispiel bot die inzwischen eingestellte Illustrierte »Quick« 1967 mit der Schlagzeile »Kennedys Mörder waren krankhafte Homosexuelle« und der Unteritelung »Fünf abartige Männer und eine eiskalte Frau stehen hinter dem Komplott des Jahrhunderts«. Die Geschichte selbst war komplett erfunden. Auch die »Bild«-Zeitung veröffentlichte Anfang der siebziger Jahre ganze Artikelserien unter Titeln wie »Die Verbrechen der lesbischen Frauen« oder »Die homosexuellen Lustmörder«. In der Gegenwart wurde diese Praxis vermehrt auf den → Sadomasochismus angewendet. (Man denke hier etwa an die »Bild am Sonntag« vom 15. Juli 2001, die auf den Seiten 9 und 10 mit der Schlagzeile »Satansmörderin Manuela – Sie liebte Fesselspiele auf Friedhöfen« und entsprechenden Textpassagen aufwartete.)

Trotz alldem lässt sich insbesondere im Verlauf der letzten beiden Jahrzehnte eine spürbare Aufweichung des Homosexualitäts-Tabus in den Medien der westlichen Kultur verzeichnen. So sind zahlreiche US-amerikanische Filme und Fernsehserien seit Beginn der Achtziger dazu übergegangen, Homosexualität zunächst in Andeutungen und später immer unumwundener zum Thema zu machen. (Hinsichtlich der Filme vergleiche etwa → »Aimee & Jaguar«, → »Begierde«, → »Better than Chocolate«, → »Bound«, → »Chasing Amy«, → »Gefangen in der Traumfabrik«, → »Gia«, → »Grüne Tomaten«, → »Heavenly Creatures«, → »In & Out«, → »Infam«, → »Kaffee, Milch, Zucker«, → »Kommt Mausi raus?!«, → »Mädchen in Uniform«, → »My Private Idaho« und → »Oranges are not the only fruit«, hinsichtlich der TV-Serien unter anderem → »Babylon 5«, → »Buffy im Bann der Dämonen«, → »Chicago Hope«, → »Dallas«, → »Dawson's Creek«, → »Denver-Clan«, → »Ellen«, → »Emergency Room«, → »Friends«, → »Golden Girls«, → »Melrose Place«, → »Queer as folk«, → »Roseanne«, → »Sailor Moon«, → »Seinfeld,« → »Die Simpsons«, → »Star Trek: Deep Space Nine«, → »Star Trek: The Next Generation« sowie → »Will & Grace«.) Dies wurde von deutschen Vorabend-Daily-Soaps wie → »Gute Zeiten, schlechte Zeiten«, → »Verbotene Liebe« und → »Marienhof«, aber auch Serien wie dem → »Havelkaiser«, der → »Lindenstraße« oder der Gay-Sitcom → »Lukas« übernommen.

Gelegentlich nehmen Angehörige sexueller Minderheiten aber auch »versteckte« Tabubrüche wahr, wo in Wahrheit keine vorhanden sind. So sind Batman und Robin kein homosexuelles Paar, auch wenn sie nachts in enganliegenden Fetisch-Klamotten gemeinsam durch die Stadt ziehen. Ernie und Bert aus der → »Sesamstraße« waren von ihren Schöpfern keineswegs als miteinander lebendes Schwulenpärchen angelegt (Berts verdächtiges Interesse an Ernies Badegewohnheiten unbenommen). Auch Peppermint Patty und Marcia aus den »Peanuts« sind lediglich gute Freunde. Dasselbe gilt für Xena (Lucy Lawless) und Gabrielle (Reneé O'Connor) aus der Serie »Xena«, was immer die Slash-Fiction im Internet den beiden auch andichten mag.

Die Website »Coming Out of TV« sieht den von ihr konstatierten »Lesbenboom« im Fernsehen indes eher kritisch: *»Egal, welche Sendung frau heutzutage einschaltet, die Wahrscheinlichkeit ist groß, dass eine Lesbe auf der Bildfläche erscheint. Vor allem in den Fernsehserien scheint es im Trend zu liegen, das eine oder andere Frauenpärchen auftauchen zu lassen.«* Bemerkenswert sei aber, dass das Tabu hier fast ausschließlich auf der verbalen Ebene gebrochen werde, das Darstellungstabu tatsächlicher homosexueller Zärtlichkeiten (wenn man von Ausnahmen wie der → »Lindenstraße« absieht) jedoch erhalten bleibe: *»Man muss wohl 'ne heterosexuelle Frau bei Ally McBeal sein, um Frauen küssen zu dürfen.«* Hiermit spielen die Gestalterinnen der Website auf eine Szene in der US-Anwaltsserie → »Ally McBeal« an, in der die heterosexuelle Ally mit ihrer ebenfalls heterosexuellen Kollegin und Liebesrivalin Georgia relativ motivationslos einen schon geradezu parodistisch inszenierten Kuss austauscht, woraufhin die beiden ebenso unvermittelt wieder zu ihrem alltäglichen Arbeits- und Beziehungsleben zurückkehren. Zuvor hatte es in US-amerikanischen Fernsehserien allerdings bereits andere lesbische Kussszenen gegeben: erstmals in einer am 7.2.1991 ausgestrahlten Episode der Justizserie »L.A. Law« (1986-1994) zwischen den beiden Anwältinnen C. J. Lamb (Amanda Donohue) und Abby Perkins (Michelle Greene), später in der Sitcom → »Roseanne«.

Laut der Broschüre »Gewalt gegen Schwule« des Schwulenverbandes in Deutschland, entstanden in Zusammenarbeit mit der Kölner Kriminalpolizei, wurde bereits jeder fünfte Schwule wegen seiner Homosexualität angegriffen. Etwa 90 Prozent der Straftaten gelangen jedoch nie zur Anzeige, weil die Opfer Angst davor haben, dass ihre Homosexualität bekannt wird, oder weil sie Vorurteilen des »Schwachseins« damit nicht Nahrung geben wollen. Der Tabubruch, was diesen Bereich angeht, ist in den USA fortgeschrittener als in Deutschland und landete dort in Fernsehserien wie → »Melrose Place« und → »Dawson's Creek« sowie im Jahr 2002 sogar in dem auf Kinder und Jugendliche zielenden Mainstream-Comic »Green Lantern« (dt. »Grüne Leuchte«).

Im Juni 2001 brach die Menschenrechtsorganisation amnesty international ein Tabu, als sie in einem Bericht weltweite Übergriffe gegen Angehörige sexueller Minderheiten (Homo-, Bi- und Transsexuelle) dokumentierte. Zu diesen Übergriffen zählen Misshandlungen durch Staat, Gemeinde oder gar die eigene Familie, Folterungen, damit die Betreffenden ihre »Anomalität« eingestehen, Vergewaltigungen, um sie zu »heilen«, sowie Ermordungen durch Todesschwadronen. In 70 Staaten seien gleichgeschlechtliche Verbindungen ein Straftatbestand, der auch in ein Todesurteil münden könne. Frauke Lisa Seidensticker, Generalsekretärin von ai Schweiz, führt dazu aus: »*Tausende Menschen werden gefoltert und misshandelt, weil ihre tatsächliche oder vermeintliche sexuelle Identität die soziale Ordnung bedrohe.*« Dabei erstrecke sich ein »verschwörerisches Schweigen« über die Kontinente und Kulturen hinweg. »*Fälle von Misshandlung aufgrund der sexuellen Identität des Opfers werden kaum je publik oder nicht genügend untersucht, und die Verantwortlichen werden selten zur Rechenschaft gezogen.*« Entsprechende Gewalttaten kämen nicht zur Sprache, weil sie durch eine allgemeine Toleranz gedeckt seien und die Opfer (auch aus Angst vor Vergeltung) zögerten, damit an die Öffentlichkeit zu treten.

Literatur und Quellen außer den erwähnten: Foucault, Michel: Sexualität und Wahrheit 1. Der Wille zum Wissen. Suhrkamp 2001. Holden, Lynn: Encyclopedia of Taboos. Oxford 2000. Kay, Manuela und Schock, Axel: Out im Kino. Das lesbisch-schwule Filmlexikon. Querverlag 2003. Schmidt, Gunter: Das Verschwinden der Sexualmoral. Hamburg 1996. Thody, Philip: Don't Do It. A Dictionary of the Forbidden. Palgrave Macmillan 1997. Die zitierte Studie der Universität Georgia ist nachzulesen unter: H.E. Adams, L.W. Wright und B.A. Lohr: Is Homophobia Associated with Homosexual Arousal? In: Journal of Abnormal Psychology 105(2), Seiten 440-445.

Informative Website des Lesben- und Schwulenverbandes Deutschland: www.homosexualitaet.de
Website speziell zu schwulen Filmen (mit Zeittafel und vielen in diesem Lexikon notwendigerweise unerwähnten Werken): www.schwufis.de. Website zur Darstellung von Lesben in TV-Serien wie »Buffy« oder »Lindenstraße«: http://www.puk.de/ivanova/default.html. Linkliste zum Thema Gewalt gegen Homosexuelle: http://mitglied.lycos.de/antigoneweb/gewalt_gegen_homosexuelle.htm. Bericht von amnesty international über die internationalen Übergriffe gegen sexuelle Minderheiten: http://web.amnesty.org/ai.nsf/Index/ACT790062001

»Honey«
→ Mapplethorpe, Robert

Horror
→ Splatterpunk

Houellebecq, Michel
1958 geborener französischer Autor, der 1995 mit seiner Erzählung »Ausweitung der Kampfzone« (dt. Wagenbach-Verlag 1999) unter anderem den »Prix Flore« für das beste Romandebüt errang. Kritiker bewerten seinen meist minimalistischen, passagenweise aber auch ausdruckstark-pathetischen Stil unterschiedlich: Die einen loben vor allem, wie Houellebecq mit bewusst platter, öder Ausdrucksweise die fortschreitende gefühlsmäßige Verflachung und Verrohung menschlicher Kommunikation spiegele, andere kritisieren insbesondere seine nihilistischen Einlassungen als großspurige, inhaltlich keineswegs originelle Platitüden. Bemerkenswert ist allerdings, dass Houellebecq mit seiner Schilderung der Existenz eines namenlosen, 30-jährigen, das Leben verabscheuenden Computerexperten insbesondere das Tabu der → Einsamkeit in unserer Gesellschaft pointiert zum Thema macht. Die in den Medien hochstilisierte Sexualität wird als trostlos empfunden (*»einen Schwanz kann man immer noch abschneiden; aber wie die Leere einer Vagina vergessen«*) und als den unerbittlichen Gesetzen des Marktes unterworfen, unter denen einige nur verlieren können: *»In einem völlig liberalen Wirtschaftssystem häufen einige wenige beträchtliche Reichtümer an; andere verkommen in der Arbeitslosigkeit und im Elend. In einem völlig liberalen Sexualsystem*

haben einige ein abwechslungsreiches und erregendes Sexualleben; andere sind auf Masturbation und Einsamkeit beschränkt.« Das Erwachsenwerden sei eben nicht mit der ersehnten Freiheit verbunden, sondern stattdessen mit einem Gefühlsvakuum, gesellschaftlich konditioniertem Narzissmus und der im Titel angesprochenen »Ausweitung der Kampfzone«. Auf diesen Roman ließ Houellebecq »Elementarteilchen« folgen, wobei er sich hier insbesondere den Redetabus der die Gesellschaft inzwischen beherrschenden Alt-68er-Generation widersetzte und mit Passagen, die von einigen Kritikern als Rechtfertigung für Rassismus und Eugenismus verstanden wurden, für eine neuerliche Debatte in den französischen Feuilletons sorgte. Nach diversen weniger Aufsehen erregenden Schriften löste Houellebecq mit seinem aktuellen Roman »Plattform« wieder hitzige Reaktionen aus. Zum einen verteidigte er darin den Sextourismus als Motor für den wirtschaftlichen Aufstieg der Entwicklungsländer einerseits und einzige Chance auf erfüllende Sexualität für die Mitglieder der westlichen Welt andererseits (auch hier wird Sex also wieder zur Tauschware), zum anderen brandmarkte er den Islam als *»bescheuertste Religion der Welt«* (Interview-Zitat). Die Islamische Vereinigung Frankreichs sowie die Moscheen von Paris und Lyon reagierten mit einer Klage wegen »Anstiftung zum Rassenhass und zur religiösen Gewalt«, die im Oktober 2002 jedoch abgewiesen wurde. Damit folgte das Gericht dem Antrag der Staatsanwaltschaft: *»Unsere Aufgabe ist es nicht, Morallektionen zu erteilen, sondern strafbare Handlungen zu sanktionieren.«* Nichtsdestoweniger wurde Houellebecq in Rezensionen vorgeworfen, sich mit solchen gewollten Skandalen für die Feuilleton-Debatte zu prostituieren.

Literatur: Steinfeld, Thomas (Hrsg.): Das Phänomen Houellebecq. Dumont 2001

»The House of Yes«

Schwarze Komödie, USA 1997, unter der Regie von John Waters nach einem umstrittenen Theaterstück von Wendy MacLeod aus dem Jahr 1989. Die zu Thanksgiving 1983 angesiedelte Handlung dreht sich um die jährliche Zusammenkunft der ebenso neurotischen wie dekadenten Washingtoner Pascal-Familie, deren Oberhaupt zwanzig Jahre zuvor an dem Tag von Präsident Kennedys Ermordung urplötzlich verschwand. Der Reichtum und moralische Verfall der Pascals führt dazu, dass »nein« für sie einfach keine akzeptable Antwort darstellt. Dem Sohn Marty (Josh Hamilton) war es gelungen, seiner gestörten Verwandtschaft zu entkommen und ein normales Leben zu führen; er kehrt aber zu dem erwähnten Thanksgiving zurück, um seine Verlobte vorzustellen. Prompt werden die beiden in den Strudel der Familengeheimnisse und des Wahns zurückgesogen, wobei beides vor allem von Martys Zwillingsschwester Jackie-O (Parker Posey) verkörpert wird. Die nämlich konnte den durch das Verschwinden ihres Vaters ausgelösten Schmerz nur verarbeiten, indem sie eine gespaltene Identität entwickelte und sich seitdem für Mrs. Kennedy hält. Gleichzeitig geht ihre Zuneigung gegenüber ihrem Bruder über rein geschwisterliche Liebe hinaus. Marty steht bald zwischen zwei Frauen, wählt die verbotene Leidenschaft über die konventionelle Beziehung und lässt sich so schließlich sexuell mit seiner Schwester ein. Kritiker warfen dem Film vor, mit dem Tabu → Inzest und der für die USA traumatisierenden Kennedy-Tragödie schlichtweg zwei »heiße Themen« auszuschlachten, darüber hinaus keinerlei Substanz zu besitzen und mit seinem Verständnis von Gesellschaftskritik in den Achtzigern steckengeblieben zu sein.

I

»Idioten«

(Originaltitel: *Idioterne*) Nach den Regeln des »Dogma 95« (→ »Das Fest«) 1998 entstandener Spielfilm des dänischen Regisseurs Lars von Trier (»Breaking the Waves«). Eine Gruppe junger Leute benimmt sich wie geistig Behinderte, um sich dadurch von den bürgerlichen Hemmungen und Tabus zu befreien, gegen die starren Regeln der bürgerlichen Gesellschaft anzuagieren und deren Toleranz zu erproben – zum Teil aber auch, um den »wahren« Menschen in sich selbst zu entdecken. Identifikationsfigur für den Zuschauer ist dabei zunächst Karen (Bodil Jørgensen), die zwei Mitglieder dieser Gruppe bei deren »Auftritt« in einem teuren Restaurant kennenlernt, sich von ihnen einladen lässt und dann erst erfährt, dass ihre Geistesgestörtheit nur gespielt ist. Karen, selbst schwer gehemmt, schwankt darauf zwischen Verständnislosigkeit und Faszination: beispielsweise als ein Angehöriger der Gruppe mit erigiertem → Penis die Damenduschen eines Schwimmbades betritt oder der Anführer der »Idioten« lallend zu Gruppensex auffordert. Als die Gemeinschaft schließlich auseinanderbricht, zeigt sich Karen als einzige bereit, die Idiotie als Akt der Selbstbefreiung in ihr bürgerliches Leben mit hineinzunehmen, wobei sie das Geheimnis, das sie mit sich trägt (den Kindstod ihres Sohnes), erstmals offenbart.

Lars von Trier verschränkt filmisch die Strategie der »Idioten« mit der scheinbaren Amateurhaftigkeit von »Dogma 95«: Grobkörnigkeit, hektische Bilder, Rissschwenks, Unschärfe, Überbelichtung, unsauberer Ton und stellenweise ins Bild geratende Mikrophone oder Mitglieder des Filmteams sind auffallende Stilmittel. Karen als Verkörperung eines authentischen, moralischen Bedürfnisses für das »Idioten«-Spiel steht symbolisch dafür, dass der Dogma-Minimalismus nicht zweckfrei gesehen werden sollte, wie Lars von Trier bekundet: *»Die Moral des Films ist, dass du die ›Dogma‹- Technik praktizieren kannst, von jetzt an bis zu Dein Reich komme, ohne dass irgendetwas dabei herauskommt. Außer, du hast ein tiefes, leidenschaftliches Verlangen und musst es tun. Karen entdeckt, dass sie die Idiot-Technik braucht, und deshalb ändert es ihr Leben.«* Als besonders eindringlich wirken auf den Zuschauer insofern Szenen, in denen echte emotionale Wucht hinter dem Theaterspiel aufscheint, beispielsweise als zwei Mitglieder der Gruppe als »Idioten« miteinander ins Bett gehen. Dem Tagebuch, das von Trier während der Dreharbeiten auf Band sprach, ist zu entnehmen, dass er entsprechend intime und tabubehaftete Szenen so lange proben ließ, bis die von ihm gewünschte dramatische Energie schließlich zum Ausbruch kam.

Literatur: Forst, Achim: Breaking the Dreams. Das Kino des Lars von Trier. Schüren 1998. Müller, Marion: Vexierbilder. Die Filmwelten des Lars von Trier. Gardez 2002

»Im Reich der Sinne«

(Originaltitel: *Ai no corrida*, wörtl.: *Stierkampf der Liebe*) Erotikfilm von Nagisa Oshima (Japan/Frankreich 1977), der auf einer wahren Begebenheit beruht und durch die authentische Kraft der dargestellten sexuellen Obsession besticht. Gleichzeitig wird Sexualität als unbeherrschbar und letztlich todbringend dargestellt, da gegen Ende der zugrunde liegenden Geschichte die weibliche Hauptfigur ihren Geliebten auf seinen Wunsch hin tötet, ihm das Glied abschneidet und damit in den Straßen Tokios aufgefunden wird, als sie es glückstrahlend wie eine Reliquie in die Höhe hält. Während Kritiker und Intellektuelle diesen Film als künstlerisches Meisterwerk würdigten, überschritt er zu seiner Zeit beim Publikum die Schwelle der Scham und Angst. Er wurde daher in Japan ebenso verboten wie in einigen Ländern Europas und auf der Berlinale 1977 von der Staatsanwaltschaft beschlagnahmt. Der Text, in dem Oshima sein Werk verteidigt und auf die politisch subversive Kraft der → Pornographie hinweist, gehört heute zum Kanon der Literatur zum erotischen Film. → »Max, mon Amour«

»In & Out«

Screwball-Comedy, USA 1997, unter der Regie von Frank Oz. Howard Brackett (Kevin Kline) führt ein glückliches und harmonisches Leben als Lehrer in dem Provinzstädtchen Greenleaf, Indiana, als ihn sein ehemaliger Schüler Cameron (Matt Dillon), der inzwischen als Hollywood-Star Karriere machte, bei der vom Fernsehen übertragenen Oscar-Verleihung als Homosexuellen outet. Das bringt Howard in die Bredouille: nicht nur, weil er jetzt einige Fragen seiner Mitmenschen beantworten muss, Schüler von ihm abrücken und sein Vorgesetzter berufliche Konsequenzen andeutet, sondern auch, weil er eigentlich in drei Tagen heiraten wollte, sich aber jetzt selbst bezüglich seiner sexuellen Orientierung nicht mehr ganz sicher ist. Seine Verlobte Emily (Joan Cusack) ist von dieser neuen Situation fast noch überforderter als Howard selbst. (Cusack wurde für diese Rolle dann auch für den Oscar nominiert.) Zusätzlich verkompliziert wird der ganze Fall durch das Auftauchen des sensationsgierigen Klatschreporters Peter Malloy (Tom Selleck), der hier eine ganz besondere Story wittert.

Diese Komödie, einer der ersten Filme, die das Thema → Homosexualität ins Hollywood-Kino holten, erhielt aus mehreren Gründen die Anerkennung der Kritik: Trotz ihrer persiflierenden Darstellung von Spießigkeit und Homophobie wirkt sie keineswegs belehrend, sondern in erster Linie unterhaltsam und komisch, was mehrere Rezensenten Vergleiche zu dem Screwball-Stammvater Frank Capra ziehen ließ. Da die konventionelle romantische Komödie à la »Harry und Sally« als ihr zentrales Thema heterosexuelle Geschlechterkonflikte hat, fällt dies hier besonders ins Auge. Während »In & Out« einerseits Homosexuellen-Klischees durch überdrehte Inszenierung ausstellt und ironisch entlarvt, sorgt andererseits die sanfte, zurückhaltende Verfilmung durch den Kameramann Rob Hahn für eine besonders authentische Darstellung. In ihrem Zusammenwirken sorgen all diese Elemente dafür, dass zwar ein bisher unbehandeltes Thema aufgegriffen wird, dieses aber auf der Folie des Gewohnten, gut Vertrauten, beinahe Altmodischen geschieht. Bemerkenswert ist auch der Drehbuch-Einfall, den Skandalreporter Malloy nicht lediglich als Vehikel der Medienkritik selbst wieder zum Klischee gerinnen zu lassen, sondern ihn dadurch, dass er selbst homosexuell ist, zum kurzzeitigen Mentor für Howard und Anstoß zu seiner Selbstfindung und seinem Coming-out zu erheben. Und schließlich ist der Film eine gelungene Auseinandersetzung mit der Frage, was eigentlich Männlichkeit ausmacht. Die wachsende Verunsicherung Howards und seines Umfelds entsteht nämlich nicht zuletzt durch seine häufig feminine Motorik und seine Vorliebe für Barbra Streisand – woraufhin sich Howard sein »Normalsein« durch die Aneignung der Körpersprache von John Wayne bzw. Arnold Schwarzenegger sowie ein demonstratives Ordern von Alkohol und Pornos bei seinem Junggesellenabend zu beweisen sucht.

Paul Ridnik, der Drehbuchautor dieses Filmes, ist selbst homosexuell und konnte dieses Lebensgefühl zuvor in seinem Off-Broadway-Theaterstück »Jeffrey« und dessen Verfilmung thematisieren. Mit »In & Out« gelang ihm die erste komödiantische Darstellung von Homosexuellen für ein Massenpublikum, ohne dass dessen Amüsement auf Kosten dieser Minderheit ging.

Index Librorum Prohibitorum

1559 unter Papst Paul dem IV. entstandenes Verzeichnis verbotener Bücher, das von der katholischen Glaubenslehre abweichende Werke wie Kopernikus' »De Revolutionibus Orbium Coelestium« oder die »Dialoge« Galileo Galileis enthielt. Dieser Index wurde 1965 durch das Zweite Vatikanische Konzil aufgehoben.

Quellen: http://www.bautz.de/bbkl/g/galilei_g.shtml, http://kathweb2.de/lexikon/stichworte/96.htm, www.tabula-rasa.info/DarkAges/CensorshipTimeline.html

»Infam«

(Originaltitel: *The Childrens Hour*) Melodram, USA 1961, unter der Regie von William Wyler nach einem Drehbuch von John Michael Hayes und dem gleichnamigen Theaterstück Lillian Hellmans. Für Wyler stellte dieser Film ein erfolgreiches Remake seines eigenen Films »Infame Lügen« dar, der auf demselben Stück beruhte.

Hauptfiguren sind die Lehrerinnen Karen (Audrey Hepburn) und Martha (Shirley McLaine), die in einer idyllischen Kleinstadt Neuenglands eine Privatschule für Mädchen führen. Ihre heile Welt wird gehörig durcheinandergebracht, als eine ihrer Schülerinnen, die herrische und intrigante Mary, als Rache für eine von den Lehrerinnen erhaltene Strafe das Gerücht in Umlauf bringt, zwischen den beiden bestünde eine zärtliche Beziehung. Während Karen und Martha nicht einmal erfahren, was ihnen vorgeworfen wird, werden sämtliche Mädchen von der Schule genommen. Die beiden Lehrerinnen sind gleichzeitig gesellschaftlich isoliert und auf äußerst negative Weise im Blickpunkt des allgemeinen Interesses. (Hier fällt auf, dass exakt diese Entwicklung sehr unangenehm den Umgang mit Vorwürfen sexuellen Missbrauchs in den neunziger Jahren spiegelt; → Pädophilie.) Als Karen und Martha endlich erfahren, wessen sie beschuldigt werden, hat sich die Gesellschaft ihr Urteil längst gebildet und gefestigt, und ihnen nützen weder vor der Öffentlichkeit noch vor Gericht all ihre Beteuerungen, dass sich die von Mary behaupteten Dinge niemals zugetragen haben. An Karens Darstellung beginnt selbst ihr Verlobter zu zweifeln. Und schließlich verkompliziert sich die Geschichte ein weiteres Mal, als Martha Karen gesteht, dass sie tatsächlich in sie verliebt ist ...

Der Drehbuchautor Wyler bekundete, dass es für ihn in seinem Film überhaupt nicht um → Homosexualität ginge, die nicht einmal namentlich benannt wird, sondern um die auch für völlig »Unschuldige« vernichtende Kraft von Verleumdungen. Nichtsdestoweniger tritt spätestens bei der Rezeption des Filmes in den Vordergrund, dass in seinem Zentrum nicht die falsche Beschuldigung eines Verbrechens, sondern einer lesbischen Beziehung steht, und dass gerade dieser Vorwurf eine unglaublich zerstörerische Macht entfaltet. Dass Martha schließlich zu Tode kommt, kann somit als letzte Konsequenz dieser Verhältnisse positiv gewertet werden. Andererseits wurde dem Film rückblickend angelastet, dass er – wie andere Filme seiner Zeit, wenn in ihnen homosexuelle Charaktere überhaupt auftauchten – mit der Figurenzeichnung Marthas auf allzu abgedroschene Versatzstücke zurückgriff, zu denen auch das Leiden an ihrer als Krankheit empfundenen Neigung, der Selbsthass und schließlich der Tod gehörten. Nichtsdestoweniger spielte dieser Film eine bedeutende Rolle im erwachenden Selbstbewusstsein junger Lesben. Martha-Darstellerin Shirley McLaine, die sich heute sehr für die Homosexuellenbewegung einsetzt, erläutert in der Hollywood-Dokumentation → »Gefangen in der Traumfabrik«, dass ihr und Audrey Hepburn die Tragweite ihrer Rollen damals in keiner Weise bewusst gewesen seien.

Inquisition

1235 von Papst Gregor dem IX. errichtete Institution zur Aufrechterhaltung des christlichen Glaubens. Für die nächsten vierhundert Jahre widmeten sich ihre Mitarbeiter der sorgfältigen Sichtung sämtlicher veröffentlichter Werke auf gotteslästerliche Inhalte hin und hielten, wenn sie welche zu finden glaubten, intensive Rücksprache mit den Verfassern. Auf diese Weise konnte das abendländische Kulturgut von Gedanken freigehalten werden, die nicht mit dem etablierten Kirchengesetz in Übereinkunft zu bringen waren. Ketzerische Autoren wie Giordano Bruno oder Lucilio Vanini wurden mitsamt ihren Werken auf dem Scheiterhaufen verbrannt.

Intelligent Design

Neuentstande Ausrichtung der biologischen Philosophie, deren zentralem Gedanken zufolge die Lebewesen auf dieser Erde dermaßen komplex strukturiert seien, dass hinter ihrer Entstehung nicht allein blinder Zufall, sondern ein schöpferischer Plan stehen müsse. Damit geraten die Anhänger dieser Deutung in direkten Konflikt mit dem darwinistischen Establishment, das die Evolutionslehre (zufällige Mutation gekoppelt mit natürlicher Auslese) als Erklärungstheorie in Wissenschaft, Politik und Weltanschauung unserer Gesellschaft als quasi unhinterfragbar durchsetzen konnte, auch wenn in ihrer Beweiskette noch viele Glieder fehlen und zentrale Elemente Kritikern zufolge schlicht unlogisch sind. Insofern überrascht es nicht, dass die Vertreter einer These planvoller Schöpfung mit den bibelgläubigen Anhängern des »*creationism*« auf eine Stufe gestellt werden und man ihnen vorwirft, sie wollten Gott durch die Hintertür wieder in die Wissenschaft einführen – was heute ein ketzerisches Tabu in der wissenschaftlichen Gesellschaft darstellt (unabhängig davon, dass Darwin selbst ein ebenso gläubiger Christ war wie beispielsweise Newton).

Einer der herausragendsten Vertreter der Intelligent-Design-Schule ist William A. Dembski mit seinem 2001 erschienenen Fachbuch »Signs of Intelligence«. Dembski argumentiert: »*Wenn es einen Schöpfer hinter Biologie und Kosmologie gibt, sind die Optionen für dessen Identität eher gering, wobei Gott eine Vorrangstellung einnimmt. Aber dass Gott eine substantielle Rolle in der Wissenschaft spielt, ist mehr, als womit unsere kulturelle Elite fertig wird.*« In der Tat kam es zu gesellschaftlichen Ausgrenzungsversuchen der Anhänger dieser Anschauung: So erhielt der Biologielehrer Roger DeHart nach einer Beschwerde der US-amerikanischen Bürgerrechtsgruppe ACLU gegen seinen Versuch, in seiner Hochschulklasse eine Diskussion dieses neuen Ansatzes durchzuführen, eine Rüge und die Anweisung, sich allein an die etablierte Lehrmeinung zu halten. Das pro-darwinistische »National Center for Science Education« drängt US-amerikanische Schulen dazu, darwinismuskritische Bücher aus ihren Bibliotheken zu entfernen. Ihr Argument: Die US-Verfassung schreibe eine Trennung von Staat und Kirche vor; wissenschaftliche Thesen, die von einem Schöpfer ausgingen, seien aber grundsätzlich religiöser Natur. Wells wendet sich recht scharf gegen solche Mechanismen: *»Kritiker (des Darwinismus) werden als unwissenschaftlich abgekanzelt, ihre Artikel von den Mainstream-Journalen zurückgewiesen, deren Chefredaktionen von Dogmatikern beherrscht werden, den Kritikern werden Forschungsgelder von der Regierung verweigert, und schließlich werden sie ganz aus der wissenschaftlichen Gemeinschaft herausgejagt. In diesem Prozess verschwinden Indizien gegen die darwinistische Weltanschauung wie Zeugen gegen den Mob.«* Tatsächlich weisen die Anhänger des Intelligent Design die Evolution als Einflussfaktor bei der Herausbildung der Arten nicht gänzlich zurück, lassen sie aber eben als nur *einen* Faktor von mehreren gelten. Wissenschaftler wie der an der kalifornischen Berkeley-Universität tätige Professor Jed Macosko entziehen sich auch jeder eindeutig religiösen Verortung: Die naheliegende Annahme nach den vorliegenden Erkenntnissen sei, *»dass es da draußen irgendeine andere Intelligenz geben muss, ob es jetzt eine fremde Lebensform ist oder eine Gottheit oder etwas von außerhalb unseres Universums oder von einer höheren Dimension, die wir nicht beobachten können«*. In der Kosmologie werden vergleichbare Theorien etwa von Paul Davies und Kitty Ferguson andiskutiert.

»In the Fog«
→ Sagawa, Issei

»Intimacy«
Französischer Spielfilm, 2001, unter der Regie und nach einem Drehbuch Patrice Chéreaus, basierend auf einem Roman und diversen

Kurzgeschichten von Hanif Kureishi. Jay (Mark Rylance) und Claire (Kerry Fox) kennen sich zwar nicht einmal mit Namen, treffen sich aber jeden Mittwoch zum umstandslosen Sex ohne Gefühlsverwicklungen. Während dieses Arrangement für Claire geradezu die Grundlage für eine körperlich intensive Beziehung darstellt, entsteht in Jay eine immer größerere Sehnsucht, seine Partnerin auch über diese Begegnungen hinaus kennenzulernen, weshalb er sie verfolgt und in ihr kleinbürgerliches Leben mit Ehemann und Sohn eindringt.

Wie so häufig wurde ein Tabubruch auf der Oberflächenebene thematisiert: Insbesondere in den USA nahm man daran Anstoß, dass Chéreau einen erigierten → Penis sowie → Fellatio ohne Abblende zeigte, was bislang dem Genre der → Pornographie vorbehalten blieb. Dahinter verbergen sich jedoch die Tabus der → Einsamkeit und eines Bruches der filmischen Grenze zwischen der Darstellung von Sexualität und anderen Elementen des menschlichen Gefühlslebens. *»Sex ist nicht das Wichtigste in diesem Film, das sagt schon sein Titel. Ich wollte Intimität zeigen«*, wird Chéreau zitiert. *»Gewöhnliche Menschen ohne perfekte Körper. Wenn Haut sich rötet, sich das Muster der Decke in Claires Rücken abdrückt – das ist die Realität. Und schön.«* Diese Authentizität wurde von den meisten Kritikern gewürdigt und so etwa auf den Berliner Filmfestspielen mit dem Goldenen Bären sowie mit dem Engel für den Besten Europäischen Film ausgezeichnet. Statt per Weichzeichner als erotisch stilisierte Verrenkungen zeige »Intimacy« in langen, erkundenden Kamera-Einstellungen Blicke, Gesten, Nähe, Blöße und Verletzlichkeit zweier Menschen, die bei dieser Begegnung schweigen und dem Partner nichts von sich und ihren Gefühlen mitteilen. Der Sex verliere dabei seine idealisierende Präsentation als befreiende Utopie, wie sie unter anderem im Porno-Genre etabliert sei, sondern verwickle den Zuschauer in die Frage, wann zwischen den Personen auf der Leinwand bzw. zwischen ihm selbst und diesen Personen Nähe und wann Distanz herrscht.

Laut der zentralen These des Filmes wird Intimität, Sinnlichkeit und Nähe durch Kommunikation und einen Zuwachs an Wissen über den Partner gerade *nicht* erst ermöglicht, sondern vielmehr verhindert. Wenn verschiedene Kritiker sich also über die vielfältig verunglückte Sprache in »Intimacy« beklagten, übersahen sie dabei Verteidigern des Filmes zufolge, dass Chéreau diese Sprache in seinem Film gezielt verwende, um damit die fehlende Substanz seiner Hauptfiguren und ihren fehlenden Bezug zueinander zu verdeutlichen. Während die Zuschauer zu Beginn des Films durch seine Bilder verführt werden, erleben sie in seinem Verlauf durch die sich häufenden Dialoge eine wachsende Distanz. Je mehr der Wunsch auch des Zuschauers nach Wissen erfüllt wird, desto uninteressanter und mühevoll erklärender wird die Geschichte, bis schließlich nicht nur ihre Hauptfiguren voneinander entfremdet sind, sondern auch die Zuschauer vom Film. Durch Sprache findet kein Entblättern, sondern eine Verhüllung statt.

Andere Kritiken schieden sich an der Debatte über den pornographischen Blick des Kinos und der Frage, ob »Intimacy« funktionierende Gegenkonzepte zur Darstellung menschlicher Sexualität vorschlage. *»In ›Intimacy‹ werden die Figuren von ihrer Geilheit genauso charakterisiert wie von ihrer Einsamkeit, ihrem Selbstbetrug und ihrer Sehnsucht nach Erfüllung«*, bekundet Susanne Weingarten im »SPIEGEL« vom 19. Februar 2001. *»Regisseur Chéreau zeigt in seiner großartig verzweifelten Arie über die Unmöglichkeit des Glücks den Geschlechtsverkehr nicht als Selbstzweck (und schon gar nicht als Mittel, den Zuschauer sexuell zu erregen). Er beharrt darauf, exzessiv von der Lust, den Trieben und der Körperlichkeit zu erzählen, um dem Menschen in seiner Ganzheit gerecht zu werden. Mit dieser Haltung verwischen Filme wie ›Intimacy‹ die lange Zeit als gesichert geltende Grenze zwischen pornographischen und nichtpornographischen Bildern. Und sie tun es, darum werden sie debattiert, in einem Umfeld, in dem sich einerseits die klassische Pornographie aus ihrer Schmuddelecke herauswagt und andererseits der gesellschaftlich sanktionierte Blick, etwa in den Reality-TV-Sendungen, immer pornographischer wird. Der Streit um ›Intimacy‹ oder auch ›Romance‹ belegt, wie mühsam es ist, neue Übereinkünfte darüber zu finden, was in Zukunft an Nacktheit und Sexualität akzeptabel sein wird.«* Auch andere Kritiker erkannten an, dass die Kamera in »Intimacy« menschliche Körper mit Respekt abfilme, statt etwa die Frau durch Ikonisierung oder Fetischisierung zum Objekt des männlichen Blicks zu machen. Gerade die karge und ungeschönt-nüchterne Darstellung duch Kamera, Licht, Maske und den Nichtgebrauch an Filtern, ohne aber damit einen Verlust an Sinnlichkeit hinzunehmen, wurde entsprechend gewürdigt. Als *»auf Skandal getrimmte Belanglosigkeit«* betrachtet indes filmspiegel.de Chéreaus Werk:

»Wer hoffnungsvoll, dem Credo von der Abhängigkeit der Form von der Funktion folgend, glaubte, ›Intimacy‹ habe nicht nur neue Bilder zu bieten, sondern auch neue Inhalte, wolle nicht nur optisch neue Wege gehen, sondern dem durchaus geneigten Zuschauer auch etwas Neues vermitteln, sieht sich maßlos enttäuscht. (...) Inhaltlich ist ›Intimacy‹ eine Mischung aus Vorabend-Soap, wirren Dialogen und viel, viel heißer Luft. Wer am Ende in analytischer, unverblendeter Manier versucht herauszufinden, was dieser Film uns sagen können wollte, muss lange suchen. Dass anonyme Sex-Beziehungen nicht funktionieren? Hätten wir uns denken können. (...) Dass eine gute Beziehung sowohl aus seelischer Fürsorge und gegenseitigem Füreinander besteht als auch aus der sexuellen Komponente? Auch nichts Neues. (...) Vielleicht dass triebhafter Sex zwar die körperlichen, nicht aber die seelischen Bedürfnisse befriedigt? Wer hätte es gedacht. (...) Liest man andere Kritiken, so kommt man zuweilen schon ins Staunen: So gelingt dem Regisseur angeblich eine radikale filmische Deutung menschlicher Geschlechtlichkeit – aha, was daran eine nennenswerte Deutung ist, zwei Menschen bei animalischem Sex auf dem Fussboden zu zeigen, ohne dass die Bettdecke am Kinn festgenagelt ist, müsste aber noch geklärt werden. Denn auch die angebliche Errungenschaft, echte Sexualität zu zeigen, die die falsche Welt des Pornofilms demaskiert, ist eine gewaltige Selbstlüge: Denn die reichlich inszenierten Sexszenen sind weder formal noch ›inhaltlich‹ weniger a-normal als der ›perfekte‹ Sex der Pornos. Er ist nicht minder artifiziell, nur eben im anderen Extrem. Somit ist der Film keine Deutung, keine Erkenntnis, keine Offenbarung, sondern, um es auf den Punkt zu bringen, nur eine äußerst gelungene PR-Inszenierung.«

»The Invisibles«
→ Morrison, Grant

Inzest
Sexuelle Beziehung zwischen (nahen) Verwandten, die in fast der gesamten Menschheitsgeschichte kulturübergreifend bis heute einem strengen Tabu unterlag. Anthropologen wie Edmund Leach und Claude Lévi-Strauss bezeichneten das Inzest-Tabu als *den* Grundstein der menschlichen Zivilisation überhaupt – faszinierenderweise noch *vor* dem Herausbilden einer Sprache, dem Gebrauch von Werkzeu-

gen oder einem sozialen Gewissen gegenüber Alten und Kranken. Diese These gelangte in den letzten Jahren allerdings zunehmend unter Kritik.

Als Ursache des Inzest-Tabus wird von vielen insbesondere die höhere Gefahr gesehen, dass Erbkrankheiten den durch Inzest entstandenen Nachwuchs befallen. Einzelne Autoren wie etwa der Kirchenkritiker Karlheinz Deschner in seinem Band »Das Kreuz mit der Kirche« halten solche Risiken indes für überschätzt und sehen die wahren Ursachen in den Überresten des sexualfeindlichen christlichen Glaubens, der ja die unterschiedlichsten Ausprägungen der menschlichen Sexualität verbiete. Deschner befindet die medizinische Begründung des Inzestverbotes für nicht haltbar: Genetiker seien ohne weiteres in der Lage, hunderte von Versuchstiergenerationen durch Verbindungen der Abkömmlinge eines einzigen Elternpaares erzeugen zu lassen, ohne dass die kleinsten Schädigungen auftauchten. Auch Volksgruppen wie die jüdische, die durch ihre Einschließung in Gettos quasi gezwungen gewesen seien, intimen Kontakt mit Verwandten aufzunehmen, haben Deschner zufolge den Mythos von Erbschädigungen der Kinder und Enkel längst widerlegt. Hier habe das hohe Maß an Inzucht geradezu hohe Intelligenz, größte Vitalität und das fast völlige Ausbleiben von Geisteskrankheiten gefördert. Die Gesundheit der Nachkommen hänge nämlich nicht vom Verwandtschaftsgrad ihrer Eltern ab, sondern von der Qualität des Erbgutes: Ist es schlecht, wird Inzucht es verschlechtern, ist es gut, verbessern. Verschiedene Anthropologen argumentieren auf ähnliche Weise: Gerade in den frühen Gesellschaften, in denen das Inzest-Tabu entstand, starben schwächliche Kinder ohnehin viel zu früh, als dass sie noch Nachkommen hätten zeugen können. Eine jahrzehntelange Inzucht mit einem sich aufaddierenden Effekt bis zum Aussterben einer solchen Gesellschaft war also gar nicht möglich. Auch gab es das Inzesttabu in Kulturen, deren Mitgliedern der Zusammenhang zwischen Sexualität und Zeugung überhaupt nicht bekannt war (so etwa den Trobriandern). Und schließlich ist doch zumindest auffällig, dass geschlechtlicher Verkehr beispielsweise zwischen Bruder und Schwester oder Sohn und Mutter auch dann noch tabuisiert wäre, wenn dabei die Zeugung von Nachkommen vollkommen ausgeschlossen wäre, was man ja durch einen chirurgischen Eingriff leicht ermöglichen könnte. Insofern greifen sämtliche Versuche, die Tabuisierung von Inzest mit seinen negativen Auswirkungen auf das Erbgut zu begründen, zu kurz: Die meisten Menschen verzichteten diesen Anthropologen zufolge nicht aufgrund rationaler Erwägungen, sondern aufgrund automatischer, körperlicher Hemmnisse darauf, mit einem engen Verwandten sexuelle Kontakte einzugehen.

Insofern führen auch die verschiedenen anderen von Anthropologen für dieses Tabu angeführten Erklärungsversuche in die Irre: beispielsweise, dass ein Stamm in der Vorzeit sein Überleben nur sichern konnte, indem er mit anderen Stämmen enge Bindungen einging und so neue Verbündete gewann, was oft am besten durch Heirat geschah. Insgesamt gerät die These, das Inzest-Tabu sei nicht natürlich, sondern kulturell bedingt, durch verschiedene neuere Erkenntnisse ins Wanken. So stellte sich bei einer Untersuchung der israelischen Kibbuzim heraus, dass Menschen, die schon als Kinder eng miteinander aufgewachsen waren (ob miteinander verwandt oder nicht), später kaum eine sexuelle Beziehung zueinander aufnahmen. Die quasi-familiäre Nähe schien einem erotischen Begehren im Wege zu stehen. Hilda und Seymour Parker fanden heraus, dass Väter, die ihre Töchter sexuell missbrauchten, weit weniger in die Pflege der Kleinen eingebunden waren als andere Väter. Unterschiedliche Erkenntnisse gibt es schließlich aus dem Tierreich: Während beispielsweise Katzen, Hunde und Kaninchen keine Scheu haben, mit ihren Verwandten zu kopulieren, wenn man sie nicht daran hindert, scheint bei Gorillas, Pavianen und Schimpansen, aber auch bei Elefanten und Löwen eine natürliche Sperre zu bestehen. Dies alles brachte manche Forscher zu der Einschätzung, dass in Wahrheit der Inzest kulturell bedingt und das Inzest-Tabu, die Abneigung dagegen, naturgegeben sei.

Dies würde auch erklären, warum das gesellschaftliche Inzestverbot in fast allen Kulturen der Weltgeschichte existierte. Lediglich Geschlechtsverkehr mit weniger engen Verwandten als den eigenen Eltern, Kindern oder Geschwistern wird manchenorts nicht ganz so eng gesehen. So ist in bestimmten islamischen Gesellschaften ein Mädchen verpflichtet, den Sohn des Bruders ihres Vaters zum Gemahl zu nehmen, wenn er seinen Anspruch auf sie nicht von sich aus zurückweist. Im afrikanischen Botswana gibt es ein vergleichbares Sprichwort: »*Kind meines Vaters jüngeren Bruders – heirate mich, auf dass die Herde in den Kraal zurückkehren kann.*« Davon abgesehen gab es in vergangenen Jahrhunderten einige wenige Menschen, die allein aufgrund ihrer Macht und ihres Status quasi über dem Inzesttabu standen und sich ihm nicht zu unterwerfen hatten: So nahm im alten Ägypten hin und wieder ein Pharao seine Schwester zur Braut. Auch in den Königshäusern Thailands, Perus und Hawaiis war Inzest gestattet. Der römische Kaiser Marcus Aurelius Commodus (161 bis 192 nach Christus) unterhielt ein Verhältnis mit seiner Schwester Lucilla, und der Renaissance-Papst Alexander VI. (1431-1503) führte eine ähnlich gelagerte Beziehung mit seiner Tochter Lucrezia Borgia. Zum Teil kann solcher den Mächtigen vorbehaltener Inzest auch mit der Vorstellung zu tun haben, dass ein Herrschergeschlecht so auserlesen sei, dass eine Vermischung mit Mitgliedern weniger hochstehender Familien seine Linie nur ruinieren würde – eine Vorstellung, die man in veränderter Form zum Beispiel in der nationalsozialistischen Rassenlehre und den daraus resultierenden Gesetzen wiederfindet.

Der Paragraph 173 des deutschen Strafgesetzbuchs belegt den »Beischlaf« unter leiblichen Verwandten mit einer mehrjährigen Haftstrafe. Straffrei gehen lediglich diejenigen aus, die zum Zeitpunkt der Handlung noch nicht volljährig waren. Auch ein weniger enges Verwandtschaftsverhältnis, etwa zwischen Cousin und Cousine, ist von diesem Paragraphen nicht betroffen. Auffällig sind in diesem Zusammenhang auch die sehr krassen Unterschiede in der Strafandrohung: Handelt es sich hierbei in Deutschland um bis zu drei Jahren Gefängnis, stehen auf Inzest etwa in Kalifornien bis zu fünfzig Jahre Haft. Bei unseren europäischen Nachbarn Frankreich und den Benelux-Staaten ist Verkehr zwischen Geschwistern hingegen straffrei, dasselbe gilt für Japan und die Türkei.

Lange Zeit stritten sich die Experten, ob Vater-Tochter-Inzest oder Inzest zwischen Geschwistern häufiger vorkomme. 1985 befand Patricia Wheelan in einer Buchbesprechung für den »American Anthropologist«, dass Vater-Tochter-Inzest am häufigsten zur Anzeige gelange, aber Inzest unter Geschwistern vermutlich am häufigsten vorkomme. Erst in den letzten Jahren entdeckte die internationale Sexualwissenschaft starke Anhaltspunkte dafür, dass sexueller Missbrauch von Jungen durch Frauen (was natürlich Mutter-Sohn-Inzest einschließt) bislang weit unterschätzt wurde und ähnlich häufig vorkommen könnte wie der Missbrauch durch Männer/Väter. Kulturgeschichtlich betrachtet ist Inzest ein wiederkehrendes Leitmotiv in zahlreichen Erzähltexten. Häufig findet man es in Schöpfungsmythen verschiedener Kulturen, in denen allerdings auch andere Verhaltensweisen auftauchen, die uns heutzutage abscheulich erscheinen (etwa Vater- und Brudermord). In der »Traumzeit« der australischen Ureinwohner etwa schläft der Schöpfergott Djanggawul mit seinen beiden Schwestern, und der ägyptische Fruchtbarkeits- und zugleich Totengott Osiris ging eine Vereinigung mit seiner Schwester Isis ein. Auch andere religiöse Zeugnisse früher Gesellschaften erwähnen Inzest: So wird im Alten Testament Lot von seinen Töchtern verführt. Webster, ein Zeitgenosse Shakespeares, integrierte das Inzest-Motiv in sein Stück »The Tragedy of the Dutchesse of Malfy«. Fieldings »Tom Jones« (einer der ersten Romanhelden der Weltliteratur) und Beaumarchais' »Figaro« heiraten beinahe ihre Mutter. Richard Wagner ließ in seinem »Ring der Nibelungen« den deutschen Volkshelden Siegfried einer Vereinigung der beiden Geschwister Siegmund und Sieglinde entspringen. In Anlehnung an »Oedipus Rex« des altgriechischen Dichters Sophokles erhob schließlich Sigmund Freud den unbewussten Wunsch nach Inzest mit der eigenen Mutter zu einem der Kernkonflikte der menschlichen Psyche, den Ödipuskomplex. (Der Überlieferung nach hatte der mythische König Ödipus – allerdings ohne von diesem Verwandtschaftsverhältnis zu wissen – seinen Vater getötet und seine Mutter geehelicht.) Nach Freud wurde das Inzest-Motiv unter anderem von Thomas Mann (1875-1955) in »Wälsungenblut« und von Max Frisch (1911-1991) in »Homo Faber« umgesetzt. Hollywood griff das Thema erstmals 1947 mit »Mourning Becomes Electra« auf. Luchino Visconti präsentierte 1969 mit »La Caduta degli die« die Vergewaltigung einer Mutter durch ihren Sohn als Symptom allgemeiner Dekadenz, während im selben Jahr ein von Peter O'Toole gespielter Protagonist der britischen Satire »Country Dance« (US-Titel: »Brotherly Love«) eine inzestuöse Liebe zu seiner Schwester entwickeln durfte. Wenig später nahmen sich die großen französischen Regisseure dieses Themas an, unter ihnen Louis Malle 1971 mit seinem ebenso feinfühligen wie dreisten »Le Souffle au coeur«, das einen Skandal und eine Oscar-Nominierung erntete. Es folgte 1979 Bernardo Bertoluccis opernhaftes »La Luna«. Zu erwähnen sind weiterhin Aline Issermanns »L'Ombre du doute«, Claude Millers »La Classe de neige« sowie aus dem Jahr 1991 der britische Film »Close My Eyes«, in dem es um eine Beziehung zwischen Geschwistern geht. Zu den bekanntesten Kinofilmen, in denen Inzest (oftmals in der Form des sexuellen Missbrauchs) eine Rolle spielt, gehören »Angel Heart« (1987), »Chinatown« (1974), »Gottes Werk und Teufels Beitrag« (1999), »Die Farbe Lila« (1985), »The Crow« (1994), »Dolores Claiborne« (1995), »Durchgeknallt« (1999), »Gladiator« (2000), »Der Pate, Teil 3« (1990), »Hotel New Hampshire« (1984) und »Pola X« (1999). In diesem Lexikon exemplarisch behandelte Filme mit der Inzestthematik sind → »Happiness«, → »Henry, Portrait of a Serial Killer«, → »The House of Yes«, → »Natural Born Killers«, → »Sitcom«, → »Spanking the Monkey«, → »Visitor Q«, → »The War Zone« sowie → »Der Zementgarten«. Als eine Art ständiges Damoklesschwert schwebte der Inzest über dem bei Geburt getrennten Zwillingspärchen Jan und Julia, den Hauptfiguren zur Anfangszeit der Vorabend-Fernsehserie → »Verbotene Liebe«. Auf weniger trivialer Ebene wurde dieses Thema in David → Lynchs Kultserie »Twin Peaks« behandelt. Einige radikale Feministinnen wie Andrea Dworkin forderten in ihren Schriften gar einen *»Fall der Inzestschranken in der Familie«*.

Wie empfindlich auf Inzest immer noch reagiert wird, zeigt sich indes darin, dass er selbst in deutlich abgeschwächter Form noch immer ein Thema ist. Dem 1994 von Francoise Héritiér als »Inzest zweiten Grades« bezeichneten sexuellen Verhältnis eines Mannes zu zwei Schwestern oder zu Tochter und Mutter haftet immer noch der Ruch des Skandals an oder aber der Hauch einer besonders anregenden erotischen Phantasie. Eine andere Form »abgeschwächten« Inzests ist beispielsweise die sexuelle Beziehung Woody Allens zu seiner Stieftochter Sun Yi, die heute noch von Zeitschriften wie der feministischen »Emma« skandalisiert wird, offenbar um den Eindruck zu erwecken, dass die Gesellschaft darüber hinwegsehe, wenn Männer ihre Töchter missbrauchten. Allerdings bleiben in solchen Darstellungen die besonderen Hintergründe regelmäßig unerwähnt: Allen und Sun Yi waren beide zu Beginn ihrer Beziehung erwachsen und nicht blutsverwandt. Tatsächlich war Sun Yi die Adoptivtochter von Allens zeitweiliger Lebenspartnerin Mia Farrow. Obwohl also nie ein Verwandtschaftsverhältnis zwischen den beiden vorlag, betrachteten nicht nur Radikalfeministinnen, sondern auch andere Teile der Gesellschaft die Beziehung zwischen Woody Allen und Sun Yi als inzestuös und damit eigentlich »verboten«.

Literatur: Holden, Lynn: Encyclopedia of Taboos. Oxford 2000. Thody, Philip: Don't Do It. A Dictionary of the Forbidden. Palgrave Macmillan 1997

»Inzest«

Achtes Buch der französischen Autorin Christine Angot. 1999 löste sie damit einen verkaufsfördernden Skandal aus, indem sie sexuelle Erfahrungen der eigenen Lebensgeschichte darstellte, ohne den anderen in dem Buch vorkommenden Personen den Schutz der Anonymität zuzugestehen. Dadurch, dass Angot die echten Namen lebender Menschen aus ihrer Nachbarschaft in Montpellier unverschlüsselt verwendete, so dass alle problemlos zu identifizieren waren, löste sie in ihrem Heimatland einen enormen Medienskandal aus. Aufgrund der daraus entstandenen Anfeindungen und drohender Prozesse musste Angot ihre Stadt verlassen, wurde aber zugleich von einer unbeachteten Schreiberin zur Bestsellerautorin. Von »Inzest« wurden zeitweise 1500 Exemplare pro Tag verkauft, was es zu einem der bestverkauften und meistdiskutierten aktuellen französischen Romane machte Es war auch das erste Buch Angots, das in deutscher Übersetzung erschien.

Der in drei Teile zerfallende Roman beginnt mit den Worten *»Drei Monate lang war ich homosexuell. Genauer, drei Monate lang glaubte ich, dazu verurteilt zu sein.«* Damit wird die Schilderung einer obsessiven Hassliebe der Ich-Erzählerin (in weiten Teilen identisch mit der Autorin) zu einer zehn Jahre älteren Ärztin eingeleitet, die von dieser über längere Zeit verfolgt und am Telefon terrorisiert wird. Die Erzählerin ist hin- und hergerissen zwischen ihrer Vernarrtheit und ihrer extremen Abneigung gegen → Homosexualität und quält sich mit der Frage, weshalb in ihr die Einstellung wuchere, dass der Mann als Liebhaber besser sei als die Frau, der Weiße besser als der Schwarze und der Mediziner besser als der Arbeiter. Nachdem sie bei der Aufnahme einer Beziehung mit der begehrten Ärztin scheitert, versucht die Erzählerin, diese Erfahrung und ihre Gefühle im zweiten Teil zu verarbeiten, woraufhin sie im dritten Teil auf ihren sexuellen Missbrauch durch ihren Vater im Alter von vierzehn Jahren stößt.

Angot wurde von der Kritik vorgeworfen, Homosexualität als Skandal und Krankheit gleichermaßen zu beschreiben. Ihrer laienpsychologischen Selbstanalyse zufolge löste die Verachtung, die sie durch ihren Vater erfuhr, ihre eigene Verachtung gegenüber jedem aus, den sie als machtlos und minderwertig wahrnahm. Homosexualität und → Inzest werden von ihr insofern parallel gesetzt, da beides sozusagen eine erotische Ausrichtung auf ein Mitglied der eigenen Gruppe bedeute: im einen Fall des eigenen Geschlechts, im anderen Fall der eigenen Familie. Angots *alter ego* sucht dabei aber eigentlich eine Rückkehr in das nach bürgerlichen Maßstäben »normale« Sexualverhalten, eine Heilung von der hysterischen Verwirrung, in die sie geraten ist und die sie als Autorin durch stakkatoartige Sätze und wild-assoziative inhaltliche Sprünge deutlich macht. Kritiker warfen der Autorin hier vor, dass sich hinter ihrem melodramatischen Gebahren konservativste Klischees über die Geschlechter und die sexuelle Ausrichtung verbargen.

Während es vor allem in der französischen Presse Lobeshymnen von Rezensenten regnete und etwa auch die deutsche Zeitschrift »Max« das Buch *»ganz sicher«* zum *»Roman des Jahres«* erklärte, gab es auch sehr kritische Stimmen. Walter van Rossum etwa beschuldigte die Autorin im Deutschlandfunk einer *»tiefen Verlogenheit«* und führt aus: *»Inzest. Diesem so ziemlich letzten real existierenden Tabu verdankt Christine Angot nicht nur die Wonnen kostbar ausgestellten Unglücks, ihrem Tabubruch verdankt die bislang erfolglose Schriftstellerin Christine Angot auch endlich die Freuden eines prekären Ruhms. (...) Nach etlichen Büchern peinlicher Selbstentblößung, die kaum einer lesen wollte, hat die Autorin diesmal wenigstens die Skandal-Regie klug organisiert. Sie erzählt vom Inzest nicht in fiktiver Form, sondern sie breitet ihre persönliche Erfahrungswüste in wirren Worten aus. Und um die Wucht des Authentischen zu vergrößern, erzählt sie bis ins namentliche Detail von ihrem Vater und seiner familiären Situation. Mit Sicherheit wäre sonst der Skandal ausgeblieben, denn Christine Angot hat das Talent, von ihrem inzestuösen Vaterverhältnis so zu schreiben, dass das Inszest-Tabu so ziemlich jeden Schrecken verliert und allerdings auch nicht gerade neugierig macht. Sie macht nicht nur ihren Vater kenntlich, sondern auch jene homosexuelle Freundin, eine Ärztin in einer kleinen südfranzösischen Stadt, und sie verzichtet nicht einmal darauf, deren persönliches Umfeld bis ins intime Detail öffentlich zu machen. Mit Literatur hat das nichts zu tun. Vielleicht mit Rache oder mit psychischen Turbulenzen, die der Kontrolle der Autorin zu entgehen scheinen. Christine Angot hatte* *wohl verstanden, dass Prosa ihrer Güte hunderttausendfach in den Schubladen neurotischer Amateurschriftsteller lagert. Erst die kalkulierte und hässliche Indiskretion hat ihren Seelenzustandsbericht zum Diskussionsgegenstand werden lassen. Wenig einleuchtend tarnt sie ihre ungebetenen Bekenntnisse als einen Amoklauf des Authentischen.«*

»Irreversible«

(frz. für »unumkehrbar«) Thriller, Frankreich 2002, unter der Regie des Franko-Argentiniers Gaspar Noé (→ »Seul contre tous«) mit Monica Belluci und Vincent Cassel in den Hauptrollen. Der Film erzählt in zwölf jeweils ohne Schnitt gedrehten Sequenzen eine brutale Vergewaltigung und deren nicht minder brutale Vergeltung, wobei die Geschichte rückwärts erzählt wird: Es stehen also die Gewalttaten am Anfang, und erst danach wird erklärt, wie es dazu kam. Der Film wird immer ruhiger, bis die Handlung in der heilen Welt ihres Anfangs angelangt ist. Noé gelang mit diesem Werk eine weitere Grenzverschiebung, was die Darstellung von Gewalt im Kino angeht: Die Vergewaltigungsszene, aufgenommen von einer bewegungslosen Kamera, erstreckt sich über zehn Minuten, und der Freund des Opfers rächt sich, indem er dem Täter durch mehrere Hiebe mit einem Feuerlöscher den Schädel aufbricht. Andere Szenen zeigen transsexuelle Prostituierte (→ Transgender) und die Praktik des Fistings.

Der Film ist laut Pressetexten als radikale Antwort auf Stanley Kubricks »Eyes Wide Shut« angelegt sowie durch das New Yorker Cinema of Transgression (Richard → Kern, Nick Zedd) inspiriert. Die Aufmerksamkeit der Medien erlangte er, als er auf den Filmfestspielen von Cannes aufgeführt wurde und dabei das Premierenpublikum nachhaltig schockierte. Der Pariser Sonntagszeitung »Le Journal de Dimanche« zufolge wurden von den 2400 Zuschauern drei ohnmächtig, 20 Kinobesuchern wurde übel, mehrere Personen mussten nach der Vorführung von Feuerwehrleuten künstlich beatmet werden. 200 Zuschauer verließen mitten im Film aus Protest den Saal und äußerten ihre Wut mit Ausbrüchen wie *»ihr seid krank«*, *»skandalös«* oder *»erbärmlich«*. Die Verbliebenen ehrten das Werk mit minutenlangen stehenden Ovationen und lobten es als *»wunderbar«* und *»beeindruckend«*. Gilles Jacob, Leiter des Festivals von Cannes, räumte ein, dass der Film zu unüberlegt ausgewählt worden sei. In Zukunft werde man das Publikum sorgfältiger über mögliche Auswirkungen informieren. Als der Film wenige Monate später in Edinburgh vorgeführt wurde, mussten sich einige Journalisten danach übergeben.

Die Kritiker äußerten sich zu »Irreversible« mehrheitlich ablehnend. Während manche ihn formal als sehr gelungen empfanden, andere jedoch seine »*Kamerawackelei*« als effekthascherisch abtaten, besteht überwiegend ein Konsens darüber, dass zugunsten des filmischen Experiments Story, Charaktere und vor allem die Aussage zur Nebensache gerieten.

Zu einem positiven Urteil gelangt indes Michael Wolf unter http://www.movie-college.com/filmschule/filmtheorie/fantasy_filmf_02.htm: »*Schonungslos seziert Regisseur Gaspard Noé die Ereignisse einer Nacht, indem er ausgehend von der Katastrophe den Ablauf eines Niedergangs rekonstruiert. Die brillanten Leistungen der Darsteller fesseln den Zuschauerblick ebenso auf das Abstoßende wie auf das Schöne, zwei Pole, die der Film gleichermaßen intensiv erzählt. Ein kraftvolles Werk, das zu entsetzlich ist, um faszinierend genannt zu werden, und zu anmutig, um fatalistischer Denkweise verdächtig zu sein.*« Dieser wohlwollenden Rezeption schließt sich Hans Schifferle unter http://www.macguffin.at/outfit/list.htm an: »*In seinem Film der Unmöglichkeit stellt (Noé) die Frage nach Möglichkeiten, nach vertanen Chancen. Wie hätte sich der Lauf der Dinge, der zu schrecklichen Ereignissen führt, ändern lassen? Mit taumelnder Kamera und schwindelerregender Erzählweise führt uns Noé in mehreren Sequenzen, die jeweils in einer Einstellung gedreht sind (à la Hitchcocks ›Rope‹), in die Hölle und zurück. Von einem Club namens ›Rectum‹, in dem der Tod herrscht, leitet er uns zurück auf eine sonnendurchflutete Wiese des Lebens. Dazwischen liegen Liebe, Spaß und Diskussionen, Gewalt, Horror und Irrsinn. Noés Film, der so extrem sein muss in seiner Gewaltdarstellung, weil er die Unwiederbringlichkeit beschreiben will, schließt mit einem bitter-ironischen Happy End, dem schrecklichsten Happy End aller Zeiten. Die Zeit, so Noé, zerstört alles.*« Kritischer wendet sich Carlos Gerstenhauer vom Bayrischen Rundfunk gegen Noés Thriller (im Web nachzulesen unter http://www.br-online.de/unterhaltung/kino/filme/200205/5848/): »*Sein Film erzählt nichts, er kapriziert sich zu sehr auf die Wirkung, auf die Absicht zu traumatisieren und durch seine radikale Bildsprache zu provozieren. Wenn Monica Belluci zehn lange Minuten hilflos einem brutalen Vergewaltiger ausgeliefert ist und der Kinozuschauer Zeuge sein muss, fragt man sich, was das eigentlich soll. Ja, es gibt diese Dinge, und das Kino ist fähig diese Schattenseiten des Lebens darzustellen. Wenn dies aber Selbstzweck ist, dann kann man dies nur als Gewaltpornographie bezeichnen. (...) Die meisterliche Kameraarbeit von Benoit Debie und Gaspar Noé verhindert dabei sogar einen Einblick ins Innenleben dieser Figuren. Zu sehr huscht sie an den Figuren vorbei. Der Mensch als Bestie, diese Botschaft ist zu simpel, um den Kinozuschauer über eine Stunde zu quälen.«* Noch härter geht die ARD-Sendung »Titel, Thesen, Temperamente« (online unter http://www.hr-online.de/fs/ttt/020526/gewalt.html) mit diesem Werk und seinem Schöpfer ins Gericht: *»Paranoia beutet der Regisseur Gaspar Noé aus für übelstes, kommerzielles Kalkül. Seinem Film ›Irreversible‹ eilte der Ruf des Skandalösen voraus, und selbst der Festivalchef bekannte vorab, er habe zeitweise seine Augen von der Leinwand abwenden müssen. Neben der sadistischen Zertrümmerung eines menschlichen Schädels offeriert das Machwerk eine zehnminütige Vergewaltigungsszene von noch nie gesehener Brutalität. Dass das Opfer von der schönen Monica Bellucci gespielt wird, verdeutlicht die spekulative Absicht. Ein Film, der seine menschenverachtenden Inhalte als Kunstanstrengung verkauft.«*

Israel

→ »Staatsterrorismus« Israels

»I Stand Alone«

→ »Seul contre tous«

J

Jesus

Für gläubige Christen der Sohn und zugleich die menschliche Verkörperung Gottes. Nachdem das erste kirchenweite Konzil, das 325 in Nizea tagte, es als ketzerisch erklärte, Jesus Göttlichkeit zu leugnen, stellte sich für Künstler die Frage, ob eine Darstellung Jesu erlaubt sei oder ob dies dem Tabu zuwiderlaufen würde, dem zufolge man sich kein Bild von Gott machen solle. Dies wurde aber mit dem Argument erlaubt, dass Gott bewusst menschliche Form angenommen habe. Da die frühchristliche Kirche neue Glaubensgenossen gewinnen wollte, wurde Jesus von Malern und Bildhauern anfangs lediglich als über den → Tod triumphierender Erlöser auf göttlichem Thron gezeigt. Erst ab dem zehnten Jahrhundert fließt seine Menschlichkeit in die Kunstwerke ein, und er erscheint als unschuldiges Kind oder Gemarterter am Kreuz. In der Renaissance, als die Kirche in vielerlei Hinsicht weltliche Instanz geworden war, war eine besonders realistische, lebensnahe Präsentation Christus beliebt, womit die katholische Priesterschaft schon deshalb keine Probleme hatte, weil sie mit solchen Darstellungen den protestantischen Bilderstürmern Widerstand leisten konnte. Mit dem wachsenden Einfluss der Aufklärung schwand der Einfluss der Kirche auf das Kulturleben, was später durch das Aufkommen der Massenmedien verstärkt wurde. Prinzipiell war es Künstlern jetzt freigestellt, Jesus so zu zeigen, wie sie das wollten, wobei sie jedoch auf die religiösen Gefühle der Christenheit Rücksicht nahmen. So begleitete Cecil B. DeMille 1927 seinen berühmten Stummfilm »King of Kings« mit den Worten, er hoffe, damit zur Verbreitung des Evangeliums beitragen zu können.

Bei diesem Respekt sollte es in kommenden Jahrzehnten nicht bleiben. Kontrovers beurteilt wurde bereits 1964 der europäische Film

»Das erste Evangelium, Matthäus« unter der Regie des Marxisten und Kirchenkritikers Pier Paolo → Pasolini. Dieser zeigte einen sehr harten, unversöhnlichen, nachgerade fanatischen Jesus, der im Konflikt zwischen den ländlichen Arbeitern und den anmaßenden Reichen sehr streitlustig auftritt. Wiewohl hier die Nähe der marxistischen zur christlichen Lehre sehr deutlich wird (»*eher kommt ein Kamel durch ein Nadelöhr als ein Reicher ins Reich Gottes*«), wurde Pasolini von Marxisten wie Christen gleichermaßen angegriffen. Letztere bemängelten insbesondere, dass die versöhnende Botschaft der Evangelien in der ansonsten sehr nah am Original arbeitenden Interpretation Pasolinis verlorengegangen sei.

Ab Ende der Sechziger kam es in einem etwas kuriosen Rhythmus alle zehn Jahre zu einem neuen Skandal in der Jesus-Darstellung. Den Anfang machte 1969 das wenig später von dem atheistischen Kanadier Norman Jewison verfilmte Broadway-Musical »Jesus Christ Superstar« des britischen Komponisten Andrew Lloyd Webber. Webber bzw. Jewison inszenierten zum Höhepunkt von Studentenrevolte und Hippie-Bewegung Jesus als Rebellen gegen das Establishment bei gleichzeitigem Propagieren von Liebe und Frieden, wobei sie die Handlung des Neuen Testaments durch einige sinnige Einfälle (so tragen z. B. Pilatus' Wächter Maschinenpistolen) in die Gegenwart verlegten. Theologisch bemerkenswert ist, dass Jesus in dieser Interpretation nicht als begnadeter Redner und Wunderheiler die Massen begeistert, sondern sich vielmehr bedrängt zeigt und mit seiner Erlöserrolle in Konflikt gerät, bis die Menge vor seinem Tod am Kreuz durch den Titelsong des Musicals Jesus Wahrnehmung als »Superstar« schließlich ebenfalls in Frage stellt. Judas, aus dessen Perspektive die Ereignisse wesentlich gezeigt werden, warnt Jesus nachdrücklich davor, einer Massenhysterie sowie seinem eigenen Ehrgeiz zum Opfer zu fallen und sich vergötzen zu lassen. Hier scheint die erwachende Abneigung und Vorsicht dieser Generation selbst gegen ihre eigenen Erlöserfiguren auf, wie sie vielleicht am besten durch das von Kurt Vonnegut bekannt gemachte Diktum »*If you meet the buddha on the road, kill him*« deutlich wird. 1979 ließ die britische Komikertruppe → Monty Python »Das Leben des Brian« folgen, dessen Titelheld trotz seiner verzweifelten Proteste (»*Ihr seid doch alle Individuen!*«) von seinen übergeschnappten Anhängern erst zum Messisas, dann zum Märtyrer gezwungen wird. Aufgrund der fröhlichen

Kreuzigungsszene (*»Always walk on the bright side of life!«*) wurde der Film in Großbritannien verboten. Wieder zehn Jahre später, 1989, griff Martin Scorsese das Motiv des allzu menschlichen Gottessohnes in → »Die letzte Versuchung Christi« auf. Den aktuellsten Höhepunkt dieser Folge bildete 1998 Terrance McNallys Theaterstück »Corpus Christi«, über das seit einiger Zeit unbestätigte Gerüchte einer geplanten Verfilmung möglicherweise durch Verhoeven kursieren. Inspiriert durch den zu Tode geprügelten Homosexuellen Matthew Shepard verlegte McNally die Geschichte des Neuen Testaments vollständig in die Gegenwart und lässt Jesu Rolle von einem Außenseiter verkörpern, der in einem heruntergekommenen Stundenhotel zur Welt kommt und schließlich als *»king of queers«* gekreuzigt wird (→ Homosexualität, → queer). Als der Manhattan Theater Club die Aufführung dieses Stückes ankündigte, legte die einflussreiche »Katholische Liga für religiöse und Bürgerrechte« scharfe Proteste ein. Auch Bombendrohungen gingen beim Theater ein, so dass bei der Aufführung Schauspieler und Publikum durch zusätzliche Sicherheitsmaßnahmen geschützt werden mussten. Weitere Aufführungen des Stücks in anderen Städten der USA sowie in London waren ebenfalls häufig von Kontroversen begleitet.

Literatur: Marsh, Clive u. a.: Explorations in Theology and Film. Blackwell 1998. Roloff, Jürgen: Jesus. München 2000. Stone, Bryan: Faith and Film. Theological Themes at the Cinema. Chalice 2000

Jorgensen, Christine

Erster → Transgender, der für internationale Aufmerksamkeit in den Medien sorgte. Der Ex-G.I. George Jorgensen, Sohn dänischer Einwanderer in die USA, ließ sich 1951 und 1952 in Kopenhagen umoperieren. Bei ihrer Rückkehr in die Staaten stand Jorgensen schnell im Fokus der Presseberichterstattung, was sie noch 15 Jahre später für eine Autobiographie und deren Verfilmung ausnutzte. Eine Karriere als Tänzerin und Sängerin scheiterte langfristig, aber durch Vorträge zur Geschlechtsidentität konnte Jorgensen vielen Transsexuellen Mut machen und notwendige Informationen vermitteln.

Juden

Für Spannungen zwischen der jüdischen Gemeinde in Berlin und dem SFB (Sender Freies Berlin) sorgte am 9. Juni 1996 eine mit »Tod im

Jaguar« betitelte »Tatort«-Folge, in der ein allem Anschein nach ehrenwertes Mitglied dieser Gemeinde und Geldgeber für diverse Synagogen im Geheimen Waffengeschäfte mit Saudi-Arabien tätigt und sich mit Machenschaften der Stasi einlässt. Auch die Berliner »tageszeitung« (taz) glaubte, in diesem Krimi eine heillose Vermischung von *»Polit-Mythen aus der Unzeit«* zu erkennen, sowie das *»unmögliche Bemühen, uns das auf eine politisch korrekte Weise verkaufen zu wollen«*. Als Co-Autor des Drehbuches erklärte Peter Sandmeyer, dass der SFB den beanstandeten Erzählstrang seinerzeit ohne Bedenken durchgewunken habe: *»Das war lange Tabu: Um Gottes Willen kein Jude, keine Synagoge, das darf in einem Krimi nicht vorkommen. Heute kann man das machen. In der jüdischen Gemeinde in Berlin ist ja der Teufel los wegen der vielen zugewanderten Ost-Juden, von denen die Juden zum Teil selbst meinen, dass viele falsche Papiere haben und zur Russen-Mafia gehören.«*

Im Sommer 2002 karikierte der Autor Martin Walser den jüdischen Buchkritiker Marcel Reich-Ranicki in dem Roman »Tod eines Kritikers«. Die »Frankfurter Allgemeine Zeitung« wies einen zunächst ins Auge gefassten Vorabdruck zurück, da der verantwortliche Redakteur, Frank Schirrmacher, Walsers Erzählung als antisemitisch interpretierte und diese Einschätzung öffentlich machte. Im Laufe der dadurch entstandenen Debatte zeigte sich, dass sich eine große Zahl anderer Kritiker und Leser dieser Interpretation in keiner Weise anschließen konnte. Dennoch sieht sich Walser seit dieser Auseinandersetzung gebrandmarkt, wie er in einem Text für die Edition Isele darlegte: *»Wenn ich heute irgendwo erscheine, um aus einem Buch zu lesen, treten junge Frauen und Männer auf und rufen und brüllen einzeln und im Chor: Antisemit.«*

Am 12. Dezember 2002 sorgte Hessens Ministerpräsident Roland Koch für einen Eklat. In der letzten Landtagssitzung vor den Wahlen warf er Frank Bsirske, dem Vorsitzenden der Gewerkschaft Verdi, vor, reiche Deutsche in einer Debatte über die Vermögenssteuer namentlich genannt zu haben. Dies sei *»eine neue Form des Sterns an der Brust«*. Wegen der entstehenden Tumulte musste die Sitzung unterbrochen werden. Danach entschuldigte sich Koch: Er habe sich in der emotionsgeladenen Debatte *»vergaloppiert«*. Dennoch forderten ihn Spitzenpolitiker von SPD und Grünen sowie Verdi-Sprecher Zoller zum Rücktritt auf. Sie warfen ihm eine Verharmlosung des Holocaust vor. Manche spekulierten, Koch habe diese Worte *»bewusst gesetzt«*, um so vor der Wahl noch einmal in die Schlagzeilen zu kommen. Einen solchen »kalkulierten Missbrauch des Holocaust« warf etwa Niedersachsens Ministerpräsident Sigmar Gabriel Koch vor – woraufhin die gesamte CDU-Fraktion unter lautem Protest den Plenarsaal verließ. Paul Spiegel, der Präsident des Zentralrats der Juden in Deutschland, sah in Kochs Äußerung eine Beleidigung aller Opfer und Überlebenden des Nazi-Terrors. Kochs Entschuldigung nahm Spiegel lediglich zur Kenntnis und erklärte einem Journalisten: *»Wenn ich Sie morgen umbringe und mich danach bei Ihrer Frau entschuldige – was würde die mir wohl sagen?«* Spiegels Stellvertreter Michel Friedman befand, solche fahrlässigen Vergleiche sollten nicht *»zur Banalisierung und Relativierung der unmenschlichen Vorgänge im Dritten Reich beitragen«*. Auch der jüdische Historiker Michael Wolffsohn sprach von einer Verhöhnung der Opfer: *»Die Situation der Wohlhabenden in diesem Land lässt sich mit der der Juden in Nazi-Deutschland nun wirklich nicht vergleichen.«* Für viele Kritiker war Kochs Äußerung deshalb besonders heikel, weil er zum einen 1999 die hessische Landtagswahl mit einer Unterschriftenkampagne gegen die doppelte Staatsbürgerschaft gewonnen hatte, woraufhin ihm die Opposition und Verbände Fremdenfeindlichkeit vorwarfen, und zum anderen die hessische CDU zuvor Schwarzgeld als Vermächtnis jüdischer Spender ausgegeben hatte. Nach Kochs Äußerung befand der Parlamentarische Geschäftsführer der Grünen, Volker Beck, beim Thema Geld fielen dem hessischen Ministerpräsidenten offenbar nur Juden ein. Roland Koch gab zurück, die Opposition missbrauche hier eine missglückte Äußerung, um sich einer Niederlage in der Sachdebatte, also der Auseinandersetzung um die Vermögenssteuer, zu entziehen.

Siehe auch → Finkelstein, Norman sowie → »Staatsterrorismus« Israels

Literatur: Naumann, Michael (Hrsg.): »›Es muss doch in diesem Lande wieder möglich sein ...‹ Der neue Antisemitismus-Streit«, Ullstein 2002.

Internet: Die »Semit Times«, ein deutschsprachiges jüdisches Meinungsforum mit Artikeln und Links, gibt es unter http://www.semit.net. Die Web-Version der Wochenzeitung »Jüdische Allgemeine« kann man unter http://www.juedische-allgemeine.de lesen. Eine der meistbesuchten deutschen Websites zu den Themen Juden und Israel ist www.hagalil.com.

Judenwitze

Während Volksgruppen wie Ostfriesen oder Schotten schon immer als Zielscheibe auch bösartigen Spottes dienen durften und im deutschen Fernsehen neuerdings auch andere Ausländer (vgl. Kaya → Yanar) straflos hochgenommen werden, sind Scherze über Juden wegen der deutschen Geschichte noch heute unvorstellbar. Selbst ein Provokateur wie Harald → Schmidt, der sich über Polen genauso ungehemmt lustig macht wie etwa über Kranke oder Behinderte, erkennt hier eine der letzten Grenzen der Comedy: »*Tabu ist alles, was nur im entferntesten mit dem Thema ›Juden in Deutschland‹ in Verbindung gebracht werden könnte. Seit der Walser-Bubis-Debatte ist mir klar, dass da die Hölle losbrechen würde. Ich war mal der Meinung, es müsste möglich sein, einen Witz über die Krawatten von Michel Friedman zu machen, ohne dass ich als Antisemit abgestempelt werde. Heute ist mir klar, dass da überhaupt nicht dran zu denken ist. Es würde heißen: ›Schmidt macht Judenwitze.‹ Solche Schlagzeilen muss ich mir nicht antun.*«

Im Berliner »Tagesspiegel« vom 17. August 2000 berichtet Harald Martenstein über eine in diesem Zusammenhang denkwürdige Szene aus Schmidts Show. Schmidt berichtete über die jüdischen Mitglieder im Kabinett des damaligen Präsidentschaftskandidaten Al Gore. »*Da arbeiten Juden*«, kommentierte der Moderator und hielt inne. Augenblicklich wurde es im Studio totenstill. Schmidt richtete seinen Blick in die Kamera und adressierte an die Zuschauer vor den Bildschirmen: »*Merken Sie, wie ruhig es hier plötzlich ist?*« Worauf er das Thema wechselte. Martenstein kommentiert: »*Es war ein großer Moment. Schmidt hat einen Witz ohne Worte erzählt. Keinen Juden-Witz, sondern einen Witz über die Befangenheit der Deutschen. Er hat kein Tabu gebrochen, sondern ein Tabu zum Thema gemacht. Es wird still in Deutschland, sobald das J-Wort fällt. Ist das komisch? Ja.*«

Auffällig ist in diesem Kontext auch, dass das Tabu des Judenwitzes beispielsweise in einem Land wie Polen bei weitem nicht so fest verankert ist. Entsprechende Witzbücher sind problemlos am Kiosk erhältlich. Ein kleiner Skandal entstand jedoch, als solche Texte auch in »lustige Rätselheftchen« für Kinder wanderten. Wie Gabriele Lesser in der »Allgemeinen Jüdischen Wochenzeitung« vom 19. Februar 1998 berichtete, hatte eine Schülerin aus Posen in einem dieser

Hefte eines Warschauer Verlages merkwürdige »Scherzfragen« entdeckt wie *»Was macht eine junge Jüdin im Kamin?« – »Sie löst sich in Rauch auf.«* Als »Rallye für Juden« war »Paris-Dachau« angegeben. Ihr Vater wandte sich an Janusz Weiss, einen Redakteur und Moderator des privaten Rundfunksenders »Radio Zet«, der während seiner Sendung nicht nur bei Verlag und Staatsanwaltschaft anrief, sondern auch die Hörer zu Wort kommen ließ. Im Laufe der nächsten Tage bildeten sich grob gesagt drei Gruppen heraus: Die einen waren empört, andere nutzten die Gelegenheit zu eigenen antisemitischen Bekundungen, und dritte sahen solche Witze schlichtweg als schwarzen Humor, der genauso von der Meinungsfreiheit gedeckt sei wie Späße über blöde Polizisten oder geizige Schotten. Wer darüber nicht lachen könne, brauche sich die entsprechenden Hefte ja nicht zu kaufen. Harald Schmidt, so hieß es, werde für seine Polenwitze ja auch mit Medienpreisen überschüttet, ohne dass man sie zu den von Deutschen im Zweiten Weltkrieg ermordeten drei Millionen Polen in Zusammenhang bringe. Besorgt zeigten sich hingegen vor allem Organisationen wie das Helsinki-Komitee für Menschenrechte in Warschau und die Parlamentskommission für nationale und ethnische Minderheiten.

Schon einige Jahre zuvor hatte es in Polen eine ähnliche Debatte gegeben. Der Präsidentschaftskandidat Bubel hatte unmittelbar vor der Wahl 1995 eine Broschüre »Jüdischer Humor« herausgegeben, die Witze wie *»Das Lieblingsauto der Juden? – Ein Gaswagen«* ebenfalls unter anderem an den Schulen verbreitete. Die hinzugezogene Staatsanwaltschaft indes erkannte keinerlei schädlichen Einfluss auf die polnische Gesellschaft und stellte das Verfahren wegen Geringfügigkeit ein.

In Deutschland entstand 1999 ein Skandal um Judenwitze im Zusammenhang mit der Kölner »Stunksitzung«, eine politisch weit schärfere und provokativere Parodie auf den zahnlosen Sitzungskarneval. Stein des Anstoßes war das Stück »Hey Jude 2000«, das den Umstand kritisierte, dass die deutsche Wirtschaft ihre Zahlungen für die jüdischen Zwangsarbeiter erst nach jahrzehntelangem Betteln und auch dann nur unter größtem Widerstand und keineswegs vollständig geleistet hatte. Um dies satirisch umzusetzen, hatten sich die Karnevalisten für eine fiktive Image-Kampagne der deutschen Industrie unter dem Motto *»Taste the feeling of Jewish Culture oder Ohne*

Rauch geht's auch« entschieden. Darin stellte Haribo ein Fruchtgummi mit dem Namen *»Jud Süß«* her, Mercedes bot die J-Klasse mit Davidstern an, und eine Bierbrauerei kündigte zum nächsten Oktoberfest das *»erfrischende Kristallnachtweizen«* an. Dieser Sketch sorgte bei der jüdischen Gemeinde in Köln für erhebliche Irritationen, die in einem klärenden Gespräch beseitigt werden sollten. Während die Vertreter des Stunk-Ensembles betonten, sich keineswegs über die jüdischen Opfer lustig gemacht, sondern den Zynismus der deutschen Industrie angegriffen zu haben, zeigte sich etwa Miguel Freund, der Sprecher der Synagogen-Gemeinde Köln, erbost: *»Mir geht es um meine Mitglieder, die den Holocaust erlebt haben. Ich halte den Sketch für nicht zulässig, weil hier auf Kosten der Opfer mit dem Humor gespielt wird.«* Der Sketch könne keineswegs durch geringfügige Änderungen entschärft werden, sondern verletze mit Anspielungen auf die »Kristallnacht« oder »Jud Süß« in seiner Gesamtheit die Grenzen des Anstandes. Versöhnlicher zeigte sich Günther B. Ginzel, Vorsitzender der Kölner Gesellschaft für christlich-jüdische Zusammenarbeit: *»Wir wollen uns nicht in den Reigen der Meckerer über die Stunksitzung einreihen. Es ist wichtig, diese Themen aufzugreifen – auch wenn manche der Überlebenden grundsätzlich dabei zusammenzucken. Wichtig aber ist es, eine gewisse Sensibilität beizubehalten. Im Grunde genommen ist der Sketch gut. Aber in der Zeit der bundesweiten Diskussion über den Disput zwischen Martin Walser und Ignatz Bubis muss man besonders sensibel mit der Sprache umgehen.«* Letztlich wurde eine gekürzte Fassung des Sketches wieder ins Programm der Stunksitzung aufgenommen.

Jugendslang

Spezielle Sprachkultur Heranwachsender, die oft von tabuisierten Wendungen insbesondere aus dem Bereich des Sexuellen oder anderweitig Obszönen durchdrungen ist. Dies ist nicht nur ein Ausdruck der Provokation, der Revolte und des Sich-Abgrenzens von der Kultur der übrigen Gesellschaft bzw. des scheinbar souveränen (»coolen«) Sich-Hinwegsetzens über ihre Gebote. Vielmehr kommt es hier auch zu einer Auflösung der gewohnten Sprachgrenzen, die später eine Auswirkung auf die gesamte Sprachgemeinschaft haben können. Als typisch gilt hier zum einen, dass Wörter durch Verwendung in einem anderen Kontext von ihrem früheren sexuellen Gehalt gereinigt werden: Man denke etwa an die Wendung »das ist geil« oder die im so genannten Kanakischen beliebten Wörter »ficken« (oft nur: »jemanden ansprechen oder kennenlernen«) und »schwul« (häufig verwendet für »dumm« oder aus Sicht des Sprechers anderweitig »minderwertig«). Insbesondere im englischen Sprachraum können zuvor abwertend gebrauchte Wörter in der aktuellen Verwendung durch Jugendliche höchste Anerkennung ausdrücken. Beispiele sind hier etwa das von Michael Jackson populär gemachte Lob »Bad« oder das von Prince gezwitscherte »You Sexy Motherfucker«, aber auch das von jungen Postfeministinnen angeeignete Wort »cunt« (eigentlich: »Fotze«), das von der Girlie-Generation inzwischen als Auszeichnung verstanden wird (vgl. hierzu Inga Muscios Buch »Cunt: A Declaration of Independence«). Die Deutschen sind mit der Umwertung einstmals negativer Ausdrücke weit zurückhaltender und bringen es gerade mal zu einer versuchten Aufwertung von »Schlampe«, »Zicke« oder »Luder«, die allerdings in allen drei Fällen nicht wirklich glückte. → Tabuwörter

Jungfräulichkeit im vorgerückten Lebensalter

Größer als allgemein angenommen ist vermutlich die Zahl derjenigen, die auch im dritten oder vierten Lebensjahrzehnt über keinerlei sexuelle Erfahrung mit einem Partner verfügen. Statistisch führen sie zwar weitgehend noch ein Schattendasein, da sie bei Umfragen schwer zu erfassen sind. Immerhin ergab aber eine Studie des Leipziger Sexualforschers Kurt Starke, dass rund zehn Prozent aller männlichen Hochschulabsolventen aus dem Westen bis zu ihrem 29. Lebensjahr noch keinen Geschlechtsverkehr hatten – auch hier könnte eine nicht unbeträchtliche Dunkelziffer die Zahl eher noch nach unten verfälscht haben. Eva Margolies spricht von fast zwei Millionen männlicher Jungfrauen in den USA und hält diesen Anteil für mit anderen westlichen Ländern vergleichbar. Wie bei vielen anderen von der Medienöffentlichkeit ignorierten Gruppen ist es das Internet, das auch diesem Personenkreis seit kurzem eine Plattform bietet, auf der man sich zusammenfinden und miteinander austauschen kann. Seit 1999 existiert im Netz das Forum »Absolute Beginners« (www.f3.parsimony.net/forum3/08/), wo sich beide Geschlechter treffen können (sich aber zu neunzig Prozent Männer finden), die auch im fortgeschrittenen Erwachsenenalter noch keine Erfahrung mit Sexualität und Partnerschaft machen durften. Übrigens verlor auch der bedeutende englische Dramatiker George Bernard Shaw seine Jungfräulichkeit erst mit 29 Jahren – und war so schockiert von dieser Erfahrung, dass er es erst 15 Jahre später ein weiteres Mal probierte. Andere berühmte Persönlichkeiten der Weltgeschichte, die fast mit Gewissheit nie eine sexuelle Beziehung unterhalten haben, waren Alexander von Humboldt, Immanuel Kant, Hans Christian Andersen, Lewis Caroll (→ Pädophilie, → Surrealismus), Sir Isaac Newton sowie der russische Schriftsteller John Ruskin.

K

»Kaffee, Milch, Zucker«

(Originaltitel: *Boys on the side*, wörtlich: Jungen als Beilage) US-amerikanisches Roadmovie, 1996, unter der Regie von Herbert Ross, der auch durch »Magnolien aus Stahl« bekannt wurde. Außer dem traditionell eher männerzentrierten Genre des Roadmovies könnte man diesen Film auch dem erfolgreichen Genre der Starke-Frauen-Filme im Gefolge etwa von → »Grüne Tomaten« zuordnen, wobei diesen Filmen fast grundsätzlich sowohl ein lesbischer als auch ein männerfeindlicher Subtext unterlegt ist.

Nach dem Verlust ihrer Arbeitsstelle und dem gleichzeitigen Scheitern ihrer Beziehung will die New Yorkerin Jane (Whoopie Goldberg) die Stadt verlassen und macht sich in der Begleitung von Robin (Mary-Louise Parker), die sie über eine Zeitungsannonce kennen lernt, auf eine Tour quer durch die Vereinigten Staaten. In Pittsburgh statten sie Robins Freundin Holly (Drew Barrymore) einen Besuch ab, die aktuell mit ihrem (natürlich) prügelnden und trinkenden Freund Probleme hat. Dieser wird (natürlich) niedergeschlagen, woraufhin die Frauen ihre Reise jetzt zu dritt fortsetzen. Im Laufe der Zeit erwacht in Jane eine immer größere Zuneigung und schließlich Liebe zu Robin, wobei das Glück der drei dadurch immer stärker bedroht wird, dass Robins Aidserkrankung ausbricht und die Polizei eine Fahndung nach Holly aufgenommen hat.

Wie in vielen Nachfolgefilmen der »Grünen Tomaten« wird auch hier die Botschaft vermittelt, dass es manchmal notwendig ist, für seine persönliche Verwirklichung auch gegen die Konventionen der (Männer-)Gesellschaft anzukämpfen bzw. daraus auszubrechen. Kritiker werfen dem Film vor, in Dialogen und Inszenierung stellenweise allzu sentimental und melodramatisch geraten zu sein. Nichtsdestotrotz wurde ihm von der Homosexuellen-Organisation GLAAD das Prädikat »Bester Film des Jahres« verliehen.

»Kanak Attak« / »Kanak Attack«

Aktionsbündnis junger Immigranten (»Ausländer«) in Deutschland, überwiegend der so genannten dritten Generation. Als wegbereitender Text für dieses Bündnis gilt die 1995 im Rotbuch-Verlag erschienene Interview-Sammlung »Kanak Sprak. 24 Misstöne vom Rande der Gesellschaft« des einer Gastarbeiterfamilie entstammenden Ausländerreferenten und Schriftstellers Feridun Zaimoglu (geboren 1964). Darin befragte Zaimoglu 24 Türken vor allem der unteren sozialen Schichten nach ihrer Lebenssituation, dabei insbesondere ihrer Stellung zu Deutschland und den Deutschen, um diese Menschen vom Objekt der Forschung und Berichterstattung zum Subjekt und vom Opfer zum Teil eines Widerstandes gegen die gesellschaftlichen Bedingungen zu machen. Teil seiner Strategie war es, das tabuisierte Schimpfwort »Kanake« zu einer positiven Selbstbezeichnung umzuwerten, wozu auch der Entwurf einer – inzwischen oft parodierten – Kunstsprache des »Kanakischen« (»Kanak Sprak«) gehörte: eine Mischung aus Vulgärausdrücken, poetischen Metaphern und abgehackten Satzfetzen (→ Mundstuhl). Die Reaktionen waren sehr unterschiedlich: Manche Kritiker warfen Zaimoglu vor, mit dieser Inszenierung exakt das Bild des Türken als schillernden Außenseiters und potentiellen Unruhestifters zu bestätigen, andere bejubelten den »multikulturellen Tabubruch«, der darin bestehe, dass Türken sich selbst als Kanaken und als Kriminelle darstellten – eine Etikettierung, die, wenn sie von Deutschen vorgenommen wurde, ja als alles andere als politisch korrekt galt. Die türkische Gemeinschaft fand sich indes in dem Buch wieder und reagierte insgesamt sehr positiv. Auch Zaimoglus Nachfolgeprojekte waren erfolgreich und regten 1998 schließlich zu dem eingangs erwähnten losen Bündnis von Aktionsgruppen an, das als »Kanak Attak« in verschiedenen deutschen Städten Veranstaltungen zwischen Theorie und Agit-Prop durchführte, mit denen einer breiten Öffentlichkeit ohne jede Anbiederung eine neue Haltung von Kanaken verschiedener Generationen vermittelt werden sollte.

Das Manifest von »Kanak Attak« liest sich (stark gekürzt!) folgendermaßen: »*Kanak Attak fragt nicht nach dem Pass oder nach der Her-*

kunft, sondern wendet sich gegen die Frage nach dem Pass und der Herkunft. Unser gemeinsamer Nenner besteht darin, die Kanakisierung bestimmter Gruppen durch rassistische Zuschreibungen mit all ihren Folgen anzugreifen. Kanak Attak ist antinationalistisch, antirassistisch und lehnt jegliche Form von Identitätspolitiken ab, die sich etwa aus ethnologischen Zuschreibungen speisen. Das Interventionsfeld von Kanak Attak reicht von der Kritik an den politisch-ökonomischen Herrschaftsverhältnissen und den kulturindustriellen Verwertungsmechanismen bis hin zu einer Auseinandersetzung mit Alltagsphänomenen in Almanya. Wir setzen uns für die Grund- und Menschenrechte ein, befürworten aber eine Haltung, die sich von dem Modell der Gleichheit absetzt und sich gegen die Unterwerfung durch eine hegemoniale Kultur richtet. Was richtig ist, muss in der jeweiligen Situation verhandelt und entschieden werden. Es ist Zeit, denen das Feld streitig zu machen, die über Deutschland lamentieren, Respekt und Toleranz einklagen, ohne die gesellschaftlichen und politischen Zustände beim Namen zu nennen. Obwohl Kanak Attak für viele nach Straße riecht, ist es kein Kind des Ghettos. So hätten es die Spürhunde der Kulturindustrie gerne, die auf der Suche nach authentischem und exotischem Menschenmaterial sind. Kanak Attak grenzt sich gegen Veranstaltungen wie den ›Tag des ausländischen Mitbürgers‹ ab, die den Dialog und das friedliche Zusammenleben zwischen Kanaken und der Mehrheitsgesellschaft fördern wollen. Kanak Attak ist kein Freund des Mültikültüralizm. Die Privilegierung von bestimmten Einwanderern geht einher mit dem Ausschluss anderer. Das Abwinken von Rot-Grün, was die Frage der Einwanderung und des Asyls betrifft, die fortgesetzte Praxis, Illegalisierte als Kriminelle abzustempeln, wie die Abschiebung unliebsamer Menschen per Ausländergesetz sprechen eine deutliche Sprache. Das alles zielt auf eine Spaltung zwischen genehmen, geduldeten und unerwünschten Gruppen. Kanak Attak bietet eine Plattform für Kanaken aus den verschiedensten gesellschaftlichen Bereichen, denen die alte Leier vom Leben zwischen zwei Stühlen zum Hals raushängt und die den Quatsch vom lässigen Zappen zwischen den Kulturen für windigen, postmodernen Kram halten. Kanak Attak will die Zuweisung von ethnischen Identitäten, das ›Wir‹ und ›Die‹ durchbrechen. Wir treten an, eine neue Haltung von Kanaken aller Generationen auf die Bühne zu bringen, eigenständig, ohne Anbiederung und Konformismus. Wir greifen auf einen Mix aus Theo-

rie, Politik und künstlerischer Praxis zurück. Dieser Song gehört uns. Es geht ab. Kanak Attak!«

Das Phänomen »Kanak Attak« ging schließlich in einen Film Lars Beckers mit fast identischem Namen (»Kanak Attack«) ein, der als Kinoversion von Zaimoglus Buch »Abschaum« in 13 Episoden den Weg des kleinkriminellen Deutschtürken Ertan Ongun durch die Kieler Zuhälter- und Drogendealerszene schildert. *»Wir sind die Kanaken, vor denen ihr Deutschen immer gewarnt habt«*, verkündet Ertan. *»Jetzt gibt es uns – ganz eurem Bild und euren Ängsten entsprechend.«* Die Pressemappe zu diesem Film wies darauf hin, er zeige eigentlich weniger eine Geschichte als einen *»Zustand«* bundesrepublikanischer Wirklichkeit. Der Berliner »Tagesspiegel« interpretierte ihn als Plädoyer von Migranten für ein *»Recht auf Kriminalität«*; schließlich erhielt »Kanak Attack« den Civis-Filmpreis. Das Kanakische selbst entwickelte sich von der durch Zaimoglus Bearbeitung entstandenen Kunstsprache über deren Parodierung *(»isch schwör, ich geb dir korrekt«)*, die noch vor fünf Jahren ebenfalls unter das Tabu der → Politischen Korrektheit gefallen wäre, bis zu einem Kultstatus auf deutschen Schulhöfen.

Kannibalismus

Streng genommen lediglich die als Gruppenverhalten ritualisierte Form von Menschenfresserei, im Gegensatz zur Anthropophagie, die etwa auch durch soziale Umstände, Geisteskrankheit oder sexuelle → Paraphilie bestimmt sein kann. Mittlerweile wird »Kannibalismus« jedoch für all diese Erscheinungsformen unbekümmert als Oberbegriff verwendet.

Erstmals benutzte der Entdecker Christoph Kolumbus den Ausdruck »Kannibalen«; er bezeichnete damit die Einwohner der Karibischen Inseln. Letztlich handelte es sich um eine Wortverwechslung zwischen »Cariba« und »Caniba«, wobei Kolumbus noch dazu »caniba« mit dem lateinischen »canes« für »Hund« assoziierte und sonderbare Vorstellungen von Menschenfressern mit Hundeschnauzen entwickelte. Folglich berichtete er in Briefen, die in ganz Europa verbreitet wurden, dass es sich bei den Kariben um Menschenfresser handele, obwohl er niemals selbst eine solche Sitte beobachtet hatte. Andere Entdecker, Kolonialherren und Forscher taten Ähnliches. Viele Völkerkundler vertreten deshalb inzwischen die Annahme, dass es die berühmten »kannibalischen Volksstämme« entweder gar nicht oder nur höchst selten gab bzw. gibt. Des Kannibalismus wurden bezeichnenderweise häufig Volksgruppen bezichtigt, die zum Berichterstattenden in großer zeitlicher oder räumlicher Distanz lebten: Sie erschienen also besonders fremdartig, entsprechende Behauptungen waren zugleich nie nachprüfbar. Häufig kam es auch vor, dass Forschungsreisende unkritisch die Behauptungen der angetroffenen Ureinwohner übernahmen, bei einem mit ihnen verfeindeten Stamm handele es sich um Kannibalen. Das allerdings war eine Unterstellung, mit der quer durch die Menschheitsgeschichte schon immer Aggressionen gegen andere Gruppen geschürt worden waren: Die Römer sagten es den frühen Christen nach, die Christen den zum Christentum zu bekehrenden Völkern wie den angelsächsischen Skoten und Pikten, später den Juden und den »Hexen«. Als dem Anthropologen William Arens 1968 bei Arbeiten in Tansania selbst Kannibalismus vorgeworfen wurde, stellte er sich die Frage: Wenn Afrikaner solch irrige Vorurteile gegenüber Europäern entwickeln, hätte es dann umgekehrt nicht ebenso der Fall sein können? Ein ähnliches Missverständnis hatte sich schon Jahrhunderte zuvor zugetragen: Nachdem der Entdecker James Cook von den Ureinwohnern Hawaiis getötet worden war, fragte sie Cooks Offizier King, ob sie den Leichnam seines Kapitäns verzehrt hätten. Die Hawaiianer waren entsetzt über diese Vorstellung: Dass diese fremden weißen Männer ihnen diese Frage überhaupt stellten, konnte für sie nur bedeuten, dass Menschenfresserei bei den Weißen eine übliche Sitte war ...

Wie Arens in seinem Buch »The Man-Eating Myth« (etwa: »Der Mythos von der Menschenfresserei«) ausführt, sind hieb- und stichfeste Belege für die Existenz von Kannibalismus als Volkssitte in der Tat außerordentlich dünn gesät. Zwar wurde so ziemlich jeder neu entdeckten Volksgruppe, ob in Afrika, Mittelamerika, Neuseeland und Australien oder dem Pazifik, grundsätzlich erst einmal diese Sitte zugeschrieben. Eine gründliche Sichtung der vorhandenen Literatur führte aber statt zu verlässlichen Zeugenaussagen zu Gerüchten, Anspielungen, Rassismen und Fällen, wo ein Forscher lediglich das abschrieb und als eigene Erkenntnis ausgab, was ein anderer kühn behauptet hatte. Die Berichte aus erster Hand stellten sich oft als wenig glaubwürdig heraus. So berichtete der Deutsche Hans Staden im 16. Jahrhundert von seiner Gefangennahme durch die südamerikanischen Tubinamba-Indianer und davon, dass sie sich über seine Qualität als Menschenfleisch unterhalten hätten. Nur war dies sein erster Kontakt mit diesem Volk, er hätte seine Sprache also kaum verstehen können. Die berühmte Behauptung, die Azteken hätten ihre Gefangenen verspeist, stammte von den Eroberern unter Cortez, die entsprechende Handlungen aber nie selbst mit angesehen hatten. Lediglich ein spanischer Offizier faselte etwas von *»gerösteten Babys«*, die man unter den aztekischen Vorräten gefunden habe – hier geht man inzwischen davon aus, dass es sich um klassische Feindbildpropaganda handelte, um den Gegner als Unmenschen zu zeichnen, den man ruhigen Gewissens vernichten bzw. »zivilisieren« könne. (Unweigerlich fühlt man sich an die von Scharping und Co. verbreitete Greuelpropaganda erinnert, dass die Serben schwangeren Frauen die Babys aus dem Leib gerissen, sie gegrillt und wieder eingesetzt hätten; → Kosovokrieg). Seit 1994 wird das Argument, die Kolonialisten hätten »den Wilden« lediglich Kannibalismus unterstellt, um von ihrer eigenen Schuld abzulenken, insbesondere von Marina Warner verstärkt vertreten.

Manche Belege für kannibalistische Sitten waren allerdings nicht gänzlich von der Hand zu weisen. Das galt insbesondere für den pazifischen Raum, die so genannte Südsee. So berichtete der ideologisch unverdächtige Herman Melville (»Moby Dick«) im 32. Kapitel seiner Reise-Erzählung »Typee« davon, dass er auf polynesischen Inseln offenbar frisch abgenagte Knochen menschlicher Skelette mit einigen daran zurückgebliebenen Fleischfetzen gesehen hatte. Im benachbarten Melanesien ist Nekrophagie (das Essen von Leichen) Teil des Bestattungsrituals. Unklar ist, ob die in Neu-Guinea verbreitete Krankheit Kuru, die Ähnlichkeiten zum Creutzfeldt-Jacob-Syndrom aufweist, sich deshalb ausbreitete, weil die Einwohner dieses Landes die Gehirne ihrer verstorbenen Verwandten verspeisten, wie lange behauptet wurde, oder ob lediglich mangelnde Hygienebedingungen beim Bestatten von Krankheitsopfern die Ursache waren.

Der Glauben an die Seltenheit von Kannibalismus wurde in den letzten Jahren verstärkt angegriffen, wie Matthias Glaubrecht in seinem Artikel »Mensch im Stuhl« für den Berliner »Tagesspiegel« vom 7. Septemer 2000 unter der Berufung auf das Magazin »Nature« (Band 407, Seite 74) erläutert. Demnach war es dem Anthropologen Richard Marlar und seinem Team von der medizinischen Universität in Denver gelungen, durch biochemische Analysen von Kochgeräten und Proben menschlichen Kots in Überresten eines Pueblo-Dorfs aus dem 12. Jahrhundert das Eiweiß Myoglobin nachzuweisen, das sich ausschließlich in Herz- und Skelettmuskeln von Menschen findet. Dies werten Befürworter der Kannibalismus-These (so der Evolutionsbiologe Jared Diamond) als starken Beleg dafür, dass ein solches Verhalten nicht nur in Ausnahmesituationen wie Krieg und Hungersnot existiert habe. Ein Begleiter Diamonds bei Feldstudien auf Neuguinea sei 1965 selbst gebeten worden, an einem Begräbnisritual teilzunehmen, bei dem die Leiche des Verstorbenen von der Dorfgemeinschaft verspeist wurde. Andere Forscher hatten in Arizona Arm- und Hüftknochen gefunden, die man offenbar aufgebrochen hatte, um an ihr Mark zu gelangen. In Colorado entdeckte Menschenknochen enthüllten unter dem Elektronenmikroskop Spuren, denen zufolge sie gekocht und angeknabbert worden waren. Ähnliche Hinweise entdeckten Paläontologen in 800.000 Jahre alten Siedlungen. Aber der Streit ist noch lange nicht beigelegt, da immer noch viele Völkerkundler auf ihrer Ansicht beharren, bei solchen Belegstücken handele es sich weit eher um Ausnahmen als um eine gesellschaftlich institutionalisierte Regel.

Wenn in unserem eigenen gegenwärtigen Kulturkreis Kannibalismus auftritt, dann entweder als Verzweiflungstat in einer Notsituation (bei einem Flugzeugabsturz 1972 in den Anden konnten sich die 16 Spieler eines Rugby-Teams nur am Leben erhalten, indem sie sich von den Leichen gestorbener Mitpassagiere ernährten) oder aber als psychische Störung Einzelner. Für Letzeres sind → Serienmörder wie Ed Gein (→ Nekrophilie) oder der »Totmacher« Fritz Haarmann die bekanntesten Beispiele. In einem »SPIEGEL«-Interview erklärte der Direktor der Klinik für Psychiatrie und Psychotherapie der Universität Halle-Wittenberg, Professor Andreas Marneros: *»Die Freud-Schüler gehen davon aus, dass der Kannibale eine Verschmelzung mit der Mutter anstrebt. Entweder hat er eine stark erotische Neigung zur Mutter, oder er leidet an einer gefühlsmäßigen Ferne und Abstinenz zu ihr. Diese Sehnsucht wird dann auf ein anderes Objekt übertragen. Die kannibalischen Phantasien beginnen meist im 10. bis 14. Lebensjahr.«*

Generell scheinen kannibalisch veranlagte Menschen andere so sehr zu begehren, dass sie diese in sich einverleiben und so in sich aufnehmen wollen. Ähnliches kennt man in Andeutungen auch von Nicht-Kannibalen, etwa wenn ein Partner zum anderen oder eine Mutter zu ihrem Kind sagt: *»Ich hab' dich zum Fressen gern«*, *»Ich könnte dich auffressen«* oder Ähnliches.

Das letzte Mal ging im Dezember 2002 ein Fall von Kannibalismus durch die deutschen Medien. Ein 41-jähriger aus dem hessischen Rotenburg hatte der Staatsanwaltschaft Kassel zufolge gestanden, einen Bekannten auf dessen Wunsch hin getötet, zerschnitten, zum Teil gegessen und die Tat auf Video aufgenommen zu haben. Beide Männer seien kannibalisch veranlagt gewesen. Der Geständige habe seinem Opfer zunächst das Geschlechtsteil abgeschnitten, um dieses gemeinsam mit ihm zu verspeisen. Weil es den Straftatbestand Kannibalismus in Deutschland nicht gibt, nahmen die Staatsanwälte Ermittlungen wegen Mordverdachts auf. Die Polizisten kamen dem Festgenommenen auf die Spur, als dieser im Internet per Kontaktanzeige nach einem Mann suchte, der dasselbe mit sich machen lassen wollte. Bei der Wohnungsdurchsuchung entdeckten die Beamten tiefgefrorenes Menschenfleisch, Knochenreste sowie Videoaufzeichnungen. Der letzte deutsche Fall dieser Art fand im Jahr 1995 statt, als ein 33-Jähriger seinen 81 Jahre alten Lebensgefährten tötete und nach eigener Darstellung dessen Innereien verspeiste.

Es gab Ansätze, Kannibalismus als Ess-Störung oder Lifestyle-Ausrichtung umzudefinieren, die jedoch daran scheiterten, dass keine organisierte politische Gruppe nach vorne trat, um für dieses Unterfangen die Verantwortung zu übernehmen. Immer wieder mal wurde jedoch Anhängern des → Satanismus nachgesagt, in einer Parodierung der christlichen Eucharistie Menschenfleisch zu verspeisen.

Prinzipiell unterscheidet die Forschung das Verzehren von Menschen in die verschiedensten Unterkategorien. Endokannibalismus etwa widmet sich den Mitgliedern der eigenen Sippe: Das Gefühl der Gemeinschaft wird gestärkt, indem man die Toten wieder den Lebenden zuführt. Beim Exokannibalismus verspeist man seine Feinde, um deren Kraft in sich aufzunehmen. Der Autokannibalismus beschränkt sich auf den eigenen Körper. Ritueller Kannibalismus, wie er Spekulationen zufolge von den Azteken begangen wurde, dient als heilige Handlung, um durch ein Menschenopfer Kontakt mit den Göttern herzustellen – oder indem das Opfer die Unordnung bzw. das Böse in der Gemeinschaft verkörpert und dieses durch das Verspeisen getilgt wird. Michael Harner und Marvin Harris indes vertreten die These, die Azteken hätten dem Nährwert-Kannibalismus gefrönt: Da es in ihrem Siedlungsgebiet kaum Wild gegeben habe und eine Diät aus Mais dem Körper lebensnotwendige Proteine vorenthalte, sei ausreichende Verpflegung nur über das Herbeiziehen von Kriegsgefangenen gewährleistet gewesen. (Kritiker widerlegten später diese These.) Zusätzlich kann man diese Neigung je nach bevorzugtem Gericht in spezielle Praktiken wie Foetophagie oder Pädophagie unterteilen.

In der westlichen Literatur findet man Kannibalismus außerhalb von Abenteuerromanen nicht sehr häufig, wiewohl diese Handlung in einigen quasi archetypischen Texten anzutreffen ist: so etwa in der griechischen Mythologie (der Göttervater Kronos verschlingt seine Kinder, dasselbe hat der Riese Polyphem mit den Gefährten des Odysseus vor) oder im Märchen (die Hexe möchte Hänsel braten).

Was das Kino angeht, entstand in den siebziger Jahren das auf Italien beschränkte Genre der Kannibalenfilme (→ »Cannibal Holocaust«). Später ging dieses Motiv in Mainstream-Werke wie → »Der Koch, der Dieb, seine Frau und ihr Liebhaber« sowie »Das Schweigen der Lämmer« bzw. → »Hannibal« ein. Im Jahr 2002 schockierte der Film »Trouble Every Day« (Regie: Claire Denis) auf den Filmfestspielen von Cannes einzelne Kritiker, da darin zwei der Hauptfiguren (gespielt von Béatrice Dalle und Vincent Gallo) in sehr realistisch wirkenden Szenen ihre jeweiligen Liebhaber ermordeten, um daraufhin deren Eingeweide zu verschlingen.

Manche Theoretiker sehen diesen aktuellen Trend in einer Entheiligung des menschlichen Körpers begründet (→ Gentechnik, Transplantationsmedizin, Cyborgisierung) sowie in einer Angst des Menschen, von neuen Technologien, etwa der Nanotechnologie, verschlungen bzw. vernichtet zu werden.

Der Wirtschaftswissenschaftler Franz Liebl verweist in seinem lesenswerten Artikel »Betriebswirtschaftliche Dimensionen des Kannibalismus« (im Internet unter http://www.uni-wh.de/de/wiwi/lehrstuhle/liebl/kannibalismus.htm?uni-wh) auf M. Monestiers Einschätzung bezüglich der *»Zukunft des Kannibalismus im 21. Jahrhundert«* (entnommen Monestiers Abhandlung »Cannibales: Histoire et bizarreries de L'anthropophagie hier et aujourd'hui«, Paris 2000). Monestier vertritt dieser Darstellung zufolge die These, dass sich die Nahrungsknappheit aufgrund der weltweiten Bevölkerungsexplosion weder durch Rinderzucht, noch durch Vegetarismus nachhaltig in den Griff bekommen lasse, sondern vielmehr so weit verschärfen werde, dass als einzige Alternative *»ein straffreier, in industriellem Stil betriebener und staatlich regulierter Kannibalismus«* übrig bleibe. Dieser Regelung müssten folgende Schritte vorausgehen: *»Desakralisierung des menschlichen Körpers; Transformation des Körpers in eine Ware; Unterstützung oder zumindest Neutralität von Seiten politischer, wissenschaftlicher, religiöser und juristischer Weltanschauungen; Auslöschen der Widerstände, die Anthropophagie generell in der Bevölkerung auslöst, sowie Übernahme der Verantwortung für dieses neue Ernährungssystem durch die Regierungen.«* Da zumindest die ersten beiden dieser Entwicklungen im Zusammenhang mit der Gentechnik bereits stattgefunden hätten, zeigt sich Monestier insgesamt zuversichtlich. Hier fühlt man sich unweigerlich an die Kurzgeschichte »Babynahrung« erinnert, die der britische Autor Neil Gaiman für eine Publikation der Tierschutzorganisation PETA verfasst hatte (auf Deutsch veröffentlicht in der Sammlung »Die Messerkönigin«): Nachdem eines Tages die Tiere von der Erde verschwunden waren, steigt die Menschheit für medizinische Versuche, Kleidung und Ernährung auf Babys um, denn: *»Babyfleisch ist zart und saftig.«* Diese Entscheidung wird damit rechtfertigt, dass es sich bei Babys nicht um rational denkende Geschöpfe handele (→ Singer, Peter).

Auch die Website »Fleisch für Freaks« (www.fleischfreaks.de) bietet in ihrer Rubrik »Bezugsquellen, Rezepte, Herkunft« neben Hund, Pferd und Känguruh bereits den Menschen als Alternative an. Noch (?) erhält der trendbewusste Gourmet statt der angekündigten Einkaufstipps und Vorschläge zur Zubereitung allerdings nur weiterführende Informationen zum Phänomen des Kannibalismus.

Quellen außer den im Text erwähnten: Holden, Lynn: Encyclopedia of Taboos. Oxford 2000. Thody, Philip: Don't Do It. A Dictionary of the Forbidden. Palgrave Macmillan 1997

Literatur: Butkus, Günter; Riha, Karl: Das Schrumpfkopf-Mobile. Geschichten vom Fressen und Gefressenwerden. Pendragon 1998. Fulda, Daniel (Hrsg.): Das Andere Essen. Kannibalismus als Motiv und Metapher in der Literatur. Rombach 2001. Peter-Röcher, Heidi: Mythos Menschenfresser. Ein Blick in die Kochtöpfe der Kannibalen. C. H. Beck 1998

Internet: Es gibt mehrere deutsche und englischsprachige Diskussionsforen über Kannibalismus im Web. Da diese offenbar jedoch (wenn auch vereinzelt) zur Kontaktaufnahme und Vorbereitung entsprechender Taten genutzt werden, sollen ihre URLs hier nicht erscheinen. Allerdings ist es mit den entsprechenden Kenntnissen bezüglich Suchmaschinen eine Sache von Minuten, solche Websites aufzustöbern.

»Die Katze auf dem heißen Blechdach«
→ Hays-Code

»Katz und Maus«
Zweiter Roman des deutschen Literatur-Nobelpreisträgers Günter Grass (nach »Die Blechtrommel«), dem wegen zu drastischer Szenen beispielsweise mit gruppenmasturbierenden Jugendlichen (→ Selbstbefriedigung) eine Aufnahme auf den Index der jugendgefährdenden Schriften drohte, da diese Schilderungen geeignet seien, *»die Phantasie jugendlicher Leser negativ zu belasten, sie zu sexuellen Handlungen zu animieren und damit die Erziehung zu beeinträchtigen«* (→ Bundesprüfstelle für jugendgefährdende Schriften). Letztlich konnte eine Indizierung aber abgewendet werden, nachdem 1963 die Koblenzer Staatsanwaltschaft befand, dass Anstoß erregende Passagen nicht aus dem Zusammenhang des Werkes gerissen und isoliert betrachtet werden dürfen, solange sie *»sich bei unbefangener Betrachtung zwanglos in den Rahmen des Gesamtgeschehens einpassen«*.

Kern, Richard
US-amerikanischer Regisseur und Fotograf, der in seinen Werken immer wieder Motive wie die Verknüpfung von Sexualität und → Gewalt, Fetischobjekte und Fesselungen behandelt. Am bekanntesten ist seine im Kölner Taschen Verlag erschienene Sammlung in hohem Maße stilisierter Erotik-Fotos »New York Girls« (die erstaunlicherweise niemals indiziert wurde). Kern gehört mit Nick Zedd und Lydia Lunch zum New Yorker »Cinema of Transgression«, das sich Anfang der achtziger Jahre etablierte. Nach einer Phase des »Hate-Punks« inszenierte sich Kern als »Evil Cameraman« und schuf in seinen Filmen eine Rollenteilung, in welcher die Kamera zum Täter, die Darsteller zum Opfer und die Filmzuschauer zum Voyeur/Komplizen gerieten. Beispielhaft dafür ist das furiose SM-Spektakel »Submit to me« (»Unterwirf dich mir«), ein zwölfminütiger Super-8-Film

mit Lydia Lunch in einer der Hauptrollen und musikalischer Untermalung von den Butthole Surfers. Die dritte Phase von Kerns künstlerischem Schaffen kann als »Stripclips« bezeichnet werden. Hierbei handelt es sich um sehr kurze Filme, bei denen die Grenze zur Fotografie verschwimmt und die sich einer Ästhetik der Macht bedienen. Hier wäre etwa an den zweiminütigen Film »Nazi« zu denken, in dem mit Hilfe des Models Annabelle Davies Chiffren des Faschismus hocherotisiert in den Kontext der Sexualität gestellt werden: von der Uniform bis hin zum Hitlergruß (ohnehin ein sublimiertes Erektionssymbol, so wie die Psychologie des Faschismus/Nationalsozialismus insgesamt zu weiten Teilen auf einer unterdrückten und zur Menschenverachtung umgeleiteten Sexualität beruht). Kerns umstrittene Ästhetik hat ihren Einfluss bis heute erhalten. Sie wird beispielsweise in dem Film → »Baise-moi« erkennbar.

Literatur: Sargeant, Jack: Deathtripping. An Illustrated History of the Cinema of Transgression. London 1995; Felix, Jürgen (Hg.): Unter die Haut: Signaturen des Selbst im Kino der Körper. Filmstudien Band 3, St. Augustin 1998

»Kids«

→ Sturges, John

Kindergewalt gegen Eltern

Gewalt in der Familie wird in der Forschung und Berichterstattung sehr häufig auf Ehemänner reduziert, die ihre Frauen schlagen. Tatsächlich gibt es aber die verschiedensten anderen Ausprägungen (Gewalt in homosexuellen Beziehungen, Gewalt unter Geschwistern etc.), die weniger stark erfasst werden. Jürgen Gemündens Dissertation »Gewalt gegen Männer in heterosexuellen Intimpartnerschaften« (Marburg 1996) bietet als Exkurs auch einen Absatz, der die internationale Forschungslage über Kinder, die ihre Eltern schlagen, zusammenfasst. Gemünden legt dar, dass (ähnlich wie bei → häuslicher Gewalt gegen Männer) die Häufigkeit aggressiver Handlungen insbesondere pubertierender Jugendlicher gegen Eltern offenbar vor allem deshalb unterschätzt werde, weil die Betroffenen sich gegenüber Dritten, selbst Freunden und Verwandten, dazu nicht äußern, weil sie sonst ihre erzieherischen Fähigkeiten in Frage gestellt sähen. Gemünden führt unter Bezugnahme auf die hier gekürzten Literaturangaben weiter aus, es werde »*weitgehend angenommen, dass im Wesentlichen nur Jungen und junge Männer gegen ihre Eltern gewalttätig sind, da in der Vergangenheit fast nur junge Männer erforscht wurden*«. Tatsächlich aber zeigte sich eine höhere Gewaltrate beim weiblichen Geschlecht: »*9,7 Prozent aller zehn- bis siebzehnjährigen Mädchen und 8,8 Prozent aller Jungen dieser Altersgruppen wendeten nicht-triviale, also von dem betroffenen Elternteil als Gewaltakt gewertete Gewalt an. In einem knappen Drittel der Fälle handelte es sich sogar um schwere Gewalt.*« Väter werden am häufigsten von ihren Söhnen, Mütter von ihren Töchtern angegriffen. Bei Tötungen sind weit überwiegend Väter Opfer. Gewalttätige Eltern werden deutlich häufiger von ihren Kindern angegriffen als gewaltfreie.

Kinderhass
Gefühl extremer Abneigung gegen lärmende und nervige Bälger, das in unserer Gesellschaft hochtabuisiert ist. Der Komiker W. C. Fields hatte einen Teil seiner Popularität vermutlich auch dem Umstand zu verdanken, dass er sich über dieses Tabu mit der lakonischen Bemerkung hinwegsetzte, jemand, der Kinder und Hunde hasse, könne kein ganz schlechter Kerl sein.

Kinderpornographie, Vorwurf der
→ Amendt, Günther; → »Die Blechtrommel«, → Klein, Calvin; → »Lolita«; → Mapplethorpe, Robert; → Sturges, John; → Vogue.

Kindfrau
→ »Lolita«, → Vogue, → »The Woman in the Child«

»Kissed«
Erster Manstreamfilm über → Nekrophilie, Kanada 1996, unter der Regie Lynne Stopkewichs, die gemeinsam mit Angus Fraser auch für das Drehbuch verantwortlich zeichnet. Grundlage dafür bildete Barbara Gowdys Kurzgeschichte »We So Seldom Look On Love« sowie vermutlich die autobiographischen Texte Karen Greenlees.

»Kissed« erzählt die Geschichte Sandra Larsons (Molly Parker), vom Erscheinungsbild her eine blasse, feenartige *femme fragile*, deren nekrophile Neigungen durch ein frühes Pubertätserlebnis geweckt wurden (vgl. hierzu Buttgereits → »Nekromantik«). Schon in ihrer Kindheit hatte der → Tod für sie eine starke Anziehungskraft, so dass sie ihre wenigen Freundinnen danach wählte, ob sie diese Faszination teilen oder zumindest verstehen konnten. Immer wieder sammelte die kleine Sandra (Natasha Morley) tote Tiere und beerdigte sie zunächst gemeinsam mit ihren Freundinnen, danach noch einmal »anständig« in selbst erdachten, außergewöhnlichen Ritualen, mitten in der Nacht und im Schein ihrer Taschenlampe. Bei der Bestattung einer Erdhörnchenfamilie verschreckt sie ihre beste Freundin dadurch, dass sie in besonders starke Verzückung gerät, dabei das Muttertier zerquetscht, sich ekstatisch mit dessen Blut beschmiert und gleichzeitig ihre erste Periode bekommt. Der Moment, in dem Sandra in dieser Situation ihr eigenes Blut an ihren Schenkeln herabrinnen sieht, stellt für sie den Ausgangspunkt für ihre weitere Entwicklung dar.

Als Studentin übt Sandra den Job einer Einbalsamiererin in einem Bestattungsinstitut aus. Dabei zeigt sie sich den toten Körpern junger Männer emotional sehr zugetan. Schließlich lernt sie den grüblerischen Medizinstudenten Matt (Peter Outbridge) kennen, dem sie auf seine Frage, warum sie ausgerechnet diesen Beruf ausübe, sehr bereitwillig berichtet, dass sie mit den Leichen körperliche Beziehungen eingehe. Mark verfällt Sandra und ihrer faszinierenden Ausstrahlung rasch und gibt sich große Mühe, ihre Neigung zu verstehen und sogar zu teilen. Sandra ist zunächst froh, jemanden gefunden zu haben, dem sie sich anvertrauen kann, aber recht bald entstehen Probleme: Matt kommt trotz aller Anstrengung nicht mit Sandras Neigung zurecht und gerät in ein Gefühlschaos zwischen selbstquälerischer Besessenheit und Faszination bis an die Grenzen des Wahns und Eifersucht gegenüber seinen toten Nebenbuhlern, mit denen er als Lebender letztlich nicht mithalten kann. Als einzige Lösung erwächst für ihn schließlich die Entscheidung, zum Märtyrer für Sandras Liebe zu werden.

Als offensichtlicher Unterschied zu den Nekrophilen-Filmen, die bislang ausschließlich im Genre des → Splatterpunk beheimatet waren, fällt auf, dass an den makabren Reiz von Moder und Verwesung eine poetische, transzendent-spirituelle Ästhetik tritt, die dem Film die Würdigung einbrachte, ein *»weichgezeichnetes Bilitis für Nekrophile«* (so ein Autor unter www.astan-magazin.de) zu sein. Tatsächlich ist ein reines, gleißendes Weiß das farbliche Leitmotiv dieses Filmes, das sich in den marmornen Körpern der Toten ebenso wiederfindet wie in dem transparenten Teint der Hauptfigur, den ihre Sommersprossen, dunklen Haare und tiefgründigen Augen noch hervorheben. So wird Sandra nicht als ekelerregende, triebhaft-morbide Perverse, sondern als sinnliche Heilige inszeniert, die gerade als Außenseiterin eine im eigentlichen Sinne romantische, ja transzendentale Erfahrung vermitteln kann. Bezeichnenderweise erscheint die männliche Sexualität ihres Vorgesetzten Wallis (Jay Brazeau), der dieselben Praktiken an toten Jungen ausübt, als verachtenswert, während die weibliche Sandra Reinheit und Barmherzigkeit ausstrahlt: Sie empfindet Mitleid für die ihr Anvertrauten und ihre Einsamkeit. In Sandras Augen stellt ihre Liebe ein letztes Sakrament für diese dar – Sandra beutet sie nicht aus, sondern führt sie und damit metaphorisch auch die Zuschauer über die Schwelle zwischen Körper und Geist, zwischen Leben und Tod, zwischen Eros und Thanatos, zwischen Vergänglichkeit und Ewigkeit. Konsequenterweise füllt sich der Raum während dieser letzten Berührung mit blendend-weißem Licht, und Engels-Chöre singen mit orgastischen Stimmen. *»Wenn du stirbst, leuchtet dein Leben noch einmal auf«*, berichtet Sandra. *»Ich habe Leichen gesehen, die wie Sterne funkelten. Jede von ihnen hat ihre eigene Weisheit, Unschuld, Glück, Trauer. Ich sehe es.«* So schützt sich »Kissed« vor der Verletzung dieses letzten Darstellungstabus nicht durch die verzerrende Maske des Horrors, sondern durch eine Erhöhung ins Poetische.

Stopkewich schuf diesen Film mit finanzieller Unterstützung der kanadischen Regierung. Er geriet zu einem der umstrittensten Werke auf den Sundance- und Toronto-Filmvestivals, erhielt in Toronto aber den Jurypreis für den besten kanadischen Film 1996. Auch vom kanadischen und etwas schwächer vom US-amerikanischen Publikum wurde »Kissed« wohlwollend aufgenommen. Die Zuschauer zeigten sich weder angewidert, noch an den falschen Stellen amüsiert, sondern waren durchaus in der Lage, sich in die Protagonistin einzufühlen. Die erotischen Szenen nahmen sie überwiegend als geschmackvoll wahr, verstörend wirkten lediglich die authentisch inszenierten Prozesse des Einbalsamierens. Am Ende der Dreharbeiten soll jedes Mitglied der Filmcrew zu dem Entschluss gekommen sein, sich selbst nach seinem Tode lieber verbrennen zu lassen. Stopkewich berichtet, sie habe Gowyns Kurzgeschichte in einem Buch mit Erotika für Frauen entdeckt: »*Es hat mich verfolgt. Sandra bestimmt über ihre Sexualität. Obwohl sie sich in Randbereichen aufhält, erlangt sie etwas, das wir alle anstreben. Wir alle sind auf der Suche nach Transzendenz.*« In einem Interview mit dem Magazin »Carpe Noctem« fügt die Regisseurin hinzu: »*Ein Teil des Grundes, warum ich mich für diese Story entschieden habe, war, dass ich absolut und vollkommen in Schrecken versetzt vor dem Tod war. Es ist fast wie eine Zwangstherapie! Das Ding zu konfrontieren, das dich am meisten verängstigt, und damit nicht nur fertig zu werden, sondern es zu erotisieren. Das größere Tabu des Films ist nicht der Umstand, dass seine Heldin Sex mit toten Männern hat, sondern dass sich der Film überhaupt mit dem Thema Tod auseinandersetzt.*«

Hans Schifferle gelangte in der epd-Film zu folgendem Urteil: »*Ein Filmgedicht ist Lynne Stopkewich gelungen, ein trancehaftes Märchen über die Natürlichkeit des Abseitigen, das weniger verstört als verzaubert und berührt.*«

Klein, Calvin

US-amerikanischer Modehersteller, dessen Werbekampagne 1995 minderjährige Models (darunter die inzwischen weltberühmte Kate Moss) auf erotische Weise darstellte. Als englische und US-amerikanische Kritiker in den Inszenierungen »Kinderpornographie« erkannten und mit Boykotten drohten, zog das Unternehmen seine Reklame zurück.

Quelle: Roland Seim und Josef Spiegel (Hrsg.): Der kommentierte Bildband zu »Ab 18«. Münster 1999

»Das kleine Arschloch«

Zeichentrickfilm, Deutschland 1997, um einen zwölfjährigen Jungen, der mit großer Schadenfreude seinen Mitmenschen die verschiedensten Streiche spielt und es dabei besonders darauf abgesehen zu haben scheint, möglichst viele Tabus des guten Geschmacks oder der Ethik zu sprengen. Dem Film liegt eine Comic-Bestsellerreihe Walter Moers zugrunde, der auch für das Drehbuch verantwortlich zeichnete; als Regisseure fungierten Michael Schaack und Veit Vollmer. Schaacks Trick-Company war mit dem Zeichentrickfilm »Werner – Beinhart!« für einen der größten deutschen Kino-Erfolge der Neunziger verantwortlich (nach »Der bewegte Mann«, der ebenfalls auf einem Comic basierte). Kritiker verorten »Das kleine Arschloch« als Gesellschaftssatire, welche die rebellische Anarchie der sechziger Jahre spiegelt, nur in den Neunzigern nicht mehr allein gegen die Sprech- und Darstellungsverbote des Spießbürgertums, sondern außerdem und vor allem die der → Politischen Korrektheit gerichtet ist. So tritt beispielsweise an die Seite »gotteslästerlicher« oder zumindest die Kirche verspottender Episoden ein schwarzer Humor, der insbesondere »geschützte Minderheiten« wie Frauen, Ausländer, Behinderte und Alte zur Zielscheibe nimmt. Aber auch die »klassischen« Tabus von Sexualität und → Tod sind immer für eine Pointe gut.

Um nur einige Beispiele der schier endlosen Abfolge aufzuzählen: Der zwölfjährige namenlose Titelheld überrascht seine Eltern beim Sex, um ihnen daraufhin einen Vortrag über die Fortpflanzung zu halten. Er quält den Hund der Nachbarin regelmäßig beim Gassigehen. Auf Neonazi-Versammlungen bietet er türkische Folklore dar und Anti-Öko-Songs auf den Treffen von Greenpeacelern, die er bei dieser Gelegenheit als *»Robbenficker«* tituliert. Beim Vorlesen für einen Blinden wählt er einen Porno, den er mit dem begeisterten Ausruf *»Boah, guck mal, ist die geil!«* kommentiert. Als er am Telefon von einem Anrufer mit der Lebensberatung verwechselt wird, rät er zum → Selbstmord. Hingebungsvoll widmet er seiner greisen Nachbarin Inge Koschmidder Liebeslieder wie *»Ich bin der Nagel, du der Sarg«!* Schließlich mischt er Eltern und Lehrern bei einer Schulfeier Drogen in den Punsch, woraufhin diese sich der freien Liebe widmen und nackt durch die Straßen randalieren. Jedesmal steht das »Grenzen-Überschreiten« als Forderung im Mittelpunkt, auch auf der Basis von Geschmacklosigkeit, Terror und Schadenfreude. Diese Freude verwandelt sich indes in nichts Bleibendes, sondern lässt das »kleine Arschloch« als desillusionierten Außenseiter und einsamen Rebellen zurück, der zuletzt gegenüber der Masse der angepassten Langweiler doch machtlos bleibt.

Verschiedene Interpretationen dieses Filmes deuten die Hauptfigur als Alter Ego ihres Schöpfers Walter Moers, der 1969, zum Höhepunkt der Jugendrevolte und des gesellschaftlichen Umbruchs, ebenfalls zwölf Jahre alt war. Zahlreiche in dieser Aufbruchstimmung entstandenen Utopien sehen die Beteiligten heute als gescheitert an und sprechen von einem »Sieg des Systems«. Filmisch lässt sich diese Deutung dadurch untermauern, dass mit Fortschreiten des Films immer mehr Versatzstücke aus der Pop-Kultur der Sechziger aufgenommen werden. So erinnert etwa die Sequenz, in welcher der Nachbarshund nach dem Konsum von LSD durch eine Welt aus schillernden Farben und grotesken Formen schwirrt, stark an ähnlich psychedelische Inszenierungen wie etwa den Beatles-Film »Yellow Submarine«.

Klonen

Gentechnisches Verfahren (→ Gentechnik), um von Lebewesen genetisch identische »Doppelgänger« zu erzeugen. Dabei wird einer zuvor entkernten Eizelle genetisches Material einer Körperzelle eingesetzt. Man unterscheidet zwischen dem reproduktiven Klonen, das zur Entstehung von Nachwuchs führen soll, sowie dem therapeutischen Klonen, bei dem embryonale Stammzellen verwendet werden, um so Ausgangspunkte für die Therapie unheilbarer Krankheiten zu finden oder Ersatzorgane und -gewebe zu erzeugen. Dieses Verfahren wurde im Jahr 2001 von der US-Firma »Advanced Cell Technology« sowie von Wissenschaftlern der chinesischen Zongshan-Universität vorangebracht. Insbesondere was das Klonen von Menschen angeht, bestehen hierzulande oft starke Ängste und plakative Horrorvisionen von Armeen geklonter Saddam Husseins oder Gesellschaften mit geklonten Luxusmodels. Das Tabu wird hier zunächst einmal von der Befürchtung getragen, dass der Mensch seine Individualität verlieren und stattdessen zu einem massenweise angefertigten Produkt geraten könnte. Tatsächlich aber hat diese Vorstellung, per Gentechnik exakte Duplikate erzeugen zu können, wenig mit der Realität zu tun, sondern ist eine extrem biologistische Vereinfachung: Der Mensch besteht nun mal aus mehr als seinem Erbmaterial und wird von seinem persönlichen Bewusstsein ebenso geprägt wie von Umwelteinflüssen. Bei zwei Klonen würde es sich also ebenso sehr um zwei verschiedene Menschen handeln wie bei zwei eineiigen Zwillingen. Auch die Annahme, dass Klonen irgendwann an die Stelle der menschlichen Sexualität treten könnte, erscheint unwahrscheinlich, wenn man bedenkt, wie stark trotz bereits existierender anderer Reproduktionstechniken die Nachfrage nach intimem Geschlechtsverkehr heute noch ist.

Ein weit schwerwiegenderer Einwand gegen das Menschenklonen lässt sich dadurch ableiten, dass diese Technik zu unausgereift ist, als dass man entsprechende Experimente verantworten könnte. Dies gilt trotz gewisser Fortschritte beim Klonen von Tieren: Bereits 1901 gelang dem Wissenschaftler Hans Spemann das Klonen eines Molchs durch Embryonenteilung, 1981 führte diese Methode zur ersten geklonten Kuh. Auch zu einem Splitting menschlicher Embryonen soll dieses Verfahren bereits 1993 geführt haben. Vor allem in den letzten Jahren jedoch betrachteten mehr und mehr Publizisten jedes Klonen insbesondere höherer Säugetiere als Tabubruch und weiteren Eskalationsschritt. Am meisten Aufsehen erregte dabei 1996 das Klonschaf »Dolly«, da dieses Tier nicht wie die bisherigen Klone das genetische Duplikat eines Geschwisters, sondern seiner Mutter war, womit es im Wortsinne die nächste Generation dieses Verfahrens einläutete. In den folgenden Jahren wurden Kälber, Ferkel, Mäuse, Kaninchen sowie ein Kätzchen und eine Ziege geklont. Diese Tiere waren jedoch sehr häufig missgebildet und hatten Probleme zum Beispiel mit Nieren, Herz und Lunge. Manchmal fehlten bestimmte Organe bis hin zum Gehirn. Viele starben wenige Tage nach der Geburt, bei anderen wurde Fettleibigkeit verzeichnet, Riesenwuchs, Probleme mit Kreislauf und Atmung, Immunschwäche oder ein stark beschleunigter Alterungsprozess, der zum → Tod nach nur einem Viertel der normalen Lebenserwartung führen kann. Klonschaf Dolly starb im Februar 2003 mit sechs Jahren an einer Lungenentzündung, obwohl Schafe bis zu zwölf Jahren alt werden können und Lungenentzündungen typisch für ältere Schafe sind. Schon vier Jahre zuvor hatte man entdeckt, dass Dollys Erbgut ungewöhnlich schnell alterte; später erkrankte das Schaf außergewöhnlich früh an Arthritis. Sein »Erzeuger«, der Wissenschaftler Ian Wilmut, sah darin einen enttäuschenden Beweis, dass die bisher angewandten Klontechniken *»sehr ineffizient«* seien. Insofern sei es nicht zu verantworten, solche Experimente auf Menschen auszudehnen. Zuvor schon hatten alle Parteien des Deutschen Bundestags übereinstimmend erklärt, dass das Klonen von Menschen gegen die Menschenwürde verstoße, was der damalige Forschungsminister Rüttgers noch einmal in eindeutige Worte fasste: *»Den geklonten Menschen darf und wird es nicht geben.«*

Für internationale Empörung sorgte insofern der italienische Frauenarzt Severino Antinori, der in den letzten Jahren immer wieder mal davon sprach, dass er längst an einem Projekt der Menschenklonung arbeite – und dem die internationale Forschergemeinde wegen bisheriger Pioniertaten auf diesem Gebiet auch die nötige Fachkompetenz dafür zutraute. Antinori wird bei seinen Plänen von einem weltweiten Zusammenschluss privater Reproduktionskliniken namens »A Part« unterstützt. Dessen Präsident, der Wiener Wilfried Fechtinger, erklärte: Ob durch Antinori oder jemand anderen, das erste Klonen eines Menschen sei ohnehin zeitlich absehbar. Im April 2002 berichtete das britische Wissenschaftsmagazin »New Scientist«, Antinori habe auf einer Konferenz verkündet, dass inzwischen die erste schwangere Frau einen Klon in ihrem Bauch trage und es im Dezember zur Welt bringen werde. Andere Experten auf diesem Gebiet, so etwa der »Klonpionier« Rudolf Jaenisch vom »Massachusetts Institute for Technology«, halten derartige Behauptungen für unverantwortlichen Unfug.

Im November 2002 scheiterten Deutschland und Frankreich bei den Vereinten Nationen mit ihrer Initiative, ein weltweites Moratorium gegen das reproduktive Klonen zu beschließen. Eine Einigung wurde dadurch verhindert, dass einige Länder (darunter die USA und Spanien) aus grundsätzlichen Erwägungen heraus auch das therapeutische Klonen verbieten wollten, andere Länder (etwa Großbritannien und China) ein solches Verbot aber für nicht sinnvoll erachteten.

Anfang 2003 ging durch die Schlagzeilen der Weltpresse die Meldung, dass am 2. Weihnachtstag 2002 das erste Klonbaby, Eve, zur Welt gekommen sei. Dies zumindest hatte die Direktorin des Unternehmens Clonaid, Brigitte Boisselier, verkündet. Clonaid ist Teil der UFO-gläubigen Realianer-Sekte. Internationale Fachleute der Reproduktionsmedizin (darunter auch Antinori) äußerten starke Zweifel an dem Wahrheitsgehalt dieser Behauptung; viele von ihnen erklärten, dass das Klonen von Menschen ihrer Ansicht nach ethisch nicht vertretbar sei. Auch Politiker und Vertreter der Kirchen forderten ein Klonverbot. So bezeichnete der Ratsvorsitzende der Evangelischen Kirche, Manfred Kock, das Klonen von Menschen als eine Grenzüberschreitung, *»die ethisch durch nichts gerechtfertigt ist«*. Der Vatikan, der französische Präsident Chirac, US-Präsident Bush und der deutsche Nationale Ethikrat zeigten sich über die Behauptung der Realianer besorgt oder verurteilten sie scharf. Sektengründer Claude Vorillhon verkündete derweil im US-Fernsehen, bald werde man von Menschen binnen Stunden eine erwachsene Kopie anfertigen und darauf die Persönlichkeit des Originals übertragen können, um so unsterblich zu werden. Die weit überwiegende Mehrheit der (Reproduktions-)Mediziner betrachtet diese Vorstellung als pure Phantasterei.

Dennoch gab diese Verkündung wenige Wochen später den Bundestagsparteien SPD, CDU und Grüne den Anlass zu einer erneuten Inititative, mit der die Bundesregierung aufgefordert werden sollte, in den UN-Verhandlungen eine Konvention zum Verbot sowohl des reproduktiven als auch des therapeutischen Klonens anzustreben. Letzterem Punkt wollte sich die FDP-Expertin Ulrike Flach nicht anschließen, da sie ein weltweites Verbot des therapeutischen Klonens für nicht durchsetzbar hielt und befand, Klonen für Heilzwecke müsse differenzierter betrachtet werden. Klonpioniere wie Rudolf Jaenisch sprechen sich ebenso entschieden für ein Ächten und Verbieten von Klonversuchen an Menschen aus, wie sie für eine Förderung des therapeutischen Klonens eintreten. Dem unbenommen sprach sich am 20. Februar 2003 der deutsche Bundestag in einer bis auf die FDP parteiübergreifenden Mehrheit für ein weltweites Verbot beider Formen von Klonen aus. Bioethik-Experten wie Professor Reinhard Merkel bewerteten diese Entscheidung, was das therapeutiche Klonen angehe, als unmoralisch und international nicht durchsetzbar.

Im Februar 2003 landete Antinori noch einmal in den Schlagzeilen, nachdem er in einem Interview mit der italienischen Zeitung »Il tempo« behauptet hatte, in der Volksrepublik China sei *»zwischen dem 20. und 22. Januar«* mittels einer neuen Methode ein geklontes Baby geboren worden. Er bezog sich dabei sehr unscharf auf eine Ärztin namens Guang Zhou in einem Ort Jenan. Chinesische Wissenschaftler erklärten, für den Wahrheitsgehalt dieser Behauptung gebe es keinerlei Anhaltspunkte – im Gegenteil: »Guang Zhou« sei ein Städte- und kein Frauenname, es gebe auch nur einen Ort namens »Jinan«. In den in Frage kommenden Universitäten sei nichts über die Geburt eines Klonbabys bekannt. Ein Verantwortlicher der Vereinigung für Gentechnik in Peking erklärte, was Antinori behaupte, sei faktisch unmöglich. Antinori hatte kurz vor seinem Interview einen Hungerstreik beendet, mit dem er vergeblich ein Treffen mit Italiens Regierungschef Berlusconi hatte durchsetzen wollen, da er sich und andere Gentechniker durch *»Agenten einer Spezialeinheit«* bespitzelt fühlte. Tatsächlich hatte die italienische Justiz Ermittlungen gegen Antinori vorgenommen, da in Italien das Klonen von Menschen verboten ist.

Quelle/Literatur: Deichmann, Thomas; Spahl, Thilo: Das populäre Lexikon der Gentechnik. Frankfurt am Main 2001. Wilmut, Ian u.a.: Dolly. Der Aufbruch ins biotechnische Zeitalter. Hanser 2001

»Der Koch, der Dieb, seine Frau und ihr Liebhaber«
(Originaltitel: *The Cook, the Thief, His Wife & Her Lover*) Gesellschaftsdrama, USA 1989, des bildgewaltigen britischen Regisseurs Peter Greenaway (»Der Kontrakt des Zeichners«, »Der Bauch des Architekten«, »Verschwörung der Frauen«).

Im Londoner Edelrestaurant »Le Hollandais« diniert sein Besitzer Spica, der Dieb (Michael Gambon), mit seiner Frau Georgina (Helen Mirren) jede Nacht unter dem Schutz seiner Leibwächter und Lakaien. Mit seinem lauten, hemmungslosen, rüpelhaften Auftreten lässt er jeden der Anwesenden seine Macht ebenso spüren wie seinen Mangel an Rücksicht, diese Macht auch einzusetzen. Beispielsweise demütigt er bereits in der Anfangssequenz des Films den Küchenchef, der eine geschuldete Geldsumme nicht auftreiben kann, indem er ihn entkleidet und zwingt, seine Ausscheidungen zu verzehren. Bei Tisch macht er gerne Tiergeräusche, misshandelt seine Leute, schlägt und erniedrigt seine Frau. Von all dem unbeeindruckt bleibt ein anderer Gast dieses Etablissements (Alan Howard), der an seinem Tisch so in ein Buch vertieft ist, dass er die gesamte Welt um sich herum vergisst – bis seine Blicke eines Abends mit denen von Spicas Frau zusammentreffen. Die beiden entflammen augenblicklich füreinander und widmen sich schon Momente später auf der Damentoilette leidenschaftlicher Liebe. Dieses Spiel zieht sich über mehrere Nächte, bis der Dieb entdeckt, dass ihm Hörner aufgesetzt werden, und er seinen Männern wütend befiehlt, seinem Nebenbuhler ein Buch über die Französische Revolution mit einer scharfen Spindel Seite für Seite in die Kehle hineinzurammen. Von diesem Moment an steigern sich die extremen Vorkommnisse weiter, bis sie schließlich in einen Akt des → Kannibalismus münden.

Greenaways Film sorgte in Großbritannien und den USA aus jeweils unterschiedlichen Gründen für hitzige Debatten. Englische Kritiker erkannten in der Handlung vor allem eine beißende Kritik an der konservativen Premierministerin Margaret Thatcher und ihrer Steuerpolitik, der man den Vorwurf machte, die Reichen zu verwöhnen und die Armen ausbluten zu lassen. (Ähnliche Vorwürfe wurden in den achtziger Jahren ja auch gegen Ronald Reagan und Helmut Kohl erhoben.) Insofern verstand man den Film als eine Allegorie, in welcher der Dieb für die skrupellose Macht, Arroganz und Gier der Thatcher-Fraktion stand, seine Frau für Großbritannien, der Koch für die pflichtbewussten, aber missbrauchten Bürger und Arbeiter, der Liebhaber schließlich für die politisch einflusslose intellektuelle Linke. Manche Kritiker zogen Vergleiche zu Jonathan Swifts »Modest Proposal« (1729), eine bösartige Satire, die scheinbar vorschlägt, dass Englands Bürger dem überbevölkerten, aber finanziell am Boden liegenden Irland wirtschaftlich auf die Sprünge helfen, indem sie dessen Kinder aufkaufen, um sie zu verspeisen. Andere Kritiker hielten den Film zwar ebenfalls für allegorisch, England als Zielscheibe jedoch als zu eng gefasst, sondern erkannten darin eine übergreifende Kulturkritik der westlichen Zivilisation und dabei insbesondere einer neoglobalistischen Gesellschaft, in der rücksichtslose Geschäftemacher ihre Konkurrenz, die Gesetze und die Umwelt vergewaltigen und somit eine Minderheit die verängstigte Mehrheit tyrannisiert, die sich daraufhin durch eskapistische Ablenkungen vor einer ernsthaften Auseinandersetzung mit den Manchester-Kapitalisten drückt. Der Dieb Spica und seine Komplizen würden in dieser Lesart weniger den ausbeuterischen Geschäftsmann symbolisieren als vielmehr den gierigen Konsumenten, der nach allem greift, was sich in seiner Reichweite befindet, nur um am Schluss an seiner eigenen → Scheiße zu ersticken.

US-amerikanische Kritiker hingegen waren weniger von dem propagandistischen Subtext des Filmes irritiert als von seinen allzu obszönen Bildern, die unverhüllte Geschlechtsakte ebenso zeigten wie verrottetes Fleisch samt Fliegen und Würmern oder kannibalistische Handlungen. Von dieser Drastik abgeschreckt zeigte sich etwa Hal Hinson in einer Rezension der »Washington Post« vom 7. April 1990. Hinson zog einen Vergleich Greenaways mit David → Lynch, der zwar ebenfalls Tabus breche, »*aber nicht lediglich des Schockeffekts willen. Er führt uns in die grundlegenden Geheimnisse, die sie hervorbringen, und zeigt, warum sie uns auf so profunde Weise berüh-*

ren. Greenaway hingegen scheint damit zufrieden zu sein, auf der Energie der bloßen Unanständigkeit zu reiten, ohne dass er sich damit beschäftigt, was sich dahinter verbirgt. Er beutet Tabus auf billige Weise aus, ohne sie zu erforschen.« Wo in England also Aufruhr ob der politischen Lesart des Filmes entstand, nahmen ihn Kritiker in den Vereinigten Staaten schlichtweg als pornographisch wahr. Die MPAA, die zuständige Instanz für das Erteilen einer Altersfreigabe, drohte ein »X-Rating« an, was bedeutet hätte, dass Greenaways Werk denselben Stellenwert wie ein Pornofilm bekommen hätte. Ein so gekennzeichneter Film wäre aber aufgrund der entsprechend ausgestalteten Mietverträge in den allermeisten Kinos der USA nicht vorführbar gewesen. Die Verleihfirma Miramax entschied daraufhin, die MPAA-Bewertung zurückzuweisen, so dass der Film jetzt ganz ohne Altersfreigabe erschien, in den Werbeanzeigen aber mit »nur für Erwachsene« gekennzeichnet wurde.

Greenaway selbst erklärt im Vorwort der 1989 beim Züricher Haffmann Verlag erschienenen Buchveröffentlichung des Filmskripts einige Hintergründe seiner Entstehungsgeschichte: *»Beim Schreiben dieses Drehbuchs war mein Vorbild die klassische Rachetragödie aus dem Theater des Blutes, die von der menschlichen Körperlichkeit besessen ist – von Essen, Trinken, Ausscheiden, Kopulieren, Rülpsen, Erbrechen, Nacktheit und Blut. Im Besonderen war mein Vorbild das satirische englische Theater aus der Zeit Jakob I., das durchwegs erotisch und ausgesprochen gewalttätig war. Als spezifisches Modell für den Film kann ein Drama wie John Fords ›'Tis Pity She's a Whore‹ von 1633 gelten, das sich ernsthaft, teilnahmsvoll und ohne mit der Wimper zu zucken einem Tabuthema aus den Grenzbereichen menschlicher Erfahrungen widmet. In Fords Fall bestand das Tabu im freiwilligen, vorsätzlichen Inzest zweier Erwachsener; im Fall von ›The Cook, the Thief, His Wife & Her Lover‹ ist das Tabu Kannibalismus, vielleicht die äußerste Obszönität, die ein Mensch einem anderen antun kann; eine barbarische Angelegenheit, wobei die Schwierigkeit, sie zu verstehen, normalerweise mit amüsierter Ungläubigkeit kaschiert wird. Jonathan Swifts ›A Modest Proposal‹, worin der Satiriker den Kannibalismus als Lösung für die Probleme der Armen Irlands vorschlug, ist bis heute ein beunruhigendes Dokument geblieben, und der Kannibalismus dürfte nur eine von mehreren Metaphern dieses Films sein, die für unsere Zeit von Belang sind.«*

»Körperwelten«

Erstmals 1997 der Öffentlichkeit zugänglich gemachte Ausstellung Gunther von Hagens, die über 200 Menschenpräparate (darunter sowohl 15 Ganzkörperplastinate als auch einzelne Organe) umfasst. Von Hagens entwickelte ein neues Plastinationsverfahren, womit er Leichen in ihrer ursprünglichen Form dauerhaft geruchsfrei und derart fest erhalten konnte, dass vielerlei Arrangements mit ihnen möglich waren. Auf dieser Grundlage entstand seine Ausstellung, deren selbsterklärtes Ziel es ist, einer breiten Allgemeinheit per »Edutainment« (einer Mischung aus Unterhaltung und Erziehung) Einblicke in die menschliche Körperlichkeit zu gewähren, die zuvor nicht einmal Medizinern so umfassend geboten werden konnten. Im Gegensatz zur abstrakten Schulanatomie soll »Körperwelten« Gesundheits- und Körperbewusstsein durch lebendige, auch die Gefühle ansprechende Schau bis hin zur Berührung einzelner Exponate vermitteln, geordnet nach verschiedenen Funktionen (Bewegungsapparat, Blutkreislauf, Nervensystem) sowie ergänzt um beispielsweise durch Krebs oder Infarkt krankhaft veränderte Organe. Auch dem Laien möchte er die Plastinate zugänglich machen, betont von Hagens und verweist darauf, dass mit dem Rückzug der Anatomen in ihre Institute eine Verdrängung des → Todes in der bürgerlichen Gesellschaft einherging. Gerade in einer Zeit, in welcher der Körper durch einen Trend der Fitness und gesunden Ernährung wieder in den Mittelpunkt rücke, sei von einem neuen Interesse der Menschen an den Funktionen ihres eigenen Körpers auszugehen, der in den Ausstellungsstücken gespiegelt werde. Bemerkenswerterweise näherten sich Besucher aller Altersgruppen den Exponaten überaus unbefangen.

Kritiker dieses Projektes (hauptsächlich Ärzte und Vertreter der Kirchen) sahen in von Hagens' Verfahren eine effekthascherische Reduzierung des menschlichen Körpers zum Kunstobjekt für Voyeure. So argumentiert Pfarrer Dr. Ernst Pulsfort, geistlicher Rektor der Berliner Katholischen Akademie Thomas von Aquin, in einem Begleittext zu einem im Februar 2001 für die ausgestellten Leichen gefeierten Requiem: »*Tatsächlich bricht diese Ausstellung ein Tabu, aber nicht das Tabu des Todes, sie bricht die Totenruhe und kennt keine Pietät. Von Hagens spielt mit den Leichen wie ein Kind mit Puppen: Die Toten spielen Schach oder werden zu ästhetischen Körperhaltungen verrenkt dargestellt gleich antiken Statuen. Horrorkabinette sind nicht die Sammlungen in Formalin eingelegter menschlicher missgebildeter Organe; Horror ist es, wenn die Lebenden mit Leichen spielen. Und genau das ist das Tabu, das hier gebrochen wird. Die Biographie und Individualität der Leichen spielen bei dieser Ausstellung keine Rolle, denn ihnen wurde ihr menschliches Gesicht genommen; sie wurden gehäutet, anonymisiert und damit entmenschlicht (sowie) der öffentlichen Sensationsgier freigegeben.«*

Auch der Stadtkirchenverband Köln beklagte eine Nähe zur *»Leichenfledderei«*. An die Stelle der bei so heiklen Themen wie Gesundheit und Tod notwendigen nüchternen Wissensvermittlung sei pure Sensationsgier gerückt; menschliche Körper seien in nicht mehr beschreibbarer Weise zu Objekten des Gruselns verstümmelt. Obduktionen habe man im ausgehenden Mittelalter gerade deshalb vom öffentlichen Ereignis in die abgegrenzte medizinische Sphäre gerückt, weil sich der Massenandrang einer sachlichen Wissensvermittlung nicht zuträglich erwiesen habe. Offenbar seien nach immer härteren Horrorvideos »authentische« Leichen der ultimative Kick. Bezeichnenderweise gebe es den Massenansturm, den die spektakulären »Körperwelten« erfahren, in den anatomischen Museen Deutschlands nicht. Statt Erläuterungen, wie zum Beispiel ein Skelettmuskel funktioniere, setze von Hagens bestenfalls auf »schwarze Pädagogik« durch Abschreckung, indem er beispielsweise eine Raucherlunge zeige. Auch zur Bewältigung des Themas Tod trage die Ausstellung wenig bei – wer schon einmal einen sterbenden Menschen besucht habe, erreiche da wesentlich mehr. Gegen von Hagens' Beteuerungen, sämtliche verwendeten Körper seien freiwillig »gespendet« worden, wendet der Stadtkirchenverband ein: *»Die Würde des Menschen ist unantastbar, auch über seinen Tod hinaus. Aus diesem Grund werden Leichen nicht einfach wie Müll entsorgt, aus diesem Grund gibt es in Deutschland die Bestattungspflicht. Der Einzelne hat kein Verfügungsrecht über seinen Körper. Er kann damit nicht machen lassen, was er will. Eine Leiche muss bestattet werden. Eine Ausnahme besteht nur dann, wenn ein Körper der Medizin zur Verfügung gestellt wird. Eine Zurschaustellung von Leichen in grotesken Posen vor Millionen Menschen bringt aber keinen medizinischen Nutzen und keinen aufklärerischen Erkenntnisgewinn. Das von Gunther von Hagens gegründete private ›Institut für Plastination‹ in Heidelberg geht davon aus, dass einem toten menschlichen Körper keine Menschenwürde mehr zuge-*

sprochen werden kann, wie das ›Deutsche Allgemeine Sonntagsblatt‹ berichtete. Von Hagens behauptet, dass alle Exponate seiner Ausstellung von Körperspendern stammten, die über sein Vorhaben informiert gewesen seien. Deren schriftliche Einwilligungen zu zeigen verweigert er mit Hinweis auf den Datenschutz. Damit ist sein Tun unkontrollierbar.«

Andere Kritiker beklagen gar eine Vermarktung des Todes, die zusätzlich durch einen der Ausstellung angeschlossenen Shop geschehe, in dem es unter anderem Mousepads, Puzzles, Pins oder T-Shirts beispielsweise mit Raucherlungen zu erwerben gibt. Den Tabubruch, einem breiten Publikum Leichen zugänglich zu machen, könne von Hagens nicht auf seine Fahnen schreiben (Mumien oder Gebeine wurden lange vor ihm in Museen und Kirchen ausgestellt), allenfalls den Tabubruch der »künstlerischen« Gestaltung und Kommerzialisierung. An die Stelle von Besinnlichkeit und Kontemplation träte ein von Touristenscharen und Medienrummel begleitetes Spektakel mit Event-Charakter. In der Tat wurde ein Andrang von 800.000 Besuchern in der Bundesrepublik und drei Millionen international verzeichnet.

Von Hagens zufolge ist die scharfe Kritik an seinem Verfahren nichts weiter als eine extreme Abwehrreaktion auf den psychisch schwer zu verarbeitenden Ansturm von Empfindungen, den seine Plastinate auslösten. Die gegen ihn erhobenen Vorwürfe weist er zurück. Wenn etwa, wie auf dem Werbeplakat zur Ausstellung, ein Mensch mit seiner rechten Hand die eigene Haut von sich streckt, solle durch diese Pose die Kluft zwischen Leben und Tod überbrückt werden. Dieses Verdrängen der Sterblichkeit und Huldigen eines ewig aufrechten, dynamischen Körpers sei ja gerade ein Teil des Problems, versetzen die Kritiker. Schon gar nicht überzeugen lassen sie sich durch von Hagens' selbsterklärtes Ziel, mit seiner Arbeit dazu beitragen zu wollen, dass die Menschen häufiger Organe oder Gewebe zur Verarbeitung für Arzeneimittel spendeten. Nachdem das berechtigte Misstrauen gegen die Ausnutzung des Körpers mit rationalen Argumenten nicht habe beseitigt werden können, so von Hagens' Gegner, versuche er es nun mit dem Gefühl und vermittle eine Moral, die den Menschen lediglich als kommerziell verwertbares Ersatzteillager sehe. Am 20. November 2002 sezierte Gunther von Hagens in London über zwei Stunden hinweg die Leiche eines im Alter von 72 Jahren gestorbenen Deutschen. Das Publikum hatte dafür 20 Euro Eintritt gezahlt. Die Zuschauer hatten in einer Pause Gelegenheit, näher an den aufgeschnittenen Toten heranzutreten, von dem inzwischen ein höchst unangenehmer Geruch ausging. Entnommene Organe wurden in Edestahlschalen durch die Reihen gereicht. Die Sektion fand unter der Beobachtung von 150 Journalisten im Londoner East End statt, wo über hundert Jahre zuvor Jack the Ripper seine Opfer zerstückelt hatte. Verschiedene Nachrichtensender berichteten live über den *»verrückten deutschen Doktor«* und *»Frankenstein-Künstler«*, ließen sich aber die Gelegenheit zu Nahaufnahmen aus dem Inneren der Leiche nicht nehmen.

Zuvor hatte der britische Ärzteverband von Hagens' *»Show-Vorführung«* als unethisch und unverantwortlich abgelehnt. Die »Britische Gesellschaft klinischer Anatomen« kritisierte sie als *»sensationsheischend«* sowie als *»makabre Hofierung der krankhaften Neugierde des Publikums«*. Auch in der Presse waren seitenweise Briefe von Lesern abgedruckt, die sich empört und angewidert zeigten. Die britische Regierung, vertreten durch den staatlichen Anatomie-Chefinspektor Jeremy Metters, hatte die öffentliche Obduktion sogar verboten: Von Hagens besitze keine Erlaubnis für Autopsien in Großbritannien, auch fehle ihm die notwendige Qualifikation als Pathologe. Metters definierte von Hagens Handeln als »Straftat«, im Publikum saßen im Auftrag von Scotland Yard offenbar auch mehrere Polizisten und Medizin-Professoren als Zeugen im Fall einer staatsanwaltlichen Anklageerhebung (wiewohl hier die Pressemeldungen voneinander abweichen). Von Hagens erklärte, der Auffassung seiner Anwälte zufolge tue er nichts Unrechtes, auch verstehe er sich als Verteidiger der Demokratie: *»Ich will die alte Tradition der öffentlichen Sektion wieder aufgreifen.«*

Beobachter dieses Konfliktes halten von Hagens' Auftritt für dessen Reaktion auf die Bemühungen des britischen Gesundheitsministeriums, das bestehende Obduktionsgesetz so zu novellieren, dass weder die Ausstellung der »Körperwelten« noch eine öffentliche Sezierung in Großbritannien möglich sein sollen. Schon die Eröffnung der Ausstellung im Sommer 2002 hatten Mitarbeiter des Ministeriums vergeblich zu verhindern versucht. Auch britische Bürger reagierten darauf empört: So zertrümmerte ein 50-jähriger Universitätsdozent das Ausstellungsstück »Der Organspender« (ein Mann, der seine eigene Leber von sich streckt) mit einem Hammer. Die Reaktionen der Zuschauer auf die Leichenöffnung waren geteilt: Einige zeigten sich fasziniert, andere enttäuscht oder abgestoßen. Der Tote wurde danach nach Heidelberg gebracht und für von Hagens' Ausstellung präpariert.

Auch hierzulande äußerten Vertreter der Bundesärztekammer sowie der Kirchen scharfe Kritik an von Hagens' Vorgehen. So verwahrte sich Christof Vetter, Sprecher der Katholischen Deutschen Bischofskonferenz, gegen von Hagens' Pläne, eine solche öffentliche Sezierung auch in München stattfinden zu lassen: *»Mit der Obduktion um des reinen Events willen wird die Totenruhe gestört und die Menschenwürde angetastet. Wir werden sicher nicht nur beobachten, sondern einschreiten.«* Deutliche Kritik äußerte auch Hans-Jochen Vogel als Mitglied des Nationalen Ethikrats: *»Eine Obduktion, bei der die Zuschauer bezahlen müssen, macht den Leichnam zum Objekt ökonomischer Aktivitäten und tangiert damit die Menschenwürde.«* Deren Schutzwirkung bestände jedoch über den Tod hinaus. Im Januar und Februar 2003 untersagte die Stadt München die »Körperwelten«-Ausstellung vor allem wegen ihres Verstoßes gegen das Bestattungsrecht. *»Es gibt zweifelsohne Tabubrüche, die dem Leben dienen und die für die menschliche Kultur Fortschritte darstellen«*, erklärte dazu der Münchener Kreisverwaltungsreferent Wilfried Blume-Beyerle. *»Aber es gibt eben auch Tabubrüche, bei denen die Humanität verloren geht, bei denen eine Kultur der Würde zerstört wird.«* Derselbe Beschluss verbot die öffentliche Leichensektion. Der Bayrische Verwaltungsgerichtshof entschied jedoch am 21. Februar 2003, dass von Hagens Ausstellung bis auf einige besonders problematische Exponate gezeigt werden dürfe und begründete dies mit der Freiheit der Wissenschaft und der Erfüllung eines Lehrzwecks. Die öffentliche Sicherheit, die Würde der Verstorbenen und das sittliche Empfinden der Allgemeinheit würden nicht beeinträchtigt. Lediglich der Verkauf von »Körperwelten«-Artikeln darf bis auf Kataloge und Postkarten nicht stattfinden.

Literatur: Wetz, Franz Josef: Schöne Neue Körperwelten. Der Streit um die Ausstellung. Klett-Cotta 2001. Kleinschmidt, Nina; Wagner, Henri: Endlich unsterblich – Gunther von Hagens, Schöpfer der Körperwelten. Lübbe 2000
Website: www.koerperwelten.de

»Kommt Mausi raus?!«

Deutscher Spielfilm, 1994, unter der Regie von Alexander Scherer. Nachdem Kati (Julia Richter) aus ihrem bergischen Dorf ins weltoffene Hamburg gezogen ist, kann sie dort ihre lesbische Sexualität endlich leben. Problematisch wird es, als sie zum ersten Mal zu ihrer Familie zurückfährt und dort nicht nur ihr Coming-out über sich bringen muss, sondern auch ihrer besten Freundin wiederbegegnet und einer Lehrerin, in die sie früher verschossen war.

Konkursbuch Verlag

Von Claudia Gehrke 1978 in Tübingen gegründeter Verlag mit den Schwerpunkten Frauen, Kunst und Erotik. Er bezog seinen Namen von der bis heute von ihm veröffentlichten Kultur-Zeitschrift »konkursbuch«, einem Titel, der wiederum als ironische Replik auf das 68er-Diskussions-Organ »kursbuch« gedacht war: Man wollte aus der Konkursmasse der außerparlamentarischen Linken neue Visionen erlangen. Verlagsprogramm ist die *»Konfrontation von Theorie und Poesie, von Privatem und Politik, von Sinnlichkeit und Vernunft«*. Bekanntester Buchtitel des Verlages ist die Reihe »Mein heimliches Auge. Das Jahrbuch der Erotik«, in der hauptsächlich Frauen erotische Bilder und Texte vorstellen, die sich den üblichen pornographischen Klischees widersetzen. Von lesbischer Sexualität über → Sadomasochismus bis hin zu → Vampirismus werden hier die unterschiedlichsten Tabus gebrochen. Diese Reihe hatte immer wieder mit Anfeindungen und Forderungen nach → Zensur sowohl seitens konservativer Kreise als auch seitens der Frauenbewegung zu kämpfen.

Koons, Jeff

Am 21. Januar 1955 im US-Bundesstaat Pennsylvania geborener Pop-Künstler, der in seinen Werken durch verfremdende Imitation Objekte aus den Bereichen Konsum, Werbung und → Pornographie persiflierte und sich dabei häufig auf eine Gratwanderung zwischen Kitsch und Kunst einließ. 1980 hatte er mit seiner Skulpturenserie »The New« seine erste Einzelausstellung im New Yorker New Museum of Contemporary Art. 1990 erregte Koons auf der Biennale in Venedig dadurch Aufsehen, dass er reelle Sex-Szenen mit seiner Verlobten zeigte, dem als »Cicciolina« (»Pummelchen«) bekannt gewordenen italienischen Porno-Star Ilona (eigentlich: Anna Elena) Staller. Als Abgeordnete der linksanarchistischen Radikalen Partei Italiens war der Kampf gegen die → Zensur für Staller schon zuvor ein wesentliches Betätigungsfeld, wobei sie vor allem durch provokative Selbstinszenierungen mediale Wirkung erzielte. Koons' in Venedig und später in dreien seiner zentralen Galerien ausgestellter Werkblock bestand aus der lebensgroßen Holzskulptur »Jeff and Ilona – Made in Heaven«, die das Liebespaar in barocker Tradition und umringelt von einer riesigen Schlange zeigt, sowie aus drei eine komplette Wand einnehmenden Farbfotografien. Zwei davon schlitzte ein verärgerter Besucher acht Wochen nach Ausstellungsbeginn mit dem Messer auf. Auch die Kritik nahm (abgesehen von einem Beitrag in der Pariser »Artpress«) von Koons' Unterfangen, die Grenze zwischen der Kunstwelt und dem tabuisierten Genre Pornographie zu überwinden, keinerlei Notiz, sondern strafte den Schöpfer dieser Werke über die nächsten Jahre mit Missachtung. Auch ein mit Staller angedachtes Filmprojekt scheiterte. In den Jahren 1992 und 1993 konnte Koons zwar noch einige Ausstellungen in Amsterdam, San Francisco, Stuttgart und Minneapolis realisieren, seine eigentliche Rückkehr in etablierte Zirkel wie die New Yorker Galerie Ileana Sonnabends oder das Guggenheim-Museum gelang ihm jedoch erst nach acht Jahren, als er sich vom pornographischen Realismus abwandte und mit der Bilder- und Skulpturensammlung »Celebration« plakativ inszenierte Topoi von Kindlichkeit (z. B. knallbunte Spielzeuge) darstellte.

Quelle: Schwerfel, Heinz-Peter: Kunst-Skandale. Köln 2000

Kosovokrieg

Die Aufarbeitung des kriegerischen Angriffs auf Jugoslawien, die 1999 unter deutscher Beteiligung geschah, unterliegt in weiten Teilen der deutschen Medien noch immer einem Tabu. Wenig Eingang in die öffentliche Berichterstattung fand beispielsweise das Europäische Tribunal, das am 3. und 4. Juni 2000 über das westliche »Verteidigungsbündnis« NATO zu Gericht saß. Nach dem Vorbild der Russel-Tribunale gegen den Vietnamkrieg war es von mehr als 60 Menschenrechts- und Friedensgruppen vorbereitet worden, darunter der Internationalen Liga für Menschenrechte, medico international sowie der christlichen Friedenskonferenz. Angeklagt waren die Staatschefs und hohen Militärs aller NATO-Staaten sowie sämtliche

Bundestagsabgeordneten, die 1999 dem Angriff auf Jugoslawien zugestimmt hatten. Verhandelt wurde über Völkerrechtsbruch und Kriegsverbrechen des westlichen Militärbündnisses. Nach zweitägiger Beweisaufnahme und Erörterung verkündete der international renommierte Völkerrechtler Prof. Norman Peach vor mehr als 300 Teilnehmern aus über 20 Ländern das Urteil: Alle Angeklagten hätten sich durch den Angriff auf die Bundesrepublik Jugoslawien vom 24. März bis 10. Juni 1999 der *»schweren Völkerrechtsverletzung schuldig«* gemacht wegen *»Verstoßes gegen das absolute Gewaltverbot nach Artikel 2 Ziffer 4 der UN-Charta, Verletzung der territorialen Souveränität nach den Prinzipien der Deklaration über das friedliche Zusammenleben der Staaten und nach dem Aggressionsverbot der UN-Resolution 3314«*. Das Urteil wurde von dem zehnköpfigen, international besetzten Richterkollegium einstimmig verfasst. Das Tribunal gelangte unter anderem zu der Überzeugung, dass es eine humanitäre Katastrophe im Kosovo, wie sie insbesondere von den deutschen Ministern Fischer und Scharping als Rechtfertigung für den Kriegseinsatz der Bundeswehr gegen Jugoslawien beschworen worden war, nie gegeben hatte. Die Situation im Kosovo sei von verantwortlichen Politikern übertrieben dramatisiert und verfälscht dargestellt worden. Schuldig hätten sich aber auch viele Vertreter der Medien gemacht, indem sie die Greuelpropaganda begierig aufgegriffen und Schützenhilfe bei der Verwicklung Deutschlands in einen kriegerischen Angriff geleistet hätten. Letztlich habe sich erst durch die NATO-Intervention die Situation im Kosovo dramatisch verschlimmert: Die Zahl der Flüchtlinge und Vertreibungen wie der Toten, Verletzten und ihres Hab und Guts Beraubten sei mit Beginn der Bombardierungen um ein Vielfaches gestiegen. *»Noch nie haben so wenige so viele so gründlich belogen wie im Zusammenhang mit dem Kosovo-Krieg«*, verkündete im Frühjahr 2000 der CDU-Bundestagsabgeordnete Willy Wimmer. *»Dafür sind Menschen gestorben.«*

Das Problem insbesondere an der Medienkritik des Europäischen Tribunals war, dass die angesprochenen Medien ihren Lesern und Zuschauern/-hörern in der Regel auch nicht über das Tribunal und sein Urteil berichteten. Ausnahmen machten lediglich ausgesprochen linke Organe wie beispielsweise die »junge welt«. Ebenfalls weitgehend unbemerkt von den Medien verabschiedete die Parlamentarische Versammlung der NATO (ein von diesem Militärbündnis unabhängiges Gremium, das zwischen der NATO und den Parlamenten ihrer Mitgliedsstaaten als Bindeglied fungiert) einen Generalbericht, der, so die »Frankfurter Allgemeine« vom 15.12. 2000, eigentlich hätte einen Aufschrei verursachen müssen. In diesem Bericht nämlich wird erstmals das Versagen der westlichen Politiker im Kosovo-Krieg offiziell und unmissverständlich eingeräumt. Unter anderem weist der Bericht darauf hin, dass die humanitäre Notlage im ehemaligen Jugoslawien gezielt von der UCK erzeugt wurde, um das westliche Bündnis zu unterstützenden militärischen Aktionen zu bewegen. Die FAZ fasst zusammen: »*Nach dem aktuellen Generalbericht und entgegen offiziellen Nato-Darstellungen, insbesondere vor dem Krieg, waren also nicht die Serben, sondern die UCK verantwortlich für die Konflikteskalation und die Erzeugung der Krise im Kosovo. Eine späte, eine zu späte Einsicht... Wer hätte sich auszumalen gewagt, dass deutsche Demokraten dazu beitragen, Menschenleben zu vernichten, ohne die Fakten und Daten wirklich zu kennen, und dafür noch Applaus bekommen von Journalisten, Philosophen, Dichtern, Juristen, Friedensforschern?*«

In zwei aufsehenerregenden Fällen brachen die deutschen Medien zumindest mit einem Teil dieses Schweigetabus. Zunächst setzte sich die ARD-Sendung »Panorama« am 18. Mai 2000 sehr intensiv mit der Rolle des damaligen »Verteidigungsministers« Rudolf Scharping bei der Propaganda auseinander, die den Angriff auf Jugoslawien überhaupt ermöglichte. Ein ausführliches Protokoll zu dieser Sendung ist im Internet nachzulesen – so auch die Anmoderation der »Panorama«-Redakteurin Patricia Schlesinger: »*Dass der Verteidigungsminister bei der Legitimation für den Kosovo-Krieg übertrieben hat, dass moralischer Eifer und erhöhter Legitimationsdruck der rotgrünen Regierung dabei eine Rolle spielten, das haben wir alle gewusst. Aber nun redet erstmals ein General vor der Kamera und spricht von einer größeren Manipulationskampagne. Demnach hat Rudolf Scharping Fakten bewusst falsch wiedergegeben und Drohkulissen entworfen, die nicht der realen Gefahr entsprachen, nur um die mediale Heimatfront ruhigzustellen.*« In dem folgenden Beitrag kam unter anderem der für die militärische Beratung im Kosovokrieg zuständige Brigadegeneral Heinz Loquai zu Wort. Dieser hatte zuvor schon in seiner Studie »Der Kosovo-Konflikt – Wege in einen vermeidbaren Krieg« dargelegt, auf welche Weise die Chancen auf eine friedliche Lösung verspielt worden waren, und dabei ausdrücklich auch Scharping der Unwahrheit bezichtigt, insbesondere was die den Serben unterstellte »Operation Hufeisen« anging. Loquai wurde daraufhin als deutscher Vertreter bei der OSZE entlassen. Von »Panorama« wollte sich der Minister zu den Beschuldigungen nicht vor der Kamera befragen lassen.

Wieder aufgegriffen wurde dieses Thema am 8. Februar 2001 mit der WDR-Dokumentation »Es begann mit einer Lüge« der Autoren Jo Angerer und Matthias Werth. Die beiden Journalisten führten gut belegte Vorwürfe hinsichtlich Desinformation und Propagandalügen ins Felde, die bisher nur von den Mitarbeitern kleiner unabhängiger Zeitschriften (Thomas Deichmann in der »NOVO«, Jürgen Elsässer in »konkret«) gewagt und von den größeren Medien geflissentlich übergangen wurden. Zu den von Scharping geleisteten Falschaussagen gehörten demnach die Existenz eines serbischen KZ-ähnlichen Lagers, eines Massakers in Rugovo, eine physikalisch unmögliche Zerstörung albanischer Häuser durch Kerzen und Gas und erneut der berüchtigte »Hufeisenplan«. Nach der Ausstrahlung des Beitrags legte Werth noch einmal nach: *»Wir wissen, dass dieses Ding auf der Hardthöhe im Führungsstab geschrieben wurde.«* Scharping ließ daraufhin durch den Prominenten-Anwalt Matthias Prinz eine Unterlassungsklage gegen den WDR einreichen, um so eine *»Wiederholungsgefahr«* zu beseitigen. Dies lehnte der Westdeutsche Rundfunk ab und wiederholte die ungeänderte Sendung im Regionalfernsehen. Wie die Zeitschrift »M« der IG-Medien in ihrer Ausgabe vom Juli 2001 darlegte, habe Scharping seine juristische Auseinandersetzung mit dem WDR trotz der Ankündigung weiterer Wiederholungen aufgegeben. Gefragt nach den Gründen lautete die Antwort des Ministeriums lediglich: *»Kein Kommentar.«* Winfried Nachtweih, der »verteidigungspolitische« Sprecher der Grünen, sieht die Regierung Schröder hier in einer Verweigerungshaltung, was eine umfassende Aufarbeitung des Kosovokrieges anginge, und fordert, eine unabhängige und hochrangige Kommission einzusetzen, um die dubiose Informationspolitik der rot-grünen Bundesregierung zu untersuchen. Auch dass diese Forderung nicht mehr öffentlichen Nachdruck erhält, ist der weitgehenden Tabuisierung dieses Themas in den Medien zu verdanken. Möglicherweise ist es vielen Journalisten allzu heikel und allzu brisant, eine Recherche oder eine Debatte anzustoßen, als deren Ergebnis sich öffentlich herausstellen könnte, dass sich Deutschland zum dritten Mal hintereinander durch Propaganda in einen Angriffskrieg auf Jugoslawien hetzen ließ – und dass deutsche Medienorgane dabei eine wesentliche Rolle spielten.

Jürgen Elsässers Studie »Kriegsverbrechen. Die tödlichen Lügen der Bundesregierung und ihre Opfer im Kosovo-Konflikt« ist im Jahr 2000 im Hamburger Konkret-Verlag erschienen. Thomas Deichmann konfrontiert in seinem von der Edition Tiamat 1999 herausgegebenen Buch »Wie Dr. Joseph Fischer lernte, die Bombe zu lieben. Die SPD, die Grünen, die Nato und der Krieg auf dem Balkan« (mit Klaus Bittermann als Co-Autor) sowie in seinem NOVO-Artikel »Scharping-Lügen haben kurze Beine« die Darstellungen aus Scharpings angeblichem Kriegstagebuch »Wir dürfen nicht wegsehen« mit den gesicherten Erkenntnissen und widerlegt so zahlreiche Greuelbehauptungen, die von den angeblichen ethnischen Säuberungen über die »Leichenberge« bis zu den Massenvergewaltigungen rangieren. Woher genau die Dokumente stammen, auf die sich Scharping bezogen haben will, lässt sich nicht mehr eindeutig nachweisen – fest steht, dass schon einige Zeit zuvor Louise Arbour, die damalige Chefanklägerin des UN-Tribunals, in der Zeitschrift »SPIEGEL« beklagt hatte, dass die von der Bundesregierung präsentierten Unterlagen über die serbischen Vertreibungspläne keinerlei Beweiskraft, ja, generell »weder Hand noch Fuß« hatten. Deichmann spekuliert, dass sich Scharping etwas naiv am Informationspool der NATO bedient haben könnte, der von US-amerikanischen PR-Firmen und der »International Public Information Group« (IPI) unterstützt werde. Die IPI ist laut »Washington Times« vom 28. Januar 1999 eine von der amerikanischen Regierung eigens eingerichtete Arbeitsgruppe mit dem Auftrag, »Emotionen, Motive, objektives Hinterfragen und letztlich das Verhalten ausländischer Regierungen, Organisationen, Gruppen und Individuen zu beeinflussen«. Hier werden Erinnerungen daran wach, dass es US-amerikanischen Werbefirmen gelungen war, schon den Golfkrieg gegen Saddam Hussein durch die Verbreitung des Märchens zu schüren, irakische Soldaten hätten kuwaitische Babys aus ihren Brutkästen gerissen und zu Boden geschleudert. Auch damals (am 29. Februar 1992) hatte ein internationales Tribunal die US-Regierung und ihre Unterstützer 19 verschiedener Verbrechen gegen den Frieden und die Menschlichkeit einschließlich Verletzungen der

Charta der Vereinten Nationen, der Genfer Konventionen und diverser internationaler Verträge für schuldig befunden und insbesondere die propagandistische Unterstützung der Medien beklagt. Auch dieses Urteil indes belegte der Großteil der westlichen Medien mit einem Schweigetabu.

In gegenwärtigen militärischen Auseinandersetzungen werden vergleichbare Vorwürfe laut: So strahlte die ARD am 18. 12. 2002 den Dokumentarfilm »Das Massaker in Afghanistan« des Iren Jamie Doran aus, der von grausamen Kriegsverbrechen der USA im Afghanistankrieg berichtete. Dieser Dokumentation zufolge sollen unter dem Oberkommando der US-Streitkräfte etwa 3000 gefangene Taliban bei ihrem Transport ermordet und schließlich in einem Massengrab in der Wüste verscharrt worden sein. Die US-Regierung protestierte scharf gegen die Ausstrahlung des Films, bestritt sämtliche Vorwürfe und machte »linke« Kräfte dafür verantwortlich, die das US-Militär in Verruf bringen wollten. Der Leiter des NDR-Kulturfernsehens, Thomas Schreiber, wies auf Augenzeugen bei den beklagten Vorgängen hin und forderte eine Untersuchung der Vorwürfe durch die UNO. James Doran selbst erklärte, alle von ihm befragten Zeugen seien bereit, vor einem Ausschuss der Vereinten Nationen auszusagen. Darüber hinaus verlangte er ein Zeugenschutzprogramm, da in den Wochen nach den Dreharbeiten bereits zwei Männer ermordet worden seien. Auch das Drehteam sei bedroht und eingeschüchtert worden. Im Pentagon selbst sei Doran bei seinen Recherchen auf eine Mauer des Schweigens gestoßen. Innerhalb der Dokumentation erklärte der internationale Anwalt für Menschenrechte Andrew McEntee: »*Wir reden hier über ein paar tausend Leichen und das Vertuschen ihrer Existenz. Das sind etwa so viele Tote wie in New York. Genau das ist der Grund, warum man über diese Vorfälle nicht einfach hinweggehen kann.*« Vgl. → Chomsky, Noam.

L

»Lady Chatterley's Lover«

1928 in Florenz veröffentlichter Roman D. H. Lawrences, dessen Titelheldin sich auf Wunsch ihres Mannes, der sie nach seiner Verkrüppelung im Ersten Weltkrieg sexuell nicht mehr befriedigen kann, einen groben Wildhüter zum Liebhaber nimmt. Lawrence beabsichtigte, damit auf die grundlegende Bedeutung der Sexualität in einer Liebesbeziehung aufmerksam zu machen. Der arrangierte Ehebruch wird zwar in aus heutiger Sicht betulicher Sprache, für damalige Verhältnisse aber geradezu schockierend offen geschildert. (Vgl. → »Madame Bovary«.) In England, den USA und anderen Ländern blieb dieser Roman lange Zeit verboten, schließlich durfte nur eine gekürzte Fassung veröffentlicht werden. Lawrence emigrierte als Folge der durch die Verstümmelung seines Werkes erlittenen Kränkung aus England, um sein restliches Leben in Italien und Neu-Mexiko zu verbringen. Erst in den späten Fünfzigern hob der Oberste Gerichtshof der Vereinigten Staaten die → Zensur dieses und vergleichbarer Werke auf (so etwa Clelands »Fanny Hill« und Henry Millers »Tropic of Cancer«). In England gab der Penguin-Verlag erst 1960 eine unbereinigte Fassung dieses Werkes heraus: Anstoß genommen hatte man dort vor allem an einem Tabu*wort*, dem dreißigmal in der Erzählung vorkommenden Ausdruck »fuck«. Die britische Krone verklagte daraufhin den Verlag, unterlag jedoch vor Gericht, womit das Tabuwort vom Gericht freigegeben war. Dass es im britischen Unterhaus nicht geäußert werden darf, wurde indes noch 1982 durch eine offizielle Erklärung bestätigt.

Lafontaine, Oskar

→ »Staatsterrorismus« der USA

»Das Leben ist schön«

(Originaltitel: *La vita è bella*) Tragikomödie, Italien 1998, unter der Regie Roberto Benignis. Dass der Schauplatz eines Konzentrationslagers für vermeintliche Unterhaltungsfilme nach Ansicht vieler tabu war, merkte bereits Stephen Spielberg, als seine Ankündigung, einen Film über den Holocaust drehen zu wollen, weltweit auf Entsetzen stieß und ihm der jüdische Weltkongress verbot, Auschwitz als Orignaldrehort zu nutzen. (Heute ist »Schindlers Liste« längst als Meisterwerk anerkannt.) Benigni ging noch einen Schritt weiter und kleidete seinen Film über den Zerfall einer Gesellschaft und das Leben im Konzentrationslager in das Gewand einer Komödie. Kritiker warfen ihm eine Verharmlosung des Völkermordes und der KZ-Greuel vor, wenn er dies in lustigen Szenen schildere, die häufig sehr zum Lachen reizten. Tatsächlich aber verdeckt Benigini die historischen Greuel an keiner Stelle, sondern zeigt sie sehr direkt. Das Einzige, was er der schelmenartigen Hauptfigur zugesteht, ist, die eigene Phantasie gegen die stupide Unmenschlichkeit der Nationalsozialisten zu setzen und auf diese Weise unter Opferung des eigenen Lebens wenigstens das von Frau und Sohn zu retten.

Die Handlung beginnt sehr gemächlich und unbeschwert, als der junge Jude Guido (gespielt von Roberto Benigni selbst) 1939 aus einem Dorf in der Toscana in die Stadt Arezzo zieht, um dort einen Buchladen zu eröffnen. Kaum angekommen fällt ihm buchstäblich vom Himmel die Lehrerin Dora (dargestellt von Nicoletta Braschi, Benignis Ehefrau) in die Arme. Leider ist diese bereits mit einem allerdings sehr langweiligen faschistischen Beamten zusammen, so dass Guido nichts anderes übrig bleibt, als zu eher unkonventionellen Methoden zu greifen. Gibt er sich zunächst als Gastlehrer aus, um in einem Vortrag über die Rassenlehre diese als absurd zu entlarven, entführt er seine »Prinzessin« schließlich mit einem Pferd aus dem Hotelsaal, in dem sie gerade ihre Verlobung feiert. Dass Unbekannte zuvor eben jenes Pferd mit grüner Farbe, antisemitischen Parolen und einem Totenschädel angestrichen hatten, trägt nur zur Surrealität des Geschehens bei (→ Surrealismus).

Die erste gemeinsame Nacht Guidos und Doras führt geradewegs in einen Zeitsprung von mehreren Jahren. Die Gesellschaft hat sich nicht gerade zum Besseren verändert. So muss Guido seinem vierjährigen Sohn Giosue erklären, warum Juden und Hunden der Zutritt zu vielen Geschäften versagt ist. Er erläutert fröhlich, dass man jedem den Zutritt zu seinem Laden verbieten könne, den man dort nicht sehen wolle: heute Hunden und Juden, morgen Kängurus und Franzosen, übermorgen Spinnen und Westgoten. Als Guido mit seinem Sohn in ein Lager deportiert wird, setzt er die Scharade fort, um Giosue vor der schrecklichen Realität zu beschützen. So gaukelt er dem Jungen notgedrungen und mit wachsender Verzweiflung vor, dass alles nur ein riesiges Spiel ist, in dem es bei taktisch richtigem Verhalten als Hauptgewinn einen richtigen Panzer zu erstehen gebe. Die Belastung und das Risiko steigen von Tag zu Tag, während dem Zuschauer gleichzeitig die groteske, aber nichtsdestoweniger verheerende Lächerlichkeit der KZ-Soldaten und des Lagerarztes vor Augen geführt werden. So arbeitet Benigni gerade mit den Mitteln der Komödie und der Metapher des Spieles heraus, dass die Greuel des Holocausts zwar sehr real waren, diese Realität aus heutiger Sicht aber zugleich kaum fassbar erscheint.

Benignis Film wurde nicht nur ein internationaler Erfolg, der Regisseur erhielt dafür auch den Großen Preis der Jury bei den Filmfestspielen von Cannes, eine Auszeichnung bei dem Filmfestival in Jerusalem und drei Oscars (bester nicht-englischsprachiger Film, bester Hauptdarsteller, beste Musik). Allerdings wurde bereits zuvor Humor bei der Behandlung des Themas Nationalsozialismus verwendet, so etwa in Charlie Chaplins »Der große Diktator« und Ernst Lubitschs »Sein oder Nichtsein« (→ Hitler). Auch Lubitschs 1941 gedrehter und 1942 uraufgeführter Film stieß seinerzeit auf großes Unverständnis und den Vorwurf, den Nationalsozialismus an der Grenze zur Geschmacklosigkeit zu verharmlosen. Erst zwanzig Jahre später wurde er als Meisterwerk wiederentdeckt und entsprechend gewürdigt.

»Letzte Ausfahrt Brooklyn«

→ Selby, Hubert

»Der letzte Tango in Paris«

(Originaltitel: *Ultimo Tango A Parigi/Le dernier Tango à Paris*) Skandalumwitterter Liebes-/Sexfilm Bernardo Bertoluccis, Italien/ Frankreich 1972. Als Fremde lernen sich der Amerikaner Paul (Marlon Brando) und die deutlich jüngere Jeanne (Maria Schneider) in einem leerstehenden Pariser Appartement kennen. Ohne einander ihre Namen oder irgendetwas über ihre persönlichen Hintergründe mitzuteilen, treffen sie sich an drei Tagen sexueller Ausschweifungen immer wieder. Das damalige Kinopublikum nahm die Intensität und Rohheit der sexuellen Darstellungen, die (ähnlich wie später in → »Intimacy«) durch keinerlei liebevollen Gefühle abgefedert und legitimert wurden, als skandalös wahr. Besonders berühmt wurde die Szene, in der Paul auf recht dominante Weise und mit der Hilfe eines Stücks Butter mit Jeanne auf dem Fußboden der leeren Wohnung Analverkehr ausübt. Der Film wurde kurz nach seiner Premiere in Italien indiziert und konnte erst 1987 wieder aufgeführt werden. Bertolucci wurde zu seinem Werk durch die Bilder des britischen Malers Francis Bacon sowie durch George → Batailles »Blau des Himmels« inspiriert. Die im Film vermittelten Themen von → Einsamkeit, Verzweiflung, Triebhaftigkeit und Lebensgier werden durch das inhaltliche und stilistische Leitmotiv des Tangos treffend illustriert, da auch dieser Tanz schmerzvolle Hoffnungslosigkeit und aggressive Sexualität miteinander verknüpft. Auch er wurde in der Zeit seines Entstehens von vielen als obszön verurteilt.

»Die letzte Versuchung Christi«

Eigenwillige Verfilmung des neuen Testaments bzw. einer 1952 von dem Griechen Nikos Kazantzakis verfassten Interpretation desselben durch den Regisseur Martin Scorsese, USA 1989. Kazantzakis wie Scorsese treiben → Jesus' Konflikt zwischen seiner menschlichen Identität und seiner Berufung als Messias sehr eindringlich auf die Spitze. Jesus erscheint in dieser Geschichte anfangs als Kollaborateur der römischen Besatzer, für die er Kreuze zimmert. Er wird von Stimmen in seinem Kopf gequält, die ihn als Sohn Gottes ausweisen, kann seine Selbstzweifel aber nur schwer überwinden. Am Kreuz erscheint ihm schließlich ein Engel in der Gestalt eines Kindes und verkündet ihm ein Ende seines Martyriums. Befreit steigt Jesus herab, nimmt Maria Magdalena zur Braut und vereinigt sich mit ihr. Bei ihrer Niederkunft stirbt sie, aber Jesus heiratet noch zweimal und ist schließlich als zufriedener alter Mann von einer großen Kinderschar umringt. Er legt sich zum Sterben nieder, als ihm die aus dem brennenden Jerusalem flüchtenden Jünger erscheinen – unter ihnen Judas, der ihm Verrat vorwirft. Jesus erkennt, dass er am Kreuz nicht von einem Engel erlöst, sondern von Satan in seine »letzte Versuchung« geführt wurde, und bittet flehentlich darum, die Rolle des Messias wieder einnehmen zu können. Daraufhin entpuppt sich seine Hochzeit und sein glückliches Alter als Halluzination, und er kehrt zu dem Moment seines Kreuzestodes zurück.

Vor allem von kirchlicher Seite hagelte es Kritik an dieser als unangemessen empfundenen Vermenschlichung des Erlösers, wobei insbesondere dessen auch sexuell geprägte Liebesbeziehung zu Maria Magdalena im Mittelpunkt stand. Protestantische wie katholische Christen machten ihrer Empörung Luft und drückten in offiziellen Stellungnahmen ihr Befremden über diese verfälschende Darstellung und Beleidigung religiöser Gefühle aus. Es kam zu Boykottaufrufen; der Verleih und einzelne Kinobesitzer wurden zur Zielscheibe von Erpressungsversuchen, in Paris gar eines Bombenanschlags. Weniger dogmatische Christen fanden es allerdings gerade anerkennenswert, dass Jesus in seiner ganzen Menschlichkeit dargestellt worden sei, und verwiesen auf die Bibelstelle Hebräer 4-15, der zufolge Jesus *»in allem wie wir in Versuchung geführt worden ist«*, also offenbar auch in sexueller Hinsicht. Gerade jener Widerstreit zwischen dem Menschlichen und dem Göttlichen entfachte auch bei manchen Nicht-Christen eine neue Faszination an dieser Religion. Die deutsche Filmbewertungsstelle verlieh dem mit einem großen Staraufgebot (William Dafoe, Harvey Keitel, David Bowie) glänzenden Werk dementsprechend auch das Prädikat »besonders wertvoll«.

Literatur: Marsh, Clive u. a.: Explorations in Theology and Film. Blackwell 1998. Stone, Bryan: Faith and Film. Theological Themes at the Cinema. Chalice 2000

»L.I.E.«

Entwicklungs-Film, USA 2001, des Independent-Regisseurs Michael Cuesta, der zusammen mit Gerald Cuesta und Stephen Ryder für das Drehbuch verantwortlich zeichnet. Der 15-jährige Howard Blitzer (Paul Franklin Dano) ist von seinen Familienmitgliedern allein gelassen worden: Seine Mutter starb auf dem titelgebenden Long Island Expressway, sein trauernder Vater (Bruce Altman) versucht, sich von seinem Schmerz unter anderem dadurch abzulenken, dass er in Hörweite seines Sohnes mit einer neuen Freundin leidenschaftlichen Sex vollzieht. Der ebenso verstörte wie vereinsamte Howard sucht eine neue Heimat bei einigen Klassenkameraden, die gerne mit ihm auf Diebestour gehen. Bei einem ihrer Einbrüche ertappt sie der Hausbesitzer, Big John Harrigan (Brian Cox). Big John, so stellt sich heraus, ist ein Pädophiler, aber entgegen dem üblichen Klischee kein schmieriges, gewissenloses Monstrum (→ Pädophilie). Stattdessen wird er von seiner eigenen Neigung gepeinigt (*»I'm ashamed of myself every day«*), zeigt sich aber weniger von der Sexualität als von den noch verborgenen intellektuellen Fähigkeiten des jungen Howard fasziniert und nimmt die Rolle dessen Mentors ein, einer neuen Vaterfigur, die ihm hilft, erwachsen zu werden.

Es war höchstwahrscheinlich eben jene differenzierte und zum Teil sympathisierende Darstellung des Pädophilen, die trotz des Fehlens von Sex- und Gewaltszenen eine Altersfreigabe für Jugendliche in den USA verhinderte. Während es unbeanstandet bleibt, wenn Pädophile als verachtenswerte Geschöpfe gezeichnet werden, die im Verlauf der Handlung für ihre Neigung bestraft werden, erscheint es den zuständigen Gremien offenbar immer noch heikel, wenn den Betreffenden im Film ein menschliches Gesicht gegeben wird. Offenbar spielt hier die Angst mit hinein, dass mit der Aufweichung des Darstellungstabus auch eine Aufweichung des Handlungstabus einhergehen könnte. Dabei wird die bekannte Debatte wieder aufgegriffen, dass eine allzu einfühlsame oder auch nur allzu ausführliche Berichterstattung über Mörder oder andere Gewalttäter manche Zuschauer zu Nachahmungstaten anstacheln könnte. Trotz dieser Befürchtungen wurde »L.I.E.« von den US-Filmkritikern weit überwiegend mit Lob und Anerkennung bedacht.

»Die Liebenden«

(Originaltitel: *Les Amants*) Spielfilm, 1958, unter der Regie von Louis Malle. Die Handlung dreht sich um Jeanne Tournier (Jeanne Moreau), die gelangweilte Frau eines reichen Zeitungsbesitzers und Mutter einer kleinen Tochter. Per Zufall lernt sie einen attraktiven jungen Mann (Jean-Marc Bory) kennen und nimmt ihn zum Liebhaber. Diese aus heutigem Blick sehr harmlos wirkende Geschichte sorgte damals für einen internationalen Skandal: Eine fremdgehende Mutter, sowie eine halbstündige Liebesszene einschließlich eindeutig stattfindendem (aber nicht gezeigtem) Oralverkehr und (gezeigtem) Orgasmus der Frau erschienen damaligen Zuschauern kaum zumutbar. In einigen Staaten der USA wurde der Film verboten; erst der Oberste Gerichtshof musste entscheiden, dass hier kein obszönes Werk vorlag. In Deutschland tilgte die Zensur sämtliche Szenen, in denen Jeannes Tochter vorkam, so dass das Mädchen aus der Erzählung verschwand. Eben jenen Ausbruch einer Frau aus den bürgerlichen Spielregeln wollte Louis Malle allerdings behandeln. Dies gelang ihm nach Ansicht vieler Kritiker auch auf ästhetisch ansprechende Weise (sinnliche Szenen in langen Einstellungen unterlegt mit einer sanften Komposition von Brahms). So errang der Film auf verschiedenen Festivals mehrere Auszeichnungen.

»Lindenstraße«

Deutsche Endlos-Serie um die Bewohner eines Münchener Mietshauses und ihre Nachbarn, von der ARD seit 1985 jeden Sonntag um 18:40 Uhr ausgestrahlt. Eines der typischsten Kennzeichen ist die an einer Medienideologie der siebziger Jahre orientierte Auffassung, dass Fernsehen auch in seinen erzählenden Formaten möglichst den Auftrag sozialpolitischer Bildung zu erfüllen habe. Aufsehen erregte die »Lindenstraße« dabei häufig, indem sie insbesondere durch ein Aufbrechen der »vierten Wand« zum Zuschauer aktiv in das politische Geschehen einzugreifen suchte (Aufruf zum Stromboykott, Beschimpfung des CSU-Politikers Gauweiler durch eine Nebenfigur als »Faschisten« usw.), was in gewisser Weise als Spezialfall des Tabubruchs aufgefasst werden kann.

Da die »Lindenstraße« sich als Teil der Avantgarde in den deutschen Massenmedien versteht, hat sie es sich immer wieder zum Ziel gemacht, Themen zu besetzen, die insbesondere im Format Vorabendserie ansonsten zu kurz kommen oder gar nicht erwähnt werden. Hier kann nur eine Auswahl vorgestellt werden, wobei eine genaue Abgrenzung, was noch als Tabuthema zählt und was nicht, naturgemäß schwierig ist.

- Am 1.9.1988 erfährt Benno Zimmermann (Bernd Tauber), dass er als Folge einer Bluttransfusion HIV-positiv ist. Er erkrankt an AIDS und muss vor seinem Tod mit den verschiedensten sozialen Folgen dieser Krankheit fertig werden.
- Um 1990 wird Benny Beimer (Christian Kahrmann) als Zivildienstleistender zur Betreuung des spastisch gelähmten Christoph Bog-

ner (Michael Dillschnitter) eingesetzt, der zu einer Nebenfigur der Serie aufsteigt.

- Als Valerie Zenker (Nadine Spruss) im August 1990 am Handgelenk Enrico Pavarottis (Guido Gagliardi) eine eintätowierte KZ-Nummer entdeckt, geht ihre identifikatorische Auseinandersetzung mit den Opfern so weit, dass sie sich beispielsweise die Haare abrasiert. Etwas später muss Amelie von der Marwitz (Anna Teluren) sich mit der Frage nach ihrer Mitschuld im Dritten Reich auseinandersetzen, da sie damals mit einem KZ-Kommandanten verheiratet war. In der Beziehung zwischen Amelie und Ernst-Hugo von Salen-Priesnitz (Carlos Werner) wird zumindest andeutungsweise das Thema → Sexualität im Alter angerissen. Die beiden scheiden in einem gemeinsamen Freitod aus dem Leben.
- Lisa Hoffmeister (Sontje Peplow) wird ab 1991 durch ihre Mutter Opfer massiver Kindesmisshandlung; diese prügelt sie einmal sogar krankenhausreif.
- Der griechische Wirt Panaiotis Sarikakis (Kostas Papanastasiou) lässt sich 1992 mit Tanja Schildknecht (Sybille Waury) ein, als diese als Callgirl arbeitet, leidet dabei aber unter Potenzstörungen. Als seine Affäre von Tanjas Vater Franz (Raimund Gensel) öffentlich gemacht wird, versucht Panaiotis → Selbstmord zu begehen. Er wird von seinem Sohn Vasily (Hermes Hodolides) daran gehindert und bricht wenig später nach Georgien auf, um dort die griechische Minderheit zu unterstützen. Als Opfer türkischer Folter kehrt er in die »Lindenstraße« zurück.
- Am 29.10.1995 soll die Nigerianerin Mary Dankor (Liz Baffoe) von deutschen Polizisten abgeschoben werden, findet aber bei der Familie von Hans Beimer (Joachim Hermann Luger) Unterschlupf. Sie rettet sich kurzfristig durch eine Scheinehe, wird am 4.12.1997 aber doch abgeschoben.
- Während häusliche Gewalt in den meisten Fällen ganz dem Klischee entsprechend in der Form von prügelnden Männern und geprügelten Frauen behandelt wird, kommt es doch zu einem Einzelfall, in dem Kurt Sperling (Michael Marwitz) von seiner Frau Eva (Inga Abel) verdroschen wird.
- Am Sonntag, dem 18.2.2001, wurden erstmals Praktiken gezeigt, die im Zusammenhang mit → Sadomasochismus stehen: Klaus Beimer ließ sich von seiner Dresdner WG-Genossin, der Polizistin Ni-

na Zöllig (Jacqueline Svilarov), ans Bett fesseln, woraufhin seine Mutter Helga (Marie-Luise Marjan) im unpassenden Moment dazukam. Bisher waren solche »fesselnden Erlebnisse« zwischen Klaus und Nina lediglich angedeutet worden. Zuvor hatte sich die Serie dem SM-Thema nur einmal indirekt gewidmet, als Olli Klatt (Willi Herren) dem inzwischen verstorbenen Ex-Priester Matthias Steinbrück (Manfred Schwabe) SM-Utensilien unterjubelte, um ihn vor Helga Beimer als schlechten Umgang für Klaus zu diskreditieren.

- Zahlreiche Figuren der Serie hatten mit massiven Drogenproblemen zu tun, so etwa Frank Dressler (Christoph Wartberg) und Sonia Besirsky (Nicola von Altenstadt) mit Heroin, Berta Griese (Ute Mora) mit Psychopharmaka und mehrere andere Figuren mit Alkohol. Ebenfalls über mehrere Figuren – von der bereits erwähnten Tanja Schildknecht bis zur damals noch frühpubertären Lisa Hoffmeister – zieht sich das Thema Prostitution, wobei Momo Sperling (Moritz Zielke) als homosexueller Stricher ein besonders starkes Tabu verkörperte. Die Problematik der → Sterbehilfe wurde zunächst an der leukämiekranken Meike Schildknecht (Selma Baldursson) und zehn Jahre später an Enrico Pavarotti abgearbeitet.
- Am meisten Aufsehen erregte die »Lindenstraße« allerdings dadurch, dass sie sich dem Darstellungsverbot homosexueller Beziehungen oder gar homosexueller Sexualität (hier beschränkt auf Küssen und Streicheln) demonstrativ entzog. Identifikationsfigur und Sympathieträger war vor allem der Arztsohn Carsten Flöter (Georg Ücker) mit seinen wechselnden Beziehungen unter anderem mit Robert Engel (Martin Armknecht). Der erste aufgezeichnete Kuss zwischen Carsten Flöter und Robert Engel wurde 1990 sogar herausgeschnitten, was der damalige Fernsehdirektor des WDR, Günter Struve, folgendermaßen begründete: *»Diese Kürzung erfolgte nicht, weil die Redaktion der Meinung war, dass Kinder durch diese Darstellung in irgendeiner Weise gefährdet wären, sondern um dem Teil unserer Gesellschaft, der der Homosexualität besonders kritisch gegenübersteht ... nicht einen Vorwand zu liefern, hier unter Hinweis auf das Jugendschutzgesetz die Thematik weiter hochzuspielen.«* Zu der Problematik trug bei, dass die ARD die beanstandete Sendung nicht, wie üblich, um 18.40 Uhr, sondern we-

gen der Fußballweltmeisterschaft bereits um 16.00 Uhr ausstrahlte. Dazu Günter Struve: *»Da diese Uhrzeit die zentrale Zeit ist, in der Kinder zuschauen, hat die Redaktion (...) einen sehr intensiven Kuss (...) etwas verkürzt.«* Faktisch durften sich Carsten und Robert eben gerade umarmen. Als 1991 erstmals ein homosexueller Kuss über den Sender ging – nun zwischen Carsten und seinem neuen Freund und zukünftigen Mann Theo Klage (David Wilms) – protestierte dann auch fast erwartungsgemäß die katholische Kirche, woraufhin Carsten erst einmal wegen Medizinstudiums in Australien aus der Serie verschwand. Es dauerte indes nicht lange bis zu seiner Rückkehr und schließlich am 27.8.1997 der ersten »Homo-Hochzeit« (zwischen Carsten und Theo) im deutschen Fernsehen, bei der Hella von Sinnen in ihrer Funktion als eine Art gesamtdeutsches Homosexuellenmaskottchen einen Gastauftritt hatte. Carstens Ehe mit Theo scheiterte zwar, er fand jedoch in Georg »Käthe« Eschweiler (Claus Vincon) bald einen neuen Partner, den er in der Folge vom 23. Februar 2003 standesamtlich heiratete. Am selben Tag klärte das Vormundschaftsgericht die von Carsten und »Käthe« beantragte Adoption des HIV-infizierten Jungen Felix (Marc-Oliver Moro), so dass die Familie schließlich komplett war.

Vor dem Hintergrund dieser mutigen Grenzverschiebungen befremdete es insbesondere die lesbischen Zuschauerinnen der »Lindenstraße«, dass die erste in der Sendung behandelte lesbische Beziehung zwischen der zuvor doch eher heterosexuellen Tanja Schildknecht und der drogensüchtigen ehemaligen Prostituierten Sonia Besirsky so ziemlich kein Klischee ausließ: Verführt von der soziopathischen Sonia ließ sich Tanja dazu überreden, auf ihren wesentlich älteren, gelähmten Noch-Ehemann Dr. Ludwig Dressler (Ludwig Haas) einen Wiener Auftragskiller anzusetzen, damit sich die beiden daraufhin an Ludwigs Erbe bereichern konnten. Ludwig Dressler indes schützte bzw. rächte sich, indem er Sonia dazu verhalf, sich unwissentlich mit einer Überdosis Morphium selbst den Goldenen Schuss zu setzen. Auf diese Weise wurde Sonia zur ersten Randgruppenfigur der »Lindenstraße«, die sämtlichen ihr aufoktroyierten Negativklischees verhaftet bleiben musste, ohne dass die Tiefen ihres Charakters ausgeleuchtet und ihre Beziehung zu Tanja als weniger krank-

haft dargestellt werden konnte. Für diese Behandlung des Themas »lesbische Liebe« wurden die »Lindenstraßen«-Macher beispielsweise in der Zeitschrift »Emma« scharf kritisiert. Immerhin konnte zumindest Tanja als dreidimensionale Serienfigur gerettet werden und beinahe eine Affäre mit ihrer dann aber doch heterosexuell bleibenden Chefin und Freundin Urzula Winicki (Anna Nowak) beginnen, um schließlich die fast zwanzig Jahre jüngere Franziska Brenner (Ines Lutz) als Partnerin zu gewinnen, anhand derer eher »klassische« Homosexuellenprobleme (das eigene Coming-out, der homophobe Vater) dargestellt werden konnten. In der »Lindenstraße«-Folge vom 31. März 2002 wurde erstmals eine homoerotische Beziehung zwischen den Seniorinnen Koch und Birkhahn (Margret van Munster und Hanna Burgwitz) angedeutet. Das Thema wurde nicht weiterverfolgt, da Frau Birkhahn in der nächsten Folge starb.
Quelle/Literatur: Huth, Joachim Christian: Das Lindenstraßen-Universum. Daten, Fakten, Hintergründe. Vgs 1998

Lindner, Michael(a)

Bürgermeister der sachsen-anhaltinischen Gemeinde Quellendorf, der sich im Juli 1988 zu seiner Transsexualität bekannte und öffentlich verkündete, von nun an als Frau weiterleben zu wollen. Seine Bürger wählten ihn daraufhin ab.
Literatur: Lindner, Michaela: Ich bin, wer ich bin. Ein öffentliches Leben als Mann und als Frau. Frankfurt am Main 2000

Lindner, Patrick

In der Presse häufig als »Liebling der Schwiegermütter« bezeichneter Volksmusik-Star, der sich nach anderen Prominenten (etwa Alfred Biolek, Hape Kerkeling oder Dirk Bach) ebenfalls öffentlich als schwul outete, ohne dadurch an Beliebtheit zu verlieren (→ Homosexualität). Anlässlich der Adoption eines Babys teilte Lindner der Öffentlichkeit mit, dass er seit mehreren Jahren mit seinem Freund und Manager eine homosexuelle Beziehung führe und das adoptierte Kind jetzt zwei Väter besäße. Während sich Lindners Fans zunächst verblüfft zeigten, bleiben seine Konzerte noch immer ausverkauft.

Live-Hinrichtung

Der einer rechten Militia angehörende Timothy McVeigh, der 1995 das Bundesgebäude von Oklahoma City in die Luft gejagt und dabei 168 Menschen ermordet hatte, wurde dafür mit der Todesstrafe belegt. Unter anderem da dies das erste Mal seit den 60er Jahren war, dass die US-Bundesregierung eine Hinrichtung durchführte, sowie nicht zuletzt wegen des politischen Hintergrundes des Falles, forderten diverse Fernsehsender und Internet-Portale das Recht auf eine Live-Übertragung der Exekution ein. *»Wir bereiten uns auf die größte Show des Jahres vor«*, wird ein Manager des US-Senders CBS zitiert. Schon eine Woche vor der eigentlichen Vollstreckung sollte diese »Show« durch Sondersendungen aus dem Gefängnis sowie aus den Wohnungen der Angehörigen von McVeighs Opfern flankiert werden. Das im Internet tätige Entertainment Network Inc. (ENI), das vor allem durch Websites wie VoyeurDorm.Com bekannt ist, trat als Vertreter einer Öffentlichkeit auf, die ein Recht darauf habe, die *»Umsetzung der Gerechtigkeit«* in Aktion zu sehen. Die Angehörigen dieser Öffentlichkeit hätten als Staatsbürger schließlich auch für diese Hinrichtung bezahlt. Der aufklärerische Effekt, eine solche Exekution direkt mitanzusehen, statt nur darüber berichtet zu bekommen, sei ebenfalls keineswegs zu unterschätzen, da nur so eine fundierte Debatte über die Grausamkeit der Todesstrafe entstehen könne. Insbesondere letzerem Argument schloss sich Harald Thoma an, ein Sohn des ehemaligen RTL-Chefs Helmut Thoma und Betreiber einer deutschen Internet-Firma, für die er gerne die Übertragungsrechte der Bilder sichern wollte. Als Argument führte er an, vor dem Hintergrund dieser Bilder eine Protestbewegung gegen diese brutale Strafmaßnahme entwickeln zu wollen. Die Forderung nach einer Live-Übertragung von McVeighs letzten Sekunden wurde unter anderem von der liberalen »New York Times« sowie dem republikanischen Präsidenten George W. Bush unterstützt – und auch von dem Todeskandidaten selbst. Nachdem ganz Oklahoma Zeuge seiner Tat geworden sei, solle auch der gesamte Staat seiner Hinrichtung beiwohnen. Weitere konservative Befürworter einer solchen Übertragung hofften, dadurch den vermeintlich abschreckenden Effekt der Todesstrafe zu verstärken. (Tatsächlich ist solch ein Effekt bis heute nicht nachgewiesen, im Gegenteil: Die Mordrate in US-Bundesstaaten mit Todesstrafe ist nicht niedriger als in Bundesstaaten ohne diese Drohung.) Das US-Justizministerium stellte sich einer entsprechenden Übertragung entgegen – zum einen, um das Ende eines Menschenlebens nicht zum Spektakel werden zu lassen, zum anderen aber auch, damit keine von Abscheu erfüllte Diskussion über diese staatliche Tötung aufkommen konnte. Schließlich entschieden Gerichte und Behörden, lediglich dem kleinen Kreis der Hinterbliebenen von McVeighs Opfern das Setzen der Giftspritze und McVeighs darauf folgenden Tod per Glasfaserkabel vor Augen zu führen. Wie Bernd Pickert in der Berliner »tageszeitung« vom 12. Juni 2001 berichtete, entstand unter diesen Beobachtern daraufhin Irritation und Betroffenheit: »*Manche Angehörige der Opfer haben sich gedrängelt, in den Zuschauerraum zu kommen, um die Hinrichtung live oder per Videokanal verfolgen zu können. Sozialisiert mit der Logik der Todesstrafe, kann man ihnen getrost glauben, dass sie Frieden zu finden hofften. Umso größer war bei den Nachbefragungen ihre Enttäuschung: Nein, das Gefühl eines Schlussstriches unter dieses Kapitel hätten sie nicht, sagte ein Angehöriger nach dem anderen den wie immer live omnipräsenten Reportern von CNN. Und sogar bei denen, die ganz überzeugt davon sind, dass die Tötung McVeighs das richtige Mittel sei, mischten sich, nur Minuten nach dem Ansehen der Hinrichtung befragt, Unsicherheit, Nachdenklichkeit. Selbst der Justizsprecher, der gegen 7:30 Uhr morgens Ortszeit vor der Presse offiziell den Tod McVeighs verkündete, musste sich, nach seinen persönlichen Gefühlen befragt, sichtlich zusammennehmen, um zu erklären, seine Gedanken seien bei den Opfern McVeighs. Man merkte, dass das nicht stimmte. Der Mann hatte immerhin gerade zugesehen, wie ein wehrloser Mann an eine Bank gefesselt und umgebracht wurde. Es sind diese Momente, in denen den Zuschauern ganz intuitiv bewusst zu werden scheint, dass sich der hinrichtende Staat auf das Niveau des Mörders McVeigh begibt. Der juristisch-ideologische Überbau, der ganze Apparat helfen mit, diese plötzliche Erkenntnis wieder zu verdrängen. Aber je medialer die Exekution, desto gefährlicher für die Apologeten der Todesstrafe.*«

»Lolita«

Laut zahlreicher Kritikerstimmen einer der gelungensten, aber auch umstrittensten Romane des 20. Jahrhunderts, verfasst von Vladimir Nabokov (eigentlich: Vladimir Sirin). Nabokov wurde am 23. April 1899 in St. Petersburg geboren und besuchte dort die progressive Tenishev-Schule. Dort wurde er bereits gerügt, weil er nicht gewillt gewesen sei, sich seinem Umfeld angemessen anzupassen. Er floh nach der Oktoberrevolution aus Russland und lebte danach erst in Cambridge, wo er russische und französische Literatur studierte, dann für 15 Jahre in Berlin. Er brachte drei Romane heraus, von denen er selbst nicht viel hielt; einen von ihnen bezeichnete er in einem Brief an einen Kritiker sogar als *»Blevotina«* (Kotze). Nach der Machtergreifung der Nationalsozialisten floh Nabokov zunächst nach Paris, wo er mit James Joyce (→ »Ulysses«) zusammentraf, von dort aus 1940 quasi im letzten Moment in die USA. Er war dort zunächst als Dozent der Literaturwissenschaft tätig, schrieb aber weiterhin Bücher. Dem außerordentlichen Erfolg von »Lolita« ist es zu verdanken, dass er seine Stellung im Lehrbetrieb aufgeben und sich fürderhin ausschließlich der Schriftstellerei widmen konnte. 1961 zog er in die Schweiz, wo er 1977 starb.

Die Handlung von »Lolita« gilt wohl insbesondere nach den beiden Verfilmungen als allgemeines Kulturwissen: Der europäische Intellektuelle Humbert Humbert wird von seiner Erinnerung an eine verlorene Jugendgebliebe geplagt. Hier finden sich schon auf den ersten Seiten des Romans zahlreiche intertextuelle Anspielungen und Parodien insbesondere auf verschiedene Werke Edgar Allan Poes. Dieses Netz von Verweisen, das den gesamten Roman durchzieht, macht ihn zu einem frühen Klassiker der postmodernen Literatur, ohne dass dadurch der lineare Erzählvorgang aus dem Gefüge gerät: Auf der Suche nach einer Unterkunft in den Vereinigten Staaten fällt Humberts Auge auf die nymphenartige Tochter seiner Vermieterin Charlotte Haze, die 12-jährige Dolores (»Lolita«). Vor allem um die Gegenwart dieses Mädchens weiter genießen zu können, entscheidet sich Humbert nicht nur für die Wohnung, er geht auch eine Beziehung mit der vereinsamten Mutter ein, heiratet sie schließlich. Sein wahres Begehren gilt jedoch der Tochter. Als dies von Charlotte aufgedeckt wird, ist diese darüber dermaßen fassungslos, dass sie in blinder Empörung auf die Straße läuft, dort von einem Auto erfasst wird und zu Tode kommt. Humbert täuscht Lolita vor, ihre Mutter sei lediglich in einer Klinik und dürfe keinen Besuch empfangen, woraufhin er mit ihr eine ziellose Reise quer durch die USA unternimmt und ihr dabei mehrfach sexuell nahekommt. Da diese Ereignisse recht verschachtelt und mehrdeutig aus Humberts Sicht geschildert werden – einem unzuverlässigen Erzähler par excellence –, ist hier für den Leser selbst unter Zuhilfenahme seines Weltwissens über das Verhalten von pubertierenden Teenagern nur schwer ersichtlich, inwiefern Lolita von sich aus auf entsprechende Begegnungen eingeht. Mal erscheint sie widerwillig, mal amüsiert-kokett, entwickelt sich insgesamt immer mehr zu einer koboldhaften *femme fatale*, die Humbert launisch mit seiner Abhängigkeit von ihr manipuliert. Aber natürlich manipuliert umgekehrt auch Humbert das Mädchen, indem er ihr den Tod ihrer Mutter anfangs verschweigt, durch seine Drohungen und Bestechungen und durch die Abhängigkeit, in der Lolita als Vollwaise jetzt gegenüber ihm als einziger Bezugsperson steht. Es ist insofern sehr unklar, wer in dieser Beziehung die tatsächliche Machtposition innehat. Ebenso offen lässt der Text, ob Humbert ein verabscheuungswürdiger Triebtäter ohne die geringsten moralischen Skrupel oder nicht doch ein seiner Sehnsucht hilflos ausgelieferter, bemitleidenswerter Mann ist. *»Ich bin kein Hund«*, stellte Nabokov dazu einmal klar, *»der mit dem Schwanz wedelnd zu euch rennt, mit der Wahrheit im Mund.«* Auf eine weitere Ebene gerät das Vexierspiel des Autors, indem dieser (wieder in Anspielung auf Poe'sche Erzählmuster wie in »William Wilson«) die Figur eines dunklen Doppelgängers von Humbert einführt: den pädophilen Quilty, der ihn und Lolita auf ihrer Reise verfolgt, bis er von Humbert erschossen wird. Humbert wird schließlich, so ist es aus dem Text herauszuarbeiten, vor Gericht gestellt, während Lolita bereits zur Frau aufgewachsen ist und so ihren nymphenartigen Zauber für ihn vollständig verloren hat. Als Humbert seine einstige Traumfee Dolores/Dolly/Lo/Lola/Lolita als hochschwangere »Mrs. Richard F. Schiller« in einem Vorort wiedertrifft, zerschmettert diese Begegnung seine Welt.

Es gibt außer den intertextuellen und den psychologischen zahlreiche weitere Ebenen, auf denen der Roman gleichermaßen funktioniert: so etwa durch seine Wortspiele und Humberts Sarkasmen als linguistischer Genuss (man denke nur an die berühmte Eingangspassage mit ihrer phonetischen Analyse des Namens »Lo-li-ta«) oder als symbolbefrachtete Analogie für das Verhältnis zwischen dem alten Europa, vertreten durch den formellen, kulturbeflissenen Humbert, und die Vereinigten Staaten, wie sie von Nabokov wahrgenommen und in Lolita personifiziert wurden: jung, attraktiv, aber auch ein wenig naiv und vulgär. Ein Henry James wird durch diese gewagte Metaphorik deutlich in den Schatten gestellt. Andere Literaturwissenschaftler sehen in der Beziehung zwischen Humbert und Lolita eine Metapher auf das Verhältnis zwischen einem Autor und seinem Kunstwerk. Manche argumentieren, Nabokovs Roman sei eben deshalb so fernab jedweder Moral, weil Nabokov seine Texte vor allem als spielerische Erforschung des Schreib- und Leseprozesses verstehe. Schließlich bemerkte Nabokov einmal in für die postmoderne Weltanschauung typischer Weise, »*Realität*« sei ein Wort, das nichts bedeute, »*außer in Anführungsstrichen*«.

Als Nabokov sein Romanmanuskript 1954 einem US-amerikanischen Verleger unterbreitete, stellte er es als »*eine Brandbombe, die ich gerade zusammengesetzt habe*« vor. Er ging nicht fehl mit seiner Einschätzung: Obwohl die Erzählung sorgsam jedes obszön anmutende Wort vermied, schreckten wegen der anschaulichen Schilderung verbotener Sexualität fünf US-Verlage vor dem Ankauf des Meisterwerkes zurück. 1955 konnte die Erstauflage in Paris von Olympia Press veröffentlicht werden (→ Pornographie). Die Pressereaktionen rangierten zwischen »*große Kunst*« (»New York Times«) bis zu »*das schmutzigste Buch, das ich je gelesen habe*« (der Herausgeber des »London Sunday Express«) – was einander aus damaliger Sicht wohl weit stärker widersprach als aus heutiger. Das Buch wurde in zahlreichen Ländern als pornographisch wahrgenommen und verboten. Nachdem es sich aber dort, wo es verkauft werden durfte, vermutlich mehr wegen seiner Skandalwirkung als aufgrund seiner beachtlichen literarischen Leistung zum Bestseller entwickelte, erschien 1958 die erste US-amerikanische Nachauflage. Obwohl sich der Roman aufgrund seiner sprachlichen und inhaltlichen Komplexität und Mehrdeutigkeit einer Verfilmung eigentlich sperrt, unternahm der Regisseur Stanley Kubrick (→ »A Clockwork Orange«) diese bereits 1961. Kubrick konnte Nabokov selbst als Drehbuchautor gewinnen, schrieb aber dessen eigenhändig von 400 auf 200 Seiten gekürztes Skript mehrfach um. Insofern verwundert es nicht, dass dem Film vor allem Kritiker dieser Tage eine dem Original völlig unangemessene Vereinfachung vorwerfen, insbesondere was die Psychologie Humberts und Lolitas angehe: Die ambivalente Beziehungsdynamik hatten Kubrick und sein Produzent auf Humberts eiskalten Machtmissbrauch reduziert, das erotische Potential der Vorlage fast völlig gestrichen. Bis auf wenige Szenen erscheint die Lolita-Darstellerin Sue Lyndon derart brav und bieder, dass die rauschhafte Verzückung Humberts in keiner Weise nachvollziehbar ist. Alles andere wäre den Verantwortlichen wohl viel zu gefährlich gewesen.

Jahrzehnte später sollte ein Remake dieses Films in die Kinos gehen. Das Jahr der Veröffentlichung war 1997: ein insofern sehr heikler Zeitpunkt, als kurz zuvor einerseits die freizügige Darstellung auch von »verbotener« Sexualität auf der Kinoleinwand möglich geworden war, andererseits aber die Hysterie hinsichtlich sexuellen Missbrauchs von Mädchen ins Psychotische hinein kulminierte. Der Regisseur, der dieses filmische Wagnis auf sich nahm, war Adrian Lyne. Dieser war bislang zwar für seine Werbespot- und Videoclip-Ästhetik in Filmen wie »Flashdance« und »Neuneinhalb Wochen« sowie die angeblich reaktionäre, zumindest aber familienbejahende Botschaft von »Eine verhängnisvolle Affäre« kritisiert worden. Er hatte sich andererseits aber ebenfalls durch »Neuneinhalb Wochen« sowie durch »Ein unmoralisches Angebot« als jemand ausgezeichnet, der mit von vielen als sittlich bedenklich wahrgenommener Sexualität in seinen Werken spielerisch umzugehen verstand. Dennoch konnte auch Lyne unmöglich die erotische Brisanz der Vorlage eins zu eins auf die Leinwand übertragen. So ersetzte er die zwölfjährige Titelfigur durch eine 14-jährige, gespielt von einer 15-jährigen Hauptdarstellerin (Dominique Swain) unter Zuhilfenahme eines Bodydoubles (Dawn Mauer) für die brisanteren Szenen, die so brisant auch wieder nicht waren: ein eher zurückhaltender Kuss, ein wenig nackte Haut – auch hier also nichts, was mit den Obsessionen des literarischen Humbert in Übereinklang gebracht werden konnte. Während das Publikum Dominique Swains schauspielerische Leistung zu würdigen wusste, waren auch die beiden anderen Hauptfiguren (Jeremy Irons als Humbert, Melanie Griffith als Charlotte Haze) eher umstritten. Der vierten Hauptfigur, Humberts Widersacher Clare Quilty (Frank Langella), machte man den Vorwurf, von Lyne allzusehr als Monster mit dem bemitleidenswerten Humbert in Kontrast gesetzt worden zu sein.

Aber schon die von Lyne gewählte, weichgespülte Fassung war der Kinoindustrie nur schwer zu vermitteln: Selbst in Frankreich wurde der Start hinausgeschoben, in England entrüstete sich die »Daily Mail«, in den USA suchte der Film über Monate hinweg einen Verleiher. Manche fühlten sich an das Klima der Zeit erinnert, in welcher »Lolita« spielte. Dementsprechend fanden sich auch bald Verteidiger des Werkes in den Reihen derjenigen, denen Meinungs- und Darstellungsfreiheit sehr wichtig war. Die große US-amerikanische Bürgerrechtsgruppe American Civil Liberties Union (ACLU) sponserte eine Benefiz-Vorführung, der Kabel-Filmkanal Showtime strahlte den Film aus, schließlich fand sich mit der Samuel Goldwyn Company auch ein Kinoverleih.

Die bisherigen Kritiken zu Lynes Verfilmung kommen zu außerordentlich unterschiedlichen Ergebnissen. Gerade weil sie so auffallend verschieden bewerten, sollen sie stellvertretend für die gesamte Debatte hier ausführlich zitiert werden.

Die Website von Queerview nimmt wie bei vergleichbaren Filmen (etwa »Der Campus«) die Position ein, dass gewisse Darstellungen gar nicht erst erlaubt werden sollten. Ihre Kritik richtet sich nicht nur gegen die Verfilmung, sondern schon gegen die literarische Vorlage Nabokovs und verwechselt dabei in einer auch für andere Kritiken typischen Weise Autor und Ich-Erzähler: »*Manche Filme dürfen einfach nicht kontrovers sein. Z. B. Filme, die Inzest verherrlichen und die Opfer- und Täterrollen vertauschen. Lolita ist ein solches Schundwerk allererster Alarmstufe. Während allerdings die RedakteurInnen dieses Magazines mit Schaum vorm Mund das Kino verlassen, müssen sie als Hammer oben drauf feststellen, dass ein Großteil der KollegInnen darüber nicht einmal ansatzweise nachgedacht hat und unsere Wut nicht nachvollziehen kann. Ja, der Film wird sogar als fortschrittlich gewertet. Dabei ist das Lolita-Konzept allein seit Vladimir Nabokovs Romanvorlage von 1955 und spätestens seit Stanley Kubricks Verfilmung aus dem Jahre 1962 ein Schlag ins Gesicht aller Überlebenden (...). Das vorlagen-nächste Remake von Adrian Lyne nun fährt auf die Inzestgeschädigte, besonders im Anspruch eines seriösen Spielfilms, wie eine Salve von Ohrfeigen hernieder. Während in Kubricks Version der Täter eindeutiger als Übeltäter herausgestellt wird, der gar Mordgedanken gegen Charlotte hegt und dem nur der Autounfall zuvorkommt, fühlt sich der aus dem Off erzählende Protagonist in der '97er Version als zu Unrecht Angeklagter und formuliert die Lügen aus, mit denen die Überlebenden sexuellen Missbrauchs nach der Tat zu kämpfen haben – und hüllt sich nur scheinbar in einen den Täter verurteilenden Mantel. Zwar wird angedeutet, dass Lolita leidet, aber im Grunde hätte sich der Täter nichts vorzuwerfen:*

Humbert, und mit ihm der Film, geht davon aus, dass es 12-jährige Nymphomaninnen gibt. Insgesamt drei Mal indoktriniert der Erzähler seine ZuhörerInnen mit diesem Begriff, verbindet ihn gar mit Wörtern wie ›dämonisch‹. Mit dieser Lüge Nr. 1 wird den Opfern (und nun dem Publikum) von ihren Missbrauchern eingeredet, sie seien selbst diejenigen, mit denen etwas nicht stimme, die die Greueltaten provoziert hätten und damit Schlampen seien. Humbert benutzt diesen Begriff, der sich eigentlich auf mannstolle Frauen bezieht, bevor er je einen etwaigen Kontakt Lolitas mit Männern vorweisen kann. Sie kokettiert in ihrer aufblühenden Pubertät ein wenig herum und der über 40-Jährige deutet dies als teuflische Verführung um, auf dass er eine Entschuldigung gefunden habe, seine zukünftige Stieftochter zu missbrauchen. Die Krönung dieser Unverschämtheit besteht in Humberts Rechtfertigung an eine ›Jury‹, also das Publikum, in der er sich darüber beschwert, dass er als ›Daddy‹ nicht einmal der erste Sexualpartner in Lolitas Leben sei, für ihn also der endgültige Freischein zum Missbrauch. Brächte es dem chauvinistischsten Film, der bisher in diesem Jahrzehnt in unsere Kinos gekommen ist, nicht unerwünschte Publicity, wir würden uns von unseren Schreibtischen erheben und ein paar Aktionen ausdenken.« In diesem Stil zieht sich die Empörung über zahllose weitere Absätze. Das literarisch hochkomplexe Werk »Lolita« wird dabei wie eine Dokumentation über sexuellen Missbrauch behandelt und das Filmublikum für so naiv gehalten, den Worten eines ausgewiesenen Missbrauchstäters völlig unkritisch Glauben zu schenken. Dass es Nabokov und Lyne gerade auch um diese Aufdeckung der Selbstrechtfertigungen von Tätern gehen könne, nimmt der/die KritikerIn in seiner/ihrer Entrüstung nicht wahr.

Stefan Grissemann hingegen beklagt in »Die Presse« vom 3. Januar 1998, dass Lynes Film nicht weit genug gehe: »*Langwierig und kreuzbrav erzählt der Amerikaner seine Geschichte, ohne Ahnung offenbar, was damit anzufangen sein könnte, was in der Erzählung liegt, die er benützt: ein Gesellschaftsbild, ein Amerika-Porträt oder auch eine große Gelegenheit, die herrschende Moral zu lähmen und auszustellen. (...) Und vor jeder plastischen Darstellung hat Lyne offensichtlich Angst: Die Abblende rettet ein ums andere Mal den um Bilder verlegenen Filmemacher, der in einem Knutschfleck am Mädchenhals bereits die Spitze der Vulgarität, das Äußerste der Präsentation von Sex im Kino zu erblicken scheint. (...) Aber weil ja in Hollywood alles ei-*

ne message haben muß, blieb dem Filmemacher noch die Flucht nach vorn, direkt in die hohe Moral (die hier natürlich die lupenreine Doppelmoral ist), als wäre dem Erotomanen, der Lyne gern wäre, und Nabokov selbst nicht gerade die moralische Position die allerfernste. Alles ist künstlich in Lolita, die Auseinandersetzungen und die Dialoge, die Dekors und die Probleme: Mit dem Thema Kinderpornographie in Zusammenhang mit diesem Film aufzufahren, wie das derzeit wieder passiert, ist schon deshalb tatsächlich hirnrissig.«

Positiv wird die Neuverfilmung von der »B.Z.« gesehen: »*Die Geschichte (...) verzichtet auf eindimensionale Schuldzuweisungen oder billige Skandal-Effekte. Stattdessen wird mit Sensibilität und Zurückhaltung gezeigt, was eigentlich kaum zeigbar ist; trotz der Sexszenen, die natürlich ein Double von Dominique Swain spielte. So bleibt der Film näher an der Vorlage als die Stanley Kubrick Fassung von 1962. Damals durfte James Mason gerade mal die Fußnägel der Lolita-Darstellerin Sue Lyon lackieren. Deutlich werden die Abgründe beider Figuren gezeigt. Die hoffnungslose Liebe des Humbert Humbert lässt den Täter immer mehr zum Opfer werden. Schnell lernt die kaugummikauende Lolita mit Zahnspangen-Erotik, den älteren Mann zu manipulieren; sei es, um mehr Taschengeld zu bekommen, oder einfach nur, um ihn zu quälen. So endet die Beziehung für beide im Desaster.«*

Schließlich äußerte sich Lyne selbst in einem Interview mit dem »Standard«. Als Ergebnis seiner sechsjährigen Zusammenarbeit mit renommierten Autoren wie David Mamet und dem für das Drehbuch hauptverantwortlichen Stephen Schiff hätten ihm Studiomanager zuhauf ihre Anerkennung über den so entstandenen Film mitgeteilt. Es gäbe jedoch Einwände von Partnerfirmen, die mit dem Thema → Pädophilie nicht in Verbindung gebracht werden wollen, weil sonst ihr Image und ihre Marke leide. Lyne: »*Erste Vorahnungen von dem, was da noch kommen würde, hatte ich, als ich von der Affäre rund um Schlöndorffs ›Blechtrommel‹ in Oklahoma hörte: Dass man dort Hausdurchsuchungen bei Videoverleihen startete, nur weil sich in einer Szene zwei Kinder sexuell annähern. Die Stimmung in den USA ist gegenwärtig schon so aufgeheizt, dass sechsjährige Kinder wegen sexueller Belästigung zwei Wochen der Schule fernbleiben müssen! Ein kleiner Bub küsste eine Klassenkollegin, und politisch korrekte Pädagogen heulten auf. Ich denke, es hat ein wenig mit diesem alten anglosächsischen Puritanismus zu tun – dieses krampfhaft mo-*

ralisierende Verdecken und Wegschauen. Kürzlich habe ich mit Michael Douglas darüber gesprochen, der ja in meinem Film ›Eine verhängnisvolle Affäre‹ mitspielte. Er meinte, das Klima im Land sei durchaus mit dem der frühen 60er vergleichbar, als Stanley Kubricks Adaption von Lolita so wild umfehdet war.« Lyne führt in einem Gespräch mit Peter Zöttl von SPIEGEL-Online weiter aus, er habe *»ja nur einen Romanklassiker verfilmt, der weltweit in Schulen und Universitäten gelesen wird. (...) Offenbar soll ich so tun, als würde das Thema Pädophilie gar nicht existieren. Aber ich glaube, ein Film kann genauso wie ein Buch Diskussionen auslösen, die am Ende immer etwas Positives bewirken. Zu sagen, man dürfe über ein bestimmtes Thema weder reden noch einen Film machen, finde ich nicht nur lächerlich, sondern auch faschistoid. (...) Einer der Gründe, warum ich ›Lolita‹ verfilmen wollte, war, dass Kubricks Verfilmung den Roman meiner Meinung nach nicht richtig widerspiegelte. Bei Kubrick ist Humbert nichts als ein abscheulicher, verachtenswerter Typ, den man nur hassen kann. Aber Nabokovs Roman ist viel ambivalenter. (...) Ich glaube, der Grund dafür, dass die Amerikaner so viel Angst vor ›Lolita‹ haben, ist, dass ihnen das Thema einfach naheliegender erscheint. Ein Film über Nekrophilie etwa würde niemanden irritieren, und über eine Sexszene mit einer Leiche würde sich auch niemand aufregen. (...) Alles, was man zur Zeit in der Zeitung liest, dreht sich um Pädophilie. Und Pädophilie ist so etwas wie das letzte große Tabu: Du kannst in einem Film unzählige Menschen über den Haufen schießen und ihr Gehirn in der Gegend herum spritzen lassen – die Leute würden sich einen Dreck darum scheren. Ich finde es aber zu einfach, Humbert nur als Hassobjekt darzustellen.«* Was das Alter der sexuellen Entwicklung angehe, sei er überzeugt von der Existenz einer Grauzone: *»In Amerika hält man es für bequem zu denken, Sexualität sei etwas, das mit dem Beginn der Volljährigkeit durchs Fenster geflogen kommt. Das ist natürlich Unsinn. Sexualität entwickelt sich Stück für Stück im Leben eines Menschen, mit elf oder zwölf Jahren, oder sogar mit neun oder zehn oder noch früher. Man wird sich allmählich seiner Sexualität bewusst, ohne anfangs zu wissen, was eigentlich dahinter steckt. Eine solche Unerfahrenheit auszunutzen, ist sicherlich furchtbar. Aber ich glaube eben, dass die Amerikaner auch deshalb vor dem Thema Pädophilie so viel Angst haben, weil ihnen das alles nicht so fern liegt.«*

Literatur: Bramberger, Andrea: Die Kindfrau. Matthes und Seitz 2000. Thomas Koebner: Der Lolita-Komplex. Alter und Jugend – Tabu und Begehren im Film. In: Marcus Stiglegger (Hrsg.): Kino der Extreme. Kulturanalytische Studien. Dieser lesenswerte Sammelband enthält auch zahlreiche weitere Beiträge zur filmischen Auseinandersetzung mit anderen in diesem Lexikon behandelten Themen, so etwa Gewalt, Tod, Selbstmord, Serienkiller, Transhumanismus und Sadomasochismus.

»Lukas«

Deutsche Sitcom, ZDF 1996-2001. In Anbetracht dessen, dass ihr Hauptdarsteller Dirk Bach ebenso wie der Produzent Alfred Biolek zu den bekanntesten geouteten Homosexuellen Deutschlands zählen und drei der bekanntesten geouteten Lesben der Republik (Hella von Sinnen, Ulrike Folkerts und Maren Kroymann) bereits als Gäste aufgetreten waren, dürfte die Bezeichnung »erste deutsche gay sitcom« berechtigt sein. Homosexueller Charakter der Serie ist Coco, die lesbische beste Freundin der Hauptfigur Lukas Lenz, wobei sich ihre Homosexualität weniger in einer Beziehung als in diversen Gags ausdrückt, die Homo- wie Heterosexuelle gleichermaßen zur Zielscheibe machen. Nur über vier Folgen hinweg führte Coco eine Partnerschaft, wobei ihre Freundin selbst nur in zwei dieser Folgen zu sehen war.

»La Luna«

→ Inzest

Luther, Martin

Verfasser der ersten deutschen Bibelübersetzung (»Biblia, dat ist, die gantze Heiluge Schrift Deudsch«), deren Exemplare um 1534 ebenso eifrig von Vertretern der katholischen Kirche aufgespürt und verbrannt wie von den neugeschaffenen »Protestanten« verteilt wurden.

Lynch, David

US-amerikanischer Kultregisseur, der in seinen für den Intellekt oft extrem schwer zugänglichen Filmen gegen diverse gesellschaftliche Tabus verstößt. So handelt »Eraserhead« (1977) unter anderem von dem Hass eines Vaters auf sein missgestaltetes Kind. (Lynch hat selbst einen – allerdings im Vergleich zu dem Baby im Film nur leicht – deformierten Sohn.) Auch der Nachfolgefilm »The Elephant Man« (1980) greift das Thema der körperlichen Unförmigkeit auf, hier am Schicksal des John Merrick, der im viktorianischen England tatsächlich gelebt hatte. In »Blue Velvet« (1986) bricht Lynch auf der Oberflächenebene mit dem Darstellungstabu sadomasochistischer Begierde, angedeuteter → Homosexualität und Fetischismus, setzt sich auf einer tieferen Ebene aber mit dem viel grundlegenderen Tabu des Mutter-Sohn-Inzests und des ödipalen Vatermords auseinander. Besonders deutlich wird hier der auch in anderen Werken von Lynch aufgegriffene Zwiespalt zwischen der nach außen intakten und harmonischen Kulisse des kleinstädtischen Amerikas und den dahinter lauernden Abgründen. Während »Blue Velvet« bei seinem Erscheinen als außerordentlich vulgär und abscheulich angegriffen und auch lächerlich gemacht wurde, gewann er andererseits die Anerkennung und diverse Ehrungen der Nationalen Gesellschaft der Filmkritiker: Bester Film von 1986, Beste Regie, Beste Nebenrolle (Dennis Hopper als Frank Booth), Beste Leistung der Cinematographie (für Frederick Elmes). Lynch als Regisseur wurde auch zum ersten Mal für den Oscar nominiert.

In der Kult-Fernsehserie »Twin Peaks« (1990) und vielleicht noch eindringlicher dem zunächst unterschätzten nachfolgenden Kinofilm »Twin Peaks Fire Walk With Me« (1992, deutsch: *Die letzten Tage der Laura Palmer*) widmet sich Lynch dem Thema des sexuellen Missbrauchs einer Tochter durch ihren Vater. Das Roadmovie »Wild at Heart« (1990) war vor allem wegen seiner unumwundenen Darstellungen exzessiver Gewaltakte auch in Deutschland umstritten: Neben anderen Szenen dieser Art schießt sich etwa ein Bankräuber mit seinem Gewehr den Kopf ab, und ein Hund läuft mit der bei dem Überfall abgetrennten Hand eines Bankangestellten im Maul herum. Nachdem Lynch so zu Gewalt, dem Bösen und hohem Tempo als Leitmotiven im Kino der neunziger Jahre beigetragen hatte, schlug er 1999 mit »The Straight Story« (dt. »Eine wahre Geschichte«) zumindest auf der von Zuschauern und Kritikern hauptsächlich wahrgenommenen Oberflächenebene die radikale Gegenrichtung ein und schuf ein anrührendes Werk über Alter, Würde, Güte und Langsamkeit. In seinen Auseinandersetzungen mit psychogenen Fugen, »Lost Highway« (1997) und »Mulholland Drive« (2000-01), setzte Lynch Sexualität auf sehr drastische Art in Szene und rührte dabei ebenfalls an Tabus, indem er sie nicht als positive Erfahrung, sondern vor allem im Zusammenhang mit Verzweiflung, Angst, Hass, → Einsamkeit oder Neid darstellte. Insbesondere eine lesbische Liebesnacht in »Mulholland Drive«, die sich im weiteren Verlauf des Films als Wunschphantasie der in Wahrheit depressiv masturbierenden Hauptfigur Diane von einem für sie unerreichbaren Hollywoodruhm herausstellt, zeigt, dass sehr vieles, was mit Sexualität zu tun hat, auch im Kino unserer Tage unbehandelt geblieben ist. Lynch und seine Tabubrüche werden von Fans wie Kritikern begeistert gefeiert, jedoch beispielsweise von den Programmmachern des US-amerikanischen Fernsehens eher sabotiert als unterstützt. So war die Einstellung der Serie »Twin Peaks« neben anderen Gründen auch einem ständigen Verlegen des Sendeplatzes zu verdanken, und der selbst von Lynch-Kritikern als sein vielleicht bestes Werk sehr positiv aufgenommene Film »Mulholland Drive« war zuvor als Fernsehserie geplant, von dem Sender ABC aber abgelehnt worden.

Literatur: Harbers, Stefan: Amerikanische Gesellschaftsbilder in den Filmen David Lynchs. Coppi 1997. Hughes, David: The Complete Lynch. Virgin 2002. Nochimson, Martha: The Passion of David Lynch. University of Texas Press 1997. Lavery, David (Hrsg.): Full of Secrets. Critical Approaches to Twin Peaks. Wayne State University Press 1995. Le Blanc, Michelle und Odell, Colin: David Lynch. Pocket Essentials 2000. Lynch, David: Lynch über Lynch. Verlag der Autoren 1998. Pabst, Eckhard (Hrsg.): »A Strange World«. Das Universum des David Lynch. Ludwig 1999. Seeßlen, Georg: David Lynch und seine Filme. Schüren 2001. Woods, Paul: Weirdsville USA. The Obsessive Universe of David Lynch. Plexus 1997

Internet: David Lynchs eigene, multimedial gestaltete Website ist unter www.davidlynch.com zu finden. Die vermutlich neueste und sehr komplexe Site zu Lynchs Fernsehserie »Twin Peaks« ist www.firewalkwithme.net. Von dort aus gibt es zahlreiche Links auf andere Sites des David-Lynch-Webrings.

M

»Madame Bovary«

1857 erschienener Roman Gustave Flauberts über die schöne Emma Bovary, die aus ihrem langweiligen Ehe-Alltag ausbricht, indem sie eine Affäre mit einem jungen Geliebten beginnt und in einem Hotelzimmer mit ihm zusammenfindet: *»Sie riss sich ohne jede Scham die Kleider vom Leibe und sprengte die Nestel ihres Schnürmieders, das an ihren Hüften hinabglitt gleich einer zischenden Natter.«* Nachdem Flaubert derart offen den Ehebruch, noch dazu von einer Frau ausgehend, thematisierte, wurde er noch im Erscheinungsjahr des Romans wegen Verstoßes *»gegen die öffentliche Moral, die guten Sitten und die Religion«* angeklagt. Heute ist die Erzählung längst Weltliteratur. Wie sehr dieses Thema auch in unseren Tagen noch die Menschen anspricht, ist nicht zuletzt an Martina Rellins Sammlung autobiographischer Frauenberichte »Ich habe einen Liebhaber« ersichtlich, die von der Kritik knappe 150 Jahre nach »Madame Bovary« als mutiger Tabubruch gewürdigt wurde.

Madonna

Eigentlich: Madonna Luise Ciccone, US-amerikanischer Popstar, geboren am 16.8.1958. Sie schlug sich zunächst einige Zeit als Hilfsarbeiterin und Aktmodell durch und machte in New York erste Musik-Erfahrungen mit der Band »Breakfast Club«. Als Solo-Künstlerin erreichte sie 1983 den Durchbruch mit ihrem Debütalbum »Lucky star« in den USA, in Europa kurz darauf mit der Single-Auskoppelung »Holiday«. Ihre strategisch inszenierten Tabubrüche waren bereits zu ahnen, als sich Madonna 1984 insbesondere in ihren Videos einerseits als Jungfrau (»Like a virgin«), andererseits als »Material Girl« inszenierte. Bereits hier wurden gängige Männerphantasien aufgenommen und zugleich gezielt unterwandert. Generell passte sich Madonna in ihrer Girlie-Phase der achtziger Jahre allerdings noch den bestehenden Normen der Popkultur an. Erst als ihre Karriere zum Megastar dadurch gefährdet wurde, dass sie sich vergeblich als Schauspielerin versuchte, leitete sie eine neue Phase ein, indem sie ihr wechselndes Image durch eine Reihe von Tabubrüchen auf sexuellem und religiösem Terrain beförderte.

Angelpunkt war hier insbesondere das Video zu ihrem Song »Like a Prayer« (1989), das noch in der Zusammenarbeit mit ihrem alten Weggefährten Mary Lambert entstand. Darin sieht sie zunächst in einer Kirche eine schwarze Jesusstatue weinen – als wenig später einige (weiße) Männer eine Frau angreifen, kommt dieser der zum Leben erwachte Jesus zuhilfe. Fast gleichzeitig treffen Polizisten ein, sehen die verletzte weiße Frau und den schwarzen Mann und wollen ihn festnehmen, woraufhin ihn Madonna verteidigt. Das Video umfasst Szenen, in denen Madonna vor brennenden Holzkreuzen (Terrorinstrument des rassistischen Ku-Klux-Klan) tanzt und schließlich den schwarzen Jesus auf dem Altar liebt. Damit unterwandert sie nicht nur das Tabu → erotischer Kontakte zwischen Schwarzen und Weißen, sondern auch der Verknüpfung von Religion und Sexualität, das sich in ihrer Selbstinszenierung immer schon angedeutet hatte (»Madonna« mit Kruzifix um den Hals und »Boy-Toy«-Gürtel um die Hüfte). Die katholische Kirche bis hinauf zum Papst reagierte mit Vorwürfen der Gotteslästerung, sexuellen Perversion und Kirchenschändung, woraufhin das Video in Deutschland zum Teil und in Italien gänzlich verboten wurde. Während der Skandal dazu führte, dass Pepsi-Cola einen Werbevertrag mit ihr auflöste, stieg der Kurs der Pop-Künstlerin bei Fans und Kritikern, die sich ihrer Darstellung anschlossen, es ginge ihr um sexuelle Befreiung und den Kampf gegen den Rassismus – womit sie einiges für die in den Neunzigern beliebte Strategie tat, soziales Engagement als Marketinginstrument einzusetzen.

In den folgenden Jahren konzentrierte sich Madonna bei ihren Provokationen auf den sexuellen Bereich, wobei sie insbesondere in ihrem Buch »Sex« mit der offensiven Darstellung sadomasochistischer und fetischistischer Erotik glänzte. Als sie 1991 auf eine internationale Konzerttour ging (filmisch mit »In Bed With Madonna« festgehalten), gab es zuvor in Ländern wie Italien und Kanada heftige Einwände und Proteste – in Deutschland versuchte der CSU-Politiker Norbert Geis, ein Verbot des einzigen Konzertes durchzusetzen. (Es fand dann aus »Termingründen« tatsächlich nicht statt.) In »Express Yourself« schließlich inszenierte sich Madonna als muskulös-dominante Gebieterin und baute in ihre Tanzszenen mehr als nur andeutende Imitationen von (auch homosexuellen) Kopulations-, Masturbations-, Tabledance- und Fellatiobewegungen ein. Narzissmus und Hedonismus wurden bis in die Ästhetik des Martialisch-Faschistoiden hinein überhöht, wozu außer gestählten Männerkörpern und Uniformen ein Bühnenbild wie aus dem Stummfilm »Metropolis« beitrug. Die Madonnas Tabubrüchen zugrunde liegende Strategie ist ein Durchbrechen der Grenzen zwischen bipolaren Gegensätzen wie Mann und Frau, schwarz und weiß, Sex und Religion, Sex und Gewalt, aber insbesondere auch der Mainstream-Kultur und der Subkultur des Underground. Das Eingliedern ihrer Grenzüberschreitungen in die Massenmedien gelingt ihr vor allem durch die Verwendung intertextueller Collagetechniken sowie von Ironie und Karikatur bis hin zum Camp (aus der Homosexuellenszene übernommene Technik der Umkodierung von Klischees durch überzeichnetes Ausstellen, man denke hier etwa an Guildo Horns Auftritte als Schlagerstar). So flossen nicht nur Homosexualität und SM in den Mainstream ein, Madonna gelang es auch, in einer »patriarchalen« Welt ein Firmenimperium zu errichten, das speziell Frauen, Homosexuellen und Farbigen Jobs anbot. *»Manchmal musst du dich wie eine Nutte benehmen, um Dinge in Bewegung zu setzen«*, äußerte sich Madonna in einem Interview mit dem Magazin »Rolling Stone«. Der Preis dafür ist, dass in den Medien fast nur ihre Selbstinszenierungen Thema der Debatte sind. *»Möchten Sie nicht einmal über meine Musik reden?«*, fragte Madonna den Talkshow-Moderator Roger Willemsen im Oktober 1994. Das Interesse daran war gering.

Literatur: Viva MTV! Popmusik im Fernsehen. Suhrkamp 1999

»Ein Mädchen«

→ Breillat, Catherine

»Mädchen in Uniform«

Deutsch-französischer Spielfilm, 1958, unter der Regie Géza von Radványis; Remake eines Films gleichen Titels von 1931. Schauplatz ist ein preußisch disziplinierter Mädcheninternat, in dem der Alltag der Schülerinnen streng durchstrukturiert ist. Allein die Lehrerin Fräulein von Bernburg (Lilli Palmer) ist nicht von unerbittlicher Autorität durchdrungen, sondern regt ihre Zöglinge zur Entfaltung ihrer Kreativität an – beispielsweise in einer Theateraufführung. Insbesondere die junge Manuela (Romy Schneider), die in dem Stück die (männliche) Hauptrolle spielen darf, ist von der Erzieherin nicht nur begeistert, sondern in sie verliebt. Dies gesteht sie ihr, als die Aufführung ein großer Erfolg wird, vom Beifall berauscht auf offener Bühne ...

Das eigentliche Thema dieses Films ist die Balance zwischen Regeln und Konventionen auf der einen und mangelnder Verantwortung auf der anderen Seite. Manuelas Eingeständnis, das ohne einen Gedanken an die verheerenden Folgen für ihre Lehrerin stattfand, könnte insofern sehr gut als Warnung an den Zuschauer gelesen werden. Auffällig ist in diesem Zusammenhang, dass → Homosexualität in dem Film metaphorisch mit einer Krankheit gleichgesetzt wird: Kurz nach Manuelas Selbstenthüllung und dem dadurch entfachten Skandal wird sie von einem »Fieber« befallen und hat, nachdem sie dieses überstanden hat, auch die Liebe zu ihrer Lehrerin überwunden. Aufgrund der Starbesetzung war der Film in Deutschland ein großer Erfolg.

männliche Opfer von sexuellen Nötigungen und Vergewaltigungen

Üblicherweise werden von Sexualwissenschaftler nur Frauen nach ihren Vergewaltigungserfahrungen befragt. Forscher, die jedoch mutig genug waren, Männer und Frauen gleichermaßen darauf anzusprechen, mussten feststellen, dass die Zahl der Männer, die von unerwünschtem Geschlechtsverkehr berichteten, von der der Frauen nicht wesentlich abwich, ja, sie in einigen Studien sogar übertraf. Diese Befragungen verbergen sich jedoch in akademischen Zeitschriften wie dem »Archive of Sexual Behavior« oder dem »Journal of Sex Research« und unterliegen in der öffentlichen Debatte über Sexualgewalt noch heute einem Tabu.

Wenn man Vergewaltigung von Männern *durch* Männer mitrechnet, so ergibt sich zumindest in den USA eine weitaus größere Opfergruppe unter dem männlichen Geschlecht als unter dem weiblichen. Die US-amerikanische Feministin und Bürgerrechtlerin Nadine Strossen führt aus: »*Laut vorsichtigen Schätzungen sind mehr als 290.000 Männer pro Jahr in Gefängnissen und Strafanstalten sexuellen Übergriffen ausgesetzt, während das Statistische Bundesamt des Justizministeriums die Zahl der jährlich vergewaltigten Frauen mit 135.000 angibt.*« Da viele Männer mehrfach und durch Gruppen vergewaltigt werden, rechnen Fachleute mit bis zu 45.000 Vergewaltigungen pro Tag. Es werden also mehr als doppelt so viele Männer vergewaltigt wie Frauen, aber dieses Thema findet kein öffentliches Interesse. Dass die Medien über diese Problematik größeres Stillschweigen bewahren als vor kurzem noch die katholische Kirche über den Missbrauch durch Priester, beklagte die Organisation »Accuracy in Media« noch im Mai 2002, nachdem die Menschenrechtsorganisation Human Rights Watch noch einmal dezidiert auf dieses Missverhältnis hingewiesen hatte. Nicht nur in der öffentlichen Diskussion, auch im deutschen Strafrecht wurden männliche Vergewaltigungsopfer lange übergangen. »*Wer eine Frau mit Gewalt oder durch Drohung ...*« begann bis zum Jahre 1997 der entsprechende Paragraph 177 im Strafgesetzbuch.

Anfang 2001 kritisierte erstmals ein wissenschaftlicher Artikel die Marginalisierung männlicher Vergewaltigungsopfer in der Berichterstattung über den Kosovo. Adam Jones untersuchte hierbei anhand von Presseartikeln, mit welchen Strategien die Medien männliche Opfer an den Rand drängen und ignorieren und allein »würdigen« Opfern wie Frauen und Kindern in der Berichterstattung Raum geben. Dabei stellt er Fragen wie: Warum wird Vergewaltigung ganz selbstverständlich als schlimmer bewertet als Folter und Mord? Und warum werden nur die vergewaltigten Frauen als Opfer beklagt, obwohl es fast mit Gewissheit weit mehr männliche Vergewaltigungsopfer gibt? Der Artikel ist im Internet einzusehen unter http://adamjones.freeservers.com/effacing.htm.

In der Nacht auf Samstag, den 15. Dezember 2001, stellte die preisgekrönte, beliebte und sehr realitätsnahe US-Fernsehserie »Law and Order« bzw. ihr Ableger »Law and Order: Special Victims Unit« das Schicksal eines Mannes dar, der vor Gericht beweisen musste, von vier Frauen vergewaltigt worden zu sein. Dieses Thema wurde bislang noch nie in einer fiktiven Sendung mit größerem Publikum behandelt, ohne dass das Opfer lächerlich gemacht oder ihm unterstellt wurde, die Tat »verdient« zu haben. Die Werbetrailer umfassten unter anderem eine Szene mit einer Frau, die *»Frauen können Männer nicht vergewaltigen«* rief, sowie eine Szene, in der sich das männliche Opfer mit Tränen in den Augen Gehör zu verschaffen suchte. Oft basieren die in »Law and Order« dargestellten Szenarien auf tatsächlichen Kriminalfällen. Die US-amerikanische Männerbewegung wertete die Aufnahme dieses Themas als deutliches Zeichen dafür, dass ihre Stimme endlich gehört werde, auch wenn sie noch einen langen Weg vor sich habe. Besonders positiv wurde bewertet, dass die Vergewaltigerinnen nicht als »ebenfalls Opfer« porträtiert wurden und dass das männliche Vergewaltigungsopfer seinen Kampf vor Gericht schließlich verlor, weil das die Realität am besten wiedergebe. Die Salt Lake Tribune griff dieses Thema auf und machte auf die nach aktuellen Schätzungen jährlich 400.000 vergewaltigten Männer in den USA aufmerksam. Während die Vergewaltigungen von Frauen zu zahlreichen Protestmärschen und Gesetzesänderungen geführt hätten, werde die Vergewaltigung von Männern weiter stillschweigend übergangen.

Literatur: Hoffmann, Arne: Sind Frauen bessere Menschen? Berlin 2001
Sammlung US-amerikanischer Artikel über vergewaltigte Männer: http://www.xris.com/survivor/msa/information.html

»Ein Mann aus Samt und Seide«

(Untertitel: »Ein frivoles Märchen«, 1997), Roman Evelyn Holsts um den Fernsehstar Joseph Maria Baumgarten, der ein Doppelleben als Transvestit führt (→ Transgender), von einer Maskenbildnerin angehimmelt und von einem Drehbuchautor erpresst wird. Karin Hertzer streicht in ihrem populären Sachbuch »Mann oder Frau« die Leistung Holsts heraus, mit einem von Stil, Struktur und Aufmachung der typischen Hera-Lind-Trivialliteratur ähnelnden Werk seinen inhaltlichen Tabubruch einer breiten Leserinnenschaft quasi beiläufig untergeschoben zu haben.

Mann, Sally

→ Sturges, John

Manson, Charles

→ Satanismus, → Serienmörder

Manson, Marilyn

Provokativer Glam-Rockstar, geboren am 5. Januar 1969 in Canton, Ohio. 1989 setzte er seinen Künstlernamen aus dem des Filmstars Marilyn Monroe und dem des satanistisch geprägten → Serienmörders Charles Manson zusammen, um dadurch gleich von Anfang an auf zwei von ihm verkörperte Tabubrüche aufmerksam zu machen: → Transgender und → Satanismus.

Orientiert man sich an oben genannter von Manson selbst herausgegebene Lebensgeschichte »The long hard road out of hell«, so wuchs er im ländlichen US-Bundesstaat Ohio auf, wo ihm die fundamentalistische Heritage Christian School unter anderem durch fünfstündige Gottesdienste, Dauerpredigten unter Nahrungs- und Schlafentzug sowie stark manipulative Messveranstaltungen (samt »Wunderheilungen«, In-Zungen-Reden und Ohnmachtsanfällen in der Gemeinde) eine ständige Angst vor dem Teufel und dem Weltuntergang einflößte – und zwar so lange, bis Manson von dem Gedanken besessen war, selbst der Antichrist zu sein. Insbesondere Rockbands wie Black Sabbath, → Alice Cooper, Kiss, aber (wegen ihrer positiven Einstellung zur → Homosexualität) auch »Queen« wurde unterstellt, mit verschlüsselten Botschaften in ihren Liedern die Jugend dieser Welt dem Widersacher des HERRN in die Arme zu treiben. Die christlichen Fundamentalisten übergaben Platten von Bands wie Iron Maiden oder Judas Priest, die Manson eigentlich sehr gut gefielen, rituell dem Feuer. Manson, der seinen Angaben nach noch heute unter durch diese »Gehirnwäsche« verursachten Alpträumen leidet, versuchte sich nach dem Verlassen dieser Schule offenbar von solchen Nachwirkungen zu befreien, indem er die extreme Gegenrichtung einschlug und sich einem Jugend-Okkultismus mit satanischen Elementen wie dem Opfern von Tieren zuwandte. Seine Garderobe stattete er mit entsprechend provokanter Ikonographie aus: Umgedrehte Pentagramme oder Marilyn Monroe mit einem Hakenkreuz auf der Stirn gehörten dazu. Seine Rebellion gegen sämtliche Autoritäten machte indes eine Ausnahme bei Anton Szandor La Vey, der sich als Gründer der Kirche des Satans selbst als einen großen Rebellen in Szene setzte, welcher keine Grenzen kannte. Manson übernahm unkritisch die von der Philosophie Nietzsches geprägten elitären Ideen La Veys, denen zufolge die Masse der Menschheit schwachsinnige, kaum lebenswerte Wesen sind, die von den ihnen weit überlegenen Satanisten geistig geführt werden sollten. La Vey ernannte Manson zum Priester seiner Kirche, im Gegenzug widmete Manson La Vey seine Autobiographie. Darin erwähnt Manson auch seine Verachtung von Drogenabhängigen wegen ihrer Schwäche (seinen eigenen Kokainkonsum hat er nach eigener Auffassung unter Kontrolle), seine Gewaltphantasien und seine offenbar sadistisch-sadomasochistische Einstellung gegenüber Frauen. Immer wieder ist der intensive Drang zu erkennen, durch das Brechen aller nur denkbaren Tabus persönliche Befreiung auf den unterschiedlichsten Ebenen zu gewinnen.

1990 begann Marilyn Manson dieses Unterfangen auf künstlerischer Ebene mit der Gründung seiner Band, die sich damals noch »Marilyn Manson & The Spooky Kids« nannte. Er wurde von Trent Reznor (→ Nine Inch Nails) entdeckt und begleitete ihn bald auf Tour. 1993 produzierte er sein Debütalbum »Portrait of an American Family« in dem Haus Sharon Tates, dem prominentesten Opfer des Serienkillers Charles Manson. 1995 folgte das zusammen mit Reznor produzierte »Smells Like Children«. Dessen Single-Auskoppelung, eine Cover-Version des Eurythmic-Songs »Sweet Dreams«, stieg in den US-Charts bis in die Top 50 auf. Manson wirkte mit an dem Soundtrack von »Lost Highway« (→ Lynch, David) und brachte 1996 sein satanistisch inspiriertes Album »Antichrist Superstar« auf den Markt. Seine Shows schockieren vielfach das Publikum, bieten aber häufig auch Anlass für unsinnige Gerüchte und falsche Behauptungen. Beispielsweise hält sich hartnäckig der Mythos, dass Manson kleine Hunde als Bestandteil seiner Bühnenshow entweder selber töte oder sie ins bereits aufgepushte Publikum werfe und verkünde, er werde nicht eher mit seiner Show beginnen, bis die Zuschauer dem Tier alle Beine gebrochen hätten. Diese Behauptung lässt sich insofern leicht widerlegen, als sie von Alice Cooper bis zu Ozzy Osbourne über jeden gerade aktuellen Shocking Star der Rockszene im Umlauf war. (Da solche Gerüchte dem Image dieser Stars nur zuträglich waren, machten diese sich selten die Mühe, auf ihre Unwahrheit hinzuweisen.) Ähnlich absurde Schauergeschichten, die über Manson im Umlauf sind, sagen ihm nach, er werfe Drogen ins Publikum, habe sich einige Rippen entfernen lassen, um zu Autofellatio in der Lage zu sein (→ Fellatio) oder opfere Jungfrauen und Kinder dem Satan. Unbestritten ist, dass Manson sich als Anhänger des Satanismus bezeichnet, dass er auf der Bühne Bibeln zerriss und die US-amerikanische Flagge zur Reinigung seines Gesäßes benutzte. Richtig ist auch, dass okkulte Inszenierungen mit symbolischen Opferungen eines Bandmitgliedes Teil seines Bühnenrepertoires wurden. Ebenfalls als Bestandteil seiner Show ließ Manson ein scheinbar schwangeres Mädchen selbst eine Abtreibung vornehmen, den Fötus in eine Hakenkreuzfahne einwickeln und einem laufenden Fernsehgerät als Opfer darbringen, um auf diese Weise das *»faschistische Fernsehsystem«* zu kritisieren, dem schon die Kleinsten der Gesellschaft geopfert würden. Auf einer Party gab er nichtsahnenden Gästen Pulver aus zerstäubten Menschenknochen zum Rauchen. Einen fünfjährigen Jungen ließ er ein Lied Charles Mansons singen (»My Monkey«), in dem dieser auf seine Ermordung Sharon Tates anspielte. Der übergreifende Gedanke hinter diesen Aktionen war, durch möglichst brutale Schocks dem gesellschaftlichen Konformismus in jeder Hinsicht den Kampf anzusagen, eine Umwertung aller Werte einzuleiten, dabei insbesondere die Welt vom Christentum zu befreien und die US-amerikanischen Nationaltugenden als scheinheilig zu entlarven. Entsprechend erkannten viele Jugendliche in ihm eine überlebensgroße Identifikationsfigur, während ihn das Establishment in den USA als Feindbild Nummer Eins ausmachte: Stadtväter verbieten seine Auftritte, Supermärkte boykottieren seine Veröffentlichungen, Fundamentalisten schleudern ihm und seiner in ihren Augen dämonisch besessenen Band rituelle Bannsprüche entgegen. 1997 wählte die Leserschaft des Magazins »Rolling Stone« Manson zugleich zum besten und zum schlechtesten Künstler des Jahres. Ein Jahr später überraschte Manson seine Kritiker mit dem Album »Mechanical Animals«, mit dem er den Übergang zum Glam Rock vollzog und Platin errang. 1999 ließ er das Live-Album »The Last Tour on Earth« folgen, wurde von den erwähnten Sittenwächtern neben → Eminem zum Staatsfeind Nummer Eins erklärt und mitverantwortlich für das Schulmassaker von Littleton gemacht (vgl. auch → Rammstein). In einigen Staaten der USA erhielt er Konzertverbot. 2001 zeigte ein Mitglied der Bühnen-Security Manson an, weil dieser während seiner Show seine Geschlechtsteile am Kopf des Mannes gerieben haben soll.

Literatur: Reighley, Kurt: Marilyn Manson. St. Martin's Press 1998. Baddeley, Gavin: Dissecting Marilyn Manson. Plexus 2003

Mapplethorpe, Robert

US-amerikanischer Kunstfotograf, der vor allem durch seine kraftvolle Abbildung der Körper von Schwarzen berühmt wurde. Während er sich dabei zum einen an klassischen Vorgaben orientierte – etwa dem Schönheitsideal der griechischen Antike oder christlicher Symbolik (die gezeigten Körper werden mal mit Teufelshörnern, mal als Gekreuzigte inszeniert) – ließ er andererseits häufig homosexuelle und sadomasochistische Untertöne hineinspielen. Mapplethorpes Ziel war es, durch derart gestaltete Aufnahmen gegen die Diskriminierung von Afroamerikanern und Homosexuellen einzuwirken. Tatsächlich übten seine Bilder Ende der achtziger Jahre einen starken Einfluss auf die Werbeindustrie aus: So orientierte sich die Uhrenfirma Wyler in einer Anzeige an Mapplethorpes Kunstwerk »Thomas in Circle« (1987), bei dem Arme und Beine eines farbigen Athleten als Zeiger eines Zifferblattes fungierten, und der Sportwarenfabrikant Nike stellte Carl Lewis' Muskelspiel in mapplethorpscher Ästhetik dar.

Nichtsdestoweniger kam es noch in der ersten Hälfte der neunziger Jahre zu Skandalen um das Schaffen dieses Fotografen, etwa als der republikanische Senator Jesse Helms einen Katalog von Mapplethorpes Ausstellung »The Perfect Moment« im US-Senat zerriss und zu Boden schleuderte. Diese Demonstration von Abscheu stand im Zusammenhang mit einer Gerichtsverhandlung um eine Wanderausstellung Mapplethorpes in Cincinnati, die gegen die »Community Standards« (also praktisch die »guten Sitten« der Gemeinschaft) verstoßen haben soll. Die Anklage stützte sich dabei weitgehend auf die aus dem Jahr 1976 stammende Fotografie »Honey«, die ein sichtlich traurig auf einer Gartenbank sitzendes, vielleicht fünfjähriges Mädchen zeigt – wobei deutlich zu erkennen ist, dass das Mädchen unter seinem Sommerkleid völlig unbekleidet ist. Der Betrachter kann so direkt zwischen die Schenkel des Kindes blicken, das aber gleichzeitig in keiner Weise erotisch, sondern in unschuldiger Selbstverständlichkeit inszeniert ist. Dieses Bild erregte in den von sexueller Befreiung geprägten siebziger Jahren keinen spürbaren Anstoß, wohl aber zwanzig Jahre später, als die Bekämpfung sexueller Gewalt gegen Kinder hysterisch-paranoide Formen angenommen hatte. Nachdem mehrere renommierte Kritiker auf den Kunstcharakter von Mapplethorpes Werk hingewiesen hatten, sprach ihn die hauptsächlich aus der Arbeiterschicht bestehende Jury vom Vorwurf der → Pornographie frei.

»Marienhof«

Deutsche Daily Soap, ab 1996 von der ARD ausgestrahlt. »Marienhof« wird wegen seiner Präsentation mehrerer lesbischer Beziehungen als wesentlicher Wegbereiter des Lesben-Motivs in den deutschen Soaps überhaupt wahrgenommen. Quasi als »Mütter aller deutschen Langzeit-Lesbenpärchen« gelten Andrea Süsskind (Leonore Capell) und Babette von Dornhausen (Sybille Heyen), die 1996 zueinander fanden. Andere Beziehungen dieser Art entwickelten sich daraufhin im Verlauf des soap-typischen Bäumchen-wechsel-dich-Spiels: 1997-98 zwischen Andrea Süsskind und Billi Vogt (Katja Keller), 1998 zwischen Billi Vogt und der eigentlich verheirateten Annalena Töppers (Berrit Arnold) sowie 1999 zwischen Billi Vogt und Miriam Schlüter (Susanne Hermann). Nachdem Andrea Süsskind für einige Jahre in Roman Westermeier (François Smesny) einen Lover gefunden hatte, kehrte sie ab dem Jahr 2000 wieder in Billis Arme zurück.

Der hohe Bedarf an Konfliktpotential für eine täglich ausgestrahlte Soap machte es offenbar notwendig, dass jedes denkbare Handlungsklischee im Zusammenhang mit Lesben bisher in die Serie Eingang fand: vom Coming-out über den sexuellen Missbrauch, den Kinderwunsch, das Verlieben in die beste heterosexuelle Freundin, Diskriminierung am Arbeitsplatz und eine Scheinehe bis zur Dreiecksbeziehung mit einem Mann. Auch die erste lesbische Hochzeit in einer deutschen Serie fand im »Marienhof« statt, nachdem die → »Lindenstraße« ja schon bei den Schwulen den Vorreiter gespielt hatte. Ähnlich wie bei »Verbotene Liebe« war es allerdings auch den Zuschauern des »Marienhof« nicht vergönnt, eine lesbische Partnerschaft als zumindest weitgehend stabile Alltagsbeziehung zu erleben: Bereits kurz nach ihrer Heirat entdeckte Andrea Süsskind einen Liebesbrief Billis an ihre ehemalige Therapeutin und beendete die Beziehung.

Als Grund für das etwas exzessive Ausschlachten des Motivs lesbischer Zuneigung darf zweifelsohne die immense Beliebtheit des inzwischen fast legendären Liebespaares Andrea Süsskind und Billi Vogts gelten. Es gibt Fanseiten zu diesem Pärchen sowie speziell zu Billi Vogt Darstellerin Katja Keller im Internet, und als Letztere wegen ihrer Schwangerschaft die Serie verließ, wurde sie durch massive Protestaktionen per Brief und Mail nach einem Jahr wieder an den Marienhof zurückgeholt – um sich jedoch ein weiteres Mal aus der Serie zu verabschieden. Katja Keller erklärt in einem Interview mit dem Magazin »Lespress«: *»Bei den Fans merke ich, dass Billi bei den ganz Jungen eine Vorbildfunktion hat, weil sie keine Probleme mit ihrem Coming-out hat. Ich find' ganz schön, dass sie zu ihrem eigenen Coming-out motiviert werden.«* Unter dem Künstlernamen Katja Okay brachte sie gemeinsam mit Udo Lindenberg eine Platte mit diesem Titel (»Coming Out«) heraus.

Im April 2002 beschäftigte »Marienhof« sich anhand des tapsigen Klempners Frank Töppers (Wolfgang Seidenberg) für einige Folgen mit dem Thema → Transgender, dies jedoch auf durchgehend humoristische und oberflächliche Weise.

Website: http://www.cootv.de

»Max, mon amour«

Spielfilm, 1986, des durch → »Im Reich der Sinne« weltberühmt gewordenen japanischen Regisseurs Nagisa Oshima um die Liebe einer Frau zu einem Menschenaffen (→ Singer, Peter sowie → Zoophilie). Das Drehbuch verfasste Jean-Claude Carriére in Zusammenarbeit mit Oshima. Die kühle, reservierte Margaret (Charlotte Rampling), französische Frau des britischen Diplomaten Peter (Anthony Higgins), nimmt sich wegen der Vernachlässigung durch ihren beruflich sehr in Anspruch genommenen Mann den Schimpansen Max als Liebhaber. Peter reagiert zunächst pikiert: Auch wenn er einräumen muss, selbst schon außereheliche Affären gehabt zu haben, so gehörten seine Gespielinnen doch zumindest derselben Gattung an. Seine Frau überzeugt ihn jedoch davon, dass es Liebe auf den ersten Blick gewesen sei (im Zoo). Schließlich schlägt Peter vor, den Affen in die eheliche Lebensgemeinschaft aufzunehmen, und tatsächlich sieht man die drei bald gemeinsam am Frühstückstisch. Doch Peters Beziehung zu dem Tier ist immer noch problematisch. Dies zeigt sich zunächst, als er durch ein Schlüsselloch Margaret und Max im Bett beobachtet. Dann reagieren seine Freunde etwas befremdet, als Max bei einer Dinnerparty Margaret gegenüber recht zudringlich wird und sie keine größeren Anstalten macht, ihn abzuwehren. Wenig später engagiert Peter eine Prostituierte, damit er Max beim Geschlechtsakt zusehen kann. (Das Tier weigert sich). Zuletzt versucht er Max sogar zu töten, bevor er seine Anwesenheit endlich akzeptiert. Die Geschichte schließt mit einem Happy End.

»Max, mon amour« bezieht seine Faszination daraus, dass sich der Zuschauer zum einen über die befremdeten Reaktionen von Margarets Bekannten amüsieren kann, wenn sie damit zurechtkommen müssen, dass diese wie selbstverständlich einen Schimpansen als Lover gewählt hat, zum anderen aber selbst einigermaßen irritiert darüber sein wird, die halbnackte Charlotte Rampling mit einem Affen knutschen zu sehen.

McEwan, Ian

→ »Der Trost von Fremden«, → »Der Zementgarten«

Medienbilder

In den letzten beiden Jahrzehnten kam es zu einer zunehmenden Aufweichung von Darstellungstabus in den Medien, was viele Kritiker als bedenklich beklagten. Kontrovers diskutierte Höhepunkte dieser Entwicklung waren beispielsweise Kameraaufnahmen und Interviews mit den »Geiselgangstern von Gladbeck« (hier wurde den Journalisten der Vorwurf der Komplizenschaft mit den Verbrechern gemacht), das Ablichten des toten schleswig-holsteinischen Ministerpräsidenten Uwe Barschel in der Badewanne sowie die Videoaufzeichnungen des intimen Verhörs mit dem US-Präsidenten Bill Clinton in der Lewinsky-Affäre (→ Starr-Report). Aufrecht erhalten wurde das Tabu hingegen beispielsweise, was die Leiche der verunglückten Prinzessin Diana oder der Toten des Terroraktes gegen das World-Trade-Center betraf. (Dabei war allerdings schon umstritten, ob man die verzweifelt in die Tiefe springenden Menschen filmen durfte, selbst wenn die Betreffenden gar nicht individuell erkennbar waren.) Die ethische Entscheidung, wo man hier eine Grenze ziehen soll, ist nicht immer einfach zu fällen, da es sich in solchen Fällen nicht immer um eine reine Frage von gutem Geschmack und Menschenwürde handelt, sondern das Zeigen oder Nicht-Zeigen bestimmter Bilder über den reinen Informationswert hinausgehen und durch die emotionale Wucht des Gesehenen politische Entscheidungen beeinflussen kann. Bestes Beispiel ist der Vietnamkrieg: Die Niederlage der USA wird von vielen auf ein Umschwenken der »Heimatfront«

als Folge der allabendlichen Konfrontation mit den Opfern zurückgeführt. Vergleichbar kann es sich auf den Ablauf der Weltgeschichte auswirken, wenn Tote und Verstümmelte aus dem Golfkrieg, dem → Kosovokrieg oder dem Massaker auf dem Platz des Himmlischen Friedens für eine breite Bevölkerung eindringlich ins Bild gesetzt werden – oder dieses eben nicht geschieht.

In seinem Essay »Schauder und Schaulust« unternahm der frühere ZDF-Chefredakteur Klaus Bresser einen Versuch der Grenzziehung, welches journalistische Verhalten noch statthaft sei und welches nicht. Ausganspunkt seiner Erörterungen ist die bereits erwähnte Geiselnahme in Gladbeck 1988, seiner Einschätzung nach *»der größte Sündenfall und zugleich das größte Lehrbeispiel für die Fernsehberichterstattung«*. Als vollständig legitim empfand es Bresser, dass Journalisten den von der Polizei nicht abgeriegelten Tatort aus nächster Nähe zeigten und einen (!) Gesprächsausschnitt mit den Verbrechern im Fernsehen ausstrahlten, da damit eine elementare Information über den Charakter der Täter verbunden gewesen sei. Nicht mehr zu rechtfertigen sei es gewesen, dass Journalisten durch Telefongespräche mit den Kidnappern, Live-Berichterstattung bei ihrer Abfahrt und Beteiligung an der Verfolgungsjagd den Tatort zur Bühne machten, das Risiko vergrößerten und die Arbeit der Polizei behinderten. Die Aufgabe der Polizei, Verbrechen zu verhindern, rangiere vor der Berichterstattung der Presse – insbesondere sei es nicht hinzunehmen, wenn Journalisten statt über ein Verbrechen zu berichten, sich in dieses verstricken ließen. Das sekundenlange Zeigen des angeschossenen italienischen Jungen, der später starb, habe schließlich lediglich einer Befriedigung der Schaulust ohne jeden menschlichen Respekt gedient. Bei späteren spektakulären Entführungen (1991 aus einem Gefängnis in Celle, der Fall Reemtsma) hatten Polizei und Journalisten offenbar ihre Lehre aus den Gladbecker Vorfällen gezogen und reagierten mit zurückhaltender Berichterstattung. Aufgegeben wurde diese Zurückhaltung erst wieder anlässlich des Dramas um die entführte Familie Wallert auf der indonesischen Insel Jolo, wobei insbesondere die Aufnahmen der erkrankten Renate Wallert im Zentrum der Debatte standen. Bresser verteidigte diese Bilder, da sie mit ihrer Drastik auf den Ernst der Lage hinwiesen, viele Betrachter wachrüttelten und durch den öffentlichen Druck das Bemühen des indonesischen Präsidenten Estradas um eine unblutige

Lösung verstärkten. Die Journalisten auf Jolo seien auf ausdrücklichen Wunsch der behandelnden Ärzte und des Gouverneuers tätig gewesen und hätten durch ihre Anwesenheit die angespannte Situation im Lager ein wenig entschärft.

Zusammenfassend gelangt Bresser zu folgender Einschätzung: »*Welche Bilder gezeigt werden können, muss in den Redaktionen unter hohem Zeitdruck entschieden werden. Die Konsequenzen sind vorher nicht zu überblicken. Manche Aufnahmen sind verbreitet worden, von denen auch in der Redaktion später gesagt wurde, ihre Veröffentlichung wäre besser unterblieben: Das im Schlamm versinkende kleine Mädchen nach einem Vulkanausbruch in Kolumbien, die Leichenteile in den Bäumen von Lockerbie nach dem Absturz der Pan-Am-Maschine, verbrannte Menschen nach einem Busunglück in Spanien. Immer ging es um die Frage von Nähe und Distanz: Muss es immer die Nahaufnahme sein, genügt nicht auch das Bild aus der Ferne, um die Dimension einer Katastrophe zu verdeutlichen? Die Grenze liegt dort, wo die Opfer eines Verbrechens oder die Leidtragenden einer Katastrophe nicht respektiert, wo sie durch die Darstellung in den Medien ein zweites Mal zu Opfern werden.*«

Trotz solcher Einsichten kam es im April 2002 zu einer erneuten Grenzüberschreitung, als ein Reporter einer großen deutschen Boulevardzeitung ein Opfer des Terroranschlags auf der tunesischen Insel Djerba nach dessen Einlieferung auf eine Wormser Intensivstation fotografierte und durch persönliche Angaben (Name, Alter, Wohnort) erkennbar machte.

»Meine einzige Schuld ist, als Kurdin geboren zu sein.«
(Untertitel: *Eine junge Frau auf der Flucht vor türkischer Folter und deutscher Justiz*) Autobiographie Devrim Kayas, herausgegeben von Günter Wallraff, Campus 1998.

Kayas Schilderung ihres Lebens beginnt mit folgenden Worten: »*Ich schreibe dieses Buch aus einer Situation heraus, die wohl kaum einer meiner Leser je erleben wird. Im Deutschland des Jahres 1997 bin ich gezwungen, mich zu verstecken. Ich habe kein Verbrechen begangen. Meine einzige Schuld ist, als Kurdin geboren zu sein.*« Ihr Buch hebt sich schon dadurch von anderen zum selben Thema ab, dass es nicht mehr über Flüchtlinge wie über Objekte bzw. ein Problem spricht, sondern eine Asylbewerberin selbst das Wort ergreift.

Kaya wächst bei ihrem über alles geliebten Onkel im kurdischen Teil der Türkei auf. Noch als Schülerin erlebt sie die ersten staatlichen Diskriminierungen und Schikanen gegen ihre Volksgruppe, woraufhin sie beschließt, sich dem Widerstand, der PKK, anzuschließen. Sie kommt nicht über das Lesen theoretischer Texte hinaus, bevor sie als Siebzehnjährige von der türkischen Miliz verschleppt, wochenlang gefoltert und offenbar mehrfach vergewaltigt wird. Durch eine beachtliche innere Stärke übersteht sie dies alles, wenn auch nicht ohne Traumatisierungen, und kommt schließlich frei – nur um in ihrem Heimatdorf mitzuerleben, wie ihr Onkel von der PKK abgeknallt wird (dass sich der PKK-Führer Öcalan später persönlich dafür entschuldigt, tröstet sie nicht wirklich). Als die Beerdigung von türkischem Militär aufgemischt wird, entschließt sich Kaya zur Flucht nach Deutschland: in dem Glauben, dass jemand, der sich in Lebensgefahr befindet, dort mit Sicherheit Zuflucht finden wird. Dies stellt sich später als reichlich blauäugig heraus – bald muss Kaya auch in unserem Land um ihr Leben laufen.

Einer der bewundernswertesten Aspekte des Buches ist, wie packend, stellenweise ironisch und weitab jeglichen Betroffenheitskultes es trotz der Situation der Autorin geschrieben ist. Mit dem Mut der Verzweiflung, einer auch in Extremsituationen vorhandenen unglaublichen Geistesgegenwart und einer enormen Schlagfertigkeit und Überzeugungsgabe kann Kaya eine Gefahr nach der anderen mit knapper Not überstehen. Dabei bewahrt sie sich eine ethische Prinzipientreue, über die man als Leser nur erstaunt sein kann, etwa als sie es nicht über sich bringt, wildfremde türkische Verkäufer um 200 Dollar zu betrügen, obwohl letztlich ihr Leben von dieser Summe abhängt, die sie zur Flucht dringend benötigt. Gleichzeitig stellt sich bei der Lektüre ein geradezu unheimliches Gefühl ein: Zunächst wirken Kayas Alltag, ihr Umfeld und ihre Erlebnisse wie eine fremde, exotische Welt auf den deutschen Leser, was aber zum ersten Mal durchbrochen wird, als Kaya ihre Folterwunden gerade mit der vertrauten Nivea-Creme versorgt. Dieses Gefühl verstärkt sich, als Kaya nach Deutschland kommt und die unmenschliche Behandlung, die sie hier von den Behörden erfährt, wie eine Ausweitung des türkischen Unrechtsstaates erlebt: *»Alles hier erinnerte mich immer und immer wieder an das, was ich in türkischen Gefängnissen durchgemacht hatte«*, heißt es an einer Stelle und an einer anderen: *»Manch-*

mal dachte ich, es wäre besser gewesen, wenn ich damals im Gefängnis gestorben wäre.« Mit einer ans Wahnhafte grenzenden absurden Argumentation versperren sich die verantwortlichen Entscheider selbst vor einer Flut von Beweisen, die Kayas Schicksal und ihre fortwährende Bedrohung belegen. Es ist kein Wunder, dass sie bald an → Selbstmord denkt: Vor dem Tod hat sie offenbar viel weniger Angst, als davor, wieder in die Hände ihrer Folterer zurückgeschickt zu werden.

Dass Kayas Fall exemplarisch für zahllose andere steht, führt Günter Wallraff in seinem Nachwort aus. Dort erörtert er auch die Hintergründe der massenhaften Folterungen und der Todesschwadronen in der Türkei, die deutschen Waffenlieferungen, die den Völkermord an den Kurden erst ermöglicht haben, und die Zertrümmerung des deutschen Asylrechts, die mittlerweile selbst von Leuten beklagt wird, die sie ursprünglich betrieben haben. So schließt das Buch mit den Worten des CDU-Mitglieds Major a.D. Siegfried Westermann: *»Ein Jahr habe ich als Anhörer gearbeitet. Mein Glaube an die Rechtsstaatlichkeit ist nach dieser Zeit erschüttert ... Mich packt das Entsetzen. In einigen Jahren werden wir wieder Grund haben, uns zu schämen.«* Siehe dazu auch → Folter in Deutschland.

»Mein Leben in Rosarot«

(Untertitel: *Ma vie en rose*) Melodram, Frankreich/Belgien/England 1997, unter der Regie Alain Berliners, der dafür gemeinsam mit Chris Vander Stappen auch das Drehbuch erstellte. Die Grundeinteilung dieses Filmes, auf die sein Titel schon anspielt, Himmelblau für Jungen und Rosarot für Mädchen, gerät für Ludovic (Georges du Fresne), das jüngste Kind der Familie Fabre, gehörig durcheinander: Ludovic nämlich, biologisch eindeutig ein Junge, hat sich fest dazu entschlossen, ein Mädchen zu sein. Um dies nach außen hin zu unterstreichen, erscheint er etwa zu einer Gartenparty, die seine Eltern nach einem Umzug vor der neuen Nachbarschaft geben, im rosa Kleid, er schminkt sich und stellt seinen Klassenkameraden im Schulunterricht als Lieblingsspielzeug seine Barbie-Puppe vor. Die Haare will er sich nicht kurz schneiden lassen, und sehnsüchtig wartet er auf seine erste Regel. Damit nicht genug, gesteht er seiner Großmutter, dass er sich in seinen Freund Jerome (Julie Riviere) verliebt habe: *»Wenn ich kein Junge mehr bin, werden wir heiraten.«* Sämtliche elterliche Maßnahmen vom zwangsweise verordneten Fußballspiel bis zur Konsultation der Schulpsychologin führen lediglich dazu, dass Ludovic sich weiter zurückzieht in seine aus Werbefilmen und TV-Serien zusammengefügten Barbie-Träumereien. Jeromes Vater ist nun leider der Chef von Ludovics Vater, und die Spannung zwischen den Familien steigt. Der Umschlagspunkt ist erreicht, als Ludovic in einer Schulaufführung heimlich die Rolle des Schneewittchens übernimmt, damit er Jerome bei dieser Gelegenheit küssen kann. Nun sieht sich die gesamte Familie einem feindlichen Umfeld ausgesetzt, in der elterlichen Ehe entwickelt sich eine Krise, Ludovics Vater verliert seine Stelle, Ludovic muss die Schule verlassen, seine Mutter gleitet in eine Neurose. Das alles ändert nichts an Ludovics Sicherheit, ein Mädchen zu sein, worüber die Familie schließlich auseinanderbricht. Zuletzt lernt Ludovic Christine kennen, ein Mädchen, das sicher ist, eigentlich ein Junge zu sein. Als seine Mutter daraufhin vollkommen die Fassung verliert, bricht sie durch in eine Wahrnehmung der Wirklichkeit, bei der sich die Grenzen zwischen düsterer Realität und barbie-farbener Phantasiewelt auflösen und sie ihrem Kind in seine Träume folgen kann.

Das Besondere an dem Film ist, dass sich jene Person, die von allen anderen als gestört bzw. als Störung wahrgenommen wird, ganz unbefangen und authentisch präsentiert, während alle anderen, insbesondere die Erwachsenen, von ihren obsessiven Normzwängen ins Neurotische gedrängt werden. In ihrer Überforderung, mit dem Ungewohnten umzugehen, verstellen und verbiegen sie sich. Geschlechterklischees werden so immer wieder mit sanfter, spielerischer Ironie hinterfragt. Dabei erfährt der Konflikt weder im eigentlichen Sinne eine Auflösung, noch folgen wir seiner Hauptfigur ins erwachsene Leben, in dem sie ihre (trans)sexuelle Identität stärker ausagieren könnte. Es bleibt dem Zuschauer überlassen, selbst Stellung zu beziehen. So landet das Thema → Transgender in keiner der üblichen Schubladen, die von der Komödie über die selbstzerfleischende Innenschau bis zum Serienkiller-Genre reichen, sondern fügt sich in den filmischen Mainstream ein.

Die Nähe des Filmes zur Realität gilt auf mehrfache Weise als belegt. Zum einen kennt Drehbuchautorin Chris Vander Stappen dasselbe Problem umgekehrt: Als Kind wollte sie immer ein Junge sein. Zum anderen erhielt sie zahlreiche Rückmeldungen von Zuschauern, die sich mit ihren eigenen Erlebnissen in »Mein Leben in Rosarot« wiederfanden.

Laut Dirk Jaspers Rezension in »CyberKino« ist das Hauptthema dieses Films das *»allgegenwärtige Misstrauen gegenüber allem, was ›anders‹ ist. Kinder leben noch in einer Welt voller Möglichkeiten, nichts ist unabänderlich. Aber die Erwachsenenwelt wird bestimmt durch feste Definitionen: Blau für Jungen und Rosa für Mädchen. Der Film zeigt die alte Geschichte von Klatsch und Tratsch, Seitenblicken, Intoleranz und Ausgrenzung, aber auch von Träumen, Magie und Hoffnung.«*

»Melrose Place«

Wöchentlich von 1992 bis 1999 ausgestrahlte Prime-Time-Soap des US-amerikanischen TV-Senders FOX (in Deutschland RTL), in deren Mittelpunkt eine Schar in einem Appartementkomplex zusammenlebender Twentysomethings und ihre wechselhaften (Liebes-)Beziehungen zueinander stehen. »Melrose Place« war die erste Prime-Time-Soap, die mit Matt Fiedling (Doug Savant) einen homosexuellen Charakter zu den Hauptfiguren und Sympathieträgern hinzufügte. (Steven Carrington in → »Denver Clan« stellte sich später als bisexuell heraus.) Die homosexuelle Orientierung Matt Fieldings, der anfangs Sozialarbeiter für jugendliche Ausreißer und später Medizinstudent war, wurde wiederholt in der Werbung erwähnt, die der Serie vorausging, in der Serie selbst anfangs jedoch kaum sichtbar. Zu den in Zusammenhang mit → Homosexualität später behandelten Themen gehören eine HIV-Infektion (von Matts Liebhaber Jeffrey (Jason Beghe), einem Navyleutnant, dessen Karriere mit dem Bekanntmachen dieser Infektion endete), ein Vorfall von »Schwulenklatschen« und Matts eigene Entlassung aufgrund seiner Homosexualität, wodurch der Gay-Rights-Aktivist Tom Riley (Lewis Smith) eingeführt wurde. Eine Scheinehe eines schwulen Mannes und einer lesbischen Frau wurde durch Matts Liebhaber Alan (Lonnie Schuyler) thematisiert. Durch Dan Hathaway (Greg Evigan), seinen letzten Partner in der Serie, wurde Matt zum Opfer von Gewalt in der Partnerschaft (→ häusliche Gewalt gegen Männer), was zuvor fast ausschließlich im Zusammenhang mit weiblichen Opfern thematisiert worden war. Die Seriendramaturgie von »Melrose Place« krankte etwas daran, dass förmlich jeder Mann, den Matt als besonders attraktiv wahrnahm, sich wenig später als homosexuell herausstellte und eine Beziehung mit ihm einging. Auch wenn solche Automatismen zu den von den Fans verstandenen und goutierten Mechanismen des Soap-Formats gehören, wurde in diesem Fall der Bogen ein wenig überspannt. 1994 durfte Matt in der Serie erstmals einen Mann küssen; dies wurde jedoch später herausgeschnitten.

»Die Memoiren der Fanny Hill«

→ Pornographie

Menschenfresser

→ Kannibalismus

Menstruation

Monatsblutung der Frau. Das vielleicht älteste heute noch vorliegende historische Dokument, das diesen Vorgang mit einem Tabu belegt, ist die im Jahre 77 entstandene »Historia Naturalis« des römischen Geschichtsschreibers Plinius des Älteren, der zufolge Menstrualblut jungen Wein sauer, Klingen stumpf und Hunde tollwütig werden lasse. Andererseits könne es als medizinisches Wundermittel zur Behandlung der unterschiedlichsten Krankheiten von Würmern bis zu Kopfschmerzen verwendet werden. Dieses Zuschreiben magischer Kräfte gibt es kultur- und jahrhunderteübergreifend: So setzte man das Blut der Monatsregel in Marokko zur Behandlung von offenen Wunden wie Augenkrankheiten ein. Leviticus 15: 19-33 folgend ist orthodoxen Jüdinnen im fraglichen Zeitraum noch heute kein sexueller Verkehr gestattet, wenn sie sich nicht zuvor durch ein rituelles *mikvah*-Bad gereinigt haben. Die griechisch-orthodoxe Kirche verweigerte menstruierenden Frauen die Teilnahme am Abendmahl, und in den verschiedensten Gesellschaften wurde menstruierenden Frauen das Berühren von Werkzeug oder Waffen sowie das Betreten heiliger Stätten verweigert.

Es gibt verschiedene Deutungsversuche, woher diese irrational scheinende Scheu ursprünglich stammen könnte. Sigmund Freud stellte in seiner Schrift »Das Unbehagen in der Kultur« die These auf, es handele sich dabei um ein unbewusstes Zurückdrängen der natürlichen Anziehungskraft, die solches Blut auf Männer ausübe. Etwas überzeugender argumentierte die Anthropologin Mary Douglas in ihrem Werk »Purity and Danger« (dt. »Reinheit und Gefahr«, 1966), das Verstörende an der Menstruation sei, dass sie gegen die symbolische Ordnung unserer Welt verstoße, da sie erstens die Körpergrenzen verletze (vgl. → Scheiße), zweitens das Blut ohne die vorherige Zufügung einer Wunde fließe und drittens das Bluten normalerweise eine Domäne des Mannes als Krieger und Handwerker sei.

Völkerkundler wie James G. Frazer befanden hingegen, es gehe bei diesem Tabu weniger, wie auf den ersten Blick anzunehmen, um einen Schutz der männlichen Bereiche (Werkzeug, Waffen, Priesterschaft) vor weiblicher Unterwanderung, sondern vielmehr um einen Schutz der Frauen: Ihr sollten demnach in einer als besonders verwundbar wahrgenommenen Phase keine zusätzlichen Belastungen aufgebürdet werden. Selbst die als besonders eklatanter Fall von Frauenunterdrückung kritisierten Menstruationshütten, in denen Frauen während ihrer Regel zusammengepfercht wurden, erhielten unter diesem Blickwinkel eine logische Berechtigung, da sie eine Schutzzone darstellten, in der die betroffenen Frauen keine harte körperliche Arbeit verrichten mussten, sondern sich vielmehr miteinander über ihre Probleme austauschen konnten. Verschiedene aktuellere Studien über Kulturen, in denen solche Gebräuche üblich waren (etwa die Djuka in Surinam, die venezuelanischen Warao oder die Kaska aus dem westlichen Kanada), liefern überzeugende Belege dafür, dass ihre Abgeschottetheit den menstruierenden Frauen beispielsweise Gelegenheit zu illegitimen Liebesaffären und anderen Akten sexueller Befreiung gab, während im ländlichen Portugal Frauen Menstruationstabus instrumentalisieren konnten, um sich in ihren Haushalten eine Machtposition zu verschaffen und sich mit anderen weiblichen Haushaltsvorständen zu vernetzen.

Auch in der Weltliteratur wird die weibliche Regelblutung als Thema eher tabuisiert, wiewohl es auch hier Ausnahmen gibt. In Laclos' 1784 veröffentlichtem Briefroman »Les Liaisons dangereuses« (dt. »Gefährliche Liebschaften«, bekannt geworden durch die Verfilmung mit John Malkovich, Glenn Close und anderen Stars) deutet der Vicomte de Valmont unmissverständlich an, dass er an seiner neuen Mätresse aufgrund ihrer aktuellen Verfassung weniger erotisches Interesse als zu anderen Zeiten des Monats habe, während die im Nonnenkloster aufgewachsene Cécile Volanges ihre Unbedarftheit in sexuellen Dingen dadurch zu erkennen gibt, dass sie ihre ausbleibende Regel nicht als Hinweis auf ihre Schwangerschaft zu verstehen weiß. Das umgekehrte Motiv einer vermuteten Schwangerschaft aufgrund eines verspäteten Einsetzens der Periode taucht über ein Jahrhundert später als (damals gewagte) Andeutung in Somerset Maughams »Of Human Bondage« (dt. »Des Menschen Hörigkeit«, 1915) auf und 1965 wesentlich deutlicher als die Erzählung durchziehendes Spannungselement in David Lodges »The British Museum is Falling Down« (dt. »Adamstag«).

Wie kaum anders zu erwarten, drehen die Künstler – in diesem Fall: Künstlerinnen – der Gegenwart das Rad noch einen Zacken weiter, was Kühnheit und Radikalität im Brechen von Tabus angeht. So beschreibt die US-amerikanische Malerin Judith Chicago in ihrer 1992 erschienenen Autobiographie »Through the Flower: My Struggle as a Woman Artist«, wie sie mit der Konstruktion eines Menstrual-Badezimmers gegen dieses Schweigegebot protestiert habe. Jener Raum, der sinnigerweise nur durch einen Gaze-Schleier betrachtet werden konnte, zeigte unter einem Regal mit die Regelblutung verhüllenden Hygiene-Produkten einen mit unverkennbaren Stoffen angefüllten Abfalleimer. In einem anderen Fall scheiterte Chicago bei dem Versuch, eine Menstruations-Lithographie zu erschaffen, auf der eine Frauenhand einen blutigen Tampon aus ihrer Vagina zog. Jeder Betrachter dieser Darstellung deutete nämlich, offenbar aufgrund seiner kulturellen Vorgeprägtheit, den Tampon automatisch zu einem blutigen Penis um. 1984 verwendete Erica Jong (vgl. → Miller, Henry) in ihrem Roman »Parachutes and Kisses« das Verspeisen von Menstrualblut als Motiv. Im November 2001 kam der als »feministischer Horrorfilm« beworbene »Ginger Snaps« in die Kinos der USA, dessen Titelheldin von einem Werwolf angegriffen wird, sobald sie ihre erste Periode bekommt.

Literatur und Quellen: Holden, Lynn: Encyclopedia of Taboos. Oxford 2000. Thody, Philip: Don't Do It. A Dictionary of the Forbidden. Palgrave Macmillan 1997

»Mermaid in a Manhole«

→ »Guinea Pig«

»Midnight Cowboy«

→ »Asphalt Cowboy«

Miike, Takashi

Japanischer Regisseur, der Ende der neunziger Jahre in enorm kurzer Zeit über ein Dutzend Filme auf den Markt brachte und mit den sehr drastischen Darstellungen eigenhändig die Zensur- und Jugendschutzbranche verschiedener Nationen quasi über Nacht mit der Notwendigkeit etlicher neuer Arbeitsplätze versorgte. So verschießen Schülerinnen in dem Gangsterepos »Fudoh« Giftpfeile mit Blasrohren in ihren Vaginas, und Grundschüler bringen ihre Eltern um. Sein erster auch im deutschen Verleih erhältlicher Yakuza-Film »Dead or Alive« eröffnet mit einer unterbrechungslosen fünfminütigen Orgie aus blutigem Abschlachten und homosexuellen Vergewaltigungen. Es folgten → »Audition«, → »Visitor Q« sowie allein im ersten Halbjahr 2001 fünf weitere Videos. Ist Miikes anarchistische Drastik normalerweise ein Kennzeichen der Sparten Underground, wenn nicht Trash, so ist der künstlerisch-sozialkritische Aspekt seines Werks doch groß genug, dass es spätestens mit »Audition« auch vom Mainstream-Publikum und dessen Filmkritikern wahrgenommen wurde. Andreas Busche fasst in der »tageszeitung« die Faszination des Japaners folgendermaßen zusammen: *»Wie kaum ein anderer Regisseur momentan bringt Takashi Miike das B-Movie und den Arthaus-Film so zwingend in Übereinstimmung. Das verleiht seinem Material auch diesen absonderlichen Touch; nie kann man sich sicher sein, ob hier ambitioniertes Filmhandwerk oder die große Verarsche zum Besten gegeben wird. Beides ist möglich und beabsichtigt – und beides hat Miike mit seinem erstaunlichen Gesamtwerk zu etwa gleichen Teilen hervorgebracht. Ein Regisseur zwischen Auteur und Trash-Zeremonienmeister.«*

Miller, Henry

→ »Tropic of Cancer«

Millet, Catherine

→ »Das sexuelle Leben der Catherine M.«

»Misty Dawn«

→ Sturges, John

»A Modest Proposal«
→ »Der Koch, der Dieb, seine Frau und ihr Liebhaber«

Möllemann, Jürgen W.
→ »Staatsterrorismus« Israels

»Der Mönch«
(im Original: *The Monk*) Von dem Parlamentsmitglied Matthew Lewis herausgegebener Schauerroman, in dem ein Mönch einen Pakt mit dem Teufel schließt. Das Werk erregte nicht nur wegen seiner antiklerikalen Inhalte Aufsehen, sondern auch wegen seiner psychologisch für diese Zeit sehr weitgehenden Ergründung der Faszination des Bösen und sexueller »Perversionen«. 1796 gründete sich eine »Gesellschaft für die Unterdrückung des Lasters«, die erfolgreich darin war, dieses Buch verbieten zu lassen. Nicht erfolgreich war sie indes insofern, als »Der Mönch« nach Horace Walpoles »Das Schloss von Otranto« stilbildend für die gesamte Gattung der Gothic Literature und dabei im Gegensatz zu Walpole insbesondere der »school of terror« (innerer statt äußerer Schrecken) wurde. Damit fungierte der Roman nicht nur als Vorläufer des Horrorgenres, sondern gilt durch seinen entscheidenden Einfluss auf die Werke des Marquis → de Sade als Vorläufer der Literatur der Moderne überhaupt.

Eine interessante Randnotiz mag sein, dass eines der Mitglieder dieser »Gesellschaft für die Unterdrückung des Lasters« Thomas Bowdler war, der 1818 mit seinem »The Bowdler Family Shakespere« eine Shakespeare-Fassung für die ganze Familie herausbrachte, aus der sämtliche Wörter und Ausdrücke, die sich zum Vorlesen im Familienkreis nicht eigneten, getilgt waren. Als US-amerikanischer Ableger dieser Gesellschaft bildete sich die »New Yorker Gesellschaft für die Unterdrückung des Lasters« heraus, als deren berüchtigster Vertreter Anthony Comstock gilt (→ Pornographie).

Monty Python
Britische Komiker-Combo, die bei ihren Fans nicht zuletzt aufgrund ihrer genialen Auseinandersetzung mit zahlreichen Tabus längst Kultstatus genießt. Am 5. Oktober 1969 gingen John Cleese, Terry Gilliam, Eric Idle, Terry Jones, Michael Palin und Graham Chapman mit ihrer respektlosen Collage »Monty Python's Flying Circus« erst-

mals auf Sendung. Radikal und ironisch rückten sie gesellschaftlich brisanten Themen wie Religion, Sexualität, Drogen und → Tod zuleibe. Zu ihren Klassikern gehören heute noch neben vielen anderen der Sketch über einen Holzfäller-Transvestiten, der Song »Every Sperm is Sacred« über das Verhütungsverbot der katholischen Kirche, der als Parodie auf das Leben von → Jesus angelegte Kinofilm »Life of Brian« und zahllose andere Einfälle jenseits der Grenzen, die das Fernsehen damals noch weit strenger setzte als heute. Diese Grenzenlosigkeit fand jedoch nicht nur in der Thematik, sondern beispielsweise auch in der narrativen Logik statt – etwa wenn Schafe motivationslos vom Himmel fielen oder Gott persönlich in einen Sketch eingriff. Insofern dürften Monty Python in dieser Kombination der Tabubrüche (inhaltlich und formal) als legitime Nachfolger der Surrealisten und zugleich Vertreter einer vorher und nachher nie dagewesenen Form von Fernseh-Kunst gelten. Der gesellschaftskritische Effekt ihrer Einfälle besteht dabei oft in der Entlarvung insbesondere von typisch britischer, aber auch andernorts anzutreffender Doppelmoral. Die Niveau-Anforderungen des Fernsehens wurden dabei mit derselben Begeisterung unter- wie überschritten: Schlägt in dem einen Sketch noch der Kunde einer Tierhandlung mit einem toten Papagei auf den Verkaufstisch ein, geht es im nächsten bereits um einen »All-England-Proust-Zusammenfass-Wettbewerb«, und bedeutende Philosophen messen sich bei einem Fußballspiel (Hegel stürmt vor, Heidegger wehrt ab, Nietzsche verlässt traurig das Spielfeld).

Nach dem Tod Graham Chapmans im Jahr 1989 schworen die übrigen Pythons, nie wieder gemeinsam im Fernsehen aufzutreten, und gingen stattdessen getrennte Wege. Heute noch am erfolgreichsten sind John Cleese als Schauspieler (»Ein Fisch namens Wanda«, »Wilde Kreaturen« oder als Q-Nachfolger bei »James Bond«) sowie Terry Gilliam als Kult-Regisseur (insbesondere »Brazil«, »Twelve Monkeys« und »Der König der Fischer«).
Internet: www.pythonsite.de

Morrison, Grant
Schottischer Comicautor, der zwar auch im US-amerikanischen Superhelden-Genre mit seiner Interpretation von Batman oder der »Justice League« (»Gerechtigkeitsliga«) große Erfolge feierte, vor allem

aber durch seine für Erwachsene gedachten Serien wie »Animal Man«, »Doom Patrol« sowie »The Invisibles« Kultstatus erlangte und eine hingerissene Fangemeinde gewann. Während »Animal Man« mit ihrer damals (in den Achtzigern) noch sehr unüblichen Auflösung der chronologischen Linearität der Erzählung und dem Durchbrechen der vierten Wand zum Leserpublikum vor allem narrativ wegweisend war, befasste sich die Serie inhaltlich mit dem Thema Tierschutz, Tierrechte und dem Machtmissbrauch des Menschen gegenüber anderen Kreaturen (→ Singer, Peter). Soziale Tabus begann Morrison weit stärker mit der von ihm ab Ausgabe # 19 übernommenen Serie »Doom Patrol« zu brechen, deren Hauptfiguren auf den ersten Blick wie klassische Superhelden wirkten, tatsächlich jedoch gesellschaftliche Freaks darstellten. Morrison rückte hier durch teilweises Auswechseln der Protagonisten vor allem das Motiv der gestörten Sexualität in den Mittelpunkt. Die »Helden« sind: der Robotmensch Cliff Steele, ein bei einem Unfall fast völlig verbrannter Rennfahrer, dessen Gehirn in den Körper eines Roboters eingebaut wurde, woraufhin er keine Berührungen mehr empfinden kann; die von ihrem Vater missbrauchte Crazy Jane, die als Folge der sexuellen Gewalt ihre Seele in mindestens 64 verschiedene Persönlichkeiten aufspaltete, die von der aggressiven Nonne bis zur provokanten Schlampe reichen (und sämtlich eine ganz individuelle Superfähigkeit besitzen); der Hermaphrodit Rebis, der in einer alchimistischen Transformation gleichzeitig aus einem Mann, einer Frau und einer außerirdischen Entität zusammengeschmolzen wurde; das pubertierende Mädchen Dorothy mit dem Affengesicht; der im Rollstuhl sitzende und dadurch ebenfalls entsexualisierte zynische Chef der Truppe Niles Caulder; die transsexuelle und teleportationsfähige Stadtstraße »Danny the Street« und einige nicht weniger irritierende Nebenfiguren. Häufiges Leitmotiv der Comic-Episoden ist die Konfrontation dieser Freaks mit Organisationen, die eine wahnhafte, totalitär-faschistoide Auffassung von Normalität mit allen Mitteln durchsetzen möchten, so etwa die beängstigenden Männer von N.O.W.H.E.R.E..

Nach einer schöpferischen Pause stellte Morrison den Erfolg von »Doom Patrol« mit seiner ebenfalls grenzüberschreitenden Serie »The Invisibles« noch einmal in den Schatten. Die von 1994 bis 2000 laufende Serie (drei Staffeln mit insgesamt 59 Ausgaben) zentriert sich um eine Gruppe von Anarchisten, die sich während ihrer psychischen

Zeitreisen gegen Wesen außerhalb der Realität behaupten müssen, welche sich von menschlichen Seelen ernähren. (Das Realitätskonzept der »Invisibles« ähnelt extrem dem des Blockbuster-Films »Matrix«, nur ist Morrisons Geschichte einige Jahre älter.) Bezeichnenderweise arbeiten die irdischen Agenten der extradimensionalen Geschöpfe vorwiegend damit, dass sie Menschen, insbesondere jugendliche Revoluzzer, zu einem gesellschaftskonformen Leben entfremdeter Mittelmäßigkeit zwingen wollen, während die Anarcho-Gruppe selbst von so illustren Gestalten wie beispielsweise dem historischen Marquis de Sade oder der transsexuellen Drag Queen und Azteken-Shamanin »Lord Fanny« gebildet wird und auch dort sonst die Grenzen der Sexualität eher als fließend wahrgenommen werden. Der von Autoren wie Terence McKenna und Robert Anton Wilson inspirierte Spionagethriller bietet ein Tableau für Themen wie den von der US-Regierung geschaffenen und freigesetzten AIDS-Virus, Gehirnwäsche, Karma, Verschwörungstheorien, tantrische Rituale der Sexualmagie, situationistische Posen und extreme Gewaltanwendung. Letztlich ist Morrisons Erzählung nicht nur eine Allegorie auf die Grenzen unserer Realitätswahrnehmung. Ähnlich wie es seinen Helden gelingt, in Wirklichkeiten außerhalb ihrer eigenen vorzustoßen, soll der Comic in die außerliterarische Welt des Lesers vorstoßen, ihm ermöglichen, das ihm aufgezwungene Paradigma zu durchschauen und sein wahres menschliches Potential zu erschließen, statt lediglich als Rädchen in einer Maschine dahinzuvegetieren. Seiner eigenen Darstellung zufolge betrachtet Morrison seine Serie nicht nur als magischen Spruch der Befreiung, die Serie habe auch auf sein eigenes Leben bis hin zu kosmischen Visionen im Rahmen eines Nah-Todes-Erlebnisses ungeahnte und zum Teil beängstigende Ausmaße angenommen (→ Paranormales, → Tod). Wie so oft bei Morrison ist es unmöglich zu durchschauen, wo hier die Wirklichkeit endet und die Selbstinszenierung beginnt. Unzweifelhaft ist jedoch, dass Morrison über das reine Posing hinaus in diesem wie auch in anderen Werken eine kreative Freiheit und Zügellosigkeit unter Beweis stellt, die der Mehrzahl anderer Autoren (auch außerhalb des Genres Comic) abgeht. Ein geringer Preis dafür ist, dass ihm selbst hartnäckigste Leser nicht bis in den letzten Winkel seiner Geschichten folgen können. So erwiesen sich insbesondere die letzten Folgen der »Invisibles«-Serie selbst für Hardcore-Fans und -Experten in weiten Teilen interpretativ unzugänglich. Zum Erscheinungsdatum dieses Lexikons gibt Morrison beim Comic-Verlag Marvel die Reihe »New X-Men« heraus, in der er unter anderem einen Mutanten und Superhelden aus Afghanistan einführte, sowie bei DC-Vertigo die Reihe »The Filth«, welche die verschiedenen Motive in Morrisons bisherigem Schaffen auf den Punkt bringen soll.

Literatur: Neighly, Patrick und Cowe-Spigai, Kereth: Anarchy for the Masses. Mad Yak Press 2002

Websites: www.grant-morrison.com, www.timemachinego.com/morrison, www.barbelith.com/bomb, www.rpi.edu/~bulloj/Doom_Patrol

Mundstuhl

Im Herbst 1996 gegründetes Frankfurter Trash-Comedy-Duo, bestehend aus Ande Werner und Lars Niedereichholz, dessen Markenzeichen ein oft im hessischen Dialekt vorgetragener, sehr schwarzer Humor, verbunden mit dem bewussten Übertreten diverser (Geschmacks-)Tabus darstellt. Ein typischer Witz lautet etwa: »*Kommt die sechzehnjährige Tochter zum Vater und fragt, ob sie in die Disco kann. Sagt der Vater: ›Nur wenn du mir einen bläst.‹ ›Das ist ja asozial‹, meint die Tochter. Der Vater: ›Willst du nun in die Disco oder nicht?‹ Also fängt sie eben an. Nach einer Weile fragt sie: ›Aber Papa, warum schmeckt das denn so nach Scheiße?‹ Der Vater antwortet: ›Was meinst du, warum dein Bruder das Auto nehmen durfte?‹*« Insbesondere bei Jugendlichen erlangte Mundstuhl mit diesen gewagten Gags fast schon den Status von Kultstars. Auch mit der Verkörperung der drogensüchtigen Backenhörnchen C-Hörnchen und F-Hörnchen sowie ihrer in diversen Sketchen vorgetragenen Ausländer-Verulke »Dragan und Alder« wurde das Duo populär. Für Letzteres wechselten Werner und Niedereichholz vom Hessischen in eine Parodie der → Kanak Sprak. Mit dem Titelsong ihrer aktuellen CD »Heul doch« (2001) intonierte Mundstuhl einen politisch inkorrekten Lobgesang auf Walfang und Atom-U-Boote. Danach gefragt, über welche Dinge sie keine Witze machen würden, entgegneten die beiden Komiker, es gebe zwar keine klar definierte Grenze, aber beispielsweise das Sich-Lustig-Machen über körperliche Gebrechen bliebe bei ihnen außen vor – wenn man mal von dem Witz über den Rollstuhlfahrer absehe, der mitsamt seinem Stuhl in eine Heilquelle bei Lourdes eintauche, woraufhin beim Rauskommen die Reifen runderneuert waren ... Ein starker Zensor seien jedenfalls die Redakteure des Fernsehens, die Angst vor dem Abspringen von Werbepartnern hätten und so dem Duo auf dem Bildschirm nie dieselbe Schärfe zugeständen wie auf den CDs.

»Muscle Boy«

1958 von dem US-Autor Bud Clifton veröffentlichter Roman, der das erste bekannte Buch über den schwulen → Sadomasochismus darstellt.

»My Private Idaho«

(Originaltitel: *My Own Private Idaho*) Kult-Roadmovie, USA 1991, Buch und Regie Gus van Sant, in dessen Mittelpunkt die Beziehung der beiden schwulen Strichjungen Mike Waters (River Phoenix) und Scott Favor (Keanu Reeves) steht (→ Homosexualität). Mike, ein Narkoleptiker aus der untersten Schicht, ist auf der Suche nach seiner Mutter; Scott stammt aus für seinen Geschmack etwas zu gut geordneten Verhältnissen, aus denen er ausbrechen möchte. Insbesondere sein vermögender Vater, Oberbürgermeister der Stadt Portland, in der die beiden aufeinanderstoßen, stellt für Scott einen Anlass für Flucht und Rebellion dar. Der Film wurde von Kritikern als zeitgenössische Reinszenierung des zweiten Teils aus Shakespeares Heinrich IV. gelesen, verweigert jedoch weitgehend eine lineare Erzählweise zugunsten suggestiver, metaphorischer Bilder unter anderem von vom Himmel herabfallenden Farmhäusern, stromaufwärts schwimmenden und springenden Lachsen sowie einiger bizarr fotografierter Sexszenen. River Phoenix verstarb im Alter von 23 Jahren vor der Tür eines Nachtclubs auf dem Sunset Boulevard.

N

»Der Nachtportier«

(im englischen Original: *The Nightclerk*) Bei Rowohlt 1961 erschienenes sadomasochistisches Psychodrama Stephen Schnecks über den ehemaligen SS-Offizier Max, der inzwischen als Portier tätig ist, und die Sozialistentochter Lucia, die im Konzentrationslager seine Sexsklavin war und ihm nun wieder verfällt. Aus der früheren Täter-Opfer-Beziehung entwickelt sich nun eine freiwillige *amour fou* auf der Grundlage von Macht und Unterwerfung, in der schließlich beide den Tod finden. Die Geschichte wurde 1973 von Liliana Calvani verfilmt. Der Film erntete heftige Kritik vor allem von der feministischen Bewegung, gilt mit wachsender zeitlicher Distanz aber immer mehr als Kunstwerk. In Italien wurde seine Vorführung zunächst verboten, weil in dem Film die Frau die Initiative zum Geschlechtsverkehr zeigte.

»Nackt und zerfleischt«

→ Cannibal Holocaust

»Naked Lunch«

Zum Kultbuch avancierter, autobiographisch gefärbter Roman des US-amerikanischen Literaten William S. Burroughs (1914-1997). Er erzählt die Geschichte eines Schriftstellers, der versehentlich seine eigene Frau erschießt (ein Malheur, das Burroughs 1951 selbst passiert ist; eigentlich wollte er bei seiner *»Wilhelm-Tell-Nummer«* ein auf ihrem Kopf stehendes Whiskyglas treffen) und sich daraufhin mittels Drogen in eine realitätsferne, visionäre Welt flüchtet. Dies wird dem Leser allerdings nicht durch den Handlungsfaden einer klassisch linearen Erzählung, sondern als surrealer Bilderregen zwischen Wirklichkeit und Phantasie präsentiert. Burroughs zufolge könne man bei jedem Absatz beliebig zu lesen beginnen. »Naked Lunch« ist das berühmteste Werk, das mit der so genannten Cut-up-Technik erstellt wurde, bei der Zeilen aus den verschiedensten Texten weitgehend zufällig zusammengefügt werden, um so einen völlig neuen Text zu schaffen. In Burroughs' Fall kam diese Technik Kritikern zufolge seinem Unvermögen zupass, bei einem zusammenhängenden Erzählfaden zu bleiben. Neben Drogen ist das Thema → Homosexualität, die ebenfalls bis hinein in orgienartige Exzesse und Gewaltphantasien geschildert wird, eines der Leitmotive dieses Fiebertraumes.

Das Kindler-Literatur-Lexikon urteilt: *»Burroughs weit über die Freizügigkeit Henry Millers hinausgehende Missachtung aller gesellschaftlichen und sexuellen Tabus (...) schockiert und desorientiert den Leser bisweilen völlig.«* Beträchtlichen Einfluss auf die Underground- und Avantgarde-Literatur habe sein Werk auch deshalb ausgeübt, da es aus der Position des Ausgestoßenen *»ein Gegenbild zur angeblichen Harmlosigkeit und sterilen, hygienesüchtigen Wohlanständigkeit des American Way of Life«* darstelle. Dem Literaturkritiker und Avantgarde-Herausgeber John Calder zufolge stellt die Subkultur der Junkies in Burroughs' Schriften eine Metapher für das Leben in der Moderne dar, in dem die Menschen von Macht, Geld und Sex abhängig sind.

Burroughs gilt als ein Vertreter der Beat-Generation der sechziger Jahre und verfasste dieses Werk zwischen 1954 und 1957 hauptsächlich in einem Hotelzimmer im marokkanischen Tanger. Er hätte das Manuskript vermutlich in dessen schmutzübersäten Fußboden untergehen lassen, wenn andere Beatniks, darunter Allen Ginsberg (»Howl«/«Geheul«), es nicht gerettet und etwas Ordnung hineingebracht hätten. Der Titel des Werkes ist Jack Kerouac (»On the Road«/«Unterwegs«) zu verdanken. Später konnte sich Burroughs an die im Delirium zwischen Opiumhoch und Entziehungskur entstandene Niederschrift auch kaum mehr erinnern. Ihm war lediglich klar, dass dieses Buch seinen Versuch darstellte, damit zurechtzukommen, dass er seine Frau Joan Vollmer mit einem schlecht gezielten Schuss versehentlich ums Leben gebracht hatte.

1959 veröffentlichte die berühmte Pariser Olympia Press (→ Pornographie) das Werk. Die US-amerikanische Romanautorin Mary

McCarthy trug zu seiner Bekanntheit bei, indem sie es mit den Werken des britischen Satirikers und Gesellschaftskritikers Jonathan Swift (»Gulliver's Travels«/«Gullivers Reisen«) verglich. 1964 erschien das Buch in Großbritannien. Zusätzliche Berühmtheit erlangte es dadurch, dass es am 6. Juli 1966 dank richterlichem Urteil einem Verbot in den USA entging und somit das letzte literarische Werk darstellte, das in den Vereinigten Staaten der Verfolgung durch staatliche Zensurbehörden anheim fiel. »Naked Lunch« galt lange Jahre als unverfilmbar. 1991 bewies David Cronenberg (→ »Crash«) das Gegenteil.

Burroughs' Technik, die Wörter von dem Regime der Grammatik und der vernunftgeleiteten Formulierungsweise zu befreien, prägte ebenso zahlreiche Künstler der modernen Popkultur wie sein Stil der satirischen Gewaltdarstellung für Comic-Autoren wie Robert Crumb (→ Comic Code), Punk-Musiker und Comedy-Autoren als Inspiration diente. David Bowie, Debbie Harry, Nirvana und REM würdigten Burroughs, indem sie in Zitaten direkt auf ihn Bezug nahmen. Norman Mailer bezeichnete Burroughs als den vermutlich einzigen US-amerikanischen Autor, der als Genie gelten könne; John Calder als einen der wenigen zeitgenössischen Autoren, die dabei mithalfen, die Welt zu verändern, *»indem sie unsere Wahrnehmung von ihr verändert haben«*. Manche Kritiker hingegen empfinden Burroughs' Werk als zynisch und destruktiv, da es keine eigenen Konzepte und Visionen liefere außer alles dem Zufall zu überlassen.

»Natural Born Killers«

Roadmovie/Mediensatire, USA 1994, unter der Regie von Oliver Stone. Das Pärchen Micky und Mallory zieht mordend durch die Vereinigten Staaten. Ganz dem Geschlechterklischee folgend ist Mallorys Bösartigkeit Resultat sexuellen Missbrauchs durch ihren Vater (in einer Inszenierung als Sitcom gibt Stone dies verfremdend wieder), während Micky einfach »böse« ist. Eine Horde sensationsgieriger Reporter folgt der Blutspur der beiden und stilisiert sie zu Medienstars empor. Schließlich bringt das Killerpaar den zynischsten Vertreter dieser Journalistenmeute um.

Viele Kritiker werfen dem Film »style over substance« vor: Er verberge mit aufwendigen technischen Spielereien eine allzu dürftige Aussage. Dennoch schienen seine exzessiven Gewaltdarstellungen bei manchen (selbsternannten) Medienwächtern unter die Tabuschwelle zu fallen: Kurz nach dem jeweiligen Kinostart wurde der Film beispielsweise in Irland verboten und in Deutschland nach Beschwerden von Einzelpersonen von der Staatsanwaltschaft auf einen möglicherweise strafbaren Inhalt hin überprüft. Dabei konnte jedoch keinerlei Strafwürdigkeit festgestellt werden. Im Gegenteil, so hieß es, sorgten die vielfältigen technischen Tricks und Rückblenden beim Zuschauer für die gebotene Distanz.

Stones Kritik an einer Mitschuld der reißerischen Gewaltdarstellung in den aktuellen Medien an tatsächlichen Verbrechen wird dadurch etwas konterkariert, dass die beiden Hauptfiguren seines Filmes durch Charles Starkweather und seine Freundin inspiriert wurden, ein Paar, das bereits in den fünfziger Jahren eine Kette von Morden verübte. Starkweather orientierte sich zwar ebenfalls an den Medien; er fand seinen Helden allerdings in James Dean bzw. dessen Rolle des Jim Stark in »Denn sie wissen nicht, was sie tun« (1956) – einem aus heutiger Sicht nicht gerade mit Gewalt gesättigtem Kinofilm.

»Nekromantik«

Splatterfilm (→ Splatterpunk), BRD 1987, unter der Regie Jörg → Buttgereits, der dazu auch gemeinsam mit Franz Rodenkirchen das Drehbuch schrieb. Die Hauptfigur Robert Schmadtke (Daktari Lorenz, auch für die atmosphärische Klaviermusik des Filmes verantwortlich) beseitigt als Mitarbeiter der Reinigungsfirma »Joes Säuberungsaktion« nach Unfällen die menschlichen Überreste. Wie viele andere Angestellte nimmt auch Robert schon mal Arbeit mit nach Hause, was in seinem Fall allerdings besondere Hintergründe hat: Er und seine Freundin Betty (Beatrice Manowski) werden von Leichen sexuell erregt. Eines Tages hat Rob die vollständige, allerdings bereits leicht angeweste Leiche eines erschossenen Mannes dabei, woraufhin er und Betty mit dieser im Bett Sex zu dritt genießen. Die ungewöhnliche Menage-a-trois ist erfüllend; danach verspeist das Paar gemeinsam rohes Fleisch, wobei die Leiche neben einem Porno-Plakat an der Wand hängt. Doch das Glück währt nicht lange: Während Betty dem Toten noch mit seinem Kopf zwischen ihren Schenkeln Märchen vorliest, verliert Rob wegen seiner blutbesudelten Arbeitskleidung seine Stelle, und Betty verlässt ihn noch am selben Tag mit der Leiche. Sie hinterlässt ihm lediglich ihre Katze. Robert steckt diese in einen Leichensack, den er gegen die Wände schleudert, um das Tier zu töten, daraufhin unter dem Kadaver zu duschen und sich mit dem Blut sowie den sich herauslösenden Innereien einzureiben. Aber das hilft ihm genauso wenig über seinen Schmerz hinweg wie das Betrachten eines Slasher-Films, der lediglich alptraumartige Visionen auslöst. Schwer depressiv führt Rob eine Prostituierte zu einem Friedhof, ist allerdings erst dann zum sexuellen Verkehr mit ihr in der Lage, nachdem er sie dafür umgebracht hat, dass sie ihn über seinen Mangel an Potenz auslachte. Endlich erkennt Robert, dass er wahre Befriedigung nur in seinem eigenen Tod erleben kann, und bringt sich selbst in einer ultimativen Ejakulation aus Sperma und Blut ums Leben.

Während einer angemessenen Auseinandersetzung mit Buttgereits Film beim ersten Sehen noch die Gefühlsaufwallungen von Schock und Ekel im Wege stehen, erkennen Kritiker bei wiederholter Betrachtung des Werkes doch an, dass es Buttgereit gelungen sei, das schwierige Thema → Nekrophilie auf zwar übelkeiterregende, aber zugleich würdevolle und lyrische Weise zu behandeln. Mit dem Einsatz der üblichen filmtechnischen Tricks sei der Berliner Filmemacher in eine Tiefe vorgedrungen wie noch kein Regisseur vor ihm. *»Das ist kein mit Hühnerlebern arbeitender Reißer«*, argumentiert David Kerekes in seinem Buch »Sex Murder Art – The Films of Jörg Buttgereit«. Stattdessen sei der Film *»das cineastische Äquivalent davon, sich selbst 75 Minuten lang auf den Kopf zu keulen. Es ist schlechter Geschmack mit einem ernsten Gesicht.«* Geht es auf der Handlungsebene um die unerfüllte Liebe der Hauptfiguren, so behandelt der Film auf der Meta-Ebene die komplizierte Angst-Lust-Beziehung seiner Macher und Zuschauer zum → Tod. Bryan Frazer gelangt in seinem auf diversen Websites veröffentlichten Artikel »A Boy, A Girl, A Rotting Corpse« zu dem Schluss: *»Wenn das zentrale Element des Filmes etwas weniger Schreckliches als Nekrophilie wäre, würde er vom Mainstream eher akzeptiert werden als eine Studie über einen aus der Gesellschaft Ausgestoßenen, der unbefriedigt bleibt, weil sein Verlangen nach Befriedigung nicht auf akzeptable Weise erfüllt werden kann. Aber das Stigma des Horrors transformiert die Verortung des Genres Horrorfilm in der Welt auf eine Weise, die kein anderes Genre erleiden muss. Einen Film über Leichenficken zu drehen wird* *als ähnlich verdorben betrachtet wie die Handlung selbst. Es ist ein Extrem, aber in anderen Genres gehen die Filmschaffenden oft ins Extrem, um den angestrebten Punkt der Katharsis zu erreichen.«*

Am irritierendsten wirkt auf viele Zuschauer eine Traumsequenz, für die Buttgereit das tatsächliche Schlachten und Ausweiden eines Hasen (durch den Vater des Filmhelden) aufnehmen ließ – eine Sequenz, die indes nicht gänzlich unwichtig ist, als sie zum finalen Todesorgasmus rückwärts abgespult wird, so dass der Vater des Protagonisten den Hasen wieder zusammenfügt und wiederbelebt. Mit der Hasentötung liefert Buttgereit zudem eine psychologische Ursache für die Neigung seines Helden, die in ihrer offensichtlichen Plumpheit nur als Parodie der üblichen psychoanalytischen Erklärungsversuche anhand frühkindlicher Traumata interpretiert werden kann: Dingen, die sich jeder Sinngebung entziehen, wird durch eine entsprechende Ausdeutung ein Sinn übergestülpt.

Buttgereit wehrte diverse Indizierungsanträge erfolgreich ab, wie sie etwa von der Stadt Augsburg gestellt worden waren. (*»Im vorliegenden Film wird die Liebes- und sexuelle Beziehung zu Leichen, u.a. Leichenteilen dargestellt. Der Geschlechtsakt mit Leichen wird mehrmals deutlich gezeigt. In einem Fall wird die Partnerin vom Partner auf dem Friedhofsgelände (Grabstein) umgebracht und schließlich der Geschlechtsakt vollzogen. ... Der Inhalt dieses Films kann u. E. ohne Zweifel zu einer sozialethischen Desorientierung von jungen Menschen führen.«*) Buttgereits ebenso umstrittener wie von weiten Teilen der Kritik inzwischen anerkannter Film wurde 1991 durch → »Nekromantik 2 – Die Rückkehr der liebenden Toten« fortgesetzt.

»Nekromantik 2 – Die Rückkehr der liebenden Toten«
Splatterfilm (→ Splatterpunk), BRD 1991, unter der Regie Jörg → Buttgereits, der dazu auch gemeinsam mit Franz Rodenkirchen das Drehbuch erstellte. Nach der Selbsttötung Robert Schmadtkes aus Teil 1 dieser Reihe wird dessen Leiche von der nekrophilen Krankenschwester Monika (Monika M.) aus dem Grab geholt. Ihre anfänglichen Versuche, durch Roberts verweste Leiche sexuelle Erfüllung zu finden, scheitern, woraufhin sie diese (filmisch untermalt durch süßeste Geigenmusik) genüsslich in ihrer Badewanne zerstückelt und sämtliche Überreste in den Müll wirft bis auf Kopf und Penis, die sie in ihrem Kühlschrank aufbewahrt. Wenig später beginnt

sie eine Beziehung mit dem Pornofilm-Synchronsprecher Mark (Mark Reeder), der über ihre erotischen Absonderlichkeiten (er darf sich beim Sex nicht bewegen; sie verschafft sich durch Pornos Erregung, in denen Tiere getötet werden) immer befremdeter ist ...

Die Reaktionen des Publikums auf Buttgereits Klassiker waren unterschiedlicher Natur. Zeigten sich Mainstream-Zuschauer durch das Thema und die radikale Darstellung eher verschreckt, war der Film den typischen Fans des Splatter-Genres bereits zu gewollt künstlerisch und abgehoben. Die langen, atmosphärischen Sequenzen des Werkes werden insofern nur von einer verhältnismäßig kleinen Gruppe geschätzt. So konstatierte Frank Trebbin in Band 2 seines Lexikons des phantastischen Films, die durch eine tiefergehende psychologische Auslotung des Stoffes erforderlich gemachten Längen in »Nekromantik 2« ließen sich weniger dem Horrorgenre als der epischen Erzählweise des Autorenkinos zuordnen.

Nachdem Buttgereit einen Antrag auf Indizierung seines ersten »Nekromantik«-Filmes abwehren konnte, setzten das Münchener und das Berliner Amtsgericht 1992 eine bundesweite Beschlagnahmung des zweiten Teiles noch vor der Veröffentlichung durch. Jörg Buttgereit selbst wurde über drei Wochen per Haftbefehl gesucht. Gegen die Münchener Filmvorführerin Doris Kuhn erhob man Anklage wegen der Verbreitung von Gewaltdarstellungen *»in einer die Menschenwürde verletzenden Weise«*. Das Verfahren endete ebenso mit einem Freispruch wie »Nekromantik II« seit 1994 ohne jede Indizierung durch FSK oder andere Instanzen freigegeben ist. Der Produzent des Filmes, Manfred Jelinski, unterlag jedoch ebenfalls mit seiner Klage auf Schadensersatz wegen des zweijährigen Verdienstausfalls, nachdem er eine Konfiszierung sämtlicher Kopien des Films nicht beweisen konnte.

Nekrophilie

(sinnähnlich: *Leichenfetischismus, Leichenschändung*) erotisches Hingezogensein zu Leichen bzw. der sexuelle Kontakt/Verkehr mit ihnen. Der Ausdruck »Nekrophilie« wurde 1860 von Dr. Guislange geprägt und 1901 von Epaulard erstmals auf jene Menschen angewendet, die sich (platonisch oder körperlich) von Toten angezogen fühlten. In dieses Wortfeld fallen auch Begriffe wie Nekrophagie (das

Verspeisen von Leichen) sowie Nekrosadismus (das Verstümmeln von Toten).

Nekrophilie unterliegt als eine von wenigen sexuellen Normabweichungen selbst im Internet noch zu weiten Teilen einem Tabu. Anders als selbst für → Pädophile oder → Zoophile gibt es hier so gut wie keine deutschsprachigen Info-Sites oder gar Webringe. Tatsächlich ist diese Neigung offenbar auch außerordentlich selten, auch wenn immer wieder mal einzelne Vorkommnisse durch Presseartikel belegt sind.

Das von der US-amerikanischen American Psychiatric Association (APA) herausgegebene, international gültige Diagnosehandbuch »Diagnostic and Statistical Manual of Mental Disorders (DSM)« führt in seiner vierten, der aktuellen Überarbeitung Nekrophilie nicht als eigene Kategorie auf, sondern ordnet sie den *»anderen Paraphilien«* (sexuellen Normabweichungen) unter. Die bei anderen sexuellen Normabweichungen (etwa Zoophilie) aussagekräftigen Studien des US-amerikanischen Kinsey-Institutes erbrachten hier keine statistisch nennenswerten Ergebnisse. Ted McIlvena, Präsident des Institute for Advanced Study of Human Sexuality, bekundet, dass der Prozentsatz entsprechend veranlagter Menschen sehr klein ist. *»Es findet statt, aber es ist sehr, sehr selten. Viel seltener, als die Leute denken.«*

In dem Wenigen, was es an Fachliteratur zu diesem Thema gibt, werden Nekrophile häufig als antisozial, geistig minderbemittelt, persönlichkeitsgestört und zu »normalen« Beziehungen unfähig gezeichnet: Etikettierungen, die insofern nicht befriedigen, als sie grundsätzlich gegen *jede* sexuelle Normabweichung so lange erhoben werden, bis deren Vertreter eine genügend starke Lobby gebildet haben, um sich zur Wehr zu setzen.

Der erste, der ausführlich zahlreiche Fälle von Nekrophilie als sexuelle Störung beschrieb, war der Mannheimer Neurologe Richard von Krafft-Ebing in seiner »Psychopathia Sexualis« (ab 1886). Zu den von ihm aufgeführten Personen gehörten vor allem Extremfälle wie der Sergeant François Bertrand, der schon als Kind gerne Tiere auseinandernahm und 1849 als Erwachsener unter anderem auf dem Pariser Montparnasse-Friedhof mit bloßen Händen Leichen aus frischen Gräbern schaufelte, Sex mit ihnen hatte, an einigen kaute, ihre Eingeweide herausnahm, sie zerhackte und über dem Friedhof verstreut zurückließ. Der Totengräber Victor Ardisson hatte Verkehr mit über 100 seiner Obhut anvertrauten Leichen, die er auch mal mit nach Hause nahm (oder zumindest Teile von ihnen); dort fand die Polizei auch den verwesenden Körper eines dreijährigen Mädchens, außerdem den Kopf einer Dreizehnjährigen auf Ardissons Nachttisch. Henri Blot, der über dem misshandelten Körper einer aus dem Grab gezerrten Ballerina schlafend aufgefunden wurde, wird von Krafft-Ebing mit folgender vor Gericht getätigter Äußerung zitiert: *»Jeder nach seinem Geschmack. Meiner ist Leichen.«*

Eine andere Studie des Sexualforschers J. Paul River berichtet über einen italienischen Totengräber, der begann, sich selbst zu befriedigen, wenn immer er eine hübsche junge Frau zu bestatten hatte. Um den Höhepunkt zu erreichen, berührte er die Leiche. Bald ging er den einen oder anderen Schritt weiter. Hunderte von Frauen später wurde er schließlich mit seinem Mund im Genitalbereich einer Verstorbenen ertappt. Ein anderer von River behandelter Fall kündet von einem Bestatter, der seinen Penis bei der Arbeit gegen die Hüften der ihm Anvertrauten presste. Bald hatte er mit vier bis fünf Leichen pro Woche Verkehr, wobei er aus einem jungen Mädchen Blut und Urin saugte, sowie in ihre Hinternbacken biss. Als belegt gelten auch Berichte über weibliche Nekrophile: Eine Leichenwäscherin berichtete, Opfer sexueller Gewalt geworden zu sein und seitdem nur mit Toten ohne Furcht verkehren zu können. Eine Kollegin von ihr entwickelte eine Pumpe, die unter die Haut des männlichen Gliedes geschoben werden konnte. Um auch bei toten Männern Erektionen hervorzubringen, gilt im übrigen das Spritzen von Atropin in die Peniswurzel als Geheimtipp.

Es gibt vor allem eine oft zitierte aktuellere Studie, aus der man differenziertere Erkenntnisse über Nekrophilie beziehen kann: Jonathan P. Rosmans und Phillip J. Resnicks 1989 im »Bulletin Of The American Academy of Psychiatry And The Law, Vol. 17, #2« auf den Seiten 153 bis 163 veröffentlichte Untersuchung »Sexual Attraction To Corpses: A Psychiatric Review of Necrophilia«. Dabei handelt es sich um eine Analyse der Fälle von 122 Personen, die nekrophile Neigungen zugegeben hatten oder die entsprechender Vergehen verurteilt worden waren. Hier fällt zunächst einmal auf, dass zwar 60 Prozent der Untersuchten als persönlichkeitsgestört eingestuft wurden, aber lediglich zehn Prozent als psychotisch. Ganz dem Klischee entsprechend übten 57 Prozent eine Arbeit aus, bei der sie mit Leichen zu tun hatten, also in Krankenhäusern oder Leichenhallen, als Bestatter, Priester, Totengräber oder Soldaten tätig waren.

Dem stehen jedoch die Erfahrungen des Betreibers der US-amerikanischen Website http://www.burknet.com/robsfantasy entgegen, die sich diesem Thema widmet. Er nennt als auffälligste Eigenschaft der Menschen, die mit ihm im Chat ihre nekrophilen Phantasien teilen, Extrovertiertheit und Kreativität. Die häufigsten Berufsgruppen darunter seien Mediziner, Juristen, Erzieher, Politiker und Menschen aus dem kreativen Bereich (etwa Computergraphiker und Marketing-Fachleute). Mitglieder der Arbeiterschicht oder des Bestattungsgewerbes seien nur sehr selten vertreten.

Allerdings ist Nekrophilie ein allzu umfassender Oberbegriff, der von den zitierten Extremfällen bis zu harmlosen Träumereien sehr viel umfassen kann. Rosman und Resnick definieren drei Grundtypen dieser Neigung:

1.) Die Nekrophilie, der zuvor ein Mord vorhergegangen war, damit der Täter überhaupt eine Leiche zur Verfügung hatte. Diese Form findet man vor allem bei den bekannten → Serienmördern wie Ed Gein, Jeffrey Dahmer und Ted Bundy. Während viele dieser nekrophilen Serienkiller schwul waren, stellten sich die meisten nicht-tötenden Nekrophilen als heterosexuell heraus.

2.) Die »reguläre« Nekrophilie, also der sexuelle Kontakt mit bereits Verstorbenen.

3.) Nekrophile Phantasien, bei denen sich die Betreffenden entsprechende Handlungen nur vorstellen, sie aber nicht ausagieren. Manche Nekrophile durchleben ihre Neigungen allerdings auf der symbolischen Ebene, indem sich einer der Partner tot stellt, wobei die sexuelle Begegnungsstätte durch ein Arrangement aus Sarg, Leichentuch, Kränzen und Blumen entsprechend emotional aufgeladen werden kann.

In der Menschheitsgeschichte war Nekrophilie nicht immer ein Tabu. Beispielsweise galt es in Indien früher als Sitte, dass ein Verlobter seine Braut auch dann zu deflorieren hatte, wenn sie vor der Hochzeit starb. Bestimmte Religionen, etwa Gemeinschaften innerhalb des Hinduismus, insbesondere Verehrer des Gottes Shiva, tolerierten Nekrophilie nicht nur als eine Art spirituelle Übung, sondern ermunterten sogar dazu. Ähnlich verknüpfen manche Disziplinen innerhalb des Tantra Sexualität und → Tod. So wird von einem mystischen Ritual berichtet, bei dem der Adept auf einer männlichen Leiche sitzt und den Körper durch magische Kraft belebt, woraufhin dieser zu zucken beginnt, die Zunge hervorschnellt, der Penis erigiert und ejakuliert und die Samenflüssigkeit daraufhin gesammelt wird. Auch die Keramik der peruanischen Moche-Kultur (bis ins siebte Jahrhundert unserer Zeitrechnung) zeigt häufig Szenen von Skeletten, die untereinander oder mit Menschen sexuell interagieren.

Die Verbindung von Eros und Thanatos spielt auch im Bereich der westlichen Sexualmagie eine Rolle. So deutete der Alchemist Thomas Vaughan an, mit seiner Frau am Tag ihres Versterbens Verkehr gehabt zu haben. Im Mittelalter glaubten viele, dass Hermaphroditen (→ Zwitter) dadurch »geheilt« werden konnten, dass sie Verkehr mit einer vor kurzem verstorbenen Jungfrau vollzogen. Und die indonesischen Asmaten kennen heute noch die Praktik, einen menschlichen Schädel drei Tage lang gegen die Genitalien zu halten, um die sexuelle Energie seines Besitzers in sich aufzunehmen.

Aber auch außerhalb des religiös-spirituell-magischen Kontextes taucht das Thema Nekrophilie immer wieder einmal in historischen Dokumenten auf. Dem griechischen Geschichtsschreiber Herodot zufolge hatten etwa die Herrschenden im alten Ägypten solche Angst vor sexuellen Handlungen der Einbalsamierer an ihren verstorbenen Frauen, dass sie deren Leichen lieber bis zur fortgeschrittenen Verwesung bei sich behielten. Herodot erwähnt ebenfalls eine mythisch umgeformte Geschichte über den historisch belegten korynthischen Tyrann Periandrus, der den Geist seiner verstorbenen Geliebten aus dem Totenreich heraufbeschworen haben soll, da er ihre Hilfe beim Wiederfinden eines verlorenen Gegenstandes brauchte. Dies gelingt nicht, da sich Melissas Geist aus mehreren Gründen sehr verärgert über ihren Gemahl zeigt – unter anderem weil er *»sein Brot in einen kalten Ofen geschoben«* habe, also sexuell noch mit ihrer Leiche verkehrte. König Herodes soll mehr als sieben Jahre neben seiner zuvor von ihm getöteten Frau Marianne genächtigt haben. Charlemagne war von den Überresten seiner deutschen Mätresse nicht zu trennen, und Königin Juana von Kastilien behielt die Leiche ihres Gemahls Philips des Schönen von 1506 bis 1509 in ihrer Nähe.

In unserer Rechtsordnung hingegen gilt sexueller Verkehr mit Leichen als Störung der Totenruhe (»Leichenschändung«) und kann nach § 168 Strafgesetzbuch mit bis zu drei Jahren Haft geahndet werden.

In der Weltliteratur spielt das Motiv der Nekrophilie vor allem in der *gothic novel*, dem Schauerroman des späten 18. Jahrhunderts, eine Rolle (→ »Der Mönch«). Diese Gattung hatte sich als Teil der dunklen Romantik zur Aufgabe gemacht, ein Gegengewicht zur Aufklärung zu bilden und die Schattenseiten der menschlichen Seele stärker hervorzuheben. Von dort aus wanderte dieses Motiv zum einen in den Horror-, dabei insbesondere in den Vampirroman (stilbildend waren Polidoris »The Vampyre«, 1818, und natürlich Stokers »Dracula«, 1897), woraufhin der Vampir zum Prototyp des erotisch anziehenden Toten avancierte. Zum anderen wurde dieses Motiv von dem Marquis → de Sade aufgegriffen: Dessen Roman »Juliette« verbindet in einer Passage Nekrophilie und → Inzest in einer absonderlichen Orgie.

Filmisch spielt Nekrophilie insbesondere als Metapher für das erotische Angst-Lust-Verhältnis der Lebenden zum Tod immer wieder eine Rolle: Am bekanntesten sind wohl die Filme aus Jörg Buttgereits Reihe → »Nekromantik«, aber auch ansonsten sind in den Genres Fetisch und → Splatterpunk diverse Werke zu finden (etwa »Bordello of Blood«, »The Treat« oder »Gorotica«). Anspruchsvoller behandelt die Regisseurin Lynne Stopkewich dieses Thema in ihrem Film → »Kissed«, in dem sie auch den als spirituell wahrgenommenen Aspekt dieser Neigung aufgreift. 1998 veröffentlichte der französische Regisseur Didier le Pecheur seinen Film »J'aimerais pas crever un dimanche« (engl. Titel: »Don't let me die on a Sunday«) über zwei Angestellte eines Leichenhauses, die zwischen den Schichten Pornos betrachten. Als ein junges Mädchen eingeliefert wird, das durch exzessiven Partygenuss ums Leben kam, verkehrt einer der beiden mit ihrer Leiche und holt sie so zurück ins Leben.

Statt in ernsthaften Auseinandersetzungen mit diesem Thema wird Nekrophilie weit eher in makabren Witzen und Schauermärchen von lüsternen Bestattern, Leichenwäschern und Totengräbern behandelt. Bekannt ist auch die urbane Legende von einer Frau, die mit einem neuen Bekannten ins Bett geht, daraufhin erkrankt und von ihrem Arzt erfährt, dass sie sich mit Leichenwürmern infiziert habe. Durch weiterführende Ermittlungen findet sie heraus, dass ihr neuer Lover in der Obduktion des städtischen Krankenhauses arbeitet und kurz vor der gemeinsam verbrachten Nacht mit einer der Leichen Verkehr hatte.

Schließlich ist Nekrophilie Thema auf diversen Websites wie http://www.burknet.com/robsfantasy, die übrigens auch eine stattliche Anzahl Fotos gutaussehender Frauen enthält: die meisten davon auf Obduktionstischen. Diese Form nekrophiler → Pornographie/Erotika greift allerdings nicht auf Aufnahmen echter Frauenleichen zurück (dazu sehen die abgebildeten Körper auch durchgehend zu attraktiv aus), sondern auf Models, die sich auf der Website www.necrobabes.com (»A Friendly Place to Play Dead«) zusammengefunden haben. Professionelle Fotografen fertigen hierfür Bilder von Frauen an, die durch Schminke, körperliche Starre oder Umfeld (Leichenhalle, Sarg, Tatort eines Verbrechens) als Leichen inszeniert werden. Vicki, die Verantwortliche für diese Website, agiert in dieser Form ihre erotischen Phantasien vollständiger Hilflosigkeit und Verfügbarkeit aus: *»Was mich anmacht, ist die Vorstellung, dass eine Frau den Kerl all die Arbeit machen lässt, während sie sich tot stellt.«* Dieser Hintergrund ist insofern glaubhaft, als entsprechende Websites sich außer dem Thema Nekrophilie auch dem Thema »sleepy sex«, also Verkehr mit einer bewusstlosen Person, widmen.

Über die Hauptkundschaft ihrer US-amerikanischen Website berichtet Vicki: *»Ich würde sagen, die meisten sind Europäer, aber wir haben auch ein paar Mitglieder aus Japan. Das sind Kerle, die schon vom Nachbarmädchen erregt wurden, als sie Cowboy und Indianer spielten und sie sich tot stellte. Oder sie haben die Cover von Detektiv-Magazinen gesehen, wo ein Model am Tatort die Leiche spielte. Alles Echte turnt sie dagegen ab.«* Über ihren eigenen sexuellen Hintergrund schildert Vicki, dass sich ihr Leichenfetisch bereits entwickelte, als sie bei Schulaufführungen ein totes Mädchen verkörpern musste. (Man fühlt sich hier unweigerlich an das Schneewittchen-Motiv erinnert.) Vicki berichtet: *»Ich habe es gemocht, dabei berührt und bewegt zu werden. Nach dieser Erfahrung habe ich solche Gelegenheiten immer genossen. Wenn wir Cowboys und Indianer oder Krieg spielten, bin ich immer gut gestorben. Ich genieße Phantasien, getötet zu werden. Das schließt sexuelle Manipulationen an meinem Körper mit ein. Normalerweise bin ich eine sehr unabhängige Person, immer in Kontrolle. In meinen Phantasien werde ich getötet. Dann habe ich keine Kontrolle mehr. Mein Mörder kann mit meinem Körper anstellen, wozu immer er oder sie Lust hat. Ich muss mich um nichts mehr kümmern, nur noch zulassen, dass sie sich darin erge-*

hen.« Der auch heute noch berühmteste Nekrophile war zweifellos Ed Gein, ein nach außen schüchterner und gewöhnlicher Mann, der das Vorbild für die berühmten Filmfiguren des Norman Bates in »Psycho« und des Buffalo Bill in »Das Schweigen der Lämmer« bildete. Gein stand stark unter dem Einfluss seiner geistesgestörten und von Sexualität angeekelten Mutter, die er als einziger überlebender Verwandter bis zu ihrem Tod intensiv pflegte. Als sie starb, verstärkte sich Geins eigene Psychose, und er spielte lange Zeit mit dem Gedanken einer Geschlechtsumwandlung, quasi um in die Haut seiner Mutter hineinzuschlüpfen. Stattdessen begann er mit der Hilfe eines befreundeten Totengräbers, weibliche Leichen aus ihren Ruhestätten zu holen. Über ein Jahrzehnt hinweg nahm er Körper und Körperteile in unterschiedlichem Verwesungszustand mit nach Hause, stellte Schrumpfköpfe her, von denen er einige auf Bettpfosten platzierte, formte Lampenschirme aus der Haut. Manchmal hatte er sexuellen Kontakt mit den Toten. Eines Tages grub er seine eigene Mutter aus und stellte aus ihrer Haut eine Körperbekleidung und Gesichtsmaske für sich her. Schließlich fand er heraus, dass frische Haut strapazierfähiger war als halbverweste, und begann, Frauen umzubringen, die seiner Mutter ähnelten. Als die Polizei schließlich Geins Haus durchsuchte, entdeckte sie neben anderen Körperteilen vier Nasen, ein Herz in einer Pfanne auf dem Ofen, eine aus Schädel gefertigte Schale, zehn Frauenköpfe mit abgesägten Schädeldecken, als Sesselbezüge dienende Menschenhaut, mit Silber und Gold überzogene Vaginas, Organe in einem Kühlschrank, einen aus Brustwarzen angefertigten Gürtel, ein Paar Lippen auf einer Leine und vieles mehr. In Geins Scheune entdeckten die Beamten eine mit weit gespreizten Beinen an ihren Füßen von der Decke hängende Frauenleiche, von den Genitalien bis zum Nacken aufgeschlitzt und ausgeweidet. Ihren Kopf fanden sie mit Nägeln in den Ohren unter einer Matratze. Gein hatte offenbar keinerlei Bewusstsein dafür, dass seine Taten verwerflich waren, wurde für geisteskrank befunden und starb im Alter von 78 Jahren 1984 in einer psychiatrischen Klinik. Da er kein Jäger war, hatten sich seine Nachbarn immer schon gewundert, was es mit den Packungen frischen Fleisches auf sich hatte, mit dem er sie immer wieder so großzügig versorgt hatte.

Eine Autorin und Publizistin, die öffentlich zu ihrer Neigung steht und dabei auf den spirituellen Aspekt von Nekrophilie zurückgreift, ist Leilah Wendell, Kuratorin des House of Death in New Orleans. Dabei handelt es sich um ein gänzlich in Purpur und Schwarz gestrichenes viktorianisches Gebäude, das eine Mischung aus Kuriositätenladen und Kunstgalerie beheimatet. Viele der ausgestellten Werke (darunter Ölgemälde von tanzenden Leichen und ein über zwei Meter großer, aus einem hundert Jahre alten Skelett angefertigter Golem) stammen von Wendell selbst. Ihren Schilderungen nach hatte sie erstmals als Vierjährige eine Begegnung mit dem Engel des Todes, der sich eines Sonntagmorgens in ihrem Kinderzimmer materialisierte. Sie nannte ihn Azrael. Mit elf Jahren fand sie sich auf einem Grabhügel und schrieb Liebesgedichte an den Menschen unter ihr; mit vierzehn wurde bei einem Krankenhausbesuch im Aufzug urplötzlich ihr Arm von der Hand einer mit einem Tuch bedeckten Leiche umklammert. Während die Pfleger noch versuchten, den Griff gewaltsam aufzubrechen, genoss Wendell den Augenblick. »*Ohne wirklich nachzudenken, nahm ich meine andere Hand, legte sie auf seine, und der Griff löste sich sanft. Ich schob den herabhängenden Arm wieder auf die Bahre, und der Aufzug glitt nach oben. Die Pfleger starrten mich nur an. Der Ausdruck auf ihren Gesichtern war unbezahlbar.*« Später nahm sie einen Beruf als Exhumiererin an, verlor ihn aber nach einigen selbst für Nekrophile eher abenteuerlichen Vorkommnissen. Seitdem ist sie außer als Kuratorin als Autorin verschiedener Bücher tätig, so etwa von »Our Name is Melancholy« oder »Encounters with Death«. In ihrem »The Necromantic Ritual Book« schildert sie ihre Philosophie, dass entsprechende Rituale und Zeremonien dazu dienen können, die Lebenden mit der Energie des Todes, des Übergangs, in Kontakt treten zu lassen. Wendells Einschätzung nach ist es nicht gerechtfertigt, Nekromantik als zwanghaftes Verhalten zu verteufeln, da es in Wahrheit nur den Wunsch in sich trage, eine emotionale und spirituelle Verbundenheit mit dem Tod herzustellen. In ihrer Erzählsammlung »Cemetery Stories« berichtet sie von ihrem Freund John, selbst im Bestattungsgewerbe, der ihr einmal eine frisch exhumierte und gut erhaltene männliche Leiche für vier Tage zur Verfügung stellte. Wendell nahm den Toten mit in ihr Bett und betrachtete dies als das großartigste Geschenk, das ihr jemals jemand gemacht hatte. Ein von ihr herausgegebener »Azrael Project Newsletter« mit Essays, Gedichten und Kontaktadressen wird weltweit an über 25.000 Empfänger verteilt, von denen sich aber nur ein Prozent als Nekrophile im strengen Wortsinn bezeichnen. Eine wohl noch berühmtere nekrophil veranlagte Frau ist Karen Greenlee, die ihre Neigung unter anderem in Adam Parfreys Textsammlung → »Apocalypse Culture« (Portland 1990, Seiten 28-35) und in einem bekannten Interview mit Jim Morton (im Web unter http://www.shine.net.au/shinemag/unreg/necro.htm) verteidigte.

Greenlee war die Angestellte eines kalifornischen Bestattungsinstitutes. 1979 hatte sie die Leiche eines 33jährigen Mannes für die Beerdigung zu einem Friedhof zu überbringen, setzte sich jedoch mit dem Leichenwagen ab und behielt den Toten für sich selbst. Die Behörden konnten ihrer schließlich im nächsten Landkreis habhaft werden und klagten sie der Störung eines Begräbnisses an. (In Kalifornien existiert kein Gesetz gegen Nekrophilie.) Dabei entdeckten sie in dem Sarg des Toten einen langen Brief Greenlees, in dem diese ausführlich ihre erotischen Erlebnisse mit zwischen 20 und 40 männlichen Leichen schilderte und bekundete, dass sie selbst nicht verstand, woher ihre Neigung stammte, die sie aber jedenfalls nicht überwinden konnte: »*Warum tue ich das? Warum? Warum? Furcht vor Liebe, Beziehungen. Keine Romanze schmerzte je wie diese ... Es ist der Abgrund. Ich bin eine Leichenratte. Das ist mein Rattenloch, vielleicht mein Grab.*« Nach Bekanntwerden dieses Briefes wurde über Greenlee eine Haftstrafe von elf Tagen, eine Geldstrafe von 255 Dollar und eine Bewährungsfrist von zwei Jahren verhängt. Zusätzlich klagte die Mutter des verstorbenen Mannes auf dem Zivilweg und verlangte für seelische Schädigungen ein Schmerzensgeld von einer Million Dollar, ließ sich dann jedoch auf die Zahlung von 117.000 Dollar ein. Greenlee wurde aus dem Bestattungsgewerbe entlassen und verlor so den Zugang zur Quelle ihrer sexuellen Befriedigung. In dem erwähnten Interview mit Jim Morton schilderte sie, dass für sie nicht allein der leblose männliche Körper, sondern die gesamte dazugehörige Atmosphäre erotisch besetzt sei: die Aura des Todes, der Geruch, die Leichenhalle, die Trauer, die Friedhofsutensilien – selbst das Blut, das aus dem Mund eines Toten trete, wenn Greenlee ihn bestieg. Die ihr am häufigsten gestellte Frage, wie man von einem toten Mann sexuell befriedigt werden könne, betrachtet sie als albern, weil damit immer noch der Mythos verbunden sei, dass nur Erektion und Penetration sexuell stimulierend sein könnten. Sie gab zu, in einige Leichenhallen und Gräber eingedrungen zu sein, was sie jetzt vor allem deshalb nicht mehr tue, weil ihre Zielgruppe (attraktive junge Männer um die zwanzig) häufig durch AIDS ums Leben gekommen seien und sie sich nicht anstecken wolle. Auch bei Beerdigungen selbst wildfremder Menschen sei sie früher gerne Gast gewesen: *»Ich klagte mit der Familie über den Verlust des geliebten Menschen – nur dass ich in einer anderen Tonart stöhnte! Die Leute können nicht unterscheiden, ob du von Trauer oder von Lust überwältigt bist.«* Entgegen allen anderslautenden Behauptungen könne sie von ihren eigenen Erfahrungen im Bestattungsgewerbe her sagen, dass Nekrophilie weiter verbreitet sei, als es sich die Leute vorstellten. Während sie sich früher dafür geschämt habe, hätte sie inzwischen gelernt, ihre Neigung zu akzeptieren. *»Als ich den Brief geschrieben habe, habe ich immer noch auf die Gesellschaft gehört. Jeder sagte, Nekrophilie sei falsch, also musste das falsch gewesen sein, was ich getan hatte. Aber je mehr die Leute mich zu überzeugen versuchten, dass ich verrückt war, desto sicherer wurde ich bezüglich meiner Leidenschaft. Das ist meine Natur, und ich kann sie genausogut genießen.«* Wendell und Greenlee sind mittlerweile gut miteinander befreundet, auch wenn ihre Vorlieben unterschiedlicher Natur sind. Greenlee ist eher erotisch, Wendell eher spirituell von Leichen angezogen; Greenlee begeistert sich mehr für frisch Einbalsamierte, Wendell stärker für die von ihr so bezeichneten »moldy oldies«. Es scheint auch eine Art freundschaftlicher Wettbewerb zwischen den beiden zu bestehen, wer von ihnen mit den meisten Toten Verkehr hatte.

Literatur und Quellen außer den genannten: Holden, Lynn: Encyclopedia of Taboos. Oxford 2000. Thody, Philip: Don't Do It. A Dictionary of the Forbidden. Palgrave Macmillan 1997

Nine Inch Nails

US-amerikanische Pop-Gruppe um den Sänger Trent Reznor, der für Komposition, Texte und Instrumentalisierung sämtlicher Songs verantwortlich ist und sich lediglich auf Tour von anderen Musikern begleiten lässt. Nachdem ihn seine aus Wut und gesellschaftlicher Entfremdung geborenen musikalischen Verzweiflungsschreie für eine junge Generation nach Kurt Cobain zu einer Identifikationsfigur wie keine andere machten, ernannte ihn das Nachrichtenmagazin »Time« am 28. April 1997 zu einem der 25 einflussreichsten Menschen der

USA. *»Rockmusik ist keine sichere Sache, sie muss immer auch subversiv sein«*, wird Reznor zitiert. *»Deine Eltern müssen sie hassen. Wenn es sie ankotzt, ist es super.«* Der Kultstar von heute war in seiner Jugend ein Außenseiter. Während die Provinzmädchen in seinem Umfeld die sportlichen Kerle anhimmelten, waren sein Faible Horrorfilme und Gruppen wie Kiss oder Pink Floyd. Inzwischen verdiente er ein Millionenvermögen durch eigene Platten, die in rasendem Tempo an die Spitze der Charts stürmten, und produzierte auch das Album »Antichrist Superstar« Marilyn → Mansons, mit dem er zu diesem Zeitpunkt befreundet war. Reznor schrieb die Musik zu Oliver Stones → »Natural Born Killers« (heute findet er den Film *»sehr gefährlich«*) sowie 1997 den Song »Perfect Drug« für David → Lynchs Film »Lost Highway«. Das Mitwirken an dessen Soundtrack hat Reznor ebenso mit der deutschen Band → Rammstein gemein, wie dass US-Tugendwächter auch seinen *»nihilistischen Einfluss«* auf Amerikas Jugend für die Amokläufe anderer Außenseiter verantwortlich machten. Reznor wies darauf hin, dass in anderen Ländern seine Musik keine Massenmorde auslöse, und schob den schwarzen Peter seinerseits an die Waffenlobby der USA weiter. Sichtlich überfordert davon, dermaßen im Mittelpunkt der kontroversen Aufmerksamkeit einer riesigen Nation zu stehen, betäubte sich Reznor mit Alkohol und anderen Drogen, bis er dem in seinen Texten zelebriertem → Selbstmord bald tatsächlich nahe stand.

Eines der zentralen Topoi und Leitmotive Reznors ist der → Sadomasochismus. So enthält das Video zu dem Song »Closer« (aus dem 1994 veröffentlichten Album »The Downward Spiral«) mehrere SM-Szenen, in denen Reznor mit Augenbinde und über dem Kopf gefesselten Händen zu sehen ist. Der Musiksender MTV zensierte diese Videos trotz empörter Zuschauerproteste radikal – wie auch sonst Reznors Songs von verschiedenen Radio- und TV-Sendern unterdrückt wurden.

Der Titel »Closer« ist im Vorspann von David Finchers Film »Se7en« zu hören. Auch in anderen Songs Reznors finden sich SM-Passagen, beispielsweise in »Happiness in Slavery«, »Head Like a Hole«, »Sanctified« und »Sin« (alle aus dem Album »Pretty Hate Machine«). Dem Song »Screaming Slave« (aus dem Album »Broken«) sind die Schreie eines gefolterten Sklaven untergemischt; es handelt sich dabei um den SM-Künstler Bob → Flanagan.

O

»O.K.«

Antikriegsfilm Michael Verhoevens, Deutschland 1970, über die Tötung eines vietnamesischen Mädchens (Eva Matthes), das zuvor von US-amerikanischen Soldaten gequält wurde. Verhoeven verlegte die in unscharfen Schwarz-Weiß-Bildern gezeigte Handlung nach Bayern und engagierte Dialekt sprechende Schauspieler wie Gustl Bayrhammer. Die Jury der Berliner Filmfestspiele, wo dieses Werk vorgeführt wurde, trat im Streit geschlossen zurück, woraufhin der Wettbewerb ohne Preisverleihung abgebrochen werden musste. Verhoeven trafen Vorwürfe des Antiamerikanismus. Neunzehn Jahre später verfilmte Brian de Palma dieselbe Geschichte weit weniger kreativ unter dem Titel »Casualities of War« (»Die Verdammten des Krieges«) mit Michael J. Fox und Sean Penn in den Hauptrollen.

»Oranges are not the only fruit«

Von der BBC produzierte Miniserie in drei Folgen von typisch britischer Skurrilität. Die Handlung basiert auf dem mit dem britischen Whitbread-Award ausgezeichneten Romanbestseller Jeanette Wintersons und wurde von dieser in das Drehbuch umgeschrieben. Für die Regie zeichnet Beeban Kidron verantwortlich.
Im Mittelpunkt der Entwicklungsgeschichte über das Erwachsenwerden steht Jess (Charlotte Coleman), die bei ihrer lieblos-strengen Adoptivmutter aufwächst. Diese ist überzeugte Anhängerin einer religiösen Sekte und bildet auch ihre Tochter dazu aus, diesen Glauben missionarisch zu verbreiten. Jess übernimmt diese Aufgabe, für die sie ihr ganzes Leben erzogen wurde, auch dementsprechend bereitwillig und wirbt immer neue Anhänger. Eine der Frauen, die Jess bekehrt, ist die junge Melanie (Cathryn Bradshaw), zu der sie bald

auch erotische Gefühle entwickelt. Die beiden werden ein Liebespaar – zumindest bis der Pastor hinter dieses Verhältnis kommt und ihnen diesen »Dämon« austreibt. Als Folge davon kehrt Jess zwar zu ihrer Rolle in der Gemeinde zurück, gewinnt jedoch innerlich Distanz, da sie nicht bereit ist, ihre Liebe als etwas Schlechtes wahrzunehmen.

Winterson verarbeitete in dieser Erzählung zweifellos auch ihre eigene Lebensgeschichte: sie wuchs in einer Adoptivfamilie auf, die einer religiösen Splittergruppe zugehörte, für die die Bibel als wortwörtlich zu verstehen galt und die deshalb dem Lesbianismus sehr ablehnend gegenüber stand. Als Winterson mit 16 Jahren mit einer Freundin im Bett ertappt wurde, musste sie ihr Zuhause verlassen, sich eine literaturwissenschaftliche Ausbildung und eine Gelegenheit zum Schreiben geradezu erkämpfen, um sich währenddessen mit den verschiedensten Jobs und Beziehungen über Wasser zu halten. Dass es ihr mit diesem Hintergrund gelang, bis ins Herz des Literaturgeschäfts vorzudringen, erfüllt sie mit offenkundigem Stolz. So teilte sie 1992 den Lesern des britischen »Guardian« mit: *»Solange ich nicht gerade mit Glücksspiel in Las Vegas anfange, ist es sehr unwahrscheinlich, dass ich je wieder arm sein werde.«* Winterson veröffentlichte weitere Romane um das Thema der lesbischen Liebe (»The Passion«, 1987, »Sexing the Cherry«, 1989, »Written on the Body«, 1992) sowie Sammlungen von Essays und Kurzgeschichten.

Oshima, Nagisa

→ »Im Reich der Sinne«, → »Max, mon amour«

P

Pädophilie

Die Orientierung von erwachsenen Männern und Frauen auf Kinder, was die Bereiche Sexualität, Liebe und Beziehung betrifft. Diese Ausrichtung ist in der Identität der Betreffenden ähnlich stark verankert wie bei anderen Hetero- oder → Homosexualität. Davon abgesehen unterscheiden sich Pädophile sehr stark voneinander, sowohl was die Ziele ihres Begehrens angeht (Jungen oder Mädchen, verschiedene Altersstufen), als auch bezogen auf die bevorzugten Praktiken (von → Exhibitionismus bis Verkehr), als auch die Anwendung von → Gewalt und Zwang, die in unterschiedlicher Ausprägung und bei weitem nicht in jedem Fall vorhanden ist.

Der Diskurs über Pädophilie verläuft zwischen den Polen von Verharmlosung bzw. Rechtfertigung einerseits sowie Verteufelung und Hysterisierung andererseits. Viele Pädophile betrachten sich selbst als zu Unrecht diskriminierte und verfolgte Randgruppe, sie betonen die völlige Gewaltfreiheit ihrer Handlungen sowie ihr Interesse an der gesamten Person des Kindes, statt allein an seiner Sexualität. In ihren Texten entwerfen sie die Utopie einer neuen Gesellschaft mit einer freien Sexualität zwischen Partnern jeden Alters, jeden Geschlechts und jeder Hautfarbe, gegründet allein auf Zärtlichkeit und gegenseitigem Respekt. Sie argumentieren (ähnlich wie ihnen nahestehende Sexualforscher) mal forsch, mal vorsichtig in Richtung einer Art freiwilligen, gegenseitigen Vertrages über die Generationsgrenzen hinweg. Problematisch seien nicht ihre Beziehungen, sondern die Gesellschaft, die Kindern das Recht verweigere, ihre Sexualität nach eigenem Entschluss und selbstbestimmt zu leben. Die Betreffenden weisen mit Nachdruck darauf hin, sie würden Kinder nie zu etwas zwingen, was diese nicht selbst wollen.

Dem weit überwiegenden Teil der Sexualwissenschaft zufolge machen sich diese Pädophilen jedoch selbst etwas vor. Kinder haben demnach eine so grundsätzlich unterschiedliche Vorstellung von Sexualität wie Erwachsene, dass sie die Szenarien, die Pädophile aufbauen, gar nicht durchschauen und deshalb ihre eigenen Interessen nicht souverän durchsetzen können. Sie würden sich also auf Handlungen einlassen, die sie gar nicht vollständig verstehen können und die ihrer Entwicklungsstufe noch nicht entsprechen. Die sexuelle Lust wird fast ausschließlich vom Erwachsenen als solche empfunden. Zwischen Erwachsenem und Kind besteht zudem automatisch ein Macht- und Wissensgefälle, wie es einer einvernehmlichen, gleichberechtigten Beziehung abträglich ist. Zudem hat eine Beziehung kaum eine Zukunft, bei der einer der Partner auf eine Altersstufe fixiert ist, aus der der andere bald herauswächst. Die Gefahr schwerer und oft lebenslanger seelischer Schädigungen des Kindes ist hoch. Sie besteht auch dann, wenn es zu keinen Akten körperlicher Gewalt kommt. Aus diesen Gründen sind pädosexuelle Handlungen sehr bedenklich, und nach Paragraph 176 des deutschen Strafgesetzbuches ist jede sexuelle Handlung mit einem Kind unabhängig von den jeweiligen Begleitumständen verboten und strafbewehrt. (Nicht verboten ist aber natürlich die pädophile Neigung selbst, und für die jeweilige Tat gibt es strafmildernde und strafverschärfende Kriterien.) Sexuelle Kontakte mit Jugendlichen ab 14 sind verboten, wenn der Erwachsene eine Zwangslage, mangelnde Willensfreiheit oder ein Abhängigkeitsverhältnis ausnutzt oder sich den Sex für Geld erkauft.

Sexualwissenschaftler unterscheiden streng zwischen »Kernpädophilen« mit ihrer Sehnsucht nach Zärtlichkeit mit Kindern einerseits und Menschen, die als Folge seelischer Störungen Kinder als Ersatzobjekte für sexuellen Druck missbrauchen. In der öffentlichen Debatte wird beides häufig vermischt. Während die Extremfälle (Vergewaltigung, Sexualmord, Kinderpornographie, Kinderprostitution) fast durchgehend die einzige Form von Pädophilie ist, über die in den Medien berichtet wird, sind sehr viele Pädophile ihr ganzes Leben lang oder zumindest über lange Perioden enthaltsam und erfahren unter großer seelischer Anstrengung ihre Sexualität lediglich in ihrer Phantasie. Insbesondere homosexuelle Pädophile sind häufig jedoch nicht in erster Linie an Sex interessiert, sondern an einer dauerhaften Beziehung, in der sie die fürsorgliche Rolle eines größeren

Bruders oder väterlichen Freundes übernehmen können und sich dabei vor allem Kindern widmen, die von ihren Eltern vernachlässigt werden. Aber auch das ist problematisch, da der angestrebte Austausch erotischer Zärtlichkeiten (gegenseitiges Anschauen, Streicheln und Masturbieren) in der Regel doch in dieses Verhältnis mit einfließt, so dass die Jungen in der Situation sind, quasi Sex gegen ein Zuhause tauschen zu müssen. Hier findet durch den Erwachsenen häufig eine Romantisierung und Idealisierung einer Situation statt, die für das Kind eine sexuelle Ausbeutung darstellt.

Wie bei allen sexuellen → Paraphilien weiß man auch von der Pädophilie nicht, wie diese Neigung eigentlich entsteht. Viele homosexuelle Pädophile haben jedoch gemeinsam, dass sie selbst emotional vernachlässigt aufwuchsen, keine erwachsene Bezugsperson hatten, aber später als Ersatz eine Gruppe gleichaltriger Freunde vom selben Geschlecht fanden, in der sie durch sexuelle Spiele Intimität erleben konnten. Sexualforscher nehmen deshalb an, dass diese Menschen ihre erotische Sehnsucht auch in späteren Jahren noch immer auf diese Altersgruppe richten und dass sie vernachlässigte Kinder oft auch als Spiegelbild ihrer selbst wahrnehmen, dem sie die Zuwendung geben möchten, die sie selbst entbehrten.

Matthias Stöckel nennt in seinem Buch »Pädophilie. Befreiung oder sexuelle Ausbeutung von Kindern?« (Campus 1998) verschiedene Motive der Pädophilen. Diese möchten demnach an Kindern etwas wieder gut machen, was ihnen selbst angetan wurde, eine verpasste oder unglücklich verlaufene Kindheit nachholen, den Problemen mit erwachsenen Partnern ausweichen oder Persönlichkeitsmängel kompensieren. Als Beweggründe der Kinder, sich auf so eine Beziehung einzulassen, nennt Stöckel den Wunsch nach persönlicher Zuwendung und Zärtlichkeit, danach, ernst genommen und wie ein Erwachsener behandelt zu werden, nach Geschenken und finanziellen Vergünstigungen sowie danach, etwas Verbotenes zu tun und ein Tabu zu brechen.

Eine sachliche und differenzierte öffentliche Auseinandersetzung um diese Neigung und ihre Konsequenzen ist nur schwer zu führen. Dies beklagt etwa Roland Mückstein in seinem Aufsatz »Pädophilie – die verschwiegene Diskussion« (nachzulesen im Internet unter http://www.geocities.com/rm_metatext/d/essays/paedo.htm): *»Die Pädophilie (...) ist in unserer Gesellschaft nach wie vor ein Tabuthe-*

ma. Wenn darüber geredet wird, dann selbstverständlich in einem Ton der schärfsten Ablehnung, der eine objektive Diskussion erst gar nicht zulässt: Denn die Assoziationen zu diesem Begriff gehen, dank der plakativen Verwendung durch Politiker und Medien, allesamt in die Richtung ›Kinderschänder‹, ›Perverse‹ und meinetwegen ›Belgien‹. (...) Eine öffentliche, sachliche Diskussion dieser Themen ist (...) unter den heutigen Umständen schwierig; denn nicht allein die Massenmedien, für die sich hier natürlich ein griffiges und sicheres Feindbild bietet, tragen mit ihrer unreflektierten Polemik zu einer zunehmenden Tabuisierung des gesamten Themenkomplexes bei; die Diskussion wird auch von behördlicher Seite zum Teil effektiv behindert bis unterbunden.« Als Beispiel nennt Mückstein das Verbot einer Veranstaltung der → »AG Pädo« durch das Ordnungsamt der Stadt Frankfurt am Main 1997 mit der Begründung: *»Derartige Anschauungen sind inakzeptabel und müssen daher zu einem Verbot der Veranstaltung führen.«* Darauf reagierte der deutsche »Bundesverband Homosexualität« wenige Tage später mit deutlichen Worten: *»In der Tatsache, dass ›Meinungen vertreten werden‹, ›eine Gefahr für die öffentliche Ordnung‹ zu sehen, spricht dem demokratischen Grundgefüge unseres Landes Hohn. Es dürfte wohl ohne Vorbild sein, dass eine Verwaltung für sich in Anspruch nimmt, zwei Säulen des Grundrechtskatalogs des Grundgesetzes, Meinungs- und Versammlungsfreiheit, außer Kraft setzen zu können, weil bestimmte Meinungen als ›inakzeptabel‹ eingestuft werden. (...) Es ist bemerkenswert, dass die Verfügung der Stadt Frankfurt keinerlei Rechtsverstöße benennen oder auf die Gefahr möglicher Rechtsverstöße hinweisen kann. Stattdessen werden ›herrschende ethische Anschauungen‹ als Begründung für das Verbot zitiert.«* Einen Protestbrief ähnlichen Inhalts verfasste der Münchner »Verein Sexuelle Gleichberechtigung«. Eine Klage der »AG Pädo« gegen die Stadt wurde jedoch aufgrund von Formfehlern zurückgewiesen.

Wie Mückstein weiter ausführt, sind die erstmals in den siebziger Jahren vom niederländischen Verein für Sexualreform gestarteten Versuche, das Thema Pädophilie in der öffentlichen Debatte unter anderen Gesichtspunkten als Krankheit und Kriminalität zu behandeln, gescheitert. Forscher wie der Hamburger Professor für Sexualwissenschaft Gunter Schmidt sehen das ähnlich. Schmidt betrachtet Ausdrücke wie »Kinderschänder« als einen Rückfall in die fünfziger Jahre: *»Dieser Begriff geht unkritisch durch alle Medien, Moderato-*

rin und Moderator der Tagesthemen benutzen ihn ebenso umstandslos und antiaufklärerisch wie die Boulevard-Presse.« Statt zu differenzieren, werde vom Exhibitionismus bis zum Sexualmord alles über einen Kamm geschoren, so dass das eine hysterisiert und das andere verharmlost werde. Schmidt: *»Pädophilie aber hat nicht mehr mit Vergewaltigung und Sexualmord zu tun als Heterosexualität.«* Auch andere Sexualwissenschaftler sehen in der aufgeheizten Debatte vielfältige Risiken: Bei geringeren Vergehen wie etwa Exhibitionismus, die Kinder zwar irritieren, diese aber nicht weiter ernst nähmen, entstehe die eigentliche Schädigung erst durch deren Dramatisierung und das öffentliche Behandeln der Kinder als Opfer. Das berge die Gefahr, dass Kinder nicht nur die Opferrolle übernehmen, sondern sich auch die Schuld gäben, nicht selbst erkannt zu haben, dass mit ihnen *»etwas furchtbar Böses«* passiert sei. Viele Kinder trauten sich auch nicht, ihre Situation zur Sprache zu bringen, weil sie Angst vor dem skandalisierenden Umgang damit und vor der öffentlichen Berichterstattung hätten. Auch verschiedene Kinderschutzgruppen vertreten die Position, dass die polizeiliche Befragung häufig traumatisierender sein könne als die eigentliche Tat, weshalb sie mehr auf Gespräch und Therapie (mit oder ohne Einbezug des Täters) setzen. Der Diplompsychologe und BKA-Mitarbeiter Michael Baurmann führt aus: *»Erwachsene, die annehmen, dass nicht nur gewalttätige, sondern auch gewaltlose Sexualkontakte für Kinder grundsätzlich schädlich seien, müssen sich mit dem Ergebnis auseinandersetzen, dass manche Kinder erst zu Opfern werden, weil Erwachsene es so erwarten. Manche Erwachsene haben die undifferenzierten Horrorberichte über die Folgen so verinnerlicht, dass sie sich unbefangene Reaktionen ihrer Kinder gar nicht vorstellen können. Andere Erwachsene haben selbst so viele sexuelle Probleme, dass sie zu einer unbefangenen Reaktion gar nicht fähig sind. Bedingt durch eine solche Erwartungshaltung verhalten sich manche Erwachsene dann in einer Weise, dass das Kind tatsächlich zum Opfer wird.«*

Insgesamt, so die Kritiker, lernten auch nicht betroffene Kinder durch die tagtägliche Darstellung des Themas in den Medien Sexualität nur noch als etwas Gefährliches, Furcht erregendes und allein im Zusammenhang mit Missbrauch und Mord kennen. Liebe und Sexualität würden so voneinander getrennt. Kinder, die in problematischen Beziehungen mit Pädophilen stecken, seien überdies verwirrt, weil ihre eigene Wahrnehmung von ihrem älteren Freund mit dem öffentlichen Bild des Kinderschänders als Monster nicht übereinstimmt. Sie vertrauen sich niemandem Außenstehenden an, weil sie Angst haben, dass der Betreffende dann ins Gefängnis kommt. Überhaupt erschwere der dramatisierende Umgang mit diesem heiklen Thema differenzierte Lösungsversuche wie Beratungsangebote und therapeutische Maßnahmen für Pädophile sehr. Nicht zu vernachlässigen ist indes auch die Gefahr, die durch das Schlagwort »Missbrauch mit dem Missbrauch« bekannt wurde: Bei Scheidungen wird die Unterstellung des Kindesmissbrauchs auch als Waffe gegen Väter verwendet (aus Rache oder um ein Besuchsrecht zu verhindern); Väter trauen sich generell immer weniger, mit ihren Kindern Zärtlichkeiten auszutauschen oder gemeinsam zu baden; Lehrer und andere Erzieher leben in der ständigen Angst entsprechender Beschuldigungen, was ein gestörtes Vertrauensverhältnis und einen Rückzug von Männern aus pädagogischen Berufen mit sich bringt und so neue Störungen insbesondere bei Jungen verursacht; Psychotherapien münden statt in kompetente Hilfe in die fahrlässige Suggerierung, alle Probleme seien das Resultat »verdrängter« Missbrauchserfahrungen. (Hintergründe zu speziell diesem Thema sind in »Sind Frauen bessere Menschen?« enthalten.)

Der Diplompsychologe Peter Näf sieht in seinem Aufsatz »Kampagne gegen den sexuellen Missbrauch: Eine tragische Bilanz« (unter http://www.arcados.ch/beratung/neue.strategie/neue.strategie2000pn.html im Web) all diese Nachteile, hofft allerdings, dass durch den begonnenen Tabubruch in Sachen Pädophilie auch eine positive Entwicklung Einzug hält: *»Ein Tabu hält unbewusste, gesellschaftlich abgelehnte, weit verbreitete Wünsche unter einem Sicherheitsdeckel. Wird das Tabu gebrochen, entstehen in der Gesellschaft gewaltige Abwehrkräfte. Dies hat zuerst eine schlimme Auswirkung: Es wird nach Sündenböcken gesucht. In dieser Rolle sind heute die Pädophilen. Ihnen wird all das angelastet, was man nicht wahrhaben will (z.B. die viel häufiger vorkommenden sexuellen Übergriffe in den Familien durch Nichtpädophile). Heute sind wir in dieser Phase. Trotzdem erwarte ich eine positive Seite dieses Tabubruchs, nämlich dass dadurch um Objektivität besorgte Fachleute aufgeweckt werden und endlich auf dem Gebiet der Pädophilie ernsthaft zu forschen beginnen, etwas, was Extremisten unter den so genannten Kinderschützern* *fürchten (...). Das Wissen um das Phänomen und besonders auch um die Auswirkungen von sexuellen Handlungen auf Kinder ist vorläufig noch gering, und das Wissen, das vorhanden ist, wird nicht verbreitet. So gibt es auch Fachleute, die lieber Vorurteile repetieren, als sich ernsthaft mit diesen Resultaten zu beschäftigen oder eigene Forschung zu betreiben. Durch den Bruch des Tabus wird dies jedoch langfristig wissenschaftlich nicht mehr haltbar sein.«*

Noch sind es allerdings exakt jene der öffentlichen Meinung zuwiderlaufenden Untersuchungsergebnisse, die einer starken Tabuisierung unterliegen. So wurde der → Bundesprüfstelle für jugendgefährdende Schriften der Vorwurf gemacht, im Dezember 1998 die Zeitschrift KOINOS nicht wegen pornografischer Bilder oder Texte indiziert zu haben, sondern weil darin eine Studie angeführt worden sei, der zufolge Studenten, die als Kinder sexuelle Beziehungen zu Erwachsenen hatten, diese häufiger als positiv (38% bis 68%) oder neutral (8% bis 32%) als negativ (8% bis 45%) bewertet hatten. Auch Gunter Schmidt machte in der »Zeitschrift für Sexualforschung« (Ausgabe 12, 1999, S. 133-139) auf solche Erkenntnise aufmerksam: *»Es gibt inzwischen über 100 Studien, in denen Erwachsene mit sexuellen Missbrauchserfahrungen in der Kindheit (...) mit Erwachsenen ohne solche Erfahrungen verglichen werden. Statistisch aufwendige Sekundäranalysen, ›Meta-Analysen‹ werden sie heute genannt (...), ergeben, dass gut die Hälfte der Männer und ein Viertel der Frauen ihre Erfahrungen als neutral oder positiv beschreiben. (...). Differenzierende Aussagen, z.B. nach der Intensität der Erfahrung oder der Dauer, sind wegen der Grobheit der Kategorie ›sexueller Missbrauch‹ in den Meta-Analysen kaum zu finden. Aber auch wenn diese Studien gravierende oder vernichtende Auswirkungen sexueller Erfahrungen mit Erwachsenen keinesfalls ausschließen, sind die niedrigen Korrelationen nur dadurch zu erklären, dass viele Erfahrungen innerhalb der breiten Kategorie ›sexueller Missbrauch‹ weder negativ erlebt werden, noch folgenschwer sind, also keine sexuelle Traumatisierung darstellen. Wir sehen: Die Bewertung der Folgen sexueller Handlungen mit Kindern muss wieder in ein Gleichgewicht gebracht werden – um der Realität der Kinder gerecht zu werden und um zu einer angemessenen Bewertung strafrechtlich relevanter Handlungen Pädophiler zu kommen.«* Ob die von Schmidt und anderen Sexualforschern angeführten Schlussfolgerungen richtig sind, wäre sicherlich zu diskutieren. Dazu müsste aber das gesellschaftliche Schweigetabu durchbrochen werden – was momentan kaum möglich scheint, ohne dass die jeweiligen Forscher scharfe soziale Sanktionen erfahren und beispielsweise als »Täterlobby« und »Helfershelfer der Kinderschänder« angegriffen werden. Der Gedanke hinter diesem Schweigetabu ist, dass eine offene, kontroverse Diskussion über die vorliegenden Forschungsergebnisse dazu beitragen könnte, die gesellschaftliche Ächtung des sexuellen Missbrauchs zu unterwandern und somit Kinder zu gefährden. Kritiker dieser Denkweise halten ihr entgegen, dass es zur Bekämpfung jedes Problems notwendig sei, ein möglichst realistisches Bild von ihm vor Augen zu haben, und dass dazu ein Abgleich der verschiedenen existierenden Erkenntnisse notwendig sei. Auch dürfe es in einer Demokratie kein »Herrschaftswissen« geben, das nur bestimmten Ständen oder Berufsgruppen zugänglich gemacht wird und anderen nicht. Eine moralische Gesellschaft sei notwendigerweise auch eine offene Gesellschaft, in der allen Mitgliedern dasselbe Recht und dieselben Kenntnisse zur Verfügung stehen, um ethische Streitfragen miteinander zu debattieren. Die Unterbindung einer solchen fairen Debatte trage totalitäre Züge.

Am meisten Aufsehen erregte in diesem Zusammenhang eine US-Studie, über die auch der »SPIEGEL« in einem (übrigens sehr differenzierten) Artikel im Juli 1999 berichtete. Die Doktoren Rind, Bauserman und Tromovitch kamen nach einem Jahrzehnt der Forschung auf der Grundlage von 59 bereits vorhandenen Untersuchungen über insgesamt etwa 36.000 Schülerinnen und Schüler zu dem Ergebnis, dass der Begriff »sexueller Missbrauch« viel zu unscharf verwendet wurde. In dieser breiten Auslegung führe er zu deutlich geringeren als den allgemein vermuteten psychischen Schädigungen, blieb häufig ganz ohne Folgen und konnte für bereitwillige Kinder unter den richtigen Umständen sogar positiv sein. Das Risiko und die Stärke einer Traumatisierung stiegen, wenn Gewalt und Zwang oder inzestuöse Verwicklungen im Spiel waren. Entgegen bisherigen Annahmen zeigten sich die Dauer der Beziehung, die Häufigkeit der Handlungen und die Frage, ob es zur Penetration kam, nicht als Einflussfaktoren. Wenn ein seelisches Trauma diagnostiziert wurde, war von den Forschern unzureichend beachtet worden, ob es tatsächlich auf den sexuellen Missbrauch zurückzuführen war oder nicht vielmehr auf die familiären Hintergründe, in die solche Taten eingebettet waren, und in denen beispielweise auch elterliche Gewalt oder Alkoholismus alltäglich waren. Um nicht missverstanden zu werden, betonten die Autoren ausdrücklich, dass aus ihren Erkenntnissen keinerlei Billigung von Missbrauch oder ein Freisprechen der Täter von ihrer Schuld verbunden sei.

Diese Studie wurde in der renommierten Fachzeitschrift »Psychological Bulletin« veröffentlicht und blieb über mehrere Monate von der Öffentlichkeit ebenso unbeachtet wie andere Studien, die in dieselbe Richtung wiesen. Dann jedoch entdeckte sie die konservative Gruppierung NARTH (»National Association on Research and Therapy of Homosexuality«), die Homosexualität für eine Krankheit hält, die therapiert werden kann. Sie griff die 159.000 Forscher und Dozenten repräsentierende Psychologenorganisation APA an, die die Studie in ihrer Zeitschrift veröffentlicht hatte, und beschuldigte sie, Pädophilie ebenso salonfähig machen zu wollen wie homosexuelles Verhalten. Der US-amerikanischen Öffentlichkeit brachte allerdings erst die landesweit bekannte Radio-Psychotherapeutin und Zeitungskolumnistin »Dr. Laura« Schlessinger die Untersuchung nahe. Schlessinger warf der APA vor, sich mit den Kinderschändern verbündet zu haben, um die *»geistige Krankheit«* der Pädophilie zu normalisieren. Die Studie wurde zum nationalen Thema. An der Empörung beteiligten sich christliche Gruppen ebenso wie Therapeuten, die ihre berufliche Existenz darauf aufgebaut hatten, »unterdrückte Erinnerungen« an Missbrauch und daraus resultierende »multiple Persönlichkeitsstörungen« zu diagnostizieren und zu »behandeln«. Die APA reagierte mit verschiedenen Stellungnahmen und Erklärungen: Ja, sexueller Missbrauch verursache schwerwiegenden Schaden, aber es gebe mehrere Stufen der Schädlichkeit und manchmal mildernde Faktoren. Dies würde den Missbrauch allerdings nie entschuldigen. Dabei betonte die APA über Monate hinweg die wissenschaftliche Fundiertheit der Studie: *»Wir haben sorgfältig den Prozess, nachdem er für die Veröffentlichung genehmigt wurde, überprüft und ebenfalls die Zuverlässigkeit der Untersuchungsmethode und Analyse. Diese Studie hat den harten Prüfungsprozess des Magazins bestanden und wurde seit der Kontroverse von einem Experten der statistischen Analyse nochmals überprüft, der bestätigte, dass sie die momentanen Standards erfüllt und dass die Untersuchungsmethodik, die weitläufig von dem Nationalen Instituten für Gesundheit zur Entwicklung von Richt-*

linien benutzt wird, einwandfrei ist.« Als der öffentliche Druck aber nicht nachließ, knickte die Führungsebene der APA ein und bezeichnete die Untersuchung als *»aufhetzend«* und mit der APA-Grundhaltung, was den Schutz von Kindern angehe, *»nicht vereinbar«*. Man sehe ein, dass man nicht allein den wissenschaftlichen Wert von Artikeln beachten müsse, sondern auch die sozial-politischen Implikationen und Auswirkungen auf die öffentliche Meinung. Allein die für die Studie verantwortlichen Doktoren Rind, Bauserman und Tromovitch blieben dabei, es sei ihre ethische Pflicht gewesen, vorliegende Forschungserkenntnisse der Öffentlichkeit zugänglich zu machen: *»Im Falle des sexuellen Missbrauchs von Kindern haben diese Ergebnisse positive Implikationen: Opfer müssen nicht mehr glauben, dass sie ›beschädigte Güter‹ sind und unvermeidlich unter Persönlichkeitsstörungen oder anderen seelischen Störungen zu leiden haben, und Psychotherapeuten haben eventuell eine solide Grundlage, um Versicherung und Hoffnung denen zu geben, die eine solche Erfahrung gemacht hatten. Solche Daten zu ignorieren wird eventuell denjenigen Schaden bringen, die eine solche Erfahrung dadurch hatten, indem sie das Gefühl, geschädigt worden zu sein, verinnerlichten.«*

Zu diesem Zeitpunkt hatte die Auseinandersetzung um die Studie die obersten Ränge der US-amerikanischen Politik erreicht. So forderte die Partei der Republikaner mit Nachdruck eine Stellungnahme des demokratischen Präsidenten Clinton ein und deutete, als diese nicht schnell genug erfolgte, an, nun sei für jeden ersichtlich, dass *»die demokratische Partei eine ernsthafte Bedrohung für unsere Kinder ist«*. Schließlich verabschiedete das Repräsentantenhaus der USA ohne Gegenstimme (bei 13 Enthaltungen) eine Resolution, in der Rind, Bauserman und Tromovitch scharf verurteilt wurden.

Dieser Konflikt zwischen Wissenschaft und Ideologie ist ein internationales Problem. Kritiker wie Ilja Schmelzer (hier unter http://home.t-online.de/home/Ilja.Schmelzer/Rind/KommentarZu-Richter-Appelt.html) werfen den Forschern vor, allzu bereitwillig auf dieses Spiel einzugehen: *»Sie verhalten sich (...) wie Wissenschaftler unter Zensurbedingungen, unter denen die Falsifizierung des Dogmas nicht höchstes Ziel jedes Experiments, sondern ein höchst gefährlicher Tabubruch ist. Und da sie längst wissen, dass das Dogma falsch ist, vermeiden sie Untersuchungen dort, wo es bekanntermaßen falsch ist. Der Zensor ist in diesem Fall die öffentliche Meinung, die in kei-*

nem Fall möchte, dass die Folgen von sexuellem Missbrauch unterschätzt werden. Es ist sicherlich ein guter Vorsatz, mit dem hier der Weg in die Hölle der Zensur gepflastert ist. Ein Vorsatz, der dazu führt, dass, egal wie übertrieben die Folgen bereits sind, nur die gehört werden, die behaupten, es sei noch schlimmer.«

Neues Aufsehen erregte noch vor der Veröffentlichung im Mai 2002 ein neues Buch der auf Sexualität und Geschlechterfragen spezialisierten New Yorker Journalistin Judith Levine mit einem ähnlichen Ansatz wie die umstrittenen Studien. »Harmful to Minors: The Perils of Protecting Children from Sex« (etwa: »Schädlich für Minderjährige: Die Gefahren, wenn man Kinder vor Sex beschützen will«) wurde von dem Verlag der Universität Minnesota veröffentlicht. Andere Verleger hatten es zuvor bereits als *»radioaktiv«* abgelehnt. Levine vertritt in der Tat mehrere brisante Standpunkte: So spricht sie sich dagegen aus, sämtliche Erscheinungsformen kindlicher Sexualität als gefährlich oder verstörend einzustufen. Die Furcht vor Pädophilen erklärt sie für weit übertrieben; stattdessen plädiert sie dafür, tatsächlich existierende Gefahren (sexuelle Gewalt, HIV-Infektion, unerwünschte Schwangerschaften) von übertriebenen oder gänzlich erfundenen Risiken zu trennen. Die Ressourcen, die in den Kampf gegen Pädophile oder Kinderpornographie gesteckt würden, wären anderswo eine bessere Investition. Levine führt auch die Statistiken an, die entgegen manchen offiziellen Behauptungen belegen, dass die Rückfallquote der Täter relativ niedrig ist. Insbesondere setzt sie sich dafür ein, das Alter zu senken, in dem Teenager zu sexuellen Handlungen einwilligen können: *»Teens suchen häufig Sex mit älteren Menschen, und zwar aus verständlichen Gründen. Sie fühlen sich dann sexy und erwachsen, beschützt und besonders; oft ist der Sex besser als mit Gleichaltrigen, die ebenso wenig Erfahrung haben wie sie selbst. Für manche Teens kann eine Romanze mit einem älteren Menschen eher Erlösung als Opfergang bedeuten.«* Machtgefälle seien in allen sexuellen Beziehungen zu finden. Als Modell für eine sinnvolle Balance zwischen Schutz der Jugendlichen und Respekt vor ihnen schlägt sie das niederländische Konzept vor, dem zufolge ein Kind ab zwölf Jahren in sexuelle Handlungen einwilligen kann; ausgenommen sind lediglich Autoritätsfiguren wie erwachsene Familienmitglieder, Lehrer und Priester. Radiomoderatoren und konservative Kritiker griffen Levines Buch Wochen vor seinem Erscheinen als Entschuldigung für Pädophile an. Hunderte von Anrufern und Mailschreibern zeigten sich wütend und empört. Ein führender Politiker des US-Staates Minnesota forderte die Universität auf, das Buch nicht zu veröffentlichen – kurz zuvor hatten die Gesetzgeber der Universität von Missouri das Budget um 100.000 Dollar gekürzt, nachdem diese einen Artikel des Politikwissenschaftlers Dr. Mirkin veröffentlicht hatte, in dem dieser in Frage stellte, ob alle sexuellen Kontakte zwischen Erwachsenen und Minderjährigen automatisch Missbrauch darstellten. Mirkin war deshalb auch bedroht worden. Verschiedene Bürgerrechts- und Anti-Zensur-Gruppen sprachen sich scharf dagegen aus, mit solcher *»intellektueller Erpressung«* die wissenschaftliche Freiheit zu unterwandern. Levine erklärte, dass solche Reaktionen exakt jene Hysterie darstellten, gegen die sich ihr Buch wende.

Auch was die Schäden der Kinder angeht, haben sich in der Debatte längst zwei Lager gebildet, die sich zwischen den Extrempositionen »Jeder Missbrauch richtet Schaden an« und »Berichte über Schädigungen sind nur Märchen« polarisieren. Viele Forscher sehen hier jedoch die Notwendigkeit einer stärkeren Differenzierung, nicht nur was die Art der erfolgten Handlungen angeht. Offenbar hängt auch vieles von der Persönlichkeit des Kindes selbst ab: Manche leiden lebenslang, andere scheinen selbst schwersten Missbrauch relativ problemlos zu überstehen. Es ist allerdings schwierig, hier Ursache und Auswirkung einander eindeutig zuzuordnen, da pädophile Erlebnisse sehr häufig in einer Kindheit geschehen, die auch in andererlei Hinsicht alles andere als ideal ist. Dennoch zeichnen sich in der Forschung bestimmte Erkenntnisse ab. Erstens: Die psychischen Folgen sind generell um so gravierender, je schwerer der Missbrauch verlief und je heftiger die Reaktionen der Umwelt darauf waren. Letzteres kann zu einer so genannten sekundären Traumatisierung beispielsweise durch wenig einfühlende Ermittlungen und nicht kindgerechte Gerichtsverfahren führen. Und zweitens: Auch die Opfer von Übergriffen ohne jegliche körperliche Gewalt können dadurch massiv seelisch verletzt werden, was zu schwerwiegenden und lang anhaltenden Folgen führen kann: darunter Süchte, Traumata, Neurosen, Psychosen, Selbsthass bis hin zum → Selbstmord, psychosomatische und sexuelle Störungen.

Wie Stöckel in seinem oben genannten Buch ausführt, ist die »*augenblickliche Situation der betroffenen Kinder, ebenso wie die der Pädophilen, ein unhaltbarer Zustand (...), den es gilt durch verstärkte Aufklärung und Forschung sowie eine sachlichere öffentliche Diskussion (...) zu verbessern*«. Die momentan verlaufende Art der Diskussion wird nach Ansicht vieler auch den Pädophilen selbst nicht gerecht. Insbesondere die affektgeladene Inszenierung des »Kinderschänders« als kollektivem Feindbild, als psychopathisch-skrupellosem Untermenschen, der nur noch kastriert werden kann, wurde bereits vor Jahrzehnten von so grundlegenden Sexualforschern wie dem US-Amerikaner Alfred Kinsey vergeblich beklagt. Auch in Europa unterliegt eine rationale Auseinandersetzung mit Pädophilie noch immer einem Tabu. Der Diplompsychologe Peter Näf weist auf die sich häufende Zahl von → Selbstmorden in dieser Gruppe hin; immer öfter bei selbst minderjährigen Pädophilen, die nie einen sexuellen Kontakt eingingen, aber das Klima der Diffamierung nicht mehr ertragen könnten. Frank Urbaniok, Leiter des Psychiatrisch-Psychologischen Dienstes des Kantons Zürich, erklärt: »*Weil diese Täter die Sündenbock- und Verdrängungsfunktion übernehmen müssen, kann die Bevölkerung die Augen vor dem Problem verschließen.*« Mario Etzensberger, Chefarzt der Aargauer Psychiatrischen Klinik Königsfelden, spricht sogar von einer modernen Hexenverfolgung der Pädosexuellen in unserer Gesellschaft. Anna Engelmann, Mutter eines Pädophilen, berichtet in ihrem offenen Brief »Was macht ihr mit unseren Kindern?« (einsehbar unter www.arcados.ch) über die mediale Ausgrenzung: »*So weiß ich definitiv, dass die Pädophilen-Selbsthilfegruppen sich vehement von den Kindermorden in Belgien, in Bayern und in Friesland abgegrenzt und distanziert haben, dass sie eine Vielzahl von öffentlichen Stellungnahmen verfassten und sie an diverse Medien versandten – nur: das Resultat war gleich null. Mit den Pädophilen redet niemand. Es ist sehr viel quotenträchtiger, über sie zu reden. Pressemitteilungen, Leserbriefe und andere Veröffentlichungen landen offensichtlich im Papierkorb. Mir ist kein Fall bekannt, in dem Pädophilen Raum gegeben wurde für eine unverfälschte Darstellung ihrer Position. Soweit sie zitiert wurden, geschah das aus dem Zusammenhang gerissen oder sogar völlig verdreht. Das, meine Damen und Herren von den Medien, macht mich nachdenklich. Mir geht es nicht darum, Pädophilie zu verteidigen oder sie sogar schön zu reden. Mir geht es allein darum, dass hier mit einer nicht unbeträchtlichen Minderheit von hunderttausenden Menschen verfahren wird wie zu Zeiten der Hexenverfolgung im Mittelalter. Auch die Schwulen und Lesben haben vor nicht allzu langer Zeit solche Erfahrungen machen müssen.«*

In dieser Einschätzung geht sie konform mit Sexualforschern wie Gunter Schmidt, der Pädophilie aus den oben erklärten Gründen heraus als eine ganz eindeutig *»nicht lebbare Sexualform«* benennt, aber darum bittet, das Augenmerk auch auf die tragische Situation der Betroffenen zu legen, in deren Identität diese Neigung tief verwurzelt sei: *»Die Pädophilie gehört zu ihnen wie die Liebe zum gleichen oder anderen Geschlecht beim Homo- oder Heterosexuellen, mit dem Unterschied, dass das eine grundsätzlich erlaubt, das andere, die Pädophilie, grundsätzlich verboten und seine Realisierung kaum möglich ist. Für diese Bürde, die Zumutung, ihre Liebe und Sexualität nicht leben zu können, verdienen sie Respekt, nicht Verachtung, Solidarität, nicht Diskriminierung.«*

Matthias Stöckel gelangt in seiner Analyse der bisher vorliegenden Literatur zu diesem Thema zu folgenden Maßnahmen, mit denen man sich einer besseren Bewältigung des Problems Pädophilie nähern könnte: eine umfassendere Therapie der Täter, eine Stärkung der Kinder (beispielsweise durch einen eigenen Anwalt im Strafprozess), eine kundigere, weniger hysterisierende und weniger vorurteilsbelandene öffentliche Debatte, möglicherweise eine festgelegte Grenze der Altersdifferenz bei zwei Sexualpartnern. Eine Legalisierung der Pädophilie könne nicht deshalb betrieben werden, weil bei einem Teil der Opfer die schweren Schädigungen ausbleiben, unter denen sehr viele andere zu leiden haben. Um ein »opferloses Delikt«, wie es manche Pädophilenvertreter darstellen möchten, handele es sich ganz offensichtlich nicht.

Quellen und Literatur: Engelmann, Nils: Lufträume. (Erfahrungsbericht in Romanform) München 1998. Stöckel, Matthias: Pädophilie: Befreiung oder sexuelle Ausbeutung von Kindern? Frankfurt am Main 1998. Kritik an Forschern, die in ihren Untersuchungen die Selbstdarstellungen von Pädophilen allzu naiv für bare Münze nähmen, äußert beispielsweise Ursula Enders in »Zart war ich, bitter war's. Handbuch gegen sexuellen Missbrauch«, Neuauflage Köln 2001. (Heikel ist allerdings, dass auch Enders Forscher mit anderen Ergebnissen als den ihren als Teil der »Täterlobby« bezeichnet.)

Paranormales

Übergreifender Begriff für Phänomene, die sich mit den gängigen Naturwissenschaften nicht erklären lassen, hauptsächlich Gedankenlesen, Hellsehen, Weissagen, Telekinese und Geistheilung. Dass die unvoreingenommene Untersuchung dieser Vorgänge von der etablierten Wissenschaft tabuisiert und an den Rand gedrückt wird, lässt sich scheinbar schon allein dadurch erklären, dass die bisherigen Erklärungsansätze den Grundpfeilern unseres »rationalen« Weltbilds zuwiderlaufen: Geist kann außerhalb des Nervensystems Materie nicht direkt beeinflussen, eine Wirkung kann nicht vor ihrer Ursache erfolgen, Bewusstsein kann nur im Zusammenhang mit einem Gehirn existieren, wir können Wissen nur über unsere fünf Sinne gewinnen. Die Tabuisierung des Paranormalen allein dadurch zu erklären greift jedoch zu kurz, weil dabei die bestehende extreme Kluft nicht angemessen betrachtet wird: Einerseits sind paranormale Erfahrungen millionenfach durch Schilderungen von Zeugen belegt und mittlerweile auch im Labor nachzuweisen (siehe die unten genannte Literatur), andererseits wird die wissenschaftliche Erforschung dieser Phänomene durch den Fachbereich der Parapsychologie staatlich kaum gefördert, sie führt an den Universitäten eine Randexistenz, und radikale Skeptiker rücken in ihren Schriften jeden Glauben an paranormale Zusammenhänge in den Ruch geistiger Verblödung und Wahnvorstellungen. Nachdem so für den ernsthaften Wissenschaftler ein enormer Statusverlust damit verbunden ist, wenn er sich mit Dingen wie Hellsehen und Tischrücken beschäftigt, gerät dieses Gebiet als Resultat einer selbsterfüllenden Prophezeiung tatsächlich häufig zum Tummelplatz bestenfalls halb ausgebildeter Spinner und Geschäftemacher. Während der Buchmarkt mit esoterischem Firlefanz vollgestopft ist, nimmt die breite Öffentlichkeit ernsthafte Forscher wie Walter von Lucadou, Robert und Dunne Jahn, Dean Radin, Russell Targ, Richard S. Broughton oder Michael Murphy kaum wahr. Wissenschaftliche Rechtfertigung erhält lediglich die Untersuchung des *Glaubens* an das Paranormale in Fächern wie Psychologie, Soziologie, Anthropologie oder Volkskunde, nicht aber das Überprüfen seiner Berechtigung. Während im Zuge wachsender Aufklärung früher tabuisierte und quasi nicht-existente Forschungsgebiete wie die Sexualwissenschaft oder die ethisch umstrittene → Gentechnik großen Zuwachs gewinnen, lässt sich, Max Webers Diktum einer »Entzauberung der Welt« folgend, wachsende Tabuisierung verzeichnen, wenn es um Dinge wie »Magie« oder »Wunder« geht – christliche oder andere Wundererscheinungen werden selbst in Theologie und Religionswissenschaft immer mehr an den Rand gedrängt. Da das offiziell Tabuisierte jedoch häufig um so stärker zurückkehrt, ist die Allgemeinheit von diesen Themen zunehmend fasziniert. Bücher zur »Wunscherfüllung durch das Universum« oder mit »Hexenzaubern« insbesondere für weibliche Teenager stehen auf den Bestsellerlisten weit oben (→ »Buffy im Bann der Dämonen«).

In der zum Teil heftigen Abwehr so genannter Skeptiker gegen Forschungen im Bereich des Paranormalen erkennen manche ihrer Kritiker ein unbewusst übernommenes Tabu aus den Zeiten vor der Aufklärung. In den primitiven Gesellschaften war der Kontakt mit übernatürlichen Mächten verboten, und die christliche Kirche verteufelte jegliche Beschäftigung mit »okkulten Vorgängen«. Was die Kirche damals untersagte, indem sie es öffentlich als »Sünde« brandmarkte, wird heute von »Skeptiker«-Organisationen wie CSICOP an den Rand gedrängt, indem Anhänger und Erforscher öffentlich lächerlich gemacht werden. Den besten Beleg hierfür dürfte der neben James Randi international prominenteste »Skeptiker« Martin Gardner bieten. Gardner ist Verfasser einer Unzahl von rhetorisch häufig brillanten (und insofern durchaus lesenswerten) Büchern und Texten, in denen er sich über paranormale Theorien lustig macht. Mit zum Teil hämischem Sarkasmus trägt er dazu bei, dass der Forschungsbereich des Paranormalen ein »unsauberes« Gebiet bleibt, das von der wissenschaftlichen Elite nicht betreten werden sollte. Gardners Anhängern ist allerdings kaum bekannt, dass dessen Angriffe nicht aus wissenschaftlichem, sondern aus religiösem Fundamentalismus heraus geboren sind. Gardner glaubt beispielsweise sehr wohl an ein Leben nach dem Tod oder die Macht des Gebets, hält es jedoch für Gotteslästerung, die dahinterliegenden Kräfte zu erforschen. In seinem Essay »Prayer: Why I Do Not Think It Foolish« (»Beten: Warum ich es nicht für dämlich halte«, enthalten in Gardners »The Whys of a Philosophical Scrivener«, New York 1983) führt Gardner beispielsweise aus: *»Es ist möglich, dass bisher unerklärte paranormale Kräfte es Gebeten erlauben, die materielle Welt zu beeinflussen, und ich sage ganz bestimmt nicht, dass man diese Möglichkeit von vorneherein ausschließen sollte. (...) Was empirische Versuche angeht, die*

Gottes Macht, Gebete zu beantworten, auf die Probe stellen sollen, gehöre ich zu denjenigen Theisten, die im Geiste von Jesus Bemerkung, dass nur diejenigen ohne Glauben nach Zeichen forschen, solche Experimente sowohl für vergeblich als auch für blasphemisch halten. (...) Lasst uns nicht Gott versuchen!«

Ein noch stärkerer Dogmatismus ließ sich bei Sigmund Freud feststellen, der als Begründer der Psychoanalyse entscheidend zu einer sehr erfolgreichen spekulativen Philosophie beitrug, die den Glauben an das Paranormale mit dem Etikett des Neurotischen und Infantilen versah. Freuds Schüler Carl Gustav Jung berichtet in mehreren seiner Bücher von Gesprächen mit Freud, in denen dieser förmlich dazu drängte, aus der Sexuallehre ein *»Dogma«* gegen *»die schwarze Flut des Okkultismus«* zu machen – Jungs Darstellungen zufolge im Tonfall eines Vaters, der seinem Sohn eindringlich das Versprechen abringt, jeden Sonntag zur Kirche zu gehen. Dies war einer der entscheidenden Punkte, in denen die Auffassungen Freuds und Jungs auseinander gingen.

Wegweisend für die Öffnung des wissenschaftlichen Establishments im Fachbereich Psychologie ist das im Jahre 2000 von der American Psychological Association (APA) herausgegebene Fachbuch »Varieties of Anomalous Experience: Examining the Scientific Evidence« – ein Tabubruch, der genügend Substanz besitzt, um ein wegweisender Klassiker zu werden. Ohne die wissenschaftliche Neutralität, Ausgewogenheit und Differenziertheit zu verlieren, schildern darin die verschiedensten Experten den aktuellen Forschungsstand zu Phänomenen wie außerkörperlichen Erfahrungen, PSI-Kräften, Entführungen durch Außerirdische, Nah-Todes-Erlebnissen und Geistheilungen. Die Herausgeber (namentlich Etzel Cardena, Steven Jay Lynn und Stanley Krippner) schreiben in ihrem Vorwort: *»Im Gegensatz zu der öffentlichen Faszination dieser Phänomene hat sie die traditionelle Psychologie lange Zeit vernachlässigt oder sogar lächerlich gemacht. Tatsächlich sind ungewöhnliche Erfahrungen Beispiele dafür, was Postmodernisten als ›das Andere‹ bezeichnen – Phänomene, die zwischen die Ritzen zeitgemäßer Mainstream-Psychologie gefallen sind. Wir glauben allerdings, dass die Psychologie inzwischen genügend Reife und Bandbreite erlangt hat, um einen ernsthaften Blick auf diese ungewöhnlichen, aber wichtigen Erfahrungen zu werfen. (...) Für Psychologen und andere Sozial- und Verhaltensforscher ist die Zeit* *gekommen, die Verschiedenheiten ungewöhnlicher Erfahrungen ernsthaft zu betrachten und sie in die Theorie, die Forschung und die klinische Praxis zu integrieren.«*

Ein weiterer Grund, weshalb die Fachdisziplin Parapsychologie vehement abgewehrt wurde, war, dass sie lange Zeit kein zusammenhängendes Erklärungsmodell anbieten konnte. Erst seit den späten achtziger Jahren sind verschiedene Wissenschaftler damit befasst, ein solches Modell zu entwerfen. Ihm zufolge basiert unsere Existenz nicht auf Materie, wie bislang allgemein angenommen, sondern auf Bewusstsein. Philosophisch betrachtet kommt es hier also zu einer Abwendung vom etablierten wissenschaftlichen Materialismus hin zum Idealismus, wie er in unterschiedlicher Ausprägung etwa von Plato, Leibniz, Spinoza, Fichte und Hegel vertreten wurde. Diese Vorstellung scheint unserem bisherigen naturwissenschaftlichen Weltbild zunächst völlig entgegenzulaufen, ist aber das bislang einzige umfassende Erklärungsmodell, das sämtliche bekannten »übersinnlichen« Phänomene sinnvoll einordnet, ohne sie als Anhäufung von Sinnestäuschungen, Fehlerinnerungen, entstellten Zeugenberichten und unzureichenden Versuchsanordnungen wegzuerklären. Zudem würde es sich mit verschiedenen Erkenntnissen der Quantenphysik decken: Lichtphotonen treten je nach gewähltem Messverfahren entweder als Welle oder als Partikel auf; Elektronen erhalten ihre Position sowie ihren Impuls anscheinend erst durch den Akt der Beobachtung zugeschrieben, die auch anderweitig das Geschehen im Quantenbereich stark zu beeinflussen scheint. Schließlich wurde vor einigen Jahren ein Teilchen namens Anomalon entdeckt, das offenbar bei unterschiedlichen beobachtenden Wissenschaftlern unterschiedliche Eigenschaften aufweist.

Eugene Wigner vertrat als erster bedeutsamer Quantenphysiker die These, dass die äußere Wirklichkeit durch den Akt der Beobachtung geformt werden könnte. Dies führte zu schwerwiegenden philosophischen Problemen, die sich um die Frage drehten, welche Form von Wirklichkeit existieren könne, wenn es kein Bewusstsein gibt, um sie wahrzunehmen. Wie hätte es dieser Weltvorstellung nach zum Beispiel das Universum geben können, bevor Menschen mit ihrem Bewusstsein existierten? Auf diese Fragen gaben einige Quantenphysiker sehr gewagt wirkende Antworten. So argumentierte etwa John Wheeler, Bewusstsein könne sich jenseits von Raum und Zeit bewegen (was von parapsychologischen Forschungsergebnissen gestützt wird) und habe daher z. B. den Urknall so steuern können, dass sich das Universum auf eine Weise entwickelte, die zur Entstehung des Menschen führte. Andere Forscher (etwa David Mermin, Stephen Wolinsky und David Bohm) vertreten ähnlich kühne Ansätze. Diese Entwürfe wurden bislang jedoch aus dem wissenschaftlichen Mainstream weitgehend ausgegliedert, da sie mit den gängigen Konzepten der Welterklärung nicht vereinbar sind und letztlich mehr Fragen aufwerfen, als sie beantworten, und eine Vermischung von Wissenschaft und Religion begünstigen. Vertreter des Mainstreams griffen Forscher, die solche alternativen Modelle entwickelten, häufig scharf an. Oft droht die wissenschaftliche Auseinandersetzung in eine rhetorische Schlacht, wenn nicht gar einen Machtkampf zu münden.

Im September 2001 sorgte Brian Josephson, Träger des Nobelpreises für Physik, für Aufruhr in der wissenschaftlichen Gemeinschaft. Anlässlich der Herausgabe von sechs neuen Briefmarken der Royal Mail erklärte er in einer begleitenden Broschüre, seiner Einschätzung nach könnten die neuesten Entwicklungen in der Quantenphysik sowie der Informationstechnologie zukünftig Prozesse erklären, die sich der bisherigen Wissenschaft nicht erschlossen haben, beispielsweise Telepathie. Andere Wissenschaftler reagierten darauf wütend und empört, so etwa David Deutsch, Experte für Quantenphysik an der Universität Oxford: *»Das ist absoluter Müll. Telepathie gibt es einfach nicht.«* Josephson führte aus, es sei ihm ein Anliegen, das schwere Ungleichgewicht zu thematisieren, was Forschungsarbeit im Bereich des Paranormalen angehe: *»Ich denke, Magazine wie ›Nature‹ und ›Science‹ zensieren solche Forschung. Es gibt eine große Zahl von Belegen, welche die Existenz von zum Beispiel Telepathie stützen, aber Aufsätze zu diesem Thema werden unfair zurückgewiesen.«*
Literatur: außer den oben erwähnten Autoren zur Einführung Michael Schmickers »Best Evidence«, Writers Club Press 2000, sowie »Das große Handbuch der Parapsychologie« von Prof. Dr. Milan Rýzl, Ariston 1997. Zur Nachweisbarkeit von paranormalen Kräften im Laborversuch: Jahn, Robert ; Dunne, Brenda: An den Rändern des Realen. Zweitausendeins 1999. Radin, Dean: The Conscious Universe: The Scientific Truth of Psychic Phenomena. Harper Collins 1997. Tart, Charles: Body Mind Spirit: Exploring the Parapsychology of Spirituality. Hampton Roads 1997. Zu einem Erklä-

rungsmodell, dem zufolge die Welt nicht auf Materie, sondern auf Bewusstsein beruht: Chandler, Keith: PSI. What it is and how it works. Author's Choice Press 2001. Goswami, Amit: Das bewusste Universum. Lüchow 1995. Lorimer, David (Hrsg.): Thinking Beyond the Brain. A Wider Science of Consciousness. Floris Books 2001. Mindell, Arnold: Quantum Mind. The Edge between Physics and Psychology. Lao Tse Press 2000. Nadeau, Robert; Kafatos, Menas: The Non-Local Universe: The New Physics and Matters of the Mind. Oxford University Press 1999. Talbot, Michael: Das holographische Universum. Droemer Knaur 1992 (im deutschen Handel vergriffen). Zohar, Danah: The Quantum Self. Human Nature and Consciousness Defined by the New Physics. New York 1990. Sehr kritisch gegenüber einer allzu kühnen Auslegung der quantenphysikalischen Erkenntnisse äußert sich Ib Ravns »Chaos, Quarks und schwarze Löcher«, Antje Kunstmann 1995. Internet: Das »Scientific and Medical Network«, das bei der Forschung über den reinen Materialismus hinausgehen und sich auch religiös-transzendenten Erfahrungen öffnen möchte, ist im Web unter www.scimednet.org zu finden. Als Avantgarde in der unvoreingenommenen Bewusstseinsforschung gilt darüber hinaus das »Institute of Noetic Sciences«, im Internet unter www.noetic.org.

Paraphilie

(bedeutungsähnlich: *Devianz)* Sexuelles Verhalten, das von dem der Mehrheit bzw. der gesellschaftlichen Norm abweicht. Dieser Ausdruck ersetzte in der Sexualwissenschaft den unangemessen abwertenden und diskriminierenden Begriff der Perversion. Als ebenso wertneutral gilt der von Volkmar Sigusch geprägte Ausdruck »Neosexualitäten«. Während das Lustempfinden des Menschen allenfalls partiell durch gesellschaftliche Tabus zu beeinflussen ist, stellt die öffentliche Thematisierung solcher Paraphilien sehr oft einen Tabubruch dar.

Das in den USA gebräuchliche »Diagnostic and Statistic Manual of Mental Disorders« sowie die vor allem in Europa benutzte »International Classification of Diseases« listen in ihren aktuellen Ausgaben folgende ungewöhnliche Formen sexueller Befriedigung als Paraphilien auf: → Exhibitionismus, Fetischismus, Frotteurismus, → Pädophilie, sexueller Masochismus und sexueller Sadismus (in Europa zum → Sadomasochismus zusammengefasst), Voyeurismus, Transvestismus und »andere Paraphilien« (z. B. → Nekrophilie). → Homosexualität gilt international nicht mehr als Paraphilie. Letzteres ist vermutlich auch dadurch begründet, dass die Homosexuellen es im Gegensatz zu den Angehörigen anderer Minderheiten in der sexuellen Ausrichtung geschafft haben, sich zu Gruppen und Organisationen von ausreichendem politischen Einfluss zusammenzuschließen. Das geschah aus einer reinen Notwendigkeit heraus (ein homosexuelles Paar ist als solches unweigerlich zu erkennen) und blieb nicht ohne massive Konflikte mit der gesellschaftlichen Mehrheit, führte aber letztlich dazu, dass eine lange vorherrschende Diskriminierung im Vergleich zu anderen Formen abweichenden Sexualverhaltens weitgehend unterbunden werden konnte. Die Erkenntnis, dass dies nicht ohne eine Unzahl von immer neuen Tabubrüchen in unterschiedlichen Medien und Texten und damit notwendigerweise auch scharfen Konflikten mit der gesellschaftlichen Mehrheit zu erreichen war, beeinflusst die politische Strategie der Vertreter anderer sexueller Minderheiten. Vertreter der gesellschaftlichen Mehrheit, insbesondere Boulevardjournalisten, versuchen im Gegenzug, die Tabus aufrechtzuerhalten, indem sie sexuelles Verhalten, das ihnen fremdartig, normüberschreitend, sexuell anrüchig oder anderweitig unzumutbar erscheint, mit dem sexualwissenschaftlich veralteten Begriff der Perversion abwerten. Alan Goldman spekuliert hier im Gefolge Sigmund Freuds, dass sich dieses lautstark geäußerte Unbehagen aus latenten Wünschen ableiten könnte, die der Betreffende vor sich selbst und anderen nur ungern eingestehen und daher um so massiver abwehren möchte.

Was als »normales Sexualverhalten« bezeichnet wird, ist das Ergebnis verschiedener Faktoren, etwa statistische Häufigkeit in einer bestimmten Bevölkerung, kultureller Standard, sittlich erwünschtes Verhalten und schließlich jede Verhaltensform, die nicht durch psychische Störungen gekennzeichnet ist. Jeder einzelne dieser einander bedingenden Faktoren ist allerdings von den jeweils aktuellen Ansichten und Einstellungen der Gesellschaft bzw. der Person abhängig, die festlegt, was ihrem Maßstab nach als »normal« zu gelten hat, und ist insofern höchst relativ. Als »abartig«, »sündhaft« oder »unnormal« wurden und werden immer wieder Praktiken betrachtet, die andernorts zur Bandbreite des »Normalen« gehören. So stellen beginnend mit Kinsey Studien von Sexualwissenschaftlern regelmäßig fest, dass die tatsächlich in einer Bevölkerung verbreiteten Sexualpraktiken deutlich über das kulturell vorgegebene Muster des »Normalen« hinausgehen.

Als »pervers« galt in früheren Zeiten etwa auch die → Selbstbefriedigung. Inzwischen gilt es als durch Befragungen gesichert, dass diese Ordnungswidrigkeit von deutlich über 90 Prozent aller sexuell gesunden Personen ausgeübt wird. Je mehr Selbstbefriedigung enttabuisiert und von ihrer negativen Bewertung befreit wurde, desto mehr Menschen sahen die Möglichkeit, sich frei dazu zu bekennen. So ist es mittlerweile gesamtgesellschaftlich unmöglich, die Masturbation weiterhin als »Störung« darzustellen. Einen ähnlichen Wandel haben die Homosexualität und im Laufe der neunziger Jahre teilweise der Sadomasochismus durchgemacht.

Heute werden von weiten Teilen der Sexualwissenschaft sämtliche sexuellen Aktivitäten, die mündige Beteiligte freiwillig miteinander eingehen und bei denen sie sich selbst oder einander keine bleibenden Schäden zufügen, als gleichberechtigte Spielarten betrachtet. Der entsprechende Slogan lautet: *»Es gibt keinen politisch korrekten Orgasmus«*, also auch kein »von Natur aus richtiges« Sexualverhalten. Der deutsche Sexualwissenschaftler Gunther Schmidt schreibt in seinem Buch »Das Verschwinden der Sexualmoral« von einer so genannten Verhandlungsmoral. Rolf Gindorf, der Vizepräsident der Deutschen Gesellschaft für Sozialwissenschaftliche Sexualforschung (DGSS), spricht von einer gewachsenen »Selbstreferentialität« bei der jungen Generation des neuen Jahrtausends: *»Unsere Arbeit in der Sexualberatung zeigt, dass in den letzten 30 Jahren ein sehr positiver Wandel eingetreten ist. Wenn heute ein Mann oder eine Frau Lust auf Sex mit irgendeinem Menschen hat, dann ist die Frage: ›Darf ich das?‹ oder ›Was sagt der Pastor dazu?‹ sekundär bis nicht vorhanden. Selbstreferentiell sein heißt, sich nach den eigenen Wünschen zu richten und nicht nach dem, was andere vorgeben.«*

1987 legte das Ethik-Komitee des Fünften Weltkongresses der Sexualforscher einen Katalog von zehn sexuellen Grundrechten vor. Diese sind: das Recht auf sämtliche sexuellen Gedanken, Phantasien und Sehnsüchte; die freie Verfügbarkeit sexuellen »Entertainments« auf dem öffentlichen Markt, und zwar hinsichtlich der vollen Bandbreite verantwortbaren Sexualverhaltens (also das Anbieten und Konsumieren erotischer Medien und Hilfsmittel sowie von Prostitution); das Recht, sich sexuellen Materialien oder Verhaltensweisen *nicht* aussetzen zu müssen, wenn man das nicht möchte; das Recht auf sexuelle Selbstbestimmung (niemand darf einem anderen vorschreiben, was dieser mit seinem Körper tut, oder ihn diskriminieren, weil er z. B. zölibatär lebt oder aber häufig wechselnde Partner hat); die Freiheit, einen Partner für einvernehmliche sexuelle Aktivitäten zu suchen oder zu engagieren; die Freiheit, in sexuelle Aktivitäten einzuwilligen, solange dies nicht durch Zwang, Gewalt oder Betrug zustande kommt (es ist davon auszugehen, dass zum Prinzip der Einwilligung auch die geistige Reife gehört, dies zu tun; man kann also z. B. bei Kindern oder anderweitig Unmündigen kaum von »Einwilligung« sprechen); die Freiheit vor Verfolgung, Benachteiligung oder gesellschaftlicher Diskriminierung aufgrund der sexuellen Orientierung; das Recht jedes Menschen (einschließlich Kranker/Behinderter, Senioren, Häftlinge etc.) auf sexuelle Betätigung; das Recht von Menschen mit sexuellen Problemen auf eine entsprechende Betreuung; das Recht auf Empfängnisverhütung.

Inzwischen ist bekannt, dass die Unterdrückung der eigenen sexuellen Bedürfnisse zu psychischen Folgeproblemen wie Depressionen, Angst, Sucht, Selbsthass, Aggression und Ess-Störungen führen kann. Andererseits kann die freie Ausübung der eigenen Sexualität nicht auf Kosten anderer Menschen und ihrer Grundrechte gestaltet werden. Nicht jedes Bedürfnis muss befriedigt werden, nur weil es vorhanden ist.

Quelle zu dem aufgeführten Katalog der sexuellen Grundrechte: Senior Faculty des Institute for the Advanced Study of Human Sexuality, Hrsg. Ted McIlvenna: The Complete Guide to Safe Sex. Beverly Hills 1987

Internet: Ein ebenso umfassendes wie geschickt vernetztes Diagramm über das Spektrum der unterschiedlichsten Paraphilien gibt es unter http://www.deviantdesires.com/map/mappics/map81002.gif

Pasolini, Pier Paolo

Italienischer Regisseur, 1975 von einem Strichjungen ermordet. Als umstritten gilt sein Film »Das erste Evangelium, Matthäus« über das Leben von → Jesus. Noch weit kontroverser wurde indes »Salò o le 120 giornate di Sodoma« (dt. »Salò oder Die 120 Tage von Sodom«, 1975) aufgenommen, worin die Phantasien des Marquis → de Sade mit der Zeit des Faschismus und mit der darauf folgenden bürgerlich-kapitalistischen Gesellschaft verknüpft werden. Handlungsort ist die Republik von Salò, dem faschistischen Nachfolgestaat der Diktatur Mussolinis im Jahre 1944. Vier vermeintliche Stützen der Gesellschaft – ein Richter, ein Priester, ein Präsident und ein Herzog – entführen mehrere junge Mädchen und Knaben, um sie in einer grausamen Orgie sexueller Gewalt und Folter der unterschiedlichsten Art auszusetzen, sie zu zwingen, → Scheiße zu essen und Urin zu trinken, sie schließlich zu verstümmeln und schmerzvoll ums Leben zu bringen. Der Film, der die hedonistische Dekadenz seiner Epoche scharf kritisiert (Kernthese: die Gegenwart macht wahr, was de Sade nur imaginierte), konnte erst nach Pasolinis Tod uraufgeführt werden. Er wurde 1976 in Deutschland verboten und erst zwei Jahre später durch ein Urteil des Bundesgerichtshofs freigegeben, das in diesem Fall den Kunstvorbehalt nach Artikel 5 des Grundgesetzes als höchstes Rechtsgut einstufte. Die Zeitschrift »Stern« reihte das Werk unter die »100 besten Filme des Jahrhunderts« ein. 1987 setzte die → Bundesprüfstelle für jugendgefährdende Schriften die Videofassung von »Salò« trotz des von den verschiedensten Seiten beurkundeten Kunstcharakters des Films als *»schwer jugendgefährdend«* auf den Index.

PDS-SPD-Koalition

Die in den letzten Jahren in Mecklenburg-Vorpommern (1998 unter Harald Ringstorff) sowie in Berlin (2001 unter Klaus Wowereit) zwischen der SPD und der PDS auf Landesebene eingegangenen Koalitionen (nach einer von der PDS geduldeten Minderheitsregierung der SPD unter Reinhard Höppner in Sachsen-Anhalt) wurden von den verschiedensten Politikern als »Tabubruch« bezeichnet. Auffällig ist hier, welche unterschiedlichen Konnotationen bei diesem Wort mitschwingen. Verwendet ein konservativer Politiker wie etwa der frühere Berliner Bürgermeister Eberhard Diepgen diesen Ausdruck, dann ist er als Vorwurf gemeint, denn Diepgen erscheint das Tabu offenkundig sinnvoll, mit einer Nachfolgepartei der SED oberhalb der Kreisebene keine politische Zusammenarbeit einzugehen. *»Was heute PDS heißt, hat SED im Blut«* fand auch der CDU-Generalsekretär Laurenz Meyer und warf der SPD vor, allein des Machterhalts wegen mit einer Partei zu »paktieren« (einen »Pakt« schließt man üblicherweise mit dem Teufel), welche die freiheitlich-demokratische Grundordnung in Frage stelle, den Weg in eine andere, sozialistische

Republik einschlage und überdies mit gewalttätigen Gruppen zusammenarbeite. (All diese Vorwürfe hatte man den Grünen allerdings auch schon gemacht.) Außer der politischen Ablehnung der sozialistischen Ideologie scheinen hier gesinnungsethische Maßstäbe eine Rolle zu spielen: Mit einer Partei, deren Vorgänger für soviel Leid verantwortlich war und die vielen Werten der Bundesrepublik so kritisch gegenüberstehe, arbeite man eben *grundsätzlich* nicht zusammen. Positiv belegt ist das Wort »Tabubruch« in diesem Zusammenhang hingegen, wenn es von jemandem verwendet wird, der selbst Anhänger oder Mitglied der PDS ist, beispielsweise von Gregor Gysi, der Ringstorffs Entscheidung für eine rot-rote Koalition ausdrücklich lobte und drei Jahre später durch eine rot-rote Koalition in Berlin für kurze Zeit ein Regierungsamt im Senat erhielt. Den Äußerungen Gysis lässt sich entnehmen, dass für ihn besagter Tabubruch in verantwortungsethischem Sinne notwendig, wenn nicht überfällig ist, um zum einen der Stimme der Ostdeutschen mehr Gewicht zu verleihen und zum anderen tatsächlich die Schwächen des »kapitalistischen«, bürgerlichen Systems mit alternativen Lösungskonzepten anzugehen. In diesem Zusammenhang fehlt auch selten der Verweis darauf, dass in anderen Ländern Europas sozialistische Parteien ganz selbstverständlich an der Regierung mitbeteiligt sind, ohne dass deshalb sämtliche Investoren auswandern oder aus anderen Gründen eine Staatskrise entsteht.

Penis

Das Zeigen des männlichen Geschlechtsorgans, erst recht in erigiertem Zustand, war im Mainstream-Kino ein starres Tabu, das erst in den Filmen der Gegenwart allmählich zu brechen beginnt. »*Full frontal male nudity*« war für wenige Sekunden zunächst in Filmen wie → »Lolita« und → »Fight Club« zu sehen, schließlich in Lars von Triers → »Idioten« sowie in Werken des französischen Kinos wie → »Romance« und → »Baise-moi«. Als 1991 David Bowie auf dem Cover seines Albums »Time Machine II« die Statuen von vier griechischen Adoniskörpern aus dem sechsten Jahrhundert vor Christus abbildete, deren Gemächte sämtlich unverhüllt waren, weigerten sich etwa 60 Prozent der US-Plattenläden, dieses Werk in ihr Sortiment aufzunehmen. Bowies Firma bot an, einen Papierstreifen um die Hülle zu legen, der die Nacktheit hätte verbergen können, aber dieser

Vorschlag wurde nicht akzeptiert. Die Genitalien mussten übermalt werden.

Quelle: Roland Seim und Josef Spiegel (Hrsg.): Der kommentierte Bildband zu »Ab 18«. Münster 1999

»Perdita Durango«

(US-Titel: *Dance with the Devil*) Roadmovie, Spanien/Mexiko/USA 1997-98, unter der Regie Alex de la Iglesias nach einer Erzählung Barry Giffords, die auf einer wahren Begebenheit beruhen soll.

Die mordlüsterne Ex-Prostituierte Perdita Durango (Rosie Perez) trifft an der Grenze zwischen Texas und Mexiko den hitzig-überdrehten Romeo Dolorosa (Javier Bardem), der sein Geld damit verdient, makabre Voodoo-Rituale vorzuführen, wozu er auch einigermaßen frische Leichtenteile verwendet. Die beiden Gesetzeslosen gehen eine animalische Beziehung ein. Die Grenzüberschreitung bleibt ein durchgehendes Leitmotiv dieses Films, wobei sehr offensichtlich auch eine Grenze zwischen den »zivilisierten« Vereinigten Staaten gezogen wird und einem Lateinamerika, das vor allem zwielichtig, triebhaft und skrupellos erscheint. Hier sickert das Verdorbene gleichermaßen in die »zivilisierte Welt« ein, wie es deren Einwohner von dort herauslockt: So wurde Dolorosa von einem Mafiaboss angeheuert, um einen Lastwagen mit gefrorenen Embryos von Mexiko nach Las Vegas zu überführen, gleichzeitig kidnappt er gemeinsam mit Durango ein Pärchen weißer, blonder Teenager für sadistische Spielereien und eine aztekische Blutorgie, bei der einer der beiden geopfert werden soll. Wie zu erwarten, war der Film wegen seiner stark mit negativen Klischees beladenen Zeichnung latino-amerikanischer Menschen und Kulturen sehr umstritten. Während einige wenige Zuschauer Iglesias' schwarzen Humor und seine temporeiche, vollkommen ungehemmte Revolte gegen die → Politische Korrektheit im Kino zumindest ansatzweise würdigten, bekannten andere Kritiker auf eindeutigen Rassismus und eine Ausdehnung des Blaxploitation-Genres auf Zuwanderer aus Süd- und Mittelamerika. Unter den Darstellungen extremer, willkürlicher Gewalttaten und anderer Tabubrüche wie etwa der Grabschändung (→ Nekrophilie) ragt besonders die doppelte Vergewaltigung des Teenie-Pärchens hervor, eine Sequenz, die im Film auch hinsichtlich Zeitpunkt und Länge eine zentrale Rolle einnimmt. Die Vergewaltigung eines Mannes zu zeigen ist eine seltene Ausnahme in Produktionen, die für ein größeres Publikum gedacht sind. (Immerhin war »Perdita Durango« der teuerste jemals in Mexiko entstandene Film, und Iglesias hatte durch Kultfilme wie »Aktion Mutante« ein gewisses Renommee erlangt.) Selbst kurz vor der Jahrtausendwende scheint eine Darstellung dieses Themas nicht realistisch-einfühlsam, sondern nur mit den Stilmitteln der Groteske möglich zu sein. So äußert sich auch ein namenloser Kritiker auf der Website queer-view.com sehr bedenklich zu der gezeigten Doppel-Vergewaltigung des jungen Pärchens durch Durango und Dolorosa: »*Noch ungeheuerlicher, weil mehrfach direkt ausformuliert, sind die Diffamierungen im Zusammenhang mit Vergewaltigung. Auf aggressive Weise kultiviert (Iglesias) Vergewaltigung zu einem lustvollen Akt, der den Opfern letztendlich mindestens genauso viel Spaß macht wie den TäterInnen. (...) Der Höhepunkt allerdings kommt mit der doppelten Vergewaltigung Perditas und Romeos ihrer gekidnappten Teenager Estelle und Duane. Beide Opfer scheinen ihre Vergewaltigung neben dem Effekt, zuvor jungfräulich gewesen zu sein und keine Entscheidung mitzutragen, zu genießen. Während Perdita zu erkennen glaubt, dass ihrem Jungen die Vergewaltigung gefällt, und dieser verschämt lächelt, so klagt Duane später Estelle an, dass diese nicht vergewaltigt worden sein könnte, weil er gesehen habe, wie sie ihren ›Arsch bewegt‹ hätte. Den Mythos einer Erektion als Beweis für zwangsläufige sexuelle Freuden verbindet die sich zuvor ohnehin als übel homophob geoutete Perdita mit weiterer Schwulenfeindlichkeit. Nachdem sie festgestellt hat, dass es Duane gefalle, setzt sie hinzu: ›Ich fing an, mir Gedanken zu machen.‹ Mit dieser ausweglosen Falle wird suggeriert, dass Männer von Frauen höchstens vergewaltigt werden können, wenn diese schwul sind, weil dies die einzige Möglichkeit sei, keine Erektion zu bekommen. Wie sehr beide Teenager den ›Sex‹ genossen haben, wird später dadurch verfestigt, dass sie danach endlich wilden Sex miteinander treiben, sozusagen nur eingewiesen werden mussten. Außerdem wird Perdita auch noch eifersüchtig auf Estelle, weil sie glaubt, gar eine Beziehung zwischen Opfer und Täter, also ihrem neuen Lover, auszumachen. Wer sich vergewissern will, wie die Darstellung der Vergewaltigungen beim Publikum ankommt, darf (...) das Presseheft zu Rate ziehen: von lustvollen Spielen und Verführung ist hier die Rede.*« Tatsächlich aber wird die Vergewaltigung als alptraumhaft-groteskes Erlebnis inszeniert.

»Der Pferde-Mann. Was einen Zoophilen antreibt«
(Originaltitel der US-Ausgabe: *The Horseman. Obsessions of a Zoophile*) 1994 in den USA und 1999 im Hamburger Jahn&Ernst-Verlag erschienene Autobiographie Mark Matthews. Der »James Falabella« genannte Erzähler sieht sich zu Beginn des Buches in einer Krisensituation, die ihm die Wahl zwischen → Selbstmord und der Akzeptanz seiner Neigungen aufzwingt. Mit 36 Jahren ist er verheiratet und hat zwei Kinder, lebt aber von seiner Familie getrennt, nachdem seine Frau ihn verlassen hat. Einer der Gründe dafür ist Falabellas Rückzug in eine depressive Isolation, die durch starken Drogen- und Internetkonsum gestützt wird. Gleichzeitig bricht ein innerer Konflikt auf zwischen seiner erotischen Zuneigung zu Tieren (→ Zoophilie) und seinem Wunsch, diese verbotene Form von Sexualität vor sich selbst und anderen zu verleugnen. In Rückblenden setzt sich Falabella intensiv mit seinem bisherigen Leben und den möglichen Gründen für die Entstehung dieser Neigung auseinander, um auf diese Weise sein Coming-out als Zoophiler zu erleben. Schließlich ringt er sich dazu durch, seine eigene Form von Sexualität zu akzeptieren, und lebt fortan innerlich gefestigt mit einer Stute zusammen. Matthews starb im August 1999.

In dem Nachwort zu seinem Buch schreibt Matthews: *»Zoophile sind nicht ›normal‹ nach den gängigen Definitionen. Ich bin nicht ›normal‹. Aber wir sind menschliche Wesen, wir teilen die meisten Eigenschaften mit dem Rest der Menschheit. Und als solche ist es vielleicht Zeit, dass die Gesellschaft ihre Einstellung uns gegenüber überdenkt, anstatt uns Psychopharmaka aufzuzwingen, uns einzusperren oder uns auszustoßen. Solange wir weder irgendwelchen Menschen, noch unseren Partnern etwas zuleide tun oder sie verletzen, solange wir noch produktive funktionierende Mitglieder der Gesellschaft sind, warum überhäuft man uns dann mit Schimpf und Schande? Warum lässt man uns nicht einfach sein, wie wir nun einmal sind?«*

»Philadelphia«
Während »Philadelphia« (1992, FSK-Freigabe ab 12 Jahren) keinesfalls den ersten Film über die Immunschwächekrankheit AIDS darstellt (diese Ehre gebührt Independent-Filmen wie »Abschiedsblicke« und »Longtime Companion«), war dies das erste Mal, dass sich Hollywood diesem Thema annahm. Es war der Regisseur Jonathan Dem-

me (bekannt geworden vor allem durch »Das Schweigen der Lämmer«), dem die Aufgabe zufiel, dieses Thema dem Mainstream-Publikum nahe zu bringen. Dazu benutzt er den farbigen Rechtsanwalt Joe Miller (Denzel Washington), der als Identifikationsfigur für den Zuschauer nur zögernd den Fall seines Kollegen Andrew Beckett (Tom Hanks) übernimmt, welcher nach Bekanntwerden seiner HIV-Infizierung seine Stelle verlor. Im näheren Kontakt mit der Materie des Falles sowie mit seinem Mandanten macht Miller stellvertretend für das Publikum eine Lernerfahrung durch, die ihm schließlich seine anfänglichen Vorurteile gegenüber der Krankheit sowie → Homosexualität im allgemeinen überwinden lässt. In einer Nebenrolle ist Antonio Banderas als Becketts Lebensgefährte Miguel Alvarez zu sehen. Nicht nur wegen der schauspielerischen Leistung dieser Kinostars zeigten sich Zuschauer wie Kritiker von diesem Film angerührt und beeindruckt. »Philadelphia« wurde für fünf Oscars nominiert; die Auszeichnung wurde an Tom Hanks sowie an Bruce Springsteen als Komponisten, Texter und Interpreten des Titelsongs »Streets of Philadelphia« vergeben.

»Piss Christ«

Farbfotografie des New Yorker Künstlers Andres → Serrano, die ein in Urin getauchtes Kruzifix abbildet. In den USA löste sie einen Skandal und eine von dem Senator Jesse Helmes initiierte Debatte darüber aus, ob solche Gotteslästerungen durch staatliche Kunstförderung unterstützt werden sollte. → Mapplethorpe, Robert
Quelle: Schwerfel, Heinz-Peter: Kunst-Skandale. Köln 2000

Plato

(auch: Platon) Griechischer Philosoph, Schüler des Sokrates und Lehrer von Aristoteles. In seinem grundlegenden Werk »Der Staat« legte er als vermutlich Erster der abendländischen Literaturgeschichte 443 vor Christi einzuhaltende Tabus fest. Dieser Abhandlung zufolge habe der Dichter nichts zu entwerfen, was den Ideen des Gesetzlichen, Gerechten, Schönen und Guten entgegenstünde (man erkennt hier schon das Primat des Wahren, Schönen und Guten der deutschen Klassik), noch solle ihm erlaubt sein, seine Schöpfung irgendeiner privaten Person zu zeigen, bevor er sie nicht den dazu berufenen Zensoren und Gestzeshütern zugänglich gemacht habe und diese zufrieden gewesen seien.

Politische Korrektheit

Lehnübersetzung der vermutlich schon seit ihrem Entstehen leicht ironisch benutzten US-amerikanischen Wendung »Political Correctness«, die Ende der achtziger Jahre erstmals an den Hochschulen der Vereinigten Staaten auftauchte. Dieser vermutlich in der Spätphase der Bürgerrechtsbewegung geprägte Sammelbegriff bezieht sich auf die Lebenseinstellung und dabei insbesondere die Verwendung von Ausdrücken, wie sie die politische Linke, speziell Vertreter von Minderheiten, als sinnvoll propagieren: beispielsweise »Schwarzer« statt »Neger«, »Behinderter« statt »Krüppel«, »Sinti und Roma« statt »Zigeuner« oder »Flüchtling« statt »Asylant«. Der höhere Sinn bei den als politisch korrekt vorgeschlagenen Ausdrücken soll darin liegen, weniger kränkend, sprachlich diskriminierend (z. B. rassistisch) oder aufhetzend zu wirken und dadurch das Gesprächsklima insgesamt zu entlasten. Befürworter der Politischen Korrektheit hegen darüber hinaus oft auch die Hoffnung, dass mit einer Veränderung des Sprechens auch eine Veränderung des Denkens und Verhaltens einhergehen werde, womit wiederum die Utopie einer Veränderung der gesellschaftlichen Machtstrukturen insgesamt verbunden ist. Kritiker der Politischen Korrektheit werfen ihr unter anderem vor, ein Sprechverbot darzustellen, wie wir es aus totalitären Systemen kennen, die gesellschaftliche Wirklichkeit einfach nur sprachlich zu beschönigen, statt sie zu verändern, und bei den Betroffenen ein Opferempfinden überhaupt erst zu wecken, das mit ständigem Gekränktsein verbunden ist und bei der Wortwahl zu Dominoeffekten führen kann, so dass auch »Schwarzer« plötzlich nicht mehr als korrekt erscheint, sondern etwa durch »Afro-Amerikaner« und weitere immer wieder von neuem vorgeschlagene Worte ersetzt werden muss. Hier wird die Politische Korrektheit häufig als geistloses *»Gutmenschentum«* und *»Neusprechfloskeln«* abgewertet, wenn nicht gar als *»Tugendterror«* und *»Neo-Stalinismus«* bekämpft. Auch die Befürchtung, dass sich die ursprünglichen Ablehnungen gegenüber bestimmten Menschen schlicht auf die neuen Ausdrücke übertragen, so dass ein rechtsradikaler Politiker zwar »Asylbewerber« *sagt*, aber weiterhin »Scheinasylant«, »Neger« oder »Fidschi« *meint*, ist keineswegs von der Hand zu weisen. Einen besonderen Problemfall stellt die politisch korrekte Sprachverwendung dar, wenn sie von gesellschaftlichen Mehrheiten wie den Frauen bzw. einer für diese Mehrheiten sprechenden Bewegung nicht nur gefordert, sondern mit Zwangsmaßnahmen umgesetzt wird. Aber auch in anderen Fällen scheinen viele den Eindruck zu haben, dass der gesellschaftliche Konformitätsdruck, sich einer »moralischen« Sprechweise zu bedienen, sie in ihrer persönlichen Freiheit beschneidet. Entsprechend dient die Politische Korrektheit heute vermutlich ähnlich oft als Zielscheibe subversiver Tabubrüche, wie es vor Jahrzehnten noch beispielsweise die katholische Kirche mit ihren nicht mehr allgemein akzeptierten »Moralgeboten« war. Als berühmtester Kämpfer gegen politisch korrekte Sprechverbote dürfte in der deutschen Medienlandschaft Harald → Schmidt gelten. Mittlerweile hat die Politische Korrektheit aber neben Sprach- auch andere, etwa Darstellungstabus durchgesetzt.

Literatur: Hoffmann, Arne: Political correctness – zwischen Sprachzensur und Minderheitenschutz. Münster 1996

Pollack, Rachel

US-amerikanische Autorin, die im März 1993 ab Ausgabe 64 die surreale Kult-Comicserie »Doom Patrol« Grant → Morrisons (im »Vertigo«-Label des DC-Verlags) übernahm. Dabei konnte sie trotz einiger beachtlicher Ansätze (wie einer Villa, die von den Geistern durch autosexuelle Unfälle ums Leben gekommener Menschen bewohnt wird) an die genialen Ideen ihres von seinen Fans über die Maßen verehrten Vorgängers Morrison in keiner Weise anknüpfen. Die Serie wurde mit Ausgabe 87 bald eingestellt.

Ins kulturelle Gedächtnis weniger der Comic-Fans als der Transgender-Gemeinde ging nichtsdestoweniger die von ihr geschaffene Figur der Kate/Coagula als erste lesbische, transsexuelle Superheldin ein (→ Transgender). In Ausgabe 70 mit dem Titel »The Laughing Game«, die Pollacks Aussage zufolge als Replik halb auf den Kinofilm → »The Crying Game«, halb auf den Mehrteiler »A Game of You« in Neil Gaimans preisgekrönter Comic-Serie »Sandman« entstand, wird die erwähnte Figur noch als Kate Godwin vorgestellt. Die Handlung dieser Episode beginnt damit, dass ein Superschurke namens »Codpiece« die Stadt bedroht, in der die Mitglieder der Gruppe »Doom Patrol« ansässig sind. Codpiece war früher sehr verzweifelt über sein von Mutter Natur nur in Minimalausführung geliefertes Sexualorgan und konstruierte schließlich eine dildoähnliche Superwaffe mit den unterschiedlichsten eingebauten Gerätschaften (Pistole, Bohrer, Boxhandschuhe), um an seinen Peinigern Rache zu nehmen. Ihm stellt sich die freischaffende Superheldin Kate in den Weg, die als Prostituierte mit dem früheren Doom-Patrol-Mitglied Rebis (seinerseits Mann, Frau und körperloses Wesen zugleich) in Kontakt trat und dabei ihre Superkräfte erhielt. Als Coagula gelingt es ihr, Codpieces Waffe durch Gerinnung zu zerstören. Wenig später wird sie in die »Doom Patrol« aufgenommen.

Während schon unter Morrisons Ägide das Leitmotiv von »Doom Patrol« der Konflikt zwischen Außenseitern und der restlichen Gesellschaft war, verschärfte und vertiefte Pollack den sexuellen Aspekt der Serie. Dem Schurken Codpiece, der sein Lebensglück von der Wahrnehmung seiner Männlichkeit abhängig macht und schon über seinen als zu klein eingestuften → Penis Obsessionen entwickelt, stellt Pollack die wahren Freaks der »Doom Patrol« gegenüber, die ihren Außenseiterstatus offensiv akzeptieren. Letzteres geht aus einem Dialog zwischen Cliff Steele (einem bei einem Unfall fast völlig verbrannten Rennfahrer, dessen Gehirn in einen geschlechtslosen Roboterkörper eingebaut wurde, woraufhin bis auf gelegentliche Phantomerektionen seine Sexualität erloschen ist) und der bis auf Bandagen komplett körperlosen Nebenfiguren George und Marion hervor. Während Cliff nicht damit zurechtkommt, dass Normalbürger ihn immer noch anstarren und mit dem Finger auf ihn zeigen, sind George und Marion deutlich unbefangener. Zunächst fragt George Cliff, warum er nicht einfach mit seinem Finger auf die anderen zurückdeute und erhält als Antwort *»Dafür sind es einfach viel zu viele.«* Daraufhin erklärt George: *»Wir könnten unsere Zeit damit verbringen, uns darüber Sorgen zu machen, was andere Leute denken ODER wir könnten Spaß haben. Scheint mir eine klare Entscheidung zu sein.«* Marion ergänzt: *»Wir tun, was sich für uns richtig anfühlt, und lassen den Rest der Welt für sich selber Sorge tragen.«* Kate ergänzt diese außergewöhnliche Gemeinschaft als eine Person, die ihren Außenseiterstatus nicht allein phantastischen, übernatürlichen Eingriffen verdankt, sondern schon zuvor als Transsexuelle aus der Ordnung der bürgerlichen Gesellschaft herausfiel. Rachel Pollack erklärte dazu: *»Es war mir wichtig, dass Kate eine echte transsexuelle Frau ist,*

statt ein Wesen, das sich magisch verwandeln kann.« Die Auseinandersetzung mit dem Thema Sex und Gender (biologischem und sozialem Geschlecht) vertieft sich in dem Fünfteiler »The Teresias Wars« (Ausgaben 75 bis 80), dessen Titel auf den Seher Theresias aus der griechischen Mythologie anspielt, der sein Geschlecht nach Wunsch verändern konnte. Die Fronten dieses Krieges verlaufen zwischen den Teresias, Agenten einer Welt, in der alles im Fluss ist und es keine festen Grenzen gibt, und den Builders, die planen, unter dem Pentagon einen neuen Turm von Babel zu errichten, *»einen gigantischen Motor aus gefrorener Sprache, der die ganze Welt in festen Formen erstarren lassen soll«*. (Das unterirdische Pentagon sowohl als mythischer Ort wie auch Beförderer einer totalitären Vorstellung von »Normalität« war bereits in der Morrison-Ära von »Doom Patrol« ein zentrales Element.) Schließlich können die Builder nur aufgehalten werden, indem Cliff und Kate in einen gemeinsamen Körper verschmelzen. Während dies symbolisch das Thema der Auflösung von Geschlechtergrenzen, des → Zwitters und der Wahlfreiheit bei der Geschlechteridentität auf den Punkt bringt, werden die damit zusammenhängenden Fragen bereits in früheren Dialogen vorbereitet. So unterhalten sich der Robotmensch Cliff und die transsexuelle Kate in Ausgabe 76 darüber, was einen Mann und was eine Frau ausmache. Cliff postuliert, ein Penis sei für die männliche Geschlechtsidentität von wesentlicher Bedeutung, woraufhin ihn Kate zurückfragt: *»Wirklich? Was ist dann mit dir, Cliff? Hast du einen Penis? Was bist du?«*
Website: www.rpi.edu/~bulloj/Doom_Patrol

»The Pornographic Imagination«
1969 von der US-amerikanischen Philosophin Susan → Sontag veröffentlichter Essay, in dem diese die Existenz einer anspruchsvollen, literarischen Pornographie im Gegensatz zur trivialen Massenpornographie postuliert. Aufgabe dieser Avantgarde-Pornographie sei das mutige Ausloten von Phantasien und das radikale Brechen von Tabus. Als Beispiel nennt Sontag Pauline Reages → »Geschichte der O«, Georges → Batailles »Histoire de l'oeil« (1967, dt. »Die Geschichte des Auges«) und Catherine Robbe-Grillets »L'image«.

Pornographie

Umstrittener und nicht eindeutig abgegrenzter Begriff für erotische Darstellungen und Texte unterschiedlicher Art. Etymologisch leitet er sich aus den griechischen Morphemen »porn« bzw. »porne« für »unzüchtig« bzw. »Hure« sowie »graphein« für »schreiben« her. Dass diese Bedeutungsträger im viktorianischen Zeitalter zu »pornography« verbunden wurden, um jegliche Form erotischer Darstellungen zu bezeichnen, sagt mehr über die Prüderie der Viktorianer als über den Inhalt von Pornographie aus. So stammt von dem Schriftsteller D. H. Lawrence das Bonmot: »*Was für den einen Pornographie ist, bedeutet für den anderen das Lachen des Genies.*« Es gab allerdings immer wieder Versuche, Pornographie und erotische Texte voneinander zu trennen, so etwa im Gesetzeskommentar zu § 184 StGB: »*Als pornographisch*« wäre demnach »*eine Darstellung anzusehen, wenn sie unter Ausklammerung aller sonstigen menschlichen Bezüge sexuelle Vorgänge in grob aufdringlicher Weise in den Vordergrund rückt und ihre Gesamttendenz ausschließlich oder überwiegend auf das lüsterne Interesse an sexuellen Dingen abzielt.*« Dass diese Definition des Gesetzgebers letztlich nicht ausreichend eindeutig ist, wird vor allem dadurch deutlich, dass heute noch eine extreme Rechtsunsicherheit bezüglich der Frage besteht, wann ein Text als »erotisch« und wann als »pornographisch« be- bzw. verurteilt wird. Von manchen Literaturtheoretikern wird die Linie zwischen Pornographie und Erotik anhand anderer Kriterien als denen des Strafgesetzbuches gezogen: Die feministische Autorin Angela Carter etwa bezeichnet Erotika als »*die Pornographie der Elite*«. Ihr folgend sehen Literaturwissenschaftler wie John Philips »Pornographie« als Ausdruck, der für die erotischen Genüsse der unteren Schichten reserviert ist, während die oberen Schichten von sich behaupten, »Erotika« zu konsumieren. Andere erkennen bei dieser Unterscheidung einen sexistischen Hintergrund: Die Produkte männlicher Autoren gelten als Pornographie, die Werke von Frauen als Erotika. Schließlich gibt es die These, dass die jeweilige Begriffsverwendung einzig und allein die Stellung des Sprechers zu dem bezeichneten Objekt ausdrückt. So beschreibt der französische Literat Robbe-Grillet Pornographie als »*das, was* andere *Leute erotisch finden*«, und Alex Comfort definiert in seiner berühmten Sexbibel »Joy of Sex« Pornographie als den Begriff, mit dem jede Art von sexueller Literatur abqualifiziert werde, die jemand zu unterdrücken versucht. Pornographie war immer ein Genre, das mit Grenzüberschreitungen und Tabubrüchen zu tun hatte. Diese spielten sich nicht zwangsläufig auf der Ebene von Darstellungen mehrheitlich abgelehnter Formen von Sexualität wie etwa → Zoophilie ab, sondern hatte öfter, als man denkt, einen gesellschaftskritischen Einschlag. Schon Pietro Arentino (1492-1556), ein Freund des wesentlich bekannteren Malers Tizian, nahm in seinen pornographischen Komödien die venezianische Oberschicht und den Klerus aufs Korn. Auch im Frankreich vor der Revolution von 1789 diente Pornographie dazu, das angeblich dekadente Verhalten der Aristokratie zu kritisieren. Im 18. Jahrhundert versuchten viele Philosophen der Aufklärung, ihre Schriften durch erotische Darstellungen auch der weniger belesenen Bevölkerung nahe zu bringen, was zu einem rasanten Anwuchs pornographischer Veröffentlichungen führte. Nicht weniger gegen die beklagte Unmoral der herrschenden Schichten gerichtet waren die Werke des Marquis → de Sade, die noch dazu ein jahrhundertealtes, fest etabliertes Weltbild angriffen und schließlich ins Wanken brachten. Eine andere Form des sozialen Tabubruchs stellte die sehr realitätsnahe Pornographie etwa von John Clelands »Fanny Hill« dar, in der erstmals und für diese Zeit (1749) sehr gewagt das Leben einer Prostituierten bis hin zu den Risiken von Krankheiten oder Schwangerschaft und der Andeutung von Verhütungsmethoden geschildert wurde. Der Pornofilm unserer Tage bricht Tabus, was zum Beispiel die Verwendung bestimmter Sexpraktiken (zwischen Fesseln und Anpinkeln) angeht; insbesondere aber auch, indem er nicht nur Männer, sondern auch Frauen als ständig lüstern darstellt und Frauen auch sexuell die Initiative ergreifen lässt. Während die ständige Bereitschaft des männlichen Geschlechts zum Sex fester Bestandteil der Geschlechterklischees ist, verwahren sich manche Frauenrechtlerinnen dagegen, dass Angehörige ihres eigenen Geschlechts mit demselben Charakterzug präsentiert werden.

Wie viel Pornographie und andere gesellschaftliche Avantgarde-Literatur miteinander zu tun haben kann, zeigt das Beispiel des Pariser Verlages »Olympia Press«, der Mitte des letzten Jahrhunderts die literarisch wegweisende Crème de la Crème veröffentlichte: etwa James → Joyce, Henry → Miller, Vladimir Nabokov (→ »Lolita«), William Burroughs (→ »Naked Lunch«), Jean Genet oder Samuel Beckett. Diese heutigen Klassiker, die damals jedoch noch als experimentell galten, konnte »Olympia Press« nur über die gleichzeitige Veröffentlichung von Pornographie finanzieren. Allerdings lag hier nicht nur eine rein marktwirtschaftlich notwendige Symbiose vor, wie der Verleger Maurice Girondias bekundet: *»Schmutzige Bücher zu schreiben wurde generell als nützliche professionelle Übung betrachtet, ebenso als notwendige Beteiligung im allgemeinen Kampf gegen eine spießige Welt – eine Pflichtübung.«* Auch heute noch bekunden Autoren der literarischen Avantgarde wie Alice Joanou (»Maya 29«), sie hätten sich aufgrund wachsender Desillusionierung von den traditionellen Kunstformen ab- und der Pornographie zugewandt, weil vor allem dort noch wahre Grenzüberschreitung möglich sei.

Obwohl mancher den Eindruck haben mag, dass wir in einer hypersexualisierten Gesellschaft leben, in der die letzten Darstellungsverbote gefallen sind, ist das faktisch nicht der Fall. Zum einen ist die unverhüllte und nicht durch ästhetisierende Mechanismen gebrochene Darstellung des sexuellen Aktes immer noch ein Tabu auf dem Fernsehbildschirm, erregt auf der Kinoleinwand immer noch Skandale (→ »Baise-moi«, → »Romance«) und ist auf dem deutschen Buchmarkt noch immer ein Außenseiterphänomen, insbesondere wenn man die aktuelle Buchkultur angelsächsischer Länder als Vergleich heranzieht (→ »Black Lace«). So etwas wie auf Erotik spezialisierte Buchverlage oder Programme existieren hierzulande nur sehr vereinzelt. Zum anderen bemüht sich heute noch insbesondere die radikale Frauenbewegung unter Alice Schwarzer, den inzwischen längst widerlegten Mythos aufrechtzuerhalten, dass das Betrachten pornographischer Filme beim Zuschauer (die Zuschauer*in* wird sorgsam ausgeklammert) die Neigung zu sexueller Gewalt auslöse. Im September 1998 veröffentlichte die Zeitschrift »Emma« eine Petition für das gesetzliche Verbot von Pornographie, die unter anderem von Sabine Bergmann-Pohl (CDU), Andrea Fischer (Grüne), Michaela Geiger (CSU), Regine Hildebrandt (SPD), Rita Süssmuth (CDU) und Christine Bergmann (SPD) unterschrieben wurde. Danach hörte man nie wieder davon. Dafür empfahl »Emma« ihren Leserinnen im Dezember 2002, ihre Partner mit technischen Überwachungsmitteln auszuspähen, ob diese beim Internet-Surfen nicht etwa Erotik-Seiten frequentierten. Kritiker dieser Aktion bezeichneten es als ethisch fragwürdig und für eine gesunde Beziehung verheerend, wenn ein Lebenspartner den anderen zugunsten einer Ideologie bzw. vermeintlich höherer Ideale *»beschnüffele«*, und befanden, dass es ein solches Verhalten gerade in Deutschland schon zu oft gegeben habe.

Nachdem in den letzten Jahrzehnten trotz solcher Backlash-Tendenzen das Pornographietabu zunehmend aufbrach, fielen in der westlichen Gesellschaft auch einige andere Tabus. So zerstörte Pornographie das enge Band zwischen Sexualität und Zeugung, Mutterschaft, Ehe und Romantik und ersetzte dieses durch ein Kaleidoskop sexueller Möglichkeiten. In einer vergleichenden Studie der 50 Bundesstaaten der USA zeigte sich eine hohe Übereinstimmung zwischen der Verbreitung pornographischer Schriften und Merkmalen, die auf eine ökonomische, politische und legale Gleichstellung von Mann und Frau hinwiesen. Dies ließe sich dadurch erklären, dass sowohl sexuell offenherziges Material als auch Geschlechtergleichheit vor allem in einem toleranten, liberalen Klima gedeihen, in dem das Recht auf freie Meinungsäußerung größer ist. Ein ähnlicher Vergleich lässt sich auch auf internationaler Ebene ziehen: Gewalt gegen Frauen und deren Diskriminierung ist in Staaten an der Tagesordnung, in denen dem Bürger der Zugang zu erotischen Bildern und Texten fast völlig verwehrt wird, etwa in Saudi-Arabien, im Iran und in China – wo der Verkauf von Pornographie als Kapitalverbrechen gilt. So führte dort der Protest auf dem »Platz des Himmlischen Friedens« unter anderem zu dem schon erwähnten scharfen Durchgreifen gegen Pornographie – Sexualmoral hatte mit den Forderungen der Studenten zwar nichts zu tun, wurde aber als so generelles Thema gesehen, dass man damit am besten die Kontrolle über ein ganzes Land wiederzugewinnen glaubte.

Dass Kunst unkompliziert, nicht anstößig und ideologisch korrekt sein müsse, so die Stanford-Professoren Katchadourian und Lunde, sei ein Markenzeichen vor allem von faschistischen und kommunistischen Diktaturen, für die Obszönität nur Zeichen einer grundlegenden Dekadenz ist. Ähnlich argumentiert der Literaturwissenschaftler John Phillips: *»Pornographie als Text ist das am stärksten am Leser ausgerichtete Genre, und eben diese Ausrichtung macht sie nicht nur künstlerisch besonders innovativ, sondern auch gesellschaftlich subversiv und stellt damit eine Bedrohung für den politischen Status quo dar, der auf konservativen Moralvorstellungen basiert.«* Auch Phillips wendet sich strikt gegen eine Einteilung in anspruchsvolle

Erotika und literarisch wertlose Pornographie: »*Der pornographische Charakter eines Textes kann selbst als Qualitätsmerkmal gelten. Ein sexuell anregender Schreibstil, der aus dem passiven Leser einen aktiven Teilnehmer am imaginativen Prozess macht, ist schließlich ein Beleg für handwerklich gekonnten Sprachgebrauch.*«

Dabei gehe es bei Pornographie nur an der Oberfläche um nichts anderes als Sexualität und Fleischeslust, argumentiert die Medienforscherin Laura Kipnis. Wenn auch auf einer niedrigen Ebene der stilistischen Gestaltung, so würden doch auch und gerade in der Pornographie zentrale philosophische Fragen behandelt – etwa über die Identität bzw. die anerzogenen Rollen der Geschlechter und ihr Verhältnis zueinander; gesellschaftliche Normsetzungen, den Preis dafür und die verschiedenen Versuche, daraus auszubrechen; Fragen zu Themen wie Klassenzugehörigkeit, Ästhetik, Macht, Verlangen und die Reduzierung von Menschen zu Objekten. Pornographie spräche gerade jene Themen an, die wir am ehesten unterdrücken und beiseite schieben wollten, die aber für unsere Kultur am grundlegendsten seien: »*Pornographie ist der Königsweg zur kulturellen Psyche.*« Kipnis weist darauf hin, dass Gelehrte und Kunsthistoriker, die sich mit der Pornographie vergangener Jahrhunderte beschäftigen, darin regelmäßig allegorische Subtexte und politisch bedeutsames Gedankengut entdecken, meist in sozialkritischer Form, wenn nicht gar gegenüber den politisch oder kirchlich herrschenden Schichten revolutionär. Dennoch, beklagt Kipnis, nehmen wir die Pornographie unserer Zeit nicht in derselben Weise ernst, sondern reduzieren die Diskussion auf das Niveau von »verbieten oder nicht verbieten«. Die in den fraglichen Erotika enthaltenen Botschaften zu interpretieren überließen wir anscheinend Historikern späterer Jahrhunderte.

Zu den in den letzten Jahren in Deutschland beschlagnahmten und zensierten Werken gehören Bücher des Surrealisten Guillaume Apollinaire, Henry Millers, Oscar Wildes, diverse Reiseführer, Kupferstiche eines unbekannten Künstlers aus dem 18. Jahrhundert, eine Aufklärungsbroschüre des Landes Rheinland-Pfalz, das Heft »Starke Mädchen« der »Bundeszentrale für gesundheitliche Aufklärung«, Comics von Ralf König (das inzwischen mit Iris Berben verfilmte »Kondom des Grauens«) und Walter Moers (bekannt durch »Das kleine Arschloch«) sowie drei Ausgaben von »Bravo« und eine des Schwester-Heftes »Bravo Girl«. Der Zeitschrift »Bravo« – die übrigens 1972 schon einmal wegen *»Bagatellisierung der Onanie«* (→ Selbstbefriedigung) abgestraft wurde – wurden *»pornographische und verrohende Darstellungen«* bekundet; sie sei *»geeignet, Kinder und Jugendliche sozialethisch zu desorientieren«*. Über eine großangelegte Durchsuchungsaktion jeder vierten deutschen Buchhandlung nach pornographischen Schriften im Jahr 1996 vergleiche den Eintrag »Zensur« dieses Lexikons.

Trotz solcher Vorfälle kann man insgesamt aber von einer wenigstens ganz allmählich zunehmenden Liberalisierung des Marktes für erotische Bücher in Deutschland sprechen. Dazu trugen verschiedene Entwicklungen bei: So urteilte das Bundesverfassungsgericht im Jahr 1990, dass Pornographie und Kunst einander keineswegs ausschließen müssen, was einerseits befreiend war, andererseits zu der sehr unklaren aktuellen Gesetzeslage führte, in der Staatsanwaltschaft und Verleger gleichermaßen verunsichert scheinen. Weiter aufgebrochen wird die Tabuisierung von Pornographie durch zwei andere Entwicklungen: Zum einen kommt es zu einer wachsenden Verschränkung und Durchmischung von pornographischen und nichtpornographischen Erzählgenres, so wie sich auf dem (Film- und) Buchmarkt generell immer mehr Cross-Genre-Texte etablieren. Stellvertretend sei hier Gary Bowen zitiert, dessen Veröffentlichungen vom Schwulenwestern bis zur Vampirerotik rangieren: *»Ich schreibe alle Genres ... Porno ist das Einzige, das akzeptiert, was immer ich schreibe, mit welcher sexuellen Orientierung und Rasse der Hauptfiguren auch immer. Es ist die freieste aller literarischen Formen.«* Zum anderen finden sich, eingeleitet durch den Erfolg von Benoîte Groults »Salz auf unserer Haut«, entsprechende Passagen immer mehr in den Werken auch weiblicher Autoren wie Virginie Despentes (→ »Baise-moi«), Catherine → Breillat (»Ein Mädchen«, 2000) und Christine Angot (→ »Inzest«), wodurch der Mythos einer der Pornographie innewohnenden Frauenfeindlichkeit an politischem Gewicht verlor. Allerdings widersprachen einige Kritiker der aktuell beliebten Wahrnehmung, solche Werke seien ein Beleg für die fortschreitende Enttabuisierung des Pornographischen. Tatsächlich nämlich fehlten den erwähnten Büchern und Filmen ebenso wie beispielsweise Lars von Triers → »Idioten« häufig das eigentliche Ziel des Genres Pornographie, nämlich eine sexuelle Erregung beim Leser hervorzurufen. Insofern spricht der bekannte deutsche Filmwissenschaftler Seeßlen von einem »post-pornographischen« Kino, in dem Sexualität schlicht als Alltagserlebnis und nicht länger als Utopie dargestellt werde. Gerade im Kontrast zum perfekt gestylten Körper in den vorhergehenden beiden Jahrzehnten wird nun auf eine neue Authentizität, ja eine Ästhetik des Hässlichen und des Verfalls gesetzt. Der Zuschauer sieht blasse, geschundene, vergewaltigte Leiber, Hautporen in Großaufnahme, Schweiß, Urin, Falten. Vermutlich nicht zufällig geht diese »Post-Pornographie« einher mit philosophischen Diskussionen über den menschlichen Körper als Material (→ Sloterdijk, Peter) sowie → Houellebecqs Erörterungen über Sexualität als Tauschware und Statussymbol. Ein Vordringen »echter« Pornographie ins Kino lässt sich aktuell so bestenfalls in Breillats »Romance« erkennen, aber auch das war nur möglich, indem Breillat bei diesem Film schützende Elemente aus dem Bereich der Avantgarde-Kunst in den Vordergrund rückte und so das Genre Pornographie letztlich konterkarierte. Vor dem Hintergrund dieser Entwicklungen muss die vor einigen Jahren erhobene Forderung des US-Literaturwissenschaftlers Leslie Fiedler neu bewertet werden, man habe auch die Pornographie endlich als literarisches Genre anzuerkennen, als eine neue Mythologie und lesbare Literatur, welche den Menschen wieder etwas zu sagen habe.

Es ist unbestritten, dass das Genre der Pornographie und seine Produkte auch in vielfacher Hinsicht zu kritisieren sind und zu ganz unterschiedlichen Problemen geführt haben: zu einer starken Durchpornographisierung des Alltags und des Denkens, einer besonders trivialen Werken erkennbaren Abwertung von Frauen und Männern, einer ideologischen Bewerbung von Erotik als Komsumgut (Massen-Spams in Mailboxen etc.) sowie zu in manchen Teilen der Welt kaum zumutbaren Arbeitsbedingungen insbesondere für Darstellerinnen des pornographischen Films. Letzteres führt etwa Marcus Stiglegger in Thomas Koebners (Hrsg.) »Reclams Sachlexikon des Films« anhand des Pornostars und -produzenten Rocco Sifredi (→ »Romance«) aus: *»Mit der Öffnung des osteuropäischen Markts vertrat er zunehmend die unangenehmste, ausbeuterischste Spielart billig produzierter Videofilme, die genüsslich die sexuelle Okkupation dieser wirtschaftlich schwächeren Länder zelebrieren.«* Verteidiger der Pornographie erkennen diese Probleme an, argumentieren jedoch, dass sie innerhalb der Branche gelöst werden sollten, statt die ganze Branche zu verteufeln und eine unrealistische und unsinnige Abschaffung zu fordern: *»Die Antwort auf schlechte Pornographie ist nicht keine, sondern bessere Pornographie.«*

In diesem Zusammenhang wird für 2003 beispielsweise die Comic-Serie »Lost Girls« des bekannten britischen Autors Alan Moore erwartet. Moore plant, Pornographie damit als ein *»exquisites, gedankenvolles und menschliches«* Genre wiederzuerfinden. Das Projekt war zehn Jahre in Arbeit und wird als aufwendig gemalte Graphic Novel erscheinen. Die Hauptfiguren sollen drei Frauen aus bekannten Kinderbüchern des viktorianischen Zeitalters sein (aus »Alice im Wunderland«, »Der Zauberer von Oz« und »Peter Pan«), die sich 1913 als Erwachsene in einem mysteriösen Hotel treffen und von dort aus eine Reise in eine erotische Fantasy-Welt antreten.

Literatur: Assiter, Alison und Carol, Avedon: Bad Girls and Dirty Pictures. The Challenge to Reclaim Feminism. London 1993 – Carol, Avedon: Nudes, Prudes and Attitudes. Pornography and Censorship. Cheltenham 1994 – Christensen, F. M.: Pornography. The Other Side. New York 1990 – Engelfried, Constance: Männlichkeiten. Die Öffnung des feministischen Blicks auf den Mann. Weinheim/München 1997 – Ertel, Henner: Erotika und Pornographie: repräsentative Befragung und psychophysiologische Langzeitstudie zu Konsum und Wirkung. München 1990 – Kipnis, Laura: Bound and Gagged: Pornography and the Politics of Fantasy in America. New York 1996 – McElroy, Wendy: XXX: A Woman's Right to Pornography. New York 1995 – Pally, Marcia: Sex & Sensibility. Reflections on Forbidden Mirrors and the Will to Censor. Hopewell 1994 – Strossen, Nadine: Zur Verteidigung der Pornographie. Für die Freiheit des Wortes, Sex und die Rechte der Frauen. Zürich 1997 – Thompson, Bill: Soft Core. Moral Crusades against Pornography in Britain and America. New York 1994 – Tisdale, Sallie: Talk dirty to me. Eine intime Philosophie des Sex. München 1995. – Linda Williams: Hard Core. Macht, Lust und die Traditionen des pornographischen Films. Stroemfeld 2000

Internet: zusammenfassende Darstellung über die Auswirkungen von Pornographie: http://www.scireview.de/index.shtml; Beitrag über Pornographie im Internet: http://www.heise.de/tp/deutsch/inhalt/te/1075/2.html

Präimplantationsdiagnostik

→ Stammzellen

»Preacher«

US-Comicserie in 66 Ausgaben und diversen Sonderbänden des irischen Autors Garth Ennis und des Zeichners Steve Dillon, erschienen bei DC von April 1995 bis Oktober 2000. Ennis gehört neben Grant → Morrison, Alan Moore und Neil Gaiman zu den britischen Autoren, die in den achtziger und neunziger Jahren den zuvor starr auf Superhelden ausgerichteten Mainstream-Verlagen Marvel und DC neue Perspektiven geöffnet haben. Zusammen mit seinem Partner Dillon hatte Ennis zuvor mit drastischen, religionskritischen Darstellungen in der von Jimmy Delano eingeführten DC-Comicserie »Hellblazer« auf sich aufmerksam gemacht und sich eine große Schar von Fans gesichert. Noch einige Schritte weiter ging er in seiner Radikalität mit der von Anfang bis Ende von ihm selbst verantworteten »Preacher«-Serie.

Im Mittelpunkt dieses Genre-Verschnitts aus Krimi, Western, Phantastik und Roadmovie steht der Provinzprediger Jesse Custer (die Initialen sind vermutlich nicht zufällig dieselben wie von → Jesus Christus), in den bei einer Messe das zuvor von Engeln gefangengehaltene übermenschliche Wesen Genesis hineinfährt. Die Kirche explodiert, die Gemeinde wird dabei vernichtet, und Jesse ist daraufhin in der Lage, mit »dem Wort Gottes« zu sprechen: Jeder muss fortan von Jesse ausgesprochenen Befehlen gehorchen, auch wenn es sich dabei um eher unüberlegte Äußerungen wie *»Ach, fick dich selbst!«* handelt. Im Laufe seiner folgenden Abenteuer gewinnt Jesse die Profikillerin Tulip, den irischen Vampir Cassidy und zeitweise den verstörten Jugendlichen Arseface als Begleiter. Zu seinen Feinden zählen bald ein reaktionärer texanischer Sheriff, der dämonische Revolverheld »Saint of Killers«, Jesse Custers religiös-fundamentalistische Großmutter, der dekadente Jesus de Sade sowie eine internationale Bruderschaft des Grals, die einen debilen Abkömmling jahrhundertelangen → Inzests als neuen Christus inthronisieren möchte. Ähnlich einem Leitmotiv der alten James-Bond-Filme und anders als etwa in den Comics Grant Morrisons sind es vor allem die Gegner der Hauptfiguren, die durch Abweichungen vom »Normalen« auffallen, beispielsweise Bulimiker oder Anhänger sexuell ungewöhnlicher Neigungen zwischen Fetischismus und → Zoophilie sind. Die Helden selbst hielten sich bei ihren Normabweichungen hingegen sehr zurück, was Kritiker als einen leicht reaktionären Subtext bei dieser ansonsten durchaus progressiven Serie werten könnten. Die Comic-Fanzeitschrift »Wizard« legte in ihrer Ausgabe 107 (August 2000) eine Zählung von Tabubrüchen in der »Preacher«-Serie vor, die hier stark gekürzt wiedergegeben werden soll:

- Nekrophilie: 3mal
- Zoophilie: 26mal
- Inzest: 5mal
- Sex mit rohem Fleisch: 1mal
- Sex zwischen Engeln: 4mal
- → Selbstmord: 3mal
- → Kannibalismus: 6mal
- Flüche und Schimpfworte: 325mal »shit«, 1781mal »fuck«, 91 rassistische Schimpfworte und 31mal fluchende Engel (→ Tabuwörter)
- Drogenmissbrauch: 24mal
- von Engeln begangener Drogenmissbrauch: 3mal
- Urinieren: 14mal
- Defäkieren: 7mal
- Bewerfen mit Kot: 1mal
- Sich-Übergeben: 15mal
- Gesamtzahl der Tötungen sowohl durch exzessive und zum Teil sehr kreative Gewaltanwendung als auch durch Unfälle und Missgeschicke wie »überfetteter Sektenführer stürzt aus fliegendem Hubschrauber und erschlägt beim Aufprall zwei seiner Jünger«: 475

Während der Enthusiasmus der Hardcore-Fans in keiner Weise nachließ, warfen Kritiker Ennis vor, nach einem überaus furiosen Anfang (etwa die ersten 25 Ausgaben) gegen Schluss mehr und mehr nachgelassen und die Story extrem verdünnt zu haben. Erfolgte in Ausgabe 49 noch ein erzählerischer Höhepunkt, als Gott dem seinen Plänen widerstrebenden Jesse Custer ein Auge ausbiss, kam es danach zu einem Abspulen von Platitüden einerseits und gewollt provokanten Möchtegern-Tabubrüchen wie dem unmotivierten und für den Plot gänzlich überflüssigen Auftauchen einer Gruppe kannibalischer Hinterwäldler andererseits. Vermutlich führte der enorme kommerzielle Erfolg der Serie dazu, dass ihre Handlung bis weit hinter einen

Punkt ausgewalzt wurde, an dem bei den Autoren noch neue kreative Ideen vorhanden waren. Nach der Beendigung seines »Preacher« wandte sich Ennis diversen anderen Serien zu. Darin spult er jedoch vorwiegend bekannte Muster von extensiven Gewaltdarstellungen und so genanntem schwarzen Humor neu ab und geht inhaltlich nur in wenigen Einzelfällen darüber hinaus. Dies tat Ennis' Erfolg insbesondere bei den jugendlichen Comic-Fans allerdings keinen Abbruch.

Presley, Elvis
→ Eminem

Prinzessin Diana
→ Medienbilder, → Selbstverletzung

»Psycho«
Berühmtester Film des britisch-amerikanischen Regisseurs Alfred Hitchcock und trotz seiner geringen Produktionskosten (800.000 Dollar) ein Meilenstein der Filmgeschichte. Dies ist nicht zuletzt dem Brechen diverser Tabus zu verdanken. Zunächst findet bereits ein eklatanter Verstoß gegen erzählerische Konventionen statt, wenn mit Marion (Janet Leigh) die Heldin und Identifikationsfigur für den Zuschauer schon nach einem Drittel des Filmes ums Leben gebracht wird. Bei diesem berühmten Mord unter der Dusche wird das zu dieser Zeit (1960) noch weit stärker verankerte Tabu extremer Gewaltdarstellungen zumindest scheinbar gebrochen. (Bekanntlich wird nie tatsächlich *gezeigt*, wie das Messer in den Körper eindringt; dennoch wirkte diese Szene durch die furiose Schnittfolge auf das damalige Publikum ungeheuer eindringlich und erschütternd.) Noch einmal verstieß der Film gegen gesellschaftliche Normen, indem er die ins Nekrophile abgleitende Mutterliebe des Serienmörders Norman Bates recht drastisch darstellte (→ Nekrophilie). Die Geschichte Norman Bates erinnert sehr an die des realen Serienmörders Ed Gein; allerdings bekundete Robert Bloch, Autor der »Psycho«-Buchvorlage, nichts von dessen Verbrechen gewusst zu haben. Ein aus heutiger Sicht kurios anmutendes, damals aber noch existierendes Darstellungstabu war mit dem filmischen Abbilden einer Toilettenschüssel auf der Leinwand verbunden, auch wenn darin nur Papierfetzen weggespült wurden. Als Hitchcock sein Werk der American Motion

Pictures Producers Association zur Abnahme vorlegte, forderten ihre Mitglieder, einige Szenen herauszuschneiden. Hitchcock wartete eine Woche und legte den Film unverändert vor, woraufhin er akzeptiert wurde. Bei seiner Kinoveröffentlichung löste »Psycho« indes einen kleinen Kulturschock aus.

Q

queer

Engl. Wendung, die ursprünglich »seltsam« oder »wunderlich« bedeutete, später vor allem herabsetzend für Homosexuelle verwendet wurde (→ Homosexualität). Aktivisten wie Stephen Whittle folgend wurde dieser Begriff in den neunziger Jahren zunehmend von → Transgendern besetzt. Die Organisation »Queer Nation« eignete sich diesen Ausdruck für all diejenige an, die einer gesellschaftlich verordneten Heterosexualität ebenso Widerstand leisteten wie einer festgeschriebenen eindeutigen Geschlechtsidentität im traditionellen Sinne. Ob allerdings auch → Pädophile ein Bürgerrecht in dieser »Nation« haben sollten, ist derzeit noch hoch umstritten. An verschiedenen deutschen Universitäten ist die Queer-Theorie gerade dabei, sich als ernsthafter Forschungszweig in den Kultur-, Medien-, Sozial- und Politikwissenschaften zu etablieren.

Literatur: Dinkelberg, Wolfgang u.a. (Hrsg.): Das Schweigen brechen. Menschenrechtsverletzungen aufgrund sexueller Orientierung. Querverlag 2001. Heidel, Ulf und andere (Hrsg.): Jenseits der Geschlechtergrenzen. Rosenstern-Verlag 2001

Website: http://www.nicola-doering.de/nd_shii.htm

»Queer as folk«

Britische Homosexuellen-Kultserie, die aktuell auch als US-amerikanisches Remake auf dem Pay-TV-Kanal Showtime enorme Erfolge feiert, auf immenses Medieninteresse stieß und dem Sender den größten Zuschauerrekord seiner Geschichte bescherte. Die schon 15 Jahre zuvor mit dem AIDS-Film »An Early Frost« bekannt gewordenen Produzenten Daniel Lipman und Richard Cowen sicherten dem britischen Schöpfer der Serie Russell T. Davies zu, dem Charakter des

Originals treu zu bleiben. Das urbane Arbeiterumfeld blieb ebenso erhalten (von Manchester ging es nach Pittsburgh) wie die szenische Präsentation bis hin zu Einzeleinstellungen. Selbst normalerweise nicht dargestellte Sexpraktiken wie Rimming (erotische Stimulation des Hinterns mit der Zunge) wurden nicht herausgenommen. Aktuell geplant und zugesagt ist ein Auftritt des ehemaligen New Yorker Bürgermeisters Rudy Giuliani im Fummel zugunsten der Opfer der Terroranschläge vom 11. September.

»Quills – Macht der Besessenheit«
(Originaltitel: *Quills*) historisches Drama, USA 2000, unter der Regie von Philip Kaufmann, nach einem Theaterstück von Doug Wright, der auch das Drehbuch verfasste. Die Geschichte ist sehr frei an das Leben des Marquis → de Sade angelehnt.

Wir schreiben das Jahr 1804. De Sade (Geoffrey Rush) wird wegen seiner skandalösen Schriften in der Irrenanstalt Charenton gefangen gehalten, deren Leiter Coulmier (Joaquin Phoenix) ihm jedoch einige Vorzüge zukommen lässt. Er ahnt nicht, dass de Sade sie zum Umgehen der Zensur ausnutzt, indem er die Magd Madeleine (Kate Winslet) dazu bringt, seine erotischen Philosophien nach draußen zu schmuggeln. Als dadurch jedoch de Sades Roman »Justine« ungehindert erscheinen kann und die Volksseele zu brodeln beginnt, entsendet Napoleon Bonaparte seinen unerbittlichsten Handlanger nach Charenton, um de Sade endlich zum Schweigen zu bringen: den brutalen Seelenarzt Royer-Collard (Michael Caine). Während dieser sich mit dem gefangenen Freigeist zu messen beginnt, nutzt er seine Macht so skurpellos aus wie die Figuren in de Sades Schriften und verschleppt die minderjährige Simone (Amelia Warner) aus ihrem Konvent, um sie als seine Angetraute in seinem Schloss einzusperren und nachts zu vergewaltigen. De Sade erfährt davon und veröffentlicht eine Schrift, in der er dieses Verhältnis zum Thema macht. Als Royer-Collard daraufhin sämtliches Schreibwerkzeug aus de Sades Zelle entfernen lässt, greift der Marquis als Ersatz auf Hähnchenknochen, Rotwein und Bettwäsche zurück, und als ihm dies ebenfalls genommen wird, schneidet er sich die Fingerkuppen auf, um mit dem Blut die Kleidung an seinem Körper zu beschriften. Dabei werden seine Phantasien mit wachsender Strenge der → Zensur immer radikaler ...

Während Kaufmann mit seinem Film beide Seiten der Zensurdebatte gleichermaßen beleuchten wollte, wurde er doch von der Kritik überwiegend als flammender Appell für die Freiheit der persönlichen Äußerung verstanden. Es bleibt die Frage, ob die Grenzübertretungen des filmischen (wie des realen) de Sade als notwendige und legitime Auflehnung gegen Heuchelei und Unterdrückung zu verstehen sind oder als durch eben diese Verhältnisse hervorgerufener Abstieg in den Wahn.

R

Raab, Stefan

Moderator der Erfolgsshow »TV Total« auf Pro 7 und Musiker. Raab wurde am 20. Oktober 1966 in Köln geboren, machte nach seinem Abitur auf einem Jesuiten-Internat eine Ausbildung zum Metzger, um danach an der Kölner Universität Jura zu studieren und Lieder für die Werbung zu komponieren. 1990 machte er sich nach der vorzeitigen Beendigung seines Studiums mit einem Tonstudio selbstständig, bewarb sich als Komponist für Trailer bei dem Musikkanal VIVA, wurde von diesem dann allerdings als Moderator für die einstündige Comedy-Sendung »Vivasion« engagiert. Dort entwickelte er bereits Respektlosigkeit mit Gästen und Publikum zu seinem Markenzeichen und wurde bald schon außerordentlich bekannt und erfolgreich. Während Raabs Konzept für »TV Total« von RTL und Sat 1 zunächst abgelehnt wurde, konnte er die Sendung auf Pro 7 schließlich durchsetzen und damit aus dem Stand einen großen Quotenerfolg sichern. Die von der »Metzgerei Raab TV-Produktion« in Zusammenarbeit mit »Brainpool TV« produzierte Sendung, die inzwischen montags bis donnerstags um 22.15 Uhr ausgestrahlt wird, beruht insofern auf dem Erfolgsrezept des scheinbaren Tabubruchs, als sie die größten Peinlichkeiten der Fernsehwoche genüsslich ausstellt. Besonderes Augenmerk wird dabei beispielsweise auf Szenen gelegt, bei denen versehentlich Geschlechtsteile der gezeigten Personen ins Bild geraten (so etwa bei Ingo Dubinski als prominentestem »Opfer«), was jeweils durch den Ausruf »Pulleralarm« bedeutungsvoll inszeniert wird. Gerne zeigt Raab auch Körperflüssigkeiten wie etwa Schweißflecken auf dem Shirt des Moderators Andreas Türck mit Standbild und Großaufnahme, folgt Rita Süßmuth Richtung Toilette oder fragt Franziska van Almsick, ob sie schon mal ins Schwimmbecken gepinkelt habe. Eine Zusammenstellung außergewöhnlich ekelerregender chirurgischer Eingriffe präsentiert er unregelmäßig als »Schocker der Woche«. Hin und wieder streut Raab einen Witz über Homosexuelle oder Epileptiker ein. Im Gegensatz zu dem umstrittenen Harald → Schmidt bleiben Raabs Tabubrüche indes zu platt und zu harmlos, um die Mehrzahl der Zuschauer jenseits eines Alters von 16 Jahren nachhaltig zu schocken oder zu provozieren. Gerade für diese jugendliche Zielgruppe, für die die Auseinandersetzung mit ihrer Körperlichkeit und ihrer sexuellen Identität ständiges Thema ist, scheint er aber das exakt richtige Maß getroffen zu haben. Raab erklärt dazu selbstbewusst im »Stern«-Interview: *»Ich halte es für professionell, dass ich meine Zielgruppe entsprechend bediene. Ich kann bei meinem Publikum keine Scherze über das Literarische Quartett machen, weil die glauben, es handele sich um ein Kartenspiel.«*

Bemerkenswert ist Raabs selbstironischer Umgang mit Tabubrüchen, wenn er etwa einen Beitrag mit den Worten *»Gucken Sie genau hin. Diese Bilder wollen wir nie wieder sehen!«* ankündigt. Hier stellt Raab die bereits von Foucault beschriebene und von der Boulevardpresse perfektionierte Strategie aus, anstößige Darstellungen nicht etwa auszublenden oder zu zensieren, sondern gerade erst zum Thema zu machen, sich dabei aber darüber zu empören, so dass der Leser/Fernsehzuschauer zwar einerseits in den Genuss des Verbotenen gelangen, sich aber gleichzeitig darüber entrüsten kann.

Seit Raabs »TV Total« statt nur einmal ganze viermal pro Woche ausgestrahlt wird, häuft sich in Internet-Diskussionsforen wie www.ioff.de und Verbraucherportalen wie www.ciao.com ablehnende Kritik zu dieser Sendung. Immer mehr Zuschauer werfen Raab vor, sich dem Massenerfolg zuliebe einem *»Ballermann-Publikum«* geöffnet zu haben und statt frech und witzig vor allem bösartig und unverschämt zu sein. Insbesondere zeige sich, dass Raab bei weitem nicht genügend Material besitze, um an vier Abenden hintereinander seine einstige Kultsendung auf unterhaltsame Weise zu füllen, so dass er auf eher langweilige TV-Ausschnitte und flache Späßchen zurückgreifen müsse, diese unterbrochen von zahllosen *»Äääähs«* umständlich erkläre und in einer Sendung zigfach hintereinander abspule, bis aus ihnen der letzte Witz ausgewrungen sei. Bei vielen Zuschauern wandelte sich die Anerkennung von Raabs Mut, Prominenten gegenüber dreist und respektlos aufzutreten und sie so von ihrem Sockel zu holen, in Ablehnung, da er auch Menschen ohne jeglichen Prominentenstatus oft auf aggressive Weise vorführe und darauf setze, Schwächen und »Fehler« in ihrem Sozialverhalten zu provozieren und auszustellen. So ließ er beispielsweise in der Hoffnung, Wutanfälle zu provozieren, Menschen beim »Bimmel-Bingo« mitten in der Nacht aus ihren Betten klingeln – die meisten schlossen lediglich verschlafen wieder die Tür. Im Herbst 2002 zeigte Raab mehrfach pro Sendung eine TV-Szene, in der eine offenbar sehr alte und kranke Frau sich mühsam aus ihrem Stuhl erhob, ihren Schrank öffnete und dabei versehentlich ein Glas herunterwarf, woraufhin er sich ausgiebig über die Langsamkeit dieser *»Oma«* erheiterte. Auf dieses Vorgehen reagierten viele Zuschauer angewidert und mit Verachtung.

Durch die Medien gingen im Jahr 2002 mehrere Klagen von Menschen, die Opfer von Raabs mehr oder weniger lustigen Attacken geworden waren. So erstattete die 17-jährige »Miss Rhein-Ruhr« Lisa Loch Strafanzeige bei der Staatsanwaltschaft Essen wegen Beleidigung und Körperverletzung. Raab hatte sie allein wegen ihres Namens als Ziel ausgewählt und legte ihr beispielsweise den Künstlernamen Petra Pussy und eine Karriere im Pornogeschäft nahe. Dass er auch diesen flachen Witz in seiner Sendung und auf seiner Website über Wochen hinweg ausschlachtete, führte Lochs Darstellung zufolge zu andauernden Übergriffen von Schulkameraden, obszönen Anrufen und ähnlichen Ärgernissen, die schließlich eine therapeutische Behandlung nötig machten. In seiner Antragsschrift zu diesem Fall führt Lochs Anwalt aus, dieser Fall belege *»besonders exemplarisch, dass das Fernsehen und auch das Internet zum Gewaltinstrument umfunktioniert und missbraucht werden können«*. Es gelang ihm, eine einstweilige Verfügung gegen weitere Namensnennungen zu erwirken. Der Sender Pro 7 distanzierte sich von Raabs Vorgehen. Ebenfalls juristische Schritte leitete im September 2002 die Sängerin Joy Flemming ein, die sich von Raabs Angriffen auf ihr Körpergewicht beleidigt fühlte. So habe er gescherzt, sie hätte bei einem Auftritt vergessen, ihren Hals mit auf die Bühne zu nehmen. 5000 Euro Schadensersatz schließlich konnte ein laut Oberlandesgericht Köln *»unstreitig heterosexueller Mann«* bei Raabs Produktionsfirma Brainpool erstreiten, der sich von dem Moderator als *»schwule Sau«* verunglimpft sah. Raab hatte als Running Gag immer wieder eine Szene aus der RTL-Sendung »Familienduell« eingespielt, in welcher der Kläger sich als Kandidat vorstellte mit den Worten: *»Ich bin der Thorsten, und wir schütteln euch kräftig durch.«* Darauf folgten Einblendungen von Prominenten, die *»schwul«* oder *»schwule Sau«* sagten.

Rammstein

1994 gegründete deutsche Kult-Band aus Ostberlin und Schwerin um den Sänger Till Lindemann. Die heute zugleich erfolgreichste und umstrittenste deutsche Band, die 1999 in den USA für den Grammy nominiert wurde, ging hervor aus der mäßig erfolgreichen Berliner Gruppe »Feeling B«. Zu ihrer aktuellen Selbstinszenierung gehört neben optisch-akustischem Spektakel bei ihren Bühnenauftritten (Lederhosen, Stiefel und bloße Oberkörper, Feuerwerk und Rauchbomben, verzerrte Gitarrenriffs und Fanfaren in technologischem Pathos, Lindemanns im Bariton gerolltes R) eine Aneinanderreihung von Tabubrüchen vor den verschiedensten Hintergründen. Da ist zum einen der → Sadomasochismus, der nicht nur in Rammsteins furioser Bühnenshow in Gimmicks wie Maske, Leine, Harness und Peitsche zum Ausdruck kommt und zur Teilnahme an mehreren Bizarr-Festivals in Deutschland und Frankreich führte, sondern auch in den Texten zu Songs wie »Bestrafe mich« oder »Bück dich« als Motiv erscheint. In »Feuerräder« etwa heißt es: *»Leg mir das Halsband um // dann geh ich auf die Knie // und fang zu bellen an // der Schmerz ist schön wie nie // Komm mach den Käfig auf // und ich bin sternenreich.«* → Inzest zwischen Geschwistern hingegen ist das Thema in »Spiel mit mir« (auf der CD »Sehnsucht«, 1998): *»Wir teilen Zimmer und das Bett // Bruederlein komm und sei so nett // Bruederlein komm fass mich an // Rutsch ganz dicht an mich heran (...) Unterm Nabel im Geaest // Wartet schon ein weisser Traum // Bruederlein komm halt dich fest // Und schuettel mir das Laub vom Baum (...) Spiel ein Spiel mit mir (...) Vater Mutter Kind«*. Um → Nekrophilie geht es in dem Song »Heirate mich« (aus der CD »Herzeleid«, 1996), welcher der Band dadurch auch internationale Aufmerksamkeit sicherte, dass er (neben »Rammstein«) in → David Lynchs Film »Lost Highway« Eingang fand: *»Man sieht ihn um die Kirche schleichen // Seit einem Jahr ist er allein // Die Trauer nahm ihm alle Sinne // Schläft jede Nacht bei ihrem Stein. // Die Furcht auf diesen Zaun gespießt // Gehe ich nun* *graben jede Nacht // Zu sehen was noch uebrig ist // Von dem Gesicht das mir gelacht // Mit meinen Haenden grabe ich tief // Zu finden, was ich so vermiss. // Und als der Mond im schoensten Kleid // Ich habe deinen kalten Mund gekuesst // Ich nehme dich zaertlich in den Arm // Doch deine Haut reißt wie Papier // Und Teile fallen von dir ab // Zum zweiten Mal entkommst du mir // So nehme ich was noch übrig ist // Die Nacht ist heiß und wir sind nackt // Zum Fluch der Hahn den Morgen grüßt // Ich habe den Kopf ihn abgehackt«* (gekürzt). Es ist nachvollziehbar, dass der Band recht schnell vorgeworfen wurde, statt Substanz nichts anderes als den steten Tabubruch als verkaufsträchtige Masche anzubieten. Schon bei Rammsteins erstem Hit »Rammstein« (mit den Refrain-Zeile *»Ein Mensch brennt // Fleischgeruch in der Luft«*) wurde die Band beschuldigt, die Opfer der Katastrophe auf dem gleichnamigen US-Militärflughafen in schaurigen Anspielungen kommerziell zu vermarkten. Die Band wies einen Zusammenhang zwischen ihrem Namen und dem des Flugzeugstützpunktes zurück.

Andere Vorwürfe, mit denen Rammstein sich auseinanderzusetzen hatte, zielten auf die extreme Morbidität ihrer Texte oder darauf, dass sie Perversionen für Außenstehende nachvollziehbar machen. Im Juni 1999 wurden zwei Mitglieder der Band in den USA verhaftet, da sie als Bestandteil ihrer Bühnen-Performance zu dem Titel »Bück dich« eine Analsex-Szene vorgeführt hatten. Auch nachdem die beiden Amokschützen von Littleton als Rammstein-Fans bekannt wurden, gelangte die Band ins Zentrum einer Diskussion, ob Rockmusik Jugendliche zur Gewalt verführe.

Nicht zuletzt war Rammstein angelastet worden, allzu unbekümmert faschistisch besetzte Symbole zum Teil ihrer Selbstinszenierung zu machen. Im Mittelpunkt dieser Auseinandersetzung stand dabei insbesondere ein Sampling aus dem Depeche-Mode-Video »Stripped« und Ausschnitten aus »Olympia, Fest der Völker« der für den Nationalsozialismus bedeutendsten Regisseurin Leni Riefenstahl. Die entstandene Collage ließ die ursprünglich vorherrschende Lesart des Depeche-Mode-Videos – erotisch konnotierter Machtkampf im Geschlechterverhältnis – mit der Ästhetik arisch-athletischer nackter Körper zusammenprallen. Zwar hatte schon die englische Band »New Order« zehn Jahre vorher auf die beanstandeten Filmausschnitte zurückgegriffen, aber aus nachvollziehbaren Gründen war die Empfindlichkeit noch etwas größer, als eine deutsche Band das tat. So warnten sowohl »SPIEGEL« als auch »Zeit« davor, dass rechte Insignien in der Popmusik wieder gesellschaftsfähig würden.

Diese Befürchtung war nicht unbegründet. Zwar wurden Anspielungen auf den Nationalsozialismus schon seit langem als Stilmittel der Provokation verwendet. *»Adolf Hitler war der erste Popstar«,* behauptete etwa David Bowie, als er zu Beginn der achtziger Jahre nach einem längeren Aufenthalt in den USA nach England zurückkehrte und die auf ihn wartenden Fans mit Hitlergruß überraschte, und Eric Clapton äußerte Sympathien für die »National Front«. Insbesondere der Punkrock in den späten siebziger und frühen achtziger Jahren zeichnete sich dadurch aus, seine Systemkritik durch Anleihen am Inventar des Faschismus auf den Punkt zu bringen. So spielten die Sex Pistols vor Bannern mit dem Hakenkreuz oder trugen Armbinden mit diesem Symbol. Die Gruppe DAF (»Deutsch-amerikanische Freundschaft«) schließlich forderte »Tanz den Adolf Hitler«, und Kiss setzte SS-Runen stilistisch ein.

In den neunziger Jahren indes ließ sich ein paradigmatischer Wechsel feststellen. Jugendkultur war nicht mehr, wie gewohnt, linke Protestkultur. Aufbegehrt wurde und wird stattdessen immer mehr gegen ein vom linken Meinungsmonopol geprägtes Establishment – wobei die neuen Rebellen kurioserweise auf längst überholte Konzepte von Volk und Schicksalsgemeinschaft, Autorität, Männlichkeit und Ordnung zurückgreifen, auf Ästhetiken wie den sportlich-jugendlichen Körper, der stellvertretend die gesellschaftliche Dekadenz und Auszehrung überwindet, sowie auf schwülstige Metaphern zwischen Feuer, Blut und Krieg. Die Grenzüberschreitung liegt nicht länger im progressiven Aufbruch, sondern in einem extrem konservativen Narzissmus. Insignien, mit denen man früher noch unproblematisch Anhänger rechter Weltbilder hätte identifizieren können (Glatzen, Bomberjacken, Netzhemden, Doc Martens etc.), sind ebenso in die allgemeine Jugendgarderobe eingesickert wie andere Formen rechter Ästhetik in den Mainstream der Popmusik. Ehemalige NDW-Stars wie Joachim Witt entdeckten die »Neue Deutsche Härte«, andere Bands gaben sich Namen wie »Richthofen«, kostümierten sich als Nazis oder bedienten sich von Wagner-Anspielungen über Frakturschrift bis zu Auftritten als martialische Männerbünde der gesamten Palette demonstrativen Deutschtums. Manche Kritiker empfanden es auch als bedenklich, wie schnell die Böhsen Onkelz (wegen Songs wie »Deutschland den Deutschen« und »Türken raus« lange von Plattenläden und Radiosendern boykottiert) an die Spitze der Charts stürmten, nachdem sie das Major Label Virgin unter die Fittiche nahm und ihre damaligen rechtsradikalen Äußerungen in einer großangelegten Image-Kampagne schlicht als lässliche Jugendsünden darstellte.

Verschiedene Beobachter dieser Entwicklung befürchten, dass sie für noch weit eindeutiger rechts ausgerichtete Bands den Weg bereiten könnten. Schließlich hätten Rechtsradikale seit Beginn der neunziger Jahre bekundet, über gut gemachten Rechtsrock einen Fuß in die Tür des öffentlichen Bewusstseins zu bekommen und die Bevölkerung *»im patriotischen Sinne zu politisieren«* (so »Europa Vorn Spezial«, Nr. 6, Sommer 1993). Auch verzeichneten die großen Labels neonazistischer Musikfirmen nicht zuletzt dank des neuen Vertriebsweges Internet bislang unbekannte Umsatzrekorde. Ähnlich beängstigend gut besucht seien die Konzerte dieser Gruppen. Wenn Rammstein sämtliche politisch-ideologischen Ausdeutungen ihrer Werke zurückweise (man habe sich allein aus Gründen ästhetischer Anerkennung bei Riefenstahl bedient, eben weil sie nun einmal »gute Kunst« produziert habe), dann sei das entweder bewusst irreführend oder naiv.

Musiksender wie Viva oder MTV hatten mit dem Ausstrahlen des Riefenstahl-Videos keinerlei Probleme. Dies könnte ein Beleg dafür sein, dass die Allgemeinheit den von Rammstein begangenen Tabubruch und die damit beabsichtigte Provokation als nicht allzu gewaltig, sondern eher banal wahrnahm. Der Pathos Leni Riefenstahls, der im Dritten Reich Menschenmassen begeisterte und faszinierte, so argumentiert die eine Seite, enthülle sich in unserer Zeit als bloß ein weiteres (pop-)kulturelles Zitat von vielen und verliere so deutlich an ideologischer Wucht. Kritiker bestreiten, dass dem so sei, und weisen darauf hin, dass sich Rammstein auf der Basis solcher Inszenierungen zur momentan von Japan bis Mexiko erfolgreichsten deutschen Band entwickelt hätte. Gerade dass an die Stelle der Problematisierung von typischen Produkten aus dem Dritten Reich wohlwollende Akzeptanz getreten sei, könnte ein Alarmzeichen darstellen. Ralf Schlüter kommentiert dazu im Feuilleton der »Berliner Zeitung« vom 16. Januar 1999: Riefenstahl selbst *»rechtfertigt ihre Ar-*

beit im Nationalsozialismus mit der strikten Trennung von Ästhetik und Inhalt. Es sei ihr um interessante Bilder gegangen, um nichts weiter. Rammstein und Leni Riefenstahl verbindet nicht politische Gesinnung, sondern die Weigerung, für den Kontext und die Bedeutungen der Bilder Verantwortung zu übernehmen. Bei Leni Riefenstahl mag das mit Verdrängung der eigenen Verstrickung zu tun haben, bei Rammstein steht eine alte Popstrategie dahinter: Verständnisvolle Gemeinschaftskundelehrer sollen bis aufs Blut gereizt werden.«

Um zumindest einen kleinen Querschnitt weiterer Einschätzungen von Rammsteins Tabubrüchen darzustellen, seien im folgenden drei Kritiker im Langzitat wiedergegeben, die sich damit intensiv auseinandergesetzt haben. Sämtliche Artikel sind über das Internet einsehbar und auch in ihrer vollen Länge lesenswert.

Unter der Überschrift »Gekauft wird, was provoziert« kommen Daniel Bax und Tobis Rapp in der »Jungle World« vom 14. Juni 2000 zu folgender Einschätzung: *»Rammstein transportieren kein faschistisches Gedankengut, in ihren Songs lassen sich keine entsprechenden Textstellen finden. Dieses Missverständnis ist allerdings Teil des Konzepts, das die große Geste eines vermeintlichen Tabubruchs vorsieht. Man kann es geschmacklos finden, wenn Joachim Witt oder Rammstein mit schweren Zeichen spielen – dass hier der unbelehrbare Deutsche sein hässliches Haupt hebt, kann man nicht behaupten. Eher ist es die Rückkehr des Verdrängten als Travestie, vielleicht auch ein Reflex der Banalisierung des Bösen durch Hollywood (...) Die Kritik am ästhetischen Ärgernis allerdings setzt naiv Form und Inhalt gleich – schließt von Uniformjacken auf die Geisteshaltung – und wirkt in postmodernen Zeiten seltsam antiquiert. Bedenklich ist schließlich weniger, dass manche Bands mit belasteter Symbolik hantieren – bedenkenswert ist allenfalls, dass sie damit mehr Platten verkaufen. Die Ambivalenz, die Rammstein oder Joachim Witt in Kauf nehmen, hätte noch vor zehn Jahren den sicheren kommerziellen Tod bedeutet – heute ist sie das Ticket zum Kassenerfolg. Viel interessanter als das ständige: ›Wie haben sie es denn nun gemeint‹ ist daher die Frage, wie das Teutonen-Brimborium denn eigentlich verstanden wird. Ist das wirklich der Soundtrack einer Jugend, deren Generationserlebnis die Verhinderung eines Asylbewerberheims ist? Und hier kann man feststellen: Ein Rammstein-Fan muss es nicht als Widerspruch empfinden, Sabrina-Setlur-Poster aus der Bravo zu sammeln. Auch der Frank-*

furter Rap-Pate Moses P. soll schließlich schon im Onkelz-T-Shirt gesichtet worden sein: Gelobt sei, was provoziert. So funktioniert die mediale Oberfläche. Und das ist etwas, das schon lange keiner ›linken‹ Band in Deutschland mehr gelungen ist. Wenn Campino von den Toten Hosen durch die Talkshows tingelt und als Sozialarbeiter der Nation vor den Böhsen Onkelz warnt, ist es nicht schwer zu erraten, wem die Rebellenpose eher abgenommen wird.«

Ulf Poschardt, Chefredakteur des Magazins der »Süddeutschen Zeitung«, äußerte sich zu Aspekten des »Deutschen« in der Pop-Kultur der achtziger und neunziger Jahre (exemplarisch an Kraftwerk, Laibach und Rammstein) in einem Vortrag, den er am 29. Januar 1999 in Potsdam im Rahmen einer Leni-Riefenstahl-Ausstellung hielt (abgedruckt unter dem Titel »Stripped« in der Zeitschrift »Die Beute« sowie geringfügig gekürzt in »Jungle World«). Poschardt kommt dabei zu folgendem Urteil: *»Rammstein reduzieren sich zum kongenialen Echo der Themen, wie sie die vielen Infotainmentsendungen und Boulevardmedien täglich setzen und zu Teilen der Unterhaltung gemacht haben. Da diese Themen alle entsprechend gewalttätig vorgetragen werden, wird die Provokation erhöht und zu einer Form von Aggressivität stilisiert, die als Pop-Image gut funktioniert. Rammstein sind weniger ironisch als andere Pop-Bands – ihr Spiel mit dem Feuer hangelt sich stur von Klischee zu Klischee. Ironie kennen sie nicht, mit jedem neuen Song und jedem neuen Video vervielfältigen Rammstein lediglich ihren Selbstentwurf. (...) Die mangelnde Souveränität im Umgang mit den eigenen Codes lässt Rammstein zu Opfern ihres Images werden. Das Kunsthandwerkliche der Imagekonstruktion bis hin zum naseweisen Einsatz der Leni-Riefenstahl-Zitate im Video macht die Leere des von Rammstein annektierten Raumes in der Pop-Kultur deutlich. Deutlich wird, wie nichtssagend, stumpf und öde Leere sein kann, wenn sie nicht als Negation oder Verweigerung von Fülle gedacht worden ist. Nur noch apokalyptisch postmoderne Denker dürften sich nach der Produktion solcher Leere sehnen, weil diese Leere in ihrer Affirmation lediglich weitere uninteressante Leere produzieren kann. Die Affirmation bei Rammstein bleibt ein beflissenes Spiel mit der eigenen Unfähigkeit, gegen irgendetwas rebellieren zu können oder zu wollen, bzw. ist diese Rebellion schon rechts. Gefragt nach ihren provokativen Textinhalten, verweisen sie in Interviews gerne auf die grausame Realität, die sie umgibt und von den Medien vermittelt* *wird. Sie würden diese nur widerspiegeln. Solche Plattheiten müssen jedoch angesichts der Identitäts- und Nationalitätsdebatten in Deutschland, nach dem rechtsradikalen Terrorismus der letzten Jahre ziemlich fragwürdig erscheinen.«*

Thomas Groß schließlich befindet in der »Zeit« 14/2001 unter der Überschrift »Schlafes Bruder«: »*Rammstein-Stücke erinnern immer an irgendetwas, kippen den Grusel aber stets in Gelächter. Es sind trivial-bombastische Dramen der Wiederkehr ohne tiefere Sinnabsicht. Bloß kesseln muss es, zur Freude aller auf den billigen Rängen. (...) Mit Provokation hat dies nicht mehr viel zu tun, umso mehr mit produktiver Vertrashung: das Oberflächliche an den Dingen betonen, den Interpreten ein Schnippchen schlagen, um noch mal vorn mit dabei zu sein in den Hitparaden. ›Was die Leute alles herholen, det glaubste nicht‹, freut sich Landers (...).Noch immer spricht aus den beiden Bandmitgliedern die ehrliche Verwunderung, dass blutig ernst genommen wird, was doch eigentlich Kasperletheater der Grausamkeit ist, zusammengeklaubt aus den Grimmschen Märchen wie auch aus Film, Fernsehen und Comic: ein bisschen Proletkult, ein bisschen German Gothic, ein bisschen Schlaf der Vernunft, des Ostlers Hang zum Gesamtkunstwerk – ja sieht denn keiner, dass Rammstein eine total unoriginelle Band ist? Ihre Leistung liegt gerade im Hantieren mit Klischees: dem Overacting von SS-Offizieren in amerikanischen B-Movies, dem falschen Pathos von SozArt. Rammstein inszenieren das Gruseln als Oper, sie machen den Ernst von gestern ästhetisch genießbar.«*
Website: www.rammstein.de

»Romance« / »Romance X«

Avantgardistischer Thesenfilm mit Versatzstücken pornographischer Inszenierungen, Frankreich 1999, unter der Regie und nach einem Drehbuch von Cathérine → Breillat. In seinem Zentrum steht die Suche einer Frau nach ihrer Identität – zunächst auf sexueller, dann aber auch auf anderen Ebenen. Die junge Lehrerin Marie (Caroline Ducey) wendet sich, nachdem ihr Freund nicht mehr mit ihr schlafen möchte und auch keine Erektion mehr zuwege bekommt, anderen Männern zu: so etwa dem gut gebauten Paolo (Pornostar Rocco Siffredi) und danach in sadomasochistischen Fesselspielen ihrem Vorgesetzten Robert (François Berland). Letzterer scheint sie durch seine Form von Sexualität zumindest von ihrer Fixierung auf das Phallische zu befreien, da bei ihm Sexualität auch ohne Erektion stattfinden kann. Letztlich aber findet Marie ihre Erfüllung in der Geburt ihres Kindes.

»Romance« wurde als der sexuell offenherzigste Film seit → »Der letzte Tango in Paris« bezeichnet. Anders als Chéreau für → »Intimacy« oder von Trier für → »Idioten« zog Breillat für die Penetrationsszenen kein männliches Double heran, sondern einen italienischen Pornostar, der für die notwendige Körperbeherrschung auch in längeren Einstellungen bekannt war. (Es gab bei manchen Szenen allerdings ein weibliches Bodydouble für Marie.) Während wir uns an Gewalt inzwischen gewöhnt hätten, sei direkte Sexualität das letzte Tabu im Film, bekundet Breillat. Im Interview mit der »Süddeutschen Zeitung« vom 15. 6. 2000 erklärt die Regisseurin, eine filmische Annäherung zum Genre der → Pornographie sei notwendig, *»weil es verboten ist. Man darf die explizite Darstellung der Sexualität nicht dem Pornokino überlassen, und man muss die Grenzen des Kinos, das eine ganz und gar bourgeoise Kunst geworden ist, aufsprengen. Das Kino ist eine akademische, von Selbstzensur beherrschte Kunst. (E)s ging mir nie darum, Schlüpfrigkeiten zu zeigen und den Zuschauer irgendwie erotisch zu stimulieren. (...) Es geht um die Selbsterkundung einer Frau. Frauen haben die größten Schwierigkeiten, sich mit ihrer Sexualität zu identifizieren. Sie dürfen ihre Sexualität nicht zeigen, und wenn sie es tun, ist das ein Tabu-Bruch.«*

Kritiker warfen dem Film vor, mit dem bloßen Ausstellen intimer Szenen auf den Skandaleffekt zu setzen – ein zweifelhafter Skandal, wenn man bedenke, dass man sich längst nicht mehr in den fünfziger Jahren befände. Die eigentliche Handlung von »Romance« sei so dürftig wie die »intimen Geständnisse« in einer x-beliebigen Frauenzeitschrift. Pseudo-tiefsinnige Gedanken wie *»Die Liebe zwischen Mann und Frau ist eine heimtückische Schlacht«* oder *»Ein dünner Schwanz hat keine Würde«* präsentierten noch dazu eine unfreiwillige Komik. Verteidiger von Breillats Werk hielten ihm zugute, dass es sich der üblichen Spaltung in den erotisch angehauchten Liebesfilm des Mainstream-Kinos einerseits und den Pornofilm andererseits entziehe, die dazu führe, dass in beiden Genres nur ein Teil der Wirklichkeit verfälschend gezeigt werden könne. »Romance« zeige ohne Kaschierungen durch falsche Sentimentalität oder aufgesetzte Künstlichkeit den Geschlechtsverkehr so authentisch, wie er sich täglich milliardenfach abspiele. In der »Neuen Zürcher Zeitung« vertritt Pia Horlacher die These, die eigentliche Grenzüberschreitung des Filmes liege zunächst einmal in der Darstellung männlicher Sexualität: »*Schließlich ist der nackte Männerkörper auf der Leinwand noch immer tabu. Eine Fellatio ohne den üblichen verdeckten Blickwinkel – den dramaturgischen Notwendigkeiten einer intimen Geschichte um Liebe und Sex wird pragmatisch, offen und selbstverständlich nachgekommen. Es ist also nicht der Anblick nackter Körper, sondern dieser Tabubruch eines kinematographischen ›Gentlemen's Agreement‹, die implizite Thematisierung der visuellen Stereotypen und des klassischen männlichen Kamera-Subjekts.*« Allerdings kann sich insgesamt auch Horlacher den Thesen der Regisseurin anschließen: »*Dazu kommt, dass die Geschichte von Marie, die in der Erotik mit dem (Ehe-)Mann, den sie liebt, keine Erfüllung findet, wohl aber in der Sexualität mit wechselnden Geschlechtspartnern, an jenes tiefe Tabu von aktiver weiblicher Sexualität rührt, das sich trotz – oder vielleicht wegen – einer enormen Pornographisierung der Gesellschaft weiterhin hartnäckig hält. Marie, Heldin und Subjekt einer ›seriösen‹ Filmhandlung, tut Dinge – und tut sie für sich –, die im Kino sonst nur ›Porno-Miezen‹ tun, als Objekte, fremdbestimmt in fremdbestimmter Sexualität.*«

In der filmwissenschaftlichen Analyse von »Romance« stellt sich allerdings bald heraus, dass sowohl Kritiker, die ihm Pseudo-Tiefsinnigkeit vorwarfen, als auch solche, die in ihm die Suche einer Frau nach erfüllender Sexualität erkannten, sich von dem eigentlichen Konzept des Filmes in die Irre führen ließen. Tatsächlich entwirft Breillat bewusst keine durchgehende Theorie, sondern deckt die inneren Widersprüche scheinbar idealer Modelle auf, indem sie diese aufeinanderprallen lässt und, sobald ein klarer Schluss einmal gefunden scheint, sich diesem durch einen neuen Gedankengang verweigert. Die Selbstqual der Heldin wird so auf den Zuschauer übertragen, der die entstehenden Widersprüche als immer unangenehmer empfindet. Eben dies könnte die ablehnenden Reaktionen vieler Zuschauer und Kritiker gegenüber »Romance« verursacht haben. Dabei verfolgt Breillat ihr Konzept durch verschiedene Strategien, etwa indem sie ihre Heldin wechselweise entgegengesetzte Ansichten vertreten lässt: Wenn ein Mann mit einer Frau schlafe, signalisiert dies für Marie beispielsweise mal Respekt, mal Verachtung. Optisch stützt Breillat ihre Erzählhaltung, indem sie etwa die zierliche, kleine und leicht anämische *femme fragile* Marie auf den stattlichen Paolo treffen lässt, der geradezu eine Erektion pur verkörpert. Und sie verdeutlicht die unüberbrückbare Spaltung von Körper und Seele, indem sie auf der Tonspur den Gedankengängen Maries großen Raum gibt, während die Bildebene in fürs Kino ungewohnter Drastik ihre Körperlichkeit darstellt. Letzlich bleibt der Film dabei pessimistisch: In seinen fatalen Kreisläufen zeigt er, dass ein Zusammenkommen von Männern und Frauen unmöglich geworden ist. Mit dem Subjektverlust seiner an Persönlichkeit entleerten Charaktere geht ähnlich wie bei »Intimacy« ein Verlust des Ideals der romantischen Liebe einher.

Der Filmwissenschaftler Marcus Stiglegger analysiert dieses Muster näher in seiner zur Drucklegung dieses Lexikons unveröffentlichten Habilitation »Ritual und Verführung. Seduktive Strategien filmischer Inszenierung« (2003):

»Als es darum ging, ein Plakat für ihren Film ROMANCE X / ROMANCE (1998) zu entwerfen, begann Cathérine Breillat den Titel mit groben Strichen mehrfach durchzustreichen. Es solle nicht von einer Romanze erzählt werden, sondern von der Kluft zwischen den Geschlechtern, der Unmöglichkeit ihrer Verschmelzung. ROMANCE X war geboren: die freie Variable X, ein Punkt der individuellen Projektion, der Uneindeutigkeit – kombiniert mit jenem assoziativ vorbelasteten Begriff der Romanze. Die Unsicherheit hatte Einzug in den Titel gehalten, stellt diesen in Frage und schuf zugleich Raum für jene Protagonistin, die selbst aus der Position der Projektionsfläche zum Subjekt werden möchte.« Maries Versuch der Personwerdung im Sexualverkehr mit Paolo scheitere jedoch, da sie *»nicht in der Lage ist, ihre permanent arbeitenden Gedanken zu verdrängen. (...) Als sie zu sprechen aufhört, hören wir ihre Gedankenstimme weiter. Der Film unterminiert die Freizügigkeit der Darstellung, die die nackten Körper deutlich in Aktion zeigt, indem er die Metaebene des Geschehens immer wieder in der Vordergund rückt. Insofern ist der Film zugleich schwierig für den zwiegespaltenen Rezipienten und verdeutlich um so mehr den Schmerz der Unerfüllbarkeit von Maries Bedürfnissen. Wie Breillat betont, schwingt auch die Einsamkeit und Melancholie von Paolo mit, die konsequente Subjektivität der Inszenierung zwingt den Blick jedoch auf Marie, was wiederum schmerzlich für den involvier-*

ten Rezipienten wird. (...) ROMANCE X möchte nicht ›genossen‹, sondern ›erlitten‹ werden.«

Der Vorwurf der Pornographie aufgrund der Nahaufnahmen von Ejakulationen, erigierten Penissen und manueller Penetration greife nicht, da es Breillat gerade *nicht* um das Erzeugen von Erregung beim Betrachter gehe, Erotik *nicht* konsumierbar gemacht und der Geschlechtsverkehr *nicht* außerhalb sämtlicher tiefer gehenden mentalen und emotionalen Vorgänge gezeigt werde: *»Diese ebenso verräterische wie prototypische Feuilletonkritik zu ROMANCE X formuliert die verbreiteten Vorurteile gegen diesen Film und Breillats Kino überhaupt: die Freizügigkeit der Darstellung wird als ›Effekt‹ abgewertet, die Subversion von Genrekategorien als seduktive Strategie dabei jedoch nicht erkannt (...).«* Ebenso unsinnig sei es aber, *»Marie als einen psychologisch geformten fiktiven Charakter misszuverstehen«*, wie es von manchen Rezipienten getan wurde. Dies *»würde den Film auf die banale Ebene eines erotischen Stationendramas mit reaktionärer Moral (die Frau findet ihre Bestimmung in Masochismus und Mutterschaft) befördern«*. Tatsächlich aber habe Breillat mehrfach betont, dass Marie nie als Identifikationsfigur, sondern als theoretische Kreatur angelegt gewesen sei.

Stiglegger bewertet Breillats Film abschließend als einen der radikalsten und provozierendsten Entwürfe, den das erotische Kino der jüngeren Zeit hervorbrachte: *»In streng stilisierten Bildern verfolgt er den Weg einer Frau, die sich weitgehend als von ›außen‹ – von Männern – definiert erlebt und das eigene Wesen als eine Leerstelle, einen Mangel, das beliebige ›X‹ begreifen muss. (...) Auf ihrer quälenden Odyssee kann sie diese Fremdbestimmung langsam überwinden und aus sich ein eigenes Subjekt konstruieren, doch dafür muss sie sich in einem letzten Akt des belastenden Einflusses ihres Lebensgefährten entledigen. Insofern erfüllt Breillats Etüde übrigens einige Forderungen des feministischen Films: die Thematisierung weiblichen Begehrens, die Hinterfragung patriarchaler Strukturen, die ›Brechung‹ eines einseitig männlichen Blicks auf die Frau durch den experimentellen Blick zurück auf den Mann. Die weitgehende – gelegentlich hasserfüllte – Hilflosigkeit der Rezipienten bestätigt nur die Effektivität dieser Inszenierung.«*

»Roseanne«

Erste US-Sitcom (ABC, 1988-1997), in deren Mittelpunkt eine Familie aus der Arbeiterschicht mit ihren typischen Problemen stand. Eben diese realitäts- und alltagsnahe Darstellung, bei der weder sämtliche Probleme nach dreißig Minuten geklärt sind, noch mit dem moralischen Zeigefinger gewunken wird, bescherte der Serie über lange Jahre hohe Einschaltquoten und hervorragende Kritiken. Erstmals wurden im Sitcom-Genre auch Themen wie Arbeitslosigkeit oder häusliche Gewalt aufgegriffen. Auch → Homosexualität wurde behandelt: zunächst verkörpert durch Roseannes (Roseanne Barr/Arnold) Boss in dem Coffee-Shop, in dem sie tätig war, später durch Roseannes Freundin Nancy (gespielt von der offen lesbischen Sandra Bernhard). Wurde Nancy (wie so häufig in Soaps) anfangs noch als heterosexuell dargestellt, entdeckte sie ihre lesbischen Neigungen nach dem plötzlichen Verschwinden ihres Mannes und machte sich daran, sie auszuleben. In einigen Folgen spielte Morgan Fairchild ihre kurzzeitige Partnerin.

Als Meilenstein der Behandlung von Homosexualität im Soap-Universum wird die 18. Folge der sechsten Staffel »Don't Ask, Don't Tell« betrachtet. Hier begleitet Roseanne Nancy und ihre derzeitige Partnerin Sharon (Mariel Hemingway) in einen schwul-lesbischen Club. Roseanne fühlt sich in dieser Atmosphäre durchaus wohl, und es zeigt sich, dass auch zwischen ihr und Sharon die Chemie stimmt. Sharon indes nimmt Roseannes freundschaftliche Zuneigung als erotisches Interesse wahr und drückt ihr überraschend einen Kuss auf, wovon Roseanne sichtlich irritiert ist. Über die restliche Folge hinweg ist sie bemüht, ihre Akzeptanz für Homosexuelle und ihr Unbehagen über diese spontane Zärtlichkeit in Übereinstimmung zu bringen.

Die ursprünglich geplante Ausstrahlung dieser Folge am 1. Mai 1994 schien zunächst gefährdet durch die Ankündigung des Senders ABC, aufgrund dieser Kussszene die Folge zurückzuziehen. (Inwiefern das nur ein geschickter Marketingschachzug war, mag dahingestellt bleiben.) Steve Weiswasser, Präsident der Multi-Media-Gruppe erklärte, Homosexualität sei kein Lifestyle, der von der Mehrheit der Bevölkerung gewählt werde. Roseanne Barr zeigte sich entrüstet: *»Warum ist es so schockierend, zwei Frauen einander küssen zu sehen, aber nicht, dass alle zwei Sekunden eine Frau vergewaltigt, ver-*

stümmelt und ermordet wird?« Die US-weit führende Organisation zur Durchsetzung der Homosexuellenrechte GLAAD (»Gay & Lesbian Alliance Against Defamation«) initiierte eine Kampagne aus öffentlichen Erklärungen, Podiumsdiskussionen, Zeitungsanzeigen und Briefaktionen. Schließlich strahlte ABC die umstrittene Folge aus.

In der weiteren Entwicklung der Serie geriet Nancy immer mehr zur Nebenfigur, während der schwule Leon (Martin Mull) eher in den Mittelpunkt rückte. Mit der neunten Staffel wollte Roseanne Barr sich eigentlich aus der Serie zurückziehen, wurde aber wegen ihres gigantischen Erfolges von ABC zum Weitermachen gedrängt. Sie revanchierte sich durch einige hanebüchene Plotentwicklungen, zu denen neben irrwitzigem Reichtum durch einen Lottogewinn unter anderem auch gehörte, dass ihre Mutter eine erotische Beziehung zu einer versoffenen Sängerin namens Joyce aufnahm. Zum Ende der Staffel enthüllt sich, dass die Serienfigur Roseanne all diese Geschehnisse lediglich in ihrer Phantasie entwickelte, um ihrem deprimierenden Leben zu entfliehen.

»Rose Bonbon«

(französisch für: *rosa Bonbon*) Roman von Nicolas Jones-Gorlin über den Pädophilen Simon, der nur an Mädchen vor dem Pubertätsalter sexuelles Interesse zeigt und sich von älteren angeekelt abwendet. Er entführt die Kinder und bringt sie nach der Befriedigung seiner Lust um. Die aus der Ich-Perspektive verfasste Erzählung (→ »American Psycho«) wurde von dem renommierten Pariser Literatur-Verlag Gallimard herausgegeben und sorgte bei seinem Erscheinen im Herbst 2002 für einen Skandal. Kinderschutzorganisationen wie die »Fondation pour l'enfance« sahen in dem Buch eine Verherrlichung von Pädophilie und eine Verbreitung pornographischer Szenen, die gegen die Menschenwürde verstießen. Zudem könne es Minderjährige schockieren. Anne-Aymone Giscard d'Estaing, Päsidentin der genannten Stiftung und Frau des ehemaligen Staatspräsidenten Frankreichs, wandte sich mit der Bitte um → Zensur an den Innenminister Nicholas Sarkozy. Der drohte, den Forderungen nach einem Verkaufsverbot nachzugeben. Dabei bezog er sich auf ein Jugendschutz-Gesetz von 1949 sowie auf Paragraphen aus dem Jahr 1998, die eigentlich auf Videos und Fotos auf Websites gemünzt waren und die unter Strafandrohung von bis zu fünf Jahren Gefängnis verbieten, *»das Bild oder die Darstellung eines Minderjährigen zu verbreiten, wenn dieses Bild oder diese Darstellung pornographischen Charakter aufweist«*. Auch der Familienminister Christian Jacob zeigte sich in einer Verlautbarung schockiert: *»Das Buch verteidigt die Pädophilie. Kein Verbrechen ist abscheulicher. Ich habe nicht die Macht, dieses Buch zu verbieten, aber ich wäre sehr glücklich, wenn es aus den Regalen verschwinden würde.«*

Bald jedoch erhoben sich die ersten Gegenstimmen. Schriftsteller und Verleger warnten vor *»Zensur und Einschränkung der Meinungsfreiheit«*. Die Liga für Menschenrechte argumentierte, der Logik des Innenministeriums zufolge müsse man auch sämtliche Werke über Drogen, Rassismus und → Gewalt vom Markt nehmen. Nachdem Sarkozy den Verleger selbst vorlud und ihn aufforderte, *»alle nützlichen Dokumente«* vorzulegen, stellte sich auch der Kulturminister Jacques Aillagon entschieden auf die Seite der Zensurgegner. Es sei ja schließlich gerade die Aufgabe von Literatur, die Untiefen der menschlichen Seele auszuloten.

Nachdem die ersten 2000 Exemplare verkauft worden waren, zog der Verlag das Werk zunächst zurück, brachte es dann aber wieder mit leichten Veränderungen in der Aufmachung auf den Markt: Jetzt war es in Cellophan verpackt, und an die Stelle der doppeldeutig-provokativen Unterzeile »Amours mineures« (zu verstehen ebenso als »kleinere Liebschaften« wie als »minderjährige Liebschaften«) trat der Hinweis: *»Rose bonbon ist eine frei erfundene Geschichte. Jede Annäherung zwischen dem Monolog eines imaginären Pädophilen und einer Apologie der Pädophilie ist unzulässig.«*

Eben dieser fiktive Charakter des Werkes wird von seinen Kritikern jedoch gegen das Buch ausgelegt. So argumentiert der Anwalt der Kläger: *»Würde es sich um ein autobiographisches Buch handeln, hätte es einen dokumentarischen Wert, aber hier geht es um Fiktion.«*

Autor Jones-Gorlin hingegen setzte sich gegen seine Kritiker zur Wehr: *»Man beschuldigt mich, mit viel Lust und Freude die pädophilen Szenen verfasst zu haben. Ich wollte eine moderne Fabel schreiben, eine Kritik der Gesellschaft, in der überall Menschenfresser lauern. Ich verherrliche den Teufel nicht, sondern beleuchte als Schriftsteller die dunklen Seiten des Menschlichen. Die Pädophilie ist schockierend. Ich verstehe nicht, warum man mir also vorwirft, schockie-*

rende Szenen geschrieben zu haben.« Sein Verlag Gallimard unterstützte ihn, indem er demonstrativ das bislang unveröffentlichte Manuskript »Die Ringeltaube« des wegen seiner literarischen Stellung in Frankreich quasi unangreifbaren Literaten André Gide herausgab, welches die Liebesnacht eines erwachsenen Mannes mit einem Bauernjungen erzählt.

Schließlich entschied Innenminister Sarkozy, kein Verkaufsverbot über das Buch zu verhängen. Zur Begründung führte er aus, der Roman wende sich nicht an Minderjährige, ja, er sei durch die Schutzfolie und den Warnhinweis sogar vor deren Zugriff gesichert. Gleichzeitig kündigte er an, bei nächster Gelegenheit mit Verlegern, Autoren und Verbänden über eine Verschärfung des Jugendschutzes in Frankreich debattieren zu wollen. Beobachter der Debatte, so etwa die Zeitschrift »DER SPIEGEL« (Ausgabe 42/2002), verorteten die lautstarke Auseinandersetzung um das »Rose Bonbon« vor den Hintergrund einer stark konservativen Strömung in der französischen Regierungspolitik, die unter anderem ein umfassendes Verbot erotischer Darstellungen auf sämtlichen TV-Kanälen zum Ziel habe.

Ruf, Niels

Ehemaliger Moderator der umstrittenen Anarcho-Kult-Show »Kamikaze« auf dem Musikkanal »Viva Zwei«. Zuvor hatte der gebürtige Wormser die ZDF-Videospielshow »x-base« moderiert, in Sönke Wortmanns Remake von »Charlys Tante« mitgespielt und war danach beim Sportsender DSF beschäftigt. »Kamikaze« erlangte dadurch rasch an Bekanntheit – und bei seiner Zielgruppe der 19- bis 29-Jährigen auch Beliebtheit –, dass sie sich bewusst sämtlichen Tabus der → Politischen Korrektheit entzog. Beispielsweise verfügte Ruf über eine Assistentin, das »Kamikätzchen«, die eine Rolle zwischen Sklavin und Haustier einnahm und sich nur leichtbekleidet auf allen Vieren bewegte. Ruf machte vor allem Minderheiten wie Behinderte, Ausländer und Homosexuelle oder aber eine normalerweise besonders geschützte Mehrheit wie die Frauen zur Zielscheibe seines Spottes. In einem Fall simulierte er anhand einer Kinderpuppe Geschlechtsverkehr. Er verlas empörte Zuschauermails in der Sendung: Diese waren allerdings dadurch vollkommen unverständlich, dass sämtliche Beleidigungen und Beschimpfungen Rufs weggepiept wurden. Neben vielen anderen Dingen wurde ihm vorgeworfen, auf dem Rücken von sechs Millionen ermordeten Juden seine Scherze zu treiben, nachdem er zu Alternativ-Vorschlägen für das Holocaust-Mahnmal aufgerufen und »Anregungen« gegeben hatte wie auf Berliner U-Bahn-Stationen als Ziel »Auschwitz« zu schreiben (→ Judenwitze). Rufs Einstellung zufolge erkennen seine Kritiker den satirischen Charakter seiner Inszenierungen nicht und nehmen das Medium Fernsehen zu ernst.

Rufs Vertrag wurde von »Viva«-Chef Dieter Gorny schließlich *»auf Grund aktueller Ereignisse«* nicht verlängert. Während sich die Hintergründe dieser Kündigung im Wirrwarr der Medienberichte darüber nicht eindeutig klären lassen, soll der Boulevardzeitung »Bild« zufolge eine Beleidigung im Vordergrund gestanden haben, wobei das Blatt sich auf Andeutungen beschränkte: *»Es ginge um eine krebskranke Kollegin, Tod und Lampenschirme aus Menschenhaut.«* Ruf wies diese Darstellung als *»Verleumdungskampagne«* einer Zeitung zurück, die ihn zuvor schon als *»TV-Ferkel«*, *»Schwachmat«* und *»TV-Proll«* beschimpft hatte. Er habe lediglich schon zwei Jahre vor dieser Meldung im Scherz gegenüber einer an Hautkrebs erkrankten Mitarbeiterin bemerkt, dass bei einer lang anhaltenden Melanom-Entfernung bald ein Mantel zusammenkäme, sich dafür aber längst entschuldigt. Seine Äußerung sei von »Bild« jedoch mit historischen Verbrechen verknüpft worden, wogegen er sich verwahre.

S

Sacher-Masoch, Leopold Ritter von

österreichischer Schriftsteller (1836-1895), der heute vor allem für seine Darstellung erotisch besetzter Demütigung sowie Schmerz und Unterwerfung bekannt ist – vor allem nachdem er von dem frühen Sexualwissenschaftler Krafft-Ebing zum Namensgeber des Masochismus auserkoren wurde. Damit wurde (im Gegensatz zu → de Sade) diese Benennung noch zu Lebzeiten Sacher-Masochs vorgenommen. Dieser wehrte sich vergeblich gegen die Verwendung seines Namens für einen nach damaliger Einschätzung psychopathologischen Zustand.

Was bei vielen verkürzten Darstellungen zu Sacher-Masoch verloren geht, ist, dass man ihn zu seiner Zeit ganz anders betrachtete, als wir dies heute tun. Während heute außer dem sadomasochistischen Klassiker »Venus im Pelz« (veröffentlicht 1870 bei J. A. Cotta, Stuttgart) kein einziges Werk Sacher-Masochs allgemein bekannt ist, zählte er zu seinen Lebzeiten zur Spitze der europäischen Literatur. Er wurde wegen seiner künstlerischen Auseinandersetzung mit Ehe, Staat und Gesellschaft gewürdigt, als angemessener Nachfolger seines literarischen Vorbildes Turgenjew, ja in Deutschland gar als bedeutendster zeitgenössischer Autor nach Heinrich Heine eingeschätzt und von einem Ende des Kontinents bis zum anderen gelesen. Erwähnenswert sind hier unter anderem seine Romane »Eine galizische Geschichte, 1846« und »Die geschiedene Frau«, sein Lustspiel »Der Mann ohne Vorurtheil« sowie seine Novelle »Don Juan von Kolomnea«. Schließlich wurde Sacher-Masoch von der französischen Regierung gar mit dem »Légion d'Honneur« geehrt.

Sacher-Masochs Heimatland Galizien (damals Teil von Österreich-Ungarn, heute der Ukraine) gehörte in der Kindheit des Autors zu den Regionen Europas, die von den Umbrüchen der Märzrevolution 1834 besonders betroffen waren. Bauern, Landbesitzer und die Regierung verübten Gewalttaten bis hin zu Pfählungen gegeneinander, die der junge Sacher-Masoch als Sohn eines leitenden Polizeibeamten drastisch miterlebt haben musste. Vermutlich hinterließen sie in seinem Gemüt ebenso ihre Spuren wie die fiktive Gewalt in der Folklore der verschiedenen Nationalitäten, die damals miteinander im Konflikt lagen. Zunächst einmal widmete sich Sacher-Masoch indes der akademischen Laufbahn und wurde Professor für Geschichte an der Universität von Graz. Allerdings waren seine historischen Abhandlungen keineswegs im nüchtern-akademischen Tonfall gehalten, sondern in einem Stil, der den heutigen historischen Romanen à la Tanja Kinkel nicht ganz unähnlich ist. Die dafür durch seine Kollegen erfahrene Ablehnung brachte Sacher-Masoch dazu, seinen Erfolg besser auf dem Feld der erzählenden Literatur zu suchen. Als sein Thema wählte er die düsteren Bauernmärchen Galiziens, Geschichten, in denen außer Helden, Schurken und Zauberei auch mächtige, grausame und zugleich wunderschöne Frauen eine wichtige Rolle spielten. 1870 mündete diese Beschäftigung in die bereits erwähnte »Venus im Pelz«, eine Geschichte, deren Held sich (vereinfacht gesagt) freiwillig in die Sklaverei einer gnadenlosen Frau begibt. Der Roman wurde in ein Dutzend Sprachen übersetzt und entwickelte sich über mehrere Auflagen zum Bestseller und Gesprächsthema in ganz Europa. Es bildeten sich Sacher-Masoch-Lesezirkel und regelrechte »Fanclubs«, die zu frühen Keimzellen einer sadomasochistischen Subkultur wurden. Auch in Kontaktanzeigen dieser Zeit tauchte der Name Sacher-Masoch als Erkennungssignal für derartige versteckte Leidenschaften auf.

Gleichzeitig begann mit der »Venus« Sacher-Masochs Stern bei den Literaten seiner Zeit ebenso zu sinken, wie zuvor schon sein Stern als Historiker gesunken war. Dies kann man etwa einer 1890 erschienenen Rezension Fritz Lemmermayers entnehmen: »*Die Nachtseiten des geschlechtlichen Lebens werden mit einer Krassheit aufgedeckt, die auch für den Nichtprüden unanständig ist und die Grenzen des Darstellbaren weit überschreitet. Das berückend schöne Weib mit Pelz und Peitsche prügelt und foltert den Mann, der in wahnsinniger Begierde zu seinen Füßen sich wälzt. Da kann man nicht mehr mitgehen. Das ist eine Literatur, welche gewisse im Handel verbotene Por-*

nographien zu illustrieren scheint, eine Literatur bestimmt nur für Männer, deren Aufgabe darin besteht, sich ein Rückenmarksleiden anzuleben.« In einem Begleittext zu Sacher-Masochs »Don Juan von Kolomnea« äußerte sich der bedeutende Naturalist Paul Heyse einerseits anerkennend über speziell dieses Werk. Andererseits verschaffte er aber seiner Betrübnis darüber Luft, dass Sacher-Masochs Laufbahn *»nach den ersten vielversprechenden Anfängen unter dem Einfluße Turgenjeffs (...) leider bald in eine Bahn gerieth, auf der ihm unser Antheil nicht zu folgen vermag. In einer Reihe von Bänden (...) wird unermüdlich das Thema variirt, dass keine sittliche Kraft dem Sinnenzauber wiedersteht, jede Manneswürde und Mannesehre der Verführung eines üppigen Weibes erliegen muß und Grausamkeit und Wollust blutsverwandt sind.«* Heyse spricht in diesem Zusammenhang von *»Verirrungen«* und einer *»Entfremdung von dem gesunden Geist und Wesen unserer deutschen Dichtung«*. Diese Ausdrucksweise findet sich unter anderem auch in Wolfgang von Einsiedels Nachwort zur Reclam-Ausgabe des »Don Juan« (1926). Er wirft Sacher-Masoch die Absicht vor, *»durch abwegige Besonderheiten zu fesseln und zu erregen (...), eine private Not zu öffentlicher Sensation prostituierend, in monomaner Zuspitzung zum Kernthema seines literarischen Schaffens. (...) Die Novelle ›Don Juan von Kolomnea‹ (...) zeigt ihn noch in Verbundenheit mit seinem Volkstum, (...) der Selbsterniedrigungstrieb, im Märtyrer, Geißelbruder und Bekenntnisliteraten gleichermaßen sich auswirkend, (ist) noch nicht ins Nur-Sexuelle projiziert.«* Von Einsiedel räumt ein: *»Sacher-Masoch hat eine Naturanschauungs- und Schilderungsgabe, wie sie vielleicht kein zweiter deutscher Dichter der Gegenwart besitzt«*, dabei sei *»nicht minder auch der geistige Gehalt hochbedeutend, der seinen Werken innewohnt.«* Das alles soll bei der »Venus im Pelz« jedoch nicht gelten, hier spricht von Einsiedel nur noch von *»einer abstoßenden Erotik«* und *»krankhaften Dichtung«*, einer *»krankhafte(n) Sinnlichkeit«* und von *»unmännlicher Trunkenheit«*. Er kommt zu dem apodiktischen Schluss: *»Diese Erzeugnisse muß jeder gesunde Geschmack zurückweisen«*. Wenige Absätze später erkennt er Masoch desungeachtet *»eine der ehrenvollsten Stellen in der Erzählungsliteratur der Gegenwart«* zu.

Als Sacher-Masoch starb, erschienen zwar in ganz Europa Nachrufe, aber in Wahrheit war sein literarischer Stern längst erloschen. Im Gegensatz zu der umfangreichen Sekundärliteratur zu den Schriften de Sades gibt es so gut wie keine akademischen Studien, die sich das Werk Sacher-Masochs zum Thema gewählt haben. Trotz ihres großen Einflusses auf den Lebenswandel vieler Menschen fehlt die »Venus im Pelz« noch heute im Kanon der anerkannten deutschsprachigen Literatur. Auch das »Kindler Literatur Lexikon« geht schweigend über Autor und Werk hinweg. Der Roman wurde allerdings mehrfach zur Vorlage eines Films, zum Beispiel schon in den zwanziger Jahren als Stummfilm, 1968 sowohl für Max Dillman (mit Laura Antonelli in der Titelrolle) als auch für Jess Francos, 1994 für die Niederländer Maartje Seyferth und Victor Nieuwenhuijs sowie zuletzt im Jahr 2000 für den expressionistischen US-amerikanischen Avantgarde-Regisseur Joel Schlemowitz. Auch Pop-Gruppen wie die Psychedelic Furs und Velvet Underground orientierten sich bei ihren Liedern an der »Venus im Pelz«. Gerade jener tabubrechende Teil seines Schaffens, wegen dem Sacher-Masoch zu Lebzeiten besonders scharf verurteilt wurde, kann somit heute als sein bedeutendstes literarisches Erbe bewertet werden, während seine damals geschätzten Werke inzwischen außerhalb von akademischen Kreisen dem Vergessen anheim gefallen sind.

Sadomasochismus

Sexuelle → Paraphilie, bei der einer der Partner die sadistische und ein anderer freiwillig die masochistische Rolle einnimmt. Während also der aktive Partner Lust daraus zieht, Schmerzen, Gefangenschaft oder Demütigungen zuzufügen, wird der passive dadurch erregt, dass er solche und ähnliche Belastungen lustvoll erleidet. Tatsächlich sind Sadismus und Masochismus allerdings nicht getrennte Neigungen bei verschiedenen Menschen, sondern stellen in einer sadomasochistisch ausgerichteten Persönlichkeit oft ein mehr oder weniger diffuses Kontinuum dar. Sadomasochismus ist ein Spiel mit Macht, Zwang und Unterwerfung und findet sich oft in Verbindung mit anderen Paraphilien wie etwa bestimmten Formen des Fetischismus. Der US-amerikanische Soziologe Thomas Weinberg beschreibt den Sadomasochismus als *»erotic, recreational and consensual«* (soviel wie: erotisch, zur Unterhaltung und freiwillig), während der deutsche Soziologe Thomas Wetzstein als Hauptkriterien Freiwilligkeit, Sicherheit, Kontrolliertheit und eine Reversibilität der Rollenverteilung nennt. Zu weiteren Schlüsselbegriffen und zentralen Werten einer sadomasochistischen Beziehung gehören (außer natürlich Zuneigung) Offenheit, Stil, beidseitiger Respekt, Vertrauen, Verantwortung, Achtsamkeit und Bereitschaft zur Hingabe. Mehr als beim »normalen« Sex steht beim Sadomasochismus stark im Vordergrund, zuvor abzuklären, welche genauen Wünsche und Bedürfnisse der Partner hat.

Für Tabuforscher stellt sich noch immer die Frage, warum, wenn Sadomasochismus laut Freud die verbreitetste sexuelle *»Perversion«* darstellt, bis hin zur Bibel so gut wie keine kulturgeschichtlich festgeschriebenen Tabus dagegen existieren. Die allermeisten sexuellen Varianten, die nicht dem Erzeugen gesunder Nachkommenschaft dienlich sind (etwa → Homosexualität und→ Selbstbefriedigung), unterliegen in den Grundlagentexten religiöser Gemeinschaften solchen Verboten, bei Sadomasochismus ist dies bemerkenswerterweise nicht der Fall.

In der Weltliteratur wird Sadomasochismus auf zweierlei Weise behandelt. Die Werke, die diese Neigung ernsthaft und emotional-philosophisch tiefschürfend darstellen (die Schriften → de Sades, oder → Sacher-Masochs, die → »Geschichte der O«, aber auch etwa Joyces → »Ulysses«), wirken auf viele Leser offenbar dermaßen verstörend, dass sie von der Kritik angefeindet werden und mit der → Zensur zu kämpfen haben. Erträglich scheint der Sadomasochismus nur zu sein, wenn er durch eine komische Darstellung gebrochen wird. Typische Beispiele hierfür sind Thomas Otways »Venice Preserved« (1682) über das Senatsmitglied Antonius, der von seiner Kurtisane als Hund behandelt und ausgepeitscht wird, Christopher Isherwoods »Mr. Norris Changes Trains« (1934), die Nebenfigur Widmerpool in Anthony Powells zwölfbändigem »A Dance to the Music of Time« (1951-75) oder Somerset-Lloyd-James in Simon Ravens zehnbändigem Werk »Alms for Oblivion« (1964-76). Texte, die sich dieser Aufspaltung in Skandal und Slapstick verweigern, sind meist autobiographischer Natur: so etwa die Lebensbeichte des Philosophen Jean-Jacques Rousseau oder des als »Lawrence von Arabien« berühmt gewordenen Orientalisten Thomas Edward Lawrence alias John Hume Ross.

Im Bereich des Kinos brachen Stanley Baker und Jeanne Moreau 1963 mit »Eva« das Darstellungstabu von Sadomasochismus (wenn man einmal den erotischen Film der zehner und zwanziger Jahre ausklammert). 1969 folgte mit Robert Aldrichs »The Killing of Sister George« die erste filmische Darstellung von SM unter Lesben. Dieses Werk ging 1977 in die von der britischen BBC ausgestrahlte TV-Sitcom »Me Mammy« ein: Sohn Milo sucht dort nach einem Film, in den er mit seiner streng katholischen Mutter anlässlich ihres Besuches in London hineingehen kann, und entscheidet sich für eben jenen »The Killing of Sister George«, da Milo aufgrund des Titels annimmt, es gehe darin um den Märtyrertod einer Nonne. Leider betreten Mutter und Sohn ausgerechnet in jenem Moment das Kino, in dem June (Beryl Reid) ihre Gespielin Alice (Susannah York) dazu zwingt, ihre Unterwerfung zu beweisen, indem sie diese einen Aschenbecher auslecken lässt.

Masochistische Neigungen von Frauen werden in den politisch korrekten Medien oft tabuisiert. Selbst in vereinzelten Sexualratgebern erscheinen solche Frauen immer noch als passive, verständnisvolle Personen, die sich den sonderbaren Wünschen ihrer Partner gefälligkeitshalber fügen und eventuell darunter leiden müssen. Ein gutes Beispiel ist der noch im Jahr 2000 im Heyne-Verlag erschienene Sex-Ratgeber »Happy Sex für Ihn« von Maurice Yaffe und Elizabeth Fenwick. Das offenbar nie dem aktuellen Kenntnisstand angepasste Original stammt aus dem Jahr 1986. Auch die achte Auflage verbreitet so ungerührt die These, Sadomasochisten seien grundsätzlich Männer. Die wenigen Frauen, die sich an diesen Praktiken beteiligten, täten dies allein, um den sexuellen Wünschen ihres Partners entgegenzukommen. Unter anderem raten die Autoren einem Leser, der die Neigung verspürt, seinen Partner erotisch zu fesseln oder zu misshandeln, *»sofort«* einen Sexualtherapeuten aufzusuchen.

Was sadomasochistische Neigungen von Frauen in Wahrheit angeht, so ergab beispielsweise 1999 eine repräsentative Umfrage des Instituts für rationelle Psychologie in München ein ganz anderes Bild: Sage und schreibe 69 % der Frauen gaben dort Phantasien vom Verlust sexueller Kontrolle an, damit rangierte auch hier diese Wunschvorstellung auf der Hitliste ganz oben. Zwei Drittel der befragten Damen wollten nicht immer, aber doch immer wieder ihrem Sexualpartner völlig ausgeliefert sein, 42 % hatten Lust auf explizite SM-Praktiken und 25 % auf Bondage, also Fesselspiele. Der ausschließlich zärtliche und partnerschaftliche Mann gilt sicher als politisch korrekt, wird aber erotisch als so aufregend wie eine Schlaftablette empfunden. Dabei gibt das Spiel mit Macht und Ohnmacht nicht nur zwischen Mann und Frau den sexuellen Kick, wie die von der Feministin Pat Califia schon 1978 gegründete Organisation sadomasochistischer Lesben belegt.

SM-Anhängerinnen werfen hier insbesondere der radikalfeministischen Fraktion vor, Verhaltensnormen aufzustellen sowie sexuelle Minderheiten zu unterdrücken und zu diskriminieren. Inzwischen gelten die Fronten als so verhärtet, dass bei vielen Frauen schon die Kombination von Feminismus und SM nur noch wütende Empörung hervorruft. Während bei einer Veranstaltung der Bremer Grünen 1988 zwei Autorinnen aus ihrem Buch »Das kann ich niemandem erzählen« masochistische Phantasien vorlasen, verließen mehrere davon offenbar stark verunsicherte Zuhörerinnen zum Teil unter Protest die Veranstaltung. Tatsächlich finden sich bei Frauen durchaus nicht nur masochistische, sondern sehr wohl auch sadistische Verhaltensmuster, die sich in ihrer Härte von denen der Männer in nichts unterscheiden. Dies belegt, nebenbei bemerkt, auch die gesamte Szeneliteratur dieser Subkultur. Bezeichnenderweise wird die Existenz von Sadistinnen jedoch in der Frauenbewegung noch immer tabuisiert.

Literatur: Hoffmann, Arne: Lexikon des Sadomasochismus. Berlin 2001

Sagawa, Issei

Ehemaliger japanischer Student der Vergleichenden Literaturwissenschaft an der Pariser Sorbonne, der am 11. Juni 1981 seine Kommilitonin Renée Hartevelt (eine sensible, heitere, blonde 25-Jährige) unter dem Vorwand einer geplanten Diskussion über Literatur zum Essen in seine Wohnung einlud. Als Hartevelt dort eingetroffen war, schoss ihr Sagawa mit einem Long Rifle Kaliber 22 mit Schalldämpfer in den Hinterkopf, während sie ihm aus einem Gedicht des deutschen Expressionisten Johannes Becher vorlas, hatte Verkehr mit ihrer Leiche und verspeiste Teile davon im Laufe der nächsten beiden Tage (→ Kannibalismus, → Nekrophilie). Von diesem gesamten Vorgang fertigte er Polaroidfotos und eine Tonbandaufzeichnung an. Er beschrieb das Dinner in seinem post-kannibalischen Bestseller »In the Fog« mit den Worten: *»Es hatte keinerlei Geruch oder Geschmack und schmolz in meinem Mund wie roher Thunfisch.«* sowie *»Endlich aß ich eine hübsche weiße Frau und dachte bei mir, dass nichts so köstlich sei«*. Sagawa wurde nach der Tat festgenommen und für unzurechnungsfähig erklärt, so dass er statt vor Gericht zunächst in einem Gefängniskrankenhaus und dann in der psychiatrischen Klinik Villejuif landete. Dank der Hilfe von Familienbeziehungen wurde er nach Tokio überbracht, wo fünfzehn Monate nach seiner Einweisung sein einflussreicher Vater Akira Sagawa, als Generaldirektor der »Kurita Waters Industries« in Kobe einer der reichsten Männer des Landes, 1985 seine Freilassung als geheilter Mann arrangierte. Daraufhin stieg Sagawa in Japan zum Status einer umstrittenen nationalen Berühmtheit auf, veröffentlichte vier Bücher, ließ sich von einem Herrenmagazin neben durch seine Tat inspirierten eigenen Gemälden und nackten Frauen fotografieren, schreibt inzwischen eine wöchentliche Kolumne für eine Boulevardzeitung sowie Filmkritiken und tritt gelegentlich im Fernsehen auf. Die Beziehung zu seinen Nachbarn gestaltete sich indes eher schwierig. Nagisa Oshimas (→ »Im Reich der Sinne«, → »Max, mon amour«) Verfilmung von Sagawas Tat scheiterte; jetzt erhält Sagawa von dem Regisseur alljährlich eine Weihnachtskarte.

1992 interviewte ihn Roger Willemsen auf sehr seriöse und überlegte Weise für eine vierzigminütige Sonderausgabe der damals auf »Premiere« laufenden Sendung 0137. Darin berichtete Sagawa: »*Es war nicht Begierde oder irgendein Wille, der mich trieb, sondern es waren irgendwelche Verpflichtungen, etwas, was ich machen musste. Ich habe auch keine Freude empfunden, oder dass ein Wunsch in Erfüllung gegangen wäre, auch kein sexueller Wunsch. ... Sie essen zu wollen war das Primäre und das Töten eher ein Hindernis. Für mich wäre es besser gewesen, krass formuliert, wenn ich sie hätte aufessen können, ohne sie zu töten, und wenn sie sich dabei gefreut hätte. Das war ja meine zwanghafte Phantasie. Das Töten selbst war für mich ein Hindernis, ein Widerstand, den ich überwinden musste. ... Was man über meinen Fall nicht vergessen darf, ist Folgendes: dass es ein Fall, ein Verbrechen zwischen Asiaten und Westeuropäern war. Wir Japaner haben einen sehr großen Komplex gegenüber den Westeuropäern, der von der Geschichte herkommt, es war ja einmal fast so weit, dass wir kolonialisiert worden wären, wie China oder andere Länder. Deshalb haben wir uns so beeilt, die Westeuropäer einzuholen, und auch gefühlsmäßig versucht, uns in die Westeuropäer hineinzudenken. Vielleicht haben wir daraus einen Komplex gegenüber dem Westen bekommen. In meinem Fall ist dieser latente Konflikt wirklich explodiert.*« Viele Presseorgane lehnten Willemsens Interview trotz seiner hohen Professionalität und gründlichen Vorbereitung durch genaueste Recherche als Sensationsjournalismus ab. Diese Bezeichnung könnte indes zutreffender für die ursprüngliche Berichterstattung über die Tat sein, wobei westliche Zeitungen Elemente hinzudichteten, die in keiner Weise belegt waren, so beispielsweise, dass Sagawa Hartevelt vergewaltigt, sie gebraten und mit Senf bestrichen habe. Wie Roger Willemsen in seinem Buch »An der Grenze« 1994 berichtet, war der Fall von der Presse dermaßen fiktionalisiert worden, dass die eigentlichen Fakten nur schwer herauszuarbeiten waren. In Willemsens Buch ist auch das oben angeführte Interview mit Sagawa abgedruckt.

In Anspielung darauf, dass seine Tat von der gesamten internationalen Presse berichtet wurde, erklärte Sagawa an anderer Stelle: *»Die Welt hat mich zum Paten des Kannibalismus gemacht, und ich werde die Welt immer durch die Augen eines Kannibalen sehen.«*

»Sailor Moon«

Japanische Zeichentrickserie, 1992-95, konzipiert von Naoko Takeuchi, unter der Regie Juichi Satos und Kunihiko Ikuharas. Handlungsträgerin und Identifikationsfigur für das junge weibliche Zielpublikum ist das ein wenig tollpatschige, aber herzensgute Mädchen Bunny, das in ihrer zweiten Identität als Sailor Moon mit ihren vier besten Freundinnen das Böse bekämpft.

Wie man an dem überbordenden Merchandising leicht ersehen kann, ist die Serie auch in Deutschland und anderen westlichen Staaten ein großer Erfolg. Die Homosexuellen-Bewegung (→ Homosexualität) erfreute sich besonders an den im Verlauf der Serie hinzukommenden weiblichen Hauptfiguren Haruka und Michiru, die zwar nie beim Austausch erotischer Zärtlichkeiten gezeigt, aber beispielsweise durch um sie herumschwebende Rosenblätter eindeutig in dieser Richtung inszeniert werden. Takeuchi selbst äußerte sich unmissverständlich: *»Die Beziehung zwischen Haruka und Michiru ist eine ganz besondere. Ich denke, das wichtigste Gefühl der Welt ist Freundschaft. Die Freundschaft zwischen den beiden ist so stark, dass daraus Liebe wird. Es gibt nicht nur heterosexuelle, sondern auch homosexuelle Liebe, in diesem Fall zwischen zwei Mädchen.«*

Die Sprecher der beiden Figuren sollten den Zuschauern die Sprechweise eines verheirateten Paares vermitteln. Tatsächlich bleibt in der Gestaltung der beiden Mädchen die Aufteilung in die klassischen Geschlechterrollen erhalten. Haruka ist traditionell männlich gekleidet, Rennfahrerin und entspricht vom Verhalten her dem Macho-Stereotyp (unbefangenes Anflirten der unterschiedlichsten Frauen). Dementsprechend wird sie in der ersten Folge ihres Auftretens von den vier anderen Sailorkriegerinnen auch für einen Jungen gehalten, und sie schwärmen von »ihm« mit selbst für Manga-Verhältnisse enorm großen Augen und heraushängenden Zungen. Michiru hingegen wird als feminine, besonnene Künstlerin präsentiert.

In der US-amerikanischen Fassung wurden Haruka und Michiru von Freundinnen zu Cousinen umgeschrieben.

»Salò oder Die 120 Tage von Sodom«

→ Pasolini, Pier Paolo

Satanismus

(sinnverwandt: *Satanskult, Teufelskult*) Antispirituelle Bewegung, deren Mitglieder sich bewusst in Konfrontation mit der religiösen Grundausrichtung unserer Gesellschaft, insbesondere also dem Christentum, begeben. Weltanschaulicher Kern ist hierbei eine Umwertung der traditionellen Werte, so dass die Satanisten statt Gott den Teufel als allmächtigen Herrscher anbeten, den → Tod über das Leben und das Dunkel über das Licht stellen sowie das ethisch Gute ablehnen, das Böse jedoch als befreiend preisen. Ein zentrales Ritual der satanistischen Glaubensrichtung ist die schwarze Messe, eine parodistische Inszenierung der katholischen Messfeier, deren Elemente ebenfalls negiert und konterkariert werden. Die Satanisten möchten die heiligen Symbole entweihen, indem sie die verschiedensten denkbaren Rituale gespiegelt oder gebrochen vollziehen: Das Kreuz steht auf dem Kopf, die Gemeinde nimmt Hostien mit (Tier-)Blut oder Exkrementen bestrichen entgegen, der Priester zitiert die heiligen Texte rückwärts, und all dies findet vor dem Hintergrund sexueller Ausschweifungen (etwa der symbolischen Opferung einer nackten Frau auf dem Altar) statt. Der Okkultismus-Experte von Lucadou bezeichnet in diesem Zusammenhang den Satanismus auch als eine *»bewusste Tabuverletzung«*.

Die Vorstellung Satans als Gottes Gegenspieler und Verführer der Menschen fand sich zuerst im Judentum und wurde dann von den

Christen übernommen. Sie verorteten vor allem heidnische Gottheiten, die also in einer Art Konkurrenz zu Christus standen, als satanisch. So ist die Ähnlichkeit etwa des griechischen Gottes Pan mit landläufigen Satansvorstellungen (Pferdefuß, behaarter Leib, Hörner) vermutlich kein Zufall. Insbesondere das Mittelalter nutzte die Vorstellung des Teufels als sinnfällige Welterklärung für das Böse und Zerstörerische. Je dämonischer und machtvoller der Widersacher gezeichnet wurde, desto stärker propagierte sich die Kirche als Hort des Lichts und Repräsentant des Guten. Alles, was sie ablehnte, etwa sexuelle »Fleischeslust«, aber auch freies Denken, losgelöst von der herrschenden Lehre, assoziierte sie mit dem Bösen. Unbeliebten Mitgliedern der Gemeinschaft warf sie vor, mit dem Satan im Bunde zu stehen oder gar mit ihm gebuhlt (geschlafen) zu haben. Das Resultat waren Ketzerverfolgung, Inquisition und Hexenverbrennung.

Das Zeitalter der Aufklärung setzte dieser totalitären Instrumentalisierung der Teufelsvorstellung eine Weltanschauung entgegen, in der Satan die Freiheit von diesen oppressiven kirchlichen Vorstellungen darstellte. Für den Satanismus des zwanzigsten Jahrhunderts sind hier insbesondere zwei Philosophen von ausschlaggebender Bedeutung. Als Auslöser der okkultistischen Wende gilt zunächst einmal der stark umstrittene Aleister Crowley (1875-1947), der sich selbst provokativ als »*Antichristen*« und »*Weltheiland*« bezeichnete. Sexualität und Drogenkonsum stellten für ihn Möglichkeiten dar, mit denen das Bewusstsein die Grenzen des Körperlichen überschreiten konnte; damit nahm Crowley ähnliche Vorstellungen von Denkern wie etwa Burroughs (→ »Naked Lunch«) oder Timothy Leary vorweg. Mit Slogans wie »*Jeder Mann und jede Frau ist ein Stern*« leitete er eine Entwicklung ein, in der nicht länger Satan, sondern dem individuellen Menschen höchste Verehrung entgegengebracht werden sollte. Ziel für denjenigen, der sich dadurch angesprochen fühlte, war es nun, sein eigener Gott zu werden bzw. seine innere Göttlichkeit zu entdecken. Losgelöst von der Gefolgschaft zu fragwürdigen religiösen Institutionen sollte der Einzelne seine persönliche Macht entdecken und anwenden. Crowleys Weltanschauung ist darüber hinaus sichtlich von Friedrich Nietzsche beeinflusst, wenn er etwa »*Tu, was du willst*« zum obersten Gebot erhob und die Ablehnung sämtlicher althergebrachten Gesetze und Moralvorstellungen einforderte. Das »Lexikon der Symbole« von Bauer, Dümotz und Golowin bemerkt hierzu: *»Das Tu-was-du-willst ist die Anweisung an den Menschen, seinen wahren Willen zu suchen, den Punkt, in dem sein Handeln deckungsgleich ist mit seiner inneren Überzeugung und seinen tiefsten Bedürfnissen. Es bedeutet die Handlungsweise, in der der Mensch identisch ist mit sich selber und insofern gleichzeitig identisch ist mit einer Welt, von der er sich nicht mehr als Unterschiedenes begreift. Der wahre Wille ist eine Bewusstseinsstufe, in der der Mensch seine Handlungen nicht, wie es gerade kommt, beliebig und ohne Reflexion aneinanderreiht und damit wie ein Blättchen im Wind der Geschehnisse flattert, sondern die bewusste Handlung, die aus einem in sich konzentrierten und reflektierten Menschen hervorgeht.«* Als Crowley allerdings zu allem anderen ein Zertreten der Schwachen durch die Starken forderte, was von einigen seiner Anhänger ja auch sehr wörtlich genommen wurde, öffnete er sich damit der Kritik, dass es von solchen Thesen bis zum Faschismus nicht mehr weit sei. (Und es gab/gibt ja tatsächlich faschistische Satansgruppen.) Allerdings hat sich auch die von Crowley angegriffene katholische Kirche nicht gerade durch entschiedenen Widerstand gegen faschistische Bestrebungen ausgezeichnet.

Der zweite Wegbereiter und Spiritus Rector des Satanismus ist Anton Szandor La Vey (alias Howard Levy, geboren 1930). La Vey gründete in San Francisco die »Church of Satan« (von der sich in den Siebzigern der »Tempel of Set« abspaltete) und verfasste 1969 die »Satanic Bible«. Entgegen schwerster Vorwürfe von La Veys Kritikern handelte es sich hiebei um wenig mehr als ein radikalisiertes Aufgreifen der in den sechziger Jahren entstandenen Idee der freien Liebe und Sexualität, wobei dies auch Formen von Sexualität mit einschloss, die damals noch stärker als heute als abseitig, wenn nicht »pervers« eingestuft wurden. So heißt es in einer zentralen Passage der satanischen Bibel: *»Der Satanismus akzeptiert jede Art sexueller Betätigung zur Befriedigung persönlicher Bedürfnisse ... Er befürwortet auch jeden Fetisch und jede Abweichung, die der Bereicherung des Geschlechtslebens dient, solange niemand beteiligt ist, der nicht mitmachen möchte. Der Satanismus unterstützt jede Form des Sexualverhaltens, das einem gefällt, so lange niemand anderes dadurch verletzt wird. Diese Feststellung muss getroffen werden, um Missverständnissen vorzubeugen. ... Wer versucht, seine Wünsche jemandem aufzu-*

zwingen, der diese Annäherungsversuche nicht schätzt, verletzt dessen sexuelle Freiheit. Deshalb befürwortet der Satanismus keinesfalls Vergewaltigung, Kindesmissbrauch, sexuellen Missbrauch von Tieren oder jegliche anderen sexuellen Handlungen an Personen, die dies nicht wollen oder die durch ihre Unwissenheit oder Naivität soweit eingeschüchtert oder fehlgeleitet sind, dass sie gegen ihren Willen handeln. Sind alle Beteiligten erwachsen und haben die notwendige Reife, die volle Verantwortung für ihre Handlungen zu übernehmen und freiwillig an einer bestimmten Variante der sexuellen Ausdrucksmöglichkeiten teilzunehmen – auch wenn dabei ein Tabu gebrochen wird –, dann gibt es keinen Grund, diese Neigung zu unterdrücken.«

Die sechziger Jahre mit ihren Revolten und dem Entwurf von Gegenkulturen waren ohnehin der ideale Nährboden dafür, den Teufel als Herausforderer von Autoritäten und Umstürzer unterdrückender Strukturen auch positiv wahrzunehmen. So sangen die Rolling Stones von »Sympathy for the Devil« und Arthur Brown stellte sich in seinem Song »Fire« als der Gott des Höllenfeuers vor. Ab den Siebzigern giffen diverse Hardrock- und Metal-Gruppen dieses Motiv auf. Polanskis 1968 nach einer Erzählung von Ira Levin gedrehter Kinofilm »Rosemary's Baby« schließlich stellte die gängige Weltanschauung noch einmal auf den Kopf, indem er gerade die Vertreter des klassischen Establishments als mit dem Teufel im Bunde darstellte und eine Welt zeichnete, in der es für das Individuum letztlich keinerlei akzeptablen Ausgang mehr gab.

1967 rief Charles Manson (geboren 1934) die »Final Church« ins Leben und setzte die Thesen Crowleys und La Veys in ihrer extremsten denkbaren Interpretation in die Realität um, indem er seine Anhänger zu blutigen Ritualmorden veranlasste. Unter anderem brachten sie dabei Polanskis hochschwangere Ehefrau Sharon Tate ums Leben.

Religionswissenschaftlern zufolge zerfällt der Satanismus der Gegenwart grob gesprochen in zwei Ausrichtungen: Die Minderheit orientiert sich an dem theologischen Satansbild der christlichen Kirche vom Teufel als Widersacher Gottes und Verkörperung des Bösen. Die Mehrheit hingegen sieht Satan eher als Symbol ihrer persönlichen grenzenlosen Selbstentwicklung, ganz gemäß Crowleys oben angeführtem »*Do as thou will*« und »*Every man and every woman is a star*«. In diesem Zusammenhang steht Satanismus vor allem auch für das hemmungslose Zulassen sexueller Lust und sexueller Erlebnisse, ohne sich von den Tabus der Gesellschaft einzwängen zu lassen. Problematisch wird die Stellung der Satanisten zur Gewaltfrage. Während die Mehrheit von ihnen Gewaltanwendung so eindeutig ablehnt wie die Gothic-/Grufti-Szene insgesamt, versteht eine Minderheit den Appell, die eigene Macht ungehindert auszuleben und auf die Schwächeren dabei keine Rücksicht zu nehmen, als Freibrief für die unterschiedlichsten Verbrechen auch gegen andere Menschen. Es sind solche Soziopathen unter den Satanisten, die eben aufgrund ihrer Verbrechen von der Öffentlichkeit besonders stark wahrgenommen werden und das Bild des Satanismus an sich prägen. Die meisten Satansanhänger allerdings haben keinerlei Interesse, sich in den Medien zu inszenieren, sondern meiden eher die Öffentlichkeit. Generell findet sich bei der Mehrheit der Satanisten ein ähnliches Verhältnis zur Gewalt wie bei manchen anderen Subkulturen, etwa den Sadomasochisten: Während sie in Medien und Texten (von Videos bis zu Songs) gewürdigt und durchaus auch ein bisschen zelebriert wird, lehnen sie ihre Anwendung in der Realität mit Überzeugung ab. In einigen wenigen Fällen wurden Menschen »im Auftrag Satans« umgebracht. Als belegt gilt auch, dass zumindest einige satanische Gruppen Neuanwerber zum Begehen einer Straftat als Aufnahmeritual auffordern (wobei diese Tat dokumentiert wird und später als Druckmittel eingesetzt werden kann). Seine Mitmenschen als minderwertig und unbedeutend, sich selbst aber als von gesellschaftlichen Normmaximen unbeeinflussbar wahrzunehmen, sich dabei aber gleichzeitig einem inthronisierten Führer zu unterwerfen und ihm absoluten Gehorsam zuzubilligen – das alles sind Elemente, die psychisch labilen Menschen, vor allem im Jugendalter, den Schritt zu Straftaten wenigstens erleichtern. Die Selbstwahrnehmung der Satanisten als Elite und ihre Ausrichtung vor allem auf Macht mag ihren Teil dazu tun. Dennoch bleibt die Frage, ob für die geistige Verfassung satanistischer Verbrecher tatsächlich diese (Pseudo-)Religion verantwortlich war oder ob dieses Weltbild nicht als willkommenes Alibi für Taten benutzt wurde, die auch ohne seinen Einfluss geschehen wären. Hier spielt auch die Bereitschaft unserer Medien mit hinein, bestimmten Tabubrüchen bereitwillig ein Forum zur Verfügung zu stellen. Dies bietet vielen jungen Menschen durch die Selbststilisierung als Satanist eine Möglichkeit, im Mittelpunkt der allgemeinen Aufmerksamkeit zu stehen, die ihnen sonst verwehrt bliebe. Wenn dies im Zusammenhang mit Verbrechen geschehen muss, dann wird unter Umständen auch das hingenommen.

Der Freiburger Okkultismusexperte von Lucadou schlägt in einem Interview folgende Differenzierung vor: »*Satanismus ist nicht gleich Satanismus. Es gibt da ein ganz breites Spektrum. Ich spreche zunächst einmal über den so genannten Jugendsatanismus, das sind Leute, die in schwarzen Klamotten herumlaufen und sagen, sie seien Satansanhänger, aber nicht in einer Organisation von Erwachsenen sind. Diese Art von Satanismus ist eine Art von Protestbewegung, wo junge Leute ihren Frust herauslassen möchten. Da steckt auch eine gewisse Gewaltbereitschaft dahinter; es gibt da durchaus ein sehr gefährliches Potential, das man ernst nehmen sollte, aber man sollte auch wissen, woher es kommt. Das ist ähnlich wie bei den Punks oder anderen Gruppen. Die ›Chaos-Tage‹ z. B. sind Protestveranstaltungen, um den ›Spießern‹ mal richtig einzuheizen und die Sau rauszulassen. Es gibt ein solches Bedürfnis bei einigen Menschen, das kann man verstehen, muss es aber nicht legitimieren. In den Massenmedien wird da oft alles in einen Topf geworfen und nicht mehr differenziert z. B. zwischen der Grufti-Szene und Satanismus, was etwas ganz anderes ist. Ich kriege oft von Gruftis gesagt, das hat überhaupt nichts mit Satanismus zu tun oder ist so eine Art Kunstrichtung: Man kleidet sich anders, die Musik ist ganz anders. Das ist ein Problem, dass die Massenmedien sensationell darüber berichten und nicht sehen, wo die eigentlichen Probleme liegen. Man muss unterscheiden zwischen den Jugendlichen, die aus irgendeiner Not oder Verzweiflung heraus irgendeinen Unsinn machen und die dann auch eine psychologische Hilfe brauchen, und zwischen Gruppen, die es ganz gezielt machen und auch Leute in ihre Abhängigkeit bringen. Man muss differenzieren zwischen Sekten und Spontis.*«

Die Zahl der Mitglieder in den extremen, totalitär geführten Satanszirkeln ist Lucadou zufolge selbst unter Experten umstritten, da solche Gemeinschaften extrem im Verborgenen arbeiten. Einig scheint man sich nur darüber zu sein, dass es eher wenige sind.

In ihren Selbstdarstellungen präsentieren sich die Satanisten als eine Art anti-spiritueller Radikal-FDP. So gehört zu ihrem Wertekonsens das Ausleben der individuellen Freiheit sowie die Verantwortung gegenüber den selbst Verantwortungsbewussten statt gegenüber

»Schmarotzern«, die sich nicht aus ihrer Unmündigkeit befreien wollen. Philosophisch steht der Satanismus dem Existentialismus/Naturalismus nahe, indem er den Menschen lediglich als ein weiteres Tier betrachtet. Spiritualität wird als *»Hirngespinst«* abgelehnt, das lediglich die menschliche Bösartigkeit befördert habe. Während die Teufelsanhänger Sünden, die zur *»körperlichen, geistigen und emotionalen Genugtuung führen«*, anerkennend würdigen, vertritt der Satanismus doch auch ethische Prinzipien. So fordern die so genannten elf satanischen Regeln unter anderem, Kindern und Tieren keinen Schaden zuzufügen, keinen sexuellen Vorstoß zu unternehmen, solange man vorher nicht die entsprechenden Signale erhalten habe, und Gewalt insgesamt nur zum Schutz der eigenen Person bzw. des eigenen Heimes anzuwenden. Zum guten Ton unter Satanisten zählt, keine ungebetenen Stellungnahmen oder Ratschläge abzugeben sowie andere Menschen nicht ungefragt mit seinen Sorgen zu behelligen. Als die neun satanischen Sünden gelten Dummheit, Anmaßung, Solipsismus, Selbsttäuschung, Zugehörigkeit zur Herde, Mangel an Perspektive, Vergesslichkeit gegenüber früheren Grundsätzen, kontraproduktiver Stolz sowie Mangel an Ästhetik. Was die viel zitierten Behauptungen angeht, Satanisten würden Blut trinken und kleine Kinder schlachten, waren dieselben Mythen bereits im alten Rom über die Christen und in späteren Jahrhunderten über die Juden und andere religiöse Minderheiten im Umlauf, sind also vor allem klassische Feindpropaganda.

Im Jahr 2001 erregte die satanische Weltanschauung auf traurig-entsetzliche Weise öffentliches Aufsehen, als zwei ihrer Anhänger, das Ehepaar Manuela und Daniel Ruda, einen Arbeitskollegen Daniels auf besonders brutale Weise ums Leben brachten. Der Bochumer Richter Kerstingtombroke, der die beiden, begleitet von einem großen Medienspektakel, zu 13 bzw. 15 Jahren Haft verurteilte, bekundete allerdings vor dem Hintergrund psychiatrischer Gutachten, dass es sich bei dieser Tat nicht um einen Ritualmord gehandelt habe, sondern um ein *»gewöhnliches, gemeines und verabscheuungswürdiges Verbrechen«*, begangen von zwei schwer gestörten Persönlichkeiten. *»Der Satanismus war ein Popanz, den sie vor sich herschoben. (...) Mit der Inszenierung ist jetzt Schluss. Auf sie kommt das graue Einerlei in der Psychiatrie zu, für lange, lange Zeit.«* Die Verteidiger hatten auf Freispruch wegen Schuldunfähigkeit plädiert und kündigten Revision an. Angesichts der Massen von Fanpost für die Rudas sowie zahlreichen Bewunderern und Unterstützern im Gerichtssaal gab Kerstingtombroke seiner Besorgnis über die grenzenlose Dummheit vieler Menschen Ausdruck.

Über die Jahre verteilt gab es international und auch in Deutschland einige wenige Fälle von Morden (und → Selbstmorden) mit anscheinend satanistischem Hintergrund, aber auch bei diesen scheint der Satanismus weniger die Ursache als das Vehikel dieser Taten zu sein: häufig begangen von sozial isolierten und psychisch beeinträchtigten Männern und Frauen, die zugleich von dem Wunsch nach gewaltiger Macht und ebensolcher Berühmtheit beseelt waren. Okkultismusexperten und Sektenbeauftragte der evangelischen Kirche gehen von 3000 bis 7000 praktizierenden Satanisten in Deutschland aus. Sie beklagen eine zunehmende Brutalisierung der Szene, Grab- und Kirchenschändungen ohne moralische Bedenken, Bedrohungen von Priestern und auf theoretischer Basis bedenkliche Übereinstimmungen mit neofaschistischen Gedanken. Viele Satanisten distanzieren sich aber auch nachdrücklich von den kriminellen Auswüchsen in ihrer Gemeinschaft. *»Wir sind keine Mörder«*, verkündeten 36 Jugendliche auf dem Cover des Gothic-Magazins »Zillo«, dessen Chefredakteur davor warnte, eine ganze Jugendkultur zu kriminalisieren. Auch Jürgen Jentsch, Vorsitzender der Arbeitsgemeinschaft Kinder- und Jugendschutz (AJS) Landesstelle Nordrhein-Westfalen, hält, ähnlich wie von Lucadou, eine Dramatisierung des Jugendsatanismus für falsch: Er stehe häufig lediglich für Protest oder *»die Suche nach intensiven Sinneseindrücken«*. Der Erwachsenensatanismus sei ohne Zweifel problematischer.

Literatur: Dvorak, Josef: Satanismus. München 2000. Introvigne, Massimo und Türk, Eckhard: Satanismus. Zwischen Sensation und Wirklichkeit. Freiburg 1995

Scheiße

Aus dem Darm ausgeschiedenes Abfallprodukt des menschlichen (oder tierischen) Körpers. Eben dass dieses Exkrement unübersehbar auf die tierähnliche Natur des Menschen hinweist, ist wohl einer der Gründe für seine Tabuisierung. Andere Gründe liegen in dem schlechten Geruch und Geschmack dieses Abfallprodukts und seines Potentials der Gesundheitsgefährdung. Die Anthropologin Mary

Douglas wies darüber hinaus auf die auch von anderen Soziobiologen und Kulturwissenschaftlern vertretene symbolische Gleichsetzung des menschlichen Körpers mit dem »Körper« der Gesamtgesellschaft hin. Eine Überschreitung der Körpergrenzen (sei es durch Gewalteinwirkung, sei es dadurch, dass Körperinneres nach außen tritt) bedeute damit grundsätzlich auch eine soziale Transgression. Selbst das Wort »Scheiße« unterliegt einem Tabu. Das Duden-Wörterbuch der sinn- und sachverwandten Ausdrücke listet es immer noch als vulgärsprachlich und bietet als nicht-vulgäre Varianten Ausdrücke wie »Exkremente«, »Fäkalien« oder »Kot« an, die insofern sprachlich unzureichend sind, als sie sich beispielsweise nur schwer in Verbform zwingen lassen. (»Ich exkrementiere«, »ich fäkalisiere« oder »ich kote« gibt es bezeichnenderweise nicht; »Stuhlgang haben« hingegen ist eine umständliche Hilfskonstruktion, die das handelnde Subjekt zum passiven Objekt macht und überdies gespreizten Nominalstil darstellt.) Als das Wort »Scheiße« Mitte der achtziger Jahre als reguläre Äußerung im Fluchrepertoire des »Tatort«-Kommissars Horst Schimanski (Götz George) landete, führte das zu entrüsteten Leserbriefen und hitzigen Debatten unter den Zuschauern. Nur sehr schwach flackerte ein paar Jahre später vergleichbare Kritik auf, als der damalige SPD-Parteivorsitzende Björn Engholm dieses Wort in einem Fernseh-Interview benutzte. Im US-Fernsehen wird das Wort »shit« noch immer regulär weggepiept (→ Tabuwörter).

Die großen Weltreligionen gehen mit Scheiße insgesamt recht ähnlich um. Frühe christliche Kirchenväter wie der heilige Johannes von Chrysostem (ca. 349-407) sahen darin einen deutlichen Hinweis auf die Sünde weltlichen Genusses und verwiesen darauf, dass Fasten die Seele reinige. Moslems benutzen nur die linke, »unreine« Hand, um ihren Hintern nach dem Toilettengang zu säubern. Die frühgeschichtliche Morallehre des Hinduismus, die »Gesetze Manus«, stellen die reinen Organe oberhalb des Nabels den unreinen unterhalb des Nabels gegenüber; bezeichnenderweise ist die niedrigste Kaste der Unberührbaren für die Entsorgung der Fäkalien zuständig. Auch hier spielt das Fasten eine Rolle, insbesondere wenn es als Vorbereitung auf einen »idealen Tod« dazu dient, den menschlichen Körper von Abfallstoffen weitestmöglich zu reinigen. Als aus spiritueller Warte »schlechter Tod« wird es betrachtet, wenn ein Sterbender im Akt des Hinübergehens seinen Darm entleert (oder sich übergibt), weil dies als die Form betrachtet wird, in welcher der Lebensatem – die Seele – des Betreffenden seinen Körper verlässt.

Andererseits belegen beispielsweise die Massenklos Oshos (des »Bhagwans«) in Poona oder Oregon sehr gut, dass der tatsächliche Vorgang des Scheißens in der indischen Kultur in keiner Weise schambesetzt ist, sondern auch an öffentlichen Orten erfolgen kann. Der Verzehr von menschlichen Ausscheidungsstoffen ist bei bestimmten taoistischen Sekten und der asketischen Hindugruppe der Aghoris als spirituelle Übung beliebt, da dadurch körperliche Abneigungen überwunden werden können und der Asket, der dieses tut, sich so in eine Sphäre begibt, wo er die irdischen Kategorien des Sauberen und des Schmutzigen, des Göttlichen und des Menschlichen überwindet: Dem Reinen ist alles rein, dem Unreinen ist alles unrein. Allerdings werden die Aghori wegen ihrer sehr weitgehenden und kaum belegten Behauptungen von Anthropologen mit einiger Skepsis betrachtet: So behaupten die Angehörigen dieser religiösen Splittergruppe etwa, auch Leichen zu verzehren (→ Nekrophilie) sowie durch all diese Praktiken in einen übermenschlichen Zustand zu geraten, in dem sie beispielsweise Masse und Gewicht ihres Körpers kontrollieren, den Körper wechseln, fliegen oder an zwei Orten zugleich erscheinen könnten. Für das naheliegende Experiment, ob man durch das regelmäßige Verspeisen von Kot oder Toten tatsächlich übernatürliche Kräfte entwickelt, fanden sich unter Völkerkundlern bislang keine Freiwilligen.

In der westlichen Welt machte sich im 19. Jahrhundert der Künstler Piero Manzoni unter anderem dadurch einen Namen, dass er seine Fäkalien mit der Bezeichnung »Merda Artista« (»Künstlerscheiße«) etikettierte und für den Preis ihres Gewichtes in Gold anbot. In der Literatur findet sich dieses Thema nicht sehr häufig, obwohl – wie der britische Autor Aldous Huxley in »Point Counter-Point« (1928) ausführt – die befriedigende Darmbewegung am Morgen durchaus geeignet sei, eine Euphorie auszulösen, die bis zum Mittagessen anhält. Selbst im offenherzigen Genre der → Pornographie bleibt jeder Hinweis darauf aus, wie sinnvoll bzw. notwendig eine entsprechende Entleerung vor dem erotischen Vergnügen sein kann. Einige Ausnahmen in Werken der Weltliteratur sind James Joyce' → »Ulysses« mit einem einfühlsamen Bericht über die Morgentoilette Mr. Blooms, die Schriften Rabelais, sowie Erich Maria Remarques

Anti-Kriegsroman »Im Westen nichts Neues« (1929), worin Remarque sehr offen von jungen Soldaten berichtet, die, wenn sie sie zum ersten Mal unter feindliches Feuer geraten, ihre Hosen beschmutzen. Thomas Pynchons »Gravity's Rainbow« (dt. übersetzt von Elfriede Jelinek: »Die Enden der Parabel«), *der* Klassiker der postmodernen Literatur überhaupt, enthält als eine der spektakulärsten Szenen General Puddings rituelle Demütigung zu den Füßen der niederländischen Sadomasochistin Katja Borgesius, indem diese ihre Exkremente direkt in den Mund des Generals entleert. Für Pudding dient dies der Aufarbeitung eines Traumas, das seinem Versagen bei einer Schlacht im Ersten Weltkrieg zu verschulden ist, in der siebzig Prozent seiner Truppen getötet wurden. Paul Fussell interpretiert Pynchons Szene in seinem »The Great War and Modern Memory« als eine perfekte Bearbeitung des für die Moderne typischen Topos des »Waste Lands«, also der kulturell-moralischen Ödnis, wie sie erstmals von T.S. Eliot beschrieben wurde. Das abstrakte Konzept des *Wastelands* finde sein konkretes Gegenstück in den Schlachtfeldern des Ersten Weltkriegs, deren ekelerregenden Schmutz und grauenvollen Gestank Pynchon wohl nur angemessen in einer Szene wiederzugeben wusste, in der ein Angehöriger des Militärs freiwillig Scheiße frisst. Das Unterwerfungsritual mit Katja ist für General Pudding insofern auch ein Durchbrechen zu einer echten und wahren Erfahrung jenseits seiner Ummauerung von bürokratischen Papierbergen und militärischen Euphemismen, seiner lebensfernen täglichen Routine. Ob man allerdings, Steven Marcus' »The Other Victorians« folgend, den tieferen Bezug der beschriebenen Handlung auf die Obrigkeitshörigkeit und die latente Homosexualität des Heeres so auslegt, dass das Verschlingen von Scheiße als Metapher für das Lutschen eines schwarzen, verbotenen → Penis fungiert, wäre sicherlich noch zu diskutieren.

Literatur: Pieper, Werner (Hrsg.): Das Scheiß Buch. Entstehung, Nutzung, Entsorgung menschlicher Fäkalien. Grüne Kraft 1988

Schily, Otto

Seit der Regierungsübernahme durch Rot-Grün 1998 deutscher Innenminister. Im Umgang mit dem Asylrecht wurde ihm von Kritikern des öfteren ein Tabubruch vorgeworfen, zum Teil inszenierte Schily sich auch selbst als mutiger Überwinder von Tabus. Eben dies beanstandet der frühere Staatsanwalt und jetzige Leiter des Ressorts Innenpolitik in der »Süddeutschen Zeitung«, Heribert Prantl, in seinem Artikel »Deutschland, Tabuland?«, der hier nur stellvertretend und illustrierend zitiert werden soll. Prantl kritisert Schilys Formulierung, man müsse an das deutsche Asylrecht *»vorurteilsfrei und ohne Tabus«* herangehen, mit folgender Argumentation: *»Vorurteilsfrei und ohne Tabus? Mit diesem Satz beginnt der Initiationssritus zur Einleitung einer Verfassungsänderung. (...) Schily verkleidet damit nur seinen wiederholt geäußerten Wunsch, auch noch die Reste des Asyl-Grundrechts zu beseitigen. (...) Es ist gefährlich, falsch und zugleich trickreich, im Zusammenhang mit einem Grundrecht von einem ›Tabu‹ zu reden. Einem Minister, der Verfassungsminister ist, muss man eigentlich nicht erklären, warum: Dem Wort Tabu haftet etwas Irrationales an, Tabus gelten als überholt, ja als Kennzeichen primitiver Gesellschaften. Tabus sind oft religiös bestimmte Verbote, deren Sinn die Gesellschaft gar nicht mehr so richtig versteht. Tabus muss man, so lautet daher das Gebot der Aufklärung, vernichten, ohne sie zu berühren. Wer ein Grundrecht als ein Tabu bezeichnet, hat ein seltsames Verfassungsverständnis: Grundrechte sind nämlich nichts Irrationales, sie sind nicht überholt und nicht Kennzeichen primitiver, sondern moderner demokratischer Gesellschaften. Tabus werden beachtet, weil die Menschen Angst haben, sie zu brechen, und weil ihnen vor dem Tabubruch Angst gemacht wird. Grundrechte dagegen werden gepflegt, weil die Menschen wissen, dass eine Gesellschaft ein Fundament von Rechten braucht. Tabu? Das sind Orte, Namen, Gegenstände, die gemieden werden. Grundrechte sind Grundrechte, wenn und weil sie gebraucht und in Anspruch genommen werden. Deshalb gilt der Satz: Wer ein Grundrecht erhält, der schützt nicht ein Tabu, der pflegt auch nicht ein Vorurteil, sondern sorgt für ein Grundnahrungsmittel der Demokratie.«*

Schlingensief, Christoph

Deutscher Patchwork-Künstler, geboren 1960 als Sohn eines Apothekers in Oberhausen, heute unter anderem Talkmaster (»Talk 2000«), Schauspieler und ehemaliger Parteivorsitzender: Mit der zur Bundestagswahl von 1998 aufgestellten Partei »Chance 2000«, einer Plattform für gesellschaftliche Minderheiten und Randgruppen, konnte Schlingensief immerhin 30.000 Zweitstimmen erringen. In erster Linie ist Schlingensief aber Theater- und Filmregisseur. Sein Heimattheater ist die Berliner Volksbühne unter Frank Castorf, filmisch wurde er vor allem durch »United Trash« sowie seine »Deutschlandtrilogie« bekannt. Die Moritat »United Trash« (Deutschland 1977, mit Udo Kier) berichtet von einem in Afrika stationierten UN-General, dessen Frau nach einem Verhältnis mit einem Bischof den Messias gebärt, welcher sich aus Versehen eine Murmel in die Nase steckt. Der 1989 in 16 Stunden am Stück gedrehte Film »100 Jahre Adolf Hitler«, erster Teil der »Deutschlandtrilogie«, berichtet von der letzten Stunde im Führerbunker. In Mittelpunkt von Teil 2, »Das deutsche Kettensägenmassaker« (1990), steht eine durchgedrehte westdeutsche Metzgerfamilie, die geflohene Ostdeutsche zu Wurst verarbeitet. »Terror 2000. Intensivstation Deutschland« (1992) schließlich greift die unterschiedlichsten deutschen Tabus auf, um ein zynisches Zerrbild der Republik zwischen dem Geiseldrama von Gladbeck und den rassistischen Attentaten beispielsweise in Rostock zu zeichnen. *»›Terror 2000‹ erscheint wie ein aus ohnmächtiger Wut entstandener Aufschrei, der der Gesellschaft all jene Bilder um die Ohren haut, die sie täglich selbst produziert, aber nicht wahrnehmen möchte«*, befindet Rolf-Rüdiger Hamacher im Kölner »Filmdienst«: *»Die sich steigernden Grausamkeiten in den Medien werden von Schlingensief mit ins Groteske übersteigerten Splatter-Effekten karikiert. Die Fäkal-Erotik, die in den Pornoläden längst zum Routine-Amüsement der sexuell verklemmten Biedermänner geworden ist, wird bis zur Ekelgrenze ausgereizt. Schlingensief kennt keine Tabus, schon gar nicht das der Geschmacklosigkeit. Schnell und direkt sind seine Bilder, keiner Ästhetik verpflichtet. Ein B-Movie, wie man es bei dem Amerikaner John Waters bewundert hat, nun aus deutschen Landen.«* Im November 1999 erstatte die jüdische Gemeinde zu Berlin Strafanzeige gegen Schlingensief, seinen Co-Regisseur Alexander Kluge und vor allem den schon zuvor wegen der Schändung von Ignatz Bubis' Grab belangten Künstler Meir Mendelssohn. Dieser soll nach Angaben des Gemeindevorsitzenden Nachama bei der Aufführung des »2. Internationalen Kameradschaftsabends« in der Berliner Volksbühne das Publikum aufgefordert haben, *»ganz normal und ganz natürlich«* das Wort *»Judensau«* zu sagen. Nachama vermutete darin eine *»Volksverhetzung«*, mit der alle Tabus gebrochen worden seien. Schlingensief verteidigte Mendelssohn damit, dass dieser sich lediglich um eine Normalität *»ohne Berührungsängste«* zwischen Deutschen und → Juden bemühe.

Im Juni 2000 sorgte Schlingensief durch seine Aktion »Bitte liebt Österreich« für Aufsehen. Das an die Sendung »Big Brother« angelehnte und schon im Vorfeld heftig umstrittene Projekt zentrierte sich um zwei unweit der Wiener Staatsoper aufgestellte Container, in denen zwölf Ausländer lebten. Zuschauer konnten das Geschehen im Inneren dieser Wohn-Behälter über Web-Kameras beobachten sowie jeden Tag zwei per Internet und Telefon herauswählen und damit aus Österreich abschieben. *»Ich bin mir nicht sicher, ob alle Schauspieler sind«*, hatte Schlingensief zuvor über seine Akteure orakelt. Dem Gewinner stelle er eine Reise in sein Herkunftsland und vielleicht eine Ehe mit einer Österreicherin in Aussicht. Geschmückt waren die Container durch eine FPÖ-Parteifahne, Zitate von Jörg Haider und der »Kronen Zeitung« sowie einem Ausländer-raus-Transparent. Schlingensief wollte seiner Darstellung nach mit dieser Inszenierung aber nicht lediglich die FPÖ-Politik praktisch durchspielen, sondern vor allem auch das öffentliche Bild karikieren, das die Wirklichkeit selbstgerecht in *»das Europa der Gutmenschen und das Österreich der Bösmenschen«* trenne, so als ob es im restlichen Europa keinerlei Ausländerfeindlichkeit gebe. Erwartungsgemäß empörte sich dennoch die Freiheitliche Partei Österreichs über diese Aktion, die aufgrund ihrer Polemik dazu geeignet sei, auf Kosten der Steuerzahler zu einer *»Eskalation der Gewalt der Linken«* beizutragen.

Im Jahr 2001 schließlich brach Schlingensief das Tabu, dass man sich als »anständiger Mensch« mit Rechtsextremisten und Skinheads nicht zur Zusammenarbeit an einen Tisch zu setzen habe. Den Hintergrund bildete Schlingensiefs Aussteigerprojekt für Neonazis, das tatsächlich zu vier »Bekehrten« aus dem Umfeld des Düsseldorfer Rechtsradikalen Torsten Lemmer (einschließlich diesem selbst) geführt haben soll. Hier lässt sich allerdings nicht mehr eindeutig nachvollziehen, welcher der Akteure authentisch handelte und wer nur eine Show spielte. Sowohl Schlingensief, der zuvor schon Aussteigerprojekte wie »Exit« oder »Raus« als *»Gutmenschentum«* angegriffen hatte, als auch den angeblich entradikalisierten Ex-Nazis wurde vorgeworfen, die jeweils andere Partei sowie die Öffentlichkeit nur hinters Licht zu führen. Lemmer und Co. verkündeten nach ihren Theatererfahrungen jedenfalls die Abkehr vom rassistischen Gedankengut und ihrer Wahrnehmung der linken Kulturszene als arbeitsscheuem Gesindel und gründeten den inzwischen unter anderem von der Bundestags-Vizepräsidentin Antje Vollmer unterstützten Verein »Rein«, der als Kommunikationsbrücke zur braunen Szene dienen sollte. Lemmer kündigte auch an, seine Musikfirma entsprechend umzustrukturieren, wofür Skeptiker allerdings eher marktwirtschaftliche Gründe vermuteten. Die Unterstützer dieser Entwicklung forderten genügend »Ambiguitätstoleranz« ein, um die Unklarheiten über die wahren Motive aller Beteiligten zu ertragen.

2002 brachte Schlingensief seine Satire »Quiz 3000 – Du bist die Katastrophe« auf die Berliner Volksbühne, wobei er für das Quiz-Format gewagte Fragen wie etwa über den Amokschützen von Erfurt stellte. Im Juni startete er für den Musiksender Viva plus mit »Freakstars 3000« das erste Behindertenmagazin des deutschen Fernsehens.

Schmidt, Harald

Late-Night-Talker und Stand-up-Comedian, der vor allem aufgrund seiner fortgesetzten Tabubrüche so beliebt wie umstritten ist. Der »SPIEGEL« bezeichnete ihn im Jahr 2000 als *»Zeremonienmeister der deutschen Spaßgesellschaft«*. Schmidt kam am 18. August 1957 in Neu-Ulm zur Welt, wuchs im schwäbischen Nürtingen auf, war als Organist und Chorleiter in der katholischen Gemeinde St. Johannes tätig und hatte zunächst den Berufswunsch, Priester zu werden. Bei seinen Schulkameraden war er nur mäßig beliebt. Das zeigte sich auch daran, dass für die ZDF-Sendung »Klassentreffen« 1992 trotz intensivster Bemühungen des Senders von 27 damaligen Klassenkameraden des Showmasters nur sieben bereit waren zu kommen. (Harald Schmidts Kommentar zu seiner Schulzeit: *»Ich war wie heute, nur damals war das noch nicht so in.«*) Nach seinem Abitur (Schnitt: 3,2) unterzog sich Schmidt in Stuttgart einer Ausbildung als Schauspieler. Nach ersten Auftritten auf der Theaterbühne von Augsburg wurde er 1984 von Kay Lorenz entdeckt und als Texter für dessen Düsseldorfer »Kom(m)ödchen« engagiert. Schmidt fungierte anfangs als Stichwortgeber für die heute noch berühmten Kabarettisten Lore Lorenz und Thomas Freitag, durfte als Teil des regulären Ensembles aber bald eigene Soloprogramme entwickeln. Nachdem er eine bundesweite Bekanntheit errungen hatte, entdeckte ihn auch der Südwestfunk und machte ihn zum Moderator der Medienquizsendung »MAZ ab!«, die ein enormer Erfolg wurde. Schmidt legte mit dem Prominenten-Ratespiel »Psst« und der Show-Satire »Gala« nach und erhielt dafür 1992 seinen ersten Adolf-Grimme-Preis. Endgültig zum Publikumsliebling stieg er durch die Zusammenarbeit mit dem ehemaligen MAD-Chefredakteur Herbert Feuerstein für die TV-Show »Schmidteinander« auf. 1992 löste Schmidt Paola und Kurt Felix in der Moderation von »Verstehen Sie Spaß?« ab, überforderte aber das eher auf traditionelle Kost eingestimmte Publikum mit seinen Verwirrspielen postmoderner Ironie. So setzte er sich etwa während der Show an einen Flügel, schaltete ein Metronom ein und hörte, statt in die Tasten zu greifen, dessen klackendem Geräusch zu, um schließlich dem irritierten Publikum mitzuteilen: *»Ist das nicht unglaublich? Jeder Schlag kostet die ARD gerade 15.000 Mark!«* Auf diese Weise sauste in den drei Jahren unter Schmidt (bis 1995) die einstmals beliebte Show tief ins Quotenloch.

Als idealer Karriereschritt stellte sich für Schmidt der Wechsel von den Öffentlich-Rechtlichen zu den Privaten heraus, als ihm der Sender Sat 1 mit der Moderation eines in Deutschland neu zu etablierenden Programmformates, der Late-Night-Show, eine reizvolle Aufgabe mit großem Freiraum in der Selbstdarstellung einräumte. Die erste Sendung wurde am 5. Dezember 1995 ausgestrahlt. Als Vorbild galten die US-amerikanischen Shows David Lettermans und Jay Lenos, die nicht nur über das Bühnenbild (Schreibtisch des Moderators vor nächtlicher Großstadtkulisse) kopiert wurden, sondern vor allem auch vom Sendeaufbau her: Vor dem Talk mit den eingeladenen Gästen tritt der Moderator viermal pro Woche etwa eine halbe Stunde lang als Stand-up-Comedian auf und macht sich vor dem versammelten Publikum auf sarkastische Weise Gedanken über das Tagesgeschehen. Um die nötige Aktualität zu sichern, wird die Show erst wenige Stunden vor ihrer Ausstrahlung aufgezeichnet. Nachdem Thomas Gottschalk und Thomas Koschwitz wenige Jahre zuvor mit diesem Ansatz gescheitert waren, konnte Schmidt hier seinen neuen Kultstatus begründen. Zwar blieben die Einschaltquoten trotz Schmidts Bekanntheit hinter den Erwartungen von Sat-1 zurück (April 2000: durchschnittlich 14,2 % Marktanteil), aber der Sender hielt an der Show fest, was sich bald auszahlte: Insbesondere die werberelevante Zielgruppe (überdurchschnittlich gebildete und beruflich erfolgreiche Zuschauer zwischen 14 und 49 Jahren) wurde zum Stammpublikum.

Schmidt geriet wegen seiner oft sehr gewagten Witze allerdings auch immer wieder zur Zielscheibe heftigster Kritik. Während seine Fans Schmidts Mut, von den Pfaden der → Politischen Korrektheit wiederholt abzuweichen, sehr zu schätzen wissen und auf jeden neuen dreisten Verstoß gegen Konventionen und Sprechverbote förmlich lauern, warfen ihm seine Gegner vor, aus der rechten Ecke gefühllose Scherze auf Kosten von Minderheiten zu treiben. »*Entweder man ist für ihn und hält ihn für den konkurrenzlosen Meister der Late-Night-Comedy, oder man ist gegen ihn und bezeichnet ihn als Zyniker, Menschenverächter*«, brachte Heribert Klein im »FAZ-Magazin« diese Spaltung des Publikums auf den Punkt.

Von den etwa siebzig Gags, die Schmidt präsentierte, kamen die allermeisten von freien Mitarbeitern seiner eigenen Produktionsfirma »Bonito« (seit 1999, vorher von »Brainpool«) und nur wenige von ihm selbst. Schmidt: »*Mein Beitrag ist die Stimmung, in der ich das Ganze darbiete. Also: Je dünner das Eis, desto fröhlicher der Gesichtsausdruck.*« Besonders dünn wurde das Eis an folgenden Stellen:

a) satirische Attacken über gesellschaftliche Minderheiten wie Ausländer und Blondinen. Behandelte Schmidt in den ersten Sendungen noch seinen angeblichen türkischen Chauffeur besonders herablassend, wandte er sich später vor allem den Polenwitzen zu. Scherzfragen wie »*Klauen Polen Autos?*« – »*Wer Schlesien klaut, der klaut auch Autos*« oder »*Woran erkennt man, dass die Polen noch nicht im All waren?*« – »*Die Räder vom großen Wagen sind noch da*« wurden dabei selbst von Politikern wie dem Ex-Minister Eggert kritisiert, wobei Schmidt in einem ntv-Interview seinen Gag jedoch rasch relativierte: »*Falls ich das tatsächlich gesagt habe, dann habe ich das eindeutig ironisch kenntlich gemacht – vielleicht in Dialekt von jemand, der hat Heimat verloren.*«

b) das tatsächliche oder vermeintliche Outen von Prominenten als homosexuell (→ Homosexualität). So fragte Schmidt nach der Gemeinsamkeit von einer Toilettenschüssel, einem Eierlikör, dem feministischen Magazin »Emma« und der Moderatorin Bettina Böttinger, um schließlich aufzulösen: *»Kein Mann würde sie freiwillig anfassen«*. Dies legten manche Schmidt als böswilliges Outing einer Kollegin aus, woraufhin er bei zahlreichen Frauenrechtlerinnen der Republik zur Unperson geriet, was auch der kurz darauf folgende Besuch Böttingers in seiner Sendung nicht wirklich beheben konnte. Schmidts Anhänger weisen indes darauf hin, dass Böttinger ihre sexuelle Neigung schon zuvor öffentlich gemacht habe. Als Schmidt schließlich 1998 zur Fußball-Weltmeisterschaft den Nationalspieler und Familienvater Jürgen Klinsmann mit den Begriffen *»Schwabenschwuchtel«* sowie *»Warmduscher«* belegte, reagierte der Deutsche Fußballbund mit einer Klage – und war erfolgreich.

c) die Trivialisierung von Gewalt gegen Frauen. So stellte Schmidt nach einer Wahl Henry Maskes zum erotischsten Mann des Jahres lapidar fest: *»Ich habe es immer gewusst, Frauen wollen geschlagen werden«* und kommentierte die »Bild«-Schlagzeile »Nach Vergewaltigung: Ausgehverbot in Erlangen« lediglich mit der trockenen Frage: *»Ausgehen? In Erlangen?«*

d) trotz insgesamt hohem sprachlichen Niveau gelegentliche Rückgriffe auf eine eher vulgäre Ausdrucksweise. Schmidt erwiderte auf diese Vorwürfe in einem Interview mit der Zeitschrift »SPIEGEL«: *»Das ist Präzision in der Sprache. Während die Sprache der Politiker immer mehr verschlampt, sind wir geradezu verpflichtet zum Ausdruck ›Gesichtsvotze‹. Das Leben ist viel zu kurz, um unpräzise zu sein.«*

Die Auseinandersetzung um die Schmidt'schen Tabubrüche entwickelt sich nun ihrerseits vor dem Hintergrund bestimmter Argumentationsmuster:

a) Gerne verwendet wird der Vorwurf, Schmidt richte sich gar nicht gegen die »echten« Tabus unserer Gesellschaft, etwa die zum deutschen Angriff auf Jugoslawien hinführenden Propagandalügen im → Kosovokrieg, sondern er vervielfältige in Wahrheit rechte Klischees, die in unserer Gesellschaft noch sehr virulent seien. 1996 etwa wandten sich Korrespondenten von Fernsehen und Presse (unter anderem der »Zeit«) in einem offenen Brief an Schmidt und warfen ihm vor, ausländerfeindlichen und rassistischen Tendenzen Vorschub zu leisten. Schmidt wehrte ab: *»Die Kategorien Ausländer/Inländer gibt es für mich nicht. Wir machen einfach Witze über Themen, die sich anbieten. Wir arbeiten mit Klischees und Vergröberungen.«* In einem Interview mit dem Berliner »Tagesspiegel« fügte er hinzu: *»Ich habe sicher in den drei Jahren meiner Sendung eine Menge gelernt. Ich muss mir mehr überlegen, was ich sage, und zwar deshalb, weil ich nicht weiß, was daraus gemacht wird. Wenn ich zum Beispiel sagen würde, ist mir doch egal, was die Leute von mir denken, kann leicht eine Zeitungszeile werden: Schmidt ist es egal, wenn er für einen Rechtsradikalen gehalten wird. Was die Polenwitze für eine Lawine losgetreten haben, hätte ich mir nicht einmal im Traum vorgestellt. Aber zu den Witzen stehe ich nach wie vor, weil es um das kleine Segment Autodiebstahl geht.«* Schmidts Verteidiger argumentieren zudem, dass erstens auch ein Kabarettist nicht zwangsläufig links sein müsse (auch wenn man in Deutschland manchmal diesen Eindruck gewinnen könne), es zweitens jedoch sehr fragwürdig sei, ob gerade Schmidts Polenwitze wirklich polenfeindlich seien oder nicht vielmehr die Anti-Polen-Klischees satirisch ausstellten. Statt sich in einen politischen Schützengraben einteilen zu lassen, positioniere sich Schmidt in einer Stellung, in der er reaktionäre Vorurteile und die Sprechverbote der Politischen Korrektheit gleichermaßen attackieren könne. Hartmut Schönherr argumentiert in einem Artikel der Frankfurter Zeitschrift NOVO (Ausgabe 52, Juni 2001) wie folgt: *»Ohne Schmidt wären wir alle schon am humorlosen ›Aufstand der Anständigen‹ erstickt. Weil wir ja gar nicht über die Polenwitze lachen (die sind in der Regel recht plump), sondern darüber, dass wir eigentlich gar nicht darüber lachen dürften. Das Witzpotential der Political Correctness – und damit der neusten Denk- und Kommunikationstabus – anzuzapfen, unterscheidet Harald Schmidt deutlich von seiner Herkunft, dem politischen Kabarett. Gelächter hat dort noch die Unschuld klarer Freund-Feind-Bilder. Und eine definitive Version dessen, wie Zustände besser sein könnten. Lachen über Political Correctness zehrt aber gerade von der Abwesenheit solcher Klarheiten. Und es zehrt von der Überforderung durch eine Ethik, die fundamentalistische politisch-gesellschaftliche Utopien nach ihrem Scheitern in der Realität auf der kommunikativen Ebene erzwingen möchte.«*

b) Überzeugender ist hingegen der Vorwurf, Schmidt halte zu sehr an Stilelementen fest, die zu Beginn seiner Laufbahn richtig und notwendig gewesen seien, habe aber übersehen, dass die Gesellschaft sich seitdem stark verändert habe. Anfang der Achtziger sei seine gnadenlose Veralberung des Betroffenheitskultes bärtiger Liedermacher und bitterernster Kabarettisten zwischen Gewerkschaften, Umweltschützern und Friedensbewegten noch befreiend gewesen. Aufklärung und lösungsorientierte Analyse seien damals tatsächlich im Jargon persönlichen Berührtseins und auf dem Niveau von platten Parodien auf Strauß und Kohl steckengeblieben. Jedoch existiere dieses Umfeld der Friedens- und Protestbewegung trotz wachsender Notwendigkeit längst nicht mehr, sondern sei auch und gerade bei Jugendlichen von einem gleichgültigen Zynismus der Spaßkultur plattgewalzt worden, während moralisches Engagement heute nur noch als uncool wahrgenommen werde. Hierauf ließe sich antworten, dass jene Form der Protestkultur eben deshalb insbesondere von der jungen Bevölkerung abgelehnt wird, weil sie von den staatlichen Stellen komplett usurpiert wurde. Unter einer rot-grünen Regierung, so könnte man argumentieren, werden Menschenrechtsverletzungen mit treuherzigem Augenaufschlag als Alibi für einen Krieg benutzt, Staat und Medien unterstützen die Opferkultur der verschiedensten gesellschaftlichen Gruppen und an die Stelle der Meinungsfreiheit ist die Politische Korrektheit getreten. Die damit einhergehenden Sprechverbote sind aber häufig Pappkameraden. Schmidt zeigt auf, dass man sich ihnen verweigern kann und trotzdem medial überlebt.

c) Etwas inflationär wird in der Auseinandersetzung um Harald Schmidt mit dem Tucholsky-Zitat umgegangen »*Was darf die Satire? – Alles.*« Diese These wird auch heute noch von Medienkritikern und -satirikern wie Oliver Kalkofe mit Nachdruck vertreten: »*Gute Radio-Comedy ... sollte mindestens tausend Hörer dazu bringen, empört die Station zu wechseln. Wenn man etwas produziert, über das sich keiner beschwert, kann es nicht wirklich gut gewesen sein.*« Schmidts Gegner hingegen erkennen zwar das Tucholsky-Zitat insofern an, als mit Satire eine Form der Kritik am bestehenden Herrschaftssystem gemeint ist (was eine sehr enge Definition sein könnte), bezweifeln in diesem Zusammenhang aber, dass das, was Schmidt betreibe, wirklich noch in diese Kategorie falle oder nicht doch inhaltsfreie Geschmacklosigkeit darstelle. Hier könnten Schmidts Kontrahenten darauf hereinfallen, dass der Late-Night-Talker doppeldeutige Ironie in seinen Äußerungen sehr stark verdichtet. Schmidt scheint anders als viele linke Gesellschaftskritiker von einem intellektuellen Grundniveau seiner Zuschauer auszugehen, denen nicht immer wieder erklärt werden muss, dass selbstverständlich nicht alle Polen Autodiebe sind und Frauen keineswegs regelmäßig vermöbelt werden möchten. Andererseits ist eine Zeitungsmeldung, der zufolge wegen einer einzigen Straftat über eine komplette Stadt ein Ausgehverbot verhängt werden soll, fast selbst schon Satire genug, so dass Schmidt nur noch lakonisch darauf hinweisen muss, wie grotesk wichtig sich manche Institutionen nehmen. Schmidt bekundet, er sei »*weit davon entfernt, die Leute zu belehren und ihnen Ratschläge zu erteilen, und . . . möchte auch nicht selbst permanent belehrt werden*«.

Auch Harald Schmidt kennt indes durchaus noch Tabus. Was seinen gegen Prominente gerichteten Spott betrifft, macht er deutlich: »*Es trifft bei uns nur solche Leute, die ihr Privatleben nach außen hängen. Wer öffentlich sein Hemd aufreißt und sagt: Schaut, hier ist mein Pudel, der ist für mich fällig.*« Was Krankheiten angehe, zeige das Publikum eine unerwartete Hemmschwelle: »*Witze über Diabetiker. Viermal habe ich es probiert. Eisiges Schweigen. Warum, weiß ich auch nicht. Krebs kann unter Umständen gehen, Diabetes nie.*«

Wie er im »FAZ-Magazin« erklärte, genießen auch Juden bei ihm eine Art Immunität: »*Seit der Walser-Debatte ist mir klar, dass da die Hölle losbrechen würde. Ich war mal der Meinung, es müsste möglich sein, einen Witz über die Krawatten von Michel Friedman zu machen, ohne als Antisemit abgestempelt zu werden. Heute ist mir klar, dass da überhaupt nicht dran zu denken ist.*« (→ Judenwitze) Um nicht als geschmacklos zu gelten, hat er sich, anders als US-amerikanische Late-Night-Talker, bei Scherzen über die Kriege in Jugoslawien oder Afghanistan größtmögliche Zurückhaltung auferlegt. Nach den Terroranschlägen des 11. September nahm Schmidt (im Gegensatz etwa zu Stefan → Raabs »TV Total«) zwei Wochen Bildschirmpause, in der er sich intensiv mit der neuen weltpolitischen Situation und der Medienberichterstattung darüber auseinandersetzte. Am 25. September kehrte er dann mit einer Sendung zurück, die dem Thema nicht auswich, sondern es mit Fingerspitzengefühl satirisch behandelte (*»wir haben aus Solidarität mit den Amerikanern vor sechs Jahren gleich die komplette Show gestohlen«*, *»es gibt ca. 80 Prozent gewaltbereite Katholiken in Deutschland«* etc.). Die Stimmen der Kritik waren hier übereinstimmend positiv.

1997 erhielt Harald Schmidt für seine Auseinandersetzung mit Vorurteilen und Klischees von der »Gesellschaft für deutsche Sprache« den Medienpreis für Sprachkultur. Im selben Jahr wurde dem Late-Night-Talker ein Goldener RTL-Löwe, der Telestar, ein Bambi und erneut der Adolf-Grimme-Preis verliehen, 1999 folgte der Bayerische Fernsehpreis vom Bayerischen Rundfunk, in den Jahren 2000 und 2001 jeweils der Deutsche Fernsehpreis für den besten Unterhaltungsmoderator und 2002 ein weiterer Adolf-Grimme-Preis für die erwähnte Sendung am 25. September sowie die Goldene Kamera.

Schmidt definiert die momentane Präsentationsform seiner Sendung, die sich inzwischen stark von dem US-amerikanischen Vorbild gelöst hat, in Anlehnung an die Postmoderne als »Post-Comedy«: Nachdem jeder Gag schon einmal gemacht worden sei, gehe es jetzt weniger um das Vortragen von vorbereiteten Witzen, sondern vielmehr um freie Improvisation und Situationskomik. Hier stellen insbesondere Schmidts Sidekicks Manuel Andrack (Chefredakteur der Show), Helmut Zerlett (Bandleader) und Suzana (Cue Card Girl) wertvolle Stichwortgeber dar. Seine Art von Comedy wird inzwischen von vielen Kollegen als neue, zeitgemäße Form des Kabarett betrachtet, in dem Schmidts Ursprünge liegen. So bekundet etwa Dieter Hildebrandt: *»Harald Schmidt ist ein hervorragender Kabarettist, und er macht in seiner Show Kabarett – nur muss ihm das endlich mal einer mitteilen.«*

Internet: www.schmidt.de, www.scheubeck.de

»Schmutzige Hände«

Sachbuch des investigativen Journalisten Jürgen Roth über das internationale organisierte Verbrechen und seine Helfer in den Zentren politischer und wirtschaftlicher Macht. Roth beklagt den fortschreitenden Abbau bürgerlicher Rechte durch den sich ausweitenden Überwachungsstaat einerseits und die engen Verbindungen der kriminellen Gruppen zu den Spitzen demokratischer Staaten andererseits. Diese Verknüpfung war bislang einem starken Schweigetabu unterworfen, obwohl (oder gerade weil) sie bedrohlich für unsere Gesellschaftsordnung insgesamt ist. Roth belegt dies etwa durch das folgende Zitat eines BKA-Beamten: *»Eigentlich könnten wir unseren Job aufgeben, denn wenn wir bei den oberen Etagen anklopfen, haut man uns auf die Finger.«*

Schockwerbung

Übergreifender Begriff für sämtliche Reklameformen, die den Empfänger besonders erschrecken und aufwühlen, in der Regel mit Sexualität, Religion und Gewalt verbunden, um die innersten Ängste und Gefühle anzusprechen. Typische Beispiele benennt die Zeitschrift »w&v« (Werben und Verkaufen) in ihrer Ausgabe 42/1998: *»Godzilla beißt einer Blondine den Kopf ab, natürlich vorher in den richtigen Dip getunkt. Ein Sprinter jagt sich wegen seiner falsch ausgesuchten Turnschuhe eine Kugel in den Kopf. Der Playstation-User rammt sich eine Gabel ins Hirn. Für eine Diesel-Jeans bringt ein Soldat problemlos ein Kriegsopfer.«* Weitere Beispiele nennt das Magazin in seiner Ausgabe 12/2000: *»So warb ein Elektrohändler im vergangenen Jahr in einer Zeitungsbeilage mit der Abbildung einer Frau im Bikini, deren Genitalbereich durch die Aufschrift ›Geile Teile‹ verdeckt war. Die Heilbronner Bierbar ›Golden City‹ warb mit ›15 Gründen, warum Bier besser als eine Frau ist‹ – unter anderem: ›Wenn Du mit einem Bier fertig bist, ist die Flasche immerhin noch 50 Pfennig wert.‹ Und die Potsdamer Wäschefirma Nastrovje bildete auf ihren Produkten im Genitalbereich unter anderem Jesus mit Dornenkrone und Kreuz ab.«* Im Jahr 2001 setzte sich in diesem Bereich durch, Gewalt insbesondere dann als lustvoll zu inszenieren, wenn der Täter eine Frau und das Opfer ein Mann war. Die Firma Alltoys ließ eine männliche Spielzeugfigur von einer weiblichen zusammenschlagen, gmx einem Mann von seiner Kollegin ein blaues Auge verpassen (dazu der Slogan: *»Sag es besser per E-mail«*). Als Anregung zum Einkaufen bei IKEA wurde ein Mann von seiner Frau in voller Fahrt aus dem Wagen geworfen, und die Textilienkette »New Yorker« propagierte den Tritt in die Hoden eines ahnungslosen Mannes als lustvolles Erlebnis. Während sich das Opfer noch vor Schmerz am Boden krümmte, freute sich das Voice-Over: *»Dress for the moment ... Yeah!«*

Die Berechtigung von Schockwerbung ist indes umstritten. Ihre Kritiker werfen den Verantwortlichen vor, im immer härter werdenden Wettbewerb die letzten Hemmungen zu verlieren, nur noch mit Provokation um jeden Preis Aufmerksamkeit erregen zu wollen und sich so letztlich auf einen Teufelskreis einzulassen, bei dem eine Reklame-Aktion die andere an Obszönität, Drastik und Gewalt zu übertrumpfen suche. Zwar sei es erfreulich, dass die zuckersüße Heile-Welt-Reklame aufgebrochen sei, aber statt sich ins andere Extrem zu bewegen, sei es angebrachter, die Spots und Plakate mit Intelligenz und Witz zu gestalten. Spätestens seitdem eine Hamburger Agentur für den Verein Sternipark ein Plakat entwarf, auf dem ein mit Schmutz verkrustetes totes Baby auf einem Müllhaufen zu sehen ist, das wie ein Adventskalender mit Türen ausgestattet war (dazu der Slogan: *»1000 Mark und dieses Stück verschwindet«*), wird innerhalb der Branche der Ruf nach einer neuen Werbeethik immer lauter, da Reklame wie jedes andere Massenmedium eben auch Verantwortung bedeute. Andere Argumente, die gegen Schockwerbung verwendet werden, sind etwa: Sie habe nichts mehr mit dem beworbenen Produkt zu tun und verliere so auch den letzten Informationsgehalt, das Elend dieser Welt werde kommerziell ausgenützt, die ständige Konfrontation mit diesem Elend könne den Betrachter immunisieren und sein Mitleid abstumpfen, damit auch seinen Einsatz gegen das Leiden verringern, Kinder könnten vor der Konfrontation mit solchen Darstellungen nicht sinnvoll geschützt werden.

Befürworter dieser Form von Reklame hingegen argumentieren, dass sie lediglich jenen Teil der Realität widerspiegele und zum Thema mache, der allzu oft verdrängt werde. Der Münchener Rechtsanwalt Henning Hartwig etwa stellt sich an die Seite der Bekleidungsfirma »Benetton« (→ Benetton-Reklame), die das Konzept der Schockwerbung in Deutschland überhaupt erst konstituierte: »*Was ist eigentlich pervers – die Benetton-Werbung oder vielleicht eher die Sichtweise derjenigen, die Toscani nichts weiter als das nackte Interesse am Umsatz unterstellen? ... Selbst im Fall der Werbung mit behinderten Models wurde von einer weiteren Schockkampagne gesprochen. Bedeutet diese Werbung aber vielleicht nur deshalb einen Tabubruch, weil wir es bislang gewohnt sind, die Darstellung von Behinderten in der Öffentlichkeit weitgehend zu verdrängen und die Gegenwart behinderter Menschen zu tabuisieren?*« (zitiert nach w&v

14/2000) Sicherlich muss man hier je nach dem individuellen Fall entscheiden, wann Schockwerbung sinnvoll und angebracht ist und wann nicht. Gerade dies geschieht auf dem Markt aber auf die demokratischste Art und Weise überhaupt: Wenn viele Kunden sich von einer bestimmten Werbung angesprochen fühlen, werden sie das zum Ausdruck bringen, indem sie das beworbene Produkt kaufen, wenn nicht, dann äußern sie sich in Beschwerden und Boykotten. Andererseits ist dies sehr idealtypisch gedacht – so lässt sich nie mit Sicherheit feststellen, welcher Umsatzanstieg oder -rückgang welcher Form von Werbung zu verdanken ist, und in bestimten Fällen können nach einer umstrittenen Werbemaßnahme der Absatz eines Produktes und die Zahl der Proteste gleichermaßen ansteigen. Der Grat zwischen Meinungsfreiheit und Verantwortung ist hier eher schmal.

Schöpfungslehre
→ Intelligent Design

»Schroeder Doesn't Speak for All Germans«
(dt.: *»Schröder spricht nicht für alle Deutschen«*) Von der CDU-Parteivorsitzenden Angela Merkel im Februar 2003 für die US-amerikanische »Washington Post« verfasster Artikel, in dem die Führerin der größten Oppositionspartei die deutsche Position im Irakkonflikt kritisierte. Bundeskanzler Schröder (SPD) hatte sich zuvor strikt gegen einen militärischen Angriff auf den Irak ausgesprochen und damit für Spannungen mit den USA gesorgt, die einen solchen Angriff vorbereiten und durchsetzen wollten. Merkel erklärte, es dürfe keinen deutschen Sonderweg geben und befand, diese wichtigste Lektion der deutschen Geschichte werde von Schröder aus wahltaktischen Motiven mit leichter Hand beiseite gewischt. Mehrere Mitglieder der rot-grünen Bundesregierung, aber auch zahlreiche Journalisten bewerteten Merkels Verhalten als Tabubruch: Innenpolitische Auseinandersetzungen in Gespräche und Auftritte im Ausland einzubringen sei traditionell als schlechter Stil verpönt. SPD-Generalsekretär Olaf Scholz warf Merkel vor, dem Ansehen Deutschlands zu schaden. Sie falle der Bundesregierung und hunderttausenden von Friedens-Demonstranten in den Rücken und brüskiere achtzig Prozent der Deutschen, die die Irak-Politik von Bundeskanzler Schröder unterstützen. Merkel und ihre Anhänger verteidigten sich mit dem

Argument der Meinungsfreiheit und der besonderen weltpolitischen Bedeutung dieser Angelegenheit. So befand Wolfgang Schäuble als außen- und sicherheitspolitischer Sprecher der Union: *»Der Vorwurf, dass man im Ausland die eigene Regierung nicht kritisieren darf, ist doch ein Steinzeit-Verständnis von Medien und Kommunikationen.«*

»Das Schweigen der Lämmer«

→ »Hannibal«, → Kannibalismus, → Nekrophilie, → Serienmörder

Scorsese, Martin

→ »Die letzte Versuchung Christi«

»Seinfeld«

Zur Zeit ihrer Ausstrahlung populärste US-amerikanische Sitcom, NBC 1990-1998, um den Komiker Jerry Seinfeld und seine New Yorker Freunde. Phasenweise wurde durch die gleichgeschlechtlichen Affären Susans (Heidi Swedberg), die Lebensabschnittsgefährtin von Seinfelds Kumpel George (Jason Alexander), Homo- bzw. Bisexualität zum Thema. Siehe auch → Selbstbefriedigung.

»Sein oder Nichtsein«

→ »Das Leben ist schön«

Selbstbefriedigung

(Synonyme: *Masturbation*, *Onanie*) Sexuelle Stimulation, die nicht durch einen Partner vollzogen wird – wiewohl Selbstbefriedigung auch Teil partnerschaftlicher Sexualität sein kann. Die christliche Religion sorgte mit Nachdruck für eine Tabuisierung dieser Form von Lustgewinn. So sah Kirchenvater Thomas von Aquin in ihr eine größere Sünde als in der Unzucht. Als grundlegend dafür wird die alttestamentarische Geschichte Onans gesehen, was etwas kurios ist: Onans Bruder ließ nach seinem Tod eine Witwe zurück. Gottes Wille nahm Onan in die Pflicht, mit dieser Frau an Stelle seines verstorbenen Bruders ein Kind zu zeugen. Onan wohnte seiner Schwägerin zwar tatsächlich bei, zog sich jedoch im entscheidenden Moment zurück, so dass sein Samen lediglich die Erde benetzte. Schon in dieser Zusammenfassung wird deutlich, dass Onans eigentliche »Sünde« keineswegs in Selbstbefriedigung bestand, sondern darin, dass er sich erstens dem Willen Gottes widersetzte und zweitens die Gelegenheit zur Reproduktion verschwendete, denn: »*Every sperm is sacred*« (→ Monty Python). In diesem Zusammenhang gelangten Tabuforscher zu der Erkenntnis, dass das Masturbationsverbot wesentlich älter ist als die jüdisch-christlichen Glaubenssysteme, die zu seiner Rechtfertigung herbeigezogen werden. Selbstbefriedigung wurde in der Frühgeschichte nicht als moralisch falsch oder Charakterfehler bewertet, sondern als Verschwendung einer Gelegenheit, Nachkommen zu zeugen, sowie von körperlicher Energie, Manneskraft. Logischerweise stand weibliche Masturbation bei weitem nicht so sehr im Zentrum dieses Tabus wie männliche.

Auch in unserem Zeitalter, in dem das Zeugen immer neuer Nachkommen längst nicht mehr von überragender Bedeutung für den Fortbestand von Völkern oder gar der Menschheit ist, hielt die katholische Kirche lange an diesem Tabu fest. Traktate aus dem vorigen Jahrhundert bezeichnen Selbstbefriedigung als »*das stillschweigend übersehene Monster in unserer Mitte*«. Noch am 29. Dezember 1975 ließ Papst Paul VII. in einer »Kongregation für die Glaubenslehre« verlauten: »*Tatsache ist, dass sowohl das kirchliche Lehramt in seiner langen und stets gleichbleibenden Überlieferung als auch das sittliche Empfinden der Gläubigen niemals gezögert haben, die Masturbation als eine zumindest schwer ordnungswidrige Handlung zu brandmarken.*« 1994 bezeichnete Papst Johannes Paul II. die weibliche Onanie als sündige Wollust, die männliche ließ er als organisch bedingtes Übel gerade noch mal durchgehen. Man mag spekulieren, wie er zu jenem Entschluss gekommen war.

Wann immer eine Weltanschauung ein Tabu begründet, steht die Wissenschaft häufig nur allzu bereit, dieses Tabu mit »sachlichen« Argumenten zu begründen. So wurde der Selbstbefriedigung in medizinischen Texten nachgesagt, unter anderem zu Gehirnschwäche, Gedächtnisverlust, Schwindel, Kurzsichtigkeit, Epilepsie, Hysterie, Depression, Tumoren, Krankheiten von Leber, Lunge und Niere und vielen ähnlich schlimmen Gesundheitsstörungen zu führen. Das war ja auch nur logisch: Die meisten der Menschen, die diese Krankheitsbilder aufwiesen, hatten sich häufig selbst befriedigt. Auch die von der Öffentlichkeit begeistert aufgenommene Erfindung des Fahrrades bekämpften manche Sittenwächter im viktorianischen Zeitalter auf dieser Grundlage, da es ein nur allzu dürftig verkleidetes Vehikel für das Vergnügen an der Masturbation darstelle – so die Experten.

Verängstigt durch solche Schriften taten die Eltern im neunzehnten Jahrhundert ihr Möglichstes, um insbesondere ihre Söhne vor dem Übel der »autosexuellen Selbstbefleckung« zu bewahren, und verwendeten dabei höchst phantasievolle Gerätschaften: zwischen Keuschheitsgürteln mit Innendornen bis zu einer elektrischen Apparatur, die im elterlichen Schlafzimmer eine Glocke klingeln ließ, wenn der Junge eine Erektion hatte. Auch unnötige Operationen soll es gegeben haben. Etwas ziviler war da zu Beginn des 20. Jahrhunderts John Harvey Kellogs, der auch von dem Gedanken besessen war, dass Selbstbefriedigung bis zu Tuberkulose, Wahnsinn und Tod führen konnte. Als »Gegenmittel« erfand er 1906 verschiedene Nahrungsprodukte, welche die Gedanken der Jugend weg von der Sexualität und hin zur Gesundheit lenken sollten – eines davon waren die Cornflakes. Noch 1930 beschrieb kein anderer als der Schriftsteller D. H. Lawrence (→ »Lady Chatterley's Lover«) Masturbation als *»gewiss das gefährlichste Laster, von dem eine Gesellschaft langfristig befallen sein kann«*. Für die US-amerikanische Marine-Akadamie Annapolis waren noch im Jahre 1940 Hinwiese auf Selbstbefriedigung ein ausreichender Grund, um Bewerber nicht in ihre Reihen aufzunehmen.

Ins Schwanken kam das schlechte Image der Masturbation erst durch die sexuelle Revolution ab den sechziger Jahren. Die Feministin Betty Dodson entwarf 1972 ein Manifest pro weibliche Selbstbefriedigung, das ein Jahr später zu einem Artikel in der Zeitschrift »Ms.«, noch später zu einem kompletten Buch avancierte (ursprünglicher Titel »Liberating Masturbation«, neuveröffentlicht 1986 als »Sex for One«; unter diesem Titel ist es auch in Deutschland erschienen). Dodsons Buch wurde zum Bestseller. Weitere Ratgeber dieser Art – auch für Männer – folgten. Sex-positive Feministinnen wie Annie Sprinkle, Carol Queen oder auch → Madonna taten einiges, um Selbstbefriedigung als Teil ihrer Bühnenperformance der Öffentlichkeit zugänglich zu machen. Sex-negative Feministinnen zogen derweil noch immer mit Parolen wie *»Gegen Pornos und Wichser!«* durch die Lande – tatsächlich war die Porno-Industrie ein entscheidender Einflussfaktor darauf, dass die verschiedenen Varianten der menschlichen Lustbefriedigung auch einem breiteren Mainstream offen zugänglich gemacht wurden. Auch die Sexualexperten hatten längst begonnen, sich eines anderen zu besinnen: Für Mediziner, Pädagogen und Psychologen wurde Selbstbefriedigung in einem ersten Schritt ein immerhin ganz natürlicher Teil des jugendlichen Entwicklungsprozesses. Noch weiter aufgeweicht wurde das Tabu durch den sich neu herausbildenden Markt der Ratgeberliteratur: Die international bekannteste Koryphäe auf diesem Gebiet, Dr. Ruth Westheimer, empfahl Masturbation ebenso ausdrücklich wie beispielsweise Alex Comfort (»Joy of Sex«) oder das Dr.-Sommer-Team in der »Bravo« (wofür es anfangs allerdings von der → Bundesprüfstelle für jugendgefährdende Schriften gerügt wurde). Selbst das alte Märchen, dass Selbstbefriedigung ein Notbehelf für Einsame war, letztlich also doch auf eine Charakterschwäche hinwies, verschwand. Neuere Untersuchungen ergaben, dass Menschen um so öfter onanieren, je aktiver sie auch sonst im Sexualleben sind. Jemand, der schon früh im Leben mit solchen Entspannungsübungen beginnt, ist auch mit einem Partner um so intensiver zugange – vielleicht wegen einer offeneren Einstellung gegenüber Sex, vielleicht wegen einer größeren Vertrautheit mit dem eigenen Körper und seinen Reaktionen. Bekanntes Beispiel ist der Schriftsteller David Guy, der in seinem Buch »The Autobiography of my Body« (»Die Autobiographie meines Körpers«) seinen Lebenslauf der Selbstbefriedigung darlegt und zu dem Schluss kommt, die glücklichsten Erfahrungen damit in den Phasen gehabt zu haben, in denen er verheiratet war.

Dass Selbstbefriedigung inzwischen überhaupt kein Tabu mehr darstelle, ist allerdings auch wieder nicht wahr. Obwohl deutlich über 90 Prozent aller sexuell gesunden Personen Gefallen daran finden, wäre es beispielsweise als Gesprächsthema auf Partys immer noch kaum vorstellbar. US-Präsident Clinton musste 1995 den Rücktritt seiner Gesundheitsministerin Dr. Jocelyn Elders, Universitätsprofessorin der Pädiatrie, einfordern, nachdem diese Masturbation öffentlich als natürlichen Bestandteil der menschlichen Sexualität bezeichnet hatte und darauf verwies, dass sie zumindest die Verbreitung von AIDS und Teenager-Schwangerschaften verhindern könne, so dass man vielleicht sogar in den Schulen darüber unterrichten solle. Ein öffentlicher Aufschrei des Protests war die Folge. Auch Clintons Vize-Präsident Al Gore wurde während seiner Wahlkampfkampagne in Artikeln deshalb angefeindet, weil er Naomi Wolf als Beraterin engagiert hatte und diese Masturbation als Mittel der Selbsterkundung für junge Frauen in ihrem Buch »Promiscuities« unterstützte. Und im Deutschland des Jahres 2001 verlor Axel Kunert, Autor des »Handbuchs der Onanie« (Verlag Schwarzkopf und Schwarzkopf), seinen Job als Leiter eines Fach-Verlages, nachdem seine Arbeit an diesem Thema öffentlich wurde.

In Film und Fernsehen war diese Praktik vor 1960 quasi komplett unsichtbar, wurde also nicht einmal warnend oder abwertend dargestellt. Als sich die Sängerin Nina Hagen 1979 in der ORF-Talkshow »Club 2« überraschend daran machte, Techniken weiblicher Onanie vorzuführen, sorgte das für einen größeren Skandal. Das Fernsehen nahm sich dieses Themas später vor allem in Sitcoms an. Berühmtheit erlangte hier vor allem die 49. Episode der Reihe → »Seinfeld« (Folgentitel: »The Contest«, in den USA erstausgestrahlt am 18. November 1992). Darin ging es um eine Wette, wer am längsten »ohne« aushält – das Wort »Masturbation« selbst fiel nie. In der Reihe → »Roseanne« gab es eine Folge über kindliche Selbstbefriedigung.

Kinofilme insbesondere der späten Neunziger bieten diesem Sujet noch etwas mehr Raum. So verwöhnten sich Männer selbst in Filmen wie → »American Beauty«, »American Pie« und → »Verrückt nach Mary«, Frauen in »The Crow: City of Angels«, »Sliver«, »Pleasantville« und ebenfalls »American Pie« (in dem es ohnehin um fast nichts anderes geht). Man könnte noch einige andere Filme aufführen. Eine sehr eindringliche Masturbationsszene ist beispielsweise auch in David → Lynchs »Mulholland Drive« zu sehen. Dennoch, so befindet zumindest Rebecca Alvin in ihrer lesenswerten Studie »Masturbation Taboo in the American Media« (im Internet unter http://www.newschool.edu/mediastudies/conference/taboos/rebecca_alvin.htm), sind entsprechende Szenen im Gegenwartskino insgesamt noch immer sehr selten und fallen vor allem auf drei prototypische Darstellungsweisen zurück:

a) Der/die Masturbierende wird als einsamer Mensch gezeigt, der sich aus Verzweiflung selbst befriedigt (etwa in → »Happiness«, vertreten durch den obszönen Serienanrufer Allen, oder »Mulholland Drive«, vertreten durch die von unerreichbarem Ruhm und Zuwendung phantasierende Betty/Diane; den Anfang von Brian de Palmas »Dressed to Kill« sowie »American Beauty« könnte man hinzufügen);

b) Masturbation symbolisiert sexuelle Abweichung oder einen Charakterfehler (etwa in Abel Ferraras »Bad Lieutenant«, vertreten durch den namenlosen, von Harvey Keitel gespielten Anti-Helden, sowie ebenfalls in »Happiness«, vertreten durch den pädophilen Vater Bill, der sich vor Jungenmagazinen einen runterholt);

c) Masturbation ist ein Initiationsritus für den Jugendlichen auf dem Weg zum Erwachsen-Werden (etwa in »American Pie«, vertreten durch verschiedene männliche und weibliche Teenager in den absurdesten Situationen, sowie erneut in »Happiness«, vertreten durch Bills Sohn Billy, der in der Schlusssequenz des Films nach seiner ersten Ejakulation der gesamten Familie stolz verkündet, dass er gerade gekommen sei).

Nur höchst selten, wenn überhaupt, werde Masturbation mit jener Selbstverständlichkeit präsentiert, die sie für fast jeden Menschen in seinem ganz normalen Alltagsablauf darstellt. Stattdessen werden althergebrachte Stigmata lediglich in leicht veränderter Form übernommen. Da Medien prägend für das Entstehen kultureller Normen seien, könnte dies dazu führen, dass viele Rezipienten ihre eigene Lebenswirklichkeit als fragwürdig erlebten: Wer sich selbst befriedigt, ist, diesen Medienbildern folgend, immer noch charakterschwach, vereinsamt, krank oder auf einer jugendlichen Entwicklungsstufe stehengeblieben, auch bleibt Masturbation selten ohne (negative) Folgen. Onanie als Beschäftigung glücklicher, sexuell erfüllter Menschen mit Vorbildcharakter zu zeigen unterliegt sehr häufig immer noch einem Tabu. Eine der wenigen Ausnahmen, in denen Selbstbefriedigung gar als befreiend und beseligend gezeigt wurde, war »Pleasantville« – ein Film, der wegen solcher Szenen von schockierten Christen quer durch die USA mit empörten Reaktionen bedacht wurde.

Ein positiveres Bild zeichnen hingegen Pop-Songs von der Selbstbefriedigung. Am bekanntesten sind hier Cindy Laupers »She Bop«, Gianna Nanninis »America«, Billy Idols »Dancing With Myself«, Marc Almonds »Mother Fist«, Kate Bushs »Sat in Your Lap«, Elvis Costellos »Pump It Up«, Prince' »Darling Nikki«, »I Touch Myself« von den Divinyls, »Tonight I Fancy Myself« von The Beautiful South und Suzanne Vegas »Marlene on the Wall«.

Literatur: Geißler, Sina-Aline: Immer wenn ich mich verführe. Weibliche Selbstbefriedigung – ein Tabu wird gebrochen. Heyne 1996

Selbstmord
Das gezielte Beenden des eigenen Lebens entweder aus freier Entscheidung (wegen vermeintlicher Sinnlosigkeit des Weiterlebens in einer ausweglos scheinenden Situation) oder als Folge einer seelischen Störung. Da der Ausdruck »Selbstmord« durch das Morphem »-mord« eine moralisch stark abwertende Komponente enthält, wird er inzwischen häufig vor allem durch zwei sinnverwandte Begriffe ersetzt: durch das wertneutrale, vor allem von Wissenschaftlern (Soziologen, Medizinern, Psychologen) benutzte Fremdwort »Suizid« sowie durch den Begriff »Freitod«, in dem bereits die liberal-individualistische Weltanschauung mitschwingt, der zufolge jeder Mensch das Recht hat, selbstbestimmt über den Zeitpunkt seines Aus-der-Welt-Gehens zu entscheiden. Dieser Ausdruck wurde allerdings als insofern beschönigend kritisiert, als den meisten Selbsttötungen eine seelische Stress- und Zwangssituation vorausgehe, häufig Depression, Verzweiflung und der subjektive Eindruck von Ausweglosigkeit. Die Betreffenden nehmen schließlich den → Tod als einzige dauerhafte Erlösung von den fortgesetzten Schmerzen des Lebens wahr. Dass Selbstmorde in den Industriestaaten zunehmen, begründen Psychologen mit wachsender → Einsamkeit, Entwurzelung und Sinnverlust.

Schätzungen der Weltgesundheitsorganisation zufolge bringen sich jährlich etwa 500.000 Menschen um. Deutsche Statistiken erfassen um die 15.000 Selbstmorde pro Jahr (im Jahr 2000 waren es destatis.de zufolge 11.100), allerdings vermuten Fachleute eine Dunkelziffer von 10.000 nicht erkannten Fällen. Diese gehen vor allem in den Rubriken »Verkehrsunfälle«, »Drogen« und »unklare Todesursachen« in die Statistik ein. Damit wären etwa zwischen ein und zwei Prozent aller Todesfälle suizidbedingt. In fast allen Staaten nehmen sich weitaus mehr Männer als Frauen das Leben. So unterteilen sich die für das Jahr 2000 aufgeführten 11.100 Selbstmörder in 8.100 Männer und 3000 Frauen. Dieses auffällige Missverhältnis, was dahinter stecken und wie man dem begegnen könnte, ist eines der großen Tabus in der internationalen Geschlechterdebatte, in der noch heute fast durchgehend Frauen als das gesellschaftlich benachteiligte Opfergeschlecht gesehen werden. Bei dieser Häufigkeitsverteilung erscheint es manchem auch etwas zynisch, wenn als Beratungsstellen für Selbstmordgefährdete speziell »Frauennotrufe« angegeben werden. Die Telefonseelsorge der Kirchen indes steht unter der bundeseinheitlichen Rufnummer 111-01 bzw. 111-02 auch Männern offen. Die Suizidraten steigen darüber hinaus mit dem Lebensalter, insbesondere bei Männern ab dem 60. Lebensjahr. Da die Selbstmordrate bei jungen Frauen verhältnismäßig niedrig ist, gewinnt die Zahl der Suizide älterer Frauen an Gewicht: Fast jede zweite Frau, die sich das Leben nimmt, ist älter als 60 Jahre. Allerdings ist auch schon bei Jugendlichen Selbstmord nach dem Straßenverkehr die zweithäufigste Todesursache.

Selbstmord*versuche* werden aus Gründen des Datenschutzes nicht statistisch erfasst. Ihre Häufigkeit kann nur auf der Grundlage wissenschaftlicher Erhebungen geschätzt werden. In dieser Kategorie liegen die Frauen vor den Männern und die Jugendlichen vor den Alten. Allerdings beträgt das Verhältnis zwischen vollendetem und versuchtem Selbstmord etwa 1 zu 40.

Die großen Religionen sahen und sehen Selbstmord überwiegend kritisch, zum einen aufgrund der Belastung für die Hinterbliebenen, zum anderen aufgrund der Konsequenzen für die Seele des Selbstmörders nach dem Tode. Tatsächlich berichten Jenseitsvisionen klinisch Toter von entsprechend negativen Folgen, was aber auch eine unbewusste Übernahme und Projizierung kultureller Wertvorstellungen auf die jeweilige Vision sein kann. Allerdings sollte eine Religion, die wachsen und überleben möchte, ihre Anhänger schon im Hinblick auf eine langfristige Kundenbindung besser nicht zum Selbstmord ermuntern. Die Bibel selbst bezieht überhaupt keine moralisch eindeutige Stellung für oder wider Selbstmord (anders jedoch die christliche Lehre: siehe unten), der Islam lehnt ihn weitgehend ab – abgesehen von einigen extremistischen Untergruppen, etwa der Hamas, die ihn als gerechtfertigten Bestandteil des Jihad sehen, des Heiligen Krieges gegen die Ungläubigen. Entsprechende Selbstmordattentate haben in den letzten Jahren grausige Berühmtheit erlangt und tausende von Menschen das Leben gekostet. Die indischen Brahmanen akzeptieren die Selbsttötung. Für eine Witwe in Indien galt es sogar bis gegen Ende des 19. Jahrhunderts als unehrenhaft, wenn sie sich nicht auf den Scheiterhaufen warf, auf dem die Leiche ihres Mannes verbrannt wurde (so genanntes »Sati«).

Philosophen der griechischen Antike waren unterschiedlicher Ansicht darüber, ob Entscheidungen über Leben und Tod dem einzelnen Menschen oder den Göttern zustanden. Gewürdigt wurde es, wenn sich jemand für einen edlen Zweck opferte. Auch Verbrechern war es erlaubt, sich das Leben zu nehmen: So trank der verurteilte Sokrates aus dem Schierlingsbecher seinen letzten Schluck. Sein Schüler Plato und dessen Schüler Aristoteles verglichen jedoch den Selbstmörder mit einem Soldaten, der unerlaubt seinen Posten verlässt. Im alten Rom wurde unter dem Einfluss des Stoizismus die Selbsttötung gebilligt, unter Umständen sogar als ehrenvoll angesehen. Seneca pries sie als Teil der menschlichen Handlungsfreiheit. Auch die Römer räumten diese Wahl insbesondere verurteilten Häftlingen ein – vor allem feindliche Soldaten stürzten sich lieber ins Schwert, als gefangengenommen zu werden. Gegen Ende ihres Reiches schwand die Sympathie der Römer für solche Handlungen allerdings zusehends, da sie dadurch zu viele Sklaven verloren.

Es war in erster Linie der Kirchenvater Augustinus, der das Konzept des Selbstmords als Sünde einführte, da er ein Verbrechen gegen Gott und das Gebot »Du sollst nicht töten« darstelle. Verschiedene frühchristliche Konzilien beschlossen, dass Selbstmörder nicht kirchlich beerdigt werden durften. Im Judentum gab es parallele Entwicklungen. Während es im Mittelalter manche Philosophen als gerechtfertigt erachteten, das irdische Jammertal schnellstmöglich zu verlassen, setzten die Kirchen, aber auch weltliche Herrscher, ihre Verurteilung solcher Handlungen mit weiteren »Strafmaßnahmen« durch: Sie zogen das Eigentum der Selbstmörder ein, behandelten ihren Leichnam nach Gewohnheitsrecht schimpflich, verscharrten ihn beispielsweise statt in geweihter Erde außerhalb der Stadtmauern, an Kreuzungen oder im Grenzland zwischen zwei Ackern. (Hier wird wieder einmal die Verknüpfung zwischen einem Tabubruch und einer Zuordnung in andere Grenzbereiche deutlich.) Häufig rammte man dem toten Körper noch einen Pflock durchs Herz, damit man nicht von seinem in den Grenzwelten zwischen Leben und Tod herumirrenden Geist verfolgt wurde. In manchen Teilen Europas befürchtete man, dass Selbstmörder zu Vampiren würden (→ Vampirismus). Schwangere Frauen (erneut Träger eines Grenzzustandes: zwischen Leben und Nicht-Leben), die über das Grab eines Selbstmörders stiegen, erlitten dem Volksglauben nach eine Fehlgeburt. In Frankreich konnten Selbstmörder noch nach ihrem Tod für ihre Tat gerichtlich verfolgt werden; in Großbritannien existierten für sie bis in unser Jahrhundert spezielle Friedhöfe. Auch hierzulande gaben die christlichen Kirchen ihrer Missbilligung des Selbstmordes bis ins 20. Jahrhundert hinein Ausdruck, etwa indem ihre Priester Beerdigungen ohne Talar oder Totenglocke vornahmen. Für die Hinterbliebenen bedeutete dies oft eine zusätzliche Diskriminierung. Angesichts der neueren sozio- und psychologischen Erkenntnisse über die Verfasstheit eines Selbstmörders haben die Kirchen von einer solchen demonstrativen Verurteilung inzwischen jedoch nachdrücklich Abstand genommen.

Die Japaner trennten den Selbstmord lange Zeit in das unehrenhafte »Seppuku« und das der Kriegerkaste der Samurai vorbehaltene »Harakiri«, bei dem man nach einer Pflichtverletzung die Ehre wiederherstellen konnte, indem man sich rituell den Bauch aufschlitzte. Im Zweiten Weltkrieg stürzten sich die japanischen Selbstmordpiloten als »Kamikaze«-Flieger (wörtlich: »göttlicher Wind«) auf feindliche Ziele, insbesondere US-amerikanische Schiffe. Neuere Forschungen wiesen indes darauf hin, dass an der bereitwilligen Begeisterung, die das Klischee diesen Piloten zuschreibt, wenig dran ist, sondern dass solche Handlungen oft das Ergebnis starken staatlichen und gesellschaftlichen Drucks waren.

Nach deutschem Recht ist weder der Versuch eines Selbstmords, noch die Beihilfe oder sogar die Anstiftung strafbar (es sei denn, es handelt sich um die Beeinflussung eines Willensunfähigen oder Irrenden durch einen »Garanten«, also meist Erziehungsberechtigten, Vormund oder Arzt). Es ist also noch im legalen Rahmen, einem Selbstmörder beispielsweise den Föhn in die Wanne zu reichen, wenn er diesen danach selbst einschaltet und ins Wasser wirft. Nimmt man dem Selbstmörder diese letzte Handlung auch noch ab, macht man sich nach § 216 Strafgesetzbuch der »Tötung auf Verlangen« schuldig (auch wenn das auf dringende Bitte hin geschieht) und kann mit Gefängnis zwischen sechs Monaten und fünf Jahren bestraft werden. Schon der Versuch ist strafbar. Die rechtliche Situation ist insofern ein wenig absurd, als § 323c des Strafgesetzbuchs jeden zur Hilfeleistung verpflichtet. Das führt dazu, dass man jemandem, der sich erhängen möchte, zwar den Strick um den Hals legen darf, den Betreffenden aber, sobald er bewusstlos ist, augenblicklich befreien und versuchen muss, ihn ins Leben zurückzuholen. Strafbar ist Verleitung und Beihilfe zum Selbstmord in Österreich (§ 78, StGB, Vergehen) und bei Vorliegen selbstsüchtiger Beweggründe in der Schweiz (Art. 115 StGB, Verbrechen).

Das Thema der Verleitung zum Suizid erlangte in den letzten Jahren durch die rund 30 so genannten Selbstmordforen im deutschsprachigen Internet öffentliche Aufmerksamkeit, in denen mit dem Leben hadernde Menschen einander ihren normalerweise gesellschaftlich tabuisierten Todeswunsch mitteilen können. Im Jahr 2000 verabredeten sich der norwegische Computerexperte Daniel V., 24, und die 17jährige Österreicherin Eva D. über ein solches Forum zu einem Selbsttötungs-Rendezvous und sprangen gemeinsam von einer Felsklippe. Die dem Internet ohnehin häufig sehr skeptisch gegenüberstehenden etablierten Medien reagierten darauf mit stark dramatisierenden und moralisierenden Berichten und Schlagzeilen wie »Bei Mausklick Selbstmord?« oder »Selbstmord-Sucht im World Wide Web«. Politiker und Pädagogen phantasierten eine Epidemie von organisiertem Selbstmord im Internet und forderten eine staatliche Reaktion. Am 3. November 2002 schloss sich die TV-Krimireihe »Tatort« (ARD) in ihrer Folge »1000 Tode« dieser Sicht an und entwarf eine haarsträubende Geschichte um einen Verbrecher, der junge Mädchen über Webforen ködert und sie dazu bringt, sich vor laufender Kamera umzubringen, um die Filme davon wiederum im Internet zu zeigen. Selbst diese überbordende Dramatisierung wurde von der Zeitung »Bild am Sonntag« noch einmal überboten, die per Titelschlagzeile warnte: *»Heute nicht Tatort gucken!«* Das Blatt zitierte den Göttinger Psychotherapeuten Hans Essers, der befand: *»Die drastischen Szenen gefährden Jugendliche, weil sie die Todessehnsucht verstärken und zu Angstträumen führen können.«* Die »Tatort«-Drehbuchautorin Dorothee Schön rechtfertigte sich gegen die von »Bild« erhobenen Vorwürfe, indem sie erklärte, dass diese Krimi-Folge jugendliche Internet-Nutzer misstrauischer gegen Selbstmordforen machen solle.

Ähnlich wie beim »Krieg gegen Drogen« wenden Kritiker hier ein, dass solche Warnungen insofern unsinnig und wirklungslos seien, als sie mit der tatsächlichen Lebensrealität wenig zu tun haben. Als bedenklich gewertet wird in der Tat die Möglichkeit eines so genannten Werther-Effekts, benannt nach Goethes Novelle »Die Leiden des jungen Werther«. Die Selbsttötung ihres Titelhelden löste europaweit eine Welle von Imitationsselbstmorden aus. Ein ähnlicher Effekt wurde 1980 der Fernsehserie »Tod eines Schülers« nachgesagt. Verschiedene Experten halten es für mittlerweile gut belegt, dass suizidales Verhalten durch Nachahmung realer oder fiktiver Modelle erlernt werden kann. Das von den traditionellen Medien aufrecht erhaltene Tabu, den Selbstmord als eine sinnvolle oder zumindest vertretbare Wahlmöglichkeit zu sehen, werde in den Kleingruppen dieser Foren gebrochen.

Deren Verteidiger wenden hingegen ein, dass solche Gemeinschaften zu den wenigen Möglichkeiten gehören, in denen Gefährdete unter günstigen Rahmenbedingungen zu jeder Tages- und Nachtzeit über ihre Verfassung sprechen und so vielfach ihre Krisen überwinden könnten. Sie haben hier die Möglichkeit, Leidensgenossen anonym ihre Nöte und ihre Verzweiflung ungehemmt und unzensiert zu schildern, Verständnis zu finden und so emotionale Entlastung zu erfahren. Oft sehen Selbstmordgefährdete in ihrem alltäglichen Umfeld keine nahestehende Person, der sie sich gleichermaßen anvertrauen können oder möchten. Andere Forumsteilnehmer können die Betroffenen auf Beratungs- und Therapieangebote innerhalb und außerhalb des Internets aufmerksam machen oder sie ermuntern, sich ihren Freunden oder Verwandten zu öffnen. Somit böten solche Foren einen niedrigschwelligen ersten Schritt, sich nach außen zu wenden, der zum Kontakt mit professionellen Helfern hinführen könne. Die in Einzelfällen befürchteten Negativ-Effekte (Suchtfaktor, Flucht in die Virtualität, missbräuchliche Nutzung) rechtfertigten nicht, eine solche Möglichkeit zur Intervention in akuten Lebenskrisen von staatlicher Seite oder durch einen Forenbetreiber zu schließen, wie es beispielsweise durch Parsimony nach den eindringlichen und zum Teil reißerischen Warnungen vor solchen Foren geschah.

Manche Selbstmordforen, so etwa http://ash.xanthia.com/freitod/debatte.html, verweisen ausdrücklich auf die Willensfreiheit des Individuums und somit auch auf das Recht eines jeden, dessen Urteilsfähigkeit nicht getrübt sei, sich eigenverantwortlich für oder gegen die Beendigung seines Lebens zu entscheiden: *»Es ist nicht Ziel dieses Forums, vom Suizid abzuhalten oder dazu zu ermutigen«*, heißt es dort. Zurückgewiesen werden jedenfalls die *»Angriffe«* von *»selbsternannten Anwälten des Lebens«*, da die damit verbundenen Vorwürfe (Selbstmord sei *»unmoralisch«* und *»irrational«*) nach Einschätzung des Forenanbieters häufig nur dazu beitragen, den Selbstmordkandidaten noch stärkere Schuldgefühle aufzuzwingen. Selbstmord als eine von mehreren Wahlmöglichkeiten anzuerkennen könne hingegen dazu führen, das Gefühl von Kontrolle zurückzugewinnen und seinen Depressionen zu entkommen. Statt selbstzerstörerische Gedanken zu unterdrücken, sollte der Wunsch zu sterben auf einer Ebene mit anderen Wünschen des menschlichen Lebens diskutiert werden. Es sei ohnehin beklagenswert, dass bei so einem existentiellen Problem wie der eigenen Tötung keinerlei professioneller, beispielsweise psychologischer, Beistand existiere.

Für die Wahl einer »sicheren« Methode, bietet die Website http://freitod.tripod.com/stn.html Hilfe in Form von Auszügen aus Geo Stones Buch »Suicide and Attempted Suicide: Methods and Consequences«, das die gängigen Methoden genauer bewertet. Unter dem Eintrag »Jumping« ist so zu erfahren, dass für Todessprünge eine Höhe von 150 Metern (zehn bis zwölf Stockwerke) über Land bzw. 250 Metern über Wasser schon erforderlich ist, um das Risiko eines Überlebens als Querschnittgelähmter bis auf wenige Prozent zu minimieren. Springe man beispielsweise nur aus dem ersten Stock, habe man selbst dann eine fünfzigprozentige Überlebenschance, wenn man auf dem Kopf lande. Übersichtlich vergleicht dieser kleine Selbstmordführer die jeweiligen Vorteile einer Methode wie etwa des Springens (*»einige Kontemplationszeit auf dem Weg nach unten«*) mit ihren Nachteilen (*»wenn man mal in der Luft ist, kann man nicht mehr viel tun«*, *»man kann andere verletzen«*, *»Höhenangst ist weit verbreitet«*).

Auf manche mag dieser Umgang mit dem Thema Suizid allzu makaber und verharmlosend erscheinen. Nichtsdestoweniger bleibt festzuhalten, dass die zunehmende Thematisierung von Selbstmord im Internet weit weniger »Ratgebern« dieser Art zu verdanken ist, als vielmehr einem immer umfassenderen strukturierten Informations- und Beratungsangebot. *»Ein dramatischer Anstieg der Suizide durch das Internet ist bisher nicht nachweisbar«*, wird Georg Fiedler, Mitarbeiter des Therapiezentrums für Suizidgefährdete der Universitätsklinik Hamburg-Eppendorf, auf http://www.heise.de/tp/deutsch/inhalt/te/13541/1.html zitiert.

Als Klassiker der Fachliteratur über den Selbstmord gelten: Jean Amerys »Hand an sich legen« (1976, gekennzeichnet durch eine einfühlsame Betrachtung des Suizidärs und die Forderung nach einem würdevollen und selbstbestimmten Sterben); Erwin Ringels »Das Leben wegwerfen?« (1978, darin die erste ausführliche Analyse des präsuizidalen Syndroms sowie ebenfalls eine unvoreingenommene Toleranz gegenüber der Entscheidung zum Freitod); A. Alvarez' »Der grausame Gott« (1980, der Autor beschreibt seinen eigenen Selbsttötungsversuch sowie die Darlegungen von Literaten, die sich diesem Thema zuwandten) sowie Emile Durkheims »Der Selbstmord« (1983, gründlichstes statistisches Zahlenmaterial macht das Thema für die Soziologie salonfähig). Zwei historisch interessante Texte sind: »Streit eines Lebensmüden mit seiner Seele« (ca. 2170 bis 2050 vor Christi von einem anonymen Ägypter verfasst, der in einer Periode großer gesellschaftlicher Unsicherheit den Tod erwägt und darob in Widerstreit mit seiner Seele tritt, die ihn auf den damit verbundenen Verlust aller Freuden des Lebens hinweist) sowie Michel de Montaignes im ausgehenden 16. Jahrhundert verfasstes »Gewohnheit auf der Insel Cea« (erstmals wird im Rückgriff auf Beispiele aus der Antike Verständnis und neutrale Anteilnahme für die im Mittelalter so verachtete Selbsttötung entwickelt).

Unter anderem ausgelöst durch den Suizid des »Nirvana«-Sängers Kurt Cobain entstand in den letzten Jahren eine neue Debatte darüber, ob bestimmte Interpreten (→ »Nine Inch Nails«, »Suicidal Tendencies«, »Rage Against the Machine«, »Therapy« etc.) in ihren Songs diesen Themen nicht etwas viel Raum gäben und dadurch erst selbstzerstörerische Neigungen in Jugendlichen weckten. Der Flirt mit dem Tod werde als schick propagiert. Verteidiger halten dem entgegen, dass nicht so viele Underground-Bands über dieses Thema singen würden, wenn es nicht vom Rest der Gesellschaft so stark tabuisiert würde.

Literatur: Holden, Lynn: Encyclopedia of Taboos. Oxford 2000. Thody, Philip: Don't Do It. A Dictionary of the Forbidden. Palgrave Macmillan 1997 Websites: www.selbstmord.de, www.suicideinfo.org/german, http://suizid.host.sk (Forum), www.suizidprophylaxe.de, http://informationen.tripod.com/selbstmord (mit Linkliste). Ein weiteres Selbstmordforum mit derzeit über 800 registrierten Mitgliedern findet man unter www.selbstmordforum.de.

Selbstverletzung

(sinnähnlicher Fachbegriff: *SVV = selbstverletzendes Verhalten*) Selbst beigefügte Schädigung der körperlichen Integrität. Diese Definition wird bewusst so offen gehalten, da eine Grenzziehung hier sehr schwierig ist. In diesen Bereich kann es etwa fallen, sich absichtlich zu schneiden, zu verbrennen, zu stechen, zu kratzen oder zu beißen, aber auch, Chemikalien zu schlucken oder allzu rigoros Diät zu halten. Selbst Tätowieren oder Piercen kann im Einzelfall in diese Rubrik eingeordnet werden. Gemeinsam ist solchen Aktionen häufig, dass sie in einem Zustand besonderer innerer Anspannung oder aber innerer Leere begangen werden, der durch die Handlung überwunden werden soll. Der körperliche Schmerz wird dann als entspannend oder betäubend empfunden. Üblicherweise zerfällt eine entsprechende Handlung in fünf Phasen: ein auslösendes Stresserereignis, steigende innere Unruhe, versuchtes Hinausschieben des Aktes, den Akt selbst und schließlich das Nachlassen der Anspannung. Der durch den Schmerz entstehende Endorphinrausch kann das seelische Leid zumindest kurzfristig zurückdrängen.

Bei den stärker ausgebildeten Formen dieser Störung kann man zwischen offener und heimlicher Selbstverletzung unterscheiden. Eine Praktik der heimlichen Selbstverletzung besteht im Erzeugen körperlicher oder psychischer Symptome, um dadurch in den Genuss von ärztlicher Aufmerksamkeit und Behandlung zu kommen: im Extremfall durch verschiedene Operationen (»Münchhausen-Syndrom«). Die Patienten gehen dabei das Risiko einer körperlichen Schädigung bis hin zur Todesgefahr ein. Die offene Selbstverletzung besteht im Gegensatz dazu im Zerstören der eigenen Haut und der darunterliegenden Schichten (Muskeln, Adern, Nerven) durch Zähne, Klingen, Zigaretten oder ätzende Substanzen. Der Ausdruck »offen« ist hier allerdings irreführend, da die Betroffenen ihre Verletzungen häufig durch Kleidungsstücke selbst vor ihnen sehr nahestehenden Personen verbergen und so auch häufig z. B. auf den Besuch von Schwimmbädern verzichten.

Auch die Motive der Betroffenen können unterschiedlicher Natur sein. Häufige Ursache ist allerdings die Wahrnehmung des eigenen Körpers als fremd und abgestorben, so dass dieser als Depersonalisation bezeichnete Zustand allein durch sehr heftige, Schmerz erzeugende Einwirkungen überwunden werden kann. Dieser Schmerz wird unterhalb einer gewissen Schwelle oft gar nicht gespürt und jenseits dieser Schwelle hingenommen, weil er immer noch erträglicher als der vorhergegangene seelische Schmerz ist, den er jetzt überdeckt.

Die betreffende Person kann sich durch solche Handlungen zumindest vergewissern, noch am Leben zu sein. Zudem erlebt sie zumindest die Illusion, Kontrolle zu haben: zwar nicht über ihr Leben, wenigstens aber über ihren Körper. Manche Fachleute sehen auch Selbsthass, Selbstbestrafung sowie Schuld- oder Minderwertigkeitsgefühle als Grund für solche Handlungen. Der an der Universität Kassel lehrende Professor Sachsse, der als Experte auf diesem Gebiet gilt, weist die Theorien eines Selbstbestrafungs- oder -zerstörungstriebs indes zurück und versteht die geschilderten Praktiken eher als eine Bekämpfung von Panikzuständen oder Depressionen. Sehr häufig geht selbstverletzendes Verhalten auch mit dem so genannten Borderline-Syndrom einher, das sich durch eine Störung der seelischen Ich-Grenzen auszeichnet. Eine tieferliegende Ursache dieses Verhaltens wird in sexuellem Missbrauch und anderen Formen von körperlichen sowie seelischen Misshandlungen oder zumindest Vernachlässigung in der Kindheit angenommen. Der gemeinsame Nenner ist in jedem Fall ein gestörtes bzw. unterkühltes Elternhaus.

In einem Artikel der »SPIEGEL«-Ausgabe 5/2001 schildert eine junge Frau namens Stefanie, warum sie sich immer wieder selbst verletzt: *»Ich wollte, dass sich wenigstens zehn Minuten jemand um mich kümmert. (...) Für mich ist es ganz klar eine Sucht. Ich habe sonst keine Möglichkeit, die Spannung, die Todesangst, die Panikattacken, das Zittern und Herzrasen zu stoppen.«*

Zur Behandlung bietet sich eine Psychotherapie an, bei der die gesunden Anteile der mehrfach geschädigten Persönlichkeit so weit gestärkt werden sollen, dass dieser Drang überwunden werden kann. Bemerkenswerterweise ist selbstverletzendes Verhalten bei Menschen jenseits der Dreißig ausgesprochen selten.

Fachleute vermuten, dass diesem heute noch stark tabuisierten Problem bald eine vergleichbare Bedeutung zukommen kann wie heute Magersucht und Bulimie. Dass solche Krankheitsbilder in trend-ähnlichen Wellen gehäuft auftreten, legt den Gedanken an Ursachen nahe, die in der Gesellschaft liegen. Hier könnte ein zunehmend gestörtes Sozialgefüge dazu führen, dass das Bewusstsein der eigenen Identität bei manchen nur unzureichend ausgeprägt ist. Dies in Kombination mit der wachsenden Entfremdung vom eigenen Körper durch zunehmende Tätigkeiten/Berufe mit minimalem Körpereinsatz kann dazu führen, dass eben dieser Körper in Extremerfahrungen wieder erfahrbar gemacht werden muss: beispielsweise Bungee-Springen, → Sadomasochismus oder Selbstverletzungen. Diese Entwicklung geht einher mit einer wachsenden Darstellung von gewaltsamen Körperzerstörungen in den Medien: bis hin zur Ausprägung des → Splatterpunk als eigenem Genre.

Wie bei Ess-Störungen scheinen auch von Selbstverletzungen überwiegend Frauen betroffen: Momentan vermuten Psychologen dieses Syndrom bei etwa einem Prozent der Bevölkerung, aber bei Frauen zwischen 20 und 30 Jahren ist die Rate doppelt so hoch. Zu den Prominentesten unter ihnen zählen Romy Schneider, Angelina Jolie, Christina Ricci, Courtney Love, die Autorin Elizabeth Wurtzel sowie Prinzessin Diana, die 1996 in einem Interview bekannte, sich mit praktisch allen Gegenständen zu schneiden, die gerade verfügbar waren: von Glasscherben über Rasierklingen bis zu einem Zitronenhobel. In den letzten Jahren sind in Deutschland mehrere Bücher zu diesem Thema erschienen. Einen deutschen Webring dazu gibt es unter http://webring.parsimony.net/webring260/liste.htm. Wie die Internetforen zum Thema → Selbstmord sind allerdings auch die zur Selbstverletzung umstritten, da Kritiker darin eine Gefahr sehen, dass sie Menschen überhaupt erst zu diesem Verhalten hinführen oder darin bestätigen.

Zur Kunstform erhoben wurde die Selbstverletzung etwa von der irischen Body-Art-Darbieterin Kira O'Reilly, die in ihrer Performance »Succour/ed« nackt die Bühne betritt, sich auf einen Stuhl setzt und mit Klebestreifen ihren Unterschenkel in kleine Quadrate einteilt, um diese dann mit einem Skalpell aufzuschneiden. Nach O'Reillys eigener Darstellung möchte sie damit die Materialisierung des Körpers thematisieren.

Literatur: Levenkron, Steven: Der Schmerz sitzt tiefer. Selbstverletzung verstehen und überwinden. München 2001. Sachsse, Ulrich: Selbstverletzendes Verhalten. Vandenhoek und Ruprecht 2002.

Selby, Hubert

1928 im New Yorker Stadtteil Brooklyn geborener Autor der US-Gegenwartsliteratur (→ transgressive fiction). Die »New York Times« ordnete ihn als einen der besten Schriftsteller der USA ein und verglich ihn mit Dostojewski. In seinen rückhaltlosen Erzählungen spiegelt sich Selbys nicht minder forderndes Leben, zu dem eine inzwischen überwundene Abhängigkeit von Alkohol und Heroin, aber auch eine seit Jahrzehnten anhaltende Erkrankung an Tuberkulose gehören. 1964 eröffnete Selby die Reihe seiner Bücher mit seinem international berühmtesten und von Uli Edel 1989 zur Zufriedenheit des Autors verfilmten gesellschaftskritischen Roman »Last Exit to Brooklyn« (dt.: »Letzte Ausfahrt Brooklyn«). Er zeigt auf sehr brutale Weise die Lebensumstände der Menschen in diesem New Yorker Stadtteil und widmet sich dabei insbesondere den Ausgestoßenen: Junkies, Drag-Queens, Kleinkriminellen. Zu den Hauptfiguren gehören der → Transgender Georgette (Alexis Arquette), gequält von seiner Stellung in der Gesellschaft und Opfer eines frühen → Todes, der heimlich homosexuelle Streikführer Harry (Stephen Lang), zurückgewiesen von seinem Angebeteten und zusammengeschlagen von einer Horde Raufbolde, die hinter sein Geheimnis gekommen waren, sowie die Prostituierte Tralala (Jennifer Jason Leigh), völlig entfremdet von ihrem eigenen Körper und ihrer Sexualität, besessen von einer unerfüllbaren Liebe und schließlich das Objekt der vermutlich schrecklichsten Darstellung einer Massenvergewaltigung in der Kinogeschichte. Der Filmkritiker Roger Ebert resümiert: » *›Last Exit to Brooklyn‹ wurde als Buch verboten und führte zu mehreren Prozessen wegen Obszönität in den Vereinigten Staaten und England. Wenn ich mich an das Buch erinnere und mir jetzt den Film ansehe, frage ich mich, was die Leute wirklich so aufgebracht hat: War es der Sex oder nur die Lieblosigkeit? Die Drogen oder nur die Verzweiflung? Die Gewalt oder ihre Sinnlosigkeit? Feiern die meisten wegen Obszönität verfolgter Bücher nicht die Sexualität? Dieses hier argumentiert, dass sie der Mühe nicht wert ist – dass man nur mit gebrochenem Herzen enden wird.*« Wie so oft könnten sich also auch hier hinter den oberflächlich wahrgenommenen und beklagten Tabubrüchen wie Sex, Drogen und → Gewalt eigentliche Brüche viel tiefer sitzender Tabus verbergen. Selbys Roman wurde in Großbritannien Anlass für einen Gerichtsprozess wegen Obszönität, der in der Berufungsverhandlung mit einem Freispruch endete. Verschiedene Kritiker und Literaten (so etwa Anthony Burgess, vgl. → »A Clockwork Orange«) hatten zuvor darauf aufmerksam gemacht, dass Selby seine Werke nicht verfasst habe, um seine Leser mit abscheulichen Darstellungen sexuell zu erregen, sondern weil ihm die Reform unzumutbarer Lebensverhältnisse insbesondere in den untersten Schichten der Gesellschaft ein ernsthaftes Anliegen war. Nicht weniger interessant als »Last Exit to Brooklyn« ist Selbys Roman »The Room« (New York 1971, dt. »Mauern«, Reinbek 1972), den die Zeitschrift → »Bizarre« als *»das verstörendste Buch, das je geschrieben wurde«* bezeichnete. Eingesperrt in eine Gefängniszelle überlässt sich der Erzähler seinem Bewusstseinsstrom von Tagträumen, die ihn immer tiefer in die schwärzesten Bereiche seiner Psyche führen. Parallelen zur realen Lebenssituation → de Sades sind unverkennbar; auch »Die 120 Tage von Sodom« entstanden ja bekanntlich hinter Gefängnismauern. Offenbar ist das literarische Verarbeiten der eigenen Hassgefühle und Aggressionen in Situationen des extremen Eingezwängtseins, in denen sie anders nicht an die Oberfläche gelangen können, oft der einzige Schutz vor einem geistig seelischen Zusammenbruch. Das Risiko bei dieser versuchten Eigentherapie könnte in einer immer haltloseren Steigerung der Gewaltphantasien oder in deren Umschlagen in masochistischen Selbstekel liegen.

1976 folgte das »The Room« kaum nachstehende Werk »The Demon« (dt. »Der Dämon«, vergriffen). In »Requiem for a Dream« (dt. »Requiem für einen Traum«, vergriffen), das ebenfalls von Hollywood verfilmt wurde, thematisierte Selby 1978 Drogensucht. In diesem Zusammenhang vertrat er den Standpunkt, dass gesellschaftlich anerkannte Dinge wie Fernsehen oder Konsum ebenso als Krücken, Beruhigungsmittel oder als Mittel der Realitätsflucht dienten wie beispielsweise das staatlich bekämpfte Heroin. Es folgte 1986 die Kurzgeschichtensammlung »Songs of the Silent Snow« (dt. »Lied vom stillen Schnee«, vergriffen) und nach einer längeren Pause 1998 das von der Kritik fast durchgehend ignorierte Werk »The Willow Tree« (dt. »Willow Tree«) über das Leben eines schwarzen Jungen in der Südbronx. 2002 brachte Selby »The Waiting Period« heraus, bei dem das Thema → Selbstmord im Mittelpunkt steht.

Laut Arno Hellers literaturwissenschaftlichem Fachbuch »Gewaltphantasien« (Tübingen 1990) ist Selby *»zweifellos noch immer einer der umstrittensten amerikanischen Gegenwartsautoren«*, dessen Romane *»fiktionale Verkörperungen eines unter der zivilisatorischen Oberfläche Amerikas verborgenen sadomasochistischen Alptraums, der extremsten Kehrseite des American Dream«* verkörpern. Dabei wurde Selbys Werk aufgrund seiner *»beispiellosen Grausamkeit und Obszönität seiner Gewaltdarstellungen«* Opfer von Zensurprozessen

in Italien, Großbritannien und den USA, während *»der überwiegende Teil der etablierten akademischen Literaturkritik bis heute sein Werk als skatologische* gutter-*Literatur«* ignoriere oder es als *»voyeuristische Sensationshascherei«* verunglimpfe. Die Ablehnung von Selbys Werken geht so weit, *»dass man ihn als Ultra-Nihilisten beschimpfte oder ihn der pornographischen Ausschlachtung abartiger Sexualität und sadomasochistischer Gewalt bezichtigte«*. Texte, deren Tabubrüche ihre Rezipienten dermaßen verstören, dass davon auch die wissenschaftliche Untersuchung beeinträchtigt wird, sind nichts Neues in der Literaturgeschichte. Oftmals hat sich erst Jahrzehnte später herausgestellt, dass es gerade die stilistisch-inhaltliche Unverfrorenheit solcher Texte war, die heutzutage ihren literarischen Wert ausmachen. Hubert Selby bildet dabei vermutlich keine Ausnahme. So attestiert ihm Heller das Talent zu *»mikroskopische(n) Nah- und Momentaufnahmen psychosozialer Realität, deren Intensität zuweilen alles literarisch Dagewesene in den Schatten stellt«*. Und er führt in Bezugnahme auf den Literaturkritiker Webster Scott aus, dass Selbys Prosa auf den Leser die Wirkung eines Schmiedehammers habe: *»Emotional niedergeschlagen gehe man als eine andere Person davon – leicht verändert, erzogen durch Schmerz.«* Dies erzielt Selby durch die unmittelbare Gewalttätigkeit seiner Schilderungen, deren Mitteilungsweise sich mit der Gewalt, von der sie berichten, deckt. Jeglichen Abstand zum Geschehen lässt Selby nicht mehr zu. Heller führt dazu aus: *»Indem dem Leser zugemutet wird, an dieser Szene als Täter (oder auch als Opfer) emotional und ohne jede ästhetische Distanz zu partizipieren, werden für ihn eigene, bislang möglicherweise verdrängte sadomasochistische Antriebskräfte erkennbar.«* Es ist nachvollziehbar, dass Rezensenten, die vom Gewahrwerden ihrer eigenen dunklen Seite beunruhigt sind, Selbys Werke nur allzu schnell unter den Teppich der → Pornographie kehren wollen, ohne ihre literarische Kraft angemessen wahrzunehmen.
Website: http://www.kirjasto.sci.fi/selby.htm

Serienmörder

(Synonym: *Serienkiller*) Verbrecher, der innerhalb zeitlicher Abstände verschiedene Menschen in unterschiedlichen Situationen umbringt. Er steht damit definitorisch im Gegensatz zum Massenmörder, der eine größere Zahl von Opfern in der kurzen Abfolge eines fortlaufenden Geschehens, also quasi »alle auf einmal« tötet. Während er lange Zeit von der kriminologischen Forschung als ausschließlich weiß und männlich gedacht wurde, wachsen in den letzten Jahren Erkenntnisse über Serienmörderinnen, auch wenn ihre Fälle bei weitem nicht so spektakulär sind wie bei Tätern des anderen Geschlechts. Die Gefahr, Opfer eines Serienkillers zu werden, ist sehr gering: In den USA etwa machen Serienmorde weit weniger als ein Prozent aller Morde aus, Mord wiederum ist in weniger als einem Prozent aller Todesfälle die Ursache. Dennoch wurde in den letzten Jahrzehnten, streng genommen aber bereits mit Jack the Ripper beginnend, der Serienmörder zunehmend zu einer Art Ikone der postmodernen Kultur. Hierbei gab zunächst der reale Serienmörder Ed(ward) Gein zu diversen filmischen Aufbereitungen Anlass (neben über einem Dutzend anderer gehören dazu Hitchcocks → Psycho«, Hoopers »Texas Chainsaw Massacre«, und Demmes »Das Schweigen der Lämmer«, das durch Scotts → »Hannibal« fortgesetzt wurde) und wurde zur Leitfigur eines Fanclubs, der Spielkarten oder T-Shirts mit seinem Motiv vertreibt. Auch Jeffrey Dahmer und Charles Manson wurden auf ähnliche Weise von Kultur und Kommerz vereinnahmt. Über den mutmaßlichen Versace-Mörder Andrew Cunanan, ebenfalls ein Serientäter, waren schon Tage nach Versaces → Tod drei Biographien zur Veröffentlichung verfügbar, und wenige Wochen danach begannen die Dreharbeiten zur Verfilmung seines Lebens.

Den aktuellen Reiz gerade dieses Sujets begründen unterschiedliche Erklärungen. Während M. Höpfner in seinem Artikel »Im Herzen der Finsternis« (erschienen in »Pl@net«, Vol. 1, #10, Oktober, 1996) zu dem Urteil gelangt, unsere konsumorientierte Gesellschaft wähle bei ihren bevorzugten Unterhaltungsmedien statt nach moralischen Maßstäben nach dem Spannungslevel aus und befände insofern etwa Jeffrey Dahmer reizvoller als Mutter Theresa, sieht der Trendforscher N. Bolz in seinem Beitrag »Der Megatrend zum Bösen« (erschienen in U. Beckers »TopTrends: Die wichtigsten Trends für die nächsten Jahre«, Düsseldorf 1995) hier eine *»Entübelung der Negativwerte«* und ein *»Spiel mit dem Tabu«* vorliegen – eine Einschätzung, die so auch von anderen Trendforschern (etwa von Matthias Horx) Mitte der neunziger Jahre geteilt wurde.

Serrano, Andres

1950 im New Yorker Stadtteil Brooklyn geborener hispanischer Foto-Künstler, zu dessen Leitmotiven Körperflüssigkeiten wie Urin, Sperma, Milch und Blut in Verknüpfung mit den klassischen Themen der bildenden Kunst wie Armut, Religion, → Gewalt und → Tod gehören. Während dekonstruktivistische Kunstkritiker dieses Konzept wegen des ihm innewohnenden Pathos als Kitsch verwerfen, überzeugen die Darstellungen viele Betrachter doch durch ihren schockierenden Effekt. Insbesondere Serranos Fotoserie »The Morgue« (»Das Leichenschauhaus«) mit ihrem gerichtsmedizinischen Hintergrund präsentiert die Opfer von Gewaltverbrechen zumindest auf den ersten Blick außerordentlich realitätsnah. *»Ein Klischee, das in den Köpfen beharrlich weiter existiert«*, wendet Kurt Schrage in der »tageszeitung« ein. *»Tatsächlich sind Serranos Fotografien Simulationen der Realität, künstliche Produkte, die mit religiösen Tabus spielen.«* Ende 2000 stellte die Essener Galerie 20.21 22 Fotografien Serranos aus und konnte bei einigen von ihnen Verkaufspreise zwischen 33.000 und 52.000 DM erzielen. Wegen der Kontroverse um Serranos Tabubrüche war die Ausstellung nur mit privatem Geld zu finanzieren.

»Sesamstraße«

(im US-amerikanischen Original: *Sesame Street*) Beliebte Kinderserie. In den USA immer wieder kursierende Gerüchte über eine Hochzeit der angeblich homosexuellen Puppen Ernie und Bert wurden von dem die Serie produzierenden Children's Television Workshop regelmäßig dementiert, so etwa in einem häufig zitierten Statement von 1993: *»Bert and Ernie, who've been on Sesame Street for 25 years, do not portray a gay couple, and there are no plans for them to do so in the future.«* Möglicherweise begann dieses Gerücht in Kurt Andersens 1980 bei Doubleday erschienenem Buch »The Real Thing. A guide to separating the genuine from the ersatz, the men from the boys, and the wheat from the chaff«, in dem die These aufgestellt wurde, dass Ernie und Bert, was Homosexualität angehe, »the Real Thing« darstellten: *»Bert und Ernie benehmen sich in ebenjener liebenden, diskreten Weise, wie es Millionen homosexueller Männer, Frauen und Handpuppen tun. Sie erledigen ihre Aufgaben gut und leben zusammen ein großartig bürgerliches Leben in einem makellos* *dekorierten Kabinett.«* Dieser offensichtliche Nonsens wurde 1994 von einem Reverend Joseph Chambers aus Charlotte, Nord-Carolina, aufgenommen, der die Puppen auf der Grundlage eines selten benutzten Anti-Schwulen-Gesetzes verbieten lassen wollte. Chambers wird zitiert, sich in seiner Radioshow folgendermaßen geäußert zu haben: *»Bert und Ernie sind zwei erwachsene Männer, die ein Haus und ein Schlafzimmer miteinander teilen. Sie teilen ihre Kleidung, essen und kochen miteinander und weisen eklatant weibische Eigenheiten auf.«* Dagegen argumentieren manche Kritiker, dass die traditionell »weibischen« Eigenschaften eher bei Ernie mit seinem auffälligen Gekicher, seiner Vernaschtheit und seiner Liebe zur Haushaltsführung zu entdecken seien, wohingegen Bert eher den dominanten Part des traditionellen Ehemannes übernehme, der sich durch Ernies Affektiertheit und seine Wortgewalt beim morgendlichen Zeitunglesen genervt fühlt und grundsätzlich alles besser weiß.

Bemerkenswert ist hier, dass der Tabubruch nicht durch das Medienerzeugnis an sich geleistet wird, sondern durch eine verhältnismäßig ungewöhnliche Interpretation desselben. Es existieren auch diverse parodistische Versionen der Sesamstraße, in denen Ernie und Bert tatsächlich bei homosexuellen Aktivitäten (Analverkehr) dargestellt werden.

Im Jahre 2002 erhielt die Diskussion um die sexuelle Orientierung der beiden Fernsehstars neuen Auftrieb, als der US-Regisseur Peter Spears seinen Enthüllungsfilm »Ernest and Bertram« auf zahlreichen Filmfestivals vorführte, nachdem dieser auf dem renommierten Sundance Festival bereits für Furore gesorgt hatte. Spears lässt in seinem Dokudrama das ungleiche Paar seine tiefsten Gefühle füreinander durchsprechen. Die Produzenten der Sesamstraße reagierten aufgeschreckt mit den üblichen Dementis und der Drohung juristischer Schritte. In Deutschland zeigte sich die Produktionsgesellschaft »Studio Hamburg« weitaus weniger empfindlich und ließ durch ihre Pressesprecherin Ingrid Meyer-Bosse mitteilen: *»Das ist doch eindeutig die Privatangelegenheit von Ernie und Bert. Da wollen wir nicht durchs Schlüsselloch gucken. Außerdem muss das Fernsehen ja nicht alle Fragen beantworten. Auch nicht in der Sesamstraße.«* 2003 allerdings spitzte sich die Debatte in Deutschland etwas zu, als der Comedy-Autor Attik Kargar für die Sendung »RTL Freitag Nacht News« das ruppig-liebevolle Homosexuellen-Pärchen Bernie und Ert erschuf, zwei einäugige, dem Original ansonsten sehr ähnelnde Figuren mit einer Vorliebe fürs Deftige (Ert: »*Warum steckst du mir ein Lesezeichen in den Arsch?*« – Bernie: »*Damit ich weiß, wo ich gestern stehen geblieben bin.*«) Bernie säuft eimerweise Whisky, genießt auch die verschiedensten anderen Drogen und masturbiert gerne vor Hardcore-Videos (→ Selbstbefriedigung). Ert ist eher spießig, aber immerhin zum Genuss von Haschisch oder zu einem Ausflug in den Schwulenpark bereit. Kargar berichtet über die Entstehung dieser Reihe, er habe per Zufall die Ähnlichkeit der → »Lindenstraße« mit den Figuren aus der »Sesamstraße« entdeckt und daher zunächst beides künstlerisch miteinander verbunden: »*Da dies gut vom Publikum aufgenommen wurde, war es nur eine Frage der Zeit, bis die echten Macher von der Sesamstrasse auf uns (Freitag Nacht News) aufmerksam wurden. Und dass Ernie eine kokssüchtige Mutter Beimer schwängert, und Bert die Flecken im Bett weg machen muss, fanden die nicht so toll. Also wurde die Rubrik verboten.*« Das allerdings sei erst der Startschuss für jenes neue Konzept gewesen, das inzwischen nicht nur unter Homosexuellen längst zum Kult geworden ist.

»Seul contre tous«

(US-Titel: *I Stand Alone*, der Originaltitel bedeutet wörtlich: »Einer gegen alle«) Spielfilm, Frankreich 1998, unter der Regie Gaspar Noés (→ »Irreversible«), der auch für Drehbuch und Kameraführung verantwortlich zeichnet. Die Geschichte spielt wohl nicht zufällig 1980, kurz vor dem Aufstieg Le Pens und seiner »Nationalen Front«. In seinem Mittelpunkt steht ein namenloser Pferdemetzger (Philippe Nahon) um die 50, der gerade aus dem Gefängnis entlassen wurde, jetzt völlig mittellos ist und angefüllt von Bitterkeit auf sich selbst und seine Mitmenschen keinen Platz mehr in der Welt findet. Er betrinkt sich, pöbelt Schwarze und Homosexuelle an, phantasiert über die Ermordung seines Chefs und schlägt in Gegenwart ihrer Mutter seine schwangere Freundin (Franckie Pain) mehrfach in den Bauch. Allein für seine stumme Tochter Cynthia (Blandine Lenoir) empfindet er Zuneigung – allerdings ist es nicht die Form von väterlicher Zuneigung, die sich ein Mädchen wünschen würde. Schließlich schnappt er sich eine Pistole und drei Kugeln und fährt zurück in sein altes Umfeld in Paris, wo er die trostlosen Großstadtstraßen durchstreift, mit heroinabhängigen Huren die Nächte verbringt und bei allem nur von Wut und dem Drang nach Rache beseelt ist. Der Film wurde in Frankreich schnell zum heißdiskutierten Skandal und Kassenerfolg gleichermaßen. Dies liegt wohl vor allem an seiner doppelten Kompromisslosigkeit: zum einen in seiner Häufung an behandelten Tabuthemen wie extremer Gewalt selbst gegen eine Schwangere, → Inzest, Homophobie (→ Homosexualität) und → Selbstmord, zum anderen in seiner Inszenierung. So ist beispielsweise jeder Jump-Cut und Kameraschwenk von einem Pistolenschuss begleitet, die Zuschauer erfahren die Gedanken der Hauptfigur per *voice-over* in einem hasserfüllten *stream of consciousness*, und vor dem besonders drastischen Ende des Filmes wird den Zuschauern 30 Sekunden Gelegenheit gegeben, das Kino zu verlassen.

Manche Kritiker erkannten Noés filmische Konsequenz und die so vermittelte Spannung, Intensität und unmittelbare Ehrlichkeit in der Darstellung an; sie zogen Vergleiche zwischen dem Protagonisten des Films und Travis Bickle, der Hauptfigur in »Taxi Driver«. Andere bemängelten Noés Umsetzung des Stoffes als Regiearbeit mit dem Holzhammer: Statt durch die eingespielten Pistolenschüsse hätte man die Wirkung besser durch starke Dialoge erzielen sollen, die an Godard erinnernden Zwischentitel seien vor der dürftigen Aussage des Werkes lediglich als pseudo-intellektuell und prätentiös zu werten, durch das Ausschlachten von Schockeffekten, umstrittenen Themen, reihenweisen Verstößen gegen die → Politische Korrektheit und drastischen Bildern werde der Film auf primitive Weise zu einem zynischen Kommerzprodukt, das nichts weiter als provozieren wolle. Eine Möglichkeit, sich mit der Hauptfigur zu identifizieren, oder gar neue sozialkritische und philosophische Gedanken – jenseits der abgedroschenen Konzepte von Nihilismus einerseits und der Anklage gegen eine neoliberale, das Individuum verachtende Gesellschaft andererseits – biete der Film nicht. Insofern könne man ihm seine Selbstinszenierung als Anprangerung von Missständen gerade wegen seiner ständigen Predigten nicht abnehmen, er bleibe letztlich banal.

In Deutschland fand dieser Film keinen Verleih.

Sex Pistols

→ Rammstein

Sexualität im Alter

Das Thema der Sexualität jenseits des frühen Erwachsenenalters ist mit einem besonders starken Tabu belastet. In einer Zeit, in der in Film und Fernsehen die Zahl erotischer Szenen ständig zunimmt, hat man immer mehr den Eindruck, daß keiner der Darsteller wesentlich älter als dreißig sein dürfe – von Ausnahmen wie Götz George einmal abgesehen. Körperliche Zuneigung zwischen echten Senioren kann gerade einmal in einer progressiven Sendung wie der → »Lindenstraße« dargestellt werden, aber auch da nicht über eine gewisse Grenze hinaus. Und ein immer noch beliebter Scherzartikel ist ein Buch mit dem Titel »Was Sie von Ihrem Sexualleben ab Sechzig erwarten können«. Es enthält nichts als leere Seiten.

Insofern verwundert es nicht, wenn viele glauben, Ältere hätten generell ihr Interesse am Sexuellen verloren und seien zu entsprechenden Handlungen gar nicht mehr in der Lage. Manche halten erotisches Begehren ab einem gewissen Alter sogar für pervers. Lange Zeit wurden solche Ansichten von der Sexualwissenschaft gestützt. Neuere Untersuchungen zeichnen aber ein anderes Bild. So befragten die beiden US-amerikanischen Sexualforscher Starr und Weiner noch einmal über tausend Menschen unterschiedlicher Herkunft, Religion, Erziehung und Gesellschaftsschichten. Sie kamen zu verblüffenden Ergebnissen:

Die befragten Personen zwischen 60 und 91 Jahren gaben eine »durchschnittliche Koitusfrequenz« von 1,4mal pro Woche an. Nur ein Fünftel der Befragten war sexuell nicht mehr aktiv. Das lag aber keineswegs an mangelnder Lust, sondern fast durchweg an ungünstigen Umständen. Weniger als 1 % der Senioren wollte von sich aus keine sexuellen Beziehungen mehr eingehen.

»Ungünstige Umstände« sind vor allem die engen Grenzen, die die Gesellschaft der Alterssexualität setzt. Viele ältere Menschen trauen sich weder, untereinander über ihre erotischen Wünsche zu reden, noch bei sexuellen Problemen ihren Arzt zu fragen. Lieber geben sie entsprechende Aktivitäten ganz auf oder lassen sie dauerhaft von Schmerzen oder anderen Problemen beeinträchtigen, die man medizinisch leicht beseitigen könnte. Aber sie haben auch mit viel konkreteren Hindernissen zu kämpfen: der starken Überwachung in Alten- und Pflegeheimen, dem Verlust des Partners durch Tod oder Krankheit oder dem Sabotieren des Liebeslebens durch erwachsene

Kinder – die Sex im Alter für unanständig halten, über einen neuen Namen in Mamas Testament nicht gerade begeistert sind oder sich endlich dafür revanchieren können, daß sie selbst immer schon um zehn zu Hause sein mussten. Nur bei einem Viertel der von Starr und Weiner Befragten ist Impotenz der Grund für ihre Enthaltsamkeit. Sage und schreibe 36 % hingegen haben mehr Spaß am Sex als in jüngeren Jahren. Ein Grund dafür könnte eine größere Erfahrenheit und infolgedessen ein höheres Selbstbewußtsein sein.

Interessant ist, dass sexuelle Lust auch im fortgeschrittenen Alter eher mit Männern in Verbindung gebracht wird, meist in Verbindung mit einem abwertenden Unterton. Schon Aristophanes schimpfte über *»die Lüsternheit der Greise«*, und die englische Redewendung vom »dirty old man« hat kein weibliches Gegenstück. Doch die Wirklichkeit ist spiegelverkehrt zu dem Bild in unseren Köpfen: Bereits 1978 enthüllte der sogenannte Ralf-Report für die Bundesrepublik, daß der Wunsch nach mehr Sexualität bei Männern von 78 % der 20-Jährigen auf 38 % der 60-Jährigen zurückgeht, bei Frauen aber von 23 % der 20-Jjährigen auf 60 % der 60-Jährigen zunimmt. Diese Zahlen lagen zwar unterhalb denen der – neueren – Starr/Weiner-Untersuchung, aber beide Studien zeigen dieselbe Tendenz.

Natürlich stellt sich hier die Frage, warum das sexuelle Vergnügen ausgerechnet bei älteren Frauen wächst. Viele Forscher sehen den Grund im Erlöschen der Fortpflanzungsfähigkeit. Die Betreffenden sind endlich sicher vor einer unerwünschten Schwangerschaft, ohne ständig die Pille schlucken zu müssen, und gelangen so in einen wirklich freien Genuß der Sexualität. Sie haben oft auch mehr Zeit für Erotik, wobei ihnen gleichzeitig klarer ist, dass jeder Moment genossen werden sollte. Soweit sie noch mit ihren Partnern zusammenleben, beschreiben fast 60 % ihre sexuellen Beziehungen als befriedigend bis sehr gut. Auch von den 80-Jährigen Frauen sind noch 10 bis 20 % sexuell aktiv.

Wenn ältere Frauen trotzdem weniger häufig mit ihren Männern schlafen, dann ist dies oft nicht naturgegeben, sondern eine Folge der Sozialisation beider Geschlechter: Lange Zeit wurde automatisch erwartet, dass überwiegend oder ausschließlich der Mann den sexuellen Kontakt aufnahm. Gerade aber weil Männer auch im Bett stärker unter Leistungsdruck stehen als Frauen, ziehen sie sich in höherem Alter aufgrund von Versagensängsten mehr und mehr zurück.

Daraufhin vermuten auch erotisch interessierte Frauen eine Impotenz ihres Partners und ergreifen von selbst keine Initiative mehr – was ja auch ihrem bisherigen Rollenverhalten zuwiderlaufen würde. Andere Männer wiederum enthalten sich, weil sie Angst vor einem Herzinfarkt haben.

Viele ältere Frauen wünschen sich zwar mehr Sex, haben wegen des Fehlens des Partners aber weniger Gelegenheit. Da zum einen Frauen traditionell eher ältere Männer heiraten und zum anderen Männer durchschnittlich sieben Jahre früher sterben, entsteht in dieser Altersgruppe ein Ungleichgewicht von eins zu neun. Eine 71-jährige Witwe forderte, man solle Frauen statt Männer in den Krieg schicken, um gegen dieses eklatante Missverhältnis vorzugehen.

Ein Klischee ist, dass ältere Männer in erster Linie davon träumen, sportlich-schlanke Studentinnen zu vernaschen (oder dass alte Damen besonders scharf auf knackige Knaben seien). Bei manchen Prominenten, etwa Luciano Pavarotti oder Anthony Quinn, springt der Altersunterschied zu ihrer Lebenspartnerin auch sofort ins Auge. Aber kann man das für die Gesamtbevölkerung verallgemeinern? Keineswegs, klären uns Starr und Weiner auf: Darum gebeten, den idealen Partner nach Alter, Typ und Aussehen zu beschreiben, zogen die meisten Befragten einen Rahmen von etwa 15 Jahren um ihr eigenes Alter. In einigen Fällen war der Wunschpartner sogar fünf bis zehn Jahre älter. Nicht einmal ein halbes Prozent interessierte sich für Teenager. Unter anderem trauen die Befragten einem Geliebten ihres Alters wesentlich größeres Einfühlungsvermögen für ihre eigenen Neigungen und Probleme zu. Bekanntlich spielen bei der Partnerwahl Ähnlichkeiten eine große Rolle. Trotzdem scheint sich das Klischee von der Gier der Alten nach jungem Blut hartnäckig zu halten – vermutlich weil Partnerschaften mit großem Altersunterschied besonders auffallen und sich stärker in der Wahrnehmung verankern. Viele junge Leute projizieren offenbar auch ihre eigenen Vorlieben gerne auf die Senioren.

Literatur: Cryan, Wolfgang; Halhuber, Max Joseph: Erotik und Sexualität im Alter. Stuttgart 1992. Starr, Bernard und Weiner, Marcella: Liebe im Alter. Zärtlichkeit und Sexualität in reiferen Jahren. München 1996. Sydow, Kirsten von: Die Lust auf Liebe bei älteren Menschen. München 1994

Sexuelle Belästigung von Männern

Während die sexuelle Belästigung von Frauen heutzutage längst kein Tabu mehr darstellt, sondern Teil der öffentlichen Diskussion geworden ist, wird die sexuelle Belästigung von Männern noch immer nicht als Problem wahrgenommen. Umfrageergebnisse deuten jedoch darauf hin, dass dieses Phänomen sehr wohl existiert. Während die Zahl der Männer, die tatsächlich wegen Belästigung *Beschwerde* einlegen, bei zehn bis 14 Prozent liegt, ergeben Umfragen durchaus höhere Zahlen. Diese rangieren zwischen 20 Prozent, etwas über 30 Prozent, 50 Prozent und 76 Prozent. Wenn in einer Studie eine besonders hohe Zahl von Belästigten genannt wird, dann ist das sowohl bei Männern wie bei Frauen der Fall, was darauf schließen lässt, dass der Begriff »sexuelle Belästigung« in solchen Untersuchungen extrem großzügig ausgelegt wurde. Problematisch ist, dass manches Verhalten nur dann als Belästigung betrachtet wird, wenn es von einem Mann ausgeht; so ist in Deutschland beispielsweise → Exhibitionismus für Frauen straffrei.

Männer als Belästiger, Frauen als Opfer – dieses Trugbild wird durch die sehr einseitig ausgerichtete Literatur zu diesem Gebiet aufrechterhalten. Eine vergleichende Studie über Forschungen zum Thema Belästigung ergab, dass diese Untersuchungen in aller Regel von Frauen durchgeführt werden und dass das Geschlecht der Untersuchungsleitung in engem Zusammenhang mit ihren Ergebnissen stand. Insgesamt konnte eine sehr starke Parteilichkeit nachgewiesen werden, die sich letztlich von der feministischen Weltanschauung ableitete.

Vor dem Hintergrund der zahlreichen Statistiken, die auf eine annähernd gleiche Zahl von männlichen wie weiblichen Belästigungsopfern unter Schülern und Studenten hinwiesen, erstellten Forscher des American Education Research Journal im Sommer 1996 eine neue Untersuchung. Deren Ergebnis: Die knappe Mehrheit, nämlich 53 Prozent beider Geschlechter, stellte sich sowohl als Opfer wie auch als Täter bei sexuellen Belästigungen heraus. Sie kamen zu dem Schluss, dass das althergebrachte, sexistische Täter-Opfer-Modell inzwischen endgültig in den Papierkorb gehöre. In die öffentliche Diskussion gelangen solche Forschungsergebnisse allerdings bis heute nicht. Das Tabu der sexuellen Belästigung durch Frauen wurde in Michael Crichtons Roman → »Enthüllung« und seiner Verfilmung durch Barry Levinson sowie in dem Musikvideo »Smack my bitch up« der Gruppe Prodigy gebrochen.

Literatur: Hoffmann, Arne: Sind Frauen bessere Menschen? Schwarzkopf & Schwarzkopf 2001

»Das sexuelle Leben der Catherine M.«

autobiographisch angelegter Bericht der französischen Publizistin Catherine Millet über die vergangenen Jahrzehnte ihres Sexlebens. Millet war die zum Erscheinen ihres Buches 52-jährige Chefredakteurin der Avantgarde-Zeitschrift »artpress« und Autorin eines weitgehend unbeachteten Bandes über zeitgenössische Kunst. Als Kunstkritikerin und Spezialistin für Yves Klein genoss sie ein hohes Renommee, 1995 erhielt sie als Kuratorin des französischen Pavillons auf der Biennale in Venedig den ersten Preis. Ins Zentrum der allgemeinen Aufmerksamkeit rückte sie indes erst, als sie ihre sexuelle »Lebensbeichte« herausbrachte, in der sie ihre berufliche Tätigkeit ebenso schilderte wie den erotischen Kontakt mit verschiedenen Künstlern.

Millets 285 Seiten starker Roman umfasst nichts anderes als sexuelle Begegnungen seit ihrer Entjungferung mit 18 Jahren, wobei sie in Bahnhofshallen, Parkplätzen und Swinger-Clubs mit einer Unzahl von Männern zusammen kam. Auffällig bei diesen Schilderungen ist, dass die Erzählhaltung weder lustvoll-pornographisierend, noch emotional oder romantisierend gestaltet ist, sondern leidenschaftslos, kühl und analytisch. Aus neutraler Distanz beschreibt Millet sehr detailliert die Orgien, an denen sie teilgenommen habe, und zeichnet so das Bild eines austauschbaren Standardprogramms des Immergleichen, das gerade durch diesen Mangel an jeglicher Originalität verstörend wirkt. Die Deutung liegt nahe, dass sich hier eine Kunstexpertin in doppelter Hinsicht selbst zum Objekt (innerhalb der Erzählung als Objekt lüsterner Männer, metatextuell als Objekt einer sensationsgierigen Literaturbranche) machte.

Aus dieser Branche gab es begeisterte Reaktionen seitens etwa der »Monde«-Literaturkritikerin Josyane Savigneau und Frankreichs Literaturpapsts Bernard Pivot, der Millets Werk zu einem *»Klassiker der Erotik«* ernannte. Jean Baudrillard hingegen, Philosoph der Postmoderne und Medienkritiker, wertete Millets exakte Beschreibungen als *»Protokoll der Sexualfunktionen«* ab. Catherine Millets Ehemann Jacques Henric unterstützte den Verkauf von »La vie sexuelle ...«, indem er »Légendes de Catherine M.« (dt. erschienen als: »Die Legenden der Catherine M.«) herausgab, einen offenherzigen, aber unpornographischen Band mit Nacktfotografien seiner Frau. Zusammen mit der entstandenen Debatte genügte dies, um Millets sexuelle Autobiographie mit zum Teil 5000 verkauften Exemplaren pro Tag zu einem Bestseller zu machen, dessen deutsche Veröffentlichungsrechte für 650.000 DM Goldmann ankaufte. Lediglich die französische Supermarktkette Auchan nahm das Buch aus ihren Regalen: angeblich, weil ihre Verantwortlichen es als unschicklich empfanden, wenn ein Werk solchen Inhalts direkt neben der Fleischtheke zu erstehen sei.

sexueller Missbrauch

→ Inzest, → Pädophilie

sexueller Missbrauch durch Frauen

Michelle Elliott führt in ihrem 1995 erschienenen Buch »Frauen als Täterinnen« die größten Mythen zu diesem Thema auf, darunter: Frauen begehen keinen sexuellen Missbrauch, oder nur, wenn sie von Männern dazu gezwungen werden, oder nur sanft und liebevoll oder nur aus einer Art fehlgeleiteter Mutterliebe. Tatsächlich, so belegen mehr und mehr Untersuchungen und Statistiken, ist der von Frauen begangene Missbrauch beträchtlich, und es gibt deutliche Hinweise darauf, dass er dem von Männern begangenen Missbrauch in nichts nachsteht. Verschiedene Sexualwissenschaftler sind deshalb längst der Ansicht, dass sexueller Missbrauch entgegen der öffentlichen Wahrnehmung kein Verbrechen von Männern gegen Mädchen sei, sondern von Teenagern und Erwachsenen gegen Kinder. Auch Erin Pizzey, Mitbegründerin der internationalen Frauenschutzbewegung (so etwa auch des ersten Frauenhauses der Welt), ist sich mittlerweile sicher, dass genauso viele Frauen Missbrauchstäter sind wie Männer.

Die Diplompsychologen Julius und Boehme stellten verschiedene Studien über den Missbrauch von Jungen einander vergleichend gegenüber. Dabei wurde deutlich, dass der Frauenanteil im niedrigsten Fall sieben Prozent betrug, in manchen Untersuchungen aber hinaufging auf 56,7 Prozent, 60 Prozent, ja gar 78 Prozent. Julius und Boehme führen diese enorme Streubreite auf zwei Hauptursachen zurück: Zum einen zeigte sich, dass der Frauenanteil in früheren Untersuchungen geringer war als der der Männer. Die stärkere Enttabuisierung dieses Themas in den letzten Jahren führte offenbar dazu, dass mehr männliche Opfer bereit waren, über ihre Erlebnisse zu sprechen. Zum anderen hing das Ergebnis der Untersuchungen von der Fragestellung ab. Jungen schienen gleichgeschlechtlichen Missbrauch negativer zu bewerten und ihn daher eher zu berichten. Wenn eine Frau die Täterin war, wollten sie bestimmte Handlungen offenbar nicht als »Missbrauch« bezeichnen. Die Erkenntnis, dass ein bestimmtes Verhalten bei Männern weit eher als bei Frauen als »Missbrauch« eingeordnet wird, bestätigte im Frühjahr 2002 eine Untersuchung des Ludwigsburger Sexualforschers Dr. Arnold Hinz. Die neuere internationale Literatur zu diesem Thema belegt indes sehr gut, dass Frauen bei ihren Taten in keiner Weise weniger brutal vorgehen als Männer. Auch sind die Motive sowie die Strategien, um Missbrauch zu leugnen oder zu verharmlosen, bei beiden Geschlechtern offenbar sehr ähnlich.

»Wir müssen damit beginnen, all unsere Vorannahmen über Täter und Opfer beim Missbrauch von Kindern in Frage zu stellen«, folgert eine Studie, die hierzu von der kanadischen Regierung in Auftrag gegeben wurde. Gerade die anhaltende öffentliche Tabuisierung dieses Themas trägt zu einer hohen Zahl der Taten bei: Missbrauchstäterinnen können sich leichter in eine Vertrauensposition bringen, und sie können den Missbrauch länger fortsetzen, weil sie zu Recht davon ausgehen dürfen, dass den Opfern ohnehin niemand glaubt. Dazu trägt auch eine männerfeindliche Rechtssprechung bei, die bei der Scheidung das alleinige Sorge- und Umgangsrecht weit überwiegend der Frau zuspricht. Der Brite Peter Banning, selbst Opfer weiblichen Missbrauchs, betont: *»Die Einstellung, dass Männer Täter und Frauen Opfer sind, ist einer der Gründe dafür, dass der Kreislauf der Gewalt nicht durchbrochen wird. Missbrauchte Jungen neigen dazu, die Verantwortung für das Geschehene ebenso zu übernehmen wie später die Last der Schande. Sexueller Kindesmissbrauch kann nicht gestoppt werden, wenn die Taten eines der beiden Geschlechter erlaubt, ignoriert oder ermuntert werden.«*

Linda Haliday-Sumner, Beraterin von Missbrauchsopfern im kanadischen Courtenay, berichtet in einem Interview mit »WorldNet-

Daily«, dass 1,5 Prozent der Täter Frauen waren, als sie 1980 ihre Arbeit begann. Innerhalb von sechs Jahren stieg dieser Anteil auf 13 Prozent. Mittlerweile betreffe jeder dritte Fall, den sie betreue, eine Täterin. Haliday-Sumner beklagt, dass es insbesondere von Frauengruppen regelmäßig enormen Widerstand gäbe, wenn sie versuche, diese Zahlen zu kommunizieren. In Deutschland zeigt sich die Situation ähnlich unbefriedigend. Thomas Schlingmann vom Berliner Verein Tauwetter, einer Anlaufstelle für Männer, die als Jungen sexuell missbraucht wurden, beklagt ebenfalls, dass diese Problematik in der öffentlichen Diskussion vernachlässigt werde. *»In den ungefähr 350 Gesprächen, die wir seit unserem Bestehen geführt haben, berichtete rund ein Viertel der Männer von sexuellem Missbrauch durch Frauen.«* Diese Opfer seien eher noch traumatisierter als diejenigen, die von Männern missbraucht worden waren. Dennoch gebe es in ganz Berlin keine einzige Anlaufstelle, die sich gezielt an missbrauchte Jungen wende. Die zuständige Senatsverwaltung sehe den Bedarf nicht, weil über einen großen Teil männlicher Opfer keinerlei Informationen vorlägen.

In den letzten Jahren traten immer mehr weibliche Pädophile an die Öffentlichkeit, die sich als fortschrittlichen Teil der Frauen- und Lesbenbewegung verstehen und im Sinne der Frauenbefreiung das Recht auf Sexualität mit Mädchen fordern. So schreibt die US-amerikanische Autorin Pat Califia in ihrem Buch »Sapphistrie«: *»Als Lesben haben wir eine einzigartige Gelegenheit, traditionelle Ansichten über Sexualität in Frage zu stellen. ... Manchmal können sich sexuelle Handlungen zwischen Kindern und Erwachsenen ergeben. ... Manche Lesben sind der Ansicht, jede Art von Sexualität zwischen einem Kind und einem erwachsenen Menschen habe Zwangscharakter. ... Andere Lesben halten es nicht für abwegig, dass eine liebevolle Beziehung zwischen einer/m Erwachsenen und einem Kind auch eine erotische Komponente enthalten kann. Sie glauben, dass es ohne weiteres möglich ist, diese Erotik auf eine für das Kind angenehme und lustvolle Weise zum Ausdruck zu bringen. Sie sind auch der Meinung, dass Kinder in der Lage sind, sexuelle Beziehungen einzuleiten, da sexuelles Verlangen sowohl bei Kindern als auch bei Erwachsenen bestehen kann.«* Diese Einstellung wird in Deutschland etwa von einer Gruppe mit dem Namen »Kanalratten« vertreten. In einem »Autonomen Frauenkalender« findet sich ein Beitrag, der unter der Überschrift

»Zwischen Angst und Lust« die sexuelle Beziehung einer Mutter zu ihrer vierjährigen Tochter beschreibt: *»Ich schmelze dahin ... Ach leckt mich doch alle am Arsch! Meine Tochter und ich, wir machen, was wir schön finden!«*

Anfang 2001 entwickelte sich aus diesem Thema in den USA ein kleiner Skandal im Zusammenhang mit einem radikalfeministischen Theaterstück Eve Enslers mit dem Titel »The Vagina Monologues«. Die Frauenbewegung hatte große Anstrengungen unternommen, damit dieses Stück auf möglichst jedem Campus aufgeführt wird. Allerdings kommt darin eine 24-jährige Frau vor, die einem 13-jährigen Mädchen Alkohol einflößt und es dann zu sexuellen Handlungen verführt. Der feministischen Definition nach wäre diese Tat eine Vergewaltigung. Das Mädchen selbst aber verkündet von der Bühne herab: *»Jetzt sagen die Leute, das war eine Art Vergewaltigung. ... Tja, ich sage, wenn es eine Vergewaltigung war, dann war es eine gute Vergewaltigung.«* Nach einer kontroversen Debatte über diese Passage wurde sie aus einigen Aufführungen gestrichen.

Wenn man die Frauenbewegung auf den Missbrauch durch weibliche Täter anspricht, reagiert diese häufig mit Feindseligkeit. Michelle Elliot musste feststellen, dass offenbar schon das Gespräch über das Thema als Verrat an der feministischen Sache gebrandmarkt wird, wenn nicht gar als Versuch, männliche Täter freizusprechen: *»Die Statistiken zeigen, dass so etwas selten vorkommt; niemand zeigt es an, also kann es nicht stimmen.«* Dem Kampf gegen Männergewalt scheint ansonsten die Grundlage entzogen. Auch Katharina Abelmann-Vollmer, Referentin in der Zentrale des Deutschen Kinderschutzbundes in Hannover, wies bereits 1991 darauf hin, dass *»Übergriffe von Frauen jahrelang aus ideologischen Gründen ignoriert worden«* seien. Die Frauenbewegung habe die Diskussion um Kindesmissbrauch *»dogmatisch beherrscht«* und Erkenntnisse, die ihr nicht ins Konzept passten, unterdrückt. Missbrauch von Söhnen durch Mütter sei als abträglich für den Feminismus bewertet worden und als Thema *»unter den Tisch gefallen«*. In C. M. Allens Studie »Frauen als Täter bei sexuellem Kindesmissbrauch – Erkenntnisbarrieren« wird die alles bestimmende These der Frauenbewegung vom Missbrauch als Folgeerscheinung von männlicher Herrschaft und der Ausbeutung der Frau als einer der Hauptgründe dafür in Erwägung gezogen, dass männlichen Opfern grundsätzlich nicht geglaubt wird.

Und der feministischen Professorin Carol Smart zufolge führt die Tatsache, dass »schlechte« Sexualität allein Männern zugeordnet wird, dazu, dass Frauen ihre Verantwortung für schädliches Verhalten von sich weisen können. Die von Frauen ausgehende sexuelle Gewalt könne sehr wohl das *»bestgehütete Geheimnis«* des Feminismus sein.

Als im Frühling 1992 die weltweit erste Konferenz über Missbrauchstäterinnen in London stattfand, wurde diese Veranstaltung von einer feministischen Redakteurin des »Guardian« sofort als *»frauenfeindlicher Backlash«* durch den Schmutz gezogen. Als Folge der daraus entstandenen Kampagne zog Cianne Longden, eine der zentralen Sprecherinnen der Konferenz, selbst Missbrauchsopfer und mittlerweile Therapeutin, ihre Rede zurück: Sie sei nicht darauf vorbereitet, dieser Feindseligkeit und weiteren Beschimpfungen entgegenzutreten und wie ein Lamm zur Schlachtbank geführt zu werden. Als hier in Deutschland der »SPIEGEL«-Journalist Matthias Matussek auf den hohen Anteil weiblicher Täter aufmerksam machte, folgte darauf augenblicklich eine Strafanzeige wegen *»Beleidigung, Verleumdung, übler Nachrede sowie aus allen rechtlich in Betracht kommenden Gesichtspunkten«* vom Verband alleinerziehender Mütter und Väter. Die Zeitschrift »Emma« reagierte darauf mit schadenfroher Genugtuung. Wenig später wies die Staatsanwaltschaft diese Anzeige zurück.

Auch Ursula Enders, Gründerin und Vorsitzende der gegen sexuellen Missbrauch gerichteten Organisation »Zartbitter«, beklagt in der Neuauflage 2001 ihres Buches »Zart war ich, bitter war's«, wie enorm schwierig es ist, weibliche Täterschaft zu thematisieren: *»(...) Frauen leugneten die Tatsache und das Ausmaß der sexuellen Ausbeutung durch Frauen und bezeichneten es z. B. als einen ›Verrat an der Frauenbewegung‹, wenn einzelne Fachfrauen die Realität benannten. Die wenigen engagierten Frauen (und Männer), die schon Anfang der 90er Jahre ›Frauen als Täterinnen‹ zum Thema machten, wurden gemobbt (...).«* So sei ihrem Mitarbeiter Dirk Bange *»Hass und Empörung«* entgegenschlagen, wenn er bei Vorträgen davon berichtete, dass wissenschaftlichen Erkenntnissen zufolge auch Frauen ihre Kinder missbrauchen: *»Im Laufe der Jahre werde ich immer wieder auf diesen angeblich ›unmöglichen‹, ›katastrophalen‹, ›unverantwortlichen‹ Beitrag meines späteren hauptamtlichen Kollegen bei ›Zartbitter Köln‹ angesprochen. Auch versteigen sich einige Dogmatikerinnen* *dazu, mich dafür zu beschimpfen, dass sie mangels Alternative einer vergleichbaren Forschung durch eine Frau dazu gezwungen sind, die Studien meines Kollegen zu zitieren. Fortan gelte ich in einigen Kreisen endgültig als ›Verräterin der Frauenbewegung‹, zu der einige Frauen mich ohnehin schon, nicht zuletzt nach der Publikation des Bilderbuches ›SchönBlöd‹ erklärt haben: In dem Buch werden auch sexuelle Übergriffe durch Frauen problematisiert. (...) Im Sommer 2000 spricht mich eine Fachfrau ganz unvermittelt darauf an, dass sie in den 90er Jahren öfters eine extrem hasserfüllte Stimmung im Publikum erlebt hat, sobald ich als Referentin das Wort Täterinnen auf Veranstaltungen nur ausgesprochen habe. Damit bestätigt die Fachkollegin die Berechtigung der von meinen Kolleginnen und Kollegen schon vor Jahren verordneten Schutzmaßnahme: Sie haben mir längst untersagt, ohne Begleitung eines kollegialen ›Bodyguards‹ auf überregionale Veranstaltungen zu fahren, damit ich in ›Fachdiskussionen‹ stets eine Unterstützung habe.«* Das Schweigetabu wirkt sich so auch auf die von Missbrauch Betroffenen aus: »*Aus Angst vor negativen Reaktionen teilen einige Opfer zunächst Dritten mit, sie seien von einem Mann missbraucht worden (...).*« Enders zieht vor diesem Hintergrund das Fazit: »*Täterinnen können sich somit auf die Lobbyarbeit all der Frauen und Männer verlassen, die sich die sexuelle Ausbeutung durch Frauen einfach nicht vorstellen können.*«

Als weiteres anschauliches Beispiel dafür, wie Feministinnen den sexuellen Missbrauch durch Täterinnen tabuisieren, mag wegen ihrer großen Bekanntheit Alice Schwarzer dienen. Sie schreibt in ihrem Buch »Der große Unterschied« (Kiepenheuer und Witsch 2000), beim Inzest erscheine die Frau bzw. Mutter »*nicht als Täterin, wie es eine Zeit lang dreist behauptet wurde. (Der* »SPIEGEL« *ließ sich dazu hinreißen zu schreiben, jeder vierte Kindesmissbrauch werde von einer Frau verübt.) Nein, 98,5 Prozent aller Missbraucher sind Männer, laut Bundeskriminalamt. Und die verbleibenden 1,5 Prozent Frauen sind in den meisten Fällen ›nur‹ Mittäterinnen.*« Hier geschieht die fast völlige Tabuisierung weiblicher Täterschaft auf zweierlei Weise. Zunächst einmal inhaltlich: Gezählt werden nur die zur Anzeige gekommenen Fälle. Die große Dunkelziffer, die für Feministinnen sonst eine enorme Rolle spielt, bleibt außen vor. Auch werden die Quellen, auf die der »SPIEGEL« sich bezogen haben muss, erst gar nicht genannt. Gleichzeitig aber wird der vom »SPIEGEL« begangene Tabubruch empört als *»dreist«* abgewertet, das Magazin habe sich *»dazu hinreißen«* lassen. Angemessener wäre es Schwarzers Bewertung nach offenbar gewesen, zu diesem Thema weiter zu schweigen.

Der Hintergrund dieser Tabuisierung von Frauen begangenen Missbrauchs wird anhand eines Alice-Schwarzer-Zitats aus der »Emma« 4/1980 deutlich. Dem zufolge können Frauen gar nicht pädophil sein, da *»Sexualität für Frauen nicht Ausübung von Herrschaft ist«*. Diese Trennung einer »guten« weiblichen von einer »bösen« männlichen Sexualität stellt einen zentralen Stützpfeiler der radikalfeministischen Ideologie dar. Aus diesem Grund sehen sich viele Feministinnen offenbar veranlasst, entgegenlaufende Erkenntnisse abzuwehren.

Weibliche Missbrauchstäter greifen inzwischen ebenso wie männliche auf das Internet als Medium zurück. Stellvertretend für viele andere sei die in den Niederlanden gehostete Website »B.K.« genannt (ihr ausgeschriebener Name und ihre URL können hier aus naheliegenden Gründen nicht angegeben werden). »B.K.« erklärt von sich selbst, die Liebe zwischen Frauen und Mädchen zu feiern und den Geist der Leser für Vorstellungen romantischen und erotischen Hingezogenseins zwischen Frauen und Mädchen öffnen zu wollen, was in unserer Gesellschaft leider nicht rational diskutiert werden könne. Insgesamt orientiert sich die Selbstdarstellung von »B.K.« stark an der Rhetorik, die auch auf den Websites männlicher Pädophiler und Missbrauchstäter vorherrscht, würzt diese aber darüber hinaus mit feministischen Wendungen wie dass Frauen und Mädchen von der Unterdrückung ihrer Sexualität befreit werden sollten. Zu dem Angebot dieser Website gehört eine Gallerie kinderpornographischer Fotos, eine Linkliste auf vergleichbare Sites, eine Präsentation so genannter hate mail von Kritikern sowie eine Zusammenstellung von Artikeln und Aufsätzen, die erotische Kontakte zwischen Frauen und Kindern nach Ansicht der Betreiber von »B.K.« gutheißen (darunter sind berühmte Feministinnen wie Pat Califia und Kate Millett). Ebenfalls angegliedert ist ein Diskussionsforum, in dem die beteiligten Frauen Ratschläge austauschen, *»kleine Freundinnen zu gewinnen«*, was bis hin zu Plänen geht, per Samenspende neue Opfer heranzuzüchten.

Aktuell ist von Alexander Markus Homes das Buch »Von der Mutter missbraucht« erschienen (Scheffler-Verlag 2003), das die bisher extrem einseitig geführte Missbrauchsdiskussion auf einen neuen Level führen möchte. Seinem Vorwort zufolge »*muss mit Blick auf die aufgeführten Fakten die Geschichte des sexuellen Kindesmissbrauchs umgeschrieben, wenn nicht gar neu geschrieben werden. Hierfür spricht bereits folgender Tatbestand: Die Missbrauchsrate für weibliche Täter, die in internationalen Studien mit bis zu 80 Prozent und in nationalen (deutschen) Studien bis zu 40 Prozent angegeben werden, zeigen unstrittig, dass in der gesamten Missbrauchsforschung und Öffentlichkeit dringend ein Umdenkungsprozess sowie eine Diskussion über Frauen und Mütter als Kindesmissbraucherinnen stattfinden muss.*« Das Buch befasst sich detailliert mit der »*Mauer des Schweigens*« in der Gesellschaft, den Medien und der Forschung – beispielsweise auch darüber, dass »*viele männliche Sexualstraftäter erst zu solchen wurden, weil sie in der Kindheit von der eigenen Mutter missbraucht worden sind*«.

Zusammenfassend kommt »Von der Mutter missbraucht« zu dem Schluss: »*Das Schweigen der Opfer beiderlei Geschlechts verdeckt unstrittig das ganze Ausmaß der sexuellen Gewalt durch Frauen und Mütter. Das vorliegende Buch soll genau aus diesem Grund auch männliche und weibliche Opfer von weiblichen Tätern ermutigen, aufzubegehren und sich an die Öffentlichkeit und Strafjustiz zu wenden. Solange sie schweigen, profitieren die weiblichen Kinderschänder sowie die (radikal-)feministische Bewegung.*« Zu den provozierendsten Textdokumenten dieses Buches gehört in diesem Zusammenhang auch das Interview mit einer pädophilen Feministin.

Literatur: Die Hintergründe sexuellen Missbrauchs durch Frauen stelle ich ausführlich und mit genauen Quellenangaben in meinem Buch »Sind Frauen bessere Menschen?« (Schwarzkopf & Schwarzkopf 2001) dar.

Internet: http://courage.trotz-allem.de, www.schotterblume.de, www.tauwetter.de.

Arbeitsthesen der Männerberatung Berlin zum Thema »Sexueller Missbrauch« sind zu finden auf www.maennerberatung.de/sexueller-missbrauch.htm. Dort gibt es auch die Möglichkeit, mit einem Männerberater und Familientherapeuten ein persönliches oder telefonisches Gespräch zu diesem Thema zu vereinbaren.

Der Verfasser dieses Lexikons hat die URLs der angeführten Pädophilen-Websites über seinen Anwalt an die zuständigen Behörden weiterleiten lassen.

»Shade, the Changing Man«
Im »Vertigo«-Label des US-amerikanischen DC-Verlags zu Beginn der neunziger Jahre erschienene Comic-Reihe Peter Milligans, deren gestaltwandelnde Hauptfigur samt ihrem illustren Freundeskreis auf ästhetisch höchst anspruchsvolle und beeindruckende Weise die unterschiedlichsten heiklen Themen tiefgründig behandelt, darunter etwa auch → Homosexualität, → Transgender und sexuellen Missbrauch. Nachdem die Serie schon einige Jahre vom Markt war, ist im Februar 2003 das erste Trade-Paperback »Shade, the Changing Man – The American Scream« erschienen, das die ersten sechs Ausgaben enthält.

»Die Simpsons«
(Originaltitel: *The Simpsons*) Ab 1989 ausgestrahlte US-amerikanische Zeichentrickserie über eine typisch dysfunktionale Familie und die anderen Einwohner des Städtchens Springfield. Wie bei späteren Nachfolgern (→ »South Park«) liegt einer der vielfältigen Reize dieser Serie in dem Kontrast zwischen dem weit überwiegend für Kinder reservierten Format Zeichentrickfilm und den Inhalten, die sich häufig an Erwachsene richten. Dazu gehören auch Sujets, die mindestens im Kinderfernsehen einem Tabu unterliegen würden, so etwa → Homosexualität (Vater Homer befürchtet, dass sich sein Sohn Bart bei einem schwulen Verkäufer »angesteckt« haben könnte, auch die Beziehung zwischen dem Finanzmogul Montgomery Burns und dessen Lakai Mr. Smithers ist etwas eigenartig), Drogen (Homer genießt einen psychedelischen LSD-Trip), das Umstülpen religiöser Werte (Bart verkauft seine Seele für fünf Dollar an seinen Klassenkameraden Millhouse, der sie gegen eine Sammlung Alf-Buttons eintauscht) und → Sexualität im Alter (Homers Vater Abe erlebt Liebe im Seniorenheim). Am durchgehendsten findet jedoch ein Tabubruch statt, indem normalerweise völlig inakzeptables Sozialverhalten offen und ohne moralisierenden Kommentar gezeigt wird: So ist Homer Simpson eben gerade nicht der kompetente, gütige und verantwortungsvolle Familienvater des Rollenklischees, sondern aufbrausend und gewalttätig gegenüber seinem Sohn Bart, intellektuell dem Schwachsinn nahe und versoffen. Er schläft nicht nur an seinem Arbeitsplatz als Sicherheitsbeamter eines Kernkraftwerkes, sondern versucht beispielsweise in der Episode »King Sized Homer« (dt. »Der

behinderte Homer«) so viel an Gewicht zuzulegen, dass er als Behinderter durchgehen kann – und tatsächlich erhält er entsprechende Vergütungen und darf fortan von zu Hause aus arbeiten.

Dass solche Tabubrüche und Verstöße gegen soziale Normen für eine große Zuschauerzahl reizvoll sind, ist exakt dem Format der »Simpsons« als einer Kombination aus Sitcom und Zeichentrickfilm zu verdanken, das zum einen eine große Distanz zu dem Gezeigten möglich macht und zum anderen die Figuren so entindividualisiert, dass sie mit ihren Makeln stellvertretend für so ziemlich jeden fungieren können. Simpsons-Schöpfer Matt Groening erläuterte dazu in einem Interview, Zeichentrickfilme seien *»ein oft übersehenes, scheinbar für Kinder reserviertes Medium, so dass Erwachsene sie nicht ernst zu nehmen brauchen. Man kommt mit einer Menge Dinge davon, die in der amerikanischen Unterhaltung sonst tabu sind – zum Beispiel ein komischer Betrunkener. Wir erhalten Beschwerdebriefe wie ›Homer trägt keinen Sicherheitsgurt‹ und ich schreibe zurück: ›Er ist ein schlechtes Vorbild. Seid nicht so wie er‹.«* Allerdings halte er wenig vom mutwilligen Überschreiten von Grenzen ohne Sinn und Verstand: *»Es gibt in den USA einen Trend zur möglichst schockierenden Comedy. Das meiste davon ist furchtbar. Im Vergleich sehen ›Die Simpsons‹ geschmackvoll aus, was klasse ist. Es liegt ein Vergnügen darin, Tabus zu brechen, aber für mich ist es interessanter, nach dem Humor in Dingen zu suchen, die mir schlaflose Nächte bereiten: Arbeit, Liebe und Tod.«* Die Tabubrüche in Groenings weniger erfolgreicher»Simpsons«-Nachfolgeserie »Futurama« sind von einem noch schwärzeren Humor bestimmt und rangieren von öffentlichen Selbstmordzellen, die per Münzeinwurf funktionieren (*»stop and drop«*), bis zu *»Einäugigem-Baby-Futter«* (→ Selbstmord, → Kannibalismus). Nach einigem Hin und Her mit den juristischen Beratern des Senders »Fox«, auf dem diese Serien ausgestrahlt werden, konnte Groening seine Ideen durchsetzen.

Literatur: Gruteser, Michael; Klein, Thomas; Rauscher, Andreas: Subversion zur Prime Time. Die Simpsons und die Mythen der Gesellschaft. Schüren 2002

Singer, Peter

Australischer Bio-Ethiker, der mit seinem Buch »Animal Liberation« (»Befreiung der Tiere«, 1975) die militante Tierschutzbewegung

(ALF: Animal Liberation Front) mitbegründete und eine hitzige Debatte auslöste. Das Buch verkaufte sich über eine halbe Million Mal, Singers Werke wurden in 15 Sprachen übersetzt. Sein umstrittener Ansatz besteht im Kern darin, die Tierrechte radikal auszubauen, zugleich aber die Menschenrechte in ihrer bisherigen Gültigkeit einzugrenzen. Zentral in Singers Aushebelung des *»Speziesismus«*, der Diskriminierung von Tieren, ist die These, dass allein die Zugehörigkeit zur menschlichen Art kein moralisch relevantes Kriterium für das Recht zu leben darstelle, was er in seinem 1985 erschienenen Buch »Should the Baby Live?« noch einmal ausführte.
Im einzelnen bringt Peter Singer folgende Argumente vor:

a) So wie im Lauf der Geschichte immer mehr Menschengruppen (Sklaven, Leibeigenen, Frauen) die vollen Rechte gewährt wurden, steht es nun an, diese schrittweise auf die Menschenaffen und schließlich andere höhere Tiere auszubauen. Der *»Anthropozentrismus«* sei irrational.

b) Auch die aus diesem »Anthropozentrismus« erwachsende Annahme von der unbedingten Heiligkeit menschlichen Lebens sei insofern nur ein unkritisches Vorurteil. Die Grenze sei in Wahrheit dort zu ziehen, wo man von einer Person bzw. einem Individuum ausgehen könne. Zu den hierfür relevanten Kriterien gehören Ich- und Zeitbewusstsein, Vernunft, eigenes Interesse am Weiterleben, Lust- und Leidensfähigkeit. Solche Grundvoraussetzungen seien bei bestimmten intelligenten Tieren vorhanden, bei bestimmten Menschen (Säuglinge, geistig Behinderte, Komatöse) nicht. Deshalb haben die betreffenden Tiere weit eher ein Recht auf Leben als die betreffenden Menschen. Die Vorstellung, dass Säuglinge, Schwachsinnige und kriminelle Psychopathen über eine Würde, einen Wert verfügten, den kein Schwein, Elefant oder Schimpanse je erreichen könne, empfindet Singer als widersinnig.

c) Insbesondere die Tötung eines (behinderten oder nicht-behinderten) Säuglings stelle sehr oft kein Unrecht dar, da sich hier noch keine Person im Singerschen Verständnis entwickelt habe. Es sei unverständlich, dass im Falle von vorhandenen oder auch nur befürchteten Schädigungen ein Töten des Säuglings im Mutterleib statthaft und nach der Geburt ein Verbrechen sei. Die Geburt sei schließlich nicht mehr als ein Ortswechsel (was bei Frühgeburten besonders deutlich werde) und kein moralisch bedeutsames Kriterium für das Personsein.

Kritiker Peter Singers werfen ihm zunächst einmal vor, dass es auch ihm nicht gelingt, klar gezogene Grenzen zu entwerfen. Ab wann ist ein Säugling eine Person mit Lebensrechten? Ab wann hat ein Tier keinen Anspruch auf Menschenrechte mehr? Was den von Singer beworbenen Veganismus (Extrem-Vegetarismus) betreffe: Wie weit soll man auf der Evolutionsleiter heruntersteigen? Warum soll man bei den Pflanzen Schluss machen und sich in Zukunft nicht nur noch von »freiwillig« herabfallenden Früchten ernähren? Weit schwerer trifft allerdings der Vorwurf, Singer mache sich zum Befürworter einer aktiven Euthanasie und erlaube die Tötung Behinderter als »unwertes Leben« auf der Grundlage von Verwertungsnormen, Effizienzbilanzen und Kosten-Nutzen-Rechnungen. Er propagiere eine neue Selektion, die zudem noch auf höchst fragwürdigen Kriterien beruhe.

Die Auseinandersetzung mit Singers Thesen geschah indes nicht in Form einer gemessenen philosophischen Auseinandersetzung, sondern einem als »Singer-Affäre« bekannt gewordenen Versuch, diese Kontroverse gar nicht erst stattfinden zu lassen. *»Der Ruf nach einer ›vorurteilsfreien Debatte‹ entspricht der bekannten Taktik der EuthanasiebefürworterInnen, die Legalisierung des Mordes an Alten, Kranken und Behinderten im ersten Schritt diskussionsfähig zu machen, neudeutsch ein Tabu zu brechen«*, behauptete etwa Peter Bierl in der Zeitschrift »Ökolinx« Nr. 23/1996. Auch für viele andere Gegner Singers war es ein wesentliches und offen propagiertes Anliegen, die Debatte gerade *nicht* stattfinden zu lassen.

Die »Singer-Affäre« fand ihren ersten Höhepunkt allerdings schon sieben Jahre früher, 1989, als die »Lebenshilfe für Geistigbehinderte e. V.« Singer zu einem Symposium einlud, damit dieser sich als Referent zum Lebensrecht schwer geschädigter Säuglinge äußerte. Nach heftigen Protesten unter anderem von Gruppen der Antifa, der Behinderten- und der Frauenbewegung musste die Lebenshilfe diese Veranstaltung absagen. Auch ein Vortrag Peter Singers an der Universität Dortmund zum selben Thema wurde auf diese Weise verhindert. Die Medien griffen diese Geschehnisse auf. Insbesondere die

Wochenzeitung »Zeit« wandte sich gegen *»Denk- und Redeverbote«* und setzte sich (vergeblich) für die *»Freiheit der Wissenschaft«* ein.

Im August 1991 veröffentlichte Singer in der »New York Review of Books« einen Artikel »On Being Silenced in Germany« (»Wie man in Deutschland zum Schweigen gebracht wird«). Er beklagte darin eine Selbstzensur deutscher Verleger, die es ihm unmöglich mache, sein Werk »Should the Baby Live?« (Oxford University Press, 1985) zu veröffentlichen. Daraufhin entschied sich der Rowohlt-Verlag, eine deutsche Übersetzung herauszugeben. Von da an wurde Singer zur Zielscheibe heftigster Angriffe: Proteste, Unterschriftensammlungen, Beschimpfungen (*»Mörder!«*) durch anonyme Anrufer, Briefe von Kirchengemeinden, Gewerkschaftlern, Kinderärzten, Frauen- und Behindertenrechtlern. Rowohlt wurde vorgeworfen, aus Faschismus ein Geschäft zu machen. Öffentliche Stellen schalteten sich ein. Buchhändler drohten, sämtliche Verlagstitel zu boykottieren, wenn dieses Projekt verwirklicht werde, und brachten in ihren Schaufenstern Plakate an, auf denen das Signum »rororo« in »rorotod« umgewandelt worden war. Schließlich erfuhr die Rowohlt-Geschäftsleitung, dass gegen Mitarbeiter des Verlages gewalttätige Aktionen geplant seien. Offenbar nicht bereit, dieses Risiko in Kauf zu nehmen, trat sie schließlich von der Veröffentlichung des Buches zurück. Lediglich Singers Artikel »Wie man in Deutschland zum Schweigen gebracht wird« hatte in einen Suhrkamp-Wissenschaftsband Eingang gefunden.

1998 flammte die Singer-Kontroverse noch einmal kurz auf, als eine Reihe von Professoren, die ähnliche Auffassungen vertraten, zu einem philosophisch-wissenschaftlichen Symposium über Angewandte Ethik der Österreichischen Ludwig-Wittgenstein-Gesellschaft nicht eingeladen wurden, was zu Protesten der Gesellschaft für Analytische Philosophie (GAP) gegen deren *»systematische Ausgrenzung«* in einem *»Akt der Unterwerfung gegenüber den Feinden der Wissenschaftsfreiheit«* führte. Der Vorstand der Wittgenstein-Gesellschaft reagierte mit der Erklärung, er halte die Argumente der GAP nicht für bedenkenswert.

Die Singer-Affäre führte zu einer Reihe kritischer Aufsätze und Artikel, von denen viele insbesondere in die sozialwissenschaftliche Zeitschrift »Analyse und Kritik« (herausgegeben von Michael Baurmann und Anton Leist) Eingang fanden. So wendet sich das Editorial der Ausgabe 2/90 dagegen, dass Peter Singer »*mit Gewalt zum Schweigen gebracht*« werde. Singers Gegner kritisierten ihn demnach nicht in der Sache, sondern verweigerten ihm jedes Gehör und jegliche Auseinandersetzung. Das aber sei gefährlich: »*Eine bessere Methode als die offene und uneingeschränkte Erörterung einer Auffassung kennen wir nicht, wenn die Wahrheit in einer Frage ermittelt werden soll. Um die Wahrheit kann es den Gegnern Singers demnach nicht gehen, denn sonst müssten sie das Gegenteil von dem fordern, was sie tatsächlich fordern: nicht ein Diskussionsverbot, sondern ein Diskussionsgebot, nicht das Festhalten an Tabus und Dogmen, sondern deren Anzweifelung und Hinterfragung. (...) Es ist eine direkte Verkehrung der historischen Wahrheit, wenn die Gegner Singers durch ihren suggestiven Vergleich mit der mörderischen Nazi-Euthanasie nahelegen, dass ein Phänomen wie die jeder Moral spottende, unter strenger Geheimhaltung geplante und ausgeführte massenhafte Ermordung behinderter Menschen sich ausgerechnet dann zu entwickeln drohe, wenn die grundlegenden moralischen und rechtspolitischen Fragen der Euthanasie Gegenstand einer uneingeschränkten öffentlichen Diskussion und einer rationalen Erörterung sind. Der Nährboden für die Verbrechen der Nationalsozialisten bestand doch nicht in einem freien Gedankenaustausch unter Beteiligung in- und ausländischer Wissenschaftler, sondern gerade in dem Ausschluss einer kritischen Öffentlichkeit und in der staatlich gelenkten Indoktrination mit dumpfer Ideologie und Wahnideen, die einer rational fundierten Kritik keinen Augenblick hätten standhalten können. Gewaltanwendung gegen Andersdenkende, Denkverbote, Zensur, Dogmen und Tabus sind Waffen, die selbst aus dem Arsenal des Nationalsozialismus stammen und nicht dazu taugen, sein ›Gedankengut‹ zu bekämpfen und vor seinen Gefahren zu schützen.*« Unter der Überschrift »Nicht das Buch ist der Skandal« beklagte später Klaus Peter Rippe, dass der Rowohlt-Verlag nur mit unbefriedigenden Erklärungen sein Abschwenken von der Presse- und Meinungsfreiheit entschuldigt habe: »*Die Thesen (...) Singers sollten nicht die breitere Öffentlichkeit erreichen. (...) Dabei sind die Gefahren des Rückzugs offensichtlich. Jede hinreichend laute und hinreichend gewaltbereite Gruppe wird darin bestärkt, die Publikation eines unliebsamen Buches zu verhindern. Und dies gilt nicht etwa nur für philosophische Positionen und das Aufgreifen einzelner bioethischer Fragestellungen, sondern für alle möglichen strittigen*

Themen von A wie Asyl bis Z wie Zagreb.« Zwar habe das Medienecho auf diese Kontroverse gerade erst für Öffentlichkeit gesorgt, aber es würde nicht wie in anderen Ländern sachlich über Singers Thesen diskutiert, sondern aufgebracht darüber, was seine Kritiker dafür hielten. Und als der Harald-Fischer-Verlag die umstrittene Übersetzung schließlich doch noch auf Deutsch herausgebracht hatte, sei es der so genannten kritischen Öffentlichkeit diesmal gelungen, das Buch und seinen Inhalt schlichtweg totzuschweigen und so erneut jegliche Diskussion zu verhindern.

1999 wurde Singer auf den Lehrstuhl für Bioethik der US-amerikanischen Elite-Universität Princeton berufen.

Allerdings geht auch von Teilen der Tierrechtsbewegung häufig eine Militanz aus, die in der öffentlichen Berichterstattung noch weitgehend tabuisiert scheint, möglicherweise weil viele Menschen Tierschützer automatisch zu »den Guten« erklären. Dass es hier zu differenzieren gilt, führt der auf Ökologie und Natur spezialisierte Journalist Michael Miersch in einem Artikel der Frankfurter Zeitschrift »Novo« vom September 2002 aus: *»Gezielter Mord (...) ist noch eine Ausnahme, aber Brandstiftungen, Bombenanschläge, Überfälle, Einbrüche, Vandalismus und Psychoterror militanter Tierrechtler gehören schon fast zum Alltag in den reichen westlichen Gesellschaften. Die militanten Aktionen richten sich gegen Mediziner, Pharmazeuten, Zoologen, ebenso gegen Landwirte, Kürschner, Fischer und alle, die mit Tieren arbeiten oder von Tieren leben.«* So wurden etwa Anfang 2002 Angestellte der britischen Forschungsfirma Huntingdon *»zusammengeschlagen, ihre Autos angezündet, Brandbomben gelegt, Niederlassungen und Mitarbeiter kreditgebender Banken angegriffen, ausländische Investoren geschäftlich und privat mit Rufschädigung bedroht.«* Die Firma geriet in eine Existenzkrise und musste das Land verlassen. Miersch zitiert in diesem Zusammenhang den Salzburger Tierrechtsphilosophen Helmut Kaplan mit der Äußerung *»Toleranz gegenüber Fleischessern zu fordern ist ebenso absurd und obszön, wie Toleranz gegenüber Vergewaltigern und Mördern zu fordern.«* Auf die Nachfrage des Interviewers, ob Mord unter diesen Umständen gerechtfertigt sei, habe Kaplan erwidert: *»Unbeteiligte dürfen nicht zu Schaden kommen. Auch Kinder dürfen nicht geschädigt werden.«*

Miersch verweist auch auf die Gefahr indirekter Schädigungen durch radikale Tierrechtler: *»Aus Angst vor Psychoterror oder sozia-*

ler Ausgrenzung meiden immer mehr junge Talente Berufe, in denen an Tieren geforscht wird. Kranke Menschen müssen länger leiden oder früher sterben, weil die medizinische Forschung durch Gewaltaktionen gebremst oder zurückgeworfen wird.« So wird der US-amerikanische Tierrechtsaktivist Chris DeRose, Direktor der Organisation Last Chance for Animals, zitiert mit dem Ausspruch: *»Wenn man durch den Tod einer einzigen Ratte alle Krankheiten der Welt besiegen könnte, würde das meine Haltung nicht ändern.«* Ähnlich habe Ingrid Newkirk, die Gründerin und Vorsitzende der nicht-militanten Organisation PeTA (People for the ethical Treatment of Animals), bekundet, dass Tierversuche selbst dann verwerflich seien, wenn durch sie beispielsweise ein Heilmittel gegen AIDS gefunden würde. Die PeTA wende sich nicht nur gegen Jagd, Fischerei, Imkerei und Perlenketten (der Honig und die Perlen würden den entsprechenden Tieren »geraubt«), sondern auch gegen Zoos, Tierfilme und Lederbälle beim Fußball. Auch Fleischverzehr werde von ihr generell verdammt, wie Miersch mit einem weiteren Zitat Newkirks unterstreicht: *»Sechs Millionen Juden sind in Konzentrationslagern gestorben, aber dieses Jahr werden sechs Milliarden Grillhähnchen in Schlachthäusern sterben.«* Nachdem bei einem Terroranschlag in Israel ein mit Sprengstoff beladener Esel in die Luft geflogen war, was PeTA zufolge *»Menschen aller Nationen in der gesamten Welt schockierte«*, bat Newkirk im Februar 2003 Palästinenserpräsident Arafat in einem offenen Brief unterwürfig darum, Tiere aus dem Nahost-Konflikt herauszuhalten. (Der Brief steht unter http://www.petaonline.org/feat/arafat im Internet.) Kritiker von PeTA bewerten solche Gewichtungen mindestens als ein wenig verschroben, wenn nicht geschmacklos. Dem unbenommen wuchs PeTA seit 1980 international auf 600.000 Mitglieder an. Als ihre bekanntesten Unterstützer nennt Miersch unter anderem Pamela Anderson, Kim Basinger, Britney Spears, Elton John, Paul McCartney, Boris Becker, Nadja Auermann, Cem Özdemir, Nina Hagen, Elke Heidenreich und Dirk Bach.

Literatur zum Terror der Tierrechtler: Maxeiner, Dirk; Miersch, Michael: Öko-Optimismus. Rowohlt 1999.

Webadresse der Zeitschrift »Novo«: www.novo-magazin.de

Auch die Zeitschrift »eigentuemlich frei« diskutiert über Tierrechte – online unter http://www.eifrei.de/tierrechte/tierrechte.html

»Sisley«

Italienisches Mode-Unternehmen, das dank des Top-Fotografen Terry Richardson mehrfach für provokative Anzeigenkampagnen sorgte. Erotische Aufnahmen von Frauen, insbesondere, wenn diese in Zusammenhang mit ungewöhnlichen sexuellen Neigungen (etwa → Sodomie) gebracht wurden, sorgten für Beschwerden wegen »Frauenfeindlichkeit«. Unbeeindruckt startete Sisley auch im Jahr 2002 wieder eine Kampagne mit Fotos, die → Selbstbefriedigung, → Sadomasochismus und zoophiles Verhalten attraktiver Models andeuteten. Einige Bilder, die das Unternehmen offenbar als für die breite Öffentlichkeit ungeeignet befand, präsentierte es in der Ausstellung »Too Much« in Florenz.

»Sitcom«

(Untertitel: *Komödie jenseits aller Tabus*) Phantastisch-schwarzhumorige Melo-Farce, Frankreich 1998, des Autorenfilmers François Ozon. Familienvater Jean (François Marthouret) macht sich selbst das schönste Geburtstagsgeschenk, indem er seine Angehörigen erschießt. In Rückblende zeigt der Film, wie es zu dieser Entwicklung kam: Alles beginnt damit, dass Jean seinen Lieben eine weiße Zierratte als neuen Hausgenossen mitbringt. Durch ihre Bisse setzt das Tier die bislang unterdrückten sexuellen Neigungen sämtlicher Familienmitglieder frei: Sohn Nicolas (Adrien de Van) outet sich am Esstisch als homosexuell, gewinnt noch am selben Abend den schwarzen Ehemann des Hausmädchens Maria (Lucia Sanchez) zu seinem ersten Liebhaber, um von da an das elterliche Haus als Treffpunkt für Cruising-Orgien umzugestalten, wobei sich die halbnackten fremden Männer ohne Umschweife an den Zucchinis in Mutters Kühlschrank bedienen. Tochter Sophie (Marina de Van) stürzt sich nach erotischen Spielchen mit der Ratte aus dem Fenster, übersteht dies querschnittsgelähmt und lebt daraufhin sadomasochistische Phantasien an ihrem Freund David (Stéphane Rideau) aus. Da diese immer bizarrer werden, wendet sich David später doch lieber den Brüsten des Hausmädchens zu. Mutter Hélène (Évelyne Dandry) will ihren Sohn derweil von seiner Homosexualität heilen, indem sie ihn zum → Inzest verführt. Die anderen Familienmitglieder zeigen sich davon unbeeindruckt: So fragt etwa Sophie ihren Bruder sehr beiläufig, wie es mit Mama denn gewesen sei. Nur der Vater selbst bleibt von all diesem Trubel scheinbar unberührt ...

Ozons Werk sprengt das bürgerliche Familienideal, das in früheren Jahrzehnten mit am eindringlichsten im Fernsehformat der Sitcom verkörpert wurde: Eine den gesellschaftlichen Normen entsprechende Kleinfamilie, deren Mitglieder einander trotz kleinerer Konflikte liebevoll zugewandt sind, werden mit Problemen konfrontiert, die aber alle innerhalb einer halben Stunde zu bewältigen sind. Dieses Schema wurde bereits im Laufe der letzten Jahrzehnte durch Persiflagen wie Al Bundys »Married with children« (»Eine schrecklich nette Familie«) ironisiert; auch das verwandte Format der Soap Opera zeigte zunehmend statt den Zusammenhalt das Zerbrechen der Familienstruktur (prototypisch in »Dallas«, »Dynasty« und »Falcon Crest«, überspitzt in »Twin Peaks«, versöhnlicher in »Picket Fences«). Dieser Entwicklung setzte Ozon die Krone auf, indem er die in diesen Formaten tabuisierten Sujets ohne Rücksicht auf Schamgrenzen in fast surrealistischer Manier hochkochen ließ: Ganz wie der → Surrealismus es fordert, ließ er nach eigener Darstellung jegliche eigene → Zensur ebenso außen vor wie eine aufklärerische, gesellschaftskritische Absicht und öffnete ein Ventil für sonst verdrängte Wünsche und Triebe, die er in einer aus der Psychoanalyse stammenden Symbolik auf der Leinwand umsetzte.

Des Weiteren verweist »Sitcom« parodistisch auf Pier Paolo → Pasolinis Filmwerk »Teorema«, in dem ein geheimnisvoller Fremder eine bürgerliche Familie in Unordnung bringt: ein Motiv, das vom japanischen Kino in → »Visitor Q« aufgegriffen wurde.

Einen noch größeren Publikumserfolg feierte Ozon zwei Jahre später mit dem auf einem Fassbinder-Stück beruhenden Film »Tropfen auf heiße Steine«, in dem sich ein 50-jähriger Geschäftsmann in einen Neunzehnjährigen verliebt.

Sloterdijk, Peter

Deutscher Philosoph, geboren am 26. 6. 1947 in Karlsruhe, der vor allem durch seine »Kritik an der zynischen Vernunft« Beachtung fand. Heftige Negativreaktionen erntete indes seine 1999 auf dem bayrischen Schloss Elmau gehaltene Rede »Regeln für den Menschenpark«. Sloterdijk griff die philosophische These von der »Dialektik der Aufklärung« auf, der zufolge eine moralisch-zivilisatorische Verbesserung des Menschen durch Erziehung und Bildung offenbar gescheitert sei (wofür der Holocaust den besten Beleg darstelle). Ebenso hätten die Ethiken des Christentums wie auch des Kommunismus bei dieser Aufgabe versagt. Hier stelle sich die Frage, so Sloterdijk, ob man die angestrebte Vervollkommnung nicht sinnvoller durch genetische »Selektion« erzielen solle, indem man also Menschen durch Züchtung forme, statt ihre Entwicklung dem Zufall der Evolution zu überlassen. Wenn man sich dafür entscheide, sei jedoch eine neue posthumanistische Ethik vonnöten (→ Transhumanismus), nachdem externe, beispielsweise göttliche, Rechtfertigungen nicht mehr zur Verfügung ständen. Angesichts der umwälzenden biotechnologischen Entwicklungen regte Sloterdijk in diesem Zusammenhang zu einem »Codex der Anthropotechniken« an, konnte jedoch selbst nicht beantworten, wer diesen Codex entwerfen und den entstandenen »Menschenpark« kontrollieren solle.

Kritiker (beispielsweise die »Frankfurter Rundschau«) warfen Sloterdijk eine Nähe zur Wortwahl und zum ideologischen Gedankengebäude des Faschismus vor. Titelgeschichten von »Zeit« und »SPIEGEL« bezichtigten den Philosophen eines Kniefalls vor Wissenschaft und Technik bzw. ihrem Beherrschbarkeits- und Herrschaftsideal. Auch sein Bild vom Menschen als naturgegeben »schlecht« und zähmungsbedürftig stellten Sloterdijks Kontrahenten in Frage; wesentlich sinnvoller sei es, die psychischen und gesellschaftlichen Ursachen zu ermitteln und zu beseitigen, die den Menschen überhaupt erst zum Gewalttäter machten. Auf die scharfe Kritik reagierte Sloterdijk in ebenso scharfer Weise und verkündete, dass die Generation der *»hypermoralischen Söhne von nationalsozialistischen Vätern«* aktuell durch eine *»etwas freiere Generation«* abgelöst werde. Sloterdijk machte den Philosophen Jürgen Habermas, ein Vertreter der Kritischen Theorie, als einen seiner Hauptgegner aus und warf ihm vor, er stünde für eine *»überkommene Tradition des Verdachts und der Bezichtigung«*.

Sodomie

(sinnähnlich: → *Zoophilie*) In der Umgangssprache sexueller Kontakt bis hin zu Geschlechtsverkehr zwischen Mensch und Tier. Noch in der aktuellsten Auflage des Bertelsmann-Wörterbuches wird Sodomie als *»Unzucht mit Tieren«* definiert, wobei »Unzucht« wiederum als *»unsittliche geschlechtliche Handlung«* aufgefasst wird. Mit dieser wertenden, statt rein beschreibenden Definition schließt sich Bertelsmann der ursprünglichen Wortbedeutung von »Sodomie« an, die laut etymologischem Wörterbuch *»widernatürliche Unzucht«* war. Die christliche Kirche bezeichnete in Anlehnung an den biblischen und von Gott durch Vernichtung gestraften Sündenpfuhl Sodom jegliche Praktik als Sodomie, die nicht der Fortpflanzung diente, bis hin zu Oralsex und sogar dem Verkehr mit Nichtchristen. Jakob Lorber bezeichnet in seinem Werk »Leben und Lehre Jesu« jegliche sexuellen Handlungen, die *»nicht der Zeugung eines Menschen, sondern der Befriedigung der eigenen Lust dienen«*, als sodomistisch und schließt ausdrücklich den Geschlechtsverkehr mit der eigenen Frau, *»der über das Nötige hinausgeht, um eine lebendige Frucht zu zeugen«*, mit ein. Einigen sprachgeschichtlichen Hinweisen zufolge war Sodomie im Sprachgebrauch lange Zeit ein anderer Ausdruck für → Homosexualität, eine Wortverwendung, an der die katholische Kirche auch heute noch festhält. In diesem Wortsinn bezieht sich der Begriff Sodomie heute noch im Englischen auf homosexuelle Praktiken, insbesondere den Analverkehr, und im Französischen gar ausschließlich auf den Analverkehr. Aufgrund dieser Begriffsverwirrung vermeiden Sexualforscher den Ausdruck »Sodomie«, wenn sie vom Verkehr zwischen Mensch und Tier sprechen, und verwenden stattdessen »Zoophilie«.

Sontag, Susan

New Yorker Philosophin und Publizistin, geboren am 16. Januar 1933. Schon mit ihren ersten Veröffentlichungen in den sechziger Jahren errang sie einen bedeutenden intellektuellen Ruhm; so wurde sie von dem britischen Regisseur Jonathan Miller als *»die wahrscheinlich intelligenteste Frau Amerikas«* bezeichnet. Diesem Ruf wurde sie auch in den folgenden Jahrzehnten durch verschiedene tiefschürfende Essays (→ »The Pornographic Imagination«, »Illness as Metaphor«, »Aids and its Metaphors«) sowie Erzähltexte (»The Volcano Lover«) gerecht. Sontag erhielt zahlreiche Würdigungen in den Medien sowie verschiedene Auszeichnungen für ihre Werke, so etwa noch im Jahr 2000 den National Book Award. Nach dem Terroranschlag auf das World Trade Center am 11. September 2001 brach Sontag als erste das Tabu, nach den Ursachen dieses Attentats zu fragen und es als mögliche Konsequenz der US-amerikanischen Außenpolitik herauszuarbeiten (→ Chomsky, Noam). Als Resultat einer »*Überdosis CNN*« mit den in Sontags Augen immer gleichen selbstgerechten Meldungen verfasste sie während einer Vortragsreise in Berlin für die Zeitschrift »New Yorker« einen entsprechenden Aufsatz, der neun Tage vor der US-Veröffentlichung in der »Frankfurter Allgemeinen Zeitung« vom 15. September unter dem Titel »Feige waren die Mörder nicht« erschien. Die Überschrift spielte Sontag zufolge auf die rhetorische Wendung an, von einem »*feigen Anschlag*« zu sprechen, wenn die Täter dabei in Wahrheit ihr Leben opferten, während die westlichen Regierungen ihre Raketen auf arabische Länder aus sicherer Entfernung abschießen ließen. Sontag: »*Es ist aber klar zu erkennen, dass unsere Führer (...) sich mit der willfährigen Unterstützung der Medien dazu entschlossen haben, der Öffentlichkeit nicht viel Wirklichkeit zuzumuten. Früher haben wir die einstimmig beklatschten und selbstgerechten Platitüden sowjetischer Parteitage verachtet. Die Einstimmigkeit der frömmlerischen, realitätsverzerrenden Rhetorik fast aller Politiker und Kommentatoren in den Medien in diesen letzten Tagen ist einer Demokratie unwürdig.*«

Eben jener von Sontag beklagte Mangel an Demokratie und Meinungsvielfalt machte sie zu seinem Opfer: Die US-amerikanischen Medienorgane von links nach rechts brandmarkten Sontags Meinungsäußerung durchgehend als unpatriotisch und »*dehumanisiert*« (Naomi Klein). Manche warfen ihr vor, die Morde zu rechtfertigen. (Tatsächlich hatte Sontag ihre Abscheu über diese »Schlächterei« unmissverständlich zum Ausdruck gebracht.) Andere, so etwa das eigentlich liberale Politmagazin »New Republic«, stellten die Philosophin gar mit Osama bin Laden und Saddam Hussein auf eine Stufe. Der »Weekly Standard« reagierte mit der Vergabe eines »*Susan-Sontag-Zeugnisses zur Anerkennung besonderer Dummheit von Intellektuellen*«. Für Sontag konnte es nach all ihren politischen Erfahrungen zwar kaum eine Überraschung gewesen sein, dass sich die US-Medien begeistert gleichschalten ließen und in freudiger Selbstzensur jegliche Kritik am amerikanischen Vorgehen unterdrückten bzw. auf Kritiker, die sie wegen ihrer Prominenz nicht mehr unterdrücken konnten, eine Hetzjagd eröffneten. Tatsächlich zeigte sie sich aber sehr erschreckt (»*Mir fiel die Kinnlade herunter*«), da sie in ihrem Essay selbst keinen Hauch von Radikalität erkennen könne – eher gesunden Menschenverstand. Der allerdings stieß im September 2001 auf ein emotional aufgewühltes Klima verbunden mit einer einseitigen Radikalisierung: Neunzig Prozent aller US-Amerikaner, selbst in Hochburgen der Friedensbewegung wie Berkeley, stimmten für einen Rachekrieg gegen wen auch immer, Öko-Gruppen legten regierungskritische Anzeigenkampagnen aufs Eis, TV-Satiriker entschuldigten sich für ihre Angriffe auf das Militär, und die Kongressabgeordnete Barbara Lee, die als Einzige gegen die Kriegsermächtigung George W. Bushs stimmte, erhielt Morddrohungen.

Susan Sontags Essay ist nachzulesen in: Paul Auster u.a.: Dienstag, 11. September 2001. Reinbek 2001

»South Park«

US-amerikanische Zeichentrickserie der seit ihrer Studienzeit befreundeten Autoren und Regisseure Matt Stone und Trey Parker um vier Drittklässler im Städtchen South Park, Colorado (das in der Nachbarschaft von Stone und Parker tatsächlich existiert). Die Serie sorgte in ihrem Herkunftsland rasch für Aufsehen, weil sie mutwillig gegen zahlreiche Tabus verstieß. Als Tabufelder wählten die »South-Park«-Macher die → Politische Korrektheit (Kyle wird als → Jude gehänselt, Stans schwuler Hund Sparkey trägt rosa Halstücher, Cartman kostümiert sich zu Halloween als → Hitler), triviale Ausformungen des Christentums (→ Jesus ist ein Talk-Show-Moderator und schlägt im Boxring Satan oder den Weihnachtsmann nieder), exzessive → Gewalt (der kleine Kenny wird in jeder Folge auf unterschiedliche, aber immer bestialische Weise ermordet und oft zerstückelt), Körperausscheidungen unterschiedlichster Art (→ Blähungen werden angezündet, Stan muss sich beim Anblick seiner Angebeteten vor Nervosität regelmäßig übergeben, ein im weitesten Sinne humanoides Stück → Scheiße spricht, singt und tanzt) sowie sprachliche Fäkalausdrücke und obszöne Formulierungen (zum Teil durchaus einfallsreich, so etwa *»Rosettenhengst«*). Medienwächter und Zuschauer empfanden den Kontrast zwischen dem bisher für Kindersendungen typischen Genre Zeichentrick und den nicht jugendfreien Inhalten als besonders heikel, wiewohl er durch Serien wie → »Die Simpsons« sowie »Beavis und Butthead« vorbereitet worden war.

In den USA entwickelte sich um »South Park« eine höchst werbewirksame Auseinandersetzung. So wurde die Serie von der Elterninitiative »Parents Television Council« zur »Most Offensive Show«, also der empörendsten Sendung im US-amerikanischen Fernsehen, gewählt, was diese Gruppe durch eine Zählung von 126 anstoßerregenden Momenten pro Stunde und einer Gesamtzahl von 421 unterschiedlichen Übertritten, rangierend von Gewalt über Sexualität bis zu Gotteslästerung, belegen konnte. Gleichzeitig sorgte eine überzeugte Stammgemeinde von zwei Millionen Zuschauern dafür, dass die Serie einen Kultfaktor entwickelte, der mittels Baseballmützen und T-Shirts auch im Bereich Merchandising große Wirkung entfaltete.

Als der deutsche Sender RTL ab dem 5. September 1999 »South Park« übernahm, gab dieser sich alle Mühe, mit dem Reiz des Tabubruches auch deutsche Zuschauer zu gewinnen. So erklärte RTL-Sprecher Osinski, die Serie könne wegen ihrer politisch inkorrekten Inhalte erst nach 23:00 Uhr ausgestrahlt werden, und die »Bild«-Zeitung unterstützte dieses Marketing durch Schlagzeilen wie *»Achtung, Fernsehdeutschland: Jetzt kommt das ganz üble TV«*, um im dazugehörigen Artikel zu vermelden: *»30 Minuten lang schlimme Sprüche auf Kosten von Schwulen, Juden, Farbigen. Witze über Jesus, Dicke, Selbstmörder. Kein Satz ohne Obszönitäten, Beleidigungen, Fäkalsprache. (...) Schlimmer geht's wirklich nimmer!«* Tatsächlich zeigten sich zahlreiche erwartungsfrohe Kritiker nach der ersten Folge eher gelangweilt. Stellvertretend für diverse Artikel sei hier Tina Angerers Artikel »We are not amused – US-Kult bricht keine deutschen Tabus« zitiert, der am 7. September 1999 im Berliner »Tagesspiegel« erschien: *»Was im Mutterland in Zeichentrick verpackt werden muss, bricht im deutschen Fernsehen noch lange keine Tabus. Witze über Polen, Schwule und dicke Kinder hat längst Harald Schmidt gerissen, und über Fäkalien haben wir schon bei ›Werner‹ nicht gelacht. Darmlärm made in USA reicht nicht zum Kult.«* Ein starkes Merchandising begleitete die Serie zwar auch hierzulande, und vermutlich vor allem aus der jugendlichen Zielgruppe Stefan → Raabs rekrutierten sich auch einige Fans, aber für Erwachsene bestand der Reiz von »South Park« häufig allein darin, dass die Serie als ideales Anschauungsobjekt für die unterschiedlichen Tabus im deutschen und im US-amerikanischen Fernsehen herhielt. Hier konnte man unschwer zu dem Ergebnis gelangen, dass in Deutschland weder die Political-Correctness-Fraktion, noch die religiösen Fundamentalisten dermaßen stark verankert und einflussreich wie in den USA waren und dass hierzulande auch die Empfindlichkeit gegenüber (echter oder vermeintlicher) Fäkalsprache weit geringer ist. Letzeres mag die am 20. Juni 2001 in den USA ausgestrahlte Folge »It Hits the Fan« illustrieren, in der das im US-Fernsehen anders als in Deutschland in der Regel weggepiepte Wort »Scheiße« 162-mal unzensiert über den Sender ging, was von einem mitlaufenden Zähler dokumentiert wurde. (Diese Folge ist nicht ganz so infantil, wie es nach dieser kurzen Schilderung klingen mag, da sie eben jenes Worttabu auf mehrfache Weise thematisiert und parodiert.)

Ebenfalls stark an US-amerikanischen Geisteshaltungen ausgerichtet ist der 1999 gestartete Kinofilm zur Serie »South Park: Bigger, Longer & Uncut« (ebenfalls unter der Regie von Trey Parker). Die Handlung: In den USA kommt der kanadische Kultfilm »Asses on Fire« in die Kinos, in dem es (analog zur Wahrnehmung der Serie »South Park« durch viele Kritiker) um nichts anderes geht als darum, dass sich die schlicht gezeichneten Hauptfiguren gegenseitig ihre Blähungen anzünden und einander mit vulgären Schimpfwortfluten belegen. Obwohl der Film nur für Erwachsene freigegeben ist, erschleichen sich die vier aus der TV-Serie bekannten Grundschüler Eintritt in den Vorführsaal und verbreiten in den nächsten Tagen ihren erweiterten Wortschatz mit großer Begeisterung auf dem Schulhof. Nachdem sämtliche pädagogischen Versuche, diese Entwicklung zu unterbinden, ebenso kläglich scheitern wie die Implation eines Chips in Cartmans Kopf, der ihm bei jedem üblen Ausdruck einen Stromschlag verpasst, tun sich die Mütter der Kleinen zu einem Aktionsbündnis »Mothers against Canada« zusammen: Das Herkunftsland des strittigen Filmes wird in den USA ohnehin oft als Quelle allen Übels und unsagbarer Dekadenz wahrgenommen. Der so entstehende politische Konflikt löst eine Kettenreaktion aus: Präsident Clinton möchte die kanadischen Filmemacher auf Druck der Mütter in einer patriotischen Showveranstaltung hinrichten lassen, kanadische Flugzeuge werfen Bomben ab, Clinton erklärt Kanada den Krieg (wobei schwarze Soldaten in der vordersten Front als Schutzschilde herhalten müssen), kanadische Einwohner werden in den USA in Konzentrationslager gesteckt. Diese Entwicklung beglückt derweil Satan, der in der Hölle ein Bett mit Saddam Hussein teilt, denn er sieht seine baldige Weltherrschaft heranbrechen. Er hat jedoch nicht mit den

Kindern gerechnet, die eine Widerstandsgruppe namens »Le Resistance« gründen und schlussendlich das schlimmste Unheil verhindern. Wie man sieht, bietet der Film zu der Frage nach dem Sinn von → Zensur oder danach, inwieweit die Medien und andere Einflüsse für gesellschaftliche Fehlentwicklungen verantwortlich zu machen sind, gerade mit seinen Unbestimmtheiten und ironischen Brüchen vielfältige Ansätze. Leihen in der Originalversion große US-Stars bis hinauf zu George Clooney den Hauptfiguren ihre Stimme, so konnte dieses Prinzip auch für die deutsche Fassung durchgesetzt werden. So spricht etwa Heiner Lauterbach Saddam Hussein, Heinz Hoenig den Satan, Jenny Elvers Winona Ryder und Lilo Wanders eine riesige sprechende Klitoris. Die Kinofassung überbietet die Fernsehserie noch an Drastik und wurde deshalb in den USA nur für Erwachsene, in Deutschland für Zuschauer ab 16 freigegeben.

»Spanking the Monkey«

Laut Eigendarstellung eine schwarze Komödie, USA 1994, unter der Regie von David O. Russell, der auch für das Drehbuch verantwortlich zeichnet. Der Medizinstudent Ray (Jeremie Davies) wollte nach seinem ersten Jahr am College eigentlich nur für ein paar Tage nach Hause zurückkehren. Dort informiert ihn jedoch sein Vater (Benjamin Hendrickson), dass er auf eine längere Geschäftsreise müsse und es Rays Aufgabe sei, sich indessen um seine wegen eines Gipsbeins bettlägerige Mutter Susan (Alberta Watson) zu kümmern: *»Wir alle müssen etwas zurückzahlen, Ray. Jetzt bist du an der Reihe.«* Susan ist eine attraktive, aber von ihrem Hausfrauenleben frustrierte Mittvierzigerin, die ihre Schmerzmittel längst gegen Antidepressiva ausgetauscht hat. Ray ist alles andere als begeistert, sich längere Zeit um sie kümmern zu müssen. Seine Aufgabe besteht unter anderem darin, ihr in der Dusche den Rücken zu waschen (wobei er den Blick abwendet) und ihr die Zehen zu massieren, die Füße und die Schenkel. Während die sinnliche Susan Ray einerseits immer noch als ihren kleinen Jungen wahrzunehmen scheint, seine Zuwendung andererseits bedauernd mit der fehlenden Zärtlichkeit ihres Mannes vergleicht (*»Dein Vater hat das noch nie getan.«*), wird Ray durch den intensiven Körperkontakt mit seiner Mutter erotisch erregt. Seine Versuche, sich eigenhändig abzureagieren (»Spanking the monkey« ist ein Slangausdruck für → Selbstbefriedigung), werden immer wieder durch Störungen von außen unterbrochen. Eine Beziehung, die er mit der High-School-Studentin Toni (Carla Gallo) eingehen möchte, steht ebenfalls unter keinem guten Stern: Sie ermuntert zunächst seine sexuellen Avancen, flüchtet dann jedoch verängstigt-schockiert zu ihrem Vater. Während Ray so immer weiter in einen psychischen Ausnahmezustand hineingetrieben wird, meldet sich ab und zu telefonisch sein Vater aus Motelzimmern, in denen sich außer ihm verschiedenene nackte Frauen aufhalten. Irgendwann, als Ray und seine Mutter berauscht von Wodka sind, passiert zwischen ihnen das Unvermeidliche, wobei die Kamera in diesem Moment ausblendet.

Die bisherige Handlung nimmt die erste Stunde des Filmes ein. Bis hierhin wurden alle Geschehnisse langsam, ja, fast langatmig, alltäglich und in Dialog und Charakterzeichnung wenig aufregend inszeniert, so dass der eigentliche → Inzest trotz seiner Vorhersehbarkeit wie ein schockartiges Ereignis hereinbricht. Der nach diesem Wendepunkt einsetzende, kürzere Teil des Films entwickelt eine wesentlich größere dramatischere Kraft, bleibt aber realistisch, statt ins Melodramatische abzugleiten. Das Ende ist offen und zugleich tragisch: Einige Kritiker beanstandeten insofern, wo bei dieser vorgeblichen »Tragikomödie« denn eigentlich der komische Teil geblieben sei. Es ist sehr gut denkbar, dass die Filmmacher das gewagte Thema eines Mutter-Sohn-Inzests sowie der Selbstbefriedigung dem konservativeren Teil des Publikums nur als »schwarzen Humor« vermitteln zu können glaubten. Insofern zeigt der Film zentrale Szenen unter der Brille der Ironie, die eine Einfühlung in die Hauptfigur und das Entstehen von Mitleid oder Unmut verhindern. Bemerkenswert ist indes, dass Regisseur Russell sich dabei zurückhält, sein Thema durch reißerische Effekthascherei auszubeuten.

Vergleiche zu dem 30 Jahre alten Klassiker »Die Reifeprüfung« (mit Dustin Hoffman) bieten sich an. Darin beginnt die Hauptfigur eine Affäre mit der Mutter eines Klassenkameraden, wobei damals noch der Altersunterschied zwischen den Liebenden ausreichte, um für Diskussionsstoff zu sorgen. Das eigentliche Hauptthema bei »Spanking the Monkey« ist indes unbestritten das Unvermögen des tragischen Helden Ray, sich der Kontrolle seiner dysfunktionalen Familie zu entziehen. »Spanking the Monkey« entstand unter den Produktionsbedingungen eines typischen Low-Budget-Films und gewann auf dem Sundance-Filmfestival von 1994 den Publikumspreis.

Spider-Man
→ Comic Code

Splatterpunk
(oder kurz: *Splatter*) Popkulturelles Genre (Literatur und Film), das sich das anarchistische Überschreiten der Grenzen des Darstellbaren insbesondere in Sachen gewaltsamer Körperauflösung förmlich zur Aufgabe gemacht hat. Den Begriff »Splatter« prägte 1986 der Schriftsteller David J. Schow auf der World Fantasy Convention in Providence. Der Filmkritiker John McCarthy machte ihn weiter bekannt, bis er nach einigen Grundsatzdiskussionen über seine Stellung und Wertigkeit im umfassenderen Horror-Genre 1990 Eingang in den Titel von Paul M. Sammons Anthologie »Splatterpunk: Extreme Horror« fand. Als naher Verwandter dieses Genres gilt der nur unwesentlich früher (1984) entstandene Cyberpunk.

Kennzeichnend für das Genre Splatter ist, dass es wegen ihrer starken emotionalen Aufladung üblicherweise tabuisierte Themen wie etwa → Inzest, → Kannibalismus oder → Nekrophilie nicht nur aufgreift, sondern auf bewusst schockierende, überspitzte Weise kompromisslos ausstellt. Durch Effekte wie Schock, Ekel oder die demonstrative Folterung einer Identifikationsfigur wird Extremes, insbesondere extreme → Gewalt, dem Zuschauer nicht nur gezeigt, sondern auf psychischer, wenn nicht in manchen Fällen gar körperlicher Ebene geradezu gegen ihn ausgeübt. Zu den Standardvorwürfen gegen den Splatterpunk gehören insofern Geschmack- und Niveaulosigkeit sowie dass es sich bei diesen Werken um eine billige Abfolge reißerischer Effekte ohne jeden intellektuell-ästhetischen Gewinn handele. Die Verteidiger des Genres weisen auf dessen sozialkritischen Impetus hin, da es gesellschaftliche Auflösungs- und moralische Verfallserscheinungen in konzentrierter Verbildlichung schonungslos zeige: oft übersetzt in die Metaphorik des sich stellvertretend auflösenden und verfallenden menschlichen Körpers.

Während manche die ursprüngliche Genese des Splatters bis zu dem damals als Kulturschock wahrgenommenen Film → »Der Exorzist« (1973) verfolgen, sah vor allem Sammons in der genannten Anthologie drei Haupteinflüsse: An erster Stelle standen demnach die Filme der Regisseure George Romero und Dario Argento (insbesondere »Dawn of the Dead«/«Zombie«, 1973, an dem beide zusammenarbeiteten), denen allerdings die hinsichtlich detaillierter Nahaufnahmen von Sex und Gewalt ähnlich revolutionären Filme Herschell Gordon Lewis vorausgingen (»Blood Feast«, 1963, »2000 Maniacs«, 1963, und »Color Me Blood Red«, 1965). Dazu kamen die Hochphase der revoltierenden, grenzensprengenden Punk- und Rockmusik sowie das neu entstandene Medium/Genre der Videopornographie. Diese drei Ursachen ließen sich um eine vierte erweitern: den Vietnamkrieg bzw. die Berichterstattung darüber, die jeder US-amerikanischen Familie die abscheulichsten Gemetzel täglich zum Abendessen in die Wohnzimmer brachte. Detlef Klewer sieht in seinem Buch »Der Splatterfilm« (1997, neu aufgelegt 2001) das Erstarken dieses Genres auch darin begründet, dass das Thema des klassischen Horrorfilmes die sublimierte Darstellung der tabuisierten und daher angstauslösenden Sexualität gewesen sei. Mit ihrer filmischen und allgemein gesellschaftlichen Enttabuisierung sei dieser Subtext verlorengegangen, und die diffusen Ängste seien durch »reale« ersetzt worden.

Trotz zum Teil herausragender Autoren wie Clive Barker oder anerkannten Regisseuren wie John McNaughton (→ »Henry, Portrait of a Serial Killer«) sowie der Übernahme von Stilelementen des Splatterpunk durch den Literaten Bret Easton Ellis in → »American Psycho« ignorierten Literaturwissenschaft und Filmkritik des Mainstreams diese Gattung mindestens bis Mitte der neunziger Jahre, zum Teil aber noch heute: Texte über beispielsweise → Scheiße fressende Mutantenbabys, orale Abtreibungen oder detailliert geschilderte Massenabschlachtungen versperren sich in ihrer Radikalität auch häufig differenzierter Bewertung oder anderen Formen intellektuellen Zugangs, obwohl man gerade an ihnen herausarbeiten könnte, wo die größten Empfindlichkeiten und Verdrängungsleistungen einer Kultur bestehen, wo sie herrühren und was sie über die kollektive Psyche ihrer Gesellschaft aussagen. Auch bestehen offenbar sehr unterschiedliche Einschätzungen darüber, was als Kunst und was als Schund gilt. So wurden der in Deutschland trotz etlicher Schnitte beschlagnahmte Film George Romeros »Day of the Dead« (1985) sowie Wes Cravens »Hills Have Eyes« (1977) in die Abteilung der 100 besten Filme des New Yorker »Museum of Modern Art« aufgenommen. Auch sind in Deutschland indizierte Filme in Frankreich, den Niederlanden oder den skandinavischen Staaten freigegeben. Sam

Raimis in Deutschland in der geschnittenen Fassung ab 18 freigegebene und in der ungeschnittenen Version beschlagnahmte Film »Evil Dead« (1980-1982) ist im Nachbarland ab 13 frei erhältlich und errang mehrere Filmpreise.

Weiterhin wenden die Verteidiger des Splatterpunk ein, dass sich dessen Kritiker selbst den Blick verstellen, indem sie lediglich die Schockeffekte solcher Texte wahrnehmen und ablehnen, deren sehr wohl vorhandene andere Leistungen (etwa in Plot, Charakterisierung, Atmosphäre oder Gesellschaftssatire) übergehen. Wäre der Splatterpunk wirklich so trivial und inhaltsleer, wie ihm unterstellt würde, so argumentiert etwa David Caroll in seinem Essay »The Grossery List« (erstveröffentlicht 1995 in »Tabula Rasa« # 6), dann wären seine Autoren gar nicht mehr in der Lage, durch immer neue Tabubrüche zu schocken. Caroll argumentiert: »*Die Welt ist nicht immer ein schlimmer Ort, und die Menschen sind nicht immer unglaublich dumm oder verletzend. Aber Sie und ich wissen, dass unglaublich zerstörerische und unmenschliche Dinge passieren, und sie passieren oft. (...) Wenn diese Dinge jenseits der sozialen Gepflogenheiten von Literatur liegen, dann ist es an der Zeit, dass diese Grenzen überschritten werden.*« Diese in den späten Achtzigern unter Horrorfans sehr heftig geführte Debatte über den kulturellen und ästhetischen Wert von Splatter verstummte in den Folgejahren weitgehend, als dieser Trend durch die Genredurchmischung von Horror und Erotika abgelöst wurde – übrigens trotz der von Klewer behaupteten Enttabuisierung der Sexualität.

Immer noch in der Debatte ist jedoch die Berechtigung staatlicher → Zensur von Splatterfilmen, die ja gerade in Deutschland extrem ist. Sogar das Berichten über und die Auseinandersetzung mit den betroffenen Medienprodukten wird belangt: So landete etwa das Fanzine »Gory News« mit der üblichen Klausel (»*sozialethische Desorientierung*«) als Begründung 1999 auf dem Index, und auch Frank Trebbins dokumentarische CD-Rom »Die Angst sitzt neben dir«, eine Erweiterung zu Trebbins sechsbändigem Standardlexikon über Horrorfilme, beschlagnahmte das Amtsgericht Berlin-Tiergarten im März 2000. Versände und Kinobetreiber wurden wegen der Darbietung preisgekrönter und von Kritikern hochgelobter Filme wie »Evil Dead« oder → »Nekromantik 2« kriminalisiert und zu Geldstrafen verurteilt oder erlitten wegen Hausdurchsuchungen (samt Einziehung der Kundenkarteien) und Geschäftsschließungen schmerzliche Umsatzeinbrüche. Hier wenden Kritiker der gängigen Indizierungspraxis ein, dass diese erwachsene Konsumenten bevormunde und, statt die wahren Ursachen gesellschaftlicher Gewalt zu bekämpfen, einen vorführbaren Sündenbock abstrafe. Bezeichnenderweise gebe es in Ländern mit wesentlich liberalerer Handhabung der Filmfreigabe wie Dänemark oder den Niederlanden gerade keine Fälle von amoklaufenden Schülern, die ihre Lehrer oder Klassenkameraden umbringen.

Literatur: McCarty, John: Splatter Movies: Breaking the Last Taboo of the Screen. New York 1984. McCarty, John: The Official Splatter Movie Guide. New York 1989

Website: http://www.tabula-rasa.info/Horror/Splatterpunk.html

Sprinkle, Annie

→ »Annie Sprinkle's Herstory of Porn: Reel to Real«

»Staatsterrorismus« der USA

Unter anderem vom ehemaligen SPD-Vorsitzenden Oskar Lafontaine vertretene Gleichsetzung US-amerikanischer Politik mit den Terroranschlägen von Osama bin Ladens Organisation El Kaida. Lafontaine zog diesen Vergleich erstmals auf einer vom Deutschen Gewerkschaftsbund, den Kirchen und anderen Gruppen veranstalteten Demonstration gegen den drohenden Irakkrieg am 10. Februar 2003. In einer an US-Kritiker wie Noam → Chomsky und Susan → Sontag erinnernden Argumentation vertrat Lafontaine die These: *»Terrorismus ist, wenn man unschuldige Menschen tötet, um politische Ziele durchzusetzen. Nicht nur El Kaida wendet diesen Terrorismus an.«* Auf der Jagd nach einzelnen Verbrechern würden ganze Stadtviertel von US-amerikanischen Flugzeugen bombardiert. Wirtschaftsembargos wie das gegen den Irak hätten UN-Angaben zufolge bereits zum Tod von einer halben Million Kindern in Irak geführt und stellten insofern ebenfalls eine Massenvernichtungswaffe dar. Gegner von Lafontaines Vergleich wiesen ihn als polemisch und unsinnig zurück: Ein Staat wie die USA beziehe im Gegensatz zu Terroristen sein Gewaltmonopol aus demokratischen Prozessen, und die Ziele der von Lafontaine gleichgesetzten Handlungen seien ethisch völlig unterschiedlich zu bewerten. Auch diese Position aber wurde ihrerseits wieder in Frage gestellt. Lafontaines Vergleich fand in einer polarisierten Auseinandersetzung statt. Ihr war beispielsweise eine der ehemaligen SPD-Justizministerin Däubler-Gmelin vorgeworfene Analogie zwischen dem US-Präsidenten George W. Bush und Adolf → Hitler vorausgegangen. Später hatte der US-Verteidigungsminister Rumsfeld Deutschland in eine Reihe mit Libyen und Kuba gestellt, nachdem alle drei Staaten einen neuen Krieg gegen den Irak sehr entschieden abgelehnt hatten. Lafontaine hatte sich in seinem Buch »Mein Herz schlägt links« allerdings bereits wesentlich dezidierter als andere deutsche Politiker gegen das Vorgehen des Westens im Kosovo-Krieg geäußert: *»Wir wollten ein neues Auschwitz verhindern. Gut, jetzt hat die Nato ein neues Auschwitz erreicht ... Damals waren es Gashähne und Genickschusskammern; heute sind es Computer-Killer aus 5000 Meter Höhe.«* Insofern kann man sich in seinen Äußerungen eine politische Linie erkennen, die sich in die deutsche Regierungspolitik nur schwer integrieren ließ und insofern auch zu seinem Ausscheiden führte. Vgl. auch → deutsche Kriegseinsätze sowie → Finkelstein, Norman.

»Staatsterrorismus« Israels

Von dem ehemaligen nordrhein-westfälischen FDP-Vorsitzenden Jürgen W. Möllemann im August 2001 eingebrachte Formulierung für das Vorgehen des israelischen Staates gegen seine palästinensische Bevölkerung. In einem Rundbrief der Deutsch-Arabischen Gesellschaft, deren Präsident Möllemann ist, sowie in begleitenden Interviews hatte der FDP-Politiker erklärt, Israel habe sich entsprechend der UN-Sicherheitsratsresolutionen 242 und 338 auf seine Grenzen von 1967 zurückzuziehen und die besetzten Gebiete für die Palästinenser zu räumen. Die von Israel besetzten Golan-Höhen sollten an Syrien zurückgegeben werden. Den *»Staatsterrorismus«* sah er insbesondere in den Hinrichtungslisten mit den Namen bestimmter Palästinenser. Möllemann führte in einer Stellungnahme gegenüber Faz.net erklärend aus: *»Ein Staat darf sich niemals auf die Ebene von Verbrechern stellen. Ein Staat, der hingeht und sagt, wir klagen nicht mehr an, wir beweisen nicht mehr, wir verurteilen nicht mehr, sondern: wir richten ohne rechtsstaatliches Verfahren hin – beraubt sich seiner Legitimation der Überlegenheit gegenüber den Verbrechern.«* Mit dieser Einschätzung der Situation stand Möllemann international nicht allein. Beispielsweise hatte schon der britische Außenminister Jack Straw in Teheran erklärt, dass er für die palästinensischen Attentate durchaus Verständnis empfinde: Staatsterrorismus erzeuge eben Gegenterror. Der dänische Justizminister hatte gedroht, den designierten israelischen Botschafter wegen dessen Zustimmung zu folterähnlichen Verhörmethoden beim Betreten des Landes festnehmen lassen zu wollen. Auch die Menschenrechtsgruppe amnesty international hatte in ihren letzten Jahresberichten wiederholt auf an Willkür grenzende »Verwaltungshaft« (ohne richterliche Prüfung oder auch nur Erhebung einer Anklage) von Palästinensern, unfaire Militärgerichtsprozesse, von offizieller Seite zumindest hingenommene Folter sowie ungesetzliche Tötungen aufmerksam gemacht.

Im Unterschied zu Möllemann hatte amnesty international jedoch auch die palästinensischen Selbstmordattentate kritisiert. »*Egal wofür ein Volk kämpft, gezielte Angriffe auf Zivilisten sind durch nichts zu rechtfertigen*«, befand etwa Petra Schöning, Expertin für Israel, die besetzten Gebiete und die palästinensischen Autonomiegebiete bei der deutschen Sektion von amnesty. Solche Anschläge stellten Verletzungen der Menschenrechte dar und seien auch nicht deshalb legitim, weil Israel selbst seinen Verpflichtungen nicht nachkomme.

Möllemanns Äußerung stieß bei sämtlichen politischen Lagern einschließlich seiner eigenen Partei auf zum Teil sehr heftige Ablehnung. Insbesondere der Zentralrat der Juden in Deutschland reagierte mit großer Schärfe. So bewertete dessen Präsident Paul Spiegel Möllemanns Äußerung als Zeichen »*geistiger Verwirrung, Ursachen zutreffend darzustellen und zu bewerten*«, und Vize-Präsident Michel Friedman forderte den FDP-Bundesvorsitzenden Westerwelle auf, sich von den Bewertungen seines Parteimitglieds zu distanzieren. Wenn Möllemann nicht begriffen habe, dass sich Israel gegen feige Attentäter zu verteidigen habe, »*disqualifiziert er sich endgültig davon, in der Politik ernst genommen zu werden*«. Möllemann wies diese Anwürfe gegen ihn als maßlos und unverschämt zurück: Dass ausgerechnet die Präsidenten des Zentralrats der Juden in Deutschland eine von Israel selbst so bezeichnete »*Politik der Liquidierung*« verteidigten, sei äußerst erstaunlich. Er sehe hier wie bei den Kritikern aus seiner eigenen Partei Pawlowsche Reflexe, die durch jegliche Kritik an Israel hervorgerufen würden. Die Deutsch-Arabische Gesellschaft selbst wies indes mit Nachdruck darauf hin, dass es sich bei Möllemanns Einschätzung um seine persönliche Meinung handele, die dem Geist der Satzung dieser Gesellschaft widerspreche und insofern inakzeptabel sei. Selbstverständlich müsse die israelische Politik gerade in der gegenwärtigen Situation verstärkt kritisch hinterfragt werden. Die israelische Regierung jedoch mit Terrorregimen gleichzusetzen sei als *»verbale Entgleisung«* anzusehen. In der Berliner »tageszeitung« vom 13.8.2001 bezichtigte Yassin Musharbash indessen den Zentralrat der Juden einer einseitigen Darstellung der Verhältnisse: *»So unterschlägt Spiegel, dass auch die israelische Regierung täglich Gewalt anwendet – als Militärmacht in Palästina. Gleichzeitig webt er an dem Mythos, dass Israel sich selbst verteidige. Tatsächlich verteidigt es jedoch unrechtmäßig besetzte Gebiete. Spiegels Forderung ist international einmalig: Die Bundesregierung soll sich auf die Seite einer Besatzungsmacht stellen.«*

Im Jahr 2002 verschärfte sich der Konflikt im Nahen Osten weiter. Unter anderem warfen die Palästinenser Israel vor, in dem Flüchtlingslager Dschenin ein Massaker unter Zivilisten angerichtet zu haben. Die israelische Regierung unter Scharon verweigerte einer UN-Kommission zur Untersuchung der Vorfälle die Einreise. Möllemann kritisierte daraufhin das israelische Vorgehen in einem Interview mit der Berliner »tageszeitung« nachdrücklich und bekundete Verständnis für die palästinensischen Terroristen bzw. (je nach Bewertung) Widerstandskämpfer: *»Ich würde mich auch wehren, und zwar mit Gewalt. (...) Und ich würde das nicht im eigenen Land tun, sondern auch im Land des Aggressors.«* In dieser Äußerung sahen Möllemanns Kritiker eine Legitimierung der palästinensischen Selbstmordattentate. Möllemann wiederum wandte sich in der ntv-Interviewsendung »Maischberger« gegen den Zentralrat der Juden in Deutschland und befand: *»Es ist schon gefährlich, wenn der Zentralrat jeden Scharon-Kritiker gleich zum Antisemiten erklärt.«* Belege dafür, dass Möllemann zu diesem Zeitpunkt bereits als Antisemit bezeichnet wurde, konnten jedoch weder von ihm noch von nachrecherchierenden Journalisten geliefert werden.

Weiteres Öl ins Feuer goss der neu in Möllemanns nordrhein-westfälischen FDP-Landesverband eingetretene Syrer Jamal Karsli, der ebenfalls scharfe Kritik an der israelischen Politik äußerte und dabei unter anderem auf einen Artikel der israelischen Oppositionszeitung »Haàretz« vom 25. Januar 2001 Bezug nahm. Der »Haàretz«-Korrespondent Amir Oren hatte in dem Beitrag »Vor den Toren Jassirgrads« berichtet, dass Offiziere der israelischen Armee als Vorbild für ihre Operationen gegen die Palästinenser unter anderem auf Strategien zurückgriffen, die deutsche Nationalsozialisten im Warschauer Getto angewandt hatten. Wie übrigens auch Kritiker innerhalb der israelischen Opposition bewegten diese und andere Maßnahmen gegen die Palästinenser Jamal Karsli zu dem Vorwurf, Israels Armee wende Nazi-Methoden an. Zudem entwarf er das Bild einer *»zionistischen Lobby«*, die *»den größten Teil der Medienmacht in der Welt«* innehabe und damit auch die Größten *»klein kriegen«* könne: *»Vor dieser Macht haben die Menschen in Deutschland verständlicherweise Angst.«* Auf die Einlassungen Möllemanns und Karslis reagierten führende Liberale mit deutlichen Distanzierungen. So erklärte Hildegard Hamm-Brücher in einem offenen Brief an den »SPIEGEL« die *»sattsam bekannten anti-israelischen und einseitig pro-palästinensischen Positionen des Herrn Möllemann«* für *»nachgerade unerträglich«*. Falls die FDP weiterhin eine *»neue Variante von Antisemitismus salonfähig«* mache, werde sie nach 54-jähriger Mitgliedschaft aus ihrer Partei austreten. Beobachter von außen spekulierten, solche Abgrenzungen könnten unter anderem auf der Angst der Liberalen beruhen, vom politischen Gegner mit Jörg Haiders Freiheitlicher Partei Österreichs in Verbindung gebracht zu werden – was auch bald geschah.

Der ehemalige FDP-Fraktionschef Wolfgang Gerhardt indes verwies auf dem FDP-Parteitag im Mai 2002 darauf, dass man die israelische Regierung kritisieren dürfe, ohne augenblicklich als Antisemit diffamiert zu werden. Zu diesem Zeitpunkt war die Atmosphäre zwischen dem Zentralrat der Juden in Deutschland und der FDP bereits sehr gespannt. So hatte etwa der jüdische Historiker Michael Wolffsohn am 24. April 2002 in der »Jüdischen Allgemeinen« argumentiert: *»Die Juden Deutschlands sollten sich überlegen, ob sie nicht zu einem Wahlboykott der FDP aufrufen. Wenn wir Juden als winzige Minderheit in Deutschland ›Nein!‹ zur FDP sagen wegen ihrer Israelpolitik, wird das den Ausgang der Bundestagswahlen gewiss nicht entscheiden. Man sollte aber nicht den langfristigen Imageschaden für die FDP übersehen, der entstünde, wenn sie an ihrer Anti-Israel-Politik festhält. Ganz abgesehen von den handfesten politischen Folgen: Die FDP strebt in jeder Koalition auf Bundesebene traditionell ins*

Auswärtige Amt. Ein Bundesaußenminister, hieße er Westerwelle oder Möllemann, bekäme durch ein deutsch- jüdisches ›Nein‹, besonders für Reisen in die USA, das denkbar schlechteste Empfehlungsschreiben auf seinen Weg. Trotz der gestiegenen weltpolitischen Bedeutung Deutschlands würde in Washington unter solchen Umständen kaum jemand einem FDP-Außenminister mehr als nur die unbedingt notwendigen Türen öffnen. Der deutschen Wirtschaft, der Möllemann und Westerwelle mit ihrem unausgewogenen pro-arabischen Kurs helfen wollen, entstünde auf dem amerikanischen Markt großer Schaden. So mancher deutsche Unternehmer bekommt, wenn er von der ›Lobby der US-Juden‹ nur hört, erst Zitter- und dann (heimlich!) Wutanfälle, jedenfalls Angst vor Exportnachteilen.«

Seinen Höhepunkt fand der Eklat wenig später, als Jürgen Möllemann auf die anhaltenden Attacken Michel Friedmans sehr heftig reagierte: »*Ich fürchte, dass kaum jemand den Antisemiten, die es in Deutschland leider gibt und die wir bekämpfen müssen, mehr Zulauf verschafft hat, als Herr Sharon und in Deutschland ein Herr Friedman mit seiner intoleranten und gehässigen Art.*« In der Zeitschrift »Stern« führte Möllemann im Blick auf Friedman weiter aus: »*Wer wie er mit Gehässigkeiten um sich wirft, mit unverschämten Unterstellungen arbeitet – Antisemitismus und so weiter –, der schürt Unmut gegen die Zielgruppe, die er zu vertreten vorgibt.*« Michel Friedman forderte daraufhin den Parteiausschluss Möllemanns, da dieser sich mit solchen Bemerkungen auf dem Niveau der Republikaner und der NPD bewege. Friedmans Forderung wurde von der Bürgerrechtlerin Bärbel Bohley unterstützt, die sich im Berliner Wahlkampf kurz zuvor für die FDP eingesetzt hatte. In einem offenen Brief teilte sie Möllemann mit, er verhalte sich wie ein »*lumpiger Antisemit*«. Ähnlich harsche Reaktionen kamen von der Partei der Grünen. Deren rechtspolitischer Sprecher Volker Beck forderte die FDP auf, »*die antisemitischen Äußerungen aus ihrer Führungsetage*« endlich zu stoppen, die Grünen-Vorsitzende Claudia Roth zeigte Möllemann aufgrund dessen »*rechtspopulistischer Verkommenheit*« gar wegen Volksverhetzung und Verleumdung an. (Als die Staatsanwaltschaft wenig später diese Anzeige wegen mangelnder Substanz zurückwies, erntete das bei weitem nicht so große Schlagzeilen wie die Anzeige selbst.) Am 22. Mai erklärte Charlotte Knobloch, wie Friedman Vizevorsitzende des Zentralrats der Juden in Deutschland, in der ntv-Sendung

»Maischberger«, Möllemann habe sich *»absolut als Antisemit geoutet«*, indem er einen *»jüdischen Menschen kritisiert«* habe, stehe politisch in der Nähe Jörg Haiders und bediene sich mit Wendungen wie *»Die Zeiten sind vorbei, als das Denken verboten wurde«* antisemitischer Klischees. Sie behauptete, Möllemann ginge nur vordergründig Friedman an und richte sich in Wahrheit gegen die gesamte jüdische Gemeinde. Insofern unterstütze sie es, wenn Friedman Möllemann in die Nähe der NPD rücke. Der schleswig-holsteinische FDP-Fraktionschef Wolfgang Kubicki hielt in derselben Sendung dagegen, wenn Friedman sich nicht von den Äußerungen über Möllemann distanziere, *»ist er für viele in der FDP kein Gesprächspartner mehr und hat auch der Sache der Juden in Deutschland keinen guten Dienst getan«*.

Zumindest was den Bereich Politik und Medien anging, blieb Kubicki eine Einzelstimme. Möllemann wurde als *»Volksverhetzer«* gebrandmarkt, Paul Spiegel, Vorsitzender des Zentralrats der Juden, sprach von der *»schlimmsten Beleidigung seit dem Holocaust«*. Michel Friedman erkannte einen *»Zivilisationsbruch«*, der den 50-jährigen Aufbau von Millionen Deutschen *»zerstört oder jedenfalls in Frage gestellt«* habe. Dieter Graumann, ebenfalls Zentralratsmitglied, sah eine *»Zeitenwende«*. Claudia Roth bezeichnete FDP-Parteichef Westerwelle während seines Israel-Aufenthalts als *»Glatze«*. Manche Protestler verkündeten, schon Möllemanns »Projekt 18« (die FDP hatte sich 18 Prozent der Wählerstimmen zum Ziel gesetzt) weise darauf hin, dass er sich bei den Nazis anbiedern wolle, denn die 18 stünde in dieser Szene als Zahlrenchiffre für Adolf → Hitler.

In der immer weiter eskalierenden Auseinandersetzung trat eine in Deutschland noch nie zuvor in diesem Ausmaß betrachtete Spaltung zwischen öffentlicher und veröffentlichter Meinung zutage. Während sich Politiker und Journalisten in ihrer Empörung über Möllemann und die FDP überboten, stand die weit überwiegende Mehrheit der deutschen Bevölkerung sämtlichen Umfragen zufolge auf Seiten Möllemanns. Emnid zufolge stimmten zwei Drittel der Bürger mit Möllemann überein. Laut einer von der »Zeit« in Auftrag gegebenen Forsa-Umfrage sahen nur 9 Prozent die FDP auf dem Weg zur rechtspopulistischen Partei. Eine Abstimmung der »Welt« ergab, dass für 81 Prozent der Beteiligten Möllemann kein Antisemit sei. Bei ntv erkannte die absolute Mehrheit, nicht Möllemann, sondern

Friedman habe sich zu entschuldigen. 78 Prozent befanden diesem Sender zufolge, Möllemann habe Recht, wenn er sage, dass er Dinge ausspricht, »*die von anderen Politikern, aus welchen Gründen auch immer, tabuisiert werden*«. Für RTL befanden über neunzig Prozent, Möllemann liege mit seinen Äußerungen richtig, für die Zeitschrift »Focus« befanden das immerhin 65 Prozent. In Diskussionssendungen, in denen Zuschauer anrufen konnten, zeichneten sich ähnliche Mehrheiten ab. Ein »*Aufstand der Anständigen*« blieb aus, obwohl ihn Möllemanns Kritiker mehrmals mit Nachdruck eingefordert hatten – so als ob jeder, der sich daran nicht beteiligte, unanständig sei. Stattdessen warnte etwa der Vorsitzende der Deutschen Bischofskonferenz, Kardinal Karl Lehmann, dass durch diese einseitige und hysterisch geführte Debatte antisemitische Gefühle überhaupt erst aufflackern könnten. Gerade einmal 300 Mann demonstrierten aufgebracht vor der FDP-Parteizentrale und rangen so dem ehemaligen FDP-Vorsitzenden Klaus Kinkel die bedauernden Worte ab: »*Wir können Möllemann doch nicht mit dem Maschinengewehr zur Entschuldigung zwingen!*«

Die in der breiten Bevölkerung ausbleibende allgemeine Empörung über Möllemanns Äußerungen war um so erstaunlicher, als fast jeder Medienbeitrag von welcher Zeitung oder welcher Sendung auch immer Möllemann für seine Äußerungen verdammte und die Interpretationen von Möllemanns Gegnern fast durchgehend übernahm. Über 100 prominente Journalisten (darunter zahlreiche ARD-Chefredakteure, aber etwa auch Josef Joffe von der »Zeit«) verkündeten gar per Unterschriftenaktion, ihre Aufgabe als neutrale Berichterstatter aufzugeben, bekundeten stattdessen Solidarität mit ihrem Kollegen Friedman und verurteilten Möllemanns Worte als »*rassistisch*«. Möllemann wurde in der Berichterstattung fälschlich vorgeworfen, er habe behauptet, dass »*die Juden*« selbst schuld am Entstehen des Antisemitismus seien; in manchen Beiträgen war gar ohne Umschweife von »*Möllemanns antisemitischen Äußerungen*« die Rede. In der »Süddeutschen Zeitung« vom 17. Mai 2002 beispielsweise kommentierte Heribert Prantl, bei Möllemann »*heiligt der Zweck den Antisemitismus*«. Er werfe »*den Holocaust auf den Spieltisch, auf dem er um seine 18 Prozent würfelt*«. Wolf Heckmann von der »Hamburger Morgenpost« bezeichnete Möllemann als »*ausgewiesenen arroganten Quatschkopf*«, die »Sindelfinger Zeitung« als den »*nord-*

rhein-westfälischen Landesfürsten mit den Springerstiefeln«, der »SPIEGEL« als *»Hilfs-Haider«*. Im WDR-Hörfunk erkannte ein Psychologie-Professor Möllemann per Ferndiagnose als psychisch gestört.

Lediglich Publikationen des linken und rechten Randes entzogen sich der einhelligen Schelte von Möllemanns Äußerungen. So argumentierte Werner Pirker am 28.5.2002 in der linken »jungen welt« wie folgt: *»Es lässt sich wohl nicht ernsthaft bestreiten, dass das von Israel über die Autonomiegebiete verhängte Regime in seinem Wesen dem früheren Apartheid-System in Südafrika entspricht. Die Bewegungsfreiheit der Schwarzen in ihren Homelands und von dort zu den Townships war freilich nie in einem solchen Ausmaß eingeschränkt wie das Recht der Palästinenser auf freie Bewegung in ihrem angestammten Land. Dass die südafrikanische Apartheid rassistisch war, galt als ›common sense‹. Der gleiche common sense untersagt auch nur den Vergleich Israels mit einem rassistischen Regime. Warum eigentlich? Ist Rassismus weniger rassistisch, wenn er im Land der Holocaust-Überlebenden praktiziert wird? Kann nicht sein, was nach den Vorschriften der politischen Korrektheit nicht sein darf? (...) Der von deutschem Feuilleton und zionistischem Establishment unisono erhobene Antisemitismus-Vorwurf trägt den Antisemitismus in sich. Möllemann sagte nicht ›die Juden‹ – seine Kritiker denken in dieser antisemitischen Kategorie. Und Israel nutzt den verlogenen Anti-Antisemitismus als Legitimationsideologie seiner rassistischen Politik.«* In einem Interview mit der rechten Wochenzeitung »Junge Freiheit« erklärte derweil der Schriftsteller und Gründer des Satiremagazins »Titanic« Eckhard Henscheid: *»Möllemann hat leider fast alles zurückgenommen. Lauter Dinge, die er nicht hätte zurücknehmen müssen. (...) Es wäre für ihn besser gewesen, diesem offenbar kein Maß mehr kennenden Fernsehkasper Friedman weiterhin standhaft Paroli zu bieten. Wenn Möllemanns Aussagen tatsächlich schon einen Klimawechsel in Deutschland bewirken sollten, dann hat dieser Klimawechsel meinen Segen. (...) Ich habe den Eindruck, dass da eine TV-öffentliche Stellung zu jeder Frechheit gebraucht wird. Zum Beispiel, um den anderen Grundwert des deutschen Geisteslebens, nämlich die geistige Freiheit, möglichst negligeabel zu halten. In dieser Frage werden Sie mich aber immer, egal wie die politische Stimmung im Land ist, auf der Seite derer sehen, die die Sache der geistigen Freiheit vertre-*

ten. Um es zu wiederholen: Wer den Holocaust und Möllemans dicta auf eine Ebene bringt, der hat das Recht verwirkt, noch für voll genommen zu werden. Derjenige – nicht Möllemann – ist der rein taktische, verantwortungslose Schwätzer.«

Artikel wie diese ließen sich indes an einer Hand abzählen. Stattdessen entlud sich der Unmut vieler Bürger über die von ihnen als einseitig wahrgenommene Debatte vor allem in diversen Internet-Diskussionsforen, in denen die Möllemann-Befürworter eine enorme Überzahl darstellten.

Inzwischen versuchte Jamal Karsli in einem offenen Brief an Jürgen Möllemann den an ihn gerichteten Vorwürfen zu entgegnen: *»Wie sollen junge Menschen in einem Land zu Gerechtigkeit und Toleranz erzogen werden, wenn in Wahrheit jedem jede Kritik an einer israelischen Regierung bei Strafe des Verlustes seiner öffentlichen Ehre und Würde verboten ist? (...) Ich bin wohl nur der willkommene Anlass, ein Exempel zu statuieren. Die politisch korrekte Klasse demonstriert wiederholt ihre Macht darüber, was man in Deutschland wie öffentlich zu formulieren und wozu man zu schweigen hat. Ich habe noch mehr gelernt. Es geht nicht nur darum, was man sagen darf, sondern wer es sagen darf. Wer Mitglied der politisch korrekten Klasse ist, nimmt für sich in Anspruch, mit den Begriffen und Wendungen des Nationalsozialismus jederzeit und bei jedem Anlass um sich werfen zu dürfen.«* Möllemann selbst verwies auf die über 20.000 zustimmenden Briefe und Mails, die er inzwischen erhalten habe und befand: *»Wir müssen Dinge aussprechen, die von anderen Politikern, aus welchen Gründen auch immer, tabuisiert werden. Die Kluft zwischen dem, was die politische Klasse sagt, und dem, was die Menschen empfinden, ist riesig.«* Möllemanns Gegner und zahlreiche Journalisten erwiderten darauf, diese Menge an Zuschriften zeige für sie lediglich, wie beängstigend groß das rechtsradikale Potential sei, dem sich der FDP-Vize andiene.

FDP-Chef Guido Westerwelle versuchte, diesen Konflikt zunächst mit einem Kompromiss zu entschärfen, indem er Jamal Karsli zwar erlaubte, weiterhin als Parteiloser in der Düsseldorfer Landtagsfraktion der Liberalen mitzuarbeiten, dieser aber auf eine Mitgliedschaft in der FDP verzichtete. Des Weiteren forderte er, Friedman solle seine *»Diffamierung stoppen«*. Man könne *»dem anders Denkenden nicht mit der Nazi-Keule beikommen«*. Diesen schlimmsten Vorwurf, der einem Demokraten angesichts der deutschen Geschichte gemacht werden könne, betrachte Westerwelle als *»eigentliche Tabuverletzung«* und keinen Beitrag zur politischen Kultur. In einem Interview mit der Zeitschrift »Stern« (betitelt mit *»Diese Tabuwächter können mir gestohlen bleiben«*) erklärte Westerwelle offen, es würde ihn freuen, wenn es seiner Partei gelänge, Menschen, die bislang aus Protest Parteien der äußeren Linken oder Rechten gewählt hätten, eine neue demokratische Heimat zu bieten. Auf diese Erklärung hin erschienen Schlagzeilen wie *»Westerwelle buhlt um rechte Wähler«*. Der »SPIEGEL« verwies in diesem Zusammenhang auf rechtsradikale Tendenzen in der FDP von 1951.

Als Folge dieses anhaltenden Drucks stellte Westerwelle Möllemann schließlich ein Ultimatum zur Entlassung Karslis, nachdem dieser sich in einer Rundmail erneut antisemitisch geäußert habe. Karsli erklärte daraufhin seinen freiwilligen Austritt aus der FDP-Fraktion. Allerdings hatte es sich bei dem von ihm verbreiteten Rundmail nicht um einen eigenen Text gehandelt, sondern um die Weiterleitung eines an ihn gerichteten Briefes des angesehenen jüdischen Historikers, Friedensaktivisten und Publizisten Shraga Elam.

Dieser teilte Karsli darin Folgendes mit: *»Ich finde es beschämend, dass es in Deutschland heute nur beschränkte Möglichkeiten gibt, die israelischen Kriegsverbrechen und die gefährlichen Mechanismen beim Namen zu nennen. Es zeigt sich wieder einmal, dass in Deutschland nur wenige Leute tatsächlich etwas aus der braunen Vergangenheit gelernt haben. Obwohl es formell keine Diktatur gibt, herrscht nach wie vor eine Gleichschaltung und öffentliche Feigheit, die schreckliche Realität ungeschminkt zu beschreiben und zu thematisieren. (M)eine Großeltern sowie mehrere Mitglieder meiner Familie sind von den Nazis umgebracht worden. Mein Vater flüchtete rechtzeitig von Nazideutschland nach Palästina. Selber war ich israelischer Soldat und nahm an zwei Kriegen teil. (...) Auf diesem Hintergrund und nach reichlichen Recherchen und Überlegungen, kann ich sagen, dass genügend überzeugende Beweise vorliegen, die den Vergleich zwischen der NS-Judenpolitik und der jetzigen israelischen Palästinapolitik absolut rechtfertigen. Bei allen Unterschieden zwischen den beiden Situationen zeigt sich doch eine gefährliche Ähnlichkeit, die nicht verschwiegen werden darf, weder aus Feigheit noch Bequemlichkeit und Gleichschaltung – und schon gar nicht im Namen der Naziopfer. (...) Die*

Deutschen dürfen sich auf diese Art nicht erneut mitschuldig machen! (...) Im Namen der damaligen Opfer müssen wir heute also heftig dagegen protestieren, dass das gleiche, ähnliche oder vorstufenmäßige Vorgehen gegen die PalästinenserInnen angewandt wird.«

In einem Interview mit der »Freien Presse« vom 6. Juni 2002 erklärte Elam auf den Hinweis, dass Friedman bei seinen Vorwürfen breite Unterstützung von deutschen Spitzenpolitikern wie Bundeskanzler Gerhard Schröder oder Außenminister Joschka Fischer erhalte, Folgendes: *»In jedem von uns stecken gewisse rassistische Vorurteile, davon ist niemand gänzlich frei. Viele Juden sind zum Beispiel sehr rassistisch, was die Araber betrifft. Und das geht im tiefsten Innern auch vielen Deutschen so. Hinter all den jetzt zu vernehmenden Beistandsbekundungen an die Adresse von Friedman steckt in den seltensten Fällen wirkliche Anteilnahme am jüdischen Schicksal. Man hat nur erkannt, dass es politisch klug ist, sich so zu verhalten. Wenn in zehn Jahren eine andere Stimmung vorherrscht, würden die Leute ihre Meinung ändern.«*

Als ein weiterer israelischer Oppositioneller bewertete der alternative Friedensnobelpreisträger Uri Avnery den Zentralrat der Juden in Deutschland als *»Propagandazentrale Scharons«* und betonte: *»Man darf Israel nicht nur kritisieren, meiner Ansicht nach muss man es sogar tun.«* In seinem Artikel »Manufacturing Anti-Semites« (etwa: Das Herstellen von Antisemiten«), online unter http://gush-shalom.org/archives/article213.html, äußerte er folgende Befürchtung: *»Die Sharon-Regierung ist ein riesiges Labor für die Aufzucht des Virus Antisemitismus. Sie exportiert ihn in die ganze Welt. Antisemitische Organisationen, die viele Jahre am Rand der Gesellschaft vor sich hinvegetierten, abgelehnt und verachtet, beginnen plötzlich zu wachsen und zu blühen. (...) Sharons Propaganda-Agenten gießen Öl in die Flammen. Indem sie alle Kritiker seiner Politik bezichtigen, Antisemiten zu sein, brennen sie großen Gesellschaftsgruppen dieses Zeichen ein. Viele gute Menschen, die nicht den geringsten Hass gegenüber Juden verspüren, die aber die Verfolgung der Palästinenser verabscheuen, werden nun Antisemiten genannt. Dadurch wird der Stachel aus diesem Wort genommen und ihm eine gewisse Respektabilität gegeben.«* Avnerys mahnende Worte fanden ebensowenig Raum im Mainstream der Medienberichterstattung wie die Warnungen Elams. Nachdem Karsli aus der FDP ausgetreten war und Möllemann sich bei den in Deutschland lebenden Juden für seine Äußerungen entschuldigt hatte, nahm der Zentralrat der Juden die Gesprächsangebote der FDP schließlich an – mit der Eingrenzung, dass sich diese Gesprächsbereitschaft nicht auf Möllemann selbst erstrecke. Der hatte nämlich in einem Interview kurz nach seiner Entschuldigung erklärt, dass er Michel Friedman ausdrücklich davon ausnehme. Übrig blieb bei vielen Menschen indes eine Desillusionierung, was den Prozess der freien politischen Debatte anging. So kam etwa Schleswig-Holsteins FDP-Chef Kubicki zu dem Schluss, *»dass in Deutschland meine Meinungsfreiheit bedroht ist, weil ich bei jeder Äußerung überlegen muss, ob sie gegen mich verwendet werden kann«*.

Im September 2002 verklagte Jamal Karsli den Zentralrat der Juden, um damit gegen die Unterstellung des Antisemitismus vorzugehen. In einer öffentlichen Stellungnahme verurteilte er zugleich die palästinensischen Selbstmord-Attentate. Etwa zum selben Zeitpunkt kam es zu einer weiteren Eskalation des Konfliktes: Laut »Süddeutscher Zeitung« vom 14. 9. hatte Friedman auf einem Kongress der DGB-Jugend geäußert: *»Die Ermordung von Menschen beginnt mit Worten wie denen (...) Jürgen Möllemanns.«* In diesem Satz sah Möllemann den Vorwurf einer *»Beihilfe zum Mord«* und reagierte, indem er am Montag vor der Bundestagswahl mit Geldmitteln noch ungeklärter Herkunft eine Wahlbroschüre folgenden Inhalts an die Haushalte verteilte: *»Jürgen W. Möllemann setzt sich seit langem beharrlich für eine friedliche Lösung des Nahostkonfliktes ein. Mit sicheren Grenzen für Israel und einem eigenen Staat für die Palästinenser ... Israels Ministerpräsident Ariel Sharon lehnt einen eigenen Palästinenserstaat ab. Seine Regierung schickt Panzer in Flüchtlingslager und missachtet Entscheidungen des UN-Sicherheitsrates. Michel Friedman verteidigt das Vorgehen der Sharon-Regierung. Er versucht, Sharon-Kritiker Jürgen W. Möllemann als anti-israelisch und antisemitisch abzustempeln. Von diesen Attacken unbeeindruckt wird sich Jürgen W. Möllemann auch weiterhin engagiert für eine friedliche Lösung einsetzen, die BEIDEN Seiten gerecht wird. Denn nur SO kann die Gefahr eines Krieges im Nahen Osten gebannt werden, in den auch unser Land schnell hineingezogen werden könnte.«* Daraufhin kam es zum endgültigen Zerwürfnis mit der Parteispitze. Möllemann wurde Vertrauensbruch vorgehalten, da er diesen Flyer nicht mit der FDP-Spitze abgesprochen habe, und ihm wurde fast die alleinige Verantwortung für das schlechte Abschneiden der Freidemokraten bei der Wahl gegeben. Er sah sich daraufhin veranlasst, von seinem Posten als Vize-Vorsitzender zurückzutreten. Weite Teile der Medien legten seine Wahlbroschüre erneut als *»antisemitisch«* aus, woraufhin persönliche Attacken gegen Möllemann folgten. So stellte der FDP-Ehrenvorsitzende Lambsdorff in einem Gespräch mit Deutschland-Radio Berlin die Frage, ob Möllemanns Verhaltensweise *»noch normal«* sei, woraus die »Bild«-Schlagzeile *»Sorge um den Geisteszustand des FDP-Politikers«* entstand. Die »Financial Times Deutschland« vom 24. 9. 2002 beschrieb Möllemann in dem Artikel »Und täglich grüßt das Mölletier« als *»Monster«* und *»schnauzbärtiges Trauma«*. Wie dieser Artikel berichtete, soll unter Jungliberalen direkt nach der Wahl die SMS *»Tötet Möllemann!«* kursiert sein. Ähnlich hoch steigerten sich die Emotionen auf der Gegenseite: So wurde Hildegard Hamm-Brücher, die wegen Möllemanns Äußerungen nach der Bundestagswahl aus der FDP ausgetreten war, im Internet-Forum der Partei vorgeworfen, sie unterstütze mit diesem Versuch, kritische Stimmen zu unterdrücken, die Ermordung palästinensischer Kinder durch das israelische Militär.

Die FDP-Parteispitze gab sich mit Möllemanns Rücktritt als Vize-Vorsitzender nicht zufrieden, sondern versuchte auch, ihn als Vorsitzenden der nordrhein-westfälischen Landespartei in einem Sonderparteitag am 7. Oktober 2002 abwählen zu lassen. Im Vorfeld zu diesem Parteitag erklärte Möllemanns einstiger Rivale und Amtsvorgänger in Nordrhein-Westfalen, Joachim Schultz-Thornau, der Deutschen Presse-Agentur (dpa), Delegierte seien massiv gedrängt worden, sich gegen Möllemann zu stellen: *»Einige haben mit Tränen in den Augen erzählt, dass ihnen gesagt wurde, wenn ihr nicht gegen Möllemann stimmt, könnt ihr in dieser Partei nichts mehr werden.«* In einem offenen Brief erklärte Schultz-Thornau darüber hinaus: *»Die Argumente, mit denen Jürgen Möllemann politisch vernichtet werden soll, verletzen mein Empfinden für Gerechtigkeit, sie sind eine Beleidigung für das logische Denken und sie sind eine Zumutung für mein Verständnis von innerparteilicher Demokratie. (...) Inhaltlich kann ich die Aufregung um den Flyer überhaupt nicht nachvollziehen: Ich habe es in Gelsenkirchen selbst erlebt, wie Jürgen Möllemann Ariel Sharon und Michel Friedman deutlich pointierter als im Flyer angriff, und dies unter lautem Beifall eines Publikums, dem nicht einmal von bös-*

artigsten Beobachtern nachgesagt werden kann, ihm seien irgendwelche braunen Dumpfbacken beigemischt gewesen. Ich habe im übrigen in der gleichen Veranstaltung erlebt, wie Guido Westerwelle diese scharfe Kritik an Sharon und Friedman ohne wenn und aber gegen den Vorwurf des Antisemitismus in Schutz nahm und mit dem Gütesiegel des Legitimen adelte. Wie will man eigentlich am rechten Rand fischen, wenn gleich am Anfang im Flyer das unbedingte Existenzrecht Israels postuliert wird? (...)Wenn ich vor etwas Respekt habe, dann vor der israelischen Demokratie, die mitten in der härtesten Auseinandersetzung nach außen nicht in eine Wagenburgmentalität verfällt, sondern in der unbeanstandet die oppositionelle Friedensbewegung die Politik Sharons mit Worten geißelt, die jeden, der die gleiche Wortwahl in Deutschland verwenden würde, unweigerlich als Antisemiten und ›braunen Randsiedler‹ abstempeln würde. Wenn wir etwas von Israel lernen können, dann ist es der unglaublich hoch angesiedelte Stellenwert der Meinungsfreiheit. Der wirkliche – nicht der unterstellte – Antisemitismus ist vor dem Hintergrund der deutschen Geschichte widerwärtig, aber ein eifernder Philosemitismus, der in schlechtester McCarthy-Manier in jeder unmissverständlichen Kritik an dem brutalen Vorgehen der Regierung Sharon Braunes und Antisemitisches wittert, schadet unserer politischen Kultur.«

Der anberaumte Sonderparteitag musste indes verschoben werden, als Möllemann am Tag davor infolge akuter Herz-Rhythmus-Störungen in eine Klinik eingeliefert wurde. Der Bezirks-Chef der FDP Ruhr, Andreas Reichel, hielt es für wahrscheinlich, dass Möllemanns Herzbeschwerden von politischem Ärger verursacht sein könnten, und äußerte seine Kritik klar: »*Hier hat ein Vernichtungsfeldzug stattgefunden, der jede Grenze überschritten und der Familie stark zugesetzt hat.*« Der Kieler FDP-Chef Kubicki richtete laut Berliner »Tagesspiegel« schwere Vorwürfe an die Parteispitze: »*Man hat aus dem Umkreis von Westerwelle gehört, man wolle Möllemann den Garaus machen.*« Jetzt bekomme diese Aussage »*eine ganz neue Dimension*«.

Am 20. Oktober 2002 trat Jürgen Möllemann auch als Landes- und Fraktionschef der FDP in Nordrhein-Westfalen zurück. Als der verschobene Sonderparteitag in Düsseldorf am 1. Dezember 2002 stattfand, lieferten sich in Möllemanns Abwesenheit seine Gegner und seine Anhänger hitzige Wortgefechte. Im Vordergrund der Debatte stand indes nicht mehr der Inhalt von Möllemanns Flyer, sondern dessen undurchsichtige Finanzierung. FDP-Schatzmeister Rexrodt und andere Granden der Partei warfen Möllemann hier inzwischen eine Verletzung des Parteiengesetzes vor. Der FDP-Bundesvorstand erwog ein Parteiausschlussverfahren gegen Möllemann (was die Berliner »tageszeitung« als »*Entmöllifizierung*« bezeichnete).

Im Januar 2003 wurde Möllemann als Präsident der Deutsch-Arabischen Gesellschaft wiedergewählt. Unverdrossen bekräftigte er seine Meinung, er hoffe auf eine Abwahl von Israels Ministerpräsident Sharon und halte den Einfluss Friedmans in Deutschland für überzogen. Am 4. Februar 2003 scheiterte ein versuchter Ausschluss Möllemanns aus der nordrhein-westfälischen Landtagsfraktion der FDP, da die dafür erforderliche Zweidrittelmehrheit nicht zustande kam. Am 11. Februar 2003 wurde Möllemann aus der Bundestagsfraktion der FDP ausgeschlossen, obwohl er kurz zuvor selbst öffentlich angekündigt hatte, sein Mandat dort niederlegen zu wollen.

Neben Möllemann äußerte im Sommer 2002 der frühere Bundesarbeitsminister Norbert Blüm (CDU) erneut Kritik an dem Vorgehen der israelischen Regierung. Blüm war zu diesem Zeitpunkt bereits vorgeworfen worden, indem er auf das israelische Vorgehen den Begriff »*Vernichtungskrieg*« anwandte, der bisher eindeutig der deutschen Armee im Zweiten Weltkrieg zugeordnet worden war, trage er zu einer Verwischung von Tätern und Opfern bei. Blüm erklärte daraufhin in einem Interview mit dem »Stern«: »*Ich kann in den Aktionen der israelischen Militärs keinen Abwehrkampf gegen den Terrorismus sehen, sondern nur Vernichtung. Wenn Kinder getötet werden, wenn eine Mutter mit ihrem lebensgefährlich erkrankten Kind nicht in die Klinik darf, dann nenne ich das Vernichtung.*« Beide Seiten seien so von Rachegelüsten geblendet, dass jegliche humanitären Rücksichten und Regeln des Völkerrechts ignoriert würden. Blüms Meinung nach sei »*provokative Kritik geboten, sonst kommt man nie raus aus dem Teufelskreis von Selbstmordattentaten, die ich verabscheue, und maßloser Vergeltung Israels, bei der ebenfalls der Tod von Kindern in Kauf genommen wird*«. Diplomatisches Zureden sei nicht hilfreich, stattdessen müsste die israelische Regierung erkennen, dass es für ihr Vorgehen bald nicht mehr die Spur einer Unterstützung gebe. Leider werde der Vorwurf des Antisemitismus auch als Knüppel benutzt, um jeden Hinweis auf die Missachtung der Menschenrechte totzuschlagen. Daraufhin ging die CDU in Gestalt ihres stellvertretenden Vorsitzenden Jürgen Rüttgers auf Distanz zu Blüm: Israel habe das Recht, sich gegen Selbstmordattentäter zu wehren. Der Präsident des Zentralrats der Juden, Paul Spiegel, nannte Blüms Kritik ungeheuerlich.

Blüm habe jeden Realitätssinn verloren, beweise durch das Übergehen des palästinensischen Terrors eine beispiellose Doppelmoral und zeige in seinem Versuch, Israel als den eigentlichen Übeltäter darzustellen, Rassismus pur. Diesmal wurde Spiegels Empörung allerdings weder von Politikern noch von Journalisten aufgegriffen. Lediglich der israelische Satiriker Ephraim Kishon warf Blüm Antisemitismus vor und drohte mit der Rückgabe seines »Ordens wider den tierischen Ernst« des Aachener Karnevalvereins – eine Drohung, die er schließlich in die Tat umsetzte.

Auch in einem deutschen Nachbarland kam es zu Geschehnissen, die im Schatten der Möllemann-Debatte von den deutschen Medien nur begrenzt wahrgenommen wurden: Im Jahr 2002 hatte eine Gruppe Überlebender in Belgien eine Klage gegen Israels Ministerpräsident Ariel Sharon wegen den Massakern in den palästinensischen Flüchtlingslagern von Sabra und Shatila angestrengt. Sie war mit der Begründung abgelehnt worden, Sharon halte sich nicht auf belgischem Staatsgebiet auf. Im Februar 2003 traf der Oberste Gerichtshof Belgiens eine Entscheidung, der zufolge auch im Ausland lebende Personen wegen Völkermord und ähnlich schwerer Menschenrechtsverstöße belangt werden können. Parallel dazu wird von den Senatoren der Regierungsparteien eine entsprechende Änderung des belgischen Genozid-Gesetzes angestrebt. Auf dieser Grundlage ist es möglich, neben anderen angeklagten Staatschefs (z. B. Saddam Hussein) auch Sharon in Abwesenheit den Prozess als Kriegsverbrecher zu machen, sobald er aus dem Amt geschieden ist und keine politische Immunität mehr genießt.

Israel reagierte auf diese Entwicklung entrüstet und beorderte seine Botschafter zwecks Beratungen aus Brüssel zurück. Sein Außenminister Benjamin Netanjahu bekundete, Belgien schade damit nicht nur Israel, sondern der gesamten freien Welt, und zog einen Zusammenhang mit europäischem Antisemitismus im Mittelalter. Justizminister Meir Schitrit beklagte eine Schande für das belgische Rechtssystem. Der israelische Präsident Mosche Katzav sprach in einem Brief an König Albert Belgien *»jegliches moralisches Recht«* ab, israe-

lische Führer und Armee-Offiziere vor Gericht zu stellen. Belgische Menschenrechtler hingegen begrüßten die Entscheidung.
Internet: Das im obigen Text mehrfach zitierte Forum der FDP-Bundespartei ist unter http://www.fdp-bundesverband.de/forum zu erreichen. Jürgen Möllemanns eigene Website ist www.juergenwmoellemann.de. Ein ausführlicher Text amnesty internationals über die Situation in Israel und den besetzten Gebieten, der auch die Menschenrechtsverletzungen der Palästinenser verurteilt, ist nachzulesen unter http://web.amnesty.org/ai.nsf/Index/MDE020032002. Nachrichten aus Sicht der Palästinenser erhält man unter http://electronicintifada.net
Literatur: Wie fast die gesamte Medienberichterstattung einseitig kontra Möllemann gerichtet, aber dennoch lesenswert ist die von Michael Naumann herausgegebene Essay-Sammlung »›Es muss doch in diesem Lande wieder möglich sein ...‹ Der neue Antisemitismus-Streit«, Ullstein 2002.

»Stammheim«

Semi-dokumentarischer Kinofilm, Deutschland 1986, über die Haftbedingungen der RAF-Gefangenen. Die Regie führte Reinhard Hauff, für das Drehbuch zeichnete Stefan Aust verantwortlich, der das Thema des »Deutschen Herbsts« (Terrorismus und die Reaktionen von Staat und Gesellschaft) bereits in seinem Standardwerk »Der Baader-Meinhof-Komplex« tiefgründig behandelt hatte. Die Aufführung des Filmes auf den Berliner Festspielen endete mit einer Auszeichnung durch den Goldenen Bären, wurde aber von diversen Ausschreitungen wie beispielsweise Morddrohungen gegen die Jury begleitet. Deren Präsidentin, die italienische Diva Gina Lollobrigida, distanzierte sich bei der Preisverleihung im Zoo-Palast heftig von der Entscheidung ihrer Mitjuroren und machte den Berlinale-Sieger als *»banal, leer und einfallslos«* nieder.

Stammzellen

Befruchtete Eizellen, die, anders als die Zellen des ausgebildeten menschlichen Körpers, nicht über spezialisierte Eigenschaften für die unterschiedlichsten Funktionen verfügen, sondern universell (»totipotent«) sind. Aus diesem Grund messen ihr Genetiker einen hohen medizinischen Wert bei der Bekämpfung schwerster Krankheiten wie Alzheimer, Parkinson und Diabetes bei. 1998 gelang es dem US-Forscher John Gearhart erstmals, menschliche embryonale Stammzellen zu isolieren und unter Laborbedingungen zu kultivieren. Wenig später gewannen Wissenschaftler einer weltweit führenden Reproduktionsklinik, dem Jones Institute in Virginia, Stammzellenlinien aus Embryos, die eigens zu diesem Zweck gezüchtet worden waren und die sich insofern als »frischer« und somit »robuster« erwiesen. Bisher hatte man Embryonen verwendet, die bei künstlichen Befruchtungen übrig geblieben waren. Verschiedene deutsche und US-amerikanische Zeitungen (etwa die »New York Times«) sprachen, Politikern folgend, von einem *»Tabubruch«*.

Tatsächlich ergeben sich aus der rasanten wissenschaftlichen Entwicklung zentrale ethische Fragen, die unter großem Zeitdruck diskutiert werden müssen: Verfügt ein Zellhaufen von der Größe eines Satzpunktes bereits über Menschenwürde? Darf man die Rettung eines Todkranken gegen ungeborenes Leben aufrechnen? 1994 hatte eine von US-Präsident Clinton eingesetzte Ethikkommission befunden, dass die Herstellung von Embryonen für bestimmte Forschungszwecke vertretbar sei. Clintons Nachfolger Bush verbot unter dem Druck konservativer Lebensschützer staatlichen Instituten eine solche Forschung. Im Januar 2002 entschied der deutsche Bundestag, den Import von embryonalen Stammzellen zu untersagen, wobei lediglich vor einem bestimmten Stichtag erzeugte Zellen ausgenommen sind. Dies kommentierte der Genetik-Experte Thilo Spahl in der Zeitschrift »Novo« wie folgt: *»Die Art und Weise, wie sich ein Großteil der Parlamentarier zu Forschungsfeindlichkeit und einem zutiefst anti-humanistischen Weltbild bekannt hat und die Abgeordneten sich in ihrem selbstgefälligen, ganz und gar bodenlosen Moralismus nicht entblödeten, die Positionen reaktionärer Lebensschützer zu übernehmen, war erschreckend, wenn auch nicht überraschend. Nicht minder entsetzlich war das Lob, das der Bundestag für diese abgründige Ethik-Show in den Medien erheischte.«* Um die weltweit nicht mehr als 72 umstrittenen Zellkulturen zu erzeugen, *»mussten 64 Embryonen getötet werden, was mit dem Gewissen der Mehrheit der deutschen Parlamentarier angeblich nicht vereinbar ist. Was aber bedeutet ›Töten‹, wenn man von Embryonen spricht, die zu diesem Zeitpunkt noch so klein sind, dass man mühelos einige Hundert in einem Wassertropfen unterbringen könnte? Es bedeutet nichts! (...) Wäre die Eizelle nicht zur Erzeugung einer Stammzelllinie genutzt worden, wäre sie entweder noch ein paar Jahre in der Tiefkühltruhe geblieben und* *dann weggeworfen worden oder gleich im Ausguss gelandet, so wie jedes Jahr viele tausende andere, für deren Lebensrecht sich bemerkenswerterweise kein deutscher Parlamentarier einsetzt. Der Embryo wird offenbar erst dann schutzwürdig, wenn die Forschung ihn nutzen möchte. Es geht also nicht darum, Embryonen vor dem Tod zu schützen, sondern vor der Nutzung. Was für einen Sinn aber kann das haben?«*

Auch Professor Dr. Peter Glotz, Direktor am Insititut für Medien- und Kommunikationsmanagement der Universität St. Gallen und ehemaliger Bundestagsabgeordneter der SPD, erkannte der »Netzeitung« zufolge eine starke »*Schieflage*« in der Diskussion um bioethische Fragen: »*Längst hat der Volksmund, dieses Lästermaul, Sätze wie den geprägt: ›Der Embryo ist in Deutschland so lange geschützt, bis er abgetrieben werden darf.*‹ « Es sei »*wider die Vernunft, 134.000 Tötungen von eingenisteten Embryos (Zahlen aus dem Jahr 2000) zu akzeptieren, gleichzeitig aber die streng kontrollierte Verwendung von einigen Hhundert nicht eingenisteten Embryos zum Zwecke hochrangiger Forschung zum Schritt über den Rubikon zu erklären, also als rechtswidrige Tötung menschlichen Lebens zu behandeln.*« Man müsse sich die Frage stellen, warum die Embryonen aus der In-Vitro-Fertilisation in Stickstoff gelagert oder durch den Ausguss gespült, aber nicht für sinnvolle Forschung verwendet werden dürften. Hier existiere Glotz zufolge eine Form von »*Angstkommunikation*« speziell in der deutschen Debatte: »*Die Fehlinformationen und Überinterpretationen gingen damals bereits von den internationalen Nachrichtenquellen aus. Es gibt aber nicht weg zu diskutierendes Material darüber, dass die in Deutschland im besonderen Maß in der öffentlichen Meinung verankerte Besorgnis gegenüber der Naturzerstörung zu deutschen Spezial-Diskursen führt, deren* fundamentum in re *schwach ist und die Deutschland von der internationalen Kommunikation isolieren. (...) Meine These ist: Die deutschen Medien gehen in ihrer erdrückenden Mehrheit von den Hypothesen aus, die derzeit in Deutschland von den mächtigen Großgruppen geäußert werden. Es gibt eine schwarz-grüne Bioallianz, zu der sich allerhand Sozialdemokraten und Linke gesellt haben. (...) Die Verbrechen der Nazis haben in Deutschland, sozusagen als Gegenbewegung, nicht nur – Gott sei Dank – eine neue Politik ausgelöst, sondern auch einen neuen Moralismus, der gelegentlich alle Perspektiven verliert. Die großen überregionalen*

Print-Zeitungen, die ›Frankfurter Allgemeine‹, die ›Süddeutsche‹, aber auch die ›Welt‹ sind Wortführer dieses Moralismus.« Von diesem Moralismus abweichende Ansichten zu vertreten sei jedoch auch in der Gen-Ethik-Debatte noch möglich – und notwendig: »*Es gibt im Bereich Biopolitik und Bioethik zwar eindeutig einen gegen die moderne Naturwissenschaft gerichteten Kampagnenjournalismus. Die regionalen Blätter und Fernsehanstalten richten sich nach den Wortführern. Aber die Meinungsäußerungsfreiheit des Artikels 5 des Grundgesetzes bleibt gewahrt. (...) Aufklärung hat das Studium heiliger Texte durch ein Studium der Natur ersetzt. In Deutschland versucht eine weltanschaulich zwar keineswegs homogene, aber gut zusammenspielende und einflussreiche Fraktion des Zeitgeistes diese Entwicklung wieder zurückzudrehen. Darüber muss man streiten.«*

Die Tabuisierung der Stammzellenforschung steht in diesem Lexikon stellvertretend für die Tabuisierung anderer möglicherweise lebensrettender gen-medizinischer Entwicklungen, so etwa der Präimplantationsdiagnostik oder der Keimbahntherapie. Thilo Spahl und Thomas Deichmann gelangten in ihrem »Populären Lexikon der Gentechnik« zu dem Eindruck, hier sei die Ehrfurcht vor dem Genom und seiner Unantastbarkeit vielfach höher angesiedelt als die Ehrfurcht vor dem menschlichen Leben. → Chimäre, → Klonen.

Starr-Report

Von dem Sonderermittler Kenneth Starr am 11. September 1998 dem US-amerikanischen Repräsentantenhaus vorgelegter Bericht, der ein Amtsenthebungsverfahren gegen Präsident Bill Clinton begründen sollte. Clintons 1997 begonnene zweite Amtszeit wurde von einer skandalträchtigen Sex- und Meineidsaffäre überschattet, die von seiner außerehelichen Affäre mit Monica Lewinsky, einer Praktikantin im Weißen Haus, ausging und sich noch einmal ausweitete, als Clinton im Rahmen eines strafrechtlichen Verfahrens wesentliche Informationen über diese Beziehung zurückhielt. Teil des Starr-Reports waren die sehr eingehenden Schilderungen Lewinskys über die sexuellen Praktiken, beispielsweise unter Verwendung von Zigarren, die der Präsident gemeinsam mit ihr vollzog.

Zum Gegenstand der öffentlichen Debatte wurde nicht Clintons Verhalten, sondern der Starr-Report selbst, als dieser ins Internet gestellt wurde und damit auch intimste Details der gesamten Weltbevölkerung bis hin zu den Führern befeindeter Staaten zugänglich machte. Dieser weitreichende Eingriff in die Privatsphäre wurde von zahlreichen Politikern und anderen Prominenten scharf kritisiert, so etwa durch den Papst, Helmut Kohl (*»zum Kotzen«*), Oskar Lafontaine (*»ekelhaft«*) oder Antje Vollmer, die die deutschen Bürger zum Verfassen von Protestschreiben an die US-amerikanische Botschaft aufforderte. Dem hielten Verteidiger dieser Verfahrensweise entgegen, Clinton habe sich gerade durch die Inszenierung seiner »heilen Familie« vor den Medien und der Weltöffentlichkeit in seine Position der Macht gebracht – wenn dieses Bild jetzt vor derselben Öffentlichkeit als gigantische Illusion auffliege, sei das nur mehr als angemessen.

Ungebrochen jedenfalls war der Ansturm der User, die sich für das Sexualleben des möglicherweise mächtigsten Mannes der Welt interessierten – das führende Marktforschungsinstitut Relevant Knowledge schätzte die Zahl der Leser des Berichts auf 5,9 Millionen. Da die Originalsite des US-Kongresses aufgrund des starken Interesses bald kaum noch zu erreichen war, spiegelten Nachrichtendienste auf der ganzen Welt das Dokument und registrierten ebenfalls Zugriffe in Rekordhöhe. Der SPD-Politiker und Medienexperte Peter Glotz sprach von einer *»großen Medienwende«*, vergleichbar der Mondlandung für das Fernsehen: Das Internet, das einzige Medium, das es erlaubte, von jetzt auf gleich 445 Seiten weltweit zugänglich zu machen, sei durch den Starr-Report eigentlich erst in den Rang eines Massenmediums durchgebrochen. Die User verließen sich nicht länger auf eine kommentierte Vorauswahl der wichtigsten Passagen durch Journalisten, sondern »ermittelten« eigenhändig und bildeten sich ihr Urteil selbst. Diese Bewertung dürfte allerdings insofern ein wenig übertrieben sein, als der weit überwiegende Teil der Bevölkerung sich eben gerade nicht durch die 445 Originalseiten wühlte, sondern mit den aufbereiteten Passagen der Content-Provider vorlieb nahm.

Die Staatsanwaltschaft München I lehnte die Einleitung eines Ermittlungsverfahrens auf der Grundlage des »Gesetzes über die Verbreitung jugendgefährdender Schriften und Medieninhalte« ab, da ein staatliches Dokument per se keine pornographische Schrift darstellen könne. Gleichzeitig begannen die US-amerikanischen Medien eine Diskussion darüber, ob es sinnvoll sei, dem vorgeschlagenen

»Child Online Protection Act« zufolge Inhalte wie die des »Playboy« unter Strafe zu stellen, während man gleichzeitig in allen intimen Einzelheiten über das Sexualleben des Präsidenten lesen könne.

Am 21. September 1998 strahlten Internet- und Fernsehsender auf der ganzen Welt Videoaufzeichnungen von Bill Clintons intimer Befragung durch ein Geschworenengericht aus. Joachim Jacob, der Bundesbeauftragte für den Datenschutz, forderte daraufhin internationale Regelungen zum Schutz der Privatsphäre.

»Star Trek«

→ erotische Kontakte zwischen Schwarzen und Weißen

»Star Trek: Deep Space Nine«

Zweiter Ableger der Science-Fiction-Serie → »Star Trek«. In der Episode »Rejoined« wird das Volk der Trill herangezogen (→ »Star Trek: The Next Generation«), um die erotische Zuneigung zwischen zwei weiblichen Geschöpfen zumindest im Ansatz zu thematisieren (→ Homosexualität).

»Star Trek: The Next Generation«

Science-Fiction-Serie, Nachfolger der klassischen Star-Trek-Serie, 1987-1994. In einem letztlich nicht verwirklichten Skript der ersten Staffel war ein schwuler Fähnrich Freeman vorgesehen, der als Mitarbeiter Dr. Beverley Crushers fungieren sollte (→ Homosexualität). Ein 1991 von Star-Trek-Schöpfer Gene Roddenberry abgegebenes Versprechen, in der Staffel von 1991-1992 regelmäßig homosexuelle Nebenfiguren auftreten zu lassen, zog die Produktionsfirma Paramount nach Roddenberrys Tod zurück. Lediglich zwei Episoden beschäftigten sich im Ansatz mit Fragen der sexuellen Orientierung: »The Host« (1991), in dem es um das Volk der Trill geht, die ihren Wirtskörper und damit auch das sexuelle Geschlecht wechseln können, sowie »The Outcast« (1992). Wenn man bedenkt, dass sich »Star Trek« in all seinen Generationen als eine Form der Science Fiction inszeniert, die philosophisch und weltanschaulich neue Grenzen ausloten möchte, zeigt sich in der großen Zurückhaltung gegenüber diesem und verwandten Themen im Vergleich etwa zu → »Babylon 5« (oder auch → »Buffy im Bann der Dämonen«) doch eine eher konservative und ängstliche Haltung.

Sterbehilfe

(sachverwandte Begriffe: *Tötung auf Verlangen* sowie *Euthanasie*) Medizinischer Eingriff, um bei Todkranken das Sterben zu beschleunigen und zu erleichtern. Die so genannte passive Sterbehilfe (Verzicht auf lebensverlängernde Maßnahmen, etwa eine Beatmungsmaschine, wenn diese ein bloßes Verlängern des Leidens bedeuten und den natürlichen Sterbevorgang strecken würden) ist rechtlich erlaubt, die aktive Sterbehilfe (gezielte Maßnahmen der Lebensverkürzung etwa durch die Gabe von Medikamenten) ist nach § 216 des deutschen Strafgesetzbuches verboten.

Das etwa seit 1900 im Sprachgebrauch existierende Wort Sterbehilfe wurde schon damals kritisiert, da darin Tabuthemen wie → Tod und Sterben mit dem humanitären »Helfen« eine umstrittene Verbindung eingingen. Bezeichnete etwa der Sprachkritiker Fritz Mauthner diese Eindeutschung des bislang gebräuchlichen Fremdwortes Euthanasie (von griech. »eu« für »schön« und »thanatos« für »Tod«) als *»Vergeudung der Sprachenergie«*, gilt heutzutage umgekehrt das Wort »Euthanasie« durch seinen beschönigenden Gebrauch im Dritten Reich als negativ besetzt. Da die faschistische Ideologie der Nationalsozialisten insbesondere geistig Behinderte und seelisch Kranke, aber etwa auch Zigeuner und Träger von Erbkrankheiten als »lebensunwertes Leben« einstufte, hielten ihre Anhänger es für ethisch vertretbar, wenn nicht geboten, bestimmte Patienten etwa durch Gift oder Entzug von Nahrung umzubringen, was sie als »Gnadentod« bezeichneten. Diese aus heutiger Sicht schreckliche Pervertierung von Sterbehilfe führte in unserem Land zu einer starken Tabuisierung dieses ethischen Konfliktes und erschwerte eine gesellschaftliche Debatte sehr. Die so genannte Tötung auf Verlangen deckt der Paragraph 216 StGB ebenfalls ab. Sie ist mit einer Freiheitsstrafe von sechs Monaten bis zu fünf Jahren belegt, wobei Mitleid oder Barmherzigkeit als Tatmotive bei der Strafzumessung berücksichtigt werden. Aktuell diskutiert man darüber, ob ein Gericht auch ganz von der Verhängung einer Strafe absehen kann. Dem steht jedoch die Gefahr des Missbrauchs entgegen. Im kirchlichen Sprachgebrauch wurde der Ausdruck »Sterbehilfe« für die spirituelle, religiöse, menschliche und pflegende Begleitung eines Menschen im Sterbeprozess verwendet.

Auch Österreich und die Schweiz bestrafen aktive Sterbehilfe mit Gefängnis. Als erstes Land dieser Erde legalisierten sie im November 2000 die Niederlande. Voraussetzung dafür, dass Ärzte dort das Leben ihrer Patienten in einer medizinisch verantwortbaren Weise beenden dürfen, ist das Fehlen einer jeden medizinischen Alternative und der freiwillig erfolgte, wohlüberlegte Wunsch des Patienten. Als im April 2001 dieses Gesetz durch die Billigung des Senates in Kraft trat, reagierte die UN-Menschenrechtskommission darauf mit einer Rüge. Auch und insbesondere in Deutschland kam es zu scharfer Kritik, weil Politiker und Publizisten einen »Sterbetourismus« in den Nachbarstaat befürchteten. Gegen eine Übernahme der holländischen Regelung sprachen sich neben Vertretern der Kirchen und der Ärzteschaft fast sämtliche Parteien aus. Allein einige Politiker aus der FDP regten eine *»erneute Diskussion«* an. Christian Ströbele, Rechtsexperte der Grünen, bekundete, sowohl er selbst als auch seine Partei seien gegen aktive Sterbehilfe, auch wenn *»es einige Argumente aus Holland gibt, die uns weiter zum Nachdenken veranlassen sollten«*. Insbesondere in Deutschland sollte man jedoch *»wegen unserer Euthanasie-Vergangenheit zurückhaltender sein als in anderen Ländern«*.

Besonders lautstark meldete sich die ehemalige Bundesjustizministerin Herta Däubler-Gmelin (SPD) in der Debatte zu Wort und bezeichnete eine Entscheidung pro Sterbehilfe als *»schlimmen Tabubruch«*. Auch Monika Knoche, die Vertreterin der Grünen in der Enquetekommission des Bundestags »Recht und Ethik in der modernen Medizin«, interpretierte die Gesetzesänderung in den Niederlanden als *»unglaublichen Paradigmenwechsel«* und erklärte: *»Wenn ein Arzt zum Täter wird, empfinde ich das als unerträglichen Tabubruch.«* Darüber, dass in Deutschland eine solche Debatte nicht geführt werde, sei sie sehr froh. Einer zeitgleich erhobenen Allensbach-Umfrage zufolge erachten 70 Prozent der deutschen Bevölkerung eine Legalisierung wie in Holland hingegen als vollständig akzeptabel. Es ist möglich, dass mit Belgien das zweite Land dieser Welt aktive Sterbehilfe juristisch gestattet: Zwei Parlamentsausschüsse haben schon einen entsprechenden Gesetzentwurf ausgearbeitet.

Die Debatte um das Für und Wider der Sterbehilfe ist komplex. Man mag argumentieren, dass jeder Einzelne das Recht haben sollte, selbst über sein Leben oder seinen Tod zu bestimmen, insbesondere wenn er sich damit vor unsinnigem Leiden bewahren möchte. Andererseits bedeutet eine entsprechende Maßnahme immer auch einen gravierenden Eingriff in die grundlegenden Werte einer Gesellschaft, was den Schutz und den Wert menschlichen Lebens angeht. Noch einmal erschwert wird dieses Dilemma, wenn der Patient zum gegebenen Zeitpunkt nicht mehr äußerungsfähig ist und seine Betreuer auf Mutmaßungen oder auf Jahre zurückliegende Willenserklärungen angewiesen sind. In hilfloser Verfassung von seinen Angehörigen entgegen dem eigenen Willen getötet zu werden ist eine beängstigende Vorstellung. Einzelne Teilnehmer der Debatte (etwa Professor Dr. Schreiber, ehemaliger Päsident der Universität Göttingen) warnen zudem vor einer stärkeren Aufweichung des Zulassens von Sterbehilfe, um dadurch die Krise der Rentenkassen aufzufangen, wobei andere hier konstruierte Zusammenhänge als abwegig betrachten.

Am 16. Mai 2002 legalisierte Belgien ebenfalls die Sterbehilfe und gewährte dabei anders als Holland auch psychisch kranken Menschen das Recht auf einen leichteren Tod. → Selbstmord

Stern, Howard

Ebenso beliebter wie umstrittener New Yorker Radiomoderator, der in seinen politisch inkorrekten Shows auch vor Witzen beispielsweise über Massaker des Vietnamkriegs, Schwangerschaftsabbrüche oder Intimitäten keinen Halt macht. In einem Fall brachte er eine Anruferin allein mit seiner Stimme und ihrem Basslautsprecher zum Orgasmus. Einer aufschlussreichen Statistik zufolge bleibt der durchschnittliche Hörer etwa 20 Minuten bei einer Sendung Sterns hängen, der durchschnittliche Howard-Stern-Fan etwas mehr als eine Stunde und der durchschnittliche Howard-Stern-Hasser etwas mehr als zwei Stunden. 1997 entstand über den Radio-DJ der anarchistische Halb-Dokumentarfilm »Howard Stern – Private Parts« unter der Regie von Betty Thomas.

»Straw Dogs«

→ »Wer Gewalt sät«

Sturges, John (»Jock«)

Fotograf, geboren 1947, der ab den Siebzigern an Stränden Kaliforniens und Südfrankreichs Mitglieder befreundeter Familien, insbesondere unbekleidete heranwachsende Mädchen und Jungen, ablichtete. Über ein Vierteljahrhundert hinweg stellte er so in ästhetischen Langzeitstudien den Reifungs- und Alterungsprozess menschlicher Körper dar, wobei er deren Nacktheit nie als Reiz ausschlachtete, sondern als natürlichen Zustand ins Bild setzte. Besonders bekannt wurden seine Fotoserien um die junge Kalifornierin »Misty Dawn« (1987-95) sowie seine Aufnahmen von einem französischen Nacktbadestrand, »Marine« (1987-95). Sturges' Bilder sind in den berühmtesten Kunstmuseen der Welt ausgestellt, so etwa dem New Yorker Museum of Modern Art sowie der Bibliotheque Nationale in Paris. Im Zuge der Missbrauchshysterie der neunziger Jahre erhob man wegen seiner minderjährigen Modelle auch gegen Sturges den Vorwurf der Kinderpornographie. Nachdem das FBI 1991 in einer Razzia sein Atelier auf den Kopf stellte, lehnte eine Geschworenenkammer jedoch eine Anklageerhebung gegen den Fotografen ab: Seine Bilder seien eindeutig als Kunst zu erkennen. Sturges' ehemaliges Modell Misty Dawn bekundete mit Nachdruck, dass sie beim Anblick ihrer Nacktbilder keinerlei negative Empfindungen verspüre – im Gegenteil.

Sturges steht hier stellvertretend für verschiedene Künstler und Künstlerinnen, etwa Larry Clark (»Kids«) und Sally Mann, die in ihren filmischen oder fotografischen Werken das Tabu der erotischen oder auch nur unbekleideten Ablichtung Jugendlicher und Kinder durchbrechen. → »The Woman in the Child«

Quelle: Roland Seim und Josef Spiegel (Hrsg.): Der kommentierte Bildband zu »Ab 18«. Münster 1999

Surrealismus

(*franz.*: »Überwirklichkeit«) Nach dem Ersten Weltkrieg entstandene avantgardistisch-anarchistische Kunstrichtung. Zu ihren Prinzipien, die erstmals 1924 in André Bretons »Erstem Manifest des Surrealismus« theoretisch ausformuliert wurden, gehört eine Thematisierung des Unbewussten, Triebhaften und Irrationalen, eine Betonung des Rauschhaften und traumlogisch Visionären. André Breton zufolge lag die Aufgabe des Surrealismus in einer gesellschaftlichen Revolution durch den Umsturz von Ratio, Religion und Kultur und damit verbunden einer radikalen Kritik aller Illusionen der Humanität. Nachdem als Folge der wissenschaftlichen Entwicklungen der Moderne (Darwin, Spencer, Freud) und den desillusionierenden Erfahrungen des Ersten Weltkrieges das objektiv verbindliche Wirklichkeitsbild zusammengebrochen war, forderte der Surrealismus nun eine möglichst absolute Subjektivität ein: Jeder Traum, jede Utopie, jede Sichtweise sollte gleichwertig sein. Konstituierend für die menschliche Befindlichkeit sei letztlich allein die untrennbare Trias von Sexualität, → Gewalt und → Tod, die auch mit kulturellen Leistungen nicht mehr zu übertünchen sei. Die innersten Triebe des Menschen müssten wieder angemessen zur Geltung kommen; insbesondere der Sexus, das Animalisch-Triebhafte, habe man zur Revolution gegen die bürgerlichen Werte zu bringen. Da die solchermaßen angesprochenen Themen in der Gesellschaft dieser Zeit verdrängt wurden und mit einem Sprech- und Darstellungsverbot belegt waren, stellt der Surrealismus eine Kunstform des ebenso permanenten wie provokativen Tabubruches dar. Dieser Tabubruch konnte in sexueller Motivik bestehen (etwa in Gemälden Magrittes), in einer gewaltsamen Verletzung der Körpergrenzen (am bekanntesten dürfte hier der Schnitt durch ein menschliches Auge in Buñuels »Un Chien Anadalu« sein) oder in einer ebenso gewaltsamen Verletzung der gesellschaftlichen Ordnung: Man denke hier vor allem an Bretons These, eigentlich müsse man mit Pistolen in den Fäusten auf die Straße gehen und in die Menge schießen.

Die Tiefenschichten der menschlichen Psyche sollte ein Prozess des rein »automatischen« Schreibens (écriture automatique) in der surrealistischen Literatur freilegen, wobei der Verfasser auf Syntax und handlungslogische Stringenz ebenso verzichten sollte wie auf eine Nachbearbeitung dieser so entstandenenen Textcollagen. Letztendliches Ziel dieses Vorgehens war eine umfassende Welt- und Bewusstseinsänderung, wobei die Macht des Unbewussten genutzt und die bisher herrschenden logisch rationalen sowie moralischen Erwägungen ausgeschaltet werden sollten. Insofern war der Surrealismus streng genommen mehr als eine bloße Kunstrichtung, nämlich eine wissenschaftlich-politische Weltanschauung bzw. Utopie. Während er sich jedoch auf künstlerischem Gebiet durchsetzen konnte und in bestimmten Bereichen heute noch spürbar ist, scheiterte sein gesellschaftlich revolutionärer Ansatz. Dies ist zum einen Spannungen und Meinungskämpfen in der sehr heterogenen surrealistischen Gruppe selbst anzulasten, die letztlich zu ihrer Auflösung führten, zum anderen jedoch den »Kunstsäuberungsaktionen« der Nationalsozialisten insbesondere in Deutschland (aber etwa auch in Frankreich). Den von den Surrealisten und anderen Vertretern der Avantgarde begangenen ständigen Tabubruch diffamierten sie in einer Hetzkampagne als »Entartete Kunst«. Zahlreiche Werke verbannten die Faschisten aus den Museen oder zerstörten sie. Die Künstler wurden mit Darstellungsverboten überzogen und häufig verfolgt. Die Bedrohung ihres Lebens und ihres Lebenswerkes zwang viele von ihnen zur Emigration in die USA. Als 1938 die erste internationalen Surrealisten-Ausstellung in Paris stattfand, war der Höhepunkt dieser Bewegung bereits überschritten. Dennoch lieferte sie auch in den Jahrzehnten nach dem Zweiten Weltkrieg bezüglich Film, Fernsehen, Fotografie und Werbung wichtige Impulse.

Zu den bedeutendsten Wegbereitern der surrealistischen Literatur gehören der Marquis → de Sade, der französische Symbolist Charles Baudelaire, der durch das Prosagedicht »Die Gesänge des Maldoror« bekannt gewordene Comte de Lautréamont (1868-1870) sowie der Mathematiker und Autor Lewis Carroll (eigentlich Charles Ludwig Dodgson), Verfasser von »Alice im Wunderland« (→ Pädophilie). De Sade, Baudelaire und Lautréamont stellten in ihrer Poetik einer scheinbaren Verherrlichung des Bösen die Schattenseiten und dunkelsten Triebe der menschlichen Seele dar; dieser Tabubruch wurde vom Surrealismus ebenso bereitwillig aufgegriffen wie Carrolls A-Logik. Als wichtige Vertreter der surrealistischen Lehre sind Paul Éluard, Louis Aragon, René Crevel sowie (mit Abgrenzungen) Georges → Bataille zu nennen, als vom Surrealismus beeinflusste Schriftsteller insbesondere Federico García Lorca, Pablo Neruda, Alfred Döblin, Alfred Kubin und Hans Erich Nossack. Bekannte Beispiele surrealistischer Literatur sind Soupaults »Le bon apôtre« (1923), Éluards »Capitale de la douleur« (1926), Aragons »Le paysan de Paris« (1926) sowie Bretons »Nadja« (1928). In der bildenden Kunst gehören unter anderen Hieronymus Bosch, Paolo Uccello, William Blake, Marc Chagall und Paul Klee zu den Vorläufern und Paten der surrealistischen Bewegung. Als Vertreter der surrealistischen Malerei und Plastik zählen Marcel Duchamp, Max Ernst, Hans Arp, Man Ray, Joan Miró, René Magritte sowie Salvador Dalí. Der surrealistische Film wurde wesentlich durch Rene Clair, Hans Richter, Jean Cocteau und Luis Buñuel geprägt.

Swinburne, Algernon Charles

Englischer Dichter (1837-1909), der sich ohne Umschweife zu seinem Masochismus bekannte und zeitlebens nach seinem Prügelblock in Eton zurücksehnte. Seine stark sadomasochistisch gefärbten Werke wurden in seinem Heimatland immer mit einer gewissen Pikiertheit aufgenommen. Dies ist laut dem »Kindler Literatur Lexikon«, Band 16, *»weniger durch die Sache selbst (...) als rezeptionsgeschichtlich begründet. Eine Woche nach Swinburnes Tod (...) wetterte Canon Mason von der Kanzel der Kathedrale zu Canterbury«*, dass das allerkostbarste Blut notwendig gewesen sei, um die Verschmutzung, die Swinburne der englischen Literatur angetan habe, wieder zu beseitigen. Swinburne steht insofern in einer Reihe mit Autoren wie Edgar Allan Poe und Jonathan Swift, deren Werke von sich besonders moralisch gerierenden Zeitgenossen als verwerflich durch den Schmutz gezogen wurden, was aber letztlich nichts über ihren tatsächlichen literarischen Wert aussagte. Dass Swinburne allerdings noch postum von der Kanzel beschimpft wurde, lässt Kindler zufolge nur *»im Nachhall erahnen, welche aggressive Empörung über tatsächliche und vermeintliche Blasphemien, Obszönitäten und Perversionen durch die Veröffentlichung (seiner) ›Poems und Ballads‹ im Jahre 1866 ausgelöst wurde«*. Es war für das englische Bürgertum alles andere als einfach zu verkraften, dass Swinburne in der Mitte des vorigen Jahrhunderts unter anderem auch *»Gefühle sadistischer und masochistischer Natur ausführlich zur Sprache«* brachte.

Besonders übel nahmen Swinburnes Kritiker, dass sein Frauenbild so gar nicht dem des fast schon spirituellen, tugendhaften Wesens des viktorianischen Zeitalters entsprach, sondern Swinburnes Frauen vielmehr als grausam, dominant und laszív erschienen. Faustine, Phaedra, Aholibah, Lucrezia Borgia und Venus – sie alle verkörperten bei ihm das Prinzip der Lust und der Macht zur Beherrschung der Männer. Der »Kindler« führt weiter aus: *»Es liegt auf der Hand, dass auch die Liebe (zu) einer solchen Frau notgedrungen einen anderen Charakter hat. Sie wird als eine bitter-süße Mischung aus Lust und Schmerz erfahren und gefeiert. Die Publikation der ›Poems and Ballads‹ eskalierte zu einem der größten Skandale der englischen Literaturgeschichte und hat Swinburnes Rezeption in den so genannten gebildeten Kreisen jahrelang beeinflusst und behindert. Erschreckt zog der erste Verleger das Buch zurück. Es war zwar bald wieder erhält-*

lich; aber die Tendenz, einer wirklichen Auseinandersetzung lieber aus dem Weg zu gehen, war und blieb symptomatisch.« Und dies lag keineswegs in einem Mangel des Werks begründet. *»Swinburne hat, daran muss nachdrücklich erinnert werden, die englische Dichtung thematisch wie formal grundlegend erneuert, indem er sich über religiöse, moralische und politische Restriktionen hinwegsetzte, die kontinentale künstlerische Avantgarde zur Kenntnis nahm (u.a. Baudelaire und Richard Wagner) und die im Englischen natürlich scheinende Vorherrschaft jambischer Verhaltenheit und Eintönigkeit außer Kraft setzte.«*

T

Tabuwörter

Eine unter anderem im »Wordsworth Dictionary of Sex« veröffentlichte Studie Timothy B. Jays von der US-amerikanischen Kent-Universität ermittelte folgende Hitparade der Tabu-Ausdrücke in der englischen Sprache, insbesondere in den Medien: 1. motherfucker (Mutterficker), 2. cocksucker (Schwanzlutscher), 3. fuck (ficken, mit Nebenbedeutungen wie »verdammt«), 4. pussy (Möse), 5. cunt (Fotze; vgl. aber → Jugendslang), 6. prick (Schwanz), 7. cock (Schwanz), 8. bastard (unehelicher Sohn), 9. son of a bitch (Hurensohn), 10. asshole (Arschloch), 11. suck (saugen, lutschen), 12. nigger (abwertend für Schwarze), 13. tits (Titten), 14. whore (Hure), 15. goddam (gottverdammt), 16. shit (→ Scheiße), 17. bitch (Hure), 18. piss (pissen), 19. slut (Schlampe), 20. → queer (homosexuell/schwul), 21. bullshit (wörtl.: Bullenscheiße, freier: Scheißdreck), 22. ass (Hintern/Arsch), 23. spic (abwertend für Lateinamerikaner), 24. blow (blasen), 25. jesus christ (→ Jesus Christus), 26. damn (verdammt), 27. hell (Hölle), 28. pig (Schwein). Es ist ersichtlich, dass einige Wendungen kontextabhängig sind und etwa »blow« außerhalb von sexuellen Zusammenhängen oder »jesus christ« außerhalb von Flüchen natürlich voll akzeptabel sind. Unabhängig von dieser Studie stufte der Oberste Gerichtshof der USA sieben Ausdrücke als *»indicent«*, also unanständig, ein. Dabei handelte es sich um »cocksucker«, »cunt«, »fuck«, »motherfucker«, »piss«, »shit« und »tits«. Eine von vergleichbaren Autoritäten geschaffene Zusammenstellung solcher Tabu-Ausdrücke der deutschen Sprache ist nicht bekannt, wiewohl hier die Wortfelder vermutlich ähnlich liegen.

»Tatort«
→ Folkerts, Ulrike, → Juden, → Selbstmord, → Transgender

t.A.T.u.
(russisches Akronym für *»dieses Mädchen liebt jenes Mädchen«*) russisches Pop-Duo, bestehend aus der 17-jährigen Volkova Yulia Olegovna und der 18-jährigen Katina Elena Sergeevna. Yulia und Lena wurden 1999 bei einem Casting in Moskau aus über 500 Bewerbern ausgewählt. Kurz darauf nahm sie der Produzent Ivan Shapovalov unter seine Fittiche und entwarf für sie eine Inszenierung, die sich vermeintlich klassische Männerphantasien zwischen Schulmädchen- und Lesben-Sex zunutze machen sollte (→ Homosexualität, → Lolita). So zeigen sich die beiden bei öffentlichen Auftritten und im Video in knappen Schuluniformen, küssen sich intensiv und tauschen erotische Berührungen aus. Daraufhin wurde Tatus Plattenlabel Universal vorgeworfen, mit → Pädophilie Reklame zu machen, während sich die Musik- und Teeniepresse in immer neuen Beiträgen dem Faszinosum widmete, ob die beiden Sängerinnen wirklich lesbisch waren oder ob in Moskau nicht in Wahrheit zwei Freunde auf sie warteten. Lena und Yulia heizten das Rätselspiel um ihre sexuelle Identität durch immer neue kryptische Bemerkungen an. Mehrere Mitglieder des russischen Parlaments zeigten sich empört, da dieses Auftreten ihrer Ansicht nach der öffentlichen Moral einen großen Schaden zufüge.

In Russland waren die Mädchen nach ersten kleineren Erfolgen im Jahr 2000 durch den Song »Ya soshlas uma« berühmt geworden. Anfang 2003 starteten die beiden mit »All the things she said« auch in Westeuropa durch und landeten damit in den deutschen Charts aus dem Stand auf Platz 2, in Großbritannien sogar auf Platz 1. Zu diesem Erfolg dürfte auch eine heiße Kussszene in dem Video zu dem Song beigetragen haben. Auf den Musiksendern Viva und MTV lief das »Skandalvideo« dementsprechend auch in *heavy rotation*. Musikalisch erhielten t.A.T.u. für ihr erstes Album »200 km/h in the wrong lane« inzwischen Unterstützung von dem berühmten britischen Produzenten Trevor Horn, der auch schon Frankie Goes to Hollywood, den Pet Shop Boys und den Simple Minds zu Erfolgen verholfen hatte. So erkannten auch immer mehr Kritiker die musikalische Qualität dieses Albums an, statt t.A.T.u. ausschließlich als kommerzielles

Produkt psychologischer Verkaufsstrategien wahrzunehmen. Ob das Duo über genug Professionalität und Substanz verfügt, um mehr als ein Two-Hit-Wonder zu sein (auch die Single »Not Gonna Get Us« landete in den Charts), werden die nächsten Jahre zeigen.

Dem kalkulierten Tabubruch folgte indes ein vermutlich unfreiwilliger, als sich die beiden Mädchen Presseberichten zufolge bei einem Bühnenauftritt auf ihrer Tschechien-Tournee krankenhausreif prügelten. Lena habe sich danach aufgrund zahlloser blauer Flecken und starker Schmerzen im rechten Bein in einer örtlichen Klinik behandeln lassen müssen. Als angebliche Gründe wurden Stress, Erfolgsdruck und das pausenlose Zwangs-Zusammensein angeführt, das Spekulationen britischer Medien zufolge zu einer Art Hassliebe zwischen den beiden Teenagerinnen geführt habe. (→ häusliche und sexuelle Gewalt unter Lesben)

Offizielle Website des Pop-Duos t.A.T.u.: www.tatugirls.com, deutsche Fanpage: www.tatu-fanclub.de

Telefonsex

→ »Vox«

Theater

→ Bieito, Calixto

Tierrechte

→ Singer, Peter

Tod

Während im Mittelalter und während der Reformation das »memento mori« (»gedenke, dass du sterben wirst«) ein zentrales Motiv der bildenden Kunst ausmachte, die den Tod oft durch den grimmen Schnitter oder Sensenmann symbolisierte, wird der Tod in unserer Zeit durch Fiktionalisierung stark verfremdet. Es gibt die unterschiedlichsten Zählungen, wieviel zigtausend Tötungen ein junger Mensch vor Erreichen seines 18. Lebensjahres schon auf dem Bildschirm gesehen haben soll; zugleich findet aber in unseren Medien kaum eine reelle Auseinandersetzung mit diesem Ereignis statt. Eine Ausnahme bilden bestenfalls Sendungen des öffentlich-rechtlichen Fernsehens an bestimmten kirchlichen Feiertagen.

Einen der bemerkenswertesten aktuelleren Ansätze, dieses Tabu aufzuheben, leistete Sherwin B. Nuland 1993 in seinem Bestseller »How We Die« (dt. 1996 »Wie wir sterben – Ein Ende in Würde?«). Mit dem Wissen eines Chirurgen und Medizinhistorikers ausgestattet, beschreibt Nuland die oft grausame biologische und klinische Realität hinter Krankheiten wie Herzinfarkt, Schlaganfall, Krebs, Aids und Alzheimer. Auf die verschiedenen Phasen des Sterbe-Erlebens als psychospirituell transformierender Erfahrung geht hingegen Kathleen Dowling Singhs intellektuell und emotional sehr forderndes Sachbuch »The Grace in Dying« (San Francisco 2000) ein, für das Singh als legitime Nachfolgerin der international berühmtesten Sterbe-Expertin Elisabeth Kübler-Ross gepriesen wurde. Singh hat eine langjährige Erfahrung als Sterbehelferin und orientiert sich an der transpersonalen Psychologie. In »the Grace of Dying« bemängelt sie auch eine Schwäche von Nulands Werk: *»Dieses Buch wurde von einem Arzt geschrieben, der den Tod als den unerbittlichen Feind der Menschheit sieht. Er beschreibt ihn mit all dem Horror eines mentalen Egos in der Rolle eines Zuschauers. Man hat den Eindruck, dass er niemals an den Sterbenden Anteil nahm, dass er niemals mit ihnen sprach und sie niemals bat, mit ihm zu teilen, was mit ihnen in ihren verfallenden Körpern vorging, das ihn so empörte. Mit Äußerungen wie ›das Streben nach wahrer Würde scheitert, wenn unsere Körper scheitern‹ stellt sein Buch den Sterbeprozess in zutiefst falscher Weise dar.«* Ein weiteres Aufbrechen dieses Tabuthemas geschah ab 1975, als der Psychiater Raymond Moody in seinem Buch »Life after Life« erstmals Nah-Todes-Erfahrungen zum Gegenstand öffentlicher Debatten machte. Die damit verbundenen Phänomene (Tunnelerlebnis, Licht von »drüben«, Begegnungen mit Verstorbenen) sind seitdem in den Medien auch auf unterschiedlichste Weise unzählige Male zitiert worden. Andere Sterbeforscher (so etwa Michael Sabom und aktuell Sam Parnia von der Universität Southampton) konnten ähnliche Erfahrungen auch nach dem Hirntod bestätigen. Wissenschaftler mit einem traditionell naturwissenschaftlichen (»mechanistischen«) Weltbild haben seitdem versucht, mit den unterschiedlichsten biologischen und psychologischen Modellen den transzendentalen Wert solcher Erlebnisse anzuzweifeln oder zu widerlegen. So könnten die Glücksgefühle durch den Ausstoß von Endorphinen im Sterbeprozess verursacht werden, die Visionen durch Einfluss von Ketamin,

Störungen des Schläfenlappens und andere Faktoren. Diese Modelle sind aber unzureichend, was beispielsweise die übersinnlichen Erfahrungen Sterbender sowie die entsprechenden Nachwirkungen bei Wiederbelebten angeht (→ Paranormales). Während es Hinweise gibt, die für ein Weiterexistieren des persönlichen Bewusstseins sprechen, vertritt die transpersonale Psychologie in Anlehnung an östliche Weisheitslehren die Auffassung, dass das menschliche Bewusstsein nach dem Tod in eine höhere Stufe eintritt bzw. sich mit einem kollektiven Ur-Bewusstsein verbindet.

Im August 1995 diagnosizierten die Ärzte bei dem 74jährigen Timothy Leary, der als LSD-Papst und zentrale Persönlichkeit der Counterculture galt, unheilbaren Prostatakrebs. Leary kommentierte seinen herannahenden Tod in einem Interview mit dem britischen »Guardian« am 29. August 1995 wie folgt: *»Das ist wundervoll. Das ist so ein Tabuthema, und hier sprechen wir darüber. Ich bin in einer Kultur aufgewachsen, in der man nie darüber sprach, wieviel man verdiente oder über irgendetwas im Zusammenhang mit Tod. Ich liebe Themen, die das Establishment für tabu erklärt.«* Nach Learys Tod kamen kurzzeitig Gerüchte auf, denen zufolge Leary sein Sterben per Webcam ins Internet stellte und so mit der restlichen Welt teilte. Dies entspricht aber nicht den Tatsachen; stattdessen verschied er im Kreis seiner Freunde.

Am 24. April 1994 berichtete der britische »Independent« über eine von der Enlightened Tobaco Company neu herausgegebene Zigarettenmarke namens »DEATH«. B. J. Cunningham, Marketingdirektor der Tabakgesellschaft, wurde in diesem Artikel wie folgt zitiert: *»Tod ist ein Tabu, und Tabus sind dazu da, gebrochen zu werden. Das Tabu über den Tod und das Rauchen zu brechen ist unser einzigartiges Verkaufsargument.«* Wenige Monate später indes musste eine englische Versicherungsfirma eine Werbeanzeige mit dem Text *»Alle zwei Monate stirbt jemand an einer Herzkrankheit«* wegen des Unmuts der Betrachter zurückziehen, nachdem das begleitende Foto eine Beerdigung aus Sargperspektive abgebildet hatte.

→ »Kissed«, → Nekrophilie, → Selbstmord, → Sterbehilfe

Literatur zum Thema Tod allgemein: Jones, Constance: Der Tod. Piper 2000. Kübler-Ross, Elisabeth: Interviews mit Sterbenden. Drömer-Knaur 2001. Levine, Stephen: Sein lassen. J. Kamphausen 1997. Levine, Stephen: Wege durch den Tod. J. Kamphausen 1999.

Empfehlenswerte Literatur zum aktuellen Stand der Forschung über Nah-Todes-Erfahrungen: P.M.H. Atwater: The Complete Idiot's Guide to Near-Death-Experiences. Alpha Books/Macmillan 2000. Kenneth Ring: Lessons from the Light. Moment Point 2000.
Literatur zur transpersonalen Psychologie: Generell die Werke von Ken Wilber und Stanislaf Grof, zudem zur Einführung die folgenden: Rothberg, Donald J.: Ken Wilber in Dialogue. Theosophical Publishing House 1998. Scotton, Bruce: Textbook of Transpersonal Psychiatry and Psychology. Basic Books 1996. Wade, Jenny: Changes of Mind. State University of New York 1996. Vaughan, Frances; Walsh, Roger: Paths Beyond Ego. J.P.Tarcher 1993.
Zentrale Website zum Thema Nah-Todes-Erfahrungen: www.iands.org

Todesfälle unter Flüchtlingen nach Deutschland

Einer Dokumentation der Antirassistischen Initiative Berlin zufolge (»Bundesdeutsche Flüchtlingspolitik und ihre tödlichen Folgen«, 2001) starben zwischen 1993 und 2000 239 Flüchtlinge durch staatliche Maßnahmen der Bundesrepublik Deutschland. Im selben Zeitraum seien hingegen 64 Flüchtlinge infolge rassistischer Übergriffe ums Leben gekommen. Bezeichnenderweise gebe es zu den Taten rechtsextremistischer Mörder ein großes Medien-Echo, die weit höhere Zahl von Leichen, die auf das Konto der deutschen Politik gingen, werde in der Berichterstattung hingegen weitgehend tabuisiert. Im genannten Zeitraum starben den Angaben der Antirassistischen Initiative zufolge 119 Flüchtlinge bei dem Versuch, nach Deutschland zu gelangen, allein 89 von ihnen an den deutschen Ostgrenzen. 92 Flüchtlinge brachten sich wegen einer drohenden Abschiebung um oder kamen durch Polizeigewalt ums Leben. 159 Flüchtlinge wurden durch Misshandlungen während ihrer Abschiebungen verletzt, 5 Flüchtlinge kamen infolgedessen zu Tode. Mindestens 13 Flüchtlinge wurden in ihrem Herkunftsland ermordet – nicht eingerechnet sind all jene, die »spurlos verschwanden«. 310 Flüchtlinge verletzten sich aus Furcht vor Abschiebung selbst oder versuchten, sich selbst zu töten.

Kritiker dieser Statistik wenden ein, dass es zu weit gehe, Grenzen als rassistische »staatliche Maßnahme« zu definieren und sehen die tatsächliche Verantwortung an einem Teil der aufgeführten Todesfälle in Wahrheit bei den lebensgefährlichen Praktiken der Schlepper. Wenn die Betroffenen also Opfer bundesdeutscher Flüchtlingspolitik geworden seien, dann allenfalls in zweiter oder dritter Instanz. Die Antirassistische Initiative wies indes ebenfalls darauf hin, dass Ende 2000 ein britisches Gericht Deutschland als *»kein sicheres Land«* bezeichnet hatte, nachdem dort Flüchtlingen bei ihrer Abschiebung Gefahr für Leib und Leben drohe. → Folter in Deutschland

Website der Antirassistischen Initiative Berlin: www.berlinet.de/ari

Genauere Aufschlüsselung der Todesursachen: http://www.nadir.org/nadir/initiativ/sz/glasmoor/toedlich.html

»Der Todesking«

Nihilistischer Episodenfilm, BRD 1989, des vor allem durch → »Nekromantik« bekannt gewordenen Berliner Regisseurs Jörg Buttgereit, der dazu auch gemeinsam mit Franz Rodenkirchen das Drehbuch erstellte. Der Film gliedert sich in sieben Vignetten; diese erzählen für jeden Wochentag eine eigene kurze Geschichte über gesellschaftlich eher verdrängte Themen wie den → Tod und die Sehnsucht danach, Mord, → Selbstmord oder → Einsamkeit. So zeigt die Vignette »Montag« einen Mann, der seinen Job kündigt, in seine Wohnung heimkommt, alles aufräumt, etwas isst, den Fisch füttert und sich dann umbringt. In »Dienstag« betrachtet ein anderer Mann eine Kastrationsszene in dem Video »Vera – Todesengel der SS«, um daraufhin seiner dazukommende Freundin mit seiner Pistole zu erschießen. Am »Mittwoch« schildert ein weiterer Mann einer Passantin im strömenden Regen die Ursachen für seine Depressionen. Hauptfigur am »Donnerstag« ist eine Autobahnbrücke, zu deren Bild Name, Alter und Beruf der Menschen eingeblendet werden, die von ihr aus in den Tod gesprungen sind. »Freitag« stellt eine tiefanrührende Meditation zum Thema Einsamkeit dar, »Samstag« zeigt per Steadycam einen Amoklauf aus Tätersicht und »Sonntag« einen minutenlang von Heulkrämpfen durchgeschüttelten Verzweifelten, der schließlich seinen Kopf gegen die Wand schlägt, bis er stirbt. Zwischen den Episoden ist eine im Zeitraffer verwesende Leiche zu sehen. Seinen Titel enthält der Film durch die von einem kleinen Mädchen angefertigte Zeichnung des »Todeskönigs«, die von Buttgereit kommentiert wird, so wie man an den Weihnachtsmann glaube, könne man in dieser Gestalt den Grund dafür sehen, dass Menschen nicht mehr weiterleben wollten. Die Gesamtwirkung des dialogarmen, von düsterer Musik begleiteten Filmes ist außerordentlich deprimierend.

Todesstrafe
→ Benetton-Reklame, → Live-Hinrichtung

Tötung auf Verlangen
→ Sterbehilfe

»Tokio Dekadenz«
(auch: »Tokio Décadence«) Japanischer SM-Film, 1991-92, von Ryu Marakami nach dessen Erzählband »Topaz«. Protagonistin ist die junge Japanerin Ay (Miho Nikaido), die sich als Luxusprostituierte auch auf ausgefallene Wünsche ihrer Kundschaft einlässt und dabei insbesondere dominante und unterwürfige Rollen einnimmt. Der Film besticht damit, wie er die Spaltung und die Kluft zwischen der nach außen gezeigten gesellschaftlichen Rolle und dem privaten, »wahren« Ich aufzeigt: Während die von Ay bedienten Manager im Beruf kontrolliert und dominant auftreten, zeigen sie sich in der intimen Zusammenkunft als gelangweilt und ausgebrannt, aber von erotischen Obsessionen erfüllt. Ay selbst übernimmt ebenfalls die ihr zugedachten Rollen, ist privat aber zurückgezogen, in sich gekehrt und auf der Suche nach ihrem einen und einzigen Mann. Regisseur Muramaki setzt sich auf der Folie des Erotikfilms mit der Verknüpfung von Macht, → Einsamkeit und Gefühlskälte in der japanischen Gesellschaft kritisch auseinander. Damit verstößt er gegen bis dato vorherrschende japanische Schweigetabus, während in der westlichen Welt vor allem die umumwundene Darstellung sexueller Randbereiche als grenzüberschreitend gelten kann. Wegen dieser Doppelrolle wird Muramaki auch als »japanischer → Pasolini« bezeichnet. Für »Tokio Dekadenz« erhielt er 1992 auf dem italienischen Filmfest in Taormina den Preis für die beste Regie. Ab dem 29. September 1993 war eine geschnittene Form des Films auch in deutschen Kinos zu sehen.

»Trainspotting«
Kultroman von Irvine Welsh bzw. dessen Verfilmung 1996 durch Danny Boyle über eine Gruppe Jugendlicher, deren Leben sich zu einem Großteil um Drogen dreht. Der laut der englischen Presse *»beste britische Film des Jahrzehnts«* besticht durch seine Radikalität: Ist die detaillierte Darstellung des Konsums harter Drogen ohnehin noch immer ein Tabu im Mainstream-Kino, zieht dieses Werk einige zu-

sätzliche Register, wenn beispielsweise eine der Hauptfiguren auf der Suche nach einem verlorenen Päckchen Heroin in die angeblich schmutzigste Toilette Schottlands eintaucht (→ Scheiße) und eine andere im Verlauf ihres kalten Entzugs Visionen von einem über die Zimmerdecke krabbelnden toten Baby erlebt. Auch die Prozedur des »Anfixens«, des Setzens eines allerersten Heroinschusses bei jemandem, der zuvor clean war, zeigte dieser Film erstmals ins Bild und beschrieb sie zugleich als *»den besten Orgasmus (...) multipliziert mit tausend«*. Obwohl »Trainspotting« sehr eindringlich die Gefahren des Rauschgiftmissbrauchs darstellt, ist er doch keine plumpe Warnung im Stil der etwa zur selben Zeit virulenten Parolen »Say no to drugs«/«Keine Macht den Drogen«. Stattdessen verstößt er gegen ein weiteres Tabu, wenn er auf die Unzahl legaler und gesellschaftlich weitgehend akzeptierter Drogen (von Alkohol bis zu diversen Pharmazeutika wie etwa Valium) zu sprechen kommt sowie die bürgerliche Existenz als mindestens ebenso entfremdet und seelenlos karikiert wie das Leben als Junkie, nur dass sie eben den Rausch durch Ersatzbefriedigungen und Illusionen von Sicherheit ersetzte. So tritt an die Stelle einer Schlussmoral im Film die folgende Lebensplanung des der Drogenszene entkommenen Protagonisten: *»Die Wahrheit ist, dass ich ein schlechter Mensch bin. Aber das wird sich ändern. Ich werde mich ändern. Es war das letzte Mal, dass ich sowas gemacht habe. Ich mach jetzt reinen Tisch, einen neuen Anfang, werde anständig und sage ja zum Leben. Ich freu mich schon drauf. Bald bin ich genau wie ihr. Job, Familie, pervers großer Fernseher, Waschmaschine, Auto, CD und elektrischer Dosenöffner, Gesundheit, niedriger Cholesterinspiegel, Krankenversicherung, Eigenheimfinanzierung, Freizeitkleidung, dreiteiliger Anzug, Heimwerkertouren, Gameshow, Junkfraß, Kinder, Spaziergänge im Park, geregelte Arbeitszeit, Fitnesscenter, Autowaschen, 'ne Menge Pullover, traute Weihnacht mit der Familie, inflationssichere Rente, Steuerfreibeträge, Abfluss saubermachen, über die Runden kommen, mich auf den Tag freuen, an dem ich sterbe.«*

Es ist unklar, ob Welsh je selbst Heroin benutzte, aber seine Schilderungen werden von Menschen, die sich damit auskennen, als sehr treffend beschrieben. Kennzeichnend für sein Werk ist allerdings weniger diese Detailtreue, als die an das Sampling von DJs erinnernde Mixtur verschiedener Stimmen und Genres sowie das immer wiederkehrende Motiv von Schuld und Schuldigwerden (so in »Trainspotting« an dem Tod des Babys). Welsh thematisierte auch in seinen zukünftigen Romanen und Kurzgeschichten Sexualität, Drogen und Jugendkultur und trug damit dazu bei, internationale Verleger auf ein Bedürfnis der Leserschaft nach solchen Erzählungen hinzuweisen.

Transgender

In den siebziger Jahren von Virginia Charles Prince geprägter Ausdruck, der sich in den neunziger Jahren als Oberbegriff für alle Menschen durchsetzte, die zeitweise oder auf Dauer in irgendeiner Weise zwischen den Geschlechtern stehen. Er umfasst unter anderem die Transsexualität (Abweichung der seelischen von der biologischen Geschlechtsidentität, man fühlt sich also z. B. als Frau, aber in einem männlichen Körper oder umgekehrt), Transvestismus (die Neigung, Kleidung des anderen Geschlechts zu tragen) sowie die verschiedenen Formen von biologischer, psychischer oder sozialer Androgynie und Intersexualität (→ Zwitter). Es gibt noch einige verwandte Untergruppen (→ queer), die jedoch alle einer strikten lexikalischen Zuordnung aus verschiedenen Gründen nur schwer zugänglich sind. Grundlegend ist, dass sehr viele Transgender sich der schubladenmäßigen Zuteilung und Etikettierung zugunsten eines Auflösens der Grenzen gerne entziehen. Dies rührt unter anderem auch daher, dass Ausdrücke wie »Transsexualität« und »Transvestismus« eigentlich aus der medizinischen Literatur stammen und als Benennungen für einen Zustand dienten, den Ärzte und Psychologen als krankhafte Störung einordneten, die behoben (»geheilt«) werden sollte. Dass die Betroffenen sich überhaupt für das Label Transgender entschieden, hat zwei Gründe: Zum einen sollten die überflüssigen Konflikte in den eigenen Reihen überwunden werden, die sich aus Fragen entwickelten, ob jemand jetzt als Transsexueller, Transvestit, Transgenderist oder was immer zu bezeichnen sei oder nicht. Zum anderen wurde dadurch eine übergreifende Gruppenidentität geschaffen, mit der die Transgender-Fraktion geschlossen gegenüber einer Öffentlichkeit auftreten konnte, der eine eindeutige Geschlechtszuordnung noch so wichtig ist, dass sie auf Menschen jenseits davon häufig mit Verständnislosigkeit, Unbehagen und Ablehnung reagiert.

Tatsächlich fühlen sich Transgender noch immer in vielem diskriminiert. Bestimmte Rechte wie nach einer Änderung des Vornamens auch als Herr oder Frau angesprochen zu werden oder die rückwirkende Änderung von Berufszeugnissen mussten sie sich erst vor Gericht erkämpfen. Auch dass ein Arbeitnehmer nicht wegen seiner Transsexualität entlassen werden durfte, war erst durch ein entsprechendes Urteil des Europäischen Gerichtshofs 1996 durchzusetzen. Im Jahr 2002 beschloss die deutsche Homosexuellen-Organisation LSVD ein Grundsatzpapier Transgender, in dem sie ein Ende der noch bestehenden Diskriminierungen einforderte: »*Es geht darum, Transgender als eine der vielen Möglichkeiten menschlicher Existenz zu begreifen, also nicht als Störung oder Abweichung, sondern als einen Teil menschlicher Normalität.*« Zu den Reformen des 1980 in Deutschland eingeführten Transsexuellengesetzes, die der LSVD für notwendig erklärte, gehören eine Liberalisierung der Zugangsvoraussetzungen für Vornamensänderung und Änderung des Personenstandes, das Recht auf Absicherung einer Partnerschaft mit dem Partner der Wahl, die Ermöglichung eines Übergangs zwischen Ehe und Lebenspartnerschaft, die volle Gültigkeit des Transsexuellenrechts auch für Ausländer, voller Diskriminierungsschutz am Arbeitsplatz, Maßnahmen zur Akzeptanzförderung in der Gesellschaft (insbesondere durch Aufklärung und Information), die Anerkennung politischer Verfolgung von Transgendern als Asylgrund, das Respektieren des Selbstbestimmungsrechts von Transgendern durch Ärzte und Psychologen, statt hier fälschlich von einem Krankheitszustand auszugehen, sowie deutlich vereinfachte Verfahren bei der Kostenübernahme der Krankenkassen. Dass die Krankenkassen nach richterlichem Urteil überhaupt verpflichtet sind, Operationskosten zu übernehmen, ist dabei paradoxerweise jenem Zustand zu verdanken, den viele Transgender bekämpfen: der Definition von Transsexualität als Krankheit. Diese beruht unter anderem auf dem vor allem in Europa geltenden konservativen Diagnosehandbuch ICD (»International Classification of Diseases«), das bis 1993 selbst → Homosexualität noch als seelische Störung auflistete.

Aufgrund der nur sehr unscharfen Erfassbarkeit des Themas Transgender und eben auch aufgrund seiner Tabuisierung ist es sehr schwierig, exakte Zahlen darüber zu erhalten, wie viele Betroffene es überhaupt gibt. Die einzige verwertbare Untersuchung aus dem Jahr 1993 lässt hochgerechnet den Schluss zu, dass in Deutschland 1700 operierte (!) Transsexuelle leben. Selbsthilfegruppen geben in ihren

Schätzungen aber wesentlich höhere Zahlen bis hin zu 400.000 deutschen Transgendern an. Dem dürfte allerdings eine sehr breite Definition des Sachverhalts zugrunde liegen.

Dass Transgender an ein so starkes Tabu rühren, lässt sich wohl vor allem dadurch erklären, dass die Zuordnung eines Menschen als männlich oder weiblich normalerweise ein elementares Bedürfnis ist. Es gibt zwar auch eine Bibelstelle, die sich gegen einen Rollentausch ausspricht (Deuteronomium 22:5: *»Eine Frau soll nicht die Ausrüstung eines Mannes tragen und ein Mann soll kein Frauenkleid anziehen; denn jeder, der das tut, ist dem Herrn, deinem Gott, ein Greuel.«*), aber hierbei handelt es sich um eine der sehr frühen biblischen Passagen, die kirchenhistorisch nie aufgegriffen wurden und heute eher von kuriosem Charakter sind. Progressive Theologen argumentieren stattdessen, dass sich auch in Transgendern Gottes Wirken zeige, → Jesus sich gerade gegenüber gesellschaftlichen Außenseitern solidarisch gezeigt habe und jemand, der zu seinem Wesen stehe, die *»Tugend der Wahrhaftigkeit«* lebe. In anderen Kulturen gab es häufig Menschen, die zwischen den Geschlechtern standen, etwa die Berdaches bei den Indianern und die Hirjas in Indien; mal wurden sie verachtet, mal verehrt.

In der Geschichte des Westens kleideten sich vor allem Frauen manchmal wie Männer, um so in Bereichen tätig sein zu können, zu denen sie sonst keinen Zugang gehabt hätten, etwa als Söldner oder Piraten. Heute hat sich die Situation, was Transvestismus betrifft, zuungunsten des Mannes verkehrt, auch wenn das (wie in anderen Fällen) kaum wahrgenommen wird, wie diese Passage aus Kurt Starkes »Lexikon der Erotik« deutlich macht: *»Wenn sich eine Person nicht ihrem sozialen Geschlecht entsprechend verhält, kommt es zu Komplikationen. Würde beispielsweise ein Bräutigam im weißen Hochzeitskleid erscheinen oder ein Kanzler in Rock und Bluse ans Rednerpult treten, wäre ein Skandal unausbleiblich.«* Es ist kein Zufall, daß zwar von *»einer Person«* die Rede ist, bei beiden Beispielen aber auf Männer zurückgegriffen wird. Eine Politikerin im Hosenanzug oder generell eine Frau, die eine traditionelle Männerrolle übernimmt, wird längst nicht mehr als Störfall des Normalen betrachtet. Hier wird deutlich, wie stark eine Geschlechtszuweisung von sozialen Faktoren abhängt. Es überrascht insofern auch nicht, dass Transgender aktuell ebenso in die entstehende deutsche Männerbewegung zuwandern wie früher in den Feminismus. An der Freien Universität Amsterdam etablierte sich 1975 der bis heute weltweit einzige Lehrstuhl für Transsexologie unter der Leitung des Hormonforschers Professor Louis Goren, der auch durch seine wissenschaftlichen Beiträge für das »International Journal of Transgenderism« bekannt wurde.

Die Darstellung von Transgendern im Kino beginnt im Genre der Komödie (»Manche mögen's heiß«, »Ms. Doubtfire«). Das bietet sich offenbar an, weil der Geschlechterwechsel ähnlich dem Witz eine verkehrte Welt symbolisiert und der Wissensvorsprung der Zuschauer über die tatsächlichen Verhältnisse Gelegenheit zur Komik gibt. Der Drehbuchautor macht dem breiten Publikum den Rollentausch nachvollziehbar, indem der Held bzw. die Heldin dazu quasi in einer Notlage gezwungen wird: Sie oder er wird von Verbrechern verfolgt (»Das Wirtshaus im Spessart«, »Manche mögen's heiß«), eine junge Frau möchte unbedingt in eine Männerdomäne eindringen (»Gustav Adolfs Page«, »Yentl«, »Victor/Victoria«), ein geschiedener Vater kann nur als Kindermädchen verkleidet seinen Nachwuchs wiedersehen (»Mrs. Doubtfire«). Ein nächster Schritt waren die politisch-pädagogischen Filme wie »Switch«, in denen Männer quasi in einer höheren Evolutionsstufe als Frau wiedergeboren werden, um aus neuer Perspektive zu erleben, wie furchtbar sie und ihre Geschlechtsgenossen sich aufführen. Eine umgekehrte Inszenierung (Frauen lernen aus männlicher Perspektive über die Fehler ihres Geschlechtes) steht noch aus, vielleicht aber auch, weil – wie oben erklärt – der Tabubruch eines Mannes in weiblicher Aufmachung heute größer ist als umgekehrt. Eine weitere Möglichkeit, mit der Filmemacher sich dem Thema zu nähern versuchten, ist die Travestie. Hier wird die Wanderung zwischen den Geschlechterrollen halb als exotisch, halb als befreiend propagiert (»The Birdcage«, »The Rocky Horror Picture Show«). Während insbesondere im Underground und in der Avantgarde eine große und zunehmend wachsende Zahl von Filmen entstanden, in denen das Thema Transgender zumindest angerissen, aber auch ausführlich behandelt wurde, fällt doch auf, dass viele von ihnen dieses Thema vor allem in Verbindung entweder mit sozialen Ausnahmesituationen oder aber als »Perversion« im Sinne einer psychischen Störung darstellten. Noch einmal mehr trifft das in Mainstream-Filmen zu: Norman Bates in Hitchcocks → »Psycho« ist ebenso geistesgestört wie der Psychiater Dr. Elliot in Brian de Palmas »Dressed to Kill«, und der dem → Kannibalismus frönende → Serienmörder Hannibal Lecter (→ »Hannibal«) ist in »Das Schweigen der Lämmer« geradezu sympathisch im Vergleich zu dem transsexuellen Triebtäter Buffalo Bill.

Es gibt zahlreiche weitere Dinge, die Transgender hinsichtlich ihrer Darstellung im Film bemängeln:

- Wenn Transsexuelle einmal nicht als Täter erscheinen, dann aber ganz bestimmt als Opfer, jedenfalls immer im Zusammenhang mit Feldern wie Kriminalität, → Gewalt, Sucht oder Prostitution (man denke hier auch an »Last Exit to Brooklyn« von Hubert → Selby).
- Die Wesensart Transsexueller wird verwissenschaftlichend erklärt, wodurch die Betreffenden zu »Fällen« werden, zu Objekten, über die man doziert, statt zu Subjekten, mit denen man sich unterhält (beste Beispiele sind auch hier »Psycho« und »Dressed to Kill«).
- Die jeweilige Person wird auf ihre Transsexualität reduziert, statt als Individuum wahrgenommen, wobei Transsexualität zusätzlich noch einmal auf die rein sexuelle Ebene verengt wird.
- Der Transgender erscheint jedenfalls als Freak, als Außenseiter, als Problemfall statt als Mitglied einer funktionierenden Gruppe (auch anderer Transsexueller) oder als jemand, der sich bewusst für eine bestimmte Lebensweise entschieden hat.

Unter dem Deckmantel des schein-toleranten Tabubruchs finde die gewohnte Ausgrenzung immer noch statt, was zumindest prinzipiell selbst auf die bemühteren und gelungeneren Filme wie → »The Crying Game« oder »Ed Wood« (→ Wood, Ed) zuträfe. Positiv wäre es stattdessen, Transgender zu zeigen, die in bürgerlichen Berufen ein selbstbestimmtes, erfolgreiches Leben mit komplexem persönlichen Hintergrund führen, idealerweise, indem Transsexualität noch nicht einmal als Problem thematisiert wird. Der Umstand, dass auch andere gesellschaftliche Gruppen, vor allem die Homosexuellen, es geschafft haben, von der schrägen Figur und vom Repräsentanten einer Minderheit zum ganz normalen Alltagscharakter zu werden (→ »Lindenstraße«, → »Will and Grace«), lasse hier einerseits durchaus hoffen. Gegenentwürfe wie den australischen Spielfilm »Die Abenteuer von Priscilla – Königin der Wüste« (1994) oder Monika Treuts »Gendernauts« (Deutschland/USA 1999), die sich immerhin in diese Richtung bewegen, gibt es ja bereits. Skeptisch stimme andererseits, dass das Medium Fernsehen die überkommenen Muster aus dem Kino allzu unbekümmert aufgreift. Talk-Shows brechen zwar das Tabu der Transsexualität, klären aber nicht auf, sondern stellen die Betreffenden als abweichende Figuren aus. Auch ein Krimi wie »Liebe, Sex, Tod« aus der Reihe »Tatort« gesteht dem Transsexuellen nur als kriminellem Geistesgestörten aus dem SM-Prostitutionsmilieu eine Existenzberechtigung zu.

Fernsehserien, bei denen Transgender zumindest in einer oder einigen Folgen erschienen, sind »Twin Peaks« (→ Lynch, David), David E. Kelleys »Picket Fences« und »Ally McBeal«, »Chicago Hope« sowie »Beverly Hills 90210«. Die einzige Serie, in der als dauerhafte Nebenfigur ein Transgender mitwirkt, ist »Coronation Street«, das englische Vorbild zur deutschen »Lindenstraße«.

Schließlich beklagen es Sprecher der Transgender-Bewegung wie Monika Treut, dass *»die Gender-Diskussion (...) hierzulande hauptsächlich von nicht-betroffenen Akademikern geführt (wird), die den angelsächsischen akademischen Diskurs partiell und ungefiltert übernehmen. Von den Pionieren der Transgender-Bewegung hat man hierzulande wenig gehört. Die inspirierenden Schriften von Sandy Stone sind z. B. ins Finnische, Portugiesische und Italienische, aber nicht ins Deutsche übersetzt.«* (zitiert nach der Filmzeitschrift »Screenshot«, 2/2002)

Literatur: Hertzer, Karin: Mann oder Frau. Wenn die Grenzen fließend werden. München 1999. Polymorph (Hrsg.): (K)ein Geschlecht oder viele? Transgender in politischer Perspektive. Querverlag 2002. Queen, Carol und Schimel, Laurence: PoMoSexuals. Challenging Assumptions about Gender and Sexuality. Cleis Press 1997.

Websites: www.postgender.de, www.sandystone.com/trans.html, www.transgender.at, www.transgender-net.de, www.uni-kiel.de/medien/trans.html, www.maennerrock.org

transgressive fiction

(*engl.* für »überschreitende«, »grenzverletzende« Literatur) Nach einem solchermaßen betitelten Artikel James Gardners im US-amerikanischen »National Review« vom 17.6.1996 geprägter Oberbegriff für jede Art von Literatur, die gewaltsam das Zentrum der bestehenden Kultur attackiert und sich selbst als unmoralisch, schmerzhaft und entwürdigend darstellt. Gardner nennt als historische Beispiele Euripides »Bacchae«, Marlowe, Webster, → de Sade, Huysmans und Céline, ebenso Byron, Wilde und die Surrealisten (→ Surrealismus). Interessant sei, so Gardner weiter, dass sich subversive und affirmative Epochen in der Literaturgeschichte immer gegenseitig abgelöst hätten – so ist die Romantik etwa eingebettet zwischen Klassik und Biedermeier – und nur in unserer Gegenwart die beiden Stränge nebeneinander bestünden.

»Transgressive fiction« bezeichnet in diesem Sinne all jene Titel insbesondere der neunziger Jahre, die sich dem Brechen bestimmter Tabus widmeten, also etwa Susanna Moores »In the Cut« (dt. »Aufschneider«, Reinbek 1997), A. M. Homes »The End of Alice«, Bret Easton Ellis' → »American Psycho« oder die Kurzgeschichtensammlung »High Risk. An Anthology of Forbidden Writings« von Scholder und Silverberg. Ihre Themen sind typischerweise Sexualität, → Gewalt, Krankheit, → Tod und (andere) psychische Grenzsituationen.

Transhumanismus

Auf wissenschaftlicher Methodik beruhende philosophische Ausrichtung mit dem Ziel, die bisher dem Menschen gesetzten Grenzen beispielsweise hinsichtlich Lebensdauer oder mentaler Leistung zu verbessern. Zu den typischen Kennzeichen der transhumanistischen Bewegung gehört, dass ihre Anhänger den Schwerpunkt auf Verstandeskraft statt auf religiösen Glauben legen, wobei ein paradiesähnlicher Zustand nicht erst (wenn überhaupt) im Jenseits angestrebt, sondern insbesondere durch technische Eingriffe bereits im Diesseits pragmatisch verwirklicht werden soll. Während eine Verbesserung der menschlichen Lebensverhältnisse prinzipiell schon immer das Ziel wissenschaftlicher Forschung war, sehen Transhumanisten durch die umwälzenden Entdeckungen der letzten Jahre und das vermutete hyper-exponentiale Anwachsen weiterer Entdeckungen dieser Art eine bisher noch nicht vorstellbare Sprengung der Grenzen des Menschlichen voraus, beispielsweise eine weitgehende Abschaffung von Alter und → Tod, was sie euphorisch als positive Entwicklung propagieren. Kritiker des transhumanistischen Denkens sehen in seiner Haltung ein bedenkliches Rühren an elementaren Tabus. Die menschliche Sterblichkeit, die Grenzen des Machbaren, des Menschen letztliche Hilflosigkeit gegenüber höheren Mächten waren und sind schließlich seit Jahrtausenden Grundbestandteil der Conditio Humana und als solche zentrale Elemente des gesamten kulturellen Überbaus der Menschheit, von der Literatur über die Philosophie bis zur Religion. Schon dass die transhumanistische Bewegung mit diesen fest verankerten Vorstellungen radikal bricht, dürfte sie mindestens auf intellektueller Ebene zur größten und umwälzendsten philosophischen Herausforderung des neuen Jahrtausends werden lassen. Als Werkzeuge, um die bisher von der Biologie festgelegten und dabei als »suboptimal« empfundenen Grenzen zu überwinden, schlagen die Transhumanisten verschiedene wissenschaftliche Techniken vor: An erster Stelle steht dabei die Molekularbiologie, die es erlaube, auf den genetischen Code Einfluss zu nehmen und ihn zielgerichtet zu verbessern, statt ihn weiter der nach Ansicht der Transhumanisten blinden Evolution zu überlassen. Durch gentechnische Eingriffe sollen hier unerwünschte Elemente gelöscht und wünschenswerte Eigenschaften nachgefügt werden. Werden in einer Anfangsphase also negative Erscheinungen wie Krankheit und Alter beseitigt, würde in späteren Entwicklungsschritten Positives auf den menschlichen Körper aufgestockt werden. Die sich abzeichnende Möglichkeit des Einsatzes von Nanotechnologie, also atomgroßer Gerätschaften, biete eine vielversprechende Beseitigung der bestehenden Umweltschäden, eine abfallfreie Produktion auch heute noch kaum vorstellbarer Gebrauchsprodukte (einschließlich Computern, die dem menschlichen Gehirn weit überlegen seien) sowie körperliche Eingriffe auf Molekülebene. Letztlich bereite dies den Weg für eine Verschmelzung von menschlichem und künstlichem Bewusstsein, von Gehirn und Computer, sprichwörtlich von »Geist und Maschine«. Transhumanisten spekulieren hier über heute noch utopisch erscheinende Möglichkeiten wie den menschlichen Geist als Software auf Supercomputern als entsprechend fortgeschrittener Hardware »ablaufen« zu lassen, Sicherungskopien des individuellen Bewusstseins zu erstellen (was ein weiterer Schritt hin zur Unsterblichkeit wäre) und die einzelnen Persönlichkeiten zu einem kollektiven Gruppenbewusstsein planetaren Ausmaßes zu verbinden, wie es heute nur in dem Genre der Science-Fiction angedacht wird. Diese Entwicklungen können durch Fortschritte in Bereichen wie dem der Designerdrogen oder der Raumfahrt begleitend unterstützt werden.

Selbstverständlich erzeugt die gesteuerte und vollständige Umgestaltung der menschlichen Art durch den Menschen selbst, wie sie vom Transhumanismus angedacht wird, bei vielen außerordentliche Skepsis. Das Tabu des wissenschaftlichen Grenzübertritts, des allzu extremen Eingriffs in »die Natur«, ist spätestens seit dem von Mary Shelley entworfenen Frankenstein-Stoff (natürlich auch schon zuvor etwa durch den Doktor-Faustus-Stoff und danach etwa durch Bert Brecht) ein Konstituens der menschlichen Geisteshaltung. Bei diesem Tabu spielt die in zahlreichen Mythen und Religionen vorhandene Warnung eine Rolle, dass der Mensch sich nicht die Rolle des Schöpfers anmaßen solle. Der Transhumanismus wendet gegen solche Vorhaltungen ein, dass der Mensch immer schon als Schöpfer tätig gewesen sei und in die naturgegebenen Bedingungen massiv eingegriffen habe. Was die von Kritikern beanstandeten »Grenzverletzungen« anginge, sei es völlig diffus, wo diese Grenzen angeblich verlaufen: Sie erscheinen mehr oder weniger willkürlich gesetzt. Heute mag uns das Abschaffen von Alter und Tod als anmaßend und vermessen erscheinen, aber vor hundert Jahren hätten viele dasselbe über Herztransplantationen oder In-vitro-Fertilisation gedacht. Ebenso willkürlich sei, dass alles »Natürliche« als positiv gezeichnet werde, aber menschliche Eingriffe in die Evolution nicht, wiewohl der Mensch ebenfalls einen Teil der Natur darstelle. Warum sollte eine zufallgesteuerte Evolution ethisch vertretbarer sein als eine vom Menschen beeinflusste? Die bisher von Religion und Philosophie überlieferten moralischen Normen mochten unter den Umständen, in denen sie entstanden, volle Gültigkeit gehabt haben; im durch die wissenschaftlichen Entwicklungen herbeigeführten trans- oder posthumanen Zeitalter lägen aber andere Umstände vor, die ein komplett neues Herangehen notwendig machten.

Das stärkste Tabu, das der Transhumanismus angreift, ist sicherlich das der irdischen Unsterblichkeit. Während der Wunsch danach bereits im ältesten Mythos der Menschheitsgeschichte, dem Gilgamesch-Epos, eine zentrale Rolle einnimmt, wurde die Unsterblichkeit der Seele von allen großen Religionen ins Jenseits bzw. auf die Ebene der Wiedergeburt verlagert. Als Grundlage des Tabus eines ewigen Lebens in ein und demselben Körper sehen Transhumanisten wie Torsten Nahm und Stefan Ernstberger in ihrem Aufsatz »Transhumanismus und der Traum von der Unsterblichkeit« den psychologischen Mechanismus der »sauren Trauben«: Wenn man davon überzeugt sei, etwas eigentlich Ersehntes ohnehin nicht erlangen zu können, verdränge man erfolgreich sein eigenes Verlangen danach. Rational sei es nicht nachvollziehbar, dass sich zahlreiche Menschen mit einem bis heute nicht beweisbaren Weiterleben der Seele im Jenseits zufriedengäben, aber einer Verwirklichung dieses Wunsches durch wissenschaftliche Forschung skeptisch gegenüberstünden.

Transhumanisten versichern, dass ihrer Weltanschauung zufolge Menschen, die sich von der Vorstellung ihres Todes als grundlegendem Bestandteil der Weltordnung oder Notwendigkeit zur spirituellen Weiterentwicklung nicht trennen können, die Möglichkeit des Freitodes als elementarem Menschenrecht gesichert bleiben sollte (→ Selbstmord). Nahm und Ernstberger entwerfen in ihrem Aufsatz ein Szenario von drei Phasen in der Eliminierung der menschlichen Sterblichkeit. In der von ihnen so bezeichneten »therapeutischen Phase«, in deren Anfängen wir uns bereits befänden, könne die Lebenserwartung durch die Gentechnik und biochemische Eingriffe auf bis zu 120 Jahre angehoben werden. In der darauf folgenden »Präventiv-Phase« würde man die Entstehung von Krankheiten schon bei der Zeugung durch vorsorgende Maßnahmen verhindern. In der »Designer-Phase« schließlich könnte man auf bloß korrigierende Eingriffe und Schutzmaßnahmen verzichten und stattdessen den menschlichen Körper durch genetische Eingriffe gezielt verbessern, so dass eine Lebensspanne von 500 Jahren nicht mehr unrealistisch sei. (Die Autoren bekunden: *»Es ist überflüssig zu erwähnen, dass die Präventiv-Phase und erst recht die Designer-Phase auf vehemente Ablehnung, zumal hier in Deutschland, stoßen werden.«*) Alle heute lebenden Menschen, für die solche Veränderungen zu spät kämen, könnten ihre Körper durch kryonische Verfahren in flüssigem Stickstoff einfrieren lassen und sich durch eine Technologie der Zukunft, die eine Manipulation der Materie auf Molekülebene möglich macht, wiederbeleben lassen. Diese Technologie müsste allerdings erst noch geschaffen werden: Nach heutigem Kenntnisstand wäre eine Zurückverwandlung abgestorbener Zellen in ein lebendiges System undenkbar – von der Wiederherstellung der ehemaligen Persönlichkeit ganz abgesehen ...

Noch einen Schritt weiter geht indes das von dem Robotiker Hans Moravec eingebrachte Konzept, den menschlichen Geist völlig von seiner Gebundenheit an ein biologisches Gehirn zu lösen und ihn unter Verwendung der Nanotechnologie auf einen Supercomputer zu übertragen, der in der Lage wäre, die normalerweise von Synapsen und Neurotransmittern geleisteten Aufgaben zu ersetzen. Mit der Außenwelt würde dieses Bewusstsein demnach über ferngesteuerte Cyborgs in Verbindung treten. Wenn diese Vorstellung praktisch umsetzbar wäre, würde sie nicht nur das Risiko minimieren, dass die Persönlichkeit eines Menschen verloren ginge, weil sein körperliches Trägermedium zerstört wird. (Anders als der menschliche Körper könnte der vorgeschlagene Supercomputer in einem besonders geschützten Raum verwahrt werden, so dass nur die Cyborgs miteinander und mit der Umwelt in direkten Kontakt treten.) Es könnte auch eine reale Unsterblichkeit dadurch gesichert werden, dass Sicherheitskopien der »Software« Bewusstsein im gesamten Sonnensystem verteilt werden. Unter diesen Umständen wäre das individuelle Bewusstsein nach transhumanistischer Vorstellung endgültig gegen fast alle denkbaren Katastrophen abgesichert – zumindest solange das Universum nicht spontan auf den Punkt einer Ausdehnung von null zusammenschnurrt oder ähnlich unvorhersehbare Faxen veranstaltet. Möglicherweise sollte man die Erkundung paralleler Dimensionen als Ausweichhafen rechtzeitig in Betracht ziehen.

Angesichts der Tatsache, dass die Wissenschaft selbst heute noch kein eindeutiges Konzept aufweisen kann, was »Bewusstsein« eigentlich darstellt, hören sich solche Thesen für viele Leser vermutlich recht unausgegoren an. Auch scheint die transhumanistische Lehre ein mechanistisches Weltbild wie selbstverständlich für gegeben anzusehen, obwohl die Wissenschaft dafür ebensowenig über Beweise verfügt wie für ein transzendentes (wenn nicht gar ein transzendentes Weltbild in den letzten Jahren mehr und mehr an Glaubwürdigkeit gewinnt). Aber selbst innerhalb dieses mechanistischen Weltbildes kranken transhumanistische Vorstellungen wie die oben skizzierten daran, dass sie die aktuellen rasanten Fortschritte der Wissenschaft mit ihrem »Wer weiß, was die Zukunft alles bringt?« so radikal extrapolieren, dass schließlich jegliche Utopie als machbar erscheint. Die Übertragung des menschlichen Geistes auf eine Rechenmaschine sei schon insofern absurd, als dieser Geist eben aus mehr als nur Informationen, z. B. auch aus Gefühlen und einem mächtigen Unterbewusstsein bestehe. Auch könnte es gut sein, dass die Möglichkeiten der Gentherapie nicht nur von den Transhumanisten, sondern von der Gesamtgesellschaft bislang weit überschätzt werden. (Als Lektüre für wissenschaftliche Höhenflüge und die ernüchternde Realität dahinter empfiehlt sich beispielsweise John Horgans »Der menschliche Geist«.)

Andererseits scheinen bisher ungeahnte Eingriffe in die menschliche Grundausstattung *prinzipiell* nicht mehr aufzuhalten zu sein. Rodney Brooks, Mitbegründer der American Association for Artificial Intelligence, sagt in seinem aktuellen Buch »Menschmaschinen« (Campus 2002) sehr überzeugend voraus, dass es durch medizinische Implantate, Prothesen und neuronale Verbindungen *»in naher Zukunft zu einer Verschmelzung von menschlichem Körper und Maschine«* kommen werde. Und was speziell den Traum vom ewigen Leben angeht, sprechen auch renommierte Wissenschaftler wie der Humangenetiker John Harris, der die britische Regierung in Sachen Gentechnik berät, von einer realen Möglichkeit der Pseudo-Unsterblichkeit: Die Menschen würden demnach ihre Lebensspanne immer verlängern, im nächsten Jahrzehnt wieder verlängern und wieder und wieder und wieder. Insofern ist der Transhumanismus durchaus eine konkrete Überlegung und stellt als philosophisches Konzept zugleich eine der größten intellektuellen Herausforderungen der Gegenwart dar.

Literatur: Brooks, Rodney: Menschmaschinen. Wie uns die Zukunftstechnologien neu erschaffen. Frankfurt am Main 2002. Kurzweil, Ray: Homo sapiens. Leben im 21. Jahrhundert. Was bleibt vom Menschen? München 2000. Moravec, Hans: Mind Children. The Future of Robot and Human Intelligence. Harvard University Press 1990. Schirrmacher, Frank (Hrsg.): Die Darwin AG. Köln 2001.

Websites: www.transhumanismus.de, www.transhumanism.com, www.extropy.com, www.unsterblich.de, http://kultur.orf.at//000703-3774/3798 txt_story.html, www.3sat.de/nano/bstuecke/20606, www.novo-magazin.de/47/novo4740.htm, http://www.eifrei.de/transhumanisten.pdf

Treut, Monika

Feministische Autorin und Filmemacherin (geboren 1954) aus Hamburg mit Wohnsitz New York. Bevor sie sich dem Metier Film widmete, studierte sie in Marburg an der Lahn Politik- und Literaturwissenschaft und schrieb ihre Examensarbeit über die grausame Frau in den Werken → de Sades und → Sacher-Masochs. Diese Arbeit wurde 1984 unter dem Titel »Die grausame Frau« als Buch veröffentlicht. Ein Jahr später erschien ein Film unter einem ähnlichen Titel (»Verführung, die grausame Frau«), in dem Treut anhand des Lebens einer lesbischen Domina die Psychologie des → Sadomasochismus untersucht. SM ist von da an ein wiederkehrendes Bild in ihren filmischen Porträts starker, sexuell unabhängiger Frauen. An zentraler Stelle steht es in Treuts Kurzfilm »Bondage« (1983), in dem die weibliche Hauptfigur den Reiz erotischen Fesselns sowie der Tittenfolter erklärt. 1997 folgte mit »Didn't do it for love« ein Dokumentarfilm über das Leben von Eva Norvind, die als Fotografin, Schauspielerin und Domina gearbeitet hatte. Treuts 1999 entstandener Film »Gendernauts« hinterfragt bzw. sprengt die herkömmlichen Geschlechterabgrenzungen des Männlichen und Weiblichen (→ Transgender). Treuts Heldinnen sind grundsätzlich Ausgestoßene – nicht nur des kulturellen Mainstreams, sondern auch von weiten Teilen der Frauenbewegung.

Trickster

1865 von Daniel G. Brinton benannter Archetyp aus Mythologie, Folklore und Literatur der unterschiedlichsten Völker dieser Erde. Die bekanntesten Vertreter sind der indianische Coyote, der griechische Hermes und der nordische Loki. Auch die deutsche Nationalfigur des Till Eulenspiegel lässt sich diesem Charakter zuordnen. Die wesentlichen Züge des Tricksters sind sein Hang, Verwirrung und Unordnung zu stiften, Unangepasstheit gegenüber dem Establishment sowie eine häufige Grenzüberschreitung im sexuellen Bereich. Insofern kann man ihn als eine Art Totemgott des Tabubruchs betrachten. Verschiedene Wissenschaftler weisen darauf hin, dass Produkte des Trickster-Archetyps oft eine Art Bricolage darstellen: eine wilde Mischung eigentlich nicht zusammengehörender Elemente. Unter diesen Gesichtspunkten mag es nicht verwundern, dass der Trickster auch als »Schutzpatron« dieses Lexikons und seines Verfassers fungiert. :-)

»Tropic of Cancer«

(dt. *Wendekreis des Krebses*) 1934 erschienener autobiographischer Roman Henry Millers (1891-1980), den dieser 1938 mit »Tropic of

Capricorn« (dt. *Wendekreis des Steinbocks*) fortsetze. Miller schildert darin seine sexuellen Ausschweifungen in Paris sprachlich und inhaltlich sehr direkt. Der Roman sollte die bestehende ängstliche, verkopfte und körperfremde Literatur durch eine ebenso ungehemmte wie authentisch-direkte Schreibweise überwinden. »*Reißt die Tür aus den Angeln!*«, forderte Miller. »*Ich will eine Welt, wo die Vagina durch einen einfachen, ehrlichen Schlitz dargestellt ist, eine Welt, die Respekt vor ihrem tierischen Ursprung hat. Ich habe es satt, mir dauernd frisierte, entstellte, idealisierte Fotzen anzusehen.*« Millers Werk wurde in Paris veröffentlicht, von Literaten der Moderne wie Beckett, Eliot und Pound mit Nachdruck gelobt und fiel nichtsdestoweniger in praktisch sämtlichen Staaten bis zum Ende der 50er Jahre der → Zensur anheim. In den 70er Jahren bezichtigten Kate Millett und andere Feministinnen den Autor der Frauenfeindlichkeit. Statt konservativer Kreise waren es jetzt die vermeintlich Progressiven, die Miller auf ihren Index setzten.

Das »Kindlers Literatur Lexikon« bezeichnet Miller indes als den »*Vater aller Schriftsteller, die um die Mitte dieses Jahrhunderts die Tabus insbesondere in der Darstellung der Sexualität zu brechen und damit der Literatur neue Dimensionen zu erschließen versuchten. Seine Aspirationen sind allerdings umfassender; seine Befreiungen beziehen sich stets auf mehr als nur die schrankenlose Schilderung aller Arten sexueller Beziehungen.*« Millers frühe Leser unterschätzten dem zufolge seine Werke, wenn sie diese als bloße → Pornographie wahrnahmen und beispielsweise ihre religiöse Bedeutung, ihre Verbindung von Obszönem und Sakralem, ignorierten. Bezeichnenderweise betrachtete Miller selbst den transzendental-sinnlich orientierten Dichter Walt Whitman als seinen Helden, der ein Jahrhundert zuvor ebenfalls die Werte des US-Bürgertums in Frage gestellt hatte. Die »Wendekreis«-Romane stellten dem »Kindler« zufolge vor allem »*eine Befreiung des Individuums von der Bevormundung durch unreflektiert übernommene ›moralische‹ Instanzen*« dar. Dieser Argumentationsline folgend schreibt J.D. Brown in seinem Buch »Henry Miller« (New York 1986) über den Autor: »*Was er eigentlich sucht, ist nicht die sexuelle Freiheit, sondern die Freiheit, ein neues Leben zu beginnen, was ihm zuvor verweigert wurde. Die Beziehung zwischen den Charakteren wie zwischen Individuen und einem repressiven moralischen Kodex wird in übertriebenen sexuellen Darstellungen wie-*

dergegeben. Die wuchernde Promiskuität (...) ist letzlich ein Ausdruck des Wunsches, die stark begrenzten Möglichkeiten eines Lebens in der industrialisierten Großstadtwelt zu überschreiten, wo immer es geht. Sexuelle Repressionen – und Millers wildes Auf-den-Kopf-Stellen des akzeptierten Sexualverhaltens – wird insofern lediglich zu einem Symptom der größeren, durch und durch unmenschlichen Kräfte in der Kultur der Moderne.«

Miller legte mit seiner aus den Romanen »Sexus« (1945), »Plexus« (1949) und »Nexus« bestehenden, ebenfalls autobiographischen Romantrilogie »The Rosy Crucifixion« (dt. »Die fruchtbare Kreuzigung«) nach, die in ihrer Rückschau auf länger zurückliegende Ereignisse weniger unmittelbar und dadurch auch weniger fesselnd als die »Wendekreis«-Romane wirkt, zumal Miller darin stellenweise etwas ins Schwadronieren gerät. Nichtsdestoweniger stehen auch diese Werke als Dokumente eines Ausbruchs aus den bisherigen bürgerlichen Konventionen im Rang der Weltliteratur. An diesem Ausbruch beteiligten sich bald auch zahlreiche weitere US-amerikanische Autoren, etwa Millers Pariser Geliebte Anaïs Nin mit ihren erotisch-sinnlichen Tagebüchern (aber auch ihren Romanen und Kurzgeschichten), Erica Jong (»Angst vorm Fliegen«), John Updike (insbesondere die »Rabbit«-Tetralogie), Philip Roth (insbesondere »Portnoys Beschwerden«) und Vladimir Nabokov (→ »Lolita«). Erica Jong wandte sich mit folgenden Worten über Millers Schaffen an die Leserschaft: »*Wendekreis des Krebses ist ein Buch, das allein deshalb vielen Lesern verschlossen bleibt, weil so viel dagegen polemisiert worden ist. Es ist schwierig zu lesen, zum Teil wegen des Mangels an Handlung, aber auch, weil wir durch Vorurteile blockiert sind. (...) Das Werk ist umgeben mit einem Wall von Vorurteilen, entstanden im Lauf jahrelanger Rechtsstreitigkeiten und negativer Kritik und Abwertung. Der Druck, dass es über lange Zeit nur heimlich gelesen werden durfte, lastet noch heute auf ihm. (...) Ich bitte Sie dringend, sich einmal wirklich in das Buch zu vertiefen und es von Anfang bis Ende zu lesen. Ich verspreche Ihnen, dass Sie etwas vollkommen anderes vorfinden werden als das, was Sie erwartet hatten. Lesen Sie es, als wüssten Sie nichts darüber. Lesen Sie es, als wären die schmutzigen Wörter in der Literatur 1934 genauso weit verbreitet gewesen wie heutzutage. Sie werden feststellen, dass Bücher aus dem Bewusstsein verbannt werden können, auch wenn sie in den Regalen noch zu finden sind. Sie werden feststellen, dass Bücher auch ohne Flammen verbrannt werden können.«*

»Der Trost von Fremden«

(Originaltitel: *The Comfort of Strangers*) Roman des britischen Schriftstellers Ian McEwan (vgl. »Der → Zementgarten«) um ein Hörigkeitsverhältnis um Dominanz und Unterwerfung.

Sadomasochistische Elemente liegen bereits in McEwans Kurzgeschichte »Pornography« vor (enthalten in der bei ihrer Veröffentlichung umstrittenen Anthologie »In Between the Sheets«, London 1978, dt. »Zwischen den Laken«, Zürich 1989). Deren männlicher Held behandelt seine beiden Freundinnen ausgesprochen niederträchtig, bis diese schließlich ihre unterwürfige Haltung aufgeben, um sich an ihm zu rächen. Sie fesseln ihn und machen sich daran, ihn zu kastrieren, worauf dieser mit einer starken Erektion reagiert. Später wandte sich Ewan mit seinen Büchern von einer Ästhetik des Schocks und Tabubruchs ab und stärker dem Feminismus und der Friedensbewegung zu.

Als Brückenkopf zwischen diesen beiden Phasen seines Schaffens gilt Ewans Roman »The Comfort of Strangers« (London 1981, dt. »Der Trost von Fremden«, Zürich 1983), der von Paul Schrader ebenfalls verfilmt wurde. Dieses Buch wurde für den in Großbritannien prestigeträchtigen Booker-Preis nominiert. In der Handlung geht es um das junge Paar Colin und Mary, deren zur langweiligen Routine gewordenes Liebesleben während einer Venedigreise durch die Bekanntschaft mit einem anderen sadomasochistischen Paar, Robert und Caroline, zunächst wieder neues Feuer erhält. Der literarisch bereits ausgiebig genutzte Ort Venedig, mit seinem Ruch vom ebenso Labyrinthischen wie Exotischen, stellt sich als idealer Schauplatz für eine SM-Erzählung heraus. Allerdings schlägt das Düster-Geheimnisvolle bald ins Bedrohliche um. Ebenso wie Colin und Mary immer mehr von Venedig überfordert scheinen, sich mal verlaufen, mal in Zustände absoluter Gleichgültigkeit und Ennuyé verfallen, überfordert sie letztlich auch der → Sadomasochismus. Das allerdings ist nicht allein ihre Schuld. McEwan schildert das sadomasochistische Paar, die »Fremden«, nämlich in sehr negativen Farben. Robert ist eine Mischung aus besitzergreifendem Schurken der Gothic Novel und einem Homme Fatal der → Décadence, er bemächtigt sich anderer und unterwirft sie mit scheinbarer Leichtigkeit. Für Caroline ist vollkommene Liebe gleichzusetzen mit absoluter Hörigkeit und Unterwerfung. In der Partnerschaft mit Robert lebt sie in ständiger Präsenz von Schmerz und Terror. Die Geschichte endet damit, dass Robert Colin fast beiläufig die Pulsadern aufschneidet und ihn dadurch tötet.

Jack Slay interpretiert in seinem Buch »Ian McEwan« (New York, 1996) den »Trost von Fremden« als eine Kritik des Patriarchats. In einem Eingangszitat verwendet McEwan eine Textstelle der US-amerikanischen Radikalfeministin Adrienne Rich, im Verlauf der Handlung geht es kontinuierlich darum, dass unterlegene Frauen immer weiter zum Objekt reduziert werden. Gegen Schluss der Erzählung berichtet Caroline davon, dass Robert ihr – bildlich gesprochen – das Rückgrat gebrochen habe. Roberts SM-Neigung selbst wird psychoanalytisch mit prägenden Einflüssen durch Vater und Großvater in seiner Kindheit erklärt. McEwan hat offensichtlich seinen Lacan gelesen und es nicht für nötig befunden, ihn kritisch zu hinterfragen. Die psychoanalytische Deutungsweise beißt sich nämlich damit, dass auch Colin und Mary sehr bereitwillig auf Phantasien und Inszenierungen von Dominanz und Unterwerfung reagieren. Tatsächlich möchte McEwan den Roman seinen eigenen Worten zufolge als Warnung verstanden wissen: Masochistische Begierde könne in jeder Frau lauern, sadistische in jedem Mann. Diese Triebe müssen im Zaum gehalten werden, weil sich andernfalls der Sexismus in unserer Gesellschaft nicht effektiv bekämpfen ließe. Das Vorhandensein sadistischer Regungen in der Frau und masochistischer Neigungen im Mann scheint dem von der Frauenbewegung beeinflussten McEwan gar nicht in den Sinn zu kommen, was dazu führt, dass er Sexismus mit Sexismus zu bekämpfen sucht. Das Patriarchat beruht McEwans Theorie nach auf unterbewussten Trieben sadomasochistischer Natur, die letztlich jedem sexuellen Begehren zugrunde liegen. Dass McEwan seine Geschichte tödlich enden lässt, macht nur allzu klar, was er von solchen unkontrollierten Triebströmungen hält. Das Brechen tabubesetzter Themen erfolgte hier zum Preis der ablehnenden Distanzierung und des Festhaltens an einem in dieser Hinsicht sehr konservativen Weltbild.

»Trouble Every Day«
→ Kannibalismus

»TV Total«
→ Raab, Stefan

U

»Uhrwerk Orange«

Ursprünglicher deutscher Titel (Rowohlt 1972) von → »A Clockwork Orange«

»Ulysses«

In siebenjähriger Arbeit entstandenes und 1922 schließlich veröffentlichtes Epos des Iren James Joyce (1882-1941), mit dem erstmals bisher der → Pornographie vorbehaltene Sprache und Inhalte in die Weltliteratur Einzug fanden. Das Werk gilt heute als *der* Klassiker der literarischen Moderne und wurde von der »New York Times« als *»die größte Schöpfung unter den Romanen des zwanzigsten Jahrhunderts«* bezeichnet. Die Handlung des Romans, der an Vielschichtigkeit und Beziehungsreichtum so gut wie unüberbietbar erscheint, orientiert sich an den Erlebnissen dreier Einwohner Dublins am 16. Juni 1904, ein Datum, das in Dublin in Würdigung von »Ulysses« inzwischen zum allgemeinen Feiertag erhoben wurde.

In Joyce' Roman findet sich eine ganze Reihe zum Teil heute noch tabubehafteter sexueller Normabweichungen verschiedenen Grades, von → Homosexualität über Voyeurismus und → Zoophilie bis zum Pygmalionismus. Eine herausragende Stellung hat aber sicherlich der → Sadomasochismus inne. Immer wieder gibt es Verweise auf »Venus im Pelz« oder SM-Magazine aus Joyce' Zeit wie »Fair Tyrants« und »Bits of Fun« sowie Anspielungen auf berühmte Literaten mit einer Leidenschaft für dominante Frauen, wie etwa Shakespeare, Sokrates oder Aristoteles. Richard Browns »James Joyce and Sexuality« (Cambridge 1985) zufolge waren in Joyce' Bibliothek unter anderem Jacques Desroix' masochistischer Roman »La Gyxnéocratie« zu finden oder Thomas Otways »Venice Preserved«, ein Drama mit zwei eindeutig masochistischen Szenen. Brown weist ferner auf Joyce' Briefe an seine Geliebte Nora hin, denen eine Neigung zu sexuellen Varianten wie Koprophilie und Masochismus deutlich zu entnehmen ist. So drückt Joyce etwa sein Verlangen aus *»to feel you flog, flog, flog me viciously on my naked quivering flesh«*.

Das in der Form eines Theaterstücks geschriebene Kapitel »Circe« schildert einen Vorfall, bei dem Leopold Bloom, einer der drei Protagonisten, von einer Gruppe Prostituierter zunächst für angebliche sexuelle Übergriffe mit Hieben und Demütigungen bedroht und dann dazu gezwungen wird, Frauenkleider zu tragen. Für eine gewisse Zeit nimmt Bloom daraufhin tatsächlich die Rolle einer Frau ein. Bella Cohen, die Puffmutter, verwandelt sich indessen in eine Männerfigur (→ Transgender). Mit der üblichen Rollenverteilung kippt auch die traditionelle Machtstruktur. Das damit aufgenommene feministische Thema war sicherlich ein von Joyce beabsichtigter Subtext: Er stand nicht nur der Emanzipationsbewegung wohlwollend gegenüber, sondern hätte wohl auch gegen eine regelrechte Frauenherrschaft politisch, ökonomisch und erotisch wenig einzuwenden gehabt. Seine Unterstützung der Frauenbefreiung wird auch deutlich, als er im berühmten Stream-of-Consciousness-Schlusskapitel Molly Bloom handfeste sexuelle Phantasien und Wünsche formulieren lässt und damit gegen ein weiteres Tabu seiner Zeit (und späterer Jahrzehnte) verstieß.

Die erste Ausgabe dieses Werkes konnte wegen vorgeblicher Obszönität und Blasphemie lediglich in einer zensierten Fassung erscheinen. Als ein Exemplar im Schaufenster der Pariser Buchhandlung »Shakespeare & Co« aufgestellt wurde, entstand daraufhin ein solcher Aufruhr, dass es entfernt werden musste. Schon Jahre zuvor war es Joyce nicht gelungen, für seine Dubliner Kurzgeschichten einen britischen Verleger zu finden, weil sämtliche Ansprechpartner eine → Zensur durch die englische Krone fürchteten. Ein irischer Drucker zerstörte damals die 1000 Exemplare, die Joyce aus Verzweiflung heraus selbst veröffentlichen wollte. In den USA befand erst elf Jahre nach Erscheinen der Erstauflage von »Ulysses« ein Gericht, dass Joyce' Meisterwerk nicht vorrangig *»aphrodisische Wirkung«* erzielen wolle. Nach der alten Maxime, dass alles, was nicht das Risiko sexueller Erregung in sich birgt, der Allgemeinheit zugänglich gemacht werden darf, wurde »Ulysses« so von der Zensur befreit.

»Unschuld«
1973 veröffentlichte Erzählung des US-amerikanischen Autors Harold Brodkey, worin dieser ebenso genau wie erschöpfend schildert, wie sein Ich-Erzähler seiner Freundin per Cunnilingus Lust bereiten will. Brodkey thematisiert dabei auch die Angst und Befangenheit, die Männer aufgrund der ihnen zugeschriebenen Geschlechterrolle weniger offen zeigen dürfen als Frauen: *»Ich tat, als wäre ich sehr erregt, in Wirklichkeit war ich so damit beschäftigt, Sicherheit auszustrahlen, dass ich gar nicht wusste, was ich wirklich fühlte.«*

Unsterblichkeit
→ Transhumanismus

V

Vampirismus

Sexuelle → Paraphilie, bei der der Lustgewinn aus dem Trinken von Blut gezogen wird. Der Drang, blutige Wunden zu lecken, scheint ein natürlicher Instinkt zu sein, der auch bei Tieren zu beobachten ist. Schließlich enthält der Speichel ein Enzym, das bestimmte Viren zerstören kann. Aufgrund der mythischen Überhöhung des Blutes als Träger der menschlichen Persönlichkeit knüpft der Austausch dieses Lebenssaftes, wie er ja auch bei der Blutsbrüderschaft vorkommt, eine ganz besonders innige Verbindung. Vor diesem Hintergrund erscheint das Trinken von Blut als nahezu ultimative Vereinigung. Im erotischen Kontext wird die beinah spirituelle Kommunion des Bluttrinkens indes weniger durch einen Biss eingeleitet als durch das Zufügen kleiner Schnittverletzungen oder die medizinische Blutabnahme über eine Spritze samt Kanüle. Manche Menschen nehmen auch das Blut menstruierender Frauen zu sich (→ Menstruation). Oft wird das mit einer dieser Methoden gewonnene Blut mit einem Anti-Gerinnungsmittel versehen, im Kühlschrank aufbewahrt und zur gelegentlichen → Selbstbefriedigung hervorgeholt. Eine enge Bekannte des Verfassers dieses Lexikons beispielsweise besitzt eine kleine Sammlung von Fläschchen mit dem Blut ihrer (ehemaligen) Liebhaber. Sein eigenes Blut zur Verfügung zu stellen ist ein Akt, der von ganz besonderem Vertrauen geprägt ist. Jemandem Blut abzuzapfen, der dabei Angst empfindet, soll den Geschmack des Blutes beeinträchtigen.

Während die untoten Vampire ein beliebtes Motiv in Literatur, Film und anderen Medien sind, gab es in der Geschichte immer auch berühmte »lebende Vampire«. Dazu zählt etwa Faustina, die Frau des römischen Kaisers Mark Anton, die das Blut sterbender Gladiatoren trank, um so ihre Fruchtbarkeit zu erhalten. Epileptiker glaubten früher, durch das Blut geköpfter Verbrecher geheilt werden zu können. In den USA existiert eine ganze Subkultur von angeblich über 500.000 »erotischen Vampiren«, die über Clubs, Partnervermittlungen, Partytelefone und das Internet miteinander in Verbindung stehen. Hier ist es bezeichnend, dass der Vampir als Schreckgestalt die vermutlich bekannteste Figur des Horrorgenres ist, Bluttrinken als erotische Neigung »ganz normaler Menschen« aber weitgehend tabuisiert bleibt. Der Tabubruch war und ist also nur durch eine Verschiebung ins Phantastisch-Fiktive und damit Ungefährliche zu leisten. → Nekrophilie

Literatur: Ramsland, Katherine: Vampire unter uns. Köln 1999. Ramsland, Katherine: The Science of Vampires. Berkeley 2002

»Venus im Pelz«

→ Sacher-Masoch, Leopold Ritter von

»Verbotene Liebe«

Angeregt durch den großen Erfolg von → »Gute Zeiten, schlechte Zeiten« seit 1995 die erste Daily Soap im Vorabendprogramm der ARD. Zeitgleich dazu wurde der bislang eher als Familiensendung angelegte → »Marienhof« runderneuert, so dass beide Serien ein konsumfreudiges Teeniepublikum ansprechen konnten. Das damit verbundene Cross-Marketing sorgte dafür, dass zeitweise fast keine deutsche Platte in die Teenie-Charts zu bekommen war, wenn sie nicht von einem der Stars dieser beiden Serien besungen wurde.

Vor diesem Hintergrund erweist sich auch der Tabubruch in »Verbotene Liebe« als eher kommerziell inszeniertes Unterfangen. Wie der Titel schon verrät, geht es innerhalb der Sendung um die verschiedensten Formen »verbotener«, also gesellschaftlich nicht regulär erlaubter – eben tabuisierter – Liebesbeziehungen. Die harmloseste Form dürfte noch die Zuneigung zweier Menschen über einen großen Altersunterschied hinweg sein, die heikelste die des zumindest möglichen → Inzests, die ja als Hauptplot das gesamte erste Jahr der Serie beherrschte. Orientiert an der australischen Soap »Daughters and Sons« geht es dabei um die Zwillinge Jan und Julia, die bei der Geburt getrennt wurden, in zwei völlig unterschiedlichen gesellschaftlichen Kreisen aufwuchsen, sich dann eines Tages nichtsahnend wiedertreffen und ineinander verlieben. Die erotische Spannung zwischen den Hauptdarstellern war insofern durchaus reizvoll, aber wie schon andere Serien zeigten (am berühmtesten sind hier wohl »Moonlightning«/»Das Model und der Schnüffler« sowie »X-Files«/»Die Akte X«), kann solch eine Spannung nicht unendlich lange aufrechterhalten werden, ohne dass sich zumindest irgendetwas entwickelt. Da aber andererseits die ARD auch nicht Bruder und Schwester um 17:55 Uhr miteinander schlafen lassen konnte, war die vermutlich einzig sinnvolle Lösung, die Beziehung mit dem Abschied eines der beiden Hauptdarsteller aufzulösen. Tatsächlich verabschiedeten sich schließlich beide, worauf sich der Schwerpunkt des Plots auf andere »verbotene« Beziehungen konzentrierte.

Erwartungsgemäß wurde dabei durch Julias Bruder Gero von Sterneck (Broder Hinrichsen) auch sehr schnell das bereits weitgehend enttabuisierte Thema → Homosexualität angerissen, und bald gab es mit Erika Sander (Raphalea Dell) und Nina Ryan (Freya Trampert) auch das erste lesbische Pärchen. Deren Liebe wiederum war insofern problematisch, als Erika eigentlich mit Jans (Pflege-)Vater Arno verlobt war. Das allerdings war zumindest für die lesbischen Fans nicht von überbordender Bedeutung, weshalb sie für diese Beziehung sogar in zweiseitigen Annoncen innerhalb von Frauenzeitschriften »warben«. Sobald das Verhältnis zwischen Nina und Erika offiziell wurde, ging bezeichnenderweise auch der Austausch von Zärtlichkeiten zwischen den Partnerinnen zurück – Zärtlichkeiten übrigens, welche die Fangemeinde mit so hübschen Ausdrücken wie »Bettkantenhocking« und »Eskimoküsse« belegte. Schließlich führte eine erotische Affäre zur Trennung der beiden. Die Erika-Darstellerin Dell, die überhaupt erst auf den lesbischen Subplot hingewirkt hatte, kündigte daraufhin und äußerte in einem offenen Brief an die Frauenzeitschrift »Emma« (Ausgabe Nr. 1, Januar/Februar 2000) den Vorwurf, die Serienmacher hätten sich von der lesbischen Storyline zurückgezogen, um keine zärtliche homosexuelle Beziehung darstellen zu müssen:

»Niemand konnte am Anfang unserer Liebesgeschichte ahnen, wie groß die Anteilnahme der Fans sein würde, und damit meine ich nicht nur die positiven Reaktionen. Plötzlich geriet unsere kleine heile Soapwelt doch ein bisschen aus den Fugen: erboste Anrufe nach unserer ersten Liebesszene; um ihre Töchter besorgte Mütter; Briefe, in denen

mir geraten wurde, abzulassen von diesem Schweinkram. Zuerst hab ich darüber noch gelacht. Diese Ansichten schienen mir so altmodisch und verlogen, geprägt von Doppelmoral: wahrscheinlich hätte sich niemand beschwert, wenn ich meinen Lebensgefährten Arno mit knackigen Jungs betrogen hätte. Nun, das Lachen blieb mir im Hals stecken, als ich anfing zu begreifen, wie tief die Vorurteile gegen Homosexuelle, insbesondere gegen Lesben, tatsächlich sitzen. In unzähligen Briefen erzählten uns Frauen ihre verborgenen Liebesgeschichten zu anderen Frauen; berieten sich Mädchen mit uns statt mit ihren Müttern; gestanden sie uns ihre Liebe und wir zwei ›Heten‹ standen fassungslos vor so viel Vertrauen. (...) Selbst engste Bekannte waren sich plötzlich über den Grad meiner Infizierung nicht mehr sicher und unternahmen abenteuerliche Anstrengungen, um herauszufinden, wie es denn wirklich um mich bestellt sei. Die glaubwürdig Darstellung unserer Rollen trug wohl das Ihrige dazu bei. Dabei kannten wir, Freya und ich, uns vorher gar nicht, aber die Chemie zwischen uns stimmte. Was für die frustrierte, weil betrogene Erika als Affäre geplant war, wurde zum Selbstläufer: Nina & Erika, eine untrennbare Einheit. Wieso also lässt man uns abtreten? Warum kann, wenn einer Soap Vorbildcharakter zugesprochen wird, ein lesbisches Paar keine Zukunft haben? Wollen wir zeigen, dass es bestraft wird, zu seiner Liebe und seinen Überzeugungen zu stehen?«

Tina van den Berg, verantwortlich für die Pressearbeit von »Verbotene Liebe« bedauert diesen Brief und hält die Liebesgeschichte zwischen Nina und Erika für »*einfach zu Ende erzählt*«. Ihre Beziehung hätte nicht zum bloßen Stichwortgeber verkommen sollen, auch erwarteten die Zuschauer mehr Abwechslung. Dem hielt Dell entgegen, dass sich etwa eine lesbische Heirat als Handlungsstrang angeboten hätte und dass eine lesbische Partnerschaft als feste Alltagsbeziehung der größte Wunsch der Fans gewesen sei.

Interviews mit Raphaella Dell zufolge soll es für die Rolle ihrer Geliebten übrigens ein eher unübliches Casting gegeben haben: Dell küsste demnach alle potentiellen Darstellerinnen und schanzte derjenigen den Job zu, bei der es funkte. (So schildert es zumindest die Website »Coming out on TV«.) Die Autoren versorgten die so zunächst gewonnene, schließlich aber allein in der Serie zurückgebliebene Freya Trampert zwar mit Jule Roth (Tanja Lanäus) als einer neuen lesbischen Partnerin; diese Beziehung blieb allerdings bestenfalls halbgar und endete schnell. Das Motiv Homosexualität hatten zu diesem Zeitpunkt auch bereits das schwule Männerpaar Ulli Prozeski (Andreas Stenschke) und Tom Seifert (Kay Böger) übernommen, wobei insbesondere der offen schwule Krankenpfleger Tom rasch zur Identifikationsfigur für homosexuelle Jungen wurde und zahlreiche Briefe, Anrufe und Mails erhielt. Böger äußerte sich dazu im Interview mit der Schwulen-Zeitschrift »Adam«, Ausgabe 2/2000: *»Die finden es klasse, wie ich spiele. Sie wollen von mir Tipps zum Coming-out, weil sie tierisch Angst haben, wie Eltern und Freunde reagieren. Viele wollen mich auch direkt kennenlernen. Ich erkläre dann, dass ich definitiv nicht schwul bin, aber viele schwule Freunde habe.«* Als Heterosexueller habe er sich gründlich überlegt, ob er diese Rolle annehmen solle: *»Viele haben mir abgeraten, weil ich dann ewig in ein Klischee reingepresst werden könnte. Aber ich wollte die Rolle. Tom ist ein normaler Typ, keine Krawall-Tunte. Das Rollenprofil ist sehr gut angelegt, es gibt da überhaupt nichts Negatives.«*

»Die Vergewaltigung des Richard Beck«
(Originaltitel: *The Rape of Richard Beck*) Gut gemeinter Fernsehfilm, USA 1985, unter der Regie von Karen Arthur. Richard Beck (Richard Crenna) ist ein zynischer New Yorker Polizist, der solange die Ansicht vertritt, vergewaltigte Frauen seien für ihr Schicksal selbst verantwortlich, bis er selbst einer solchen Tat zum Opfer fällt. Während er dadurch einerseits zum gebrochenen Mann wird, entwickelt er andererseits ein neues Verständnis für seine Umwelt. Problematisch ist, dass hierbei die Vergewaltigung von Männern zu einer Mischform aus gerechter Strafe und pädagogischer Erziehungsmaßnahme gerät.

Vergewaltigung von Männern
→ Männliche Opfer von sexuellen Nötigungen und Vergewaltigungen

»Verrückt nach Mary«
(Originaltitel: *There's Something About Mary*, 1998) Klamauk-Komödie von Peter und Bob Farrelly mit Cameron Diaz in der Titel- sowie Matt Dillon und Ben Stiller in weiteren Hauptrollen. Den eigentlich sehr klassischen Plot vom Kampf eines Mannes gegen mehrere unlautere Rivalen der von ihm angebeteten Frau überlagern hier

eine Reihe grotesk übersteigerter Gags, die in mehrfacher Hinsicht gegen übliche Darstellungstabus verstoßen: etwa ein im Reißverschluss eingeklemmter Penis, eine Masturbationsszene (→ Selbstbefriedigung), die letzlich zu Sperma im Haar der Angebeteten führt, oder das kontinuierliche Sich-lustig-Machen über geistig und körperlich Behinderte.

Kritiker attestierten diesen Einfällen, aus denen der Film in weiten Teilen seinen Humor bezieht, übereinstimmend einen bemerkenswerten Mangel an Niveau und dafür um so größere Geschmacklosigkeit. Diese Kritiker scheiden sich jedoch darin, dass die einen aufgrund dieses Umstandes dem Film jeglichen humoristischen Effekt absprechen, während andere ihn trotzdem oder gerade deswegen zu einem der mit Abstand komischsten Filme der letzten Jahre erklären.

Ungnädig werden die Tabubrüche des Filmes von MaryAnn Johansson unter www.flickfilosopher.com aufgenommen: »*Was ich von There's Something About Mary gelernt habe: Selbstbefriedigung ist extrem komisch. Ebenso das Wort Schniedel. Es ist zum Schießen, einen Kerl voll Schmerz brüllen zu hören, wenn er sich den empfindlichsten Teil seines Körpers in seinem Reißverschluss einklemmt. Homosexualität ist zum Totlachen. Prinzipiell ist alles, was mit dem Penis zu tun hat, gut für einen Witz. Überraschenderweise wurde Mary nicht von 14-Jährigen geschrieben. Noch waren sie die Einzigen, die diesen grobschlächtigen, schwachsinnigen Film zu einem solchen Kassenerfolg machten – jeder schien ihn zu lieben. Ich weine für Amerika.*« Ekkehard Knörer hingegen räumt für jump-cut.de zwar ein, dass man dem Film und seinen Tabubrüchen zwar jegliches subversive Potential absprechen müsse und keinerlei gesellschaftliche Fehler entlarvt würden, dass dafür die Farrellys hervorragend die Dramaturgie absurder Gags beherrschten: »*Natürlich ist es nur mäßig witzig, wenn sich ein zahnspangentragender High-School-Absolvent vor dem Abschlussball im Badezimmer seiner Angebeteten seine wertvollsten Teile im Reißverschluss einklemmt. Witziger wird es, wenn sich erst der Vater der Angebeteten, dann die Mutter (weil sie Zahnärztin ist), dann ein Feuerwehrmann, der zum Fenster hereinspaziert kommt, dann beinahe eine weitere Schwadron von technischem Hilfsdienst seiner annehmen. Nur bedingt komisch ist es, wenn derselbe Held vor dem Besuch derselben Angebeteten zwecks Spannungsabbaus masturbiert. Witziger ist es, wenn nach erfolgreichem Abschluss das Sperma verschwunden ist, um von der Freundin dann am linken Ohrläppchen wiederentdeckt und für Haargel gehalten zu werden. Ziemlich komisch ist es dann, fünf Minuten lang die derart gestylte Haartolle bewundern zu können. Hier von Tabuverletzung zu reden und eine Freudianische Entlastungstheorie des Komischen anzusetzen, verfehlt den Punkt. Was die Farrellys benötigen, sind nicht Tabus, sondern Peinlichkeiten – und wem (unter den Zuschauern) das, was passiert, nicht peinlich ist, also auch, wer sich mit den Figuren nicht identifizieren kann, der hat das Pech, sich in einer distanzierten Haltung wiederzufinden, von der aus alles nur noch albern ist.«*

Während sich wahrhaftig schlecht darüber streiten lässt, welche Motive individuelle Zuschauer und Filmkritiker als lustig oder albern bzw. akzeptabel oder unzumutbar empfinden, kann man in den Geschmacklosigkeiten des Filmes durchaus eine tiefergehende Aussage erkennen, die das Massenpublikum offenbar (unterbewusst) annahm und goutierte. Fast sämtliche männliche Figuren in »Verrückt nach Mary« verstoßen auf die eine oder andere Weise gegen die unterschiedlichsten sozialen Tabus und versuchen, diese Verstöße vor ihren Mitmenschen, insbesondere der bewunderten Mary, zu verbergen. Lüge und »Verarsche« (also das Spektrum aus Streiche-Spielen, Hochnehmen und Hinters-Licht-Führen) fungieren in den unterschiedlichsten Formen unterbrechungslos als Leitmotive. Während diese Mischung aus Tabubruch und Scharadenspiel zwar einerseits zur ungeheuren Komik dieses Werkes beiträgt (insbesondere da der Zuschauer in den Tabubruch mit einbezogen wird, sobald er unweigerlich anfängt, über die Verhohnepiepelung Behinderter zu lachen, was nun wirklich nicht politisch korrekt ist), erfährt man gleichzeitig, dass die dargestellten Personen auch in ihrem Bruch sozialer Tabus um nichts weniger sympathisch bleiben. Mary ist auch mit Sperma im Haar noch bezaubernd, Ted auch in den grotesken Situationen, in die er sich hineinbringt, noch liebenswert – wobei das Schlüsselwort hier nicht »auch«, sondern besser »gerade« sein sollte. In diesem Sinne lassen sich auch die Behinderten interpretieren: Die Kernaussage ist nicht das bekannte »Auch Behinderte haben ein Recht darauf, verarscht zu werden«, wie es Harald → Schmidt formulieren würde. Sondern vielmehr, dass die dargestellten Behinderten (insbesondere Marys Bruder) mit ihrer absoluten Sorglosigkeit gegenüber Tabubrüchen als besonders echt, authentisch und dadurch sympathisch erscheinen – sympathischer zumindest als diejenigen Figuren, die durch ihr Vorgeben falscher Tatsachen ein sozial erwünschtes Bild von sich abgeben. In einer der wenigen Szenen des Filmes, die nicht ironisch gebrochen sind, verabschiedet sich Ted von Mary mit dem Satz: *»Ich werde aussteigen, solange ich noch eine gute Figur mache.«* Mary erwidert kopfschüttelnd und etwas befremdet: *»Was denn für eine gute Figur, Ted?«* Die soziale Rolle ist ihr wesentlich unwichtiger als der menschliche Kern. In Kontakt mit Marys zurückgebliebenem Bruder Warren gibt Ted sodann auch tatsächlich viel seines üblichen sozialen Benehmens auf und passt sein Verhalten soweit an Warren an, dass sich (insbesondere bei dem gemeinsamen Einkaufsbummel, bei dem beide in verschiedene Kostüme schlüpfen) die Grenzen zwischen behindert und nicht-behindert verwischen (→ »Idioten«). Diese Diffusion findet aber auch bei anderen Figuren des Filmes statt: Es erscheinen nicht nur Gauner als anständige Leute, es entpuppen sich auch scheinbar mental gesunde Menschen als Psychopathen und umgekehrt ein scheinbar Gehbehinderter als kerngesund. Insofern verwundert es nicht, wenn in einer der Schlussszenen, als sämtliche Verehrer Marys zusammenkommen, einer von ihnen (der ausgerechnet auf den Namen »Norm« hört) ausruft: *»O Mann, das ist ja hier die reinste Gruppentherapie!«* Und tatsächlich zeigt »Verrückt nach Mary« (ebenfalls ein sprechender Titel) sehr schön, dass sich Norm keineswegs immer durchsetzt, wenn es um menschliche Zuneigung geht. Was an der Oberfläche wie eine hirnlose Aneinanderreihung geschmackloser Klamaukszenen wirkt, spricht so vielmehr das post-postmoderne und post-politisch-korrekte Bedürfnis nach Authentizität an, das Ende der neunziger Jahre auch in andere ebenso beliebte wie umstrittene Medienproduktionen (→ Big Brother) Eingang fand. In »Verrückt nach Mary« bedeutet der Tabubruch Befreiung.

Vilar, Esther

→ »Denkverbote«

»Visitor Q«

Satire-/Experimentalfilm, Japan 2000, Takashi → Miikes nach einem Drehbuch von Itaru Era. Der Film eröffnet mit drei Fragen: *»Haben Sie es schon jemals mit Ihrem Vater getrieben? Sind Sie schon jemals* *auf den Kopf geschlagen worden? Haben Sie jemals Ihre Mutter geschlagen?«* Daraufhin beginnt eine eher ausgefallene Handlung um eine japanische Familie. Der unter vorzeitigem Samenerguss leidende, arbeitslose Fernsehjournalist Kiyoshi Yamazaki (Kenichi Endo) plant eine neue Reality-TV-Dokumentation über »Jugend und Gewalt«. Nachdem erste Versuche daran scheitern, dass ihm die befragten Straßenkinder sein Mikro in den Allerwertesten rammen, beschließt er, doch lieber mit zwei Mitgliedern seiner eigenen Familie zu beginnen: dem Sohn Takuya (Jun Muto), der von seinen Klassenkameraden verspottet und verprügelt wird und zu Hause mehrmals täglich die eigene Mutter Keiko (Shungiku Uchida) mit einem ganzen Arsenal an SM-Utensilien verdrischt, sowie der minderjährigen Tochter Miki (Fujiko), die als Prostituierte in einem Bordell arbeitet und auch den eigenen Vater als Kunden gewinnt. Kiyoshi filmt sowohl die Prügel als auch den Sex mit seiner Tochter und bietet das entstandene Werk seiner Redakteurin (Shoko Nakahara) an, mit der er früher eine Affäre hatte. Die lehnt ab, woraufhin Kiyoshi sie umbringt. Danach hat er Sex mit ihrer Leiche, bleibt aber wegen der einsetzenden Totenstarre stecken (→ Nekrophilie). Zu Hause setzt sich seine Frau derweil einen Schuss Heroin und beschließt, sich mit SM-Sex ein Zubrot zu verdienen. Zu diesem Zeitpunkt greift der Fremde »Visitor Q« (Kazushi Watanabe) ins Geschehen ein, indem er dem Sohn unprovoziert einen Backstein auf den Kopf schlägt, sich als Gast im Heim der Familie einquartiert und so lange rabiat mit Keikos Brüsten zugange ist, bis der Küchenboden in Muttermilch schwimmt. Keiko stößt dadurch zur sexuellen Erleuchtung vor und befreit ihren Mann von der Leiche seiner Vorgesetzten. Das Paar findet wieder zueinander, begräbt die Redakteurin im gemeinsamen Wintergarten und tötet die Rüpel, die den Sohn schikanierten. Zuletzt sucht »Visitor Q« die sich prostituierende Tochter auf, benutzt erneut seinen Backstein und führt sie so in den Schoß der Familie zurück.

Trotz dieser Wiederherstellung des Familienidylls gilt der Film beim Publikum als umstritten. Vier gegensätzliche Urteile von Kritikern seien hier einander gegenübergestellt.

Uwe Mies zeigt im Kölner »City-Guide« eine eher ambivalente Haltung zu Miikes Werk: *»Takashis Begriff von Satire vollzieht sich in einem Overkill von ödipalen Versatzstücken, einem unverhohlenen Vo-*

yeurismus und einer allgemeinen Faszination am Tabubruch durch Betonung morbider Details. Diese Elemente bleiben jedoch im Wesentlichen einer ungebremsten Skandalfreude verhaftet. Takashis Kulturschock provoziert Abscheu und Ekel, aber er rüttelt nicht auf. Die Moral, dass die zerrüttete Familie aus Gewalt und Perversion quasi neu geboren wird, bleibt Behauptung. ›Visitor Q‹ müsste der Gesellschaft auf den Zahn fühlen, nach Ursachen forschen und Analysen anbieten. Stattdessen probt er Skandal auf der Ebene eines intellektuell verbrämten Sarkasmus, suhlt sich im Unerquicklichen und bleibt doch unverbindlich und beliebig.«

Andreas Busche, der Miikes künstlerisches Œuvre ansonsten durchaus zu würdigen weiß, formuliert in der »tageszeitung« seine Skepsis vor allem hinsichtlich des Film-Endes: *»Takashi Miike ist kein Revolutionär wie Pasolini, auch wenn die Geschichte an dessen ›Theorema‹ erinnern mag. Dass das Heil dieser verkommenen Gesellschaft in der Flucht in den familiären Mutterschoß liegen soll, ist in seiner matriarchialen Symbolik, mit der Miike in den letzten zehn Minuten den Bogen raus aus der Familienhölle, rein ins Absurde kriegt, nicht weniger regressiv als das Spiel mit den Körperausscheidungen.«* Allerdings sei dieses Ende bereits wieder dermaßen überstilisiert, dass man hier fast schon wieder von einer ironischen Brechung dieser Botschaft ausgehen könne.

Jörg Gerle gibt unter www.programmkino.de weit stärkerer Ablehnung Ausdruck: *»Ob jetzt der westliche Zuschauer nur aufgrund mangelnder Kenntnis des japanischen Verständnisses von Satire oder des mikrosoziologischen Zustands der japanischen Gesellschaft kaum Zugang zu ›Visitor Q‹ findet, ist zumindest fraglich. Offensichtlich versteifte sich Miike in der Hauptsache auf das Zelebrieren des Tabubruchs. Geglückt ist es ihm dabei, den Zuschauer (egal ob westlich oder östlich) nachhaltig zu verstören respektive anzuekeln. Kaum geglückt scheint indes das Konzept der satirischen Überhöhung. Denn nur durch das Potenzieren von emotionalen Frustrationen, die in Spuren in jedem noch so intakten Familienkosmos virulent schlummern, ist noch keine anklagende Entlarvung eines Missstandes erreicht. (...) Ganz im Gegensatz zu Miikes meisterhaftem ›Audition‹ ist hier weder ein inszenatorisches noch ein intellektuelles Konzept erkennbar; auch wenn der auf digitalem Videomaterial erstellte Film so konsequent einem dokumentaristischen Pseudorealismus frönt.«*

Olaf Möller verteidigt unter www.bs-net.de den Film gegen den Vorwurf, eine sinnfreihe bloße Aneinanderreihung von Tabubrüchen zu sein. Dies widerlege nämlich schon die Auswahl der durch ihren autobiographisch geprägten Roman einer inzestuösen Kindheit (»Fatherfucker«/«Wenn der Morgen kommt, werde ich traurig«) bekannt gewordenen Shungiku Uchida für die Rolle der Mutter. Denn: »*Man darf annehmen, dass sie sich kaum für ein Projekt hergäbe, das ihr persönliches Trauma für ein frivoles Divertissement missbraucht. ›Visitor Q‹ ist unter anderem auch ein Traktat über diese Praxis des sinnentleerten Sensationalismus in der gegenwärtigen Medienkultur. (...) Statt die Zuschauer zu bestätigen, wie es die Medien durch die Ausgrenzung abweichender Ansichten mittlerweile fast ohne Ausnahme praktizieren, attackiert Miike durch eine sich in immer groteskere Höhen steigernde Vision von Exzessen, die die alltägliche Perversität ins Extreme übersteigern und damit auslöschen. Was ›Visitor Q‹ auch zur Geschichte einer Heilung macht. (...) Die Einteilung der Gewaltstruktur des Alltags(denkens) in Genre wird durch ein Filmgenre gebrochen und so offenbar gemacht. Hoffnung wie Erlösung finden sich am Ende nur in der Abkehr vom Realismus, in der Überhöhung, in der Welt der Mythen: durch die Transformation der Mutter zu einer Art Schamanin; so kommt der Sohn in ihren Ursäften (Muttermilch und Urin), der Gatte und die Tochter an ihren Brüsten zur Besinnung. Womit sich eine weitere, ebenso interessante wie beunruhigende Dimension eröffnet: in wie weit der Exzess nicht lediglich eine andere Form der Normierung ist.*« Möller zufolge stelle Miikes Erzählstrategie bewusst a-psychologisch gezeichnete moderne Archetypen (teils Medienphantasmen, teils Verkörperungen von Alltagsphänomenen) einander gegenüber, inszeniere das Groteske so als normal und setze den Zuschauer in dem dadurch geschaffenen Projektionsraum gefangen, der keinerlei Außenperspektive mehr zulasse.

»Vogue«

Zeitschrift des Münchener Verlags Condé Nast zu den Themen Mode, Schönheitspflege, Prominenz und Kultur. Die → Bundesprüfstelle für jugendgefährdende Schriften indizierte die Ausgabe von Dezember 1999, da sich darin Abbildungen zweier unzureichend bekleideter Mädchen befunden hatten. Auf mehreren Seiten fanden sich unter dem Titel »Märchenspiele – Puck, Fee oder kleine Diva:

zwei Kinder und ihre Beauty-Träume« sechs Farbfotos der fünfjährigen Eva und der siebenjährigen Anna nackt oder nur mit Oberteil bekleidet und zum Teil stark geschminkt. Diese Inszenierung trieb einen bisher schon in der Modebranche vorherrschenden Trend nach immer jüngeren Models bis ins Kindesalter hinein auf die Spitze. Ein Begleittext und Zitate unter anderem George Bernard Shaws erotisierten die Fotos zusätzlich.

Die Bundesprüfstelle räumte ein, dass die gezeigten Darstellungen in keiner Weise sexuell aufreizend seien, dennoch aber die betreffenden Kinder zum Anschauungsobjekt degradierten und einer *»sittlichen Gefährdung«* Vorschub leisteten. Die BPS argumentierte weiter: *»Dem kindlichen Betrachter wird suggeriert, dass es völlig normal sei, sich vor Erwachsenen in ungezwungener Pose nackt zu zeigen und ablichten zu lassen. Nach belegbaren Erkenntnissen von Kriminalbehörden stimmen aber Sexualstraftäter ihre Opfer gezielt auf die Tat ein, auch indem sie Kindern solche Fotos zeigen und testen, wie diese darauf reagieren. (...) Aus der Tätigkeit der Hilfs- und Beratungseinrichtungen, die sich der Hilfe für sexuell missbrauchte Kinder widmen, ist bekannt, wie wichtig es für den Bereich der Prävention ist, dass Kinder sich darüber im Klaren sind, wo an sie gerichtete Wünsche von Erwachsenen eine Tabuverletzung darstellen und sie berechtigt sind, sich diesen Wünschen zu widersetzen. Den Bemühungen, Kinder stark zu machen und zu befähigen, ihre Rechtssphäre vor strafrechtlich relevanten Übergriffen von Erwachsenen zu schützen, laufen die mit den Darstellungen vermittelten Botschaften konträr zuwider.«*

Diese Entscheidung der Bundesprüfstelle führte dazu, dass die beanstandete »Vogue«-Ausgabe Jugendlichen nicht mehr zugänglich gemacht werden und deshalb in Läden nicht öffentlich ausliegen durfte. Die Zeitschrift wies den Vorwurf der Jugendgefährdung zurück und erhob Anfechtungsanklage gegen den Beschluss der Behörde. »Vogue«-Chefredakteurin Blechschmidt bedauerte den Vorfall: Sie habe die Sensibilität des Themas unterschätzt und sei fest davon ausgegangen, der künstlerische Anspruch der Fotografien schließe jegliche Fehlinterpretation aus. Die Ästhetik der Bilder sei an Erwachsene gerichtet und spräche Kinder ohnehin nicht an. Eben in einem Verwischen der Grenzen zwischen dem Leben von Kindern und Erwachsenen sah aber etwa Walter Wilken, Geschäftsführer des Deutschen Kinderschutzbundes, ein Gefährdungspotential: *»Mit derarti-*

gen Veröffentlichungen werden pädophile Neigungen gesellschaftsfähig gemacht.« Dieser Interpretation widersprach beispielsweise Guido Graf in dem Artikel »Die Kindfrauen sind los«, veröffentlicht in der »Frankfurter Rundschau« vom 4. August 2001. Graf beklagte die anhaltende Tabuisierung eines gesellschaftlichen Phantasmas: dem Wunsch nach einem eigentlich intersexuellen *»ästhetischen Ideal, das dem Verfallsprozess (widerstehe), der mit der Reife beginnt«* und der lediglich in bestimmten Figuren der Kulturgeschichte wie Goethes Mignon, Wedekinds Lulu oder Nabokovs → Lolita immer wieder zum Ausbruch komme. Graf erläutert in dem lesenswerten und unter http://www.artists-net.de/brechtschule_org/79.htm auch im Internet einsehbaren Artikel unter anderem: *»Wenn die Bundesprüfstelle frontale fotografische Präsentation der Kinder anprangert, den Bildern erotische Potenz unterstellt, Posen gekünstelt findet und in leicht geöffneten Lippen den ›Ausdruck von erotischer Sinnlichkeit‹ sieht, instrumentalisiert sie mit solchen Zuschreibungen die Kinder und ihre Rechte genauso wie es die Pädophilen auf ihre Art tun.«*

Einige Monate nach der »Vogue«-Indizierung wurde sie per Gerichtsbeschluss wieder aufgehoben.

»Von der Mutter missbraucht«

→ sexueller Missbrauch durch Frauen

vorgetäuschte Orgasmen bei Männern

Die Sexualtherapeutin Angelina Borgaes tätigte für ihre Doktorarbeit eine repräsentative Umfrage unter Männern, bei der sich herausstellte, dass jeder zweite schon einmal den sexuellen Höhepunkt simuliert habe. Der Routinierteste gab zu Protokoll: *»Ich mache das seit zwanzig Jahren.«* Insbesondere wenn die Befragten müde, beruflich angespannt oder aus anderen Gründen lustlos waren, ihrer Partnerin aber andererseits das Gefühl ersparen wollten, nicht mehr genügend begehrenswert zu sein, täuschten sie ihren Orgasmus vor – auch um zu rechtfertigen, dass sie keine Erektion mehr hatten. *»Wenn du spürst, dass er schlaff wird, dann machst du schnell ein paar Ächz- und Stöhnlaute, stößt ein bisschen fester und ziehst ihn dann raus«* war eine typische Erklärung. Wenn die Frau selbst feucht genug sei, falle ihr das fehlende Sperma gar nicht auf. Männer möchten einerseits Frauen nicht verletzen andererseits aber natürlich auch vermeiden, selbst verletzt zu werden. So berichtet ein 35-jähriger Masseur, wie ihn seine Partnerin kleingemacht habe, nachdem er es nicht geschafft hatte, seine Liebesleistung zu erfüllen: *»Ach nee, erst große Klappe, und dann nichts dahinter!«* Andrea Borgaes kommt zu dem Schluss, dass Frauen fälschlicherweise davon ausgingen, *»ein Mann kann, will und kommt immer«.*

»Vox«

1992 erschienene Novelle des US-Autors Nicholson Baker, in der ein mehrere Stunden dauerndes erotisches Telefongespräch zwischen einem Mann und einer Frau geschildert wird, bei dem beide zwar gleichzeitig zum Höhepunkt gelangen, danach aber wieder in ihre → Einsamkeit zurückfallen.

W

»The War Zone«

Familiendrama, Großbritannien 1998, das Regiedebüt des Schauspielers Tim Roth, der zuvor in Filmen wie Quentin Tarantinos »Reservoir Dogs« sowie »Pulp Fiction« bekannt geworden war. Die Produzentin Sarah Radclyffe machte ihm das Angebot, Alexander Stuarts Roman »The War Zone« filmisch umzusetzen und dabei das Thema → Inzest authentisch und ohne Skandalisierung zu behandeln. Entsprechende Pläne einer filmischen Adaptation existierten offenbar schon einige Zeit, aber es konnte noch kein Regisseur gefunden werden, der sich an diese heikle Aufgabe wagte. Einer der Gründe dafür könnte darin liegen, dass Stuarts Roman zwar von der Kritik weitgehend anerkannt, aber 1989 von der Verleihung des renommierten britischen Whitbread-Literaturpreises ausgeschlossen wurde, nachdem einer der Juroren mit seinem Rücktritt drohte, falls dieses Werk zum Gewinner erklärt würde. Schließlich erstellte Stuart eine Drehbuchfassung zu seinem Roman, und Roth übernahm die Regie. 1999 wurde er für das Werk mit dem European-Discovery-Fassbinder-Award ausgezeichnet.

Die titelgebende »Kriegszone« befindet sich für den schlaksigen, pubertierenden Teenager Tom (Freddie Cunliffe) inmitten seiner nach außen harmonischen Familie, mit der er aus London in das provinzielle Devon umgezogen ist. Tom ist über den ihm aufgezwungenen Ortswechsel nicht begeistert, fühlt sich angeödet und vereinsamt und zieht sich zunehmend aus dem Familienkreis in die Rolle eines stummen Beobachters zurück. Als er eines Tages nach Hause kommt, findet er die Tür verschlossen vor, späht durch das Fenster des Badezimmers und sieht seinen Vater (Ray Winstone) und seine zwei Jahre ältere Schwester Jessie (Lara Belmont) miteinander nackt im Bad.

Was genau Tom sieht, bleibt dem Zuschauer vorenthalten, dieser darf nur seine befremdete Reaktion betrachten. Später bekommt Tom mit, wie sein Vater Jessie anal vergewaltigt. Bezeichnenderweise spielt sich dies nicht im Haus der Familie, sondern in einem nahegelegenen Betonbunker aus dem Zweiten Weltkrieg ab: einem Schauplatz, der filmisch zusätzlich zu der Einöde der Region Devon noch einmal besondere Abgeschlossenheit symbolisiert. (Kritiker streiten sich über die Frage, wie sinnvoll es ist, eine gestörte Familie als eine Art Festung zu zeigen, die von gesellschaftlichen Rahmenbedingungen unbeeinflusst ist.) Toms Entfremdung gegenüber Vater und Schwester wächst ebenso wie seine Verwirrung in der Entwicklung seiner eigenen sexuellen Identität, aber auch seine Neugier. Er behält das Gesehene zunächst für sich. Als er dann doch die etwas verstört und verängstigt wirkende Jessie darauf anspricht, leugnet diese zwar nicht direkt, versucht aber, ihn von seiner Wahrnehmung abzubringen. Sie nimmt ihn mit sich nach London zu einer Frau, die offensichtlich ihre Geliebte darstellt. In einem zu dritt vollzogenen Geschlechtsakt verliert Tom seine sexuelle Unschuld, woraufhin er zu seiner Familie zurückkehrt, um seinen Vater mit dessen Inzest zu konfrontieren. Der zeigt sich ebenso unschuldig wie angewidert und wirft seinem Sohn vor, krank zu sein. Im Verlauf der folgenden Ereignisse wird der Vater getötet, Tom vollzieht den Schritt zum Erwachsenen und findet sich in der Schluss-Sequenz mit seiner Schwester im Bunker wieder, während die Außenwelt in Trümmern liegt.

Obwohl der Film auch auf metaphorischer Ebene verstanden werden kann, etwa als für die Zeit des Heranwachsens typische Phase zugleich sexueller Irritation und Herausfallen aus dem bislang schützenden Familienidyll, ist das zentrale Thema doch unverhohlen der Inzest. Die harten Szenen seien schwer zu filmen gewesen, berichtet Roth: *»Wir haben dabei so gelitten, dass ich befürchtete, das Filmteam würde das Weite suchen. Ich habe die Schauspieler lange vorbereitet, und als sie bereit waren, haben wir diese Szene so schnell wie möglich hinter uns gebracht. Der Inzest sollte so grausam wie möglich wirken.«*

Dabei reduziert »The War Zone« die dargestellten Handlungen nicht auf die gängige Rollenzuweisung eines bösartigen und »perversen« Patriarchen, der seine Macht brutal ausnutzt, um seine Sexualgewalt der Tochter aufzuzwingen (wiewohl diese Motivik im Film aufscheint). Statt die Familie in Gut und Böse, Monster und Opfer, zu trennen, stellt Roth sie als ein geschlossenes System dar, dessen Bestandteile einander möglicherweise stützen: der Vater missbraucht, die Mutter sieht bewusst weg (oder nimmt sie nur nicht wahr?), die Tochter wird zur Komplizin. Oder zum Opfer? Oder zur Verführerin? »*All das und mehr*«, betont Roth in einem Interview mit der Zeitschrift »Sight and Sound« 1999. »*Missbrauchte Kinder sind Komplizen, weil sie zu Komplizen gemacht werden. Sie hüten das Geheimnis. Diese Komplizenschaft ist einer der Aspekte, die überhaupt erst mein Interesse an dieser Geschichte geweckt haben.*« Das Idyll bleibt nicht nur gegenüber der Außenwelt scheinbar gewahrt; auch untereinander gehen sämtliche Familienmitglieder bis zur finalen Eruption liebevoll miteinander um. Durch das Fehlen spektakulärer, melodramatischer Anklagen erscheint der Inzest so als beinahe alltägliches Ereignis. Nicht alltäglich, sondern tragisch sind jedoch die Folgen dieser Entwicklung, sobald Tom vorsichtig versucht, den anderen Familienmitgliedern gegenüber den Sachverhalt offen zur Sprache zu bringen. Auch seine Beweggründe sind für verschiedene Kritiker unklar und mehrdeutig: Will er die alte Familienordnung wieder herstellen, die verhasste Familie zerstören, ist er gar auf halb-bewusster, tieferer Ebene eifersüchtig auf seinen Vater? In einem Zuschauer, der bereit ist, sich damit auseinanderzusetzen, kann diese behutsamere, aber zugleich eindringlichere Form der Darstellung heftigere Gefühle aufwühlen, als es hin- und hergeschleuderte Anklagen, Erklärungen und Zornesausbrüche bewirken. Da die Hauptfiguren der Handlung selbst als Beteiligte mit dem Schweigetabu zum Inzest zu kämpfen haben, bleibt auch dem Zuschauer die letzte Deutung des Gesehenen überlassen – also etwa wie es überhaupt zu diesen Ereignissen kommen konnte und welches Familienmitglied in welchem Maße verantwortlich ist.

Tim Roth, selbst Opfer pädophiler Handlungen, zieht insofern das Fazit: »*Wenn auch nur* ein *Täter, der diesen Film sieht, dadurch realisiert, welche Auswirkungen sein Missbrauch auf das Kind hat, dann hat es sich schon gelohnt, ihn zu machen.*« Befragt von den »Kieler Nachrichten« erklärte er: »*Ich wollte jeden Zuschauer mit seinen eigenen Tendenzen zum Kindesmissbrauch konfrontieren. Mir hat vor kurzem eine amerikanische Journalistin gestanden, der Film habe sie sexuell erregt und daher erschreckt. Das war meine Absicht: Von sei-*

nen eigenen Gefühlen und Begierden angeekelt zu sein. Und sich in Frage zu stellen. Denn es ist für einen Zuschauer in einem Film immer einfacher, sich mit dem Opfer als mit dem Täter zu identifizieren. Ich wollte ihn mit seiner dunklen Seite konfrontieren.«

→ »Der Zementgarten«

»Was guckst du?!«

→ Yanar, Kaya

Wedekind, Frank

Deutscher Dramatiker (1864-1918) zwischen → Décadence, Jugendstil und Expressionismus. Machte sich mehrfach um die Darstellung des → Sadomasochismus in der Literatur verdient; so etwa in seinen Dramen »Der Erdgeist« und »Die Büchse der Pandora« um die Femme fatale Lulu. Wedekind litt in seinem Privatleben stark unter Ängsten, von der geliebten Frau manipuliert, ausgebeutet und beherrscht zu werden. Dennoch hatte er eigentlich vorgehabt, mit seiner Lulu für die befreiende Kraft der Sinnlichkeit zu werben. Dies gelang ihm allerdings nicht: Völlig konträr zu seinen eigenen Absichten nahm das Publikum seiner Zeit Lulu als dämonische Verführerin und die von ihr verkörperte Erotik als Gefährdung des patriarchalen Bürgertums wahr.

Noch deutlicher tritt der Sadomasochismus indes in Wedekinds Stück »Frühlings Erwachen« zutage: Die junge Wendla bettelt ihren Freund Melchior an, sie mit der Rute durchzuprügeln; Martha wird durch die inhumanen Erziehungsmethoden ihres Vaters unterworfen; Ilse erlebt Abenteuer von Gewalt und Unterwerfung im sexuellen Spiel mit verschiedenen Männern, Hänschen führt einen möchtegern-sadistischen Dialog mit pornographischen Zeichnungen; Moritz träumt davon, wie schön es wäre, als Frau zu sexueller Hingabe gezwungen zu werden, was in Phantasien von der Aufzucht eines Ponygirls umschlägt. Als Folge dieser Inhalte musste Wedekinds Werk immer wieder gegen die → Zensur ankämpfen: geschrieben 1891, Uraufführung einer gekürzten Version 1906, mehrfache Skandale, gerichtliche Auseinandersetzungen, Aufführungsverbot einzelner Szenen, zuletzt 1965 im Londoner Royal Court Theatre. Erst nach 1965 ist es möglich, das komplette Stück auf die Bühne zu bringen. Die Szene, in der Wendla Melchior um Schläge anfleht, wurde selbst von einem liberalen Kritiker wie Siegfried Jacobsohn 1906 als Darstellung von *»Abarten der Geschlechtsliebe: Sadismus und Masochismus; Masturbation; Päderastie«* bezeichnet, *»denen allenfalls Erwachsene verfallen können«*.

weiblicher Sexismus

In einer aktuell laufenden Schweizer Studie beschäftigen sich die Sozialarbeiterin Sarah Meinrad und die Psychologin Meike Baumann mit der abschätzigen Reduktion von Männern auf ihre Körper, Diskriminierung am Arbeitsplatz, Mobbing, von Frauen ausgehender → Gewalt oder sexuellen Anzüglichkeiten am Telefon. Zahlen über die Häufigkeit weiblichen Sexismus gebe es den Forscherinnen zufolge zwar noch nicht. Jedoch berichtete die verantwortliche Projektleiterin Christine Wiedemann in einem Artikel der »Schweizer Sonntagszeitung« vom 17. Februar 2002, dass der Erfolg dieser Aktion bereits alle Erwartungen übertroffen habe und sie vom Ansturm *»der Medien und der Öffentlichkeit geradezu überrannt«* werde. Dies nahm sie als Bestätigung, dass Baumann und Meinrad die Situation richtig eingeschätzt haben und wissenschaftliche Studien zum Thema überfällig seien. In den USA, wo der neue sexistische Ton in Romanen und Krimis bereits Ausdruck gefunden habe, werde man ihrer Ansicht zufolge schon bald in Sachbüchern und Statistiken über das Phänomen lesen können.

Tatsächlich gibt es in den Vereinigten Staaten schon erste Titel zu dieser Problematik. Wegweisend war hier zunächst Judith Levines (vgl. → Pädophilie) 1992 erschienenes Werk »My Enemy, My Love: Man-Hating and Ambivalence in Women's Lives« (zu deutsch etwa: »Mein Feind, meine Liebe: Männerhass und Zwiespältigkeit im Leben von Frauen«). Levine argumentiert auf der Grundlage von 80 Tiefeninterviews mit Frauen unterschiedlichster sozialer und beruflicher Hintergründe sowie sexueller Orientierung, dass Männerfeindlichkeit eben keine individuelle Neurose darstelle, sondern ein »kollektives, kulturelles Phänomen«. Männern würden von fast allen Frauen abwertende Stereotypisierungen zugeschrieben; so werden sie unter anderem als Kinder, Ausbeuter, Betrüger oder testosteronverseuchte Monster beschrieben. Levine arbeitet als Ursache solcher Einstellungen die Beziehung der Frauen zu ihren Vätern sowie die feministische Bewegung ab den sechziger Jahren heraus und nennt als Strategien von Frauen, mit ihrem Hass oder ihrer Gespaltenheit umzugehen, das Vermeiden von Kontakt mit Männern, die Schädigung intimer Beziehungen durch Zank sowie Wut und Kapitulation. 2001 griff das kulturwissenschaftliche Sachbuch »Spreading Misandry: Teaching Contempt for Men in Popular Culture« (dt. etwa: »Die Verbreitung von Männerfeindlichkeit. Wie die populäre Kultur die Verachtung von Männern lehrt«) dieses Thema auf und analysierte die Diffamierung von Männern in Medien wie dem Fernsehen, dem Kinofilm, aber auch Comics und Grußkarten. Hier schien inzwischen eine gewachsene Sensibilität in der Gesellschaft zu bestehen: Die erste Auflage war zur Überraschung der Autoren selbst binnen weniger Tage ausverkauft. Bisher hatten sich nur wenige andere Autorinnen und Autoren mit diesem Thema beschäftigt: so etwa Daphne Patai (»Heterophobia«), Warren Farrell (»Women Can't Hear, What Men Don't Say«) und Cathy Young (»Ceasefire! Why Women and Men Must Join Forces to Achieve True Equality«). Obwohl in Deutschland Sexismus gegen Männer weit verbreitet und beliebt ist (man denke an Buchtitel wie »Nur ein toter Mann ist ein guter Mann« oder Verlagswerbung wie »Frauen sind einfach besser«), definieren selbst Wörterbücher Sexismus sehr einseitig (und damit eben selbst sexistisch), so etwa der »Schülerduden Sexualität« als *»die Diskriminierung des weiblichen Geschlechts durch das männliche Geschlecht«*.

In einem von den Schweizer Forscherinnen unter www.sexistinnen.ch geschalteten Internet-Diskussionsforum fanden sich schnell Äußerungen wie *»Männer sind nichts als Probleme, Schweine, verkrüppelte Chromosomen, danebengegangene Abtreibungen, Parasiten, die wir zu Leichen oder Wirtstieren machen müssen.«* Wiedemann betont allerdings, dass Sexistinnen keineswegs zwangsläufig Feministinnen oder *»Opfer eines Männerregimes«* seien, sondern eher dem aktuellen Trend in der Werbung entsprächen, den Mann, *»wenn's sein muss«*, zum Trottel zu demontieren – so etwa in dem Reklamespot für eine Salbe, in dem eine nette Frau einen netten Mann in seine empfindlichen Bereiche schlägt (→ häusliche Gewalt gegen Männer, → Schockwerbung). Auch Meinrad und Baumann bekunden auf ihrer Website: *»Häufig handelt es sich bei den Täterinnen gerade nicht um Verliererinnen oder Opfer des Patriarchats. Als Motive für ihre Handlungsweise betrachten sie vielmehr einfach ›Spaß‹ oder eine mit*

Konkurrenzlust verbundene hohe Aggressionsbereitschaft. Dieser Sexismus von Frauen gegen Männer wird von der breiteren Öffentlichkeit völlig ignoriert.«

Weiterführende Literatur: Hoffmann, Arne: Sind Frauen bessere Menschen? Plädoyer für einen selbstbewussten Mann. Berlin 2001

»Wendekreis des Krebses«

→ »Tropic of Cancer«

»Wer Gewalt sät«

(Originaltitel: *Straw Dogs*) US-amerikanischer Spielfilm, 1971, nach einer Buchvorlage von Gordon M. Williams und unter der Regie Sam Peckinpahs. Dieser wurde schon nach seinem Western »The Wild Bunch« (1969) wegen allzu exzessiver Gewaltdarstellung gerügt, ließ dies aber auch hier zu einem seiner Markenzeichen werden. Dadurch erwarb sich Peckinpah den Titel, »der Picasso der → Gewalt« zu sein.

Das junge Ehepaar David und Amy Sumner (Dustin Hoffman und Susan George) zieht aufs Land, um der allgegenwärtigen Gewaltkriminalität in der Großstadt zu entkommen. Bald aber werden sie von den Arbeitern terrorisiert, die ihren Schuppen reparieren sollen, was in zwei Vergewaltigungen Amys gipfelt.

Aus der Sicht der Tabuforschung ist interessant, wie unterschiedlich die Zensur in den USA sowie in England mit diesen Szenen umging. In der US-amerikanischen Fassung wurde die zweite Vergewaltigung herausgeschnitten, aber die erste im Film belassen: weil Amy bei dieser schließlich selbst Anzeichen von Lustempfinden zeigte. Für viele Betrachter war diese Handlung insofern nicht mehr eine Vergewaltigung; sie interpretierten Amys Lust als echt: die Lust, von einem kräftigen, brutalen Kerl einfach »genommen« zu werden – ein Begehren, das ihr pazifistischer, intellektueller und dadurch »verweichlicht-entmännlichter« Gemahl David nicht erfüllen kann. Andere Interpreten hielten dem ihre Lesart dieser Szene entgegen, der zufolge Amy sich als starke Frau lediglich dafür entschieden habe, Anzeichen von Lust vorzutäuschen, um einer gravierenderen Körperverletzung zu entgehen. Die erste dieser beiden Interpretationen könnte manchem Zuschauer aber die gefährliche Botschaft senden, dass sexuelle Gewaltübergriffe positive Folgen haben können und von manchen Frauen heimlich begehrt werden. Aus diesem Grund entschied man sich in Großbritannien in den neunziger Jahren dafür, den Film mit beiden Vergewaltigungsszenen freizugeben. Die britische Zensurbehörde hatte eigens eine Gruppe führender Psychologen einberufen, die als Therapeuten von Sexualstraftätern arbeiteten. Sie gelangten einhellig zu dem Urteil, die Darstellung der brutaleren zweiten Tat wirke einer möglichen Verharmlosung von Vergewaltigungen nachdrücklich entgegen. Hier sei es eindeutig, dass Amy das Verbrechen letztendlich nicht willkommen heißt. Dieselben Psychologen bewerteten aber auch die erste Vergewaltigungsszene als realistische Darstellung einer komplexen Situation. Auch seien die Übergriffe so behutsam gefilmt worden, dass sie auf die Zuschauer kaum erregende Wirkung ausüben sollten.

Nicht weniger umstritten ist das Ende des Filmes, in dem Amys Mann David selbst zu extremer Gewaltanwendung greift, um seine Peiniger zu vernichten, was von Peckinpah als positive Erfahrung inszeniert wird. Die bekannte US-Filmkritikerin Pauline Kael, die Peckinpah schon nach »The Wild Bunch« als Faschisten bezeichnet hatte, problematisierte die in »Wer Gewalt sät« vermittelten Moralvorstellungen des Regisseurs in einem Artikel der Zeitschrift »New Yorker« wie folgt: *»Der Film beabsichtigt nicht nur zu illustrieren, dass es einen Punkt gibt, an dem jeder Mann zu kämpfen beginnt, sondern dass der Betreffende deshalb ein besserer Mann ist – endlich ein* richtiger *Mann. Das Ziel dieses Filmes ist es zu zeigen, dass David das Töten genießt und in dieser Selbsterkenntnis seine Männlichkeit erlangt.«* Diese Inszenierung blieb auch auf das Publikum nicht ohne Wirkung. Zuschauer einer Vorführung in San Francisco reagierten auf die Schluss-Sequenz keineswegs entsetzt und verängstigt, wie unter anderem von den Produzenten erwartet wurde, sondern stießen zu Hunderten Rufe wie *»Bring ihn um! Schnapp ihn dir!«* aus. *»Ich dachte mir nur: Mein Gott, was haben wir da losgelassen?«* erschrak der Produzent dieses Filmes, Dan Melnick, als er nach der Vorstellung von einem vor Wut rasenden Mann angegangen wurde, der ihn mit den Worten anbrüllte: *»Das ist das Widerlichste, was ich je gesehen habe! Ich bin ein Pazifist, und ich bringe Sie dafür um, dass Sie das verbrochen haben.«* Auch bei anderen Vorführungen gab es entsprechende Reaktionen: Unabhängig von Geschlecht und Alter feuerten die Zuschauer den Helden bei seinen Gewalttaten entweder an, oder sie reagierten darauf mit Verärgerung und geradezu körperlicher

Übelkeit. Peckinpah erklärte auf den Vorwurf, sein Film unterstütze ein autoritäres Gesellschaftsbild, er sei kein Faschist, vertrete aber durchaus eine gewisse totalitäre Einstellung.

Anekdoten zufolge soll Peckinpah bei seinen Darstellern auf sehr drastische Weise heftige Emotionen hervorgebracht haben. So heißt es, er habe Susan George vor dem Dreh der Vergewaltigungsszene beiseite genommen und ihr verdeutlicht, dass es ihrem Vater bei dessen Gesundheitszustand vermutlich nicht mehr möglich sein werde, den fertigen Film noch im Kino zu sehen. Als sie angefangen habe zu weinen, habe Peckinpah die Aufnahmen beginnen lassen.

Die MPAA als zuständige US-amerikanische Behörde erteilte dem Film zuerst ein X-Rating, das ihn einem Pornofilm gleichgesetzt hätte, räumte aber ein, dass diese Einordnung dem Film nicht gerecht werde. Andererseits könne man ihn, so wie er vorliege, unmöglich für Jugendliche freigeben. Schließlich einigte man sich als Kompromisslösung auf zahlreiche Schnitte, die den gewalttätigsten Szenen Peckinpah zufolge 35 Prozent ihrer Wirksamkeit nahmen. In Großbritannien erschien nach der oben geschilderten Kontroverse eine ungeschnittene Version auf VHS und als DVD. In Deutschland ist eine geschnittene Fassung von der FSK ab 16 Jahren freigegeben.

Quellen/Literatur: Bouzereau, Laurent: Ultraviolent Movies. New York 2000; Keough, Peter (Hrsg.): Flesh and Blood. The National Society of Film Critics on Sex, Violence and Censorship. San Francisco 1995

»Will & Grace«

Fernsehserie, NBC, seit 1998 (in Deutschland: Pro 7), um Themen im Zusammenhang mit → Homosexualität, die anhand einer Wohngemeinschaft aus einer jungen Frau und ihrem schwulen Mitbewohner behandelt werden. Der Aufhänger ist, dass die beiden perfekt zueinander passen würden – bis darauf, dass Will (Eric McCormack) eben schwul und Grace (Debra Messing) weiblich ist. Die Serie präsentiert die erste homosexuelle Hauptfigur nach → »Ellen«. David Kohan, Produzent von »Will & Grace«, erklärt es als besonders herausfordernd, sich künstlerisch mit einer Beziehung zwischen Mann und Frau zu beschäftigen, in der Sex und Romantik gerade keine Rolle spielen.

»Windeln, Stöckchen, Gouvernanten«

Untertitel: *8 Stories für schlimme Bübchen*; von einem unter dem Pseudonym »Pampersboy« auftretenden Autor erstellte Kurzgeschichtensammlung für Menschen mit Interesse am Windelfetischismus. Im Mittelpunkt der zentralen, in fünf Episoden unterteilten Erzählung steht der 30-jährige Robert, der sich zwar einerseits nach seinem Kleinkindalter zurücksehnt, das statt durch Hetze und Verantwortung durch zugleich liebevolle und autoritäre Bemutterung geprägt war, aber andererseits vor der resoluten Art seiner dominanten Freundin Furcht empfindet und eindeutigen Festlegungen ausweicht. Eines Tages ist es zu spät, und Robert wird von seiner Partnerin durch ein High-Tech-Medikament in ein hilfloses Kleinkind verwandelt. In dieser Situation muss er machtlos durchkosten, was er zuvor lediglich in Phantasien oder im Spiel ausgelebt hatte: Er wird im Gitterbettchen festgebunden oder in den Laufstall gesteckt; wenn er unartig war, bekommt er den Hintern versohlt, und auch die Entscheidung darüber, wann ihm die vollen Hosen gewechselt werden, trägt eine andere (→ Scheiße). Im Laufe der Kapitel wächst Robert vom Baby zum Kleinkind bis ins Schulalter hinein. Die drei anderen Erzählungen des Buches widmen sich den wenig hygienischen Bräuchen am Hofe des »Sonnenkönigs« Louis XIV., den Krankenhäusern unserer Tage, in denen renitente Patienten auch schon mal ausgeschimpft, am Bett festgeschnallt und gewindelt werden, und schließlich den Nöten eines Menschen, der auf der Autobahn im Stau steckenbleibt.

Ergänzt wird diese Zusammenstellung durch zum Thema passende Zitate, Beschreibungen von Windelpartys und Hinweise auf windelfetischistische Websites. »Pampersboy« ist damit nicht nur ein Grundlagenwerk für einen bisher im Buchmarkt nicht vertretenen Seitenzweig der menschlichen Sexualität gelungen, sondern auch eine Meditation über das gerne verdrängte menschliche Urverlangen, sich dem von Denkern wie Freud und Lacan beschriebenen Zustand der kindlichen Vor-Identität anzunähern. (Lacan hat den von ihm verwendeten Begriff der »jouissance«, des »Genusses«, bekanntlich auf die früheste kindliche Entwicklungsstufe und auf den Orgasmus zugleich bezogen.) Vor diesem Hintergrund erhalten die gesammelten Texte eine philosophische Tiefe und Aussagekraft über die Conditio Humana, die man andernorts selten findet und die weit über das apodiktische »Meine Windel ist voll, was soll ich tun?« hinausreicht.

»Wit«
Auf einem Theaterstück von Margaret Edson basierender US-Film (1999) unter der Regie Mike Nichols. Thema ist das Sterben der Literaturprofessorin Vivian Bearing (Emma Thompson) an Eierstockkrebs. Ihr Rückblick auf ihr Leben und sein Ende gerät ebenso in den Fokus der Darstellung wie das unterschiedliche Herangehen der Ärzte an diese Situation. Im »SPIEGEL« vom 19. Februar 2001 beklagt Susanne Weingarten, dass in keiner Kritik zu diesem Film die Frage diskutiert wird, ob die allzu realitätsnahe Darstellung einer *»Literaturprofessorin, die im letzten Stadium zur wimmernden, schmerzverzerrten Kreatur verfällt (...) die filmisch angemessene Darstellung eines todgeweihten Menschen sei. Wie auch? In einer Gesellschaft, die das Sterben aus ihrer Selbstwahrnehmung verbannt, kann es keinen Platz für eine solche Debatte geben. Sich zu erregen hieße, etwas in Worte zu fassen, worüber alle schweigen wollen. Stattdessen wurde die Selbstentäußerung der Hauptdarstellerin Emma Thompson so hervorgehoben, dass der Eindruck entstand, das Lob sei ein verlegener Ersatz für das Nachdenken über den Stoff.«* → Tod

»The Woman in the Child«
1975 entstandene Fotoserie von Gary Gross, der damals noch in der Werbung tätig war, mit diesen Werken aber das Thema der im Kind reifenden Frau behandeln wollte. Gross stellte in seinen Bildern dar, dass Sexualität in einem (weiblichen) Menschen nicht erst mit Erreichen des sechzehnten Lebensjahres urplötzlich aufbricht: *»Junge Mädchen haben unglaubliche sexuelle Macht. Nicht weil sie selbst bewusst irgendetwas dafür tun, sondern weil die Männer ihnen diese Macht verleihen.«* Während sich mehrere Mütter bereiterklärten, ihre Kinder an Gross' Projekt mitwirken zu lassen, zogen die Kinder selbst ihre Einwilligung zurück, sobald sie erfuhren, dass sie nackt fotografiert werden sollten. Erst die damals von der renommierten Agentur Ford vertretene Brooke Shields ließ sich, juristisch vertreten von ihrer Mutter Teri, auf entsprechende Aufnahmen ein. Nachdem die Fotos sowohl in einem »Playboy«-Aktfotoband als auch in überdimensionaler Vergrößerung im Schaufenster einer Modebouti-

que auf der New Yorker Fifth Avenue zu sehen waren, wurde der französische Regisseur Louis Malle auf Shields aufmerksam und engagierte sie für einen Film über ein Bordell in New Orleans. Sobald die Kinokarriere ihrer Tochter solchermaßen angestoßen war, versuchte Mutter Teri, die Negative zurückzukaufen, und erwirkte, als Gross sich damit nicht einverstanden erklärte, eine einstweilige Verfügung gegen jede weitere Veröffentlichung. Erst im Jahr 1999 erstritt Gross vor Gericht eine Freigabe und ließ die gesamte Serie sowohl in der New Yorker Galerie »American Fine Arts« als auch im Internet unter www.thewomaninthechild.com der Öffentlichkeit zuteil werden. Brooke Shields hatte inzwischen unter anderem durch ihre Hauptrolle in dem Teenie-Schmachtfilm »Die blaue Lagune« und ihre Ehe mit dem Tennis-Crack André Agassi von sich reden gemacht.
Quelle: Schwerfel, Heinz-Peter: Kunst-Skandale. Köln 2000

Wood, Ed
(eigentlich: Edward D. Wood jr., 1924-1978) Transsexueller Filmemacher, der mit B-Movies wie »Plan 9 from Outer Space« (1959) als der schlechteste Regisseur aller Zeiten in die Kinogeschichte einging (→ Transgender). Wood, der gleichzeitig als Autor und Hauptdarsteller tätig war, erschien gelegentlich auch in Frauenkleidern zu den Dreharbeiten. Wie alle seine Filme wurde auch das 1952 entstandene »Glen or Glenda – I Changed My Sex«, in dem er selbst die Hauptrolle spielte, von der Kritik verrissen. Erst nach seinem Tod 1978 errang Wood den Status einer Kultfigur, was bis zu Tim Burtons filmischer Hommage »Ed Wood« (1994) führte.

World Trade Center
→ Medienbilder

Y

Yanar, Kaya

Star und Moderator der von Sat-1 freitags abends ausgestrahlten Comedy-Sendung »Was guckst du?!«. Der Titel bezieht sich auf die angeblich ausländertypische Reaktion, wenn sie sich von Blicken anderer irritiert oder belästigt fühlen. Kennzeichnend für die Show und ihren ungeheuren Erfolg bei Publikum und Kritik ist ihr kontinuierlicher Verstoß gegen jene Tabus der → Politischen Korrektheit, die es verbieten, sich über Ausländer lustig zu machen. Parodistisch angelegte Figuren wie »Süleyman« oder »Ranjid« erlangten beim Publikum schnell ebenso große Beliebtheit wie Yanars Einspielung ausländischer Fernsehausschnitte. Bei den Fans der Show ist beispielsweise heute noch ein irakischer Nachrichtensprecher legendär, der scheinbar vor laufender Kamera »Arschratte« sagte. (Tatsächlich benutzte er nur eine Wendung im Zusammenhang mit dem Wort »Aschra«, was auf Arabisch »zehn Uhr« bedeutet.) Unter anderem weil Yanar selbst nicht-deutscher Abstammung ist, Deutsche wie Ausländer gleichberechtigt zum Ziel seines Spottes macht und sehr oft weniger die Ausländer als die über sie existierenden Klischees persifliert, kann er sich dem Rassismus-Vorwurf stilvoll entziehen.

Yanar ist Sohn türkisch-arabischer Einwanderer und wurde in Frankfurt geboren, wo er auch lebt. Im Gegensatz zu seinen Eltern spricht er ausschließlich deutsch. Nach seinem Abitur 1992 studierte er und hielt sich durch Nebenjobs finanziell über Wasser, da man, wie er sagt *»mit Phonetik und Philosophie nicht gut Geld verdienen kann«*. Zu seinen ersten Nebenbeschäftigungen gehörten Comiczeichnen, Kindertheater und Animationsveranstaltungen wie beispielsweise in einem Hasenkostüm auf einer Frankfurter Messe unterwegs zu sein. 1995 unternahm er die ersten erfolgreichen Gehversuche als Bühnenkomiker und trat mit mehreren Drei-Minuten-Stücken auf. Bereits damals stellte er Ausländer und Klischees darüber in den Mittelpunkt, wie er in einem Interview mit dem Magazin SUBWAY berichtet: »*Mein erster Bit war übers Drogen-Verchecken, wo ich meine Landsmänner, Araber, Türken und Inder beim Drogenverkauf gespielt habe. Es ging also schon so los. Ich finde diesen Humor selber toll, wenn Leute Imitationen machen. Darauf bin ich schon als Kind abgefahren, und irgendwie haben mir auch Freunde das Vertrauen gegeben und mir gesagt, was du hier mit mir machst, das geht bestimmt auch auf der Bühne.*« Als er im Sommer 1999 bei einem Nachwuchswettbewerb in Köln den zweiten Platz belegte, entdeckte ihn eben jene Produktionsfirma fürs Fernsehen, die mit ihm schließlich »Was guckst du?!« umsetzte. Während die erste Sendung wegen eines Gags über Kopftücher von einigen Zuschauern als verletzend für bestimmte religiöse Gefühle wahrgenommen wurde, legte sich diese Besorgnis schnell, und auch ältere Moslems äußerten sich in begeisterten Zuschriften.

Yanar sieht seinen Humor auf einer etwas anderen Ebene als beispielsweise den von »Erkan und Stefan« oder → Mundstuhl: »*Bei den Imitationen, in die ich schlüpfe, bemühe ich mich schon um Authentizität. Natürlich spiele ich mit Klischees, sonst wäre das nicht lustig, aber das Ganze ist noch mal so authentisch, weil ich ja selbst halb Araber, halb Türke bin. Und ich reize halt keine Figur aus, sondern springe von einer Rolle in die nächste. Es wird ständig gewechselt zwischen Italienern, Arabern, Deutschen, Indern, und das ergibt dann so ein lustiges Konglomerat.*« Dass er völlige Narrenfreiheit besäße, ohne den Vorwurf der Fremdenfeindlichkeit fürchten zu müssen, glaubt er indes nicht: »*Ein rassistischer Witz bleibt ein rassistischer Witz – egal, ob ihn ein Deutscher oder ein Ausländer in Deutschland erzählt.*« Allerdings werde seinen Zuschauern schnell bewusst, dass er gerade durch sein satirisches Ausstellen kultureller Unterschiede darauf hinweise, wie ähnlich sich die Menschen in Wahrheit seien.

Z

Zappa, Frank

(1940-1993) wegen seiner Exzentrik umstrittener US-amerikanischer Rock-Komponist und Gitarrist, zu dessen Hauptmotiven eine scharfe Kritik am »American Way of Life« zählte (→ »Bobby Brown«). Schon zu Beginn seiner Musikkarriere kam er in Konflikt mit den Behörden, die 1963 sein »Studio Z« wegen auf einem Tonband als Beweismittel vorliegender Beischlafgeräusche sowie *»sexueller Perversionen«* schließen ließen. Über Zappa wurde zudem eine Haftstrafe von zehn Tagen verhängt, verbunden mit der Bewährungsauflage, in den nächsten Jahren zu keiner ledigen Frau Kontakt aufzunehmen, wenn diese jünger als 21 war und sich kein Erziehungsberechtigter in ihrer Nähe befand. Zappa ließ die inkriminierten Bandgeräusche zwei Jahre später in sein Lied »Mothers Song – Help I Am A Rock« eingehen. Zappa wurde wenig später zum Leiter und Frontmann der Band The Mothers, die wegen ihrer außerordentlich innovativen, spontanen und zum Teil parodistischen Präsentationen in den Clubs zwar einerseits das Mainstream-Publikum vergraulte, sich dadurch aber andererseits einen Ruf in der wachsenden Underground-Subkultur erwarb. Bald wurde die bizarre Provokation, die jede andere Rockband dieser Zeit in den Schatten stellte, zu ihrem Markenzeichen. Nach einer Umbenennung in The Mothers of Invention hatte Zappas Band mit ihrer skurrilen Bühnenshow bald Kultstatus erreicht: Zunächst in Los Angeles, dann auch in anderen Städten der USA war ihre Verbindung von sarkastischer Gesellschaftskritik, experimentellen Einlagen und anarchistischer Verunglimpfung gängiger Rock-Rhythmen und anderer Stilelemente des Pop (etwa des Sergeant-Pepper-Plattencovers der Beatles) schnell sehr beliebt. Richtete sich Zappas Schaffen zunächst auf ein Umstürzen musikalischer Klischees und bürgerlich-«spießiger« Wertvorstellungen, so wählte er später auch die Protestbewegung selbst und dabei insbesondere ihre wachsende Kommerzialisierung als Zielscheibe. Anfang der siebziger Jahre löste er seine Band auf und spielte fortan in wechselnden Gruppen. Als 1985 unter der Reagan-Regierung eine strengere → Zensur von Rocktexten durchgesetzt werden sollte, reagierte Zappa nicht nur damit, dass er seine eigenen Texte stärker mit obszönen Inhalten und einer vulgäreren Sprache auflud, er protestierte auch persönlich beim Präsidenten und in verschiedenen Hearings des US-amerikanischen Kongresses. Mit seiner zweiten Frau Gail hatte Zappa die beiden Söhne Dweezil und Ahmet Redan sowie die Töchter Diva und Moon Unit, mit der er 1982 die Single »Valley Girl« aufnahm: eine satirische Auseinandersetzung mit der kalifornischen Lebensart, die zu Zappas einzigem erfolgreichen Schlager in seinem Heimatland wurde. 1993 starb Zappa an spät erkanntem Prostatakrebs, nachdem er ein Jahr zuvor mit dem »Lifetime Achievement Award« des »Los Angeles Music Award« ausgezeichnet wurde. 1994 fand er Eingang in die »Down Beat Critics Hall of Fame«.

»Der Zementgarten«

Grotesker Thriller, Frankreich/Deutschland/Großbritannien 1993, unter der Regie von Andrew Birkin, der dazu auch nach einem Roman von Ian McEwan das Drehbuch verfasste. McEwan galt in der jüngsten Vergangenheit als einer der aufsehenerregendsten und umstrittensten Autoren der britischen Gegenwartsliteratur. Dies liegt vor allem an seinen frühen, in den siebziger Jahren entstandenen Werken, die mit ihren Themen von → Inzest, sexueller → Gewalt etc. eindeutig der → »transgressive fiction« zuzurechnen waren. Skandale und Preise wechselten sich damals stark ab. Auch zwei andere Romane McEwans wurden verfilmt: »The Comfort of Strangers« (dt.: → »Der Trost von Fremden«) 1991 von Paul Schrader sowie »The Innocent« (dt.: »Und der Himmel steht still«) 1993 von John Schlesinger. Am umstrittensten ist jedoch ohne Zweifel »Der Zementgarten«, weil diese Geschichte mit ihrem Hauptmotiv des Inzests zwischen Teenagern am stärksten gegen bestehende Sprech- und Darstellungsverbote verstößt. Regisseur Birkin hatte die Verfilmung dieses Romans lange Zeit als nicht realisierbares Lieblingsprojekt im Auge gehabt, konnte es jedoch erst verwirklichen, als es ihm gelang,

Bernd Eichinger als Produzenten zu gewinnen. Der 15-jährige Jack (Andrew Robertson) lebt mit seinen Geschwistern Julie (Charlotte Gainsbourg), Sue (Alice Coultard) und Tom (Ned Birkin) in einem abgelegenen Haus und erfährt von seinen übrigen Familienmitgliedern trotz der Enge und Isoliertheit statt Nähe eher Distanz. Die Beziehung zu den Eltern ist schwierig, der jüngere Bruder spielt seltsame Spiele, zu denen Jack keinerlei Zugang gewinnt, und seine Schwestern erlauben ihm nur immer wieder mal zufällige Blicke auf ihre nackte Haut, die ihn verwirren und erregen. Schließlich sterben die Eltern kurz hintereinander: der Vater durch einen Herzanfall, die Mutter durch eine mysteriöse Erkrankung. Die Kinder zementieren die beiden Leichen in einer im Keller stehenden Stahlkiste ein und versuchen, ein normales Leben fortzuführen. Julie übernimmt in der geschrumpften Familie die Mutterrolle, zwischen ihr und Jack wächst immer mehr die erotische Anziehung, zugleich aber auch eine psychologische Auseinandersetzung um die Führung. Ganz dem Rollenklischee entsprechend übernimmt Julie weitgehend den Haushalt, während Jack untätig ist und lieber geheime Orte aufsucht, um dort zu onanieren. Sue zieht sich in das Schreiben ihres Tagebuches zurück, Tom wäre lieber ein Mädchen. Die auf sich selbst zurückverwiesene Gemeinschaft wird zunehmend neurotischer in ihren Spielen, Diskussionen, Insider-Witzen und Spekulationen darüber, wie lange sich dieses Leben noch fortführen lässt, warum Tom sich *nicht* wie ein Mädchen anziehen sollte oder warum Julie und Jack, wenn sie ohnehin in den meisten Aspekten die Rollen von Mutter und Vater übernommen haben, dies nicht auch auf die Ebene des Geschlechtlichen ausdehnen sollten. Als Julies Freund zu ahnen beginnt, was es mit ihr und ihren Geschwestern auf sich hat, und so in die Gemeinschaft eindringt, brechen sich die widerstrebenden Gefühle Bahn und der labile Zusammenhalt der vier wird schwer erschüttert.

Die durch aussagestarke Bilder auch optisch faszinierende Darstellung sexuell erwachender, problembeladener Teenager, die die jungen Schauspieler kongenial verkörpern, brachte dem Film neben einem achtenswerten Publikumserfolg 1993 auch den Silbernen Bären auf der Berlinale ein. Kritiker würdigten Birkins offenen, aber einfühlsamen und nicht sensationsheischenden Umgang mit dem für viele verstörenden Thema.

Zensur
Eingriff in die verschiedensten Textformen, der die Vorstellung zur Grundlage hat, dass die Bevölkerung bzw. das Gemeinwesen vor solchen Texten geschützt werden muss. Ein solcher Eingriff kann direkt durch staatliche Verbote erfolgen, aber auch auf indirekte Weise, beispielsweise durch wirtschaftlichen Druck. Es gilt in der Staatswissenschaft als weitgehend unumstritten, dass solche Eingriffe einem demokratischen Gemeinwesen prinzipiell abträglich sind. »*Jede Art von Zensur, ob in Rundfunkanstalten, Bibliotheken, Verlagen oder Buchhandlungen, bedeutet eine Zensur der Freiheit und hat einen Verschleiß der Demokratie zur Folge*«, bekundet Hans J. Schütz in seinem Grundlagenwerk »Verbotene Bücher. Eine Geschichte der Zensur von Homer bis Henry Miller«. Den Zweck solcher Maßnahmen erklären Ernst Benda, Werner Maihofer und Hans-Jochen Vogel in ihrem »Handbuch des Verfassungsrechts der Bundesrepublik Deutschland«. Er »*liegt in der Verhinderung einer umfassenden bzw. planmäßig/systematisch durchgeführten Kommunikationskontrolle. Eine solche Kontrolle würde das Geistesleben lähmen und zu anpasslerischer Vorsicht veranlassen und damit Grundbedingungen freier Kommunikation beseitigen. Eine lähmende Kommunikationsbehinderung wäre jedoch auch dann zu befürchten, wenn zwar auf ein Genehmigungsverfahren verzichtet würde, aber staatliche Stellen zur inhaltlichen Überwachung der Kommunikation, etwa zur systematischen Gefahrenerforschung ermächtigt würden.*« Basierend auf dieser Einsicht findet nach Artikel 5, Absatz 1 des Grundgesetzes eine Zensur in Deutschland nicht statt.

Diese Verkündung setzt allerdings schon der nächste Absatz desselben Artikels teilweise außer Kraft. Hiernach findet das Recht auf Meinungs- und Pressefreiheit seine Schranken nämlich in den Vorschriften der allgemeinen Gesetze sowie den → gesetzlichen Bestimmungen zum Schutze der Jugend. Es kommt in Deutschland also zu keinem staatlichen Eingriff, welcher der Herstellung oder Verbreitung eines Werkes vorausginge, und keine Schrift muss vor ihrer Veröffentlichung eine behördliche Prüfung durchlaufen. Sehr wohl kann es aber auf zweierlei Weise zu einer nachträglichen Zensur kommen: durch das Strafgesetz und durch den Jugendschutz.

Eine Zensur auf der Grundlage »allgemeiner Gesetze« bedeutet dem Rechtswissenschaftler Helmut Ridder zufolge, dass Äußerungen, welche die zentralen Grundwerte des gesellschaftlichen Zusammenlebens angreifen, nicht gesetzlich geschützt sein können. Als Beispiel einer nicht mehr von der Meinungsfreiheit gedeckten Äußerung führt er an, dass etwa ein Plädoyer für die freie Liebe und eine Abschaffung der Ehe als massiver Angriff auf Ehe und Familie gegen das Sittengesetz verstoße. (Vgl. Franz L. Neumann, Hans Carl Nipperdey und Ulrich Scheuner: Die Grundrechte. Berlin 1954.) Dass einem dieses Beispiel aus den fünfziger Jahren heute höchst absonderlich vorkommt, macht bereits die Fragwürdigkeit und Willkür von Zensur deutlich. Nach aktueller Rechtsprechung dürfen die Strafverfolgungsbehörden so genannte sozialschädliche Produkte beschlagnahmen und einziehen. Dazu gehören sämtliche Schriften, die den Tatbestand der Volksverhetzung (§ 130 StGB), der Gewaltverherrlichung (§ 131 StGB) sowie der Gewaltpornographie (§ 184 III StGB) erfüllen. Kritiker bezweifeln den Sinn dieser Zusammenstellung. Während Volksverhetzung und Gewaltverherrlichung als Anstiftung zu anderen Straftaten zu betrachten seien, sei dies bei »Gewaltpornographie«, also sadomasochistischen Erotika, keineswegs der Fall. Hier handele es sich um eine ästhetisch-ideologische Ablehnung, deren juristische Untermauerung insofern fragwürdig sei.

Die → Bundesprüfstelle für jugendgefährdende Schriften weist in ihrer Informationsbroschüre jeglichen Vorwurf, sie übe Zensur aus, mit Nachdruck zurück. *»Die BPjS ist keine Zensurbehörde! Eine Indizierung ist keine Zensur! Die Indizierung hat* nicht *das* generelle Verbot *eines Mediums zur Folge. Sie will lediglich verhindern, dass Kinder und Jugendliche mit jugendgefährdenden Schriften in Berührung kommen. Deshalb sind die Vorschriften der §§ 3–5 GjS im Wesentlichen nicht als Verbote, sondern als Beschränkungen zu verstehen. Erwachsene sollen und müssen weiterhin die Möglichkeit erhalten, indizierte Medien zu beziehen.«* Kritiker empfinden diese Position als heuchlerisch, denn Bücher, die für jugendgefährdend erklärt werden, dürfen weder im normalen Handel ausliegen, noch über den Versand vertrieben, noch auf irgendeine Weise beworben werden. Dies macht es dem Kunden so gut wie unmöglich, überhaupt von der Existenz solcher Werke zu erfahren. Sie können de facto nicht verkauft werden, und dies führt dazu, dass sie Verlage aufgrund des damit verbundenen enormen wirtschaftlichen Risikos erst gar nicht herausbringen. So war noch bis zum Jahr 2001 die Bundesrepublik

Deutschland der einzige Staat der Erde, in dem beispielsweise Bret Easton Ellis' → »American Psycho« wegen seiner Verknüpfung von Sexualität und → Gewalt der Zensur unterlag – unbenommen der Tatsache, dass dieser Roman von vielen Experten zu einem der wichtigsten Werke der neueren US-amerikanischen Literatur gerechnet wird. Das Resultat dieser offiziell geleugneten, in Wahrheit aber extrem strengen Zensur ist der Zeitschrift »Twilight« zufolge *»schlimmer als unter Metternich vor 200 Jahren: Rechtsunsicherheit und in der Folge Selbstzensur und Vorzensur in einem Ausmaß, das die Beschränkungen einer im Licht demokratischer Öffentlichkeit stehenden tatsächlichen Zensurbehörde weit übersteigt und sich letztlich der Beurteilung und jeder gesellschaftlichen Diskussion entzieht«*. In der Tat stellte bereits das Bundesverwaltungsgericht 1967 fest: *»Die Indizierung einer jugendgefährdenden Schrift kommt (...) fast ihrem Verbot gleich. Sie bedeutet einen schweren Eingriff in die Rechte des Verfassers und Verlegers. Darüber hinaus stellt sie eine empfindliche Beschränkung des Informationsrechts der Erwachsenen dar.«*

Als ein Beispiel indirekter Zensur kann ein Fall aus dem Jahr 1995 gesehen werden, als zunächst 40 Polizisten unter der Leitung des Meininger Oberstaatsanwaltes Reinhard Hönniger die Büros der Verlage Edition Kunst der Comics und Alpha Comic sowie des Sonneberger Vertriebs Packwahn stürmten und rund 150 Titel mit angeblich *»pornographischem, gewaltverherrlichendem und nationalsozialistischem Inhalt«* beschlagnahmten. Darunter fanden sich Walter Moers' → »Das kleine Arschloch«, der inzwischen mit Iris Berben verfilmte Comic »Kondom des Grauens« sowie ein Plakat, mit dem die Stadt Erlangen das international gewürdigte Buch »Maus« bewarb, in dem sich der jüdische Comic-Autor Art Spiegelman mit dem Holocaust auseinandersetzte. Anlass für diese Razzia war eine Anzeige des Pornographiegegners Michael Brenner (→ Pornographie). Im April 1996 sandte die Staatsanwaltschaft ein Ermittlungsersuchen an 480 bundesweit verteilte Polizeidienststellen und ließ so fast jede vierte der 5000 deutschen Buchhandlungen durchkämmen. Beschlagnahmt wurden dabei ebenfalls in erster Linie Schriften im Zusammenhang mit Homosexualität. Auch Verleger sahen sich mit dem Vorwurf konfrontiert, unter dem Deckmantel sexueller Aufklärung *»sexuelle Perversionen vorgeführt«* zu haben. Der Börsenverein des deutschen Buchhandels sprach von der *»größten Durchsuchungs- und*

Beschlagnahmungswelle in Deutschland seit der Bücherverbrennung 1933«, und auch Ignatz Bubis, der mittlerweile verstorbene Vorsitzende des Zentralrats der → Juden in Deutschland, zeigte sich verwundert und besorgt. Selbst renommierte Verlage wie Eichborn, Carlsen und Rowohlt waren von dieser Aktion betroffen. In Gießen und Neumünster wurden auf der Grundlage beschlagnahmter Kundenlisten sogar Privatwohnungen durchsucht.

Schließlich entschied die Bundesprüfstelle für jugendgefährdende Schriften, kein einziges der beschlagnahmten Bücher zu indizieren, da es dafür schlichtweg keinen Grund gab. *»Keinen Grund, der das Sonneberger Kunstunternehmen letztlich eine volle Million Mark kostete. Das wiederum könnte man schon als einen Akt der Zensur (oder der Willkür) werten«*, schreibt Max Christian Graeff in seinem Buch »Der verbotene Eros«. Im dreijährigen Gerichtsverfahren erging Freispruch bezüglich sämtlicher Titel mit Ausnahme einer einzigen Zwei-Panel-Sequenz aus einem holländischen Comic, in welcher einem Mann der Penis abgetrennt wurde. Auch der Vorwurf der Kinderpronographie wurde zurückgewiesen. Die Staatsanwaltschaft kündigte im Dezember 1999 eine Revision gegen das Urteil vor dem Bundesgerichtshof in Karlsruhe an. Sogar die konservative »Welt« vom 17.2.1999 erkundigte sich daraufhin fassungslos, warum in die Verfolgung eines Deliktes ohne jedes Opfer dermaßen viel staatliche Energie gesteckt werde: *»An der Zeit ist's, den Pornographieparagraphen so zu ändern, dass er nicht dazu missbraucht werden kann, erwachsenen Menschen vorzuschreiben, was sie gefälligst nicht zu lesen haben.«*

Selbst juristisch unbeanstandbare Bücher, von denen auch nur der geringste Ruch von Provokation oder Erotik ausgeht, könnten durch derartige Aktionen sehr wohl vom Markt gedrängt werden, sobald den Verlegern das finanzielle Risiko ihrer Publizierung zu groß wird. Eine solche Bedrohung schwebt beispielsweise kontinuierlich auch über der gesamten sadomasochistischen Subkultur und aller ihr angehörigen Verlage. Offenbar um dieses wirtschaftliche Risiko zu umgehen, nehmen größere deutsche Verlage wie Bastei, die beispielsweise Erotika der britischen Reihe → »Black Lace« in der Übersetzung herausgeben, eine interne Zensur vorweg: Möglicherweise strittige Szenen werden von Anfang an beschnitten oder komplett getilgt, mehrere vom Autor verwendete Ausdrücke in der Übersetzung geschönt. So wird einerseits das Interesse der Leser an erotischer Literatur genutzt, andererseits aber der Zensur Genüge getan.

Im April 2002 kam es auf internationaler Ebene zu empfindlichen Rückschlägen für die Befürworter allzu strenger Zensur. So erklärte der oberste Gerichtshof der USA das 1996 von Präsident Clinton unterzeichnete »Gesetz zum Schutz vor Kinderpornographie« als zu weitreichend und somit verfassungswidrig, da man damit auch mit Preisen ausgezeichnete Filme wie → »American Beauty« oder selbst Shakespeares »Romeo und Julia« verbieten könne. Mit dieser Entscheidung gab das Gericht einer Klage der aus Bürgerrechtlern, Porno-Herstellern und Sexualforschern gebildeten »Free Speech Coalition« Recht. Eine Woche zuvor, am 11. April, hatte sich das Europäische Parlament mit überwältigender Mehrheit (460 gegen keine Gegenstimme mit drei Enthaltungen) gegen die Sperrung einzelner Websites im Internet ausgesprochen. Die EU-Abgeordneten drückten in einem Entschließungsantrag ihre Besorgnis über *»jüngste Entscheidungen und Strategien«* aus, mit denen der Zugang zu solchen Inhalten blockiert werden sollte, und empfahlen stattdessen ein Modell der Selbstregulierung durch die Provider.

Aktuell tut sich im Bereich des deutschen Internet die umstrittene Gruppe JSNet (Jugendschutz-Net, JSN) als Zensurinstanz hervor. Dabei handelt es sich um eine in Mainz ansässige Organisation, die aus drei festen, vom Bund bezahlten Angestellten und zwei Rechercheuren auf der Basis von Kurzzeitverträgen besteht. Sehr kritisch bewertet wurde unter anderem das Vorgehen von JSNet gegen den Betreiber von Schnittberichte.de: eine Website, die darüber aufklärt, welche Szenen aus welchen Filmen in Deutschland herausgeschnitten wurden. Deren Betreiber Christian Kindler beklagte vor allem, dass es nicht möglich gewesen sei, eine gütliche, kooperative Lösung mit den Zensoren zu erreichen (etwa durch Passwort-Sperre den Zugriff von Minderjährigen zu verhindern), sondern dass gegen ihn stattdessen Strafanzeige wegen Gewaltverherrlichung gestellt wurde. Dies sei angesichts der weit liberaleren Zustände in anderen Demokratien schwer nachvollziehbar. Kritiker von JSNet bemängeln ebenfalls, dass diese und andere Gruppen bislang keinerlei konkrete Richtlinien für die Einstufung von Inhalten als jugendgefährdend angegeben haben, was jeden Webmaster in eine (gewollte?) große Rechtsunsicherheit stoße.

Laut dem am 22. Juli 2002 von Burkhard Schröder unter http://www.heise.de/tp/deutsch/inhalt/te/12948/1.html veröffentlichten Artikel »Google filtert« versucht Jugendschutz.net derzeit, die Anbieter von Internet-Suchmaschinen dahingehend zu verpflichten, dass diese keine Links zu Websites aufführen, auf denen als kritisch bewertete Worte wie »abgespritzt« oder »Wolfsrudel« auftauchen. Welche Instanz sich diese Bewertung und diese Zensur mit welchem Recht anmaßen darf, bleibt Schröder zufolge unklar: »*Wer qualifiziert ist, jenseits von eindeutig strafrechtlich relevanten Inhalten politisch in ›gut‹ und ›böse‹ einzuordnen, darüber ist nichts zu erfahren. (...) Man orientiert sich an einem nicht näher definierten Mainstream, der ›Radikales‹ ausschließt. (...) jugendschutz.net scheint sich gegen journalistische Anfragen gut verbarrikadiert zu haben. Die Telefonnummer auf der Website existiert nicht, die laut whois angegebene Domain-Inhaberin ist schon im wohlverdienten Ruhestand, auch diese Telefonnummer ist falsch, von einem korrekten Impressum keine Spur. Sogar das örtliche Telefonbuch weiß keinen Rat. Eine Anfrage in den einschlägigen Mainzer Ministerien ähnelt der Homerischen Odyssee, weil niemand etwas weiß, und in einer informellen Sackgasse. (...) Die enge Kooperation von jugendschutz.net mit Bertelsmann und der Dominanz des Gütersloher Konzerns bei deutschen Suchmaschinen legen den Schluss nahe, dass die eindeutig erklärte Absicht, Filtersysteme zu schaffen, auch dann verwirklicht wird, wenn es technisch absurd wäre. (...) Man darf hoffen, dass das Internet am Mainzer und Gütersloher Wesen nicht genesen wird. Zum Glück für uns Deutsche gibt es ja das Ausland: Die englische Google-Version beantwortet weiterhin brav jede Anfrage, auch wenn der Surfer sich einen Spaß macht und sittlich fragwürdige Begriffe wie ›Zoosex‹ und ›preteen‹ eingibt.*«

Literatur: Nordbruch, Claus: Sind Gedanken noch frei? Zensur in Deutschland. München 1998. Pieper, Werner (Hrsg.): 1000 Jahre Musik und Zensur in den diversen Deutschlands. Grüne Kraft 2001. Seim, Roland; Spiegel, Josef: »Ab 18«. Zensiert, diskutiert, unterschlagen. Beispiele aus der Kulturgeschichte der Bundesrepublik Deutschland. Kulturbüro Münster 1995

Internet: Website zu den 50 Büchern, die in den USA in den neunziger Jahren am häufigsten verboten wurden (darunter Werke von John Steinbeck, J.D. Salinger, Mark Twain, William Golding, Kurt Vonnegut, Stephen King, Alice Walker, Margaret Atwood und den Brüdern Grimm): www.cs.cmu.

edu/People/spok/most-banned.html. Die Website http://digital.library.upenn.edu/books/banned-books.html führt zensierte Bücher bis hin zur Bibel und Werken von Shakespeare auf, dessen »Kaufmann von Venedig« noch in den achtziger Jahren an Schulen der USA verboten wurde. Eine zu diesem Thema ebenfalls informative Website liefert die American Library Association unter www.ala.org/bbooks. Ihr zufolge lagen im Jahr 2001 die Harry-Potter-Romane auf Platz 1 der von der Zensur bedrohten Bücher.

Zoophilie

(nach griech. *»zoon«*: Tier und *»philein«*: Liebe eigentlich *»Tierliebe«*, sinnähnlich: → *Sodomie*) erotisch-sexueller Kontakt zwischen Mensch und Tier bis hin zum Geschlechtsverkehr. Wie so häufig im Bereich der Sexualität verlaufen die Grenzen zwischen einer starken Zuneigung gegenüber Tieren, etwa dem Halten eines Haustieres als Partner-Ersatz, und der sexuell konnotierten Beziehung fließend. Ab wann das Streicheln eines Tieres und das Kuscheln mit ihm erotisch besetzt sind, lässt sich oft nicht eindeutig festlegen. Dies ist einer der Gründe dafür, dass es keinerlei auch nur halbwegs exakte Zahlenangaben über die Häufigkeit solcher Begegnungen oder Menschen mit dieser Neigung gibt. Ein weiterer Grund liegt in dem gesellschaftlichen Makel, mit dem Zoophilie heute noch behaftet ist, so dass sich ihre Anhänger bei Befragungen vermutlich nicht immer offen dazu bekennen. Dennoch ergaben Untersuchungen der Sexualwissenschaftler Kinsey, Pomeroy und Martin im Jahr 1981, dass etwa acht Prozent der männlichen Bevölkerung der USA irgendwann einmal eine sexuelle Beziehung zu Tieren unterhalten haben sollen, was einer absoluten Anzahl von sieben bis acht Millionen Menschen entspräche. Bereits zur letzten Jahrhundertwende brachte der Sexualforscher Freiherr Richard von Krafft-Ebing die Bezeichnung »Zoophilie« in die wissenschaftliche Terminologie ein. Krafft-Ebing verfasste zwischen 1886 und 1903 die ersten zwölf Auflagen des sexualwissenschaftlichen Grundlagenwerkes »Psychopathia Sexualis«, in dem erstmals eine Vielzahl sexueller Orientierungen ausführlich dargestellt und benannt wurden. Geprägt durch das viktorianische Zeitalter, in dem er lebte, hob Krafft-Ebing all die von ihm beschriebenen ungewöhnlichen Sexualpraktiken und -vorlieben auf die Ebene des Krankhaften, das behandelt werden sollte. Als »Zoophilie« bezeichnete er allerdings nicht den direkten sexuellen Verkehr mit einem Tier, sondern Kontakte wie Streicheln oder Schlagen, die den Betreffenden sexuell erregten: Es handelte sich hierbei also offenbar eher um eine Art Tierfetischismus. Geschlechtsverkehr mit Tieren belegte Krafft-Ebing mit dem Ausdruck »Tierschändung«, den er in krankhafte »Zooerasterie« und nicht-krankhafte »Bestialität« unterschied. Die spätere Sexualwissenschaft hob diese Unterscheidung auf.

Auch homosexuelle Kontakte, also zwischen einem Menschen und einem Tier gleichen Geschlechts, sind der Forschungsliteratur zufolge nicht unüblich, ebensowenig triolische Beziehungen (zwei Menschen und ein Tier). Die gewählten zoophilen Praktiken sind unterschiedlichster Art. Am häufigsten ist der Forschung zufolge der Vaginalverkehr, es folgen die Berührung des menschlichen Geschlechtsorgans mit dem Maul des Tieres (häufig ein Junges, das noch gesäugt wird), Analverkehr, ein- oder gegenseitige Selbstbefriedigung durch Reiben am Körper des Tieres sowie die → Fellatio am Geschlechtsorgan des männlichen Tieres. Am seltensten sind Mischformen zwischen Zoophilie und anderen sexuellen Normabweichungen (Zoonekrophilie, Tierfetischismus sowie die sogenannte Mixoscopia Bestialis, das lustvolle Zusehen bei zoophilen Handlungen). So genannter Zoosadismus, also das Quälen von Tieren während des erotischen Aktes, sowie Fesselungen werden von den allermeisten Zoophilen mit Nachdruck abgelehnt, weil dadurch das Tier keinerlei Befriedigung erfahre. Dieselbe Ablehnung trifft im übrigen Tierpornos und Tierbordelle (die zwar hierzulande verboten sind, aber etwa in Dänemark existieren): In beiden Fällen würden Tiere eingesetzt, die von sich aus nicht zu entsprechenden Kontakten bereit wären, sondern die man unter Brechung ihres Willens zu Aktionen mit wildfremden Menschen abrichte, zu denen die Tiere keinerlei vertrauens- und liebevolle Beziehung aufbauen könnten. Insofern seien das eigentliche Zielpublikum auch nicht die wahrhaft Tierliebenden, sondern nichtzoophile Voyeure auf der Suche nach dem immer neuen Kick.

Die Auswahl des tierischen Sexualpartners hängt von den verschiedensten Faktoren ab. Zum einen muss das Tier den Zoophilen erotisch ansprechen, wobei Größe, Form und Sauberkeit seines Geschlechtsorgans sowie die Attraktivität und der Geruch seines Körpers insgesamt eine Rolle spielen. Zum anderen muss das Tier verfügbar sein, was bedeutet, dass Zoophile in ländlichen Gegenden mit ihren Bauernhöfen etwas häufiger anzutreffen sind. Unter den Haustieren werden die leicht abzurichtenden Hunde am liebsten als Partner gewählt, unter den Nutztieren Pferde, Ponys, Esel, Kälber, vor allem in südlichen Ländern Ziegen und Schafe (falls man sie schrittweise an menschlichen Körperkontakt gewöhnen kann), aber auch Federvieh wie Hühner, Gänse und Enten. Katzen sind für den penetrativen Verkehr zu klein (der Penis eines Katers entspricht in Größe und Form einem zugespitzten Bleistift), einen Oralverkehr wiederum sollte man nicht ohne regelmäßige Entwurmung des Tieres durchführen. Verkehr mit Großkatzen (Löwen, Tiger etc.) ist für Privatpersonen zwar oft schwierig, aber prinzipiell möglich, solange man nicht als unerwünschter Eindringling in ihr Revier wahrgenommen und vorher gefressen wird. Auch das typische Paarungsverhalten von Katzen (Prankenhiebe, Nackenbisse) sollte man in diesem Fall tolerieren können. Kurz gesagt: Die Fachliteratur rät von etwaigen Unternehmungen ab.

Drittens richtet sich die Auswahl nach der gewünschten Praktik: Während sich Vögel dazu dressieren lassen, Körner aus der Vagina zu picken, bietet sich bei Tieren wie Fischen, kleinen Schlangen oder gar Mäusen die Möglichkeit, sie bei lebendigem Leib in das weibliche Lustorgan einzuführen und ihre Befreiungsversuche als sexuelle Stimulation zu genießen. Hunde sind besonders geeignet, Frauen zu lecken. Als Aasfresser werden sie von dem Zersetzungsgeruch der äußeren Genitalien stark angezogen. Auch bei Menschen, die auf Hygiene achten, mischen sich in dem feuchtwarmen Klima dieser Körperregion unvermeidlich die verschiedensten biologischen Abfallprodukte, welche chemisch und bakteriell abgebaut werden: so etwa Schweiß, abgestorbene Hautschuppen, Vaginalsekret, Sperma-, Urin- und Kotreste. Allerdings stören sich viele Hunde an dem starken Säuregeruch des frischen Vaginalsekrets. Da dessen Säuregehalt während der Monatsblutung stark herabgesetzt ist, gehen Hunde menstruierende Frauen besonders gerne an. Wer hingegen selbst Rüden lecken möchte, sollte sich darauf einstellen, dass deren Ejakulat (das größtenteils aus der Flüssigkeit ihrer Prostata besteht) nicht wie beim Menschen ein einziges Mal während des Höhepunkts, sondern über mehrere Minuten hinweg immer wieder verströmt wird, dass es zudem viel dünnflüssiger als beim Menschen ist und leicht salzig schmeckt.

Als vierte Kategorie der Partnerwahl ist bei weiblichen Tieren, die penetriert werden sollen, deren Körpergröße und damit auch die Größe ihres Geschlechtsorganes nicht unerheblich. Tiere, die kleiner als eine Schäferhündin sind, kann das männliche Sexualorgan schmerzhaft und unter Umständen gar tödlich verletzen. Während ein Mann mit Hündinnen, Stuten und anderen weiblichen Tieren mit ausreichend großer Vagina problemlosen Verkehr ausüben kann, stellt sich einer Frau das umgekehrte Größenproblem: Den Penis von Rüden muss sie zum Beispiel mit einer Hand festhalten, um ein vollständiges Herausgleiten zu verhindern. Verkehr mit Hengsten sollte sie bestenfalls völlig vermeiden, im Zweifel aber wenigstens die Tiefe des Eindringens durch ein Cockring um das Organ des Tieres begrenzen. Wie Dekkers in seinem populärwissenschaftlichen Sachbuch »Geliebtes Tier« richtig ausführt, ist ein »*Penis von sechzig Zentimetern nun wirklich zu lang für eine menschliche Vagina*«, zumal sich die Eichel beim Orgasmus um ein Mehrfaches vergrößert. Eine zusätzliche Verletzungsgefahr entsteht dadurch, dass das Ejakulationsvolumen eines Hengstes etwa 300 Millilitern entspricht.

Riskant ist in diesem Zusammenhang auch, dass ein Tier mit seinem Geschlechtsorgan in der von ihm besprungenen Frau hängenbleiben könnte. Hierbei darf man nicht übersehen, dass Hunde und Pferde, anders als Menschen, über einen Penisknochen zur Gliedversteifung verfügen und der Durchmesser des erigierten Penis beispielsweise eines Schäferhundes bis zu zehn Zentimetern betragen kann. Während manche Forscher das Hängenbleiben in einer Vagina als sehr unwahrscheinlich einschätzen – immerhin passe bei der Geburt ein Säugling hindurch – weisen andere darauf hin, dass es sich bei der Niederkunft um einen besonderen Zustand handele und eine Vagina normalerweise weit weniger dehnbar sei. Auch befinde sich im äußeren Bereich der Vagina schwellfähiges Gewebe, das bei starker sexueller Erregung zu einer Verfestigung des Scheideneingangs, begleitet von einer Verengung des vaginalen Schließmuskels, führen kann. Es wird sogar ein Fall berichtet, dass eine Frau verblutete, weil jemand den Raum betrat und den Hund erschreckte, der bei seinem Versuch loszukommen, ihr Scheidengewölbe zerriss. Bei anhaltender Kontraktion soll das Hängenbleiben von wenigen Minuten bis zu eineinhalb Stunden möglich sein. Als mindestens vergleichbar riskant gilt die anale Penetration durch einen Hund; auch hier kann man, sobald der Schwellknoten eines Rüden bis hinter den Schließmuskel eindringt, für längere Zeit untrennbar mit dem Tier verbunden sein. Erfahrene Fachleute empfehlen für solche Praktiken ohnehin Gleitmittel (auf Wasserbasis, eventuell mit einem Bakteriostatikum, etwa KY-Jelly von Johnson und Johnson oder Gelamin-Sol); diese seien insbesondere dann unabdingbar, wenn man beabsichtige, einen Pferdepenis in sich aufzunehmen. Aber auch in umgekehrter Rollenverteilung stellt der Analverkehr ein Risiko dar. Stößt beispielsweise ein Mann in ein Huhn, ist es durchaus möglich, dass sein Penis die hintere Wand der Kloake (das Geschlechtsorgan bei weiblichen Tieren) bis in die Bauchhöhle hinein durchdringt und dabei weitere Organe zerreißt. Da die Tiere oft schon während des Verkehrs an inneren Blutungen verenden, fällt diese Praxis eher in den Bereich des Zoosadismus und kann nicht guten Gewissens empfohlen werden. Manche Zoosadisten töten Hühner oder Gänse, in die sie anal eingedrungen sind, auch absichtlich durch Umdrehen des Halses oder Abhauen des Kopfes, wobei sie durch die Todeszuckungen ihren Orgasmus erlangen. Für Zoophile, die weniger von Haustieren als beispielsweise durch Kühe oder Pferde erregt werden, selbst aber zu keinem Bauernhof Zugang besitzen, ist schon die Herstellung eines Kontaktes zum gewünschten Sexualpartner oftmals diffizil. Hier spielt oft das so genannte Fence-Hopping (»Zaunspringen«) eine Rolle, das Betreten fremder Grundstücke, auf denen sich die Tiere aufhalten. Dabei übertreten sie jedoch nicht nur Gesetze, es kommt auch immer wieder zu Unfällen dergestalt, dass beispielsweise ein Pferdeliebhaber an der Wand einer Box erdrückt wurde.

Die Website www.zetapin.de zitiert einen Zoophilen mit einem Faible für Fellatio: »*Ponys neigen dazu, auch mal zuzubeißen, um so zu erkunden, ob es was Fressbares ist. Ihre Zähne haben eine glatte Oberfläche, erzeugen meistens Quetschungen. Die Zahnkanten sind allerdings scharf und können bei seitlichem Kontakt einschneidend wirken. Wie ein Hundegebiss wirkt, brauche ich weiter nicht zu erklären. Daher sollte man den Penis nicht einfach in das Maul eines Tieres einführen. Lecken hingegen ist ungefährlich, solange das Tier nicht mehr erwischen will. Wer unbedingt seinen Penis einführen will, sollte sicher sein, dass das Tier diesen mindestens genauso sanft behandelt wie die Zitzen des ehemaligen Muttertieres, was manchmal jedoch ziemlich ruppig ist.*«

Generell lehnen Informationsquellen für Zoosexuelle ab, Sex mit einem Tier unvermittelt aufzunehmen, wenn man zu diesem noch keinerlei innige und vertrauensvolle Beziehung etabliert habe, weil man Tiere sonst von empfindenden Lebewesen zu besseren Sexspielzeugen reduziere. Die Einvernehmlichkeit des sexuellen Kontaktes ist für viele Zoophile von großem Wert: Zeige das Tier Widerwillen, so sollten entsprechende Versuche abgebrochen werden. Außer ethischen Überlegungen (Vermeidung von Tierquälerei, respektvolles Wahrnehmen des Tieres als Gegenüber mit eigenem Bewusstsein) spielt hier auch praktischer Selbstschutz mit hinein, denn es werden dadurch natürlich auch ernsthafte Verletzungen vermieden, deren Ursache man dem (Tier-)Arzt später nur schwer erklären kann. Das Schalten von Anzeigen in Kontaktmagazinen ist ebenfalls keine Ideallösung bei der zoophilen Partnersuche, denn die Redakteure streichen entsprechende Passagen aufgrund der repressiven und oft willkürlichen Anwendung des Paragraphen 184 StGB (»Verbreitung pornographischer Schriften«), wovon auch andere sexuelle Minderheiten betroffen sind. Kontakte, Informationen und Diskussionsmöglichkeiten finden sich in den letzten Jahren vermehrt im Internet. Eine »Interessengemeinschaft zoophiler Menschen« ist zudem über ein Postfach in Köln zu erreichen.

In der sexualwissenschaftlichen Literatur vergangener Jahrzehnte wurden Zoophile fast durchgehend als Schwachsinnige, geistig Zurückgebliebene und Perverse charakterisiert. Solche Abwertungen fanden und finden sich aber regelmäßig über jeden, der eine abweichende Form von Sexualität ausübt (→ Paraphilie). Andere Forscher kamen zu dem Ergebnis, dass vor allem jene Menschen erotische Kontakte mit Tieren aufnehmen, die wegen ihres Alters, Aussehens, ihrer Armut oder anderen Benachteiligungen auf dem Partnermarkt keine Chance haben und sich ihre sexuelle Befriedigung woanders holen müssen. Diese Einschätzungen lassen sich indes nicht aufrechterhalten. Nach einer Acteaon-Umfrage aus dem Jahr 1996 befriedigen nur 17 Prozent der Zoophilen ihre sexuelle Lust ausschließlich über Tiere, 83 Prozent leben in hetero-, homo- oder bisexuellen Partnerschaften, die sie zusätzlich durch ihre Tierkontakte erweitern, weil sie das als erotisch reizvoll empfinden oder zu ihren Lieblingen eine besonders starke Beziehung aufgebaut haben. Auch finden sich Zoophile in sämtlichen Bevölkerungsgruppen, ohne dass sie besonders auffallen würden. Entsprechende Neigungen können bei der Arzthelferin ebenso vorhanden sein wie beim Fachanwalt oder beim Busfahrer. Eine besondere Verbreitung von sexuellen Tierkontakten machte das US-amerikanischen Kinsey-Institut indes bei der männlichen Landbevölkerung aus, wobei in einigen Landkreisen die Zahlen bis zu 65 Prozent anstiegen. Durchschnittlich gingen 40 bis 50 Prozent der Jungen, die auf Farmen aufwuchsen, schon einmal einen solchen Kontakt ein, wobei etwa 17 Prozent eigenen Angaben zufolge dabei einen Orgasmus erlangten. Denkbar ist, dass Jugendliche von dem Anblick sich paarender Tiere erregt werden, sich mit einem von ihnen identifizieren und seine Rolle zu übernehmen trachten. Dies legt den Gedanken nahe, dass Zoophilie noch weit verbreiteter wäre, wenn für die gesamte Bevölkerung der Kontakt zu Tieren so umstandslos möglich wäre wie für die von Kinsey als Hauptgruppe ermittelten Bauernsöhne. Während das Kinsey-Institut selbst darauf hinweist, dass die wahren Zahlen aufgrund einer Dunkelziffer verschwiegener Sexualkontakte eher noch höher liegen könnten, gibt es Kritiker, deren Bewertung zufolge Kinseys Mitarbeiter durch falsche Gewichtung bei ihren Untersuchungen das Vorkommen sämtlicher sexuellen Seitenzweige deutlich zu häufig einschätzten. Allerdings räumt auch Kinsey ein, dass jenseits der sexuellen Experimentierphase zwischen 14 und 20 Jahren nur ein geringer Bruchteil der Bevölkerung seinen erotischen Lustgewinn aus Tierkontakten bezieht.

Frauen finden sich ebenso wie Männer unter den Zoophilen. Den Ermittlungen des Kinsey-Institutes zufolge gaben insgesamt etwa acht Prozent aller Männer und etwa 3,6 Prozent aller Frauen in den USA an, in ihrem Leben bereits sexuellen Kontakt zu Tieren gehabt zu haben. (Vielleicht wäre die Zahl der zoophilen Frauen noch höher, wenn auf den Bauernhöfen nicht die weit überwiegende Zahl der Tiere weiblichen Geschlechts wäre.) 1978 legte Nancy Friday in ihrem Buch »Die sexuellen Phantasien der Frauen« dar, dass über die Hälfte der befragten Damen Phantasien mit Hunden beschrieben. Auch zwischen Frauen und Affen scheint durchaus eine erotische Anziehungskraft zu bestehen. So zeigten Aufnahmen einer in einem Mandrillkäfig im Tierpark von Arnheim versteckten Kamera aufschlussreiche Reaktionen der weiblichen Besucher. Auch Dian Fosseys Beschreibungen ihrer Schützlinge in ihrem Bestseller »Gorillas im Nebel« haben einen erkennbar erotischen Beigeschmack; so wie es überhaupt auffällig ist, dass die Beziehungen von Affenforscherinnen mit ihren menschlichen Partnern nach und nach unweigerlich in die Brüche gehen. Als 1992 Professor Stephan Seager vom Washington Hospital Center weibliche Freiwillige suchte, die vom Aussterben bedrohte Berggorillas austragen sollten, meldeten sich in den USA acht Frauen, in Deutschland zwei. Emily Hahn, Autorin von »Eve and the apes«, vergleicht diese Vorliebe für Primaten mit jener, *»die so viele Backfische dazu bringt, dreckige Ställe auszumisten und Ponys zu bürsten«*, und sie hält es für denkbar, dass Frauen generell *»besser mit Tieren umgehen können als mit Angehörigen ihrer eigenen Art«*. Während bei einer Befragung von Kinsey sechs Frauen angaben, mehr als 125 Mal mit einem Tier zusammen gewesen zu sein, bekam jedoch nur ein halbes Prozent der Frauen durch Tiererotik einen Orgasmus.

Dass die Erwähnung und Darstellung von Zoophilie heutzutage einen Tabubruch darstellt, ist interessant, wenn man auf die Menschheitsgeschichte zurückblickt. In vielen der frühesten Religionen und Mythen war der Verkehr mit heiligen Tieren ein zentrales Ritual. So vereinigten sich etwa die Tempelfrauen im griechischen Äskulapkult mit Schlangen und im ägyptischen Osiriskult mit einem Bock. Kinsey wies darauf hin, dass in den Gesetzesvorschriften der alten Hethiter, die die Grundlage für die im Alten Testament festgelegten Regeln bildeten, zoophile Akte streng nach der Wahl des Tieres unterschieden wurden: Der Verkehr mit einem Schwein oder Hund wurde mit dem Tode bestraft, der Verkehr mit einem Pferd oder Maultier hingegen verwehrte dem Betreffenden lediglich den sozialen Aufstieg beispielsweise als Priester. Davon ausgehend zog Kinsey den Schluss, dass Verkehr mit Tieren nicht wesentlich anders unterschieden wurde als der Verzehr von reinen und unreinen Speisen.

Im Lauf der Jahrhunderte kam es jedenfalls zu einer eindeutigen Verschiebung der Bewertung von Zoophilie: Wurden in urgeschichtlichen Totemkulten und antiken Mythen die Mensch-Tier-Kreuzung (Falkengott Horus, Zentauren etc.) oder die Mensch-Tier-Vereinigung (Zeus kommt zu Leda in Gestalt eines Schwanes und zu Europa in Gestalt eines Stieres) noch als etwas Göttliches gesehen, kippt diese Wahrnehmung im christlich geprägten Mittelalter: Mischwesen wie Werwölfe und Vampire fungierten als Schreckgestalten, und Menschen, die der Hexerei beschuldigt wurden, unterstellte man den

Verkehr mit Ziegenböcken. Aber noch 1644 bezog sich Sir Edward Cook in seinen »Institutes of the Laws of England« auf eine *»große Dame, die Verkehr mit einem Pavian hatte, wobei es zu einer Zeugung kam«*. Über die Geburt eines Kindes ist jedoch nichts nachzulesen.

Als Frevel wider den göttlichen Schöpfungsplan wurde Zoophilie ab dem 12. Jahrhundert strafrechtlich verfolgt; der Philosoph Kant forderte dafür gar die Todesstrafe. Die wurde hin und wieder auch verhängt, beispielsweise 1750 in Paris gegen einen Jaques Ferron wegen Verkehr mit einer Eselin. Das Tier wurde freigesprochen. Das war nicht die Regel: So wurden am 25. Mai 1771 sämtliche Pariser »Schoßhündchen« auf dem Place de Grève verbrannt. (Entgegen der Volksetymologie rührt der Ausdruck »Schoßhündchen« keineswegs daher, dass sie auf dem Schoß bekleideter Damen lagen, sondern dass sie dort als Vibratoren des vorindustriellen Zeitalters ihre Zungen einsetzten – woher auch die vulgärsprachliche Bezeichnung »Punzenlecker« stammt. Auch die Wendung »auf den Hund gekommen« wurde ursprünglich für partnerlose ältere Jungfern verwendet.) Von der Höchststrafe für Zoophile löste sich zu dieser Zeit allein der auch in anderer Hinsicht für seine Toleranz bekannte Preußenkönig Friedrich der Große. Dieser bestrafte einen Kavalleristen, der mit seiner Stute Verkehr hatte, lediglich mit einer Versetzung in die Infanterie. Noch 1806 (so Caroly Conley in »The Unritten Law: Criminal Justice in Victorian Kent«, 1991) hängte man in der erwähnten Grafschaft mehr Menschen wegen Sodomie als wegen Mordes. 1835 fand in England die letzte Hinrichtung wegen dieses Tatbestandes statt, 1861 wurde die Todesstrafe für den Verkehr mit Tieren aus dem Gesetz gestrichen. (Auffällig ist hier übrigens, dass schon die bloße Benennung dieses Tatbestandes in den Gesetzesbüchern nur angedeutet werden konnte, so wurde etwa »bestiality« durch »b...st...y« und »sodomy« durch »s...y« ersetzt.) Wenige Jahre später, 1869, erbrachte das »Virchow-Langebeck-Gutachten« den wissenschaftlichen Beweis dafür, dass Menschen und Tiere keine gemeinsamen Nachkommen zeugen können, wodurch die Gefahr degenerierter Nachkommen als Argument für die gesetzliche Verfolgung von Zoophilie eigentlich wegfiel. (Dieses Argument scheint allerdings auch bei der Strafbakreit und Tabuisierung anderer sexueller Normabweichungen nur vorgeschoben zu sein, vgl. etwa → Inzest.) Dennoch dauerte es bis zum Ersten Strafrechtsreform-Gesetz von 1969, bis in Deutschland Zoophilie als Delikt getilgt wurde. Während zuvor noch 200 Tierfreunde pro Jahr verurteilt worden waren, ist dieser Tatbestand heute straffrei. Wohl aber können damit in Zusammenhang stehende Vergehen bestraft werden, so etwa Tierquälerei nach dem Tierschutzgesetz, bei Verletzen des Tieres eines Anderen Sachbeschädigung, beim Eindringen auf fremde Grundstücke Hausfriedensbruch, beim Bekanntwerden einer solchen Tat die Erregung öffentlichen Ärgernisses durch sexuelle Handlungen sowie beim Verteilen entsprechender Texte die Verbreitung pornographischer Schriften. (Die Herstellung für den Eigengebrauch ist juristisch gestattet.) Hier ergibt sich dieselbe etwas absurde Situation wie etwa beim Sadomasochismus: Wer sich an entsprechenden Praktiken beteiligt, kann dies innerhalb bestimmter Grenzen machen, wie es ihm beliebt, aber sobald er dieses Erlebnis Dritten gegenüber schriftlich schildert, droht ihm eine Haftstrafe bis zu einem Jahr. In Ländern wie Spanien oder den Niederlanden sind zoophile Pornos im Erotikhandel erhältlich.

Auch Österreich (seit 1971), die Schweiz, Frankreich, Belgien, Italien, Portugal, die Niederlande und Russland haben die Strafbarkeit von Zoophilie abgeschafft, wiewohl diese aufgrund religiös geprägter sozialer Normen noch immer einem Tabu unterliegt. In England stellt auch unter dem Sexual Offences Act von 1967 »buggery« (Analverkehr) offiziell noch immer ein Vergehen dar, sei es mit Mensch oder Tier. Bezeichnend ist, dass bei einigen ethnischen Gruppen wie den Hopi, den Massai oder den Kupfer-Eskimo, die vom Christentum weitgehend unberührt blieben, sexueller Verkehr mit Tieren auch von der Gesellschaft nicht verurteilt wird. Auch in Japan wird »Uma-tawake« (wörtl: *»mit einem Pferd Dummheiten machen«*, allgemein für den sexuellen Verkehr mit Tieren verwendet) zumindest nicht sozial geächtet. Südamerikanische Staaten bestrafen den Verkehr mit Lamas hingegen immer noch mit Kastration – eine Strafe, die (wie international bei vielen anderen sexuellen Delikten) nur Männer trifft.

Die international renommiertesten Anthropologen (etwa Mary Douglas, Edmund Leach oder Claude Lévi-Strauss) berichten in den von ihnen beobachteten »primitiven« Kulturen über keinerlei formelle Tabus bezüglich Zoophilie. Das kann indes auf zwei komplett entgegengesetzten Ursachen beruhen: Entweder ein solches Verhalten war in der Tat nichts Ungewöhnliches oder es war derart undenkbar, dass formelle Tabus in keiner Weise vonnöten waren. Für die Einordnung der Zoophilie als krankhaft oder nicht spielt wie bei anderen sexuellen Normabweichungen das international gültige Diagnosehandbuch »Diagnostic and Statistical Manual of Mental Disorders (DSM)«, herausgegeben von der US-amerikanischen American Psychiatric Association (APA), eine entscheidende Rolle. Nachdem darin 1973 die Homosexualität aus der Liste der Geisteskrankheiten gestrichen wurde (was besonders unter den Psychoanalytikern zu massiven Protesten führte), gelten seit der vierten Überarbeitung dieses Handbuches 1994 auch zoophile Bedürfnisse oder Verhaltensweisen nur dann weiterhin als Störung, wenn sie *»in klinisch bedeutsamer Weise zu Leiden oder Beeinträchtigungen in sozialen, beruflichen oder anderen wichtigen Funktionsbereichen«* führen. Anders gesagt: Wer mit seiner Neigung glücklich ist, gilt auch nicht als krank, »abartig« oder »pervers«. Die Normabweichung der Zoophilie wird in diesem Handbuch zwar immer noch implizit thematisiert, allerdings ist der Sexualwissenschaft längst klar, dass der Begriff der »Norm«, des »Normalen«, kein festes Kriterium darstellt, sondern von gesellschaftlichen Bedingungen abhängig ist.

Ähnlich wie bei anderen sexuellen Normabweichungen (→ Pädophilie, → Sadomasochismus) steht auch beim Sex mit Tieren oft das Machtgefälle zwischen den Beteiligten im Zentrum der Debatte. Hier weisen Zoophile den Versuch zurück, entsprechende Kontakte grundsätzlich als vom Menschen ausgehend wahrzunehmen, und legen dar, dass im Rahmen des entsprechenden Vertrauensverhältnisses Tiere durchaus bereit seien, von sich aus sexuelle Handlungen aufzunehmen. Die These, dass auch Tiere von Menschen sexuell erregt werden könnten, wird von Sexualforschern wie Ernest Borneman gestützt: *»Für das Tier sind wir lediglich eine andere Art.«*

Wie es bei sexuellen Paraphilien häufig ist, leiden ihre Anhänger nicht unter der Neigung selbst, sondern unter ihrer gesellschaftlichen Tabuisierung und Ächtung, die wiederum ein Doppelleben nötig macht und so zu Isolation und Schuldgefühlen führen kann. Die oben bereits erwähnte Kölner »Interessengemeinschaft zoophiler Menschen (IZM)« kämpfte seit Ende 1993 für eine breitere Akzeptanz dieser sexuellen Spielart, hat sich inzwischen jedoch aufgelöst. Unter www.zetapin.de ist ein Plädoyer gegen die Diskriminierung von Zoosexuellen zu finden, von dem hier die folgende Passage zitiert werden soll: »*Die meisten Zoophilen haben sich in eine innere Emigration begeben, wenden viel Energie für Lebenslügen und Doppelleben auf oder verzichten sogar aus Angst vor Ächtung und Hass fast vollständig auf ein Sozialleben. Die daraus resultierenden psychischen Probleme sind jedoch nicht der Zoophilie immanent, sondern ausschließlich durch die gesellschaftliche Diskriminierung induziert. Es bedarf daher wirklich nicht mehr der verschärften Bemühungen einiger Küchenpsychologen, Prediger und selbsternannter Experten, die unter dem Deckmantel der Humanität Hass und Ausgrenzung predigen. Ich bin selber in meiner Eigenschaft als Zoophiler physisch attackiert worden, musste Angst um mein Leben und das meines Tieres haben: Mord- und Gewaltdrohungen habe ich dutzendweise erhalten. Mehrere meiner Freunde litten bereits unter Willkür von Strafverfolgungsbehörden, die im Grenzbereich und jenseits der Legalität ihren Hass gegen uns abreagierten – wohl wissend, dass sich die meisten von uns aus Angst kaum wehren werden und das ›gesunde Volksempfinden‹ hinter ihnen steht.*«

Nachdem die zoophile Erotik im Unterschied zu fast sämtlichen anderen Varianten selbst von der Behandlung in Nachmittags-Talkshows verschont blieb, bezeichnete sie Josef Massen, Autor des im deutschen Sprachraum umfangreichsten Werks über dieses Thema, als »*das letzte Tabu in Sachen Sexualität*«. In der Tat fällt auf, dass die Darstellung erotischer Beziehung zwischen Mensch und Tier in Sachbüchern und Erzähltexten der Gegenwart weitgehend ausgeblendet bleibt. Ausnahmen stellen lediglich Massens → »Zoophilie. Die sexuelle Liebe zu Tieren«, Dekkers → »Geliebtes Tier« sowie Matthews → »Der Pferde-Mann« dar. Einer der wenigen bekannteren Filme, in denen Zoophilie eine Rolle spielt, ist → »Max, mon amour«.

Literatur: Holden, Lynn: Encyclopedia of Taboos. Oxford 2000. Thody, Philip: Don't Do It. A Dictionary of the Forbidden. Palgrave Macmillan 1997 Websites: www.tigress.com/white/ zoophilie. php/tiersex, www.tigress.com/black, www.zetapin.de. Eine Sammlung englischsprachiger erotischer Erzählungen für Tierfreunde findet man unter http://www.allme.com/stories/beast/index.shtml.

»Zoophilie. Die sexuelle Liebe zu Tieren«

Grundlagenwerk zur → Zoophilie. Josef Massens Studie gilt nicht nur für den deutschen Sprachraum, sondern auch international als umfassendstes Sachbuch über dieses Thema. In Deutschland erschien es im Kölner Pinto-Press-Verlag, mittlerweile ist es jedoch nicht mehr im Handel erhältlich. Massen kam als Mitarbeiter der Kriminalpolizei immer wieder mit Menschen in Kontakt, die ein eher ungewöhnliches Sexualverhalten pflegten, und sammelte über 15 Jahre hinweg Informationen darüber. Dabei bildete sich als Schwerpunkt die gesellschaftlich ansonsten isolierte Gemeinschaft derjenigen heraus, die erotischen Kontakt mit Tieren genossen.

Zwitter

(sinnähnlich: *Hermaphroditen, Intersexuelle*) Lebewesen mit sowohl männlichen als auch weiblichen Charakteristika (Sexualorganen, Chromosomensätzen, hormoneller Ausstattung), die insofern also zwischen den beiden Geschlechtern stehen. Während »reine« Zwitter, bei denen Eierstöcke und Hoden zugleich vorkommen, sehr selten sind, findet man Abstufungen der Geschlechtsidentität vergleichsweise häufig. Dem »Schülerduden Sexualität« zufolge sind zwei bis drei von 1000 Kindern bei der Geburt weder eindeutig Junge noch eindeutig Mädchen. Während die gesellschaftliche Norm also allein Männer und Frauen kennt, gibt es biologisch betrachtet nicht nur eine dritte Kategorie »Zwitter«, sondern die unterschiedlichsten Ausprägungen dazwischen. Die Betreffenden haben in der öffentlichen Berichterstattung jedoch keinen Platz: vermutlich aufgrund eines Sprech- und Wahrnehmungstabus, dem zufolge Zwitter sich unserer elementaren Wahrnehmung anderer Menschen durch die Kategoriebildung von »männlich«/«weiblich« entziehen.

Im Jahr 2001 durchbrach die Berichterstattung über den Soziologiestudenten Michel/Birgit Reiter beispielsweise in der »Frankfurter Allgemeinen« (FAZ) und der »Süddeutschen Zeitung« dieses Tabu. Reiter kam 1966 in einem Münchener Krankenhaus auf die Welt und konnte von den Ärzten nicht eindeutig einem Geschlecht zugeordnet werden. Sie kategorisierten ihn zunächst als männlich, woraufhin ihm die Eltern den Namen Michel gaben, korrigierten nach einer Chromosomen-Untersuchung jedoch auf weiblich. Als Konsequenz wurde die zu groß gewachsene Klitoris, die die Mediziner zunächst für einen Penis gehalten hatten, amputiert, ein künstlicher Scheideneingang geschaffen, die Harnröhre verlegt und das Kind einige Jahre lang mit Hormonen behandelt. Als Ergebnis all dieser Eingriffe schrieb man schließlich die Geburtsurkunde um und taufte Michel Birgit. Heute hat der Mittdreißiger seine Hormone abgesetzt und nennt sich statt »Birgit« wieder »Michel«. Dies hat aber nichts damit zu tun, dass er sich als dem männlichen Geschlecht zugehörig empfindet, sondern wurde gewählt, weil Michel diesen Namen in jener kurzen Lebensphase trug, in der sein Körper noch von ärztlichen Eingriffen verschont geblieben war. Reiter beantragte, die Änderung im Geburtenbuch ein zweites Mal auf jene Kategorie umzuschreiben, die er auch in seinen Pass eintragen lassen möchte: »Geschlecht: Zwitter«. Während dies biologisch den Tatsachen entspricht, wird dieser Umstand aber von juristischen Kategorien nicht erfasst, wie der zuständige Richter Reiter auf seinen Antrag hin in einer ersten Stellungnahme mitteilte: *»Diesem Berichtigungsantrag kann nicht schon dann entsprochen werden, wenn die eingetragene Tatsache unrichtig ist. Vielmehr kann selbst bei feststehender Unrichtigkeit der Eintragung einem Berichtigungsantrag nur dann stattgegeben werden, wenn er auf eine richtige Eintragung gerichtet ist.«* Dem »Fachlexikon für das Standesamtswesen« zufolge sei »Zwitter« als Eintrag in das Geburtenbuch durch das Personenstandsgesetz nicht gestattet: *»Ein Kind ist bei Zweifeln mit dem Geschlecht einzutragen, auf das die körperlichen Merkmale am meisten hinweisen.«* Wie Oliver Tolmein in der FAZ jedoch darlegt, wird der Eintrag »Zwitter« durch das Personenstandsgesetz weder verboten noch erlaubt, weil der Gesetzgeber stillschweigend von einer Aufteilung der Menschheit lediglich in Männer und Frauen ausgehe: *»Eine Überzeugung, die auch ansonsten die gesellschaftliche Konvention prägt: Auf Formularen findet man nur die Möglichkeit, sich als ›Herr‹ zu bezeichnen oder als ›Frau‹, es gibt in Boutiquen zwar Kinderabteilungen, aber keine für ›Zwitter‹, und auch die Einteilung der Toiletten orientiert sich konsequent an der Vorstellung, es gebe Männer und Frauen und allenfalls noch als dritte Kategorie Behinderte.«*

Reiter zog vor das Münchener Amtsgericht und argumentierte dort nicht nur für sich, sondern auch für viele andere in seiner Situation: Eine fortgesetzte hormonelle und chirurgische Behandlung von sich nicht krank fühlenden Kindern, nur um sie in das Schema männlich/weiblich pressen zu können, sei nicht zu verantworten. Tausende von Kindern würden vor Erreichen der Einwilligungsfähigkeit an ihren Genitalien operiert, sachliche Aufklärung werde ihnen ebenso verweigert wie der Kontakt zu ihresgleichen. Selbst als Erwachsenen würden ihnen häufig die medizinischen Unterlagen vorenthalten, was in seiner Gesamtheit zu einer Selbstablehnung bis hin zu dem Drang, sich umzubringen, führe (→ Selbstmord). Den Eltern der betroffenen Kinder wiederum werde durch einseitige und falsche Information, ärztlichen Autoritätsdruck, gesellschaftliche Normierung und Isolation eine Sichtweise der Geschlechtsidentität ihres Nachwuchses aufgezwungen, die sich allein unter dem Raster krankhafter Fehl- und Missbildungen bewege. Als Folge bleibe ihnen im Endeffekt keine andere Wahl, als operativen Eingriffen zuzustimmen, die Reiter rückblickend als *»Verstümmelungen und Gewalttaten«* einordnet. Reiters Depressionen hätten abgenommen und seine seelische Verfassung habe sich insgesamt verbessert, nachdem er 1996 sämtliche Medikamente abgesetzt hatte – ein Schritt, von dem ihm die Ärzte als *»lebensbedrohlich«* entschieden abgeraten hatten.

Tolmein war in seinem Artikel noch zuversichtlich, dass Reiter bei seinem Rechtsstreit gute Karten haben würde: *»Die Entscheidung dürfte heute leichter fallen als vor vierzig Jahren – und das nicht nur, weil sich der Optimismus, der glaubte, man könne mit chirurgischen Eingriffen die Geschlechtszuweisung erfolgreich vornehmen, blamiert hat. Geschlecht ist heute, nach der Öffnung der Bundeswehr für Frauen und nach der Anerkennung der gleichgeschlechtlichen Lebensgemeinschaft durch Gesetzgeber und Bundesverfassungsgericht, eine Kategorie, die ihren strukturierenden Charakter zumindest im Recht zusehends eingebüßt hat. Wenn Frauen dürfen, was Männer sollen, und umgekehrt – warum ist es dann noch wichtig, dass eindeutig zuzuordnen ist, ob einer ein Mann oder eine Frau ist oder vielleicht etwas anderes, Zwitter eben? Was aber anderes als eine Benachteiligung ist es, wenn Menschen, die als Zwitter geboren werden, nicht als Zwitter anerkannt werden und nicht als Zwitter leben dürfen? Dass die Standesämter sie durch die Zuweisung des Geschlechtes Mann oder Frau zum Verschwinden bringen, ist nicht nur eine Diskriminierung, es verstößt auch gegen die Menschenwürde, die auch das Recht darauf umfasst, als das wahrgenommen zu werden, was man ist.«* Tatsächlich aber unterlag Reiter vor Gericht, und zwar vor allem aufgrund des

Fortbestandes jener Formen juristischer Ungleichbehandlung, die Tolmein schon so gut wie ad acta gelegt sah. Der zuständige Richter vermochte sich nicht von dem Prinzip unserer Rechtsordnung zu lösen, demzufolge jeder Mensch entweder männlich oder weiblich sei, und führte begründend aus: »*Die rechtliche Bedeutung des Geschlechts ist zwar in den vergangenen Jahrzehnten in Deutschland zurückgegangen. Wehrpflicht und Ehe sind aber nur zwei der wesentlichen Institute, die eine Zuordnung des Menschen zu einem der beiden Geschlechter voraussetzen.*« Reiter kündigte nach der Urteilsverkündung an, sich durch sämtliche Instanzen zu kämpfen, um der Tabuisierung dieses Problems ein Ende zu setzen: »*Ich will nicht Recht haben – aber ich will endlich eine gesellschaftliche Diskussion um dieses Thema auslösen.*« → queer, → Transgender
Website: www.postgender.de

Sind Frauen bessere Menschen?

Plädoyer für einen selbstbewussten Mann

»Wir leben inzwischen in einer Kultur, in der nichts Schlechtes über Frauen gesagt werden darf und nichts Gutes über Männer. Frauenfeindlichkeit endet vor Gericht, Männerfeindlichkeit auf einem Autoaufkleber.« Mit diesen Worten fasst die AMICA-Redakteurin Meike Winnemuth eine Situation zusammen, die sich wenig vom Sexismus vergangener Jahrhunderte unterscheidet – nur dass heute an die Stelle des einst unfehlbaren Mannes bisweilen die unfehlbare Frau gesetzt wird.

Dabei erweisen sich viele Geschlechterklischees, die heute fast als Binsenweisheiten diskutiert werden, einmal auf den wissenschaftlichen Prüfstand gestellt, als Fehlurteile. Gewalt in der Partnerschaft und sexuelle Übergriffe werden keineswegs überwiegend durch männliche Täter bestimmt. Und selbst die Behauptung, Frauen würden im Job und in der Politik von Männern diskriminiert, lässt sich kaum aufrechterhalten. Überraschenderweise geht die gesellschaftliche Rollenverteilung in Medien, Justiz, Gesundheitswesen und anderen Gebieten hauptsächlich zu Lasten des Mannes. Mit dieser Erkenntnis wendet sich das Buch weiterführenden Fragen zu: Wie konnte dieser neue Sexismus entstehen und sich ausbreiten? Und vor allem: Wie könnte ein faires und verantwortungsvolles Miteinander der Geschlechter jenseits ideologischer Grabenkämpfe aussehen?

»Sind Frauen bessere Menschen?« belegt durch akribisch gesammelte Fakten, dass vieles von dem, was wir über Mann und Frau zu wissen glauben, seit Jahren nicht mehr durch den Stand der wissenschaftlichen Geschlechterforschung gedeckt ist. Dabei bricht es von Kapitel zu Kapitel neue Tabus und behandelt eindringlich Themenfelder der Geschlechterdebatte, die in der öffentlichen Diskussion zuvor konsequent verschwiegen wurden: z. B. die hohe Rate an Domestic Violence, sexuellem Missbrauch und anderen Formen von Gewalt, die von weiblichen Tätern ausgehen, totalitäre Elemente innerhalb des Feminismus und die Einseitigkeit der Berichterstattung in den Medien.

Arne Hoffmann

SIND FRAUEN BESSERE MENSCHEN?

Plädoyer für einen selbstbewussten Mann

608 Seiten, Broschur
ISBN 3-89602-382-9
18,90 EUR

DANKSAGUNG
Ganz herzlicher Dank für grundlegende Gedanken zu verschiedenen Einträgen dieses Lexikons geht an Marcus Stiglegger und sein Seminar »Erotik im Kino«, dabei insbesondere an Christine Heimprecht (Eintrag »Intimacy«), Antje Janes (Eintrag »Der letzte Tango in Paris«) und Anika Kern (Einträge »Romance« sowie »Catherine Breillat«). Des weiteren danke ich sehr herzlich Alexandra Hilsbos (Eintrag »American Psycho«) sowie Simon(e) Gunkel (verschiedene Einträge aus dem Bereich Transgender).

IMPRESSUM

Arne Hoffmann
DAS LEXIKON DER TABUBRÜCHE

ISBN 3-89602-517-1

TITELBILD
Lucas Cranach d. Ä.:
Adam und Eva, 1526